도슨 트로트맨

도슨 트로트맨

네비게이토 창시자 도슨 트로트맨,
믿음과 열정의 사람

베티 스키너 지음

네비게이토 출판사
TO KNOW CHRIST AND TO MAKE HIM KNOWN

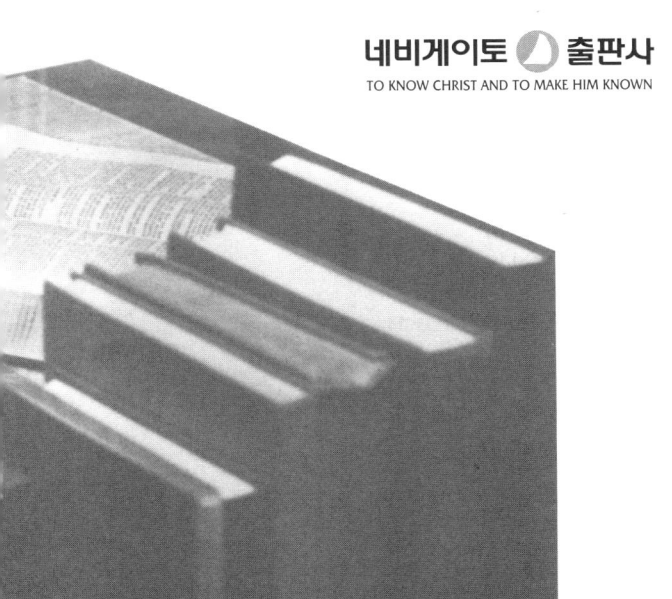

네비게이토 선교회는
국제적이며 복음적인 기독교 기관이다.
예수 그리스도께서는 자기를 따르는 자들에게
"너희는 가서 모든 족속으로 제자를 삼으라"
(마태복음 28:19)는 지상사명을 주셨다.
네비게이토 선교회는 세계 모든 국가에서
예수 그리스도의 일꾼들을 배가시켜
이 지상사명을 성취하는 일을 돕는 것을
근본 목표로 하고 있다.

네비게이토 출판사는
네비게이토 선교회의 문서 선교를 담당하고 있다.
본 출판사에서는 그리스도인의 영적 성장을 돕는
서적과 자료들을 출판하여,
그리스도인의 삶의 기초가 견고한
헌신된 제자로 성장하고,
나아가 성숙한 인격과 지도력을 갖춘
일꾼이 되도록 돕고 있다.

Translated by permission
Original language title : **DAWS**
Copyright ⓒ 1974 by Betty Lee Skinner
Korean Copyright ⓒ 2006 by Korea NavPress

또 네가 많은 증인 앞에서 내게 들은 바를
충성된 사람들에게 부탁하라.
저희가 또 다른 사람들을 가르칠 수 있으리라.

디모데후서 2:2

차 례

추천사 / 9

서문 / 11

Ⅰ. 하나님의 사람이 되기까지 (1906-1933) / 17

Ⅱ. "선척을 바다에 띄우며" (1933-1937) / 109

Ⅲ. "충성된 사람들에게 부탁하라" (1937-1942) / 177

Ⅳ. 비전을 함께 성취함 (1942-1944) / 325

Ⅴ. 재생산하는 자를 생산함 (1944-1948) / 369

Ⅵ. "우리 세대에 성취하자" (1948-1956) / 403

Ⅶ. 유산 / 549

추천사

도슨 트로트맨이 물에 빠진 사람을 건지고 대신 목숨을 잃은 후로 오랜 세월이 흘렀습니다. 그는 다른 사람들을 위해 살았고, 죽는 순간조차도 다른 사람을 위해 죽었습니다.

나는 그 '다른 사람들' 가운데 하나입니다. 예수님을 믿은 지 1년 정도 되었을 때에 나는 도슨의 영적 아들이 되었습니다. 그리고 15년 후 도슨이 세상을 떠날 때까지 이 관계는 지속되었습니다. 그의 집에서 함께 살기도 했고, 많은 시간 동안, 그의 말에 귀를 기울이며 그의 삶을 직접 보았습니다. 때로 너무 심하다 싶은 책망을 받기도 했지만, 나는 늘 내게 대한 그의 진정한 사랑과 나의 잠재력이 최대한 발휘되도록 돕기 원하는 그의 열망을 알 수 있었습니다.

도슨이 50세의 나이로 세상을 떠난 후, 그와 가까이 지냈던 우리들은 그가 말하고 행한 바를 자주 언급하는 것을 보게 되었습니다. '시대의 요청'과 같은 도슨의 메시지를 녹음한 테이프는 네비게이토의 다른 어느 테이프보다 많이 판매되고 있습니다. 이제 도슨을 직접 보지 못한 사람들이 특별했던 그의 삶을 깊이 알 수 있는 기회를 본서를 통해서 갖게 된 것을 기쁘게 생각합니다.

베티 스키너는 도슨의 삶을 철저히 연구한 후 세심한 주의를 기울여 본서를 썼습니다. 오랫동안 하나님께서는 이 일을 할 수 있도록 베티를 준비시켜 오셨으며, 베티는 네비게이토의 전임 간사였기 때문에 본서를 쓰는 데에 필요한 준비를 잘할 수 있었습니다.

다른 수많은 사람들처럼 나도 본서를 간절히 기다렸습니다. 본서는, 독특하고 재능이 넘쳤으며, 열정적인 믿음의 사람이었던 도슨을 잘 그리고 있습니다. 본서가 널리 보급되어 이를 읽는 사람들의 삶에 큰 영향을 미치기를 원합니다.

론 쎄니
네비게이토 선교회 제2대 회장

서 문

한사람이 탄 오토바이 하나가 샌디에이고 북쪽 고속도로를 달리고 있었습니다. 그런데 조그만 고개 위에 오르자 오토바이가 갑자기 이상한 소리를 내며 멈추었습니다. 기름이 떨어진 것입니다. 다음 2km 정도야 내리막길이기 때문에 문제가 없지만 그 다음에는 대책이 없었습니다. "주님, 집까지 갈 기름이 필요합니다." 그는 이 지역을 잘 알고 있었습니다. 로스앤젤레스에서 자기가 태어난 애리조나 주의 비스비까지는 이미 익숙한 길이었습니다. 해맑고 파란 하늘 아래 캘리포니아의 태양이 비치고 있었지만 그리 뜨겁지는 않았습니다. 높다란 종려나무가 마치 헐리우드 영화 속의 엑스트라처럼 군데군데 자리 잡고 있었습니다.

그는 오토바이를 타고 비탈길을 내려가 주유소로 갔습니다. 주유소는 닫혀 있었습니다. 잘 된 일인지도 모릅니다. 돈이 없었기 때문입니다. 늘 하던 습관대로 머리를 뒤로 넘기면서, 그는 잠깐 기다리는 가운데 하나님께서 자기의 기도에 어떻게 응답하시는지 보기로 했습니다.

"기름이 떨어졌습니까?"

"예." 그는 애써 태연한 척했습니다. 유조차의 운전기사가 마침 주유소 지하 탱크에 기름을 다 넣은 후, 곤경에 처한 듯 보이는 그에게 관심을 보인 것입니다. 운전기사는 다가와서 유조차 호스에 남은 기름을 다 부어 주었습니다. 오토바이 기름 탱크를 가득 채우기에는 충분하였습니다. 그 젊은이는 하얀 이를 드러내며 씩 웃고는 운전기사에게 감사하다고 말했습니다. 그리고는 탱크에서 흘러넘친 기름이 다 마르기를 기다렸다가 집을 향해 출발했습니다. 그 순간 이전 일이 떠올랐습니다. 그때 하나님께서는 뭐라고 설명할 수 없는 참으로 놀라운 방법으로 길에서 자기를 보호해 주셨습니다. 친한 친구였던 루이와 함께 오토바이에서 떨어져 곤두박질친 적이 있었는데, 그는 잠시 의식을 잃었던 것 같습니다. 앰뷸런스 사이렌 소리에 깨어난 그는 흥분된 채 말했습니다. "나를 앰뷸런스에 태우려고? 어서 올라 타. 빨리 떠나야겠어." 루이가 오토바이 뒤에 올라앉자 그는 잽싸게 그 자리를 떠났습니다. 그러나 다음 날 그가 그 사건을 하나도 기억하지 못하는 것을 보고 루이는 매우 놀랐으며, 혼잡한 거리를 통과하는 동안 분명 그 누군가가 보호하여 주셨다는 것을 깨달을 수 있었습니다!

오토바이, 가죽 잠바, 모직 양복바지, 발목 구두, 그리고 단정하지만 일부러 격식을 차리지 않은 차림새 때문에 도슨 트로트맨은 마치 한 세대 뒤에 나타날 젊은이들의 문화를 따르는 사람처럼 보였을 것입니다. 약간 여위고 마른 체격의 소유자였지만, 매서운 푸른 눈, 튀어나온 턱, 굴곡이 있는 목덜미 때문에 상당히 강인한 사람처럼 보였습니다. 넓은 이마 위로는 붉은 빛이 감도는 갈색 머리가 덮여 있었는데, 거의 대부분 빗질을 하지 않은 상태였습니다.

도슨은 의도적으로 거칠고 강인한 남성다운 외모를 가꾸었는데, 이는 기독교가 단지 여자와 어린아이들에게나 어울린다는 일반적인 통념에 정면으로 대항하기 위한 것이었습니다. 한편으로는, 체구가 빈약하다는 생각이나, 어떤 형태로든 약하고 소심한 모습을 보이지 않으려는 마음 때문에 그런 모습을 했는지도 모르겠습니다. 그러나 어떻든 간에 오토바이를 타고 가다가, 길가에 서서 차를 얻어 타려고 하는 사람들에게 전도를 자주 했던 도슨에게는 적절한 옷차림이었습니다. 도슨은 자기 오토바이에 탄 사람들에게 "턱을 내 어깨에 걸치시오"라고 말하곤 했습니다. 그리고는 암송한 성경 구절을 인용하면서 복음과 잃어버린 바 된 사람의 상태에 대하여 설명했습니다. '세풀베다패스'(Sepulveda Pass, 캘리포니아 주 남부에 위치한 로미타 시 북쪽에 있는 고갯길, 역자 주)의 구불구불한 길을 달리며 도슨은 의와 심판에 대해 설명하였고, 사람들로 하여금 죄인 된 그들의 필요를 깨닫도록 했습니다. 오토바이에 탄 사람들의 '결신'이 두려움 때문이었는지는 정확히 알 수 없습니다.

✳   ✳   ✳

그로부터 25년 동안, 그리스도의 몸 된 교회는 오토바이를 타던 이 젊은이의 삶을 통해 큰 변화를 겪었습니다. 그가 창시한 네비게이토 선교회는 처음부터 어떤 의도를 가지고 시작한 조직이 아니었음에도 불구하고, 전 세계적으로 퍼져 나갔습니다. 더 나아가, 그가 영향을 준 수많은 사람들의 삶과 그가 주창한 제자삼는 사역의 원리를 통하여, 그는 다른 여러 기독교 사역과 교회에 큰 영향을 주었습니다.

2차 대전이 끝난 후 로스앤젤레스에 있던 네비게이토 사무실의 일원으로서 나는 개인적으로 도슨 트로트맨을 알게 되었습니다. 그는 오토바이를 타던 시절보다는 좀 더 세련되어 있었으나, 하나님을 위해 살며 하나님을 섬기고자 하는 열정은 여전했습니다. 그는 미국 각 곳에서 전임 간사를 징모했습니다. 도슨은 뉴올리언스에 살던 나를 불렀는데, 그는 전에 영라이프 주최의 전도 모임에서 말씀을 전하기 위해 이 도시를 방문한 적이 있었습니다. 나의 생애를 어디에 투자할 것인가를 놓고 하나님께 기도하고 있었던 시절에 네비게이토는 내게 큰 매력을 주었습니다. 개인 전도에 대한 열정, 하나님의 말씀에 대한 강한 믿음, 믿음으로 하나님의 공급을 의뢰하는 태도, 그리고 목표를 이루기 위해 열정적으로 살았던 도슨의 태도가 내게 큰 도전이 되었던 것입니다.

그러나 기대감에 가득 찬 상태였지만, 나는 아직도 네비게이토라는 '무리'의 친밀하고 사랑이 넘치는 교제에 즉각적으로 끼일 준비가 되어 있지는 못했습니다. 네비게이토는 대부분 '509번지'라고 알려진, 패서디나 남쪽 지역의 한 저택에서 도슨의 가족과 함께 살고 있었습니다. 네비게이토 선교관(자기의 집을 선교를 위하여 개방하는 곳, 역자 주)의 원형(原型)인 이 유명한 곳은 어떤 장소라기보다는 하나의 경험 그 자체였습니다. 따뜻하고 활기찬 교제가 이루어졌으며, 모든 삶을 함께 나누며 서로 관심과 사랑을 표현했고, 함께 수고하였습니다. 그들은 삶의 세세한 영역에서도 모든 것을 합력하여 선을 이루시는 하나님의 손길을 보며 기뻐하도록 서로 권면하고 격려하였습니다.

네비게이토 선교관에서 살던 사람들 사이에는 말로 표현할 수 없는 친밀함이 형성되어 있었는데, 기쁨과 슬픔을 함께 나누었던 이 교제는 오늘날에도 네비게이토의 독특한 특징으로 남아 있습니다. 네비게이토가 창립 40주년이 되었고, 세계 28개국에서 사역을 하고 있는 지금까지도, 가족처럼 함께 삶을 나누는 분위기는 여전히 유지되고 있습니다(2006년 현재 네비게이토 선교회는 세계 120여 나라에서 사역하고 있음, 역자 주).

본서는 지면이 허락하는 한 도슨 트로트맨의 일생을 다 담으려고 했습니다. 그의 삶을 어느 한쪽에 치우치지 않고 그가 살았던 모습 그대로 담으려 했습니다. 사람과 사건들은 모두 도슨의 눈과 도슨의 견해를 따라 그려졌으며, 저자인 나의 해석이나 평가는 최소한으로 줄였습니다. 따라서 독자들은, 이 놀라운 하나님의 사람의 여러 경험과 원리와 시련과 실수와 승리를 자유롭게 관찰하며, 나름대로 교훈을 얻고 도전을 받을 수 있을 것입니다.

도슨 트로트맨이 완벽한 사람이 아님을 알고 있던 몇몇 분들은 본서를 쓸 때 그를 성인(聖人)으로 떠받드는 일이 없도록 주의하라고 말해 주었습니다. 나는 도슨과 오랜 세월 동안 함께하여 그의 약점을 너무나 잘 알고 있었기 때문에 그런 권면은 나에게 거의 필요 없었습니다. 나는 역사적 사실과 나의 양심에 어긋남이 없이 정직하게 기록하려고 최선을 다했습니다.

기초 자료는 풍부했습니다. 직접 도슨의 생각을 접하고 삶의 방식을 볼 수 있었던 나였지만, 편견을 피하고 시야를 넓히기 위하여 그가 작고한 뒤 여러 해 동안 거의 700여 명의 사람들을 만나 대화를 나누었습니다. 그들 가운데는 도슨의 어린 시절까지 잘 알고 있던 사람도 있었습니다. 도슨이 수년 동안 정성들여 기록한 일기도 얻을 수 있었고, 네비게이토 문서 보관소에 있었던 그의 편지도 참조할 수 있었습니다. 또한 도슨의 아내인 라일라 트로트맨 자매님의 기억은 커다란 도움이 되었습니다. 도슨이 예수님을 영접하도록 돕고 또한 초기의 영적 성장을 이끌어 주었던 아이린 밀스에게서 많은 자료를 얻을 수 있었습니다. 네비게이토 회장인 론 쎄니와 부회장인 짐 다우닝, 그리고 오랫동안 도슨과 함께 일했던 간사들을 통해서도 값진 정보와 통찰력을 얻을 수 있었습니다.

빌리 그래함은 도슨에 대해 다음과 같이 말했습니다. "크나큰 비전과 용기와 믿음의 소유자였으며, 무엇보다도 자신을 훈련하는 데 뛰어났습니다.… 그가 얼마나 많은 사람의 삶에 영향을 주었는지는 아무도 모를 것입니다." 약간의 천재성과 더불어 사랑이 가득한 사람이었던 도슨은 하나님께서 그에게 맡기신 일에 몰두했지만, 때로 장난을 즐기며 익살을 떨기도 했습니다. 아내와 자녀들을 거리낌 없이 자랑하였지만, 잘 알지도 못하는 사람이라도 도움이 필요하면 아낌없이 자신을 드렸습니다. 기도를 통해 하나님께 대륙을 구했던 사람이지만, 또한 사무실 선반의 페인트 색깔을 자신이 직접 고르겠다고 한 사람이었습니다. 이외에도 당신은 본서를 통해, 지구상에서 50년 동안 항해하도록 하나님의 보내심을 받은 그의 삶 속에서 다른 수많은 역설적인 모습을 발견하게 될 것입니다.

한 개인을 통해 세상을 바라보았으며, 개척자요 새로운 길을 발견했던 도슨 트로트맨의 사역은, 하늘나라에서 정한 시각에 끝을 맺었습니다. 그는 매일매일 최선을 다해 살았고, 삶의 마지막 순간에도 언제나 그랬던 것처럼 다른 사람의 생명을 구하는 일에 자신을 드렸습니다.

1

하나님의 사람이 되기까지

1906-1933

샌디에이고에 살던 시절(1914)의 트로트맨 가족. 맨 앞에 앉은 도슨(8세). 밀드리드는 11세, 롤런드는 3세.

도슨의 선생님이자 상담자였던, 로라 토머스(좌)와 아이린 밀스.

찰스 헤어 트로트맨은 빅토리아 여왕의 충성스러운 신하였습니다. 영국 육군 사관학교 출신으로 육군 대위인 그는 인도로 파견되어 마드라스 지역 군대 주둔지 책임자로 복무했습니다. 거기서 그는 영어를 가르치는 가정교사였던 애덜레이드 롤런드를 만나 결혼했는데, 인도에서 두 명의 자녀를 낳은 후 셋째인 찰스가 태어날 무렵, 서둘러서 영국으로 돌아왔습니다. 본국에서 출생한 자녀가 하나 있었으면 좋겠다는 소원 때문이었습니다.

얼마 후에 트로트맨 대위는 자기가 담당하던 지역을 여행하던 도중, 우기(雨期)를 만나 폐렴으로 죽게 되었습니다. 남편을 잃은 애덜레이드는 티크 나무와 코끼리의 땅인 인도에 남아서 자녀들을 양육하기로 결심하였습니다. 그러나 셋째인 찰스가 6세가 되었을 무렵 애덜레이드는 영국인 외과 의사와 재혼하게 되었는데, 그는 가족들을 데리고 영국으로 돌아왔습니다.

여행을 좋아했던 찰스는 18세가 되었을 때, 영국의 다른 지방에 살고 있는 사촌의 농장을 방문하였는데, 거기서 소를 좋아하고 시골 생활을 즐기게 되었습니다. 이로 말미암아 찰스는 다시 여행을 떠나고자 하는 마음이 생겼고, 카우보이가 되기 위하여 미국으로 이민을 떠났습니다. 숙모의 재정적 도움을 받은 그는 1892년 여름, 제정 러시아를 탈출하여 자유를 찾아 신세계로 떠나는 800명의 유대인과 한 배를 타게 되었습니다.

나무를 때는 증기기관차를 타고 미국 전역을 가로지른 젊은 개척자는 마침내 서부 지역 끝까지 다다르게 되었습니다. 거기서 그는 다른 영국인 동료들과 함께 목장에서 일하며 생활하기로 하였습니다. 그는 새로이 만나는 사람은 누구에게나 큰 관심을 보였고, 새로운 경험을 하고자 하는 욕구가 그칠 줄 몰랐기 때문에 이곳저곳을 다니면서, 목장 잡부, 카우보이, 페인트 가게 점원, 마부, 광부, 요리사 등 다양한 직업을 갖게 되었습니다. 직업을 바꾼 것은 싫증이 나서가 아니라 새로운 모험에 대한 호기심 때문이었습니다. 돈이 많이 모였을 때에는 일은 하지 않고 무도회에 가거나 해변에서 지내는 등 즐기는 시간을 갖기도 했습니다. 풍족할 때에는 호화스런 침대차를 타고 여행하며, 멋진 식사를 즐겼습니다. 그러다가 무일푼이 되었을 때에는 막일을 하며 여행을 지속했습니다.

유타 주의 한 광산 관리자의 집에서 추수감사절 만찬을 준비하는 일에 고용된 적이 있었는데(그는 주인에게 자기가 가장 잘하는 게 요리라고 주장했습니다), 찰스 트로트맨은 이 기회를 활용하여 광산에서 일하기 시작했습니다. 나중에 애리조나 주에서는 구리 광산 노동자의 하루 임금이 3달러 50센트나 된다는 소문을 듣고서, 화물 열차를 얻어 타며 긴 여행 끝에 캘리포니아를 거쳐 톰스톤캐니언의 구리 광산촌인 비스비에 도착했습니다. 냄새나는 양떼를 실은 화물칸에 몸을 맡겨야 했던 이 젊은이는, 영국 국교회의 성직자와 지주, 그리고 변호사들로 가득 찬 집안에 태어난 자신의 처지가 우습게 여겨졌을지도 모르겠습니다. 그는 이미 수세기 전부터 가문의 문장(紋章)이 이어져 내려온 영국 상류 사회의 지주 계층 출신이었습니다. 그의 가문은 1066년 노르만족이 영국을 점령하기 전부터 이미 그 땅에 뿌리를 내리고 있었습니다. 그렇지만 그에게 있어서는 이런 가문보다 19세기 말 바로 이곳, 광활한 서부가 손짓하는 역동적인 삶의 기쁨이 훨씬 더 소중했습니다.

비스비에 도착한 찰스는 그곳이 정착하여 결혼 상대자를 찾고 가정을 이루기에 좋은 곳이라는 생각을 곧바로 하게 되었습니다. 그는 결혼 상대자를 찾기 시작했습니다. 그런데 뜻밖에도 병원 대기실에서 결혼할 사람을 만나게 되었는데, 바로 밀드리드 켈러였습니다. 손에 부상을 당해 병원을 찾았던 그는 밀드리드를 보자 첫눈에 반하여 결혼을 결심하게 되었습니다.

밀드리드는 다갈색 머릿결에 눈이 옴폭하게 들어가 있었는데, 진실되며 가정교육을 잘 받은 분위기를 풍겼습니다. 어린 시절에 말에서 떨어진 적이 있어서 평생 동안 몹시 심한 두통과 신경과민으로 고생했고, 그 흔적이 두 눈에 남아 있었습니다. 밀드리드의 아버지는 선장이었는데, 바다에 나가지 않기로 결심한 후로 마차를 타고 가족들과 함께 애리조나로 이사를 했습니다. 그러나 얼마 뒤에 그는 가족을 떠나 뉴잉글랜드로 돌아갔습니다. 밀드리드의 어머니인 켈러 부인은 삯바느질을 하며 딸을 길렀고, 하숙도 쳤습니다. 찰스 트로트맨은 1902년 9월에 밀드리드와 결혼했습니다.

찰스 트로트맨의 둘째 아이면서 장남인 도슨 얼 트로트맨은 1906년 3월 25일에 태어났습니다. 그때 찰스는 다른 동업자와 함께 비스비에서 식료품, 짐 싣는 안장, 숙녀 의류, 다이너마이트, 위스키 등을 파는 잡화점을 운영하고 있었습니다. 도슨은 잡화점 뒤에 있던 집에서 태어났습니다. 찰스 트로트맨은 아들을 도슨이라고 했는데, 이는 함께 영국에서 이민을 온 친구인 버클리 도슨의 이름을 딴 것이었습니다. 해산달이 차기 전에 태어나 체중이 1.2kg밖에 나가지 않았던 도슨은 심장에 이상이 있었는데, 이는 그의 삶에 중대한 영향을 미쳤습니다.

태어난 초기에는 살아남기 위해 투쟁해야 했습니다. 도슨의 아버지 찰스 트로트맨은 이렇게 회상했습니다. "우리는 그 애를 제대로 기를 수 없을 거라고 생각했습니다. 정말 신경을 많이 써야 할 아이였습니다." 그는 두세 살이 될 때까지 걷지 못했습니다. 세심했던 도슨의 어머니는 아이를 지나칠 정도로 보호했기 때문에 의사가 "아이를 좀 놓아기르세요. 애들은 흙 속에서 뒹굴며 커야 건강한 법입니다"라고 권할 정도였습니다.

잡화점에 화재가 난 후, 도슨의 아버지는 간이식당을 운영하여 번창했으나, 이어서 큰 음식점을 경영할 때에는 그리 잘되지 않았습니다. 항상 낙관론자였던 그는 새로운 약속의 땅인 샌디에이고를 향해, 아내, 딸 밀드리드, 일곱 살의 연약한 아이였던 도슨, 그리고 셋째 아이인 롤런드를 데리고 이사를 갔습니다. 그곳에서는 농작물 운반 트럭을 운전하는 일을 하게 되었습니다. 도슨의 어머니는 아이들의 음악 레슨을 위해 잡화점에서 하루 1달러씩을 받고 일을 하여 가계 수입에 보탰습니다. 열 살인 밀드리드는 피아노 레슨을 받았고, 남동생을 가르치는 책임을 맡았습니다. 도슨은 늘 어머니가 가게에서 돌아오는 시각에 맞추어 집에 돌아왔습니다. 집안일을 하거나 피아노 레슨을 받느라 바쁜 모습을 보여 주기 위해서였습니다. 아이들은 성질이 급해서 어머니가 계시지 않을 때는 잘 싸웠으며, 때로는 서로 물건을 던지며 치고받기도 했습니다.

자녀들을 향한 도슨의 어머니의 헌신적인 사랑은 흠잡을 데가 없었습니다. 그러나 불행하게도 자녀들의 기억에는, 감사할 줄 모르는 자녀들에 대해 계속 불평하는 어머니의 모습만이 남게 되었습니다. 도슨의 어머니는 불평을 할수록 두통이 심해졌고, 그 결과 아이들에게 더 자주 화를 내게 되었습니다. 그리고는 이런 행동을 한 자신을 자책했습니다.

도슨의 아버지는 샌디에이고에서 3년 동안 열심히 일한 뒤에 다시 구리 광산이 있는 비스비로 돌아왔습니다. 그는 급료도 올랐을 뿐만 아니라 예상치 않은 유산도 받게 되어 로스앤젤레스 근처의 조그만

시인 로미타의 중심가에 땅을 살 수 있게 되었습니다. 이곳에다 가족을 위해 침실이 3개인 멋진 목조 단층집을 지었습니다.

※　※　※

"아빠 조선소에서 다른 사람하고 싸워 본 적이 있어요?" 열두 살짜리 도슨이 진지한 표정을 지으며 물었습니다. 도슨과 동생 롤런드는 비스비 구리 광산에서 아빠가 주먹 싸움을 했다는 것을 매우 자랑스럽게 생각하고 있었습니다. 거친 주먹질이 그들 천성에는 맞지 않는 것이었지만, 두 아들과 아버지는 이 얘기를 즐겨 했습니다. 가족들이 로미타의 새 집으로 이사하자, 도슨의 아버지는 곧바로 조선소의 리벳공으로 취직이 되었습니다. 이 조선소는 제1차 세계 대전의 종식을 앞둔 연합군을 위한 군함을 만들고 있었습니다. 로미타는 로스앤젤레스 카운티 남부의 항구 지역에 있는 여러 시 가운데 하나로 태평양 연안에서 15km도 떨어지지 않은 곳이었습니다. 콩과 멜론 재배 지역의 계곡에 자리 잡은 로미타에는 약 3,500명이 살고 있었으며, 상당수가 중서부 지방에서 이사 온 사람들이었습니다.

유칼립투스 나무가 늘어선 나르본 가(街)에 살고 있던 트로트맨 가족은 특별한 데가 있었습니다. 영국 출신의 강인한 아버지는 사람을 좋아하고, 변화를 즐겼습니다. 그는 조선소에서 일하다가 주물 공장으로 옮겼고, 다시 유조선의 요리사로 취직하여 항해를 하기도 했습니다. 뭍으로 돌아와서는 지역 수도 회사에 취직하여 검침원과 배관 수리공으로 일했습니다. 보수적인 뉴잉글랜드 출신의 어머니는 검소했고, 아량이 넓었으며, 농담을 할 줄은 몰랐지만 가족을 잘 보살폈고, 가족을 위해서라면 목숨이라도 내놓을 정도로 헌신적이었으며, 아이들을 잘 가르치기 위해서 늘 훈계를 하였습니다. 재능이 많은 십대 소녀였던 딸은 아버지를 닮아 활달하였으며, 의지가 굳세고, 정직하고, 매사에 엄격하였습니다. 동생들을 감독하는 일도 했는데, 막내인 롤런드만 잘 따랐습니다. 모험을 좋아했던 도슨은 아버지처럼 외향적이었고, 어머니를 닮아 완전주의자였습니다. 도슨은 '로스앤젤레스 익스프레스'라는 일간 신문을 배달하기도 했는데, 배달 도중 길거리에 자전거를 세워 놓고는 동요를 부르거나, 오행시를 짓거나, 옛날이야기를 해주며 아이들을 즐겁게 해주었습니다. 그리고 명랑한 성격의 일곱 살짜리 막내 롤런드는 누나의 보살핌 가운데 정서적으로 안정되어 있었습니다. 이에 비해 도슨은 누나와 자주 부딪히는 편이었지만, 서로를 끔찍이 위했습니다.

   도슨은 집안일을 하라는 어머니의 잦은 요구를 회피할 수 없을 때는 순종을 하면서도, 소리가 들리지 않는 곳에 가서는 "맨 일하라는 잔소리야"라고 투덜거렸습니다. 도슨은 어머니가 훌륭하고 인상적인 삶을 산다고 생각했지만, 어머니에게 끌리는 마음은 없었습니다. 도슨은 화려한 아버지의 삶에 매력을 느꼈으며, 아침 일찍 출근하는 아버지와 함께 아침 식사를 하기 위하여 매일 아침 5시에 일어났습니다. 한때 학교에서 최고가 되려는 야망에 사로잡힌 적이 있는데, 일찍 일어나는 이 습관으로 말미암아 도슨은 공부에 충분한 시간을 들일 수 있었습니다.

   이런 각자의 색다른 개성이 가족들에게는 전혀 문제가 되지 않았습니다. 하나님께서는 서로 성격과 배경이 전혀 다른 두 사람을 만나게 하셔서 하나님의 나라에서 독특한 역할을 감당하게 될 한 사람이 태어나게 하셨으며, 틀림없이 이를 즐거워하셨을 것입니다. 전혀 성격이 다른 두 부모 밑에서 자란 도슨은 자기가 생각한 것 이상으로 부모의 영향을 많이 받았을 것입니다. 하나님께서는 도슨의 심장에 특별한 판막을 붙여 재치가 넘치도록 하는 피를 그의 두뇌에 공급하심으로 그가 미처 다 사용할 수 없을 만큼 넘치는 힘과 창의적인 생각을 주셨습니다.

기다란 막대기 사탕을 물린 애완용 염소 '낸시 행크스'를 핸들에 태운 채 오토바이를 타고 빙빙 도는 도슨의 아버지 찰스 트로트맨의 모습을 보며 로미타에 사는 어린이들은 모두 즐거워했지만 도슨의 어머니 트로트맨 부인은 기겁을 했습니다. 이런 반응은 남편의 익살스런 행동을 더욱 부추길 뿐이었으며, 이로 말미암아 트로트맨 부인의 신경은 더욱 날카로워져 갔습니다. 이들 부부는 함께 사교 모임에 나가는 일이 거의 없었습니다. 찰스 트로트맨은 춤추는 것을 즐겼지만, 아내는 즐기지 않았습니다. 트로트맨 부인은 오순절 교파의 교회에 나갔는데 찰스 트로트맨은 교회에도 함께 나가지 않으려 했습니다. 찰스 트로트맨은 영국 국교회에서 정식 세례를 받았지만, 무신론자인 친구 버클리 도슨의 영향으로 하나님을 떠난 삶을 살고 있었습니다. 둘 사이의 불협화음은 결국 신앙의 차이에서 뚜렷하게 드러났습니다.

도슨은 학교에서 인기가 있었으며, 도슨의 매력적인 미소는 주위에서 모르는 사람이 없을 정도였습니다. 어머니처럼 지적 호기심이 많았던 도슨은 책도 평균 이상으로 읽었지만, 주로 사람들에게 물어서 지식을 쌓아 나갔습니다. 도슨은 적극적이었고 사람 중심이었으며, 아이들에게 친절을 베푸는 것으로 유명했습니다. 친구들은 도슨이 자기들과 자기들의 행동에 큰 관심을 갖고 있다는 것을 알 수 있었습니다. 도슨은 어떤 사람과 한 번 대화를 시작하면 그를 붙들고 수많은 질문을 던져 댔는데, 그런 도슨에 대해 한 친구는 다음과 같이 말했습니다. "'그 대화를 시작하지 말걸' 하는 생각이 들 정도로 도슨은 끈질기게 물었습니다. 그는 모든 사실을 자세히 알고 싶어 했으며, 그 이유를 묻곤 했습니다.… 또한, 도슨은 언제나 재미있는 사람이었습니다. 그를 만나면 무엇인가 색다른 일이 벌어질 것을 기대해도 괜찮았습니다."

배움에 대한 지칠 줄 모르는 욕구 때문에 학교생활은 즐거웠습니다. 9학년 때 과학 선생님이었던 아이린 밀스는 도슨이 수업 시간마다 늘 처음으로 질문을 던지며 수업 시간을 주도했다고 말했습니다. 도슨은 때 묻지 않은 카리스마로 어떤 그룹이라도 지배할 수 있어 보였으며, 도슨이 만들어내는 분위기에 선생님이나 같은 반 친구들 모두 사로잡힌 것 같았습니다. 도슨이 모든 과목에서 A를 받을 수 있었던 것도 이런 덕이 아니었나 싶습니다.

도슨은 보이스카우트에 가입했고, 열네 살 때에는 로미타 장로교회에 출석하기 시작했는데, 그때 주일학교 선생님이 바로 밀스 선생님이었습니다. 도슨은 또한 그 조그만 시의 주된 만남의 장이었던 CE(Christian Endeavor, '기독면려회'라고도 함, 역자 주)에서 인도자가 되었습니다. 주중에는, 같은 교회의 다른 고등학생들과 함께 밀스 선생님의 집과 로라 토머스 선생님의 집에서 '오락과 공부를 위한 모임'을 가졌습니다. 오락 시간 사이에 성경공부가 포함되어 있었습니다. 도슨의 어머니는 자기가 출석하던 교회에 대해 도슨이 별로 호감을 갖지 않고 있다는 것을 알았기 때문에, 이 두 선생님에게 그들 교회 안에서 도슨에게 영적 영향을 주고 훈련해 주도록 부탁했습니다. 적어도 도슨이 믿음을 버리지 않기를 바랐던 것입니다.

고등학교 3학년이 되어 도슨의 삶에는 추진력이 더해졌습니다. 불그스레한 갈색 머리가 마치 돼지의 억센 털을 닮았다고 해서 포키(돼지라는 뜻, 역자 주)라는 별명이 붙은 도슨은 언제 어디서나 사람들의 눈에 띄었습니다. 특히 구식 T형 자동차를 타고 길거리에 나가기를 좋아했는데, 마치 운전석에 아무도 타지 않은 것처럼 보이려고 뒷자리에 앉아 두 발로 운전을 하기도 했습니다. CE의 회장으로 다른 아이들을 차에 태워 로스앤젤레스 카운티 CE 모임에 데려갈 때도 있었는데, 그런 때는 장난을 하지 않고 똑바로 운전했습니다.

도슨의 평균 성적은 계속 우수했으며, 이 때문에 졸업식에서 대표로 고별사를 낭독하였습니다. 그는 학생회 회장이었으며, 50kg도 안 되는 체구임에도 불구하고 농구팀의 주장을 맡기도 했습니다. 교지인 '엘 에코'의 편집장을 맡은 도슨은 재미있는 글과 신랄한 비판이 담긴 글을 쓰기도 했지만, 한편으로는 학생회가 어떻게 일하고 있는가와 같은 진지한 주제의 글도 실었습니다.

학생회 회장으로 있을 때였는데, 도슨의 지도력과 다른 사람들을 이끄는 능력이 시험대에 오르게 된 일이 있었습니다. 도슨은 경쟁 관계에 있던 학교의 초청을 받게 되었는데, 학생회 모임을 성공적으로 이끌고 있다는 것을 설명하기 위한 것이었습니다. 전통적으로 두 학교는 늘 경쟁 관계에 있었으며, 양교 사이의 미식축구 경기는 늘 격렬한 분위기 가운데 치러졌고, 패싸움이 생기면 언제라도 진압하기 위하여 경찰이 대기 상태에 있었습니다. 그래서 경쟁 관계에 있던 학교에서 온, 몸집이 작은 학생회장이 샌피드로 고등학교 전체 학생 앞에 섰을 때, 그곳에는 적대적인 분위기가 가득했습니다. 도슨은 전체 학생을 한 번 둘러보더니 갑자기 웃음을 터뜨리기 시작했습니다. 처음에는 낄낄거리며 몇 차례 웃다가 폭소를 터뜨리기 시작한 것입니다. 경계심을 늦춘 전체 학생들은 모두 도슨을 따라 웃기 시작했고, 적대감은 사라졌습니다. 도슨의 방법이 효과를 본 셈이었습니다.

도슨은 무엇이든지 잘 해냈으며, 학교생활에서 누리는 인기와 성공에 만족하며 즐거워했고, 참여한 모든 일에서 지도력을 발휘하였습니다. 그러나 그를 괴롭히는 성품상의 약점이 하나 있었습니다. 거짓말하는 버릇이 어린 시절부터 계속 있었던 것입니다. 지나칠 정도로 정직했던 도슨의 누나는 동생 도슨이 사실대로 말하는 것이 훨씬 더 쉽고 간단한 경우에도 교묘한 거짓말을 꾸며 낸다는 것을 알았습니다. 어머니는 "거짓말쟁이는 겁쟁이란다"라고 도슨에게 경고했고, 자기 친구에게 "나는 그 애가 말하는 것은 한마디도 믿을 수 없어"라고 말하기까지 했습니다. 그럼에도 도슨의 확신 있는 태도에 어머니는 경계심을 풀었고, 자기의 판단과는 달리 도슨을 쉽게 믿어 버렸습니다. 도슨은 양심의 가책을 수없이 느꼈고, 때로는 벽돌 벽에 손가락 마디를 문질러 상처를 내어 나중에 손가락을 구부릴 때마다 거짓말하지 않기로 결심한 것을 기억하려고 했는데도 여전히 그런 버릇이 남아 있었습니다. 또한, 물건을 훔치는 버릇도 있었는데, 열 살 때 어머니 저금통에서 10센트짜리 동전을 훔친 이후로 계속 숨겨 온 습관이었습니다. 사람들이 그를 좋아하고 신뢰하였기 때문에 이런 이중적인 성품을 숨길 수 있었던 것입니다.

도슨은 CE 모임에서 초청 강사로 왔던 한 분을 통해 그리스도께 대한 분명한 결신(決信)을 했습니다. 초청 강사는 하나님의 선물인 구원을 설명하기 위하여 자기가 갖고 있던 금시계를 누구든 원하는 사람에게 주겠다고 했습니다. 이때, 도슨이 벌떡 일어나 시계를 받으러 나갔고, 강사는 이를 통해 그가 주님을 믿도록 도왔던 것입니다. 이 결신은 두 번째였습니다. 처음에 밀스 선생님과 토머스 선생님을 따라 교회에 나갔을 때 믿겠다고 말했던 터였습니다. 그리스도인으로서 도슨의 명성은 흠잡을 데 없었습니다. 졸업생 대표로 '법과 도덕'이란 제목으로 고별사를 낭독했지만, 어느 누구도 도슨이 학교 기금에서 정기적으로 돈을 훔쳤다는 것은 몰랐습니다. 거짓말을 하고 돈을 훔치는 자신을 혐오하였지만, 이를 극복할 길은 없어 보였고, 위선은 마치 모든 것을 녹이는 강산(強酸)처럼 양심을 잠식해 들어갔습니다.

도슨의 아버지 찰스 트로트맨은 여전히 마을 아이들에게 인기를 누리고 있었으며, 일하고 있던 수도 회사의 차를 이용하여 학교를 오가는 아이들을 태워다 주기도 했습니다. 찰스 트로트맨이 특별히 친했던 아이들 가운데 3학년이었던 라일라 클레이턴이 있었습니다. 라일라의 가족은 테네시 주에서 얼마 전에 로미타로 이사를 왔었습니다. 찰스 트로트맨은 노래로 라일라의 친구들을 즐겁게 해주었고, 라일라에게 그 당시 고등학교 3학년이었던 아들 도슨에 대하여 아버지로서 자부심을 가지고 이야기하였습니다. 그리고 아들에게는 라일라가 가진 장점을 말해 주었습니다.

고등학교를 졸업하던 날 밤에 도슨은 친구들과 함께 나가 흠뻑 술에 취해 버렸습니다. 술에서 깨어났을 때는 오후였고, 옷은 형편없이 더러워졌으며, 마음은 너무도 공허했습니다. 처음으로 술을 입에 댔다가 완전히 나가떨어진 것과 더불어, 그동안 도슨이 애써 살아왔던 위선적인 삶도 종지부를 찍었습니다. '내 안에는 선한 것이 없어. 나는 실패자야.' 도슨은 이렇게 결론을 내렸습니다. 손가락 마디에 상처까지 내보았지만, 거짓말이나 훔치는 습관을 끊을 수는 없었습니다. 그리고 아무리 교회에 성실히 다녀도, 술에 취해 수치스런 행동을 하는 것을 막아 주지는 못했습니다. 도슨은 모든 것을 체념하고 이중적인 삶을 포기했으며, 되는대로 살기로 마음을 먹었습니다.

햇볕에 그을린 듯한 지붕과 커다란 전조등이 달려 있는 빨간색 뷰익 승용차가 로미타 시내와 이웃한 여러 시를 큰 소리를 내며 다니는 모습을 1920년대 중반에는 흔히 볼 수 있었습니다. 도슨은 이전에 T형 자동차를 운전하던 것처럼 이 차도 곡예를 하듯 운전하였습니다. 몸은 보이지 않게 밑으로 감추고 발로 운전대를 움직여서 마치 바깥에서는 운전자가 없이 달리는 것처럼 보이게 하였습니다. 혹은 거리를 빠르게 질주하다가 함께 탄 다른 친구와 운전석을 바꾸기도 했습니다.

고등학교 졸업 후 도슨은 CE 및 '오락과 공부를 위한 모임'에 나가지 않게 되었습니다. 도슨은 담배 파이프를 물고는 남자다운 이미지를 풍기려 했으며, 작은 검정 수첩은 함께 놀았던 친구들의 이름으로 채워지기 시작했습니다. 일기를 꼼꼼히 적었던 도슨은 그들과 함께 어디에 갔는지를 거의 늘 기록하였습니다. 엄격했던 그 당시에 소규모 댄스홀이 생겨났는데, 도슨은 자주 그런 곳에 갔으며, 일요일은 대개 해변에서 보냈습니다.

다른 사람보다 뛰어나고자 하는 도슨의 욕구는, 뷰익 승용차를 멋지게 몰거나 그가 일하던 제재소에서 목재 운반용인 로스루더 트럭을 마치 경주용 자동차처럼 운전하는 등의 별로 대단치 않은 성취를 통해 잠깐 동안은 만족될 수 있었습니다. 이런 재주는 다른 것에서도 발휘되었습니다. 어느 날 아침 도슨은 한 친구와 함께 등나무 지팡이를 들고 골프장에 가서 다른 사람들이 잃어버린 공을 찾아 멀리 치는 연습을 하였는데, 지팡이로 공을 쳐서 홀인원을 기록하였습니다.

또한 그는 내기와 도박의 명수가 되었습니다. "나는 그 애가 도박장을 멀리하도록 해야 했습니다"라고 찰스 트로트맨은 회상합니다. "그 앤 도박의 명수였고 상도 몇 개 받았습니다. 한번은 5달러짜리 금화와 총을 받고는 집에 돌아와 가족들에게 보여 주었는데, 아내는 하나도 좋아하지 않았습니다." 그 '상'이 내기에서 딴 것인지는 분명하지 않지만, 그때 도슨은 거의 도박에 미치다시피 해서 내기가 될 만한 것은 어떤 것이든 모두 가리지 않고 내기를 걸었습니다. 사장은 결국 직장 내에서 다시 한 번 도박하는 것이 발각되면 해고시킬 것이라고 최종 경고를 내렸습니다.

고등학교 시절에는 우등생이었지만, 도슨은 진학에 대해서는 전혀 생각하지 않는 듯 보였습니다. 혹 진학에 대해 생각했다 하더라도, 졸업식 날 밤 올바른 행동을 할 수 있는 체하는 위선을 포기했을 때 그의 도덕적 허울은 산산이 깨졌는데, 이때 진학에 대한 생각도 함께 깨졌을 것입니다. 거짓말하는 습관과 훔치는 습관을 절대로 고칠 수 없을 것이라고 생각하게 되자 건전한 자아상도 함께 허물어졌습니다. 도슨은 평범한 도덕 수준도 버린 것 같았습니다. 전부 아니면 무(無)였습니다. 자신에 대해 환멸을 느낀 도슨은 자기의 공허한 마음을 쾌락을 추구하는 것으로 채우려 하였습니다. 따라서, 호리호리한 몸에 넘쳐흐르는 활력은 아무런 열매가 없는 일에 허비되었습니다. 당시 그의 일기를 보면 생의 목표가 없이 방황하는 모습이 잘 드러나 있습니다.

늘 분주히 움직였지만 도슨은 한 번도 진정한 행복을 누리지는 못했습니다. 도슨의 오랜 친구들은 빛나던 그의 유머 감각이 점점 바래며 멋진 미소도 점점 그 멋을 잃어 가는 것을 볼 수 있었습니다. 그는 일을 하다가 성을 잘 내기로 유명했으며, 상스러운 말도 했습니다. 외적으로 허세를 부려서 마음속의 죄책감을 가리려고 한 것이 분명했습니다. 밀스 선생님과 토머스 선생님을 길거리에서 만나도, 커다란 검정 파이프를 물고 있던 도슨은 쳐다보지도 않았을 뿐만 아니라 그들이 건네는 인사도 받지 않았습니다. 나무 그늘이 멋졌던 나르본 가의 집에서는 도슨을 염려하며 어머니가 열심히 기도하였습니다. 그러나 도슨은 밤마다 늦게 들어왔기 때문에, 어머니는 그가 들어오는 것을 볼 수 없었으며 술을 마신 것도 알지 못했습니다.

도슨은 졸업 후 3년을 몽땅 허비하였습니다. 그 기간 동안 도슨은 넘쳐흐르는 활력, 사람들에게 영향을 끼치는 능력, 높은 성취동기, 그리고 지식에 대한 그칠 줄 모르는 욕구를 모두 목표 없는 헛된 일에 흥청망청 사용해 버렸습니다.

도슨은 일이 터졌을 때, 예를 들면 종종 차에 술이 있는 것이 경찰관에게 발각되었을 때, 하나님께 도와달라고 재빨리 기도하곤 했습니다. 그러다가 어려움이 사라지면, 동시에 기도도 멈추었습니다. 이런 시점에서 자기 조상 가운데 상당수가 영국 국교회의 성직자였으며, 조상 중의 한 분은 성경을 영어로 번역했다는 이유로 순교를 당한 윌리엄 틴데일의 조카딸이었다는 사실을 아는 것은 이 가엾은 청년에게 별다른 도움이 되지 않았고, 그런 위대한 전통에 대한 자부심을 불러일으키지도 못했습니다. 그리고 하나님께서 자기를 당대의 기독교의 방향을 바꾸는 데에 특별한 도구로 사용하실 계획을 가지고 계신다는 말을 들었다면 아마도 웃어넘겼을 것입니다. 하늘나라를 열렬히 사모하는 사람들이 도슨에게 다가오고 있었지만, 아직은 멀리 있었습니다.

도슨은 한 가지 사건을 경험하면서 겁에 질리게 되었고, 하나님께 돌아가야겠다는 생각을 하게 되었습니다. 도슨은 몇 친구와 함께 산속 호수에 있는 유원지로 주말여행을 떠난 적이 있었습니다. 도착한 뒤 얼마 되지 않아 호수를 가로질러 헤엄을 치던 도슨의 친구가 호숫가에 도달할 수 없는 처지가 되었습니다. 친구를 구하려던 도슨은 함께 물속에 빠져 허우적거렸습니다. 그때 다른 친구가 작은 배를 타고 와서 그들을 건져 주었습니다. 이때 도슨은 이 일이 하나님께서 자신의 관심을 돌리시기 위한 것이라고 생각하였습니다. 도슨은 하나님께 재빨리 기도했습니다. "하나님, 도와주세요. 그러면 하나님께서 원하시는 것을 그대로 하겠습니다." 기도대로 하나님께서는 도와주셨습니다. 그러나 도슨은 자기가 한 약속을 까맣게 잊었습니다.

한 달 뒤에, 이 약속을 기억할 일이 생겼습니다. 롱비치 해변 근처에서 체포된 도슨은 너무 취해 있어서 자기의 빨간색 뷰익 승용차를 찾지도 못했고, 그게 어디에 있었는지 기억도 못할 정도였는데, 이때가 하나님의 도움을 구할 때라고 생각하고는, 다시 하나님께 긴급 구조 요청을 했습니다. "하나님, 여기서 구해 주신다면, 하나님께서 원하시는 것은 무엇이든지 하겠습니다." 도슨의 어머니는 여전히 건강이 좋지 않았는데 도슨에게 이렇게 말하기도 했었습니다. "얘야, 네가 유치장에 들어갔다는 소리를 듣기라도 하면, 나는 죽게 될 거야." 이제 어머니가 애끓는 마음으로 경고했던 일이 현실로 다가오자, 도슨은 눈물을 흘리기 시작했습니다.

덩치가 컸던 그 경찰관은 아버지처럼 도슨에게 말했습니다. "얘야, 이렇게 사는 게 좋으니?" "아닙니다. 저는 이렇게 사는 게 싫습니다." 이렇게 대답은 했지만, 도슨은 자기에게는 그런 습관을 고칠 힘이 없다는 사실은 말하지 못했습니다. 경찰관은 그를 공원 의자에 세 시간 정도 있게 하여 술을 깨게 한 후에, 다음부터는 더 잘 살겠다는 약속을 받고 승용차 열쇠를 돌려주었습니다.

그날 밤 도슨은 댄스홀에 가지 않았으며, 참으로 오랜만에 새벽 2시 이전에 집에 돌아오게 되었습니다. 그 다음 날 밤에도 도박장에 가거나 롱비치로 놀러 가지도 않았습니다. 마음에 충동을 느끼기도 했었지만, 그러나 점차 사라지기 시작했습니다.

경찰관이 알려 준 것인지, 아니면 다른 방법으로 알게 되었는지는 확실치 않으나, 이 사실을 알게 된 도슨의 어머니는 흐느껴 울면서, 그리스도를 믿고 있었으며 이웃에 살던 친구 코라 루이스에게 전화를 걸어 간절히 기도를 부탁했습니다. "도슨을 위해 기도해 줘. 심각한 상태야. 경찰관에게 잡히기도 했어. 주님께서 그 애를 붙들어 주시도록 기도해 줘."

루이스 부인에게서 다음 날 전화가 왔습니다. "지난밤 내내 기도했는데, 도슨이 성경을 들고, 많은 사람들 앞에서 말씀을 전하는 모습을 보게 되었어. 그러자 마음의 짐이 다 사라지더구나. 도슨에 대해서는 더 이상 걱정하지 않아도 될 것 같아."

밀스 선생님과 토머스 선생님도, 고등학교 시절 그토록 열심히 그리스도를 전하던 도슨을 위해 기도를 멈추지 않았습니다. 그들은 도슨이 자기의 죄를 깨닫고 주님께 돌아오도록 기도했습니다.

✳ ✳ ✳

일요일 저녁, 경찰관과 만난 지 이틀이 지난 후였는데, 도슨은 도박장을 힐끗 쳐다보고는 아무도 자기를 보지 않고 있다는 것을 확인한 후에 교회 건물을 향해 걸음을 재촉했습니다. 고등학교 시절 친구였던 조니와 앨리스는 CE에 다니고 있었는데, 전도 시합을 하던 각 팀의 주장이었습니다. 둘은 모두 도슨을 자기 팀으로 인도하려고 했는데, 결국 앨리스가 이겼습니다. 모임에 지속적으로 참석했던 다른 사람들은 놀란 듯이 바라보며, 여기저기서 "저기 봐. 포키가 왔어"라고 수군대었습니다.

각 팀은 여섯 가지 방법으로 점수를 딸 수 있었는데, 그중 한 가지 방법이 암송이었습니다. 한 구절에 5점씩 모두 열 구절을 외우면 되었습니다. 도슨은 구원에 관한 성경 말씀 열 구절을 받았으며, 다음 주일까지 모두 다 외웠습니다. 도슨은 구절을 다 외운 사람이 자기밖에 없다는 것을 알게 되었습니다. 그 주에는 영적 성장에 관한 열 구절이 새로이 주어졌고, 이는 후원자였던 밀스 선생님과 토머스 선생님이 기도 가운데 신중히 선택한 것들이었습니다. 도슨은 이 열 구절도 모두 암송했고, 그가 속한 팀이 시합에서 이겼습니다.

열심히 교회에 다니게 되자 어느 정도 안심이 된 그는, 이전처럼 다시 춤추러 다니며 도박장에도 가기 시작했습니다. 이전보다는 죄책감을 덜 느꼈습니다. 산속 호수와 롱비치에서 하나님께 했던 약속이 도슨의 삶을 변화시키지는 못했습니다. CE 모임에 나가게 된 것도 마찬가지였습니다. 자기가 좀 나아지고 훌륭해졌다고 느꼈지만, 마음속으로는 여전히 자기가 죄인이라는 것을 알고 있었습니다.

그러나 셋째 주에 그를 변화시키는 역사가 일어났습니다. 비록 영적 유익을 위해서가 아니라 시합에서 이기기 위해 열심히 암송했던 구절이었지만, 이 말씀들이 도슨의 삶에 뿌리를 내리기 시작했습니다. 어머니와 이웃 어른과 두 분 선생님의 기도가 이제 성령께서 썩지 않는 씨앗인 말씀을 통해 역사하심으로 말미암아 응답될 수 있었습니다.

도시락을 손에 들고 일터로 걸어가던 도슨은, 늘 다니던 진흙 구덩이 옆을 지나고 있었는데, 암송했던 스무 구절 가운데 한 말씀이 갑자기 선명하게 떠올랐습니다. "내가 진실로 진실로 너희에게 이르노니 내 말을 듣고 또 나 보내신 이를 믿는 자는 영생을 얻었고."

'정말 놀라운데. 영생을 얻었다니!' 도슨은 속으로 생각했습니다. 여러 해 만에 처음으로 도슨은 어려움에 처하지 않았는데도 기도를 하였습니다. "하나님, 이것이 무엇을 의미하든, 저는 영생을 얻고 싶습니다." 마치 전보로 답장이 오듯, 요한복음 1:12 말씀이 떠올랐습니다. "영접하는 자 곧 그 이름을 믿는 자들에게는 하나님의 자녀가 되는 권세를 주셨으니." 도슨은 즉시 응답했습니다. "하나님, 예수님을 영접하는 것이 무엇을 의미하든, 저는 지금 그렇게 하고 싶습니다"라는 의미로 짧게 기도했습니다.

도슨은 계속 길을 갔습니다. 겉으로는 달라진 게 없었지만, 사실은 모든 것이 변화되었습니다. 도슨은 그때가 자신의 다메섹 도상 사건이요, 새로운 출생이었다고 회상하곤 했습니다. 그 다음 구절인 요한복음 1:13 말씀이 이를 잘 묘사하고 있습니다. "이는 혈통으로나 육정으로나 사람의 뜻으로 나지 아니하고 오직 하나님께로서 난 자들이니라." 십대 시절에 도슨은 두 차례의 결신을 했었습니다. 만약 십대에 했던 그 두 번의 결신이 떠올랐다면, 도슨은 그 결신은 스스로를 속이던 습관 때문에 한 것이라고 하면서 그 두 번의 결신에 큰 의미를 두지 않았을 것입니다. 만약 정말로 그 두 번의 결신 가운데 하나로 말미암아 실제로 도슨이 사망에서 생명으로 옮겨졌다고 한다면, 이번 경우는 자기를 위해 살던 도슨에게 제동을 걸어 온전히 그리스도를 따르도록 바꾸기 위해, 위대한 심판이신 하나님께서 호루라기를 부신 것이라고 할 수 있습니다. 한 가지 결정적인 차이가 있다면, 이번 결신은 충동이나 체면이나 의롭게 살려는 자기 노력에서 나온 것이 아니라 그의 마음에 심긴 살아 있는 하나님의 말씀에서 비롯된 것이라는 점입니다. 진정한 회심이 이전의 결신이든, 혹은 나중에 한 결신이든 간에, 앞서 행하시는 하나님의 은혜로 말미암아 1926년 6월 어느 날 도슨은 예수 그리스도의 주재권에 자신을 온전히 굴복하고 자기 삶의 통치권을 내어 드리는 헌신을 하게 되었습니다. 그는 그날부터 하나님의 아들과 하나님의 종이 되었습니다.

도슨의 어머니 트로트맨 부인은 친구 루이스 부인에게 전화를 걸어 큰 소리로 외쳤습니다. "지금 도슨이 어디에 있는지 알아 맞추어 봐. 지금 팔로스버데스 언덕에서 기도에 열중하고 있어! 순전히 자기가 원해서 말이야!"

그날 진흙 구덩이 옆에서 하나님을 만난 이후에도 도슨은 계속 일하러 나갔는데, 일터에서 도슨에게는 거듭난 증거들이 분명하게 드러나기 시작했습니다. 추잡한 농담을 하는 사람이 있었지만, 도슨은 더 이상 이를 즐기지 않았습니다. 습관 때문에 욕설이 튀어나오기도 했지만, 곧 죄책감을 느꼈습니다. 도슨은 암송하고 있던 또 다른 구절인 요한일서 1:9의 진리를 배우게 되었습니다. "만일 우리가 우리 죄를 자백하면 저는 미쁘시고 의로우사 우리 죄를 사하시며 모든 불의에서 우리를 깨끗케 하실 것이오." 도슨은 이제 이 약속을 자주 사용하게 되었습니다.

이십 세가 되었을 때 도슨은 갑자기 한 가지 새로운 목표에 집중하게 되었습니다. 그는 자기의 변화된 삶에 놀라게 되었는데, 활기를 찾아 가는 이 새로운 삶이 자기를 위해 오랫동안 기도해 오던 어머니와 다른 분들의 기도의 열매였다는 사실은 몰랐습니다.

로미타에 살던 도슨의 여러 친구들 가운데 도슨의 회심을 의심하는 사람은 하나도 없었습니다. 그 당시 십대였던 해먹 부인은 이렇게 말했습니다. "마을 전체에 다 알려졌어요. 도슨은 만나는 사람마다 얘기를 걸었는데, 한쪽 구석으로 데리고 가서는 '내게 무슨 일이 일어났는지 들어 보셨습니까?'라고 하며 말을 시작했습니다."

도슨이 일하던 제재소에서는 일꾼들 사이에 "포키가 신앙을 가졌대"라는 소문이 퍼졌는데, 신앙을 드러내는 일은 그리 쉽지 않았습니다. 도슨이 넘어야 했던 첫 번째 장애물은 용기를 내어 신약성경을 가지고 다니며 사람들에게 성경 읽는 모습을 보이는 것이었습니다. 그 다음에는, 매주 목요일마다 빙 둘러앉아 점심을 먹는 사람들에게 복음을 전하기 위해서 선교 단체에서 사람이 찾아왔는데, 이 사람과 동일시하는 것이 필요했습니다. 무뚝뚝했지만 열심이었던 이 사람은 매주 찾아와 성실하게 말씀을 전했고, 많은 사람들은 그가 전하는 말씀이 들리지 않는 쪽으로 자리를 옮기곤 했습니다. 도슨은 간절한 마음으로 경청했으며, 이상하게도 전하는 말씀을 통해 새로운 힘이 생기는 것을 느꼈습니다. 이전에는 잠깐 동안도 듣지 않았을 텐데 말입니다. 도슨의 마음엔 여러 생각이 스쳐 갔습니다. '앞으로 나아가 그와 악수를 하는 게 좋을 것 같아. 그런데 다른 사람들이 어떻게 생각할까. 아냐, 나는 그렇게 해야만 해.' 도슨은 그 사람에게 성큼성큼 걸어가 악수를 청했습니다. 그리고 자신도 역시 그리스도인임을 밝혔습니다. 그러자 그 사람은 이렇게 말했습니다. "반갑습니다. 목요일마다 이곳에 오는데 그때마다 만나면 좋겠습니다. 다른 사람들도 데려오기 바랍니다."

그 다음 관문이 기다리고 있었습니다. "다음 주에 여기에 나와서 당신의 간증을 한번 하는 게 어떨까요?"라고 어느 날 복음을 전하던 그 사람이 물었습니다. 아이쿠! 이것은 앞으로 나아가, 복음을 전하는 그 사람과 악수하는 것보다 훨씬 어려운 것이었습니다. 그러나 도슨은 하나님께서 기뻐하시는 일이라면 무엇이든 하겠다고 하나님께 약속했었고, 제재소에 있던 사람들이 복음을 듣게 되도록 기도해 왔던 터라 감히 거절할 수 없었습니다.

"좋습니다. 그렇게 하겠습니다." 이 결단은 별로 중요해 보이지 않았지만, 도슨은 나중에 이를 회상하면서 하나님께 순종하는 삶으로 발전하는 데 매우 중요한 단계였다고 말했습니다. 실패할 수도 있었던 테스트였습니다. 작은 발걸음이었지만, 그러나 하나님께서 기뻐하시는 걸음이었습니다.

도슨은 한두 친구에게 자기가 다음 목요일에 사람들 앞에서 간증을 할 것이라고 살짝 말했는데, 이내 입에서 입으로 모든 사람들에게 알려지기 시작했습니다. 회사 게시판에는 "포키가 말씀을 전함"이라는 문구가 붙었습니다. 목요일에 거의 200명이나 되는 제재소 일꾼들 대부분이 모이게 되었습니다. 두려워하던 마음은 이내 사라졌고, '지옥불과 유황못'이라는 충격적인 주제로 말씀을 전했습니다. 도슨은 힘있게 말씀을 전함으로, 유창하지도 않고 화려하지도 않은 그의 간증을 보완하였습니다. 그리고 일꾼들은 모두 경청하였습니다. 이로 말미암아 도슨은 과거에 감히 접근할 수 없었던 사람들과 그 후 여러 주 동안 개인적인 대화를 나눌 수 있는 길을 닦게 되었습니다. 사람들이 질문을 하기 위해 도슨에게 다가왔기 때문입니다.

이전에 암송했던 스무 구절은 회심 첫날부터 도슨의 새로운 삶에 양식이 되고, 인도자 역할을 했습니다. 도슨은 그 말씀들로 격려를 받았고, 책망과 바르게 함을 받았습니다. 도슨은 생각했습니다. '만약 스무 구절이 그렇게 능력이 있다면, 스무 구절, 아니 백 구절을 더 외우면 더욱 좋을 게 아닌가?' 도슨은 곧바로 매일 한 구절씩 외우기 시작했으며, 그때그때 느끼는 필요를 채워 주거나, 질문에 대한 답을 주거나, 중요한 진리가 담긴 말씀 가운데서 암송할 구절들을 골랐습니다.

전도할 때 가끔 도슨이 대답할 수 없는 질문을 던지는 사람들이 있었는데, 이런 경우에는 목사님을 찾아가 도움을 청하였습니다. 목사님은 도슨에게 이렇게 말했습니다. "도슨, 사람들은 그리스도를 믿지 않으려고 온갖 변명을 하지만, 성경에는 그 모든 변명에 대한 답변이 있다네." 도슨은 성경 말씀으로 대답하지 못하는 경우가 두 번 다시 생기지 않게 하겠다고 결심했습니다. 점심시간에는 교리에 관한 책을 읽었고, 직장에 올 때에는 성경 암송을 했으며, 근무가 시작되기 전에 빨리 가서 가까운 언덕에서 기도 시간을 가졌습니다.

두 번 다시 대답하지 못하는 일이 없어야겠다는 결심은 삶의 다른 영역까지 영향을 미쳐 하나의 원리로 굳어졌습니다. '같은 실수를 반복하지 말라.'

도슨은 CE에서 밀스와 토머스 선생님이 보여 준 '개인 사역'의 본을 통해 많은 것을 배웠습니다. 이는 한 사람을 그리스도께로 인도하기 위하여 한 단계씩 차례로 설명해 주는 방법인데, 당시에는 흔치 않은 것이었습니다. 대개 복음주의 교회에서는 교리를 가르치는 것으로 만족하고 있었으며, 그 이상은 상관치 않았기 때문입니다.

그러나 제재소에서 복음을 전하는 데에는 한 가지 장애물이 있었습니다. 도슨의 급한 성미가 불쑥 불쑥 튀어나왔기 때문입니다. 결국 이 때문에 도슨은 일자리를 잃게 되었습니다. 도슨이 화가 나서 자기가 다루던 기계에다 분풀이를 하는 모습을 윗사람이 보았기 때문입니다. 곧이어 다른 일자리를 얻게 되었지만, 이전 직장으로 돌아가 보상을 해야 한다는 느낌이 강하게 들었습니다. 회심한 이래 태도가 달라진 것입니다. 죄는 여전히 주도권을 잡으려고 싸움을 걸어왔지만, 그러나 이제는 성령께서 하나님의 말씀이라는 무기를 통하여 자기를 든든히 무장시켜 주시는 것을 경험하게 되었습니다.

도박을 좋아하는 옛 습관도 끈질기게 남아 있었습니다. 선천적으로 내기를 좋아했던 도슨은 주사위 게임을 하는 곳을 결코 그냥 지나칠 수 없었습니다. 한두 판이라도 꼭 주사위를 던져야 했습니다. 이전에는 종종 친구들과 함께 낚싯배를 타고 캐털리나(로스앤젤레스 해변에서 35km 떨어진 섬, 역자 주)로 가서, 도박을 마음껏 즐기며 밀조된 맥주를 자유로이 마시곤 했습니다. 그리스도를 믿기로 결심한 이후에는 딱 한 차례 유혹에 굴복하여 캐털리나로 간 적이 있었는데, 그때에는 함께 술은 마시지 않았지만, 자기 주머니에 신약성경을 넣은 채 도박을 한다는 것이 마음에 걸렸고, 그런 자리에 온 것을 후회하였습니다. 돌아오는 길에 도슨을 제외하고는 모두가 거친 파도 때문에 뱃멀미를 하게 되었는데, 도슨은 이를 하나님께서 모든 것을 용서하여 주신 표시로 받아들였습니다.

오랫동안 괴로워하던 문제가 또 하나 있었는데, 두 선생님께 도움을 청하였습니다. "거짓말하는 이 나쁜 습관을 이길 수 있도록 기도해 주십시오." 도슨은 자신의 모습을 솔직히 드러내 놓고 간절히 기도를 부탁하였습니다. "선생님들도 아시지만, 일단 거짓말을 하면 다른 사람들에게 말할 때는 처음 사람에게 어떤 얘기를 했는지 기억나지 않습니다. 그렇게 되면 사람들을 모두 속이기 위하여 점점 더 큰 거짓말을 할 수밖에 없으니 정말 심각한 문제입니다." 두 선생님은 도슨의 영적 성장을 위하여 규칙적으로 기도하는 제목에 이 내용을 첨가하였습니다.

그러나 가장 심각한 문제는 흡연이었습니다. 굳이 다른 사람의 말을 듣지 않더라도 담배를 끊어야 한다는 것을 잘 알고 있었습니다. 그러나 갈등은 몇 달 동안 지속되었고, 여러 차례 시도하였지만 성공과 실패가 비슷하게 반복되었습니다. 담뱃갑을 멀리 던져 버리기도 했지만, 그때마저도 완전히 끊을 수가 없었습니다. 실망에 빠진 채 집 근처의 들판을 거닐며 하나님께 기도하였습니다. 자기 삶에서 이 습관을 완전히 뿌리 뽑아 달라고 간구했습니다. 문득 자주 주장했던 고린도전서 10:13 약속이 떠올랐습니다. "사람이 감당할 시험밖에는 너희에게 당한 것이 없나니, 오직 하나님은 미쁘사 너희가 감당치 못할 시험 당함을 허락지 아니하시고 시험당할 즈음에 또한 피할 길을 내사 너희로 능히 감당하게 하시느니라." 답은 여기에 있었습니다. 이 습관은 분명 이길 수 있었습니다. 하나님께서 이길 수 있다고 말씀하셨기 때문입니다. 도슨은 이 말씀을 믿기로 하였습니다. 그리하여 여섯 차례의 시도 끝에 도슨은 담배를 끊었고, 담배를 피우고 싶은 욕구는 사라졌으며, 결국 승리를 경험하게 되었습니다. 승리! 그때를 회상하며 도슨은 자기가 참으로 값진 경험을 했다고 말했습니다. 비슷한 어려움에 빠져 갈등하는 다른 사람들을 이해하고 도움을 줄 수 있는 값진 경험이었기 때문입니다.

회심한 이후 1년도 안 되어, 도슨은 부친이 목사인 그레이엄 티닝과 함께 지역 연합 부활절 새벽 예배를 준비하였습니다. 하버 지역에서는 처음이었습니다. 두 사람은 널리 광고도 하고, 보이스카우트를 동원하여 교통정리도 하고, 언덕배기에는 꽃으로 커다란 십자가를 만들었습니다. 부활절 날 아침 일찍부터 각 지역에서 수백 명의 사람들이 몰려오는 것을 보고 그들은 크게 놀랐습니다. 이때부터 매년 해가 뜰 무렵 부활절 예배를 드리게 되었는데, 그 지역의 여러 교회와 목사들이 참여하였습니다.

제재소에서 트럭을 운전하며 도슨은 틈틈이 성경 구절을 복습하였고, 주머니에는 늘 그 구절의 장절이 깔끔하게 적힌 카드를 가지고 다녔습니다. 동료였던 짐 쿨렌이 도슨의 입술을 보고는 뭘 하고 있느냐고 물었습니다.

"성경 구절을 복습하는 거야."

"푹 빠졌네." 짐이 대답하였습니다.

며칠 뒤에 도슨은 "암송하는 모습이 어때 보여?"라고 짐에게 물었습니다.

"좋아 보이는데."

"여기 너한테 주고 싶은 구절이 하나 있어. 찾아봐."

그 다음 날, 도슨은 신약성경을 한 권 사서 "사랑하는 친구 짐에게"라고 썼습니다. 짐은 그 선물을 받고 무척 감격하였습니다. 그 뒤 도슨은 트럭을 타고 지나갈 때마다 경적을 울리고는 막대기 끝에다 암송 카드를 끼워 건네주었습니다. 빼먹은 날이 한 번 있었는데, 그때 짐은 "내게 줄 성경 구절은 어디에 있지?"라고 물었습니다.

그 얼마 뒤에 짐이 도슨에게 한 구절을 주었습니다. 고린도후서 5:8이었습니다. "우리가 담대하여 원하는 바는 차라리 몸을 떠나 주와 함께 거하는 그것이라." 이를 읽은 도슨은 트럭을 몰아 재빨리 목재 더미를 빙 돌아오더니 짐에게 물었습니다. "짐, 무슨 말이지? 구원의 주님을 만났다는 말인가?"

"그래." 짐이 대답했습니다. "부활절 아침 예배에 자넬 따라갔다가 집에 돌아온 날 밤에 아내와 아이들과 함께 모두 그리스도를 영접했지." 도슨은 제재소에서 처음으로 전도의 열매를 맺은 것입니다. 그 후에 다른 사람들도 믿게 되었지만, 도슨은 이 첫 경험 때 얻은 기쁨을 늘 회상하였습니다. 윗사람 열두 명을 위해 계속 기도했었는데, 비록 전부가 그의 전도를 통한 것은 아니지만, 그 가운데 일곱 명이 그리스도인이 되었습니다.

나르본 가의 집에서 그리스도를 증거하는 것은 제재소에서 전도하는 것만큼이나 어려웠습니다. 남동생 롤런드는 무관심했습니다. 누나 밀드리드는 결혼하여 휘티어에 살고 있었는데, 자기의 논리로는 도저히 믿음을 가질 수 없다고 도도한 체하며 말했습니다. 가족 중에 유일한 그리스도인이었던 어머니가 아버지를 멀리했기 때문에, 아버지는 영적인 일에 대해서 도무지 대화를 하지 않으려 했으며, 이 때문에 도슨은 어찌할 바를 몰랐습니다.

어느 날 도슨은 담대하게 말을 꺼냈습니다. "아버지, 저는 그리스도를 제 구세주로 영접했습니다. 그런데 제가 아버지의 삶을 살펴보니 아직 예수님을 믿지 않으시는 것 같습니다. 저는 아버지가 예수님을 믿었으면 좋겠습니다."

도슨의 아버지는 "도슨, 내가 그 문제에 대해 이야기를 나눌 준비가 되면 그때 알려 주마"라고 대답했습니다. 훗날 아버지는 믿고 나서 이렇게 말하곤 했습니다. "내가 그렇게 말했었다고? 난 네가 나에게 말을 걸어오기를 줄곧 기다렸단다." 도슨은 그때 좀 더 적극적으로 복음을 전하지 못하고, 그렇게 마냥 세월을 흘려보낸 것이 안타까웠습니다.

도슨의 어머니 트로트맨 부인은 아들에게 자기 교회에서 성령의 은사에 대해 배운 교훈을 강요했는데, 다른 교회에 다니던 도슨은 어머니가 가르쳐 준 내용과는 상반되는 구절들을 목사님에게서 배우게 되었습니다. 도슨은 해결책을 얻기 위해 주님께 기도하였습니다. 기도하는 도중, 그가 보던 성경에 잔잔한 바람이 불어왔습니다. 그때 요한복음 7:17이 눈에 들어왔습니다. "사람이… 행하려 하면… 알리라." 성경책이 바람에 다시 펄럭였고, 요한복음 5:39이 눈에 들어왔습니다. "… 성경을 상고하거니와…."

학교에 다닐 때처럼 일찍 일어나, 도슨은 매일 아침 성령에 관한 모든 구절들을 상고하기 시작했습니다. 나중에 도슨은, 자기가 사용했던 이 방법이 어떤 교리에 관련된 진리를 찾고자 할 때 가장 효과적인 방법 가운데 하나라는 사실을 깨닫게 되었습니다. 베뢰아 사람들도 진리를 알기 위해 여러 성경 구절을 비교해 보면서 날마다 성경을 상고했던 것입니다(사도행전 17:11 참조). 도슨은 믿는 자 안에서 역사하시는 성령에 대하여 60개의 구절을 선택한 후에 이를 암송하였습니다. 그 결과로 성령에 관한 교리에 대해 견고한 확신을 갖게 되었으며, 도슨은 이 확신이 성경 전체의 증거와 균형을 이룬다고 믿을 수 있었습니다. 나중에 도슨은 어떤 가르침에 대해 빗나가지 않고 균형 있게 이해하고 가르치려면 이런 방법을 사용하도록 추천하였습니다.

도슨은 제재소에서 에버 해즐턴이라는 젊은 그리스도인을 발견하고는 그리스도에 관한 내용을 계속 나누었습니다. 그 두 사람은 밀스 선생님을 찾아가 사람들 앞에서 말씀을 전하는 법을 가르쳐 달라고 했습니다. 밀스 선생님은 두 사람을 자기 거실 한쪽 끝에 서게 한 뒤에, 인내심을 가지고 그들에게 말씀을 전하는 법, 힘차게 찬송을 인도하는 법 등을 가르쳤습니다. 이때 도슨의 첫 설교 주제는 '요한계시록에 나오는 일곱 교회'였습니다!

그리스도를 더욱 많이 배우고 증거하려는 도슨의 열망은 피셔맨 클럽(the Fishermen Club)을 알게 되면서 채워지기 시작했습니다. 이 클럽은 1920년대 초반 로스앤젤레스에서 시작되었는데, "말씀하시되 '나를 따라오너라. 내가 너희로 사람을 낚는 어부가 되게 하리라' 하시니"(마태복음 4:19)라는 예수님의 약속을 실제 삶에서 성취하는 것을 목표로 하였습니다. 도슨이 롱비치 피셔맨 클럽을 처음 방문하였을 때 40-50명가량의 젊은이들이 모여 있었습니다. 십대 혹은 이십대로 보이는 그들은 버논 모건 박사로부터 '영혼을 낚는 법'을 배우고 있었는데, 도슨은 이 광경을 보고 크게 감격하였습니다. 매주 그 젊은이들은 그리스도를 증거한 경험을 간증했고, 이어서 모건 박사에게서 성경 말씀을 듣고, 전도하는 법을 배웠습니다.

도슨은 말씀과 개인 전도에 강조점을 둔 피셔맨 클럽에 곧 매력을 느꼈습니다. 첫날 밤 들은 모건 박사의 말씀은 잃어버린 영혼에 대하여 짐을 느끼는 것에 관한 내용이었습니다. 도슨은 큰 도전을 받았고, 그래서 집에 돌아오는 길에 친구와 함께 어떤 나무 아래에 멈추어 무릎을 꿇고는 하나님께 기도했습니다. "하나님, 잃어버린 영혼에 대한 짐을 느끼게 하소서. 우리가 죽을 때까지 느끼게 될 짐을 얹어 주소서!"

하나님께서는 정말로 도슨에게 영혼에 대한 짐을 얹어 주셨고, 도슨은 복음을 증거할 기회를 찾기 시작했습니다. 클럽 모임을 마친 후 돌아오는 길에 한 멕시코 사람을 차에 태워 주게 되었습니다. 후안이라는 사람이었습니다. 그 사람이 산다는 곳까지 함께 가면서 도슨은 복음을 나누었고, 그리스도를 영접하겠느냐고 물었습니다. 그러겠다고 대답한 그는 영접한 이후에 다시 윌밍턴으로 돌아가겠다고 말했습니다. "왜 그러시지요?" 도슨이 물었습니다. "오늘 밤 나는 동생 집을 털러 가는 길이었습니다." 후안이 고백했습니다. "동생은 여기 사는데, 지금 휴가를 떠나고 없습니다. 그렇지만 이제 나는 집으로 돌아가기로 마음먹었습니다." 처음으로 전도하여 믿은 사람이 참된 믿음을 가졌다는 증거를 본 도슨은 참으로 기뻤습니다.

그리스도를 영접한 뒤 1년이 지났을 때 도슨은 로미타에서 가진 한 전도 모임에서 '개인 사역자'로 일하게 되었습니다. 고등학교 친구인 월트 스탠턴이 청중 가운데 있는 것을 본 도슨은 그에게로 다가가서 그리스도를 영접하도록 촉구했습니다. 스탠턴은 이렇게 회상합니다. "나는 그때 아직 준비되지 않았었습니다. 그러나 도슨은 진정한 관심을 가지고 있었기 때문에 그리스도를 위하여 바보처럼 보이는 행동도 할 수 있었습니다. 그 자리에서 도슨은 무릎을 꿇고 나를 위하여 기도하였습니다. 나는 참으로 강한 인상을 받았습니다. 나중에 나는 밀스 선생님을 통해 주님을 믿게 되었습니다."

월트는 나중에 피셔맨 클럽에 열정적으로 참여했고, 도슨과 함께 전도 여행도 다녔습니다. 그는 길거리에서 차를 얻어 타려고 기다리는 사람들에게 적극적으로 전도하는 도슨의 모습을 보고 황홀함을 느끼기까지 했습니다. 월트는 이렇게 말했습니다. "차에 태우고 난 후 2분이 채 못 되어 도슨은 복음을 전하기 시작했습니다. 도슨의 차에 탄 사람은 대부분 차 안에서 영접을 하였습니다." 도슨이 사람들에게 진심에서 우러난 집중된 관심을 보였기 때문에 전도를 받은 많은 사람들이 예수님을 믿겠다고 결심했지만, 그들 가운데는 비록 결심은 진지했으나 진정으로 거듭나지 않은 사람이 있기도 했습니다.

도슨은 CE에도 큰 관심을 보였습니다. 그는 그가 속한 클럽의 회장이기도 했으며, 1928년 초에는 센티넬라 지역의 기도 모임 책임자가 되었습니다. CE 규정을 보고 전도팀을 조직하는 것도 자기의 책임이라는 것을 안 도슨은 그 지역에 있는 13개 클럽에서 자원하는 사람을 모집하여 하나의 전도팀을 만들었습니다.

여섯 명의 젊은이가 자원하였는데, 이들은 여러 곳에서 열리는 모임에 함께하기 시작했습니다. 그들의 간증은 "예수님께서 구원하시고, 보호하시며, 만족을 주신다"라는 식이었는데, 도슨은 간증 속에 구체적인 성경 말씀이 빠진 것에 주목하게 되었습니다. 도슨은 자기가 하고 있던 성경 암송을 그들도 하게 함으로써 이를 고쳐 주려고 했습니다. 매주 새로운 구절을 주었고, 그들이 자신들이 암송한 구절을 인용하는 것을 듣게 되었습니다. 곧 그들은 자기들 스스로 계속해 나가겠다고 했으며, 새로운 구절을 직접 고르기도 하였습니다. 그러나 과제를 주지 않자, 암송하는 것도 멈추었습니다. 이 경험을 통해 도슨은 중요한 원리를 배우게 되었으며, 이 원리는 나중의 모든 사역에 영향을 미치게 되었습니다. 인간은 본성적으로 영적 일에는 게으른 경향이 있으며, 붙들어 주는 사랑과 자극해 주는 사랑이 필요하고, 다른 사람들의 자극이 있어야 지속해 나갈 수 있는 격려와 힘을 얻게 되며, 방법이 편리해야 끝까지 지속할 수 있게 된다는 원리였습니다.

CE 시절의 동료였던 세실 제프리는 도슨의 '멋진 미소'와 당시 유행과는 다른 옷차림을 회상하며 이같이 말했습니다. "나는 도슨의 옷차림을 세심히 관찰했습니다. 모직 양복바지와 화려한 색상의 셔츠를 입고 다녔습니다. 도슨은 정말 활동적인 인물이었습니다. 항상 활기찼고, 힘이 넘쳤습니다. 모임을 가질 때에는 열 번도 넘게 방을 드나들곤 했습니다. 도슨은 늘 활발히 움직였습니다."

도슨은 피셔맨 클럽의 모건 박사가 추천한 선교사의 전기를 읽게 되었는데, 이는 도슨의 사고방식과 영적 성장에 큰 영향을 주었습니다. 눈 위에 무릎을 꿇고 인디언들의 구원을 위해 기도했던 데이비드 브레이너드를 통해 동기를 받은 도슨은, 비록 그 어려움을 잘 알지는 못하지만 적어도 로미타 언덕에서 잃어버린 영혼들을 위해 기도해야 겠다고 생각하였습니다. 그리고 기도 응답을 통해 하나님의 공급을 경험하며 생생한 믿음의 삶을 살았던 조지 뮐러를 그대로 본받는 삶을 살아야겠다는 결심을 하였으며, 하나님께 대한 놀라운 믿음으로 말미암아 중국 내지 선교를 개척했던 허드슨 테일러를 그대로 따르겠다는 마음도 갖게 되었습니다. 도슨은 또한 1800년대 초에 있었던 유명한 '건초더미(Haystack) 기도회'에 대해 읽고서 큰 도전을 받았습니다. 이 기도회를 통해 아도니럼 저드슨 등 여러 사람들이 미국 학생 선교 운동을 시작하게 되었던 것입니다.

월트 스탠턴은 이렇게 말합니다. "도슨은 토요일 새벽이나 일요일 새벽이나 다른 날 아침 일찍 언덕이나 공원으로 가서 기도하곤 했는데, 안 가본 장소가 없을 정도였습니다. 도슨은 늘 다른 젊은이들이 자기와 함께 기도하게 하려고 했는데, 그들 대부분은 며칠이나 몇 주 정도 지속했습니다. 그리고는 그들은 지쳐서 그만두곤 했습니다. 도슨은 자주 우리 집에 찾아와 내 방 창문에서 돌을 던져 나를 깨웠고, 나는 함께 기도하러 갔습니다. 어느 날 아침에는 내가 그 돌을 다시 바깥으로 던지고는 도로 잠을 잔 적도 있었는데 도슨이 그처럼 실망하는 것을 본 적이 없었습니다. 도슨은 합심하여 하는 기도의 능력에 관한 마태복음 18:19의 약속을 너무도 굳게 믿고 있었습니다."

D. L. 무디는 "하나님께 온전히 헌신된 한 사람을 통해 하나님께서 하실 수 있는 일을 세상은 보아야 한다"라는 말을 자주 인용했는데, 도슨은 "주님, 제가 '그 사람'이 되게 하여 주소서"라고 기도하게 되었습니다. 이는 도슨의 마음 깊숙한 곳에 있는 열망이었습니다. 나중에 골로새서 1:28 말씀을 통해, 하나님께서는 그런 사람을 하나가 아니라 수없이 원하신다는 것을 깨닫게 되었습니다. 사실, 도슨은 '모든

사람'이 '그 사람'이 되기를 원했습니다.

피셔맨 클럽을 통해 도슨은 영혼을 구원하는 일에 가속도가 붙기 시작했으며, 피셔맨 클럽은 도슨의 초기 사역에 주된 매체가 되었습니다. 그는 3년 이상을 피셔맨 클럽에 다니면서 사람들을 가르쳤고, 늘 젊은이들에게 '말씀을 파고들며' 나가서는 영혼을 구원하라고 도전하였습니다. 미국 성서공회의 유진 니다 박사는 그 당시에 롱비치 피셔맨 클럽의 일원이었는데, 도슨에 대하여 다음과 같이 회상합니다. "도슨은 길거리에서 차에 태워 준 사람들을 그 모임에 데려오곤 했습니다. 때로 그들 가운데는 제대로 걸을 수 없는 사람들도 있었습니다. 그의 열정은 내게 커다란 영향을 끼쳤습니다."

피셔맨 4인방으로 불리던 네 사람 속에는 도슨과 루이 코우테스가 있었으며, 루이는 도슨의 동지요, 제자요, 조력자가 되어 늘 함께하였습니다. 피셔맨 4인방은 오토바이를 타고 다니며, 여러 교회의 모임과 젊은이들 모임에 참석하여 찬양도 하고 간증도 하였습니다. 그들은 교회에서 종종 '가벼운 낚시 모임'을 가졌는데, 피셔맨 클럽의 사역을 설명하고, 교인들에게 그리스도를 전파하는 삶을 살라고 도전했습니다.

피셔맨 클럽의 노우레스는 다음과 같이 회상합니다. "도슨은 강인하고 활력이 넘치는 사람이었습니다. 개인 간증을 할 때면, 듣는 사람들의 주목을 끌지 못하는 경우가 내 기억으로는 한 차례도 없었습니다. 도슨은 다른 사람이 행동으로 옮기도록 이끄는 능력이 있었습니다. 도슨은 만약 자기가 제시하는 것을 그대로 따르지 않으면, 상대방의 마음이 불편하게 만들었습니다. 이는 그가 박력이 넘쳤기 때문입니다." 강인한 모습을 보이고, 오토바이 복장을 즐기며, 거칠어 보이는 외모를 보이는 데에는 어느 정도 도슨의 의도가 담겨 있었을 것입니다. 즉, 전도할 때 다른 사람들에게 여자 같은 인상을 보이지 않으려는 마음 때문이었을 것입니다. 도슨은 또한 목소리를 일부러 낮추었는데, 이를 통해 좀 더 남자다운 인상을 보이려 했습니다.

그러나 강인한 인상을 주는 것이 도슨의 주된 관심사는 아니었습니다. 도슨은 말씀과 기도를 통해 하나님과 깊은 교제를 가지기 위해 지속적으로 많은 시간을 들였습니다. 세실 제프리는 이렇게 말했습니다. "도슨에게서 가장 눈에 띄는 것은 그의 삶의 첫자리를 그리스도께서 차지하고 계신 것입니다. 사람들은 늘 도슨을 그리스도의 사람으로 생각하였습니다. 만났다 헤어질 때면 그는 늘 성경 말씀을 한 구절 나누어 주곤 했습니다."

제프리는 하나님께서 도슨과 그가 암송한 구절을 매우 실제적인 방법으로 사용하시는 것을 보고 깊은 인상을 받았다고 했습니다. "기도할 때면 도슨은 자주 '주님, 우리는 우리가 마땅히 할 일에 대하여 아뢰기 위해 모였습니다. 우리는 오늘 누구를 만날지, 그리고 그들의 필요가 무엇인지도 모릅니다. 그들의 필요를 올바로 채울 수 있는 말을 하게 도와주소서'라고 했습니다. 그날 도슨은 마음속에 있는 고민과 짐을 나누는 어떤 사람에게 귀를 기울이며 사랑 가운데 경청하였습니다. 그리고는 '형제여, 당신은 그리스도인입니다. 베드로전서 5:7 말씀을 들려주고 싶습니다. "너희 염려를 다 주께 맡겨 버리라. 이는 저가 너희를 권고하심이니라"는 말씀이지요.' 나중에 도슨은 우리들에게 이렇게 말했습니다. '내가 이 구절을 어떻게 알게 되었는지 아십니까? 나는 베드로전서를 읽은 지가 꽤 오래 되었습니다.' 그제야 우리는 다른 사람의 필요를 채울 수 있는 구절을 주시도록 주님께 기도했었다는 것을 기억하곤 했습니다. 모든 것이 이처럼 실제적이었습니다. 도슨에게는 성경의 모든 구절이 누군가의 마음을 향해 곧바로 쏠 수 있는 화살과 같았습니다."

모건 박사의 설교와 허드슨 테일러의 전기에 몰두하고 있을 동안,

또한 도슨은 하나님의 말씀에 대하여 자기 나름대로의 확신을 발전시키고 있었습니다. 그러나 성경 교리를 제삼자의 입장에서 분석하기보다는, 성경의 각 구절을 하나님께서 도슨 자신에게 직접 말씀하시는 메시지로 받아들이고 그 의미를 진지하게 생각하였습니다. 성경 구절의 배경이나 상황을 이리저리 따지기보다는 그 구절을 통해 하나님께서 자기 자신에게 직접 말씀하시거나, 직접 명령하시거나, 직접 약속하신다고 믿었습니다.

도슨은 특히, 창세기를 여러 차례에 걸쳐 자세히 다룬 모건 박사의 설교를 통해 깊은 인상을 받았습니다. 모건 박사의 설교는 하나님의 약속을 주장한 아브라함을 강조하였습니다. 언덕에서 사람들과 만나 기도를 지속하면서 도슨은 하나님께서 자기 자신에게 주실 약속을 찾기 시작했습니다. 하나님의 말씀에 대한 도슨의 믿음은 자라 가고 있었고, 말씀하시면 이루어지고 명하시면 견고히 서게 하는 능력을 가지신 하나님과의 실제적인 관계가 성장하고 있었습니다.

말씀을 그대로 받아들인 도슨은 말씀 그대로 순종하였습니다. 그것은 개인적인 훈련을 요구했는데, 도슨은 천성적으로 이런 면에 뛰어난 사람이 아니었기 때문에 상당히 큰 값을 치러야 했습니다.

도슨의 한 친구는 이렇게 말했습니다. "나는 도슨을 세상에서 가장 정신 나간 사람이라고 생각했습니다. 이전에는 그런 사람을 본 적이 없습니다. 도대체 아침 다섯 시나 여섯 시에 언덕 위에서 기도하기를 원하는 사람이 어디 있겠습니까?" 원래 쾌활했으며, 원기 왕성한 몸에서 흘러넘치는 강력한 정신적 에너지를 가진 도슨을 생각할 때, 이는 도저히 상상할 수 없는 모습이었습니다. 이렇게 하는 주된 동기는 단지 말씀에 대한 순종을 통해 하나님을 기쁘시게 하고자 하는 마음이었을 것입니다.

몇 해 뒤에 만난 딕 하이타워는 이렇게 말했습니다. "훈련은 도슨의 모든 영역에서 기본이었습니다. 우선 일찍 일어나는 것 자체가 도슨에게는 훈련이었습니다. 말씀을 마음에 간직하기 위하여, 말씀을 섭취하는 시간을 확보하기 위해서였습니다. 또한 기도로 주님을 만나기 위하여 훈련해야 했습니다. 새벽 네 시나 다섯 시에 일어나 차디찬 바깥으로 나가 언덕에서 기도한다는 것 자체가 진짜 훈련이었습니다."

* * *

1928년 초, 장로교회 주일학교의 중등부 책임자였던 밀스 선생님은 도슨에게 한 학급을 맡아 달라고 요청했습니다. 도슨이 가르치던 첫 주일에, 소년들은 이전 선생님에게 그랬던 것처럼 전혀 귀를 기울이지 않았습니다. 도슨은 이 문제에 대하여 기도했습니다. "주님, 주님께서 이 소년들을 만드셨습니다. 제게 그들의 관심을 끌 수 있는 지혜를 허락하소서." 하나님께서 원하시는 일이라면 반드시 그것을 성취할 방법이 있을 것입니다. 기도 응답이 왔습니다. 바로 개인적인 면담이었습니다. 문제를 가장 많이 일으켰던 잭을 먼저 만나서는, 마가복음 4장에 나오는 씨 뿌리는 자의 비유를 설명했습니다. "잭, 지난 주일에 주일학교에는 사탄이 있을 필요가 없었어. 너는 사탄을 도와주고 있는 셈이었어. 너 때문에 다른 아이들이 하나님의 말씀에 관심을 기울이지 못하고, 하나님께서 그들에게 말씀하여 주시는 것을 듣지 못했으니까." 잭은 이 말에 고개를 끄덕이며 진지한 반응을 보였습니다. 도슨이 만난 두 번째 소년도 같은 반응을 나타냈습니다. 그 다음 주일에 소년들은 모두 천사 같은 태도를 보였습니다. 도슨은 소년들과의 이런 대화를 통해 일대일로 만나는 것이 얼마나 많은 것을 성취할 수 있는지 배우게 되었습니다. 이 교훈은 나중에 일대일 사역에 대한 도슨의 확신이 자라나는 데 도움이 되었을 것입니다.

얼마 지나지 않아 도슨과 학생들은 공과 시간이 너무 짧다는 것을 알게 되었습니다. "공과를 다 마치기에는 시간이 부족해서 주중에 아이들을 저녁에 집으로 초청하여 가르치기로 했습니다"라고 도슨은 말했습니다. 또한 도슨은 중학생들을 대상으로 하는 주니어 피셔맨 클럽을 위한 계획을 알게 되었는데, 자기가 주일학교에서 가르치는 학생들이 다른 학생들을 데려와 클럽에 가입하도록 했습니다.

도슨은 플라센티아 근처에 있는 돈 밀리건의 청소년 클럽을 방문했으며, 밀리건이 주관하는 청소년 클럽 인도자를 위한 훈련 과목도 수강했습니다. 도슨은 밀리건이 사용하고 있었던 회원 카드, 단계 구분, 단계별 성경공부, 암송 교재 등을 보고 매력을 느꼈습니다. 도슨은 이러한 아이디어에다 새로운 것을 첨가하거나 고치고, 더욱 자세하게 만들었으며, 로미타에 있는 클럽에서도 사용하게 되었습니다. 클럽 노래, 인사, 장식편, 그리고 시상은 모두 도슨이 사용한 프로그램의 일부였습니다.

로미타의 사업가 노르지 쿡은 이같이 회상합니다.

"프로스펙터(Prospectors) 클럽에 가입하는 것은 마치 보이스카우트에 가입하는 것과 같았습니다. 성경을 암송하면 상을 받았고, 늘 신약성경을 가지고 다녔으며, 파란색 천과 하얀색 천으로 만든 다이아몬드 모양의 표지를 소매에 꿰매어 붙였습니다. 장로교회 건물 뒤에 있는 낡은 건물에서 가진 첫 모임에서 도슨은 그리스도를 주님으로 모시고 싶은 사람은 자리에서 일어서라고 했습니다. 그러자 여섯 명 정도가 일어났습니다.

도슨은 두 가지 고무 스탬프를 사용했습니다. 한 가지는 화살표 모양이었는데, 암송할 구절에다 찍었습니다. 만약 다음 주에 그 구절을 암송해 오면, 그 구절 위에다 별 모양의 스탬프를 찍었습니다. 도슨은 우리가 성경을 암송하도록 열정적으로 도왔습니다. 한번은 내가 아픈 적이 있었는데, 내 방문을 두드리는 소리가 들렸습니다. 순간적으로 나는 암송했던 구절들을 마음속으로 복습하였습니다. 도슨이 틀림없이 그 구절들을 암송해 보라고 할 것을 알고 있었습니다.

도슨은 종종 우리들을 집으로 데려다 주었는데, 차에서 내려 준 소년들의 좋은 점 몇 가지를 말하곤 했습니다. 나는 '나중에 내가 내려도 도슨이 내게 대하여 좋은 것을 말해 줬으면 좋겠어'라고 생각했습니다.

모임에서 헌금을 할 때, 우리는 가운데 놓여 있는 자그만 빨래통에 던져 넣었습니다. 정말 재미있었습니다. 도슨은 이를 '양동이 맞추기'라고 불렀습니다. 이외에도 많은 활동을 했습니다. 예를 들면 언덕에 올라가서 '깃대 빼앗기' 놀이를 했습니다. 로미타 클럽은 15명에서 50명으로 불어났습니다."

일본계 소년 4명이 클럽에 들어왔습니다. 어느 날 키가 작은 한 할머니가 T형 버스를 세우고는 절을 하더니 자기 손자를 가리키면서 서툰 영어로 도슨에게 말했습니다. "감사해요… 조지가… 감사해요… 조지가… 감사해요."

여름이 되면 도슨은 밀스와 토머스 두 선생님을 도와 여름 성경학교를 열었습니다. 야구 경기 심판도 보고, 합창도 가르치고, 여러 진행을 맡았습니다. 청소년 클럽이 점점 불어났는데, 주일학교와 CE 모임에 참석하던 아이들도 가입했기 때문입니다.

주니어 피셔맨 클럽 아이들에게 하나님의 구원 계획에 관한 성경 구절들을 가르쳐 그들을 '영혼을 구원하는 자'로 무장시키면서, 도슨은 이 일에도 '늘 방법이 있다. 그것을 발견하라'는 자기의 신념을 적용했습니다. 도슨은 주일학교를 처음 맡았을 때처럼 기도를 통해 그 방법을 발견했으며, 이런 태도는 이후에도 지속되었습니다. 구절을 바른 순서대로 찾도록 돕기 위해 아이들이 가지고 다니던 신약성경 여백 맨 위에다 첫 번째 구절을 지시하는 빨강색 화살표를 찍어 주었고, 바로 그 밑에는 두 번째 구절을 가리키는 화살표를 찍어 주었으며, 이런 식으로 해서 복음에 해당되는 구절 전체를 순서대로 찾아갈 수 있도록 했습니다. 다른 사람들에게 전도할 때 아이들은 화살표를 따라가면서 구절을 쉽게 찾을 수 있었습니다.

그러나 또 다른 아이디어가 필요했습니다. 아이들이 성경 각 책의 이름을 다 외우기는 했지만, 도슨이 가르치면서 어떤 구절을 언급할 때, 그 구절을 찾는 데에 더뎠기 때문입니다. 어느 날 도슨은 자기가 가장 자주 펴서 읽던 시편 부분의 가장자리가 더러워진 것을 발견했습니다. 그렇다면 요한복음도 가장자리에다 표시를 하면 쉽게 찾을 수 있을 거라고 생각했습니다. 각 책의 가장자리에 규칙적인 간격으로 가늘게 선을 긋고는 각 책의 책명을 기록함으로써 구절을 쉽게 찾을 수 있도록 했습니다. 이로 말미암아 클럽은 효과적으로 성경공부를 할 수 있게 되었고, 대단한 활기를 띠게 되었습니다.

성경에 색인을 만들어서 두세 쪽을 뒤적이면 주어진 구절을 쉽게 찾을 수 있게 해주는 독창적인 이 방법은, 도슨이 클럽 아이들을 위해 만든 것이며, 현재까지도 거의 바뀌지 않고 널리 사용되고 있습니다. 도슨은 깊이 생각하라고 도전하는 메시지를 전하면서, 메시지를 듣고 있던 사람들에게 이 방법에 대하여 언급한 적이 있습니다. "놀라운 게 아니지요? 네, 그렇습니다. 그것은 단지 줄 몇 개에 지나지 않습니다. 누구라도 그런 것을 생각할 수 있었을 것입니다. 다른 사람이 당신 앞에 먼저 본을 보여 주기까지 기다리지 마십시오. 필요를 찾아 무언가 시도를 하십시오." 바로 "주님, 아이디어를 주소서"라고 기도한 다음에 시도하라는 말이었습니다.

아이들이 가지고 다니던 신약성경은 책장 모서리가 자꾸 접히곤 했습니다. 바지 뒷주머니에 넣고 학교에 가거나 야구를 하다가 3루에 슬라이딩을 할 때면 모서리가 접히기 십상이었습니다. 도슨은 한 담배 케이스에 신약성경이 꼭 들어맞는 것을 보고는 동네에 널려 있는 케이스들을 아이들에게 모아 오도록 했습니다. 그 케이스를 양잿물에 넣고 삶으니 깨끗하고 광택이 나는 멋진 케이스가 되었습니다. 얼마 지나지 않아 수백 명의 아이들은 '새로워진 담배 케이스'에 신약성경을 넣고 다니게 되었습니다. 아이들의 마음과 삶 속에서 성경 말씀이 살아 움직이는 것을 본 나르본 고등학교의 교장 선생님은 가톨릭 신자였지만 도슨에게 다음과 같이 말하였습니다. "자네가 아이들과 함께하고 있는 것은 무엇이든 그대로 지속하게나. 이처럼 학생 문제가 없기는 난생 처음일세. 그들의 성적도 물론 좋아지고 있네." 한번은 축구팀 전체가 주님께로 돌아오기도 했습니다. 그들은 경기를 위해 기도했고, 가족과 친구들의 구원을 위해서도 기도했습니다. 지역 영화관은 장사가 잘되지 않았습니다. 뻔질나게 극장에 드나들던 아이들 가운데 많은 이가 클럽 활동에 바빴기 때문입니다.

주님을 믿은 지 2년이 흘렀을 때, 도슨은 하나님께서 어떤 길로 부르시든 감당할 수 있으려면, 성경을 좀 더 잘 알아야겠다고 생각하게 되었습니다. 도슨은 제재소 일을 그만두었습니다. 1928년 가을에 도슨은 로스앤젤레스 침례 신학교에 등록했습니다. 이 신학교에서는 찰스 풀러의 로마서와 에베소서 강좌가 최고 인기였습니다. "그때 도슨은 말씀을 깊이 파고들 수 있는 방법을 찾기 원했던 것 같습니다"라고 풀러 교수는 회상합니다. "도슨은 정말 대단한 개인 사역자였습니다. 종종 요한복음 1장을 인용하면서 제자들이 어떻게 자기 형제들을 찾아갔는지를 말하곤 했습니다. 그리고 사람들에게 성경 구절을 암송하여 말씀을 마음에 둘 것을 강력히 권했습니다."

도슨은 암송한 말씀이 그리스도인에게 있어서 강력한 힘의 원천이라는 것을 알게 되었습니다. 도슨의 이러한 확신은 피셔맨 클럽에서 자주 말씀을 전하던 톰 올슨의 본을 통해 더욱 강해졌습니다. 올슨은 말씀을 능숙하게 사용할 줄 알았는데, 이는 주로 말씀 암송을 통해 이루어졌던 것입니다. 도슨은 자기 마음속에 간직한 말씀을 통해 삶이 풍성해졌을 뿐만 아니라, 어떤 문제에 봉착하거나 혹은 전도하다가 질문을 받았을 때 불현듯 성경 말씀이 생각나는 것을 경험하게 되었습니다. 성경 암송을 통해 주님께로 돌아왔던 도슨은 장차 다른 사람을 구원코자 하는 사람이라면 성경 암송이 꼭 필요하다고 확신했습니다.

주는 일에 열심이었던 도슨은 사람들이 하나님의 말씀을 마음속에 간직하도록 돕는 데 쓸 수 있는 암송 과정을 펴내기로 결심하였습니다. CE 전도팀의 경험을 통해 사람들은 스스로의 동기에 의해서 성경 암송을 하기가 쉽지 않다는 사실을 알게 되었던 것입니다. 개인적인 도전과 본을 보여 주는 것이 도움은 되겠지만, 편리한 암송 과정이 있으면 뭔가 다른 결과를 낳을 수 있을 것이란 생각을 하게 되었습니다. 그래서 도슨은 4x3인치 크기의 조그만 소책자를 만들었습니다. 표지에는 시편 119:11을 손으로 썼습니다. "내가 주께 범죄치 아니하려 하여 주의 말씀을 내 마음에 두었나이다."

소책자에는 하루에 한 구절씩을 암송하도록 도와주는 지침과 이를 격려하는 내용이 담겨 있었습니다. 그리고는 말씀을 마음에 간직하기 위하여 지침을 성실히 따르겠다는 서약에 서명을 하는 난을 마련했습니다. 그 다음 페이지부터는 62개의 성경 구절의 장절이 페이지마다 한두 개씩 소개되었는데, 각 페이지의 뒷면에 구절 본문이 나와 있었습니다. 복음, 하나님의 위대하심, 그리스도인의 삶과 영적 전쟁, 기도 응답의 확신, 위로와 격려, 그리고 불순종하는 삶에 대한 경고 등을 다룬 구절이었습니다. 뒤표지에는 이 책자를 나눠 주는 사람들에게 바라는 요구 사항이 나와 있었는데, 책자를 받은 사람이 진보를 보이지 못하는 경우 책을 다시 거둬들이도록 요구하는 것이었습니다.

성경 암송을 '판매'하기 위한 첫 시도로 무려 60달러를 투자한 도슨은 그 일에서 성공하고자 하는 더 큰 동기를 갖게 되었습니다. 그는 이 책자를 무료로 나눠 주었는데, 주로 센티넬라 지역에 있는 13개의 CE 클럽의 청소년 지도자들에게 나눠 주었습니다. 처음에 나눠 준 100명 가운데 단지 한 명만이 암송을 지속하고 있다는 것을 나중에 조사를 통해 알게 된 도슨은 크게 실망하게 되었습니다.

'방법이 반드시 있다. 그 방법을 찾아라.' 도슨은 또 다른 시도를 했습니다. 성경 암송에 관심을 보이는 사람이 있으면 누구에게나 빈 카드 한 묶음을 주었습니다. 그리고 구절을 선택하는 방법과 빈 카드에 구절을 기록하는 방법을 설명한 인쇄물을 주었습니다. 이 방법은 약간 높은 성공률을 보였습니다.

신학교에서 배우는 신약성경 헬라어는 참으로 힘든 과목이었습니다. 도슨은 이 과목에 하루에 세 시간씩을 투자했는데, 고등학교 때에 영어 문법을 좀 더 잘했더라면 하는 생각을 하게 되었습니다. 그러나 기도에 많은 시간을 투자한다는 원칙은 계속 지켜졌습니다. E. M. 바운즈의 '기도의 능력'과 같은 책을 과제로 읽었고, 아침 일찍 일어나 하나님을 만나고자 하는 큰 동기를 얻게 되었습니다. 이른 아침 학교의 기도실은 실질적으로 도슨 혼자 사용하다시피 했으며, 도슨은 이를 애석하게 생각했습니다. 다른 학생들은 대부분 잠이 덜 깬 상태에서 6시 15분에 있는 아침 체조 시간에 맞추어 나타났기 때문입니다. 주말에 로미타에 돌아와서는 월트 스탠턴, 짐 쿨렌 등 다른 친구들을 만나 토요일과 일요일 아침 일찍 기도하였습니다.

학교에 다니면서도 도슨은 피셔맨 클럽 활동을 지속하였습니다. 도슨이 예수님을 믿은 지 1년이 좀 넘었을 때 예수님을 믿은 누나 밀드리드가 피셔맨 4인방의 피아노 반주를 하고, 때때로 도슨과 함께 교회 모임에서 이중창을 부르기도 하여 도슨은 크게 기뻐하였습니다. 밀드리드는 또한 피셔맨 클럽이 매주 갖는 모임에서 25명분 이상의 저녁을 준비하고 섬기기도 했습니다.

도슨은 주일학교와 청소년 클럽에서 계속 가르치면서, 자기가 이용할 수 있는 자원은 모조리 다 활용하여 아이들이 그리스도 안에서 견고히 서도록 도왔으며, 성경 암송과 그리스도를 증거하는 삶도 도와주었습니다. 한번은 아이들의 부모에게 자녀들의 성경 암송을 점검해 달라고 하면서, 정확하게 암송하고 있는지 그리고 암송한 구절을 따라 살기 위해 최선을 다하고 있는지 살펴보고 서명해 달라는 부탁도 했습니다. 이는 부모들이 성경 말씀을 접하는 계기가 되었으며, 아이들이 집에서도 '말씀을 따라 살도록' 동기를 부여하는 계기가 되었습니다.

매주 아이들을 가르치면서, 도슨은 익숙한 예화를 사용했는데, 그리스도인의 삶을 다리가 세 개 달린 의자에 비유하곤 하였습니다. 각각의 다리는 성경 말씀, 기도 그리고 증거를 의미했습니다. 다리 중에 하나라도 없으면 의자는 넘어지고 마는 것입니다. 그러나 이 예화를 생각하면 할수록 도슨은 이 예화가 마음에 들지 않았습니다. 그리스도인의 삶은 그냥 앉아 있기에는 너무도 신나고 역동적인 것이었기 때문입니다. '주님, 제게 지혜를 주옵소서.' 하나님께서는 도슨에게 앞으로 굴러가는 수레바퀴를 생각나게 해주셨습니다. 말씀과 기도와 증거가 수레바퀴의 살이었습니다. 그러나 그리스도 중심의 삶에는 또 다른 요소가 필요하다고 생각되었습니다. 도슨은 관찰을 통해서 비록 형식적으로는 말씀과 기도와 증거에 드려지고 있다고 해도 매일의 삶에서는 그리스도를 드러내지 못하는 사람이 있다는 것을 알게 되었습니다. 그래서 바퀴의 네 번째 살을 '실생활에의 실천'이라고 불렀습니다. 하나님과 사람에 대하여 그리스도인으로서 올바로 행동하는 것을 의미하는 말이었습니다. 나중에 '실생활에의 실천'이란 말은 같은 의미의 '순종'이란 말로 바뀌었습니다.

수레바퀴 예화는 결국 그리스도를 중심축으로 하여 네 개의 살이 연결된 모양이 되었는데, 이는 생명과 능력의 근원이신 그리스도와 긴밀하게 연결된 그리스도인을 그리고 있는 것으로, 도슨은 이 수레바퀴 예화가 하나님께서 원하시는 제자의 삶을 생생하게 보여 준다고 믿었습니다. 만약 이 아이디어가 진정으로 하나님께서 주신 것이라면 시간이 흘러도 변하지 않을 것입니다.

학교생활이 지속되면서, 도슨은 자기의 삶을 평가해 보았습니다. 비록 성실하게 공부에 임했고 성적도 좋았지만 공부에만 시간을 들이기에는 아까운 생각이 들었습니다. 헬라어 공부가 하루 중 가장 좋은 시간을 차지하고 있었고, 자기의 영적 생활은 궁핍에 처한 것처럼 보였습니다. 그해 말에 도슨은 신학교 공부를 그만두기로 결심했습니다.

회심 이후 도슨의 삶에는 한 가지 뚜렷한 변화가 있었습니다. 바로 이성 문제였습니다. 이전에는 매일 저녁 댄스홀에 갔었지만, 더 이상 모습을 보이지 않았습니다. 세상을 즐기기 위해 구입했던 빨간색 뷰익 승용차는 이제 주님께 온전히 드려졌습니다. 결혼이나 이성에 대한 생각은 말끔히 지워 버리고, 만약 하나님께서 원하시면 독신으로 주님을 섬기겠다고 마음먹었습니다. 도슨이 여자들에 대하여 초연한 태도로 일관했기 때문에, 밀스 선생님과 토머스 선생님은 CE 모임에 참석하는 자매들 중에서 데려오고 데려가 줄 사람이 없는 사람들을 차로 실어 옮기는 책임을 도슨에게 맡기는 데 자유로움을 느꼈습니다. CE 모임에 오가는 자매들을 한 차 가득 태워 주면서 도슨은 같은 자매를 연속해서 자기 옆자리에 앉히지 않았습니다. 또한, 매번 마지막에 데려다 주는 자매를 달리하여 그리스도와 개인적으로 어떤 관계 가운데 있는지 묻곤 했습니다.

1927년 후반기의 일입니다. CE에 새로 들어온 자매들 중 하나인 라일라 클레이턴이 상을 타게 되었는데, 도슨은 상을 받는 장소인 올리브뷰 병원(결핵 등을 치료하던 병원, 역자 주)까지 데려다 주라는 부탁을 받았습니다. 햇볕이 쨍쨍 내리쬐는 캘리포니아 길을 가면서 라일라는 '오 베들레헴 작은 골'이라는 찬송을 불렀습니다. 라일라를 바라보던 도슨은 갑자기 천사를 발견한 듯한 느낌이 들었습니다. 도슨은 결혼에 대해서는 이미 주님께 맡겼었는데, 이제 주님께서는 그의 이런 믿음의 행동을 축복하고 계신 것입니다. 이렇게 하나님께서는 라일라를 도슨에게로 인도해 주셨고, 그들은 28년여 동안 함께 삶을 나누게 되었습니다.

테네시 주에서 클레이턴 가족이 막 이사 왔을 당시, 아버지가 라일라에 대하여 이야기했던 것을 도슨은 기억하지 못했습니다. 그러나 라일라는 도슨이 입에 큰 파이프를 물고 시내를 질주하던 것을 선명하게 기억하고 있었습니다.

그 몇 주 전에, 도슨은 교회에서 집까지 라일라를 데려다 준 적이 있었습니다. "CE에 들어오지 않겠어요?"라고 도슨이 물었습니다. "거기까지 갈 방법이 없는 걸요." "내가 다른 사람들과 같이 데려다 주기로 할게요"라고 도슨은 약속했습니다. CE 모임이 끝난 후 마지막으로 데려다 주면서 라일라가 차에서 내리자 도슨은 질문을 던졌습니다. "예수님을 믿고 있어요?"

"지금까지 줄곧 교회에 다녔는데요." 라일라는 즉각 대답했습니다. "교회에 다니느냐는 질문이 아니라 예수님을 믿고 있느냐는 질문이에요." 도슨이 대답했습니다. "음, 저는 세례를 받았지요." 이번에는 약간 주저하며 대답했습니다. 그러자 도슨은 가지고 다니던 신약성경을 펴서 말씀을 보여 주며, 누구든지 예수님을 영접하면 구원을 얻는다고 설명했습니다. "오늘 저녁 잠자리에 들기 전까지는 반드시 이 문제를 해결하세요." 도슨은 이 말을 남기고 돌아갔습니다.

라일라는 구원에 관한 문제를 해결했습니다. 새벽 두 시에 라일라 클레이턴은 침대 옆에서 무릎을 꿇고 기도하였으며, 그리스도 안에서 새로운 피조물이 되었습니다. 조용하고 민감한 소녀였던 라일라는 학교에서 많은 친구들과 깊은 우정을 유지하고 있었습니다. 운동을 좋아했고, 성적은 보통이었으며, 소탈한 성격의 학생이었습니다. 라일라의 부모는 사랑이 많았지만 엄했습니다. 부친은 늘 남부 신사 옷차림을 하고 다녔으며, 세 딸은 엄격히 다루었으나 세 아들은 고삐를 늦추어 놓았습니다.

라일라는 도슨의 '제자'가 되었습니다. 라일라는 도슨을 영적인 스승으로 생각하고, 사랑과 존경과 충성스러움을 가지고 영적 훈련을 받았습니다. 라일라는 매일 잠언 읽기와 새 구절 암송을 열심히 지속했으며, 도슨과 데이트를 할 때마다 거의 대부분 이사야 말씀을 나누었던 것을 기억하고 있습니다. 차를 타고 갈 때에, 도슨은 대개 시간을 허비하지 않기 위해 암송한 구절을 복습하였으며, 라일라는 이를 점검해 주었습니다. 일주일에 한 번 데이트를 하였는데, 대개 전도팀과 함께 교도소나 구호 단체를 방문하여 전도를 하고 말씀을 나누곤 했습니다.

약혼을 한 지 몇 주 뒤에 도슨은 일기에 이렇게 기록했습니다.

라일라와 같이 겸손하고 좋은 사람을 허락하신 하나님께 감사를 드린다. 종종 실수할 때도 있지만, 책망해 주면 기쁘게 받아들이는 태도가 좋다. 우리 둘은 함께 하나님의 은혜를 힘입어 '믿는 자의 본'이 되기로 헌신하였다.

그 무렵, 도슨이 쓴 한 글에는 그리스도께 헌신한 라일라에 대한 격려와 아울러 두 사람이 평생 동안 함께 드려지고 싶은 일이 잘 나타나 있습니다.

…라일라, 나와 당신의 삶에 대해 생각하며 내 마음속 깊이 원하는 바는, 우리가 함께 수고하고 기도하며, 될 수 있는 한 가장 많은 영혼을 구원하는 삶을 사는 것이라오.… 당신과 나는 아직 경험이 적고 연약하지만, 비록 학생들과 젊은이들을 대상으로 사역을 하다가 주님을 위해서 혹은 주님을 통해 뭔가 대단한 것을 성취하지 못한다 하더라도, 우리의 주님이신 예수 그리스도를 사랑하고 순종하며 끝까지 우리의 삶을 헌신하기로 합시다.

스물세 살이 되었을 때, 도슨의 삶에는 기도가 주된 관심사였습니다. 혼자 기도하거나, 다른 사람과 함께 기도하거나, 그룹으로 기도하기도 했습니다. 이른 새벽에 혹은 늦은 밤에도 기도하는 일이 많았습니다. 1929년에 기록한 한 주 동안의 일기를 보면 기도가 그에게 얼마나 중요한 것이었는지를 알 수 있습니다.

8월 24일, 토요일 - 샌피드로에서 멋진 모임을 가졌다. 20명의 네비게이토(당시에 소년들로 이루어졌던 성경공부 클럽, 역자 주) 및 주니어 피셔맨, 그리고 5명의 시니어 피셔맨이 참석했다. 모임을 마치고, 에드, 빌, 짐, 월터와 함께 밤 11시까지 기도 모임을 가졌다.… 짐과 월터는 나와 함께 온밤을 지새우며 주님께 기도하였다.

8월 25일, 일요일 - 새벽 6시에 우리는 다른 다섯 사람과 함께 만나 언덕에서 기도 모임을 가졌다.… 하버시티 감리교회에서 말씀을 전했다. 저녁에는 월밍턴 감리교회에서 청년들 모임을 이끌었다.

8월 28일, 수요일 - … 기도 모임을 끝낸 후 밀스 선생님과 대화를 나누었다.

8월 29일, 목요일 - … 그리고는 언덕에서 하나님과 단둘이서 기도 모임을 가졌다.

8월 30일, 금요일 - 저녁 9시 즈음, 그 오래된 교회로 갔다. 깨어 있을 수 있는 시간까지 기도를 지속하고는 마룻바닥에 누웠다. 날이 샐 무렵에 깨어, 몇 시부터인지는 모르지만 주님 앞에 나의 마음을 다시 쏟아 놓기 시작했다.

10월 13일의 기록을 보면 동일한 패턴이 지속되고 있음을 알 수 있습니다.

짐, 월터와 함께 소년 여덟 명을 데리고 새벽 6시부터 언덕에서 기도하기 시작했다. 이 소년들은 놀라운 믿음을 보여 주고 있다.… 짐과 월터는 주일 새벽 4시에 계속 만났는데, 벌써 두 달이 훌쩍 지나갔다.

1930년 1월 11일 일기에는 또 다른 기도 제목들을 기록하고 있습니다.

> 밀스와 토머스 두 분 선생님과 함께 우리 교회와 그 상황에 대하여 기도할 수 있다는 게 얼마나 큰 특권인지를 갑자기 깨닫고는 주님 안에서 기뻐하였다. 월터와는 피셔맨 클럽을 위해 기도할 수 있고, 소년들을 만나서는 청소년 사역을 위해 함께 기도할 수 있으며, 해럴드 크리스맨과는 한 주에 두 번씩 4시 30분에 만나서 학교를 위해 기도할 수 있다. 혼자 갖는 경건의 시간에는 선교사, 친구들, 사랑하는 사람들을 위해 기도하며, 능력과 깨달음과 용기 등을 달라고 기도할 수 있다. 사탄이 내 귀에 속삭이는 말이 거짓임이 밝혀지게 되었고, 주님께서 내게 실제로 함께 기도할 사람을 많이 보내 주셨으며, 기도할 시간도 참으로 많이 주셨다는 것을 깨닫고는 기뻐 감사하였다.

18개월 뒤의 일기를 보면 예외가 있었던 것이 기록되어 있는데, 이는 그가 얼마나 규칙적으로 기도하였는가를 잘 보여 주고 있습니다.

> 7시까지 잤다(부끄럽다). 늦게 일어났기 때문에 잠깐밖에 기도하지 못하고 하루를 시작해야만 한다. 이건 분명 죄악이다.

바로 전날 일기에는 다음과 같이 기록되어 있습니다.

내게 있어서 가장 어려운 일은 바로 기도하는 것이다. 만약 내가 기도의 사람이 되는 것이 하나님을 기쁘시게 하는 것이라면, 하나님께서는 능히 나를 기도의 사람으로 만드실 수 있다.

엄청난 시간을 기도에 들이고자 하는 도슨의 열망은 율법적으로 보였을지 모르나, 그 당시의 일기를 보면 도슨의 동기가 잘 드러나 있습니다. 바로 하나님과 함께 시간을 보내면서 발견한 기쁨("내 영혼이 너무도 사랑하는 주님을 만나기 위해 아침 일찍 일어났다. 주님을 만나면 내 마음은 엄청난 감격에 빠지곤 한다."), 그리고 하나님께서는 오직 기도에 응답하셔서 역사하신다는 강한 확신 때문이었습니다. 도슨은 주님의 일, 즉 영혼을 구원하는 놀라운 일에 유용한 도구가 되기를 갈망하였습니다. 이 같은 목표를 염두에 둘 때, 도슨에게 있어서 기도는 하나의 종교 의식이 아니라 능력 그 자체였습니다. 기도할 기분이 나든 나지 않든 도슨은 기도의 훈련에 자신을 드렸습니다. 그리고 하나님의 말씀은 하나님의 사람이 되는 데 있어서뿐만 아니라 주님의 이름으로 이루어지는 모든 사역에 꼭 필요한 요소였습니다.

1931년 7월 18일 일기에는 하나님과의 약속을 지키기 위해 훈련하는 도슨의 삶이 잘 드러나 있습니다.

> 하나님께 기도하며 서너 시간을 보냈다(헨리와 월트도 함께 언덕에서 조용히 기도했다). 하나님께서는 언제나 이런 시간을 통해 내 안에 있는 속사람을 강건케 하여 주시고 옛사람에게 일격(一擊)을 가하심으로 복을 주셨다.

도슨은 또한 성경 암송도 열정적으로 훈련하였습니다. 비록 도슨은 "기도와 하나님의 말씀은 내 기쁨입니다"라고 말하며 성경 암송을 즐기고 대부분의 시간을 성경 암송에 투자했지만, 그래도 훈련은 필요했습니다. 한때 도슨은 매일 두 구절씩을 새로이 암송했고, 매일매일 이전에 암송한 구절들을 복습하였습니다. 아무리 영적으로 사모함이 있어도, 스스로 과제를 부과하는 것이 여전히 연약함에 빠지기 쉬운 육신을 붙잡아 주는 데에 도움이 되었습니다. 신학교를 그만두고 이듬해 9월에 등록했던 로스앤젤레스 성경학교(Bible Institute of Los Angeles, 줄여서 바이올라(Biola)라고 부름, 역자 주)에 다니던 시절, 때때로 도슨은 밤늦게 숙소에 도착해서야 그날 해야 할 성경 암송을 하지 않은 것을 발견한 적이 있었습니다. 그래서 다시 발길을 돌려 새 구절을 다 암송할 때까지 반대 방향으로 걸어갔습니다. 그리고는 다시 돌아오면서 암송했던 구절들을 복습하였습니다.

유혹과 싸우기 위해 말씀을 적용하는 면에서도 훈련은 도움이 되었습니다. 학교에 다니던 시절, 도슨은 몇 개의 아르바이트를 했었는데 새벽 일찍 신문을 돌리기도 했습니다. 그런데 시내에 있는 한 사무실 빌딩을 매일 지날 때마다 그곳에 있는 선정적인 그림이 눈에 띄었습니다. 셋째 날, 도슨은 하나님의 말씀을 묵상하고 하나님을 생각하면서 그 길을 지나가기로 결심했습니다.

도슨은 훈련이, 해야 할 것이 무엇인지를 아는 것과 그것을 틀림없이 실행하는 것 사이에 다리 역할을 함으로써 순종의 삶에 유익하다는 것을 배우고 있었습니다. 그러나 어느 한 활동을 꾸준히 인내 가운데 지속하는 것은 도슨에게 쉬운 것이 아니었습니다. 새로운 흥밋거리들이 늘 도슨의 관심을 끌었기 때문입니다. 열정적이었으며 강한 추진력이 있었던 도슨은 한편으로는 완전주의자였기 때문에 자기는 물론 다른 사람에게까지, 무엇이든 할 가치가 있는 것이라면 반드시 훌륭하게 해내야 한다고 역설하게 되었습니다. 그러나 이런 도슨의 성격과 태도는 대개 바로 눈앞에 있는 일에 적용되었을 뿐입니다. 따라서 일정 기간 동안 어떤 것을 지속하도록 자신을 훈련할 수 있었던 것은 오직 도슨의 삶 속에서 역사하신 하나님 때문이었습니다. 도슨은 하나님께서 자기에게 원하시는 것은 어떤 값을 치르고서라도 하겠다는 열망을 가지고 있었고, 이러한 열망을 하나님께서 축복해 주신 것입니다.

도슨은 25세의 나이에 비해 어려 보였으며, 끊임없이 새로운 아이디어를 쏟아 내고 소년과 같은 열정으로 다른 사람을 이끌면서도, 하나님의 사람이 되고 기도의 사람이 되고자 하는 자기의 목표에 계속 매달렸습니다. 도슨은 자신이 데이비드 브레이너드나 허드슨 테일러와 같은 기도의 사람의 수준에는 미치지 못한다고 생각했습니다. 그러나 나중에 돌아보면서 그는 그리스도를 믿은 후 처음 5년 동안 기도를 하기 위해 훈련했던 것이 그 후의 모든 사역의 기초가 되었다는 사실을 결코 의심하지 않았습니다.

바이올라 시절, 도슨의 삶은 점점 분주해졌습니다. 청소년 클럽, 피셔맨 클럽, CE, 그리고 비공식적으로 부목사의 역할을 했던 장로교회의 활동과 더불어 새로운 수업과 사역을 감당해야 했습니다. 집중적으로 기도하는 시간으로는 이제 이른 아침에 학교에서 가지는 시간도 포함되었습니다. 그런데 이전에 신학교에 다닐 때처럼 기도실이 여전히 비어 있는 것을 발견하였습니다. 도슨은 바이올라 교수진에 있는 하나님의 사람들의 강의에 흠뻑 젖어 들었고, 엄청난 양의 필기를 했습니다. 후에 도슨은 이를 엄밀하게 정선하고 필수적인 내용만을 뽑아, 자신의 영적 성장과 더불어 잃어버린 영혼을 구원하는 사역에 긴요하게 사용했습니다.

도슨과 함께 공부했던 몇몇 사람들은 도슨이 자기들과 함께 짓궂은 장난을 했던 것을 기억합니다. 워싱턴에 있는 퍼스 수양관의 책임자인 그랜트 휘플은, 그들이 13층 건물 옥상에서 달리기 시작하여 허리 높이 정도 되는 옥상 난간으로 뛰어올라 건너편 메이플라워 호텔 옥상으로 넘어가곤 했다고 말합니다. 도슨은 높이 뛰어올라 옥상 난간에 걸터앉기를 좋아했는데, 나중에는 이런 장난이 너무나 어리석다는 것을 알고는 멈추었습니다.

다른 사람들은 성경 암송을 강하게 권하는 도슨의 태도에 부담을 느꼈습니다. 바이올라에 등록한 후 몇 달 있다가 회심한 딕 힐리스는 길가에 서 있다가 암송 복습을 하면서 오토바이를 타고 지나가는 도슨을 만나게 되었습니다. 도슨은 미소를 지으며 "친구, 오늘은 어떤 구절을 암송하고 있나?"라고 물었습니다. 힐리스는 그때 아무 구절도 외우지 않고 있었습니다. 힐리스는 다시는 거기에 서 있지 않겠다고 결심했습니다. 적어도 도슨이 지나갈 때에는 말입니다. 여러 해가 지나서 힐리스가 중국 선교를 마치고 돌아왔을 때에도 여전히 성경 암송을 하라고 할까 봐 도슨과 만나는 것을 꺼려했습니다. 결국 그들은 만나게 되었는데, 똑같은 질문이 되풀이되었습니다.

"좋아, 도슨. 내가 졌어." 딕과 도슨은 다음날 아침 다섯 시에 만났습니다. "그 후로 2,3년 동안을 우리는 매주 만났습니다. 그리고 그로 말미암아 나는 더욱 성장하게 되었습니다"라고 힐리스는 말했습니다.

바이올라 학생들과 함께 팀을 이루어 여러 교회를 방문하면서, 도슨은 대개 수레바퀴 예화를 전했고, 그리스도인은 하나님의 말씀을 파고들어야 하며, 암송해야 하고, 삶에 적용해야 한다고 도전했습니다. 도슨은 또한 '상점 팀'과 '교도소 팀'도 이끌며, 갇혀 있는 사람들에게 복음을 전했습니다. 그러나 도슨의 주된 관심은 여전히 개인이었습니다. 동료 학생이었던 한 사람은 이렇게 말했습니다. "도슨은 여가 시간 내내 우범 지대에 뛰어들어 부랑자들을 만난다는 느낌을 주었습니다. 학생들은 모두 도슨을 엄청나게 존경하고 사랑했습니다. 그리고 도슨은 늘 제일 먼저 일어나서 담대히 간증을 나누거나, 누군가에게 말을 걸기 위하여 가장 먼저 발걸음을 멈추는 사람이었습니다."

전도할 때 도슨은 아무리 까다로운 사람이라 해도 상대방의 벽을 뚫는 데 은사를 받은 것처럼 보였습니다. 다른 사람들의 전도에는 반응을 보이지 않던 사람들도 도슨에게는 반응을 보였습니다. 이를 통해 도슨은 동료 학생 몇몇에게 '낚시법'을 가르쳐 줄 기회를 얻기도 했는데, 도슨은 자기가 직접 전도하여 그리스도께 인도하는 것만큼이나 이 기회를 즐겼습니다. 도슨은 동료인 루이 코우테스가 처음으로 전도를 시도하도록 이끌어 주었습니다. 그의 손에 전도지를 건네 준 뒤에, 공원을 거닐면서 사람을 찾다가 의심의 기색을 보이지 않는 사람을 향해 등을 가볍게 밀었습니다. 이렇게 전투를 시작한 코우테스는 좋은 결과를 얻었습니다. 한번은 도슨과 루이가 함께 전차를 타고 전도지를 나눠 주었습니다. 한 사람은 차장에게 전도를 하는 동안 다른 한 사람은 기관사에게 전도를 하기도 했습니다.

한번은 학생회장이 도슨의 방에 찾아와서 전도를 잘하는 법을 배우고 싶다며 도움을 청했습니다. 그런데 그가 받은 도움은 예상치 못한 것이었습니다. "기도를 어떻게 하고 있습니까?" 도슨은 불쑥 물었습니다. 그는 기도를 별로 잘하고 있지는 못했습니다. "먼저 기도 생활을 열심히 하기 바랍니다. 그런 다음에 전도하는 일에 대하여 얘기하도록 합시다." 이것이 도슨의 간명한 처방이었습니다. 그 학생은 이를 받아들였고, 그리스도께로 사람들을 인도하는 법을 배우게 되었습니다. 바로 먼저 기도하는 삶을 통해서였습니다.

친구인 해럴드 크리스맨과 전도하러 다니던 중에, 도슨은 퍼싱 광장에 있던 한 청년에게 그리스도를 믿고 있느냐고 물었습니다. 여느 때처럼 "교회에 다니고 있느냐를 묻는 게 아니라…"라고 말을 시작한 뒤에 도슨은 그에게 죄인임을 인정하느냐고 물었습니다.

"아니요"라고 그가 대답했습니다.

"해럴드, 이리 와 봐. 여기 한 사람 발견했어!" 도슨은 친구를 불렀습니다. "내 생전에 이런 사람은 처음이야. 월리스라는 이 친구가 자기는 죄인이 아니래. 월리스, 이 사람은 성경학교에 다니고 있는데 학급 대표입니다. 그는 죄인입니다. 그는 거짓말도 했고, 물건을 훔치기도 했습니다."

뭔가를 깨달은 월리스는 "아니요, 저도 죄인입니다"라고 말했습니다. 도슨이 복음을 설명하는 동안 그는 경청했고, 한 시간도 못 되어 주님을 믿겠다고 결심했습니다. 도슨은 요한복음에서 세 구절을 찾아 표시를 해주고 이를 암송하는 것과 기도와 증거에 힘쓸 것을 권면했습니다. 그리고는 다음 날 그를 학교로 데리고 가서 아침 발표 시간에 다른 학생들 앞에서 간증을 하도록 하였습니다. 이런 본을 통해, 다른 학생들은 격려를 받아 대담하게 개인 전도를 시도하게 되었습니다.

결신자 한 명을 얻으려는 도슨의 줄기찬 노력은 다음 일기에 잘 드러나 있습니다.

10월 9일 - 한 해군을 만나 약 30분 동안 대화했다. 그는 자기가 죄인인 것을 인정하고는 있었지만, 마음이 내키지 않는데도 그리스도를 영접해야만 하는 이유를 깨닫지 못하고 있었다. 그의 이름은 베크로우다.

10월 10일 - 7시 15분에 베크로우를 다시 만났다. 7시 40분이 되자 그는 배로 돌아가야 하기 때문에 서둘러 떠나야 한다고 말했다. 아침을 먹은 후에 나는 도서관 주위를 산책했다. 그런데 놀랍게도 베크로우와 마주치게 되었다. 그는 거짓말을 한 것이다. 그의 기분을 상상해 보았다. 함께 이사야 53장, 요한복음 1장, 잠언 27:1, 잠언 29:1, 누가복음 12:19-20, 디모데전서 6:6-7을 읽었다. 30분이 지나서 나는 그 자리를 떠났다. 비록 그가 그리스도를 믿겠다는 고백은 하지 않았지만, 구원의 방법과 자기가 심판 아래 있는 죄인임을 명확히 알게 되었다. 그의 행동으로 보아 그는 심한 죄책감을 느끼고 있었다. 나의 하나님께서는 분명 일을 이루실 수 있고, 그의 영혼을 구원하실 수 있다(요한복음 6:44, 빌립보서 1:6).

10월 14일 - 놀랍게도, 수요일 저녁에 만났던 젊은 해군 병사를 다시 만났다. 오랜 설득 끝에 가까스로 피셔맨 클럽으로 데려갔다. 잃어버린 사람들을 향한 하나님의 구원 계획이 선명하게 선포되었지만 그는 하나님의 초청을 거부하였다.

어떤 사람이 처음에는 한 달에 한 명을, 그 다음에는 한 주에 한 명을, 그리고 마침내는 하루에 한 명을 주님께로 인도하게 해달라고 기도했다는 이야기를 듣고 도슨은 강한 동기를 부여받아 동일한 시도를 했습니다. '주님, 제가 매월 한 사람씩을 주님께로 인도하게 하소서.' 그리고는 한 주에 한 사람씩을 위해 기도했습니다. 그 주에 하나님께서는 응답하셨습니다. 그리고 나서는 한 주가 지나고 또 한 주가 지났지만 열매가 없었습니다. 셋째 주에는 기도하던 방에서 내려오다가 도슨에게 시간제 일자리를 주려고 찾아와 기다리던 사람을 만났습니다. '그린 프로그'라는 소형 골프장을 운영하는 일이었습니다.

이를 통해 도슨은 기도 응답을 받게 되었습니다. 장사가 잘 되도록 하기 위해, 개시자로 고등학생들을 초청하여 종종 무료로 게임을 하게 했기 때문입니다. 게임을 마친 후 도슨은 고등학생들에게 복음을 전했습니다. 이를 통해 도슨은 자기가 목표한 명수 이상의 영접자를 얻을 수 있었습니다.

그러나 영접자는 늘어났지만 뭔가 잘못되어 있는 것처럼 보였습니다. 도슨은 나중에 하나님께서 자기에게 그런 기도를 다시 하라고 하시기 전까지는 한 주에 한 명을 주님께 인도할 수 있게 해달라는 기도를 멈추기로 했습니다. 하나님께서는 다시는 그런 기도를 하라는 요구를 도슨에게 하지 않으셨습니다. '그린 프로그'에서 한 경험을 통해 도슨의 사고방식에는 큰 변화가 생기기 시작했습니다. 결신은 목표가 아니라 단지 시작에 불과하며, 다른 사람을 영적으로 태어나도록 도운 후에 그냥 내버려두면 그 사람의 마음속에는 채워지지 않는 공허감이 생긴다는 것을 깨닫게 된 것입니다.

도슨은 그해에 학생 선교사 연합회 회장으로 일했습니다. 말씀을 전할 사람을 택하고, 프로그램을 짜고, 참석자를 100명으로 끌어올리는 일을 위해 기도를 많이 했습니다. 도슨은 회심 직후에, 한 선교사가 인도의 필요에 대해 설명하는 것을 들은 후에 인도에 가겠다고 자원한 적이 있었습니다. 이제 다른 선교사들의 말씀을 듣고, 또한 허드슨 테일러나 다른 선교사들의 전기를 읽으면서 각 추수터의 필요에 대하여 마음이 움직이게 되었습니다. 도슨은 자기가 어느 특정 지역에 대한 비전을 가질 수 있도록 하나님께 지속적으로 기도했습니다. 그럼에도 모든 추수터가 다 중요해 보였습니다. '로스앤젤레스에 있는 잃어버린 영혼들이 먼 곳에 있는 사람들만큼 영적으로 궁핍하지 않은 것인가?'라는 생각이 들었습니다. 영적 필요가 있는 어느 한 지역에 대한 선교의 비전을 갖는 것보다는 세계 전체의 영적 필요에 대하여 관심을 갖는 것이 더 나을 것입니다. 도슨은 아무리 어렵고 힘든 선교지라 할지라도 나아갈 마음이 있었지만, 그럼에도 불구하고 그때까지 어떤 특정 선교지로 '부름'을 받았다고 느껴지지는 않았습니다. 그러나 하나님의 부르심을 기다리던 중 의사의 검진을 통해 도슨은 해외 선교사로서 부적합하다는 판정을 받았습니다. 도슨은 실망이 되었습니다. 그러나 이 일에 대해서도 하나님의 주권에 굴복할 수 있었습니다. "주님, 만약 제가 인도에 갈 수 없다면 제가 사람을 파송할 수 있게 하소서"라고 기도했습니다.

도슨은 라일라와 만나는 시간을 제한하였습니다. 일주일에 하루 저녁만 만났던 것입니다. 11월 16일의 일기에는 다음과 같이 기록했습니다.

> 거의 매주 금요일 저녁마다 라일라를 만난다는 것을 말하지 않을 수 없다. 참으로 즐겁다. 라일라는 은혜 안에서 성장하고 있으며, 하나님의 말씀을 더욱 많이 암송하도록 지금까지 도와 오고 있다.

그리고 이어서 다음과 같은 생각을 기록했습니다.

> 성경 암송과 성경 읽기를 지속하면 기도의 삶이 성장하고, 이러한 성장이 쓸모 있고 활기차고 열매 풍성한 그리스도인이 되게 한다. 이를 기억하자!

토요일 아침은 로미타에 있는 밀스와 토머스 두 분 선생님의 집에서 정원 일이나 다른 허드렛일을 하면서 보냈습니다. 그리고는 점심을 먹으며, 아이들을 돕는 도슨의 일에 대하여 조언을 듣거나 두 선생님이 도슨에 대하여 나누고 싶은 것이 있으면 자유롭게 나누는 시간을 가졌습니다. 성숙한 그리스도인에게 개인적인 조언을 구하는 것을 통해, 도슨은 제자를 길러내는 일에 있어서 상담이 중요한 요소임을 알게 되어 이를 일생 동안 강조하게 되었을 것입니다.

밀스 선생님은 도슨의 학비를 매월 보조하여 주었는데, 이를 통해 도슨은 사역을 위해 추가로 시간을 확보할 수 있었습니다. 가끔 돈이 떨어지는 경우가 있었지만, 도슨은 조지 뮬러나 허드슨 테일러의 본을 따르기로 결심했습니다. 기도를 통해 하나님의 공급을 의뢰하는 것입니다.

이틀 뒤에 도슨의 이런 결심은 시험대에 오르게 되었습니다. 토런스에 있는 청소년 클럽을 인도하기 위해서는 차비가 필요했습니다. 40센트의 기차 삯과 10센트의 버스 요금이었습니다. 학교 친구에게서 얼른 빌리기보다는 결심을 그대로 지키기로 하고 기도하였습니다. 기차가 떠나가기 11분 전에 도슨은 역을 향해 걷기 시작했습니다. 건물 모퉁이를 급히 돌아가다가 학생 감독 책임을 맡고 있었던 헤일 씨를 만나게 되었는데, 그가 뭔가를 도슨의 코트 주머니에 던져 넣었습니다. 헤일 씨가 한 블록을 지나도록 도슨은 감히 그게 뭔지 확인해 볼 수 없었습니다. 그리고는 주머니에 손을 넣었는데 뭔가가 있었습니다. 바로 "우리는 하나님을 신뢰한다!"라고 새겨진 50센트 동전이었습니다.

도슨은 너무나도 정확하고 시기적절한 하나님의 응답에 기뻐 어쩔 줄을 몰랐습니다. 이를 통해 전능하신 하나님과 의사소통할 수 있는 길이 열려 있다는 것을 확인할 수 있었기 때문입니다. 바이올라와 부근에 있는 오픈도어 교회에서는 방문한 선교사를 위해 정기적으로 헌금을 했습니다. 도슨에게는 6달러가 있었는데 다음날 아침까지 5달러를 방세로 바이올라에 내야 했습니다. 도슨은 주머니에 손을 넣어 1달러짜리 지폐를 만졌습니다. 그러다 문득 5달러를 헌금하고 다음날 아침까지 주님께 5달러를 공급해 주시도록 의뢰하면 어떨까 하는 생각이 들었습니다. 주님께서 그 선교사에게 공급하여 주실 것이므로 도슨은 5달러를 그냥 가지고 있을 수도 있었습니다. 그러나 잠깐 동안 갈등한 후에 도슨은 이를 드렸습니다. 다음 날 아침 동트기 전에 도슨은 지붕에 올라갔습니다. 그곳은 늘 주님과 교제를 갖는 곳이었습니다. 그런데 바로 그곳에 5달러짜리 지폐가 놓여 있었습니다. 하나님께서 누군가를 통해 도슨이 다니는 길에다 놓아두신 것입니다. 그리스도를 믿기 전 도박을 통해서도 이렇게 흥미진진한 경험을 하지는 못했었습니다.

사역의 기회가 많아졌는데, 그중에 몇몇은 거절하기가 거의 불가능하다는 것을 알게 되었습니다. 도슨은 기존에 맡고 있던 책임에다가 맨해튼비치에 있는 조그만 교회까지 맡게 되었고, 피코에 있는 '16명의 청소년들' 클럽에 일주일에 세 시간을 들이기 위하여 매일 30분씩 보충할 방도를 찾기에 골몰하게 되었습니다. 도슨은 늘 자기가 하기 원하는 것을 모두 다 하기 위해 시간에 쫓기며 사는 것처럼 보였습니다. 이제 새로운 평가가 다시 필요했습니다.

어떤 사람들은 도슨이 새로운 관심거리를 찾아 기존의 것을 버린다고 흠을 잡았습니다. '오락과 공부를 위한 모임'도 떠났고, 신학교도 1년 동안 다니다 그만두었기 때문입니다. 이제 도슨은 바이올라를 자퇴하기로 결심했습니다. 이를 위해서는 용기가 필요했습니다. 다른 사람들의 비판적인 시야를 감수해야 했기 때문입니다. 도슨은 성적도 좋았고, 자기가 배운 것을 통해 유익도 얻었습니다. 그러나 전적으로 학교에만 다니는 것이 더 이상 어렵다는 사실을 인정할 수밖에 없었습니다. 그래서 공부를 그만두고 바이올라를 자퇴하기로 했습니다. 청소년들을 대상으로 사역하는 일에 자신을 좀 더 많이 드리기 위해서였습니다. 그 다음해에는 바이올라에서 몇몇 강의를 청강하기 위해 로스앤젤레스로 통학했습니다. 그러나 도슨의 주된 관심은 로미타와 주위의 여러 시에 있는 청소년 클럽에 있었습니다.

각 클럽에는 나름대로의 규칙, 기장, 경례 방식이 있었으며 성경공부 계획과 프로젝트도 있었습니다. 도슨은 쇳소리가 나는 호루라기를 불었는데, 이것은 잘 알려진 집합 신호였습니다. 아이들은 또한 도슨이 인도하는 찬송을 즐겼습니다. 도슨은 아이들을, 마치 보이지 않는 선으로 인형을 조종하는 것처럼, 손으로 신호를 보내 천천히 혹은 재빠르게 앉거나 일어나도록 했습니다. 종종 클럽 아이들과 주일학교 중등부 학생들을 데리고 토요 소풍을 갔는데, 주로 공놀이를 하고 위이너 소시지 구이(기다란 꼬챙이에 소시지를 꿈아 구운 것, 역자 주)를 먹었습니다.

모든 클럽의 주된 강조점은 성경 암송과 전도에 있었습니다. 도슨은 아이들에게 과제를 주고 이를 성취하도록 돕기 위한 새로운 아이디어를 많이 냈는데, 때로 이전 아이디어에 첨가하기도 했습니다. 그러나 방법이 아무리 복잡해져도 아이들은 클럽의 중요성을 잊지 않았으며, 한 아이가 말했듯이 설사 영화 구경을 가는 것 등의 행동으로 그리스도인의 삶에서 잘못을 범하는 일이 생겨도 죄에 대한 인식이 무뎌지지는 않았습니다.

도슨은 각 아이들의 진척 상황을 카드에 기록하기 시작했습니다. 1931년 초 어떤 주에는 141명이 클럽에 참석했는데, '원인은 성경 말씀'이라고 간결하게 기록되어 있습니다. 아이들의 삶을 변화시키는 하나님의 말씀의 능력에 대한 도슨의 믿음은 절대적이었습니다.

이 기간 동안 도슨은 시행착오를 거치며 많은 교훈을 배웠습니다. 이를 통해 형성된 원리는 훗날의 사역에 적용되었습니다. 그 가운데 하나가 도슨과 아이들이 다니던 교회가 갈라지는, 뼈아픈 경험을 통해 배운 교훈이었습니다. 당시 교회 내에는 자유주의적 신앙을 표방하는 사람들이 침투하기 시작했고, 보이지는 않았지만 그들과의 갈등이 심화되고 있었습니다. 그들은 근대 과학을 더 신뢰한 나머지 성경의 기적, 그리스도의 동정녀 탄생, 성경의 무오성, 그리스도의 대속의 죽음과 부활, 그리고 그리스도의 임박한 재림 등을 부인하고 믿지 않았습니다.

이런 불화는 도슨의 고등학교 시절부터 로미타 교회에 있어 왔는데, 그때 밀스와 토머스 두 선생님은 정통적인 교리를 가지고 있다는 이유로 청년들에 대한 지도 책임을 박탈당했습니다. 두 선생님은 티닝 목사가 담임을 할 때 교회로 돌아왔지만, 티닝 목사가 떠난 이후로 자유주의자들은 특히 아이들을 대상으로 한 사역과 지역 사회 전체에 대한 도슨의 복음적인 사역이 분명하게 성공을 거두자 이를 반박하기 시작했습니다. 말씀과 성경 암송의 능력에 대한 도슨의 지속적인 강조 또한 이런 영역에 대하여 소홀히 하던 사람들의 반발을 불러일으켰습니다.

도슨은 교회가 세속에 물들었다고 생각하게 되었습니다. 아마도 말씀을 경시하고 성경에서 떠난 잘못된 교리를 주장하며 교회 제직들이 흡연을 그만두지 않은 것 때문에 그렇게 생각했을 것입니다. 도슨은 당회에 교회가 잘못된 길을 가고 있다고 안타까운 마음으로 이야기했습니다. 하지만 당회는 귀를 기울이지 않았습니다. 그 주에 당회에서는 밀스와 토머스 두 선생님에게 교회에서 떠나라고 요구했습니다. 그리하여 하는 수 없이 복음적인 신앙을 가진 사람들이 함께 만나 간절히 기도하는 가운데 주님의 인도하심을 구했습니다. 며칠 뒤 도슨은 이렇게 기록했습니다. "CE도 현재 자유주의로 기울고 있다. 분명 하나님께서는 그 역할을 대신할 무엇인가를 준비하여 주실 것이다."

1931년 4월 비가 내리는 어느 주일에, 리돈도 거리에 있는 한 건물을 빌려, 복음적 신앙을 가진 사람들이 믿음을 합해 새로운 발걸음을 내디뎠습니다. 도슨은 126명이 주일학교에 출석했다고 기록했습니다. "우리 마음속뿐만 아니라 방 전체에 영광스런 기운이 감돌고 있었다. 성령께서 함께하고 계셨다." 아침과 저녁 예배, 오후 기도 모임, 저녁 청년 모임에 많은 사람들이 참석했습니다. 도슨은 초청 계획을 작성하고, 지붕에 표지판을 만들고, 등사기로 초청장을 만들고, 클럽 아이들을 동원하여 350여 가정의 어린이들을 매일 여는 성경학교에 초청하고, 어린이들의 부모도 교회에 초청하는 등 교회가 발전할 수 있도록 여러 가지 방법을 시도했습니다. 클럽 모임은 평일 저녁에 각 집에서 가졌고, 많은 아이들, 특히 클럽에 오래 나온 아이들은 모두 도슨을 따라 새로운 교회에 출석했습니다. 8월에 그 클럽은, 남부 로미타 교회에서 갖는 3주간의 전도 집회를 후원하는 모임에 참여하게 되었습니다. 도슨은 이 모임에 나오는 아이들에게 참석자가 300명이 넘으면 그룹 사진을 찍어 주겠다고 약속했습니다. 두 번째 주에 참석자는 299명이 되었고, 약속대로 사진을 찍었습니다.

전도 집회를 인도하는 일은 도슨에게 처음 있는 일이었습니다. 도슨은 친구인 목사 어윈 문을 초청하여 첫 두 주 동안 말씀을 전해 달라고 부탁하였습니다. 문 목사는 전도 집회에서 연속하여 말씀을 전한 경험이 없었습니다. 그러나 그는 자기 교회 성도 몇 사람을 함께 데려와 로미타에 한 집을 세내어 지내며, 행사를 치를 수 있었습니다.

피셔맨 클럽의 모건 박사가 세 번째 주에 말씀을 전했는데, 모건 박사는 정기적으로 그 교회에서 말씀을 전하게 되었습니다. 집회는 성공적인 것으로 평가되었고, 결신자도 많았으며, 교회는 번성하였습니다. 훗날 도슨은 이때를 회상하면서 참으로 가슴 아파 했습니다.

사탄의 공격에서 로미타 교회 성도들을 온전히 지켜 내지 못했다는 생각에서였습니다.

지난 2년여 동안 도슨은 자기의 평생의 사역이 젊은이들을 대상으로 하는 것이 될 것이라는 확신이 들었습니다. 도슨은 이제 하나님께서 자신의 이런 확신을 확증하여 주시며 분명한 인도하심을 보여 주시기를 원했습니다. 도슨은 마음속에 몇 가지 분명한 원리를 가지고 있었습니다. 믿음으로 살며, 기도에 대한 응답으로 자신의 필요를 채워 주시도록 하나님을 의뢰하며 살기 원했습니다. 또한 하나님께 쓰임받는 열매 풍성한 일꾼이 되기 위해서는 기도의 사람이 되어야 하며, 하나님의 말씀으로 삶을 흠뻑 적셔야 한다고 생각했습니다. 이렇게 사는 것은 참으로 기쁜 일이지만 동시에 그런 수준에 도달하는 것은 힘들다는 것도 알고 있었습니다. 도슨은 일꾼이 정말 부족한 곳에 자기의 노력을 투자하기로 결심했습니다. 한 교회 임원이 자기 교단에 속한 300명의 목사가 로스앤젤레스에서는 마땅히 설 강단이 없다고 하는 것을 들었기 때문에 도슨은 목사가 될 필요는 없다고 생각했습니다. 도슨은 삶의 모토를 가지고 있었습니다. '남이 할 수 없고 하려고도 하지 않는 일들이 많이 있을 때에는, 다른 누군가가 할 수 있거나 하려고 하는 것을 하지 말라.'

젊은이들을 대상으로 평생 동안 사역을 하라는 하나님의 부르심에 대한 말씀이 1931년 초 도슨의 일기에서 발견됩니다. 그때 청소년 클럽은 번성하고 있었습니다. 이 일에 대하여 도슨이 얼마만한 중요성을 부여하고 있는지는, 3월 17일 일기를 얼마나 조심스러우면서도 딱딱한 문체로 기록했는지를 보면 약간은 짐작할 수 있습니다.

주님을 기다리면서 말씀을 읽고 있는데, 주님께서 분명하게 내게 말씀하여 주셨다. 사무엘하의 처음 일곱 장을 읽고 있었다.

하나님께서 나와 함께하고 계심을 분명하게 알 수 있었다. 하나님께서는 하나님의 백성 이스라엘을 위하여 다윗과 함께하셨다(사무엘하 5:10-12). 다윗은 여러 차례 하나님께 여쭈었다. 이를 보면서, 나는 부족하고 주님께 의지해야 하는 존재임을 더욱 깨닫게 되었고, 지금도 깨닫고 있다. 7장에서 하나님께서는 다윗에게 분명한 약속을 주셨는데, 내게는 특별한 의미로 다가온다. 두 번째 읽을 때 갑자기 내 마음에는 히브리서 6:16-18이 떠올랐다. 그러나 내가 찾고 있었던 구절이라는 생각은 미처 하지 못했다. 나는 미국과 세계 전체의 필요에 비추어 청소년 사역에 대하여 하나님께서 얼마나 분명하게 말씀해 주셨는지를 설명할 수가 없다. 그러나 7장을 통하여, 그리고 이사야 41:10, 히브리서 6:16-18, 로마서 4:20-21을 통하여 하나님께서는 내게 분명히 말씀해 주셨다. 나는 선교사 케리처럼 분명한 확신을 갖고 있다. 나는 하나님과 하나님의 말씀을 신뢰하며 나의 감정이나 나 자신을 의뢰하지 않는다.

4월 하순에 도슨은 절친한 루이 바드웰과 함께 시에라네바다 산맥의 록크릭캐니언에서 9일 동안 야영을 하며 말씀과 기도로 많은 시간을 보냈습니다. 일기에는 이렇게 기록했습니다. "나는 하루에 일곱 구절을 암송하고 있다. 루이와 나는 더 많은 시간을 확보하기 위하여 하루에 두 끼만 먹었다." 도슨은 성경을 많이 읽었는데 이사야서의 말씀에 가장 많이 끌렸습니다. "놀라운 축복이다. 이는 하나님의 말씀을 풍성히 섭취하는 자만이 알 수 있다."

시에라네바다 산맥에 다녀온 후 3주가 지나서 한 기도 모임이 시작되었는데, 이는 약 40일이나 지속되었습니다. 도슨의 마음에 이후 사역에 대한 주춧돌이 놓이는 계기가 되었습니다. 도슨은 사무엘하 7장

옆에다 "기도는 인간의 입술을 통한 하나님의 창조 사역이다"라고 기록했습니다. 도슨은 월트 스탠턴에게 매일 아침 다섯 시에 만나 예레미야 33:3을 주장하며 함께 기도하자고 제안했습니다. 도슨은 이렇게 기록했습니다. "우리는 부흥을 위해 기도했다."

"그가 그렇게 오랜 시간 동안 기도할 장소로 누군가를 데려가는 데에는 여러 해가 걸렸습니다. 그러나 나는 나아갈 준비가 되어 있었습니다"라고 월트는 회상했습니다. "도슨의 마음속에는 시내 산에서 40일간 기도하던 모세의 모습이 그려져 있었습니다."

매일 아침 시 외곽에 있는 'L' 캐니언으로 차를 몰고 간 후, 두 사람은 마른 시내를 따라 400미터 정도를 걸어 막다른 곳까지 이르러, 바다가 보이는 경사면에 도착했습니다. 이곳은 기도 장소로 선정한 곳인데, 커다란 페퍼트리(캘리포니아에서 자라는 후추나무, 역자 주) 아래였습니다. 여기에 불을 피워 놓고 태평양에서 스며드는 차가운 기운을 막았습니다. 그리고는 출근하기 전까지 두 시간을 무릎을 꿇고 기도했습니다. 도슨은 무릎이 금방 저렸습니다. 그러나 배관공인 월트는 무릎을 굽히고 일하는 데에 익숙했기 때문에 별다른 어려움이 없었습니다. 두 사람은 로미타와 다른 시에 있는 자기 클럽의 소년들을 위해서 기도했으며, 얼마 지나지 않아 캘리포니아 남부 지역에 있는 여러 시의 젊은이들을 위해 기도하기 시작했습니다. 믿음이 커감에 따라 주님 앞에서 48개 각 주를 하나씩 지목하며, 미국 전역에 있는 젊은이들 사이에서 자신들이 하나님께 쓰임을 받을 수 있도록 기도했습니다. 그리고 끝 무렵에는 세계 지도를 하나 구하여 두 사람의 기도 장소에 걸어 놓고는 아메리카, 유럽, 아시아, 아프리카, 오스트레일리아, 그리고 태평양의 여러 섬들을 짚으며 그곳에 있는 사람들을 위해 두 사람이 하나님께 귀히 쓰임을 받을 수 있도록 기도했습니다.

마침내 기도를 멈추었습니다. 아마도 도슨이 목표한 바를 달성했다고 느꼈기 때문일 수도 있고, 아니면 더 이상 견디기 힘들 정도로 그의 몸이 쇠약해졌기 때문일 수도 있습니다. 어쨌든 도슨은 하나님께서 기도를 들으셨으며 응답하실 것이라는 믿음을 굳게 가졌습니다. "도슨은 성경이 사실이라고 믿었을 뿐만 아니라, 모든 약속은 다 이루어지며, 자기 자신에게 적용할 수 있다고 믿었습니다"라고 스탠턴은 말했습니다. "하나님께서는 사도와 선지자들을 통하여 큰 일을 하실 수 있었습니다. 도슨은 자기를 통해서도 하나님께서 그런 큰 일을 행하실 것이라고 믿었습니다.… 돌이켜보면 도슨은 그 당시에 이미 위대한 사람이었습니다."

수년 뒤에 40일 동안의 마라톤 기도를 회상하면서 도슨은 오랜 시간 동안 기도한 것에 대하여 이렇게 말했습니다. "우리는 첫 주에는 자세히 살펴보아야 찾을 수 있는 작은 섬들과 나라에 대해서는 기도할 수 없었을 것입니다. 나는 많은 시간을 기도에 드려야 하나님께서 더 잘 들어주실 것이라고 생각하지는 않습니다. 그러나 기도에 들이는 시간은 믿음의 성장과 매우 깊은 관련이 있다고 믿습니다. 당신이 기도하고 구할 때 믿음이 성장하기 때문입니다."

교회가 나뉘면서 학생들을 많이 잃게 되었는데, 도슨은 이것을 고등학생과 그 이상의 젊은이들에게 집중하도록 하나님께서 인도하신 것이라고 받아들였던 것 같습니다. 그해 가을에 도슨은 한두 달 동안 고등학교의 다섯 과목을 수강하였습니다. 도슨은 이를 아이들과 가까워질 수 있는 좋은 기회라고 말했습니다.

11월에 도슨은 옻이 올라서 회복하기 위하여 시간을 내게 되었는데, 이 기간 동안 평생의 사역에 대하여 하나님께서 이미 주셨던 여러 약속들을 새롭게 하여 주심을 알게 되었습니다. 성경 말씀은 단순히 하나님의 감동으로 된 기록 그 이상이며 하나님의 살아 있는 음성이라는 도슨의 확신은 더욱 깊어졌습니다.

도슨은 성경 구절이 특정한 시대의 특정한 사람들에게만 적용되는 것은 아니라고 생각했습니다. 예레미야서의 여백에다 도슨은 이렇게 기록했습니다. "하나님께서는 이 말씀을 한 작은 백성에게만 주신 것이 아니다. 시작부터 끝까지를 다 아시는 하나님께서는 분명 오늘날의 우리에게도 이 말씀을 주신 것이다." 그리고 이사야 58:12 말씀 옆에는 "내 평생의 사역에 대하여 기도할 때 여러 차례 주신 약속이다"라고 기록했습니다. 이사야 26:3의 평강에 대한 약속이나 이사야 1:18의 사죄에 대한 약속을 주장하는 그리스도인들이 왜 이사야 58:12 말씀은 주장해서는 안 되는가? 심지어 이사야 58:11 "나 여호와가 너를 항상 인도하여…"라는 말씀은 도슨이 늘 주장하고 인용하는 구절이기도 합니다. 후에 도슨은 자신의 일생에 걸친 사역을 위해 하나님께서 이사야서를 통해 주신 약속에 대하여 언급하면서 이렇게 말했습니다. "어떤 사람들은 이사야서가 유대인을 위한 것이라고 말합니다. 이사야서는 약속으로 가득 찬 책입니다. 그런데 주위를 둘러보아도 이 약속들을 주장하는 유대인은 눈에 띄지 않습니다. 누군가 그 약속들을 활용해야 합니다!"

성경 말씀을 더욱 많이 암송하면 할수록 주님께서 사용하실 수 있는 의사소통의 통로가 더 많이 생긴다고 도슨은 굳게 믿었습니다. 옻이 올라 회복을 기다리는 동안, 도슨은 그러한 한 가지 예를 일기에 기록해 놓았습니다.

> 다시 성경을 앞에 펴놓고 하나님을 기다렸다. 그리고는 몇 가지 일에 대하여 하나님께 말씀드렸는데, 10초도 안 되는 시간에 4개의 성경 구절이 순간적으로 떠올랐다. 베드로전서 2:25, 히브리서 10:20, 히브리서 11:6, 요한계시록 3:7-8. 내가 기도한

것에 비추어 볼 때, 이보다 더 의미 있고 실제적인 메시지는 없을 것이다. 하나님을 찬양한다.

도슨은 이제 일생에 걸쳐 어떤 사역을 해야 할지를 알게 되었습니다. 월트와 가진 40일 동안의 기도를 포함한 수년 동안의 여러 일을 통하여 하나님께서 자신을 어떻게 준비시키고 인도하셨는지를 깨닫게 되었습니다. 바로 젊은이들을 대상으로 하는 사역, 그들을 영적 특공대, 즉 대장 되신 주님을 위하여 전쟁터로 나아가 한 치의 양보도 하지 않을 그리스도의 군사들로 훈련시키는 사역을 하도록 인도하신 것입니다. 지금은 피셔맨 클럽이 사역을 위한 매개체인 것 같았습니다. 도슨은 모건 박사에게 국제 피셔맨 클럽 아래에서 사역하기 위한 팀을 조직할 수 있도록 공적인 허락을 받아 달라고 요청하였습니다. 기존의 클럽을 더욱 활성화시키고, 새로운 클럽을 시작하는 것입니다. 도슨은 클럽 멤버를 신중하게 선발하고자 했습니다. 월트가 그 첫 번째였는데, 그는 적극적으로 함께할 준비가 되어 있었습니다. 루이 코우테스 또한 매우 열정적이었고, 루이 바드웰도 마찬가지였습니다.

국제 피셔맨 클럽 팀을 하나 만들고자 하는 자기의 계획을 여섯 젊은이에게 말했는데, 모두가 좋은 반응을 보이자 도슨은 "하나님의 선한 손이 우리와 함께하고 있다"라고 기록했습니다. 하나님께서 행하실 뭔가 큰 일을 앞두고 있을 때에는 마음이 고무되게 마련입니다. 도슨은 하나님께서 어떤 방식으로 역사하실지 확실히 알지 못했습니다. 그러나 아브라함과 모세와 다윗과 허드슨 테일러의 하나님께서는 분명 도슨 트로트맨에게 주신 약속, 즉 기도를 통해 그의 마음에 새겨 주신 약속들을 이행하실 것이라는 데 대해서는 의심의 여지가 없었습니다.

도슨은 자기가 남들과 다르다고 생각지 않았습니다. 그러나 도슨은 너무도 선명하게 하나님을 보았고, 하나님의 말씀이 그대로 이루어질 것을 믿었기 때문에, 그 말씀에 기초하여 행동에 옮기지 않을 수 없었습니다. 또한 도슨은 자기는 물론 다른 사람에게까지 평범한 것을 허용하지 않았습니다. 하나님을 위한 것이라면 무엇이든지 탁월하게 이루어져야 했습니다. 따라서 국제 피셔맨 클럽을 조직하는 일이나 그 후에 감당한 모든 일에 있어서 도슨은 늘 가장 뛰어난 사람을 찾았고, 일을 이루기 위한 가장 뛰어난 방법을 찾았습니다. 만약 하나님께서 세상 끝까지 나아가기를 원하시면 어떠한 노력도 대단한 것이 아니며 어떠한 희생도 지나친 것이 아니었습니다. 그러므로 도슨은 하나님의 말씀의 능력을 힘입어 자신을 엄격하게 훈련하고 스스로 채찍질하면서 지상사명의 성취를 위해 헌신적으로 나아갔습니다. 기도하기 위해 새벽 4시나 5시에 일어나는 것으로는 충분치 않았습니다. 새로운 팀은 함께 기도하기 위하여 아침 이른 시각에 만났습니다.

코우테스는 1932년 2월부터 1933년 6월까지 팀 활동에 대한 기록을 세세하게 남겼습니다. 그들은 매주 여러 차례 피셔맨 클럽에 참석했고, 교회 예배나 청년 모임에서 말씀을 전하거나 찬송을 하고 간증을 했습니다. 또한 함께 팀의 전략과 활동 계획을 작성했는데, 대개는 '기도하며 보내는 멋진 시간'이 포함되었습니다.

팀은 스스로 엄격한 훈련을 하였는데, 처음에는 일곱 가지 영역을 훈련하였습니다. 1) 매일 1시간씩 기도, 2) 매일 성경 읽기, 3) 매일 한 사람에게 전도, 4) 매주 한 차례 전도 여행, 5) 청소년 클럽 하나 인도, 6) 늘 신약성경, 요한복음, 전도지, 그리고 피셔맨 클럽 정보를 가지고 다니기, 7) 매일 한 구절 암송. 이 목표는 TNT라고 불렸습니다(이는 "Trust 'N' Tackle"의 약자로서 그것들의 폭발적인 능력을 나타내기도 합니다).

  TNT는 자주 고쳤는데, 대개는 새로운 항목이 추가되었습니다. 어느 한 주 동안의 TNT의 예를 들어 보면 다음과 같습니다. 1) 이사야 53장 암송, 2) 매일 1시간씩 기도, 3) 매일 3명에게 전도, 4) 느헤미야 읽기, 5) 매일 한 구절씩 암송. 그들은 늘 이 기준에 미치지 못했지만, 멤버들과 함께 만나 평가를 한 이후에는 이전과 같거나 더 어려운 계획을 세우게 되었습니다. 탁월함에 대한 강한 열망 때문에, 도슨은 훈련의 강도를 조절할 수도 있다는 생각을 받아들일 수 없었습니다. 그러나 얼마 안 가서 도슨은 이를 인정할 수밖에 없었습니다. 그들의 훈련이 모든 팀 멤버들은 물론 도슨에게도 과중한 것임이 드러나게 되었기 때문입니다.

  그러나 팀 멤버들은 승리하기 위해 그 팀에 함께하고 있었습니다. 1933년 2월에 가진 모임에서 그들은 비록 매일 도달해야 하는 팀 목표가 성경 암송에서 개인 일기 기록에 이르기까지 십여 가지나 되지만 개인 점검이 이 훈련의 성공에 꼭 필요하다는 결론에 이르게 되었습니다. 그들은 그 점검을 계속하기로 약속했습니다. '사람에게 하듯 하지 말고 주님께 하듯 하기로' 했던 것입니다. 그들은 오토바이를 타고 캘리포니아 남부 지역을 다니면서, 사람들을 그리스도께 인도하고, 새로운 피셔맨 클럽을 만들었으며, 만나는 사람들 모두에게 성경을 암송하고 사람들에게 전도하도록 도전하였습니다. 그들은 롱비치에 피셔맨 클럽 학교를 개설하여, 성경 암송, 성경공부, 그리고 말씀 전하는 것에 대한 강좌를 만든 후 일곱 개의 시에서 젊은이들을 초청하였습니다.

  한 철야 기도 모임에서 팀 멤버들은 중대한 기도를 시작하게 되었습니다.

우리는 피셔맨 클럽의 장차 사역에 대하여 생각했으며, 하나님을 위하여, 하나님의 능력으로, 그리고 하나님의 영광을 위하여 위대한 일이 일어나야 할 필요가 있음을 깨닫고는, 우리가 2백만 명의 젊은이들에게 나아갈 수 있도록 주님께 기도했다. 청소년 사역을 생각할 때, 모든 프로스펙터와 주니어 피셔맨을 다 동원해도 우리의 모든 클럽에는 200명밖에 없다. 이 때문에 우리는 천 명을 달라고 주님께 기도하였다.

2백만 명의 젊은이를 구할 수 있는 믿음은 분명 40일간의 기도 모임을 통해 자라났을 것입니다. 이 기도에 대한 응답은 오랜 세월이 지나서 이루어졌습니다.

팀 멤버들은 미국 독립 전쟁 당시의 민병대를 본 따서 스스로를 미니트맨(Minute Men)이라고 불렀습니다. 민병대는 점원, 농부, 그리고 대장장이 등으로 일하다가 필요하면 언제 어느 때라도 총을 들고 전쟁터로 나아가 조국을 위해 싸운 사람들이었습니다. 이 현대식 미니트맨은 영적으로 무장되어 언제라도 주님을 위한 영적 전쟁에 임할 준비를 갖춘 사람들이었습니다.

또 다른 철야 기도 모임 후, 팀 멤버들은 하나님께서 그들의 사역을 확장하고자 하신다고 확신하게 되었습니다. 그러나 그들은 세상과 그 가치관에 전염되기 쉬운 멤버들로 구성된 거대한 조직으로 변하는 것을 경계하였습니다. 만약 각 클럽이 나름대로 독립된 사역 단위로 조직된다면, 거대한 조직체가 되는 것을 피할 수 있고, 사역은 약점이 많지 않으며, 클럽은 말씀에 견고히 붙어 있게 될 가능성이 높다고 생각했습니다. 또한, 국제 피셔맨 클럽과의 관계도 생각해야 했습니다. 피셔맨 클럽의 창시자 호턴은 이미 고인이 되었습니다. 장차 피셔맨 클럽의 지도자가 방향을 바꾸면 어떻게 될 것인가? 그래서 국제 피셔맨 클럽에 속하여 1년을 보낸 뒤에 미니트맨은 독자적으로 사역을 하기로 결정했습니다. 그들의 사역은 점점 자라났고, 더 많은 사람들이 미니트맨에 함께하였습니다.

미니트맨은 하나님을 위하여 늘 깨어 지혜롭게 행하는 팀이 되는 것을 목표로 하였습니다. 그들은 호주머니에 들어가는 조그만 노트를 늘 가지고 다녔는데, 기도 제목과 업무상의 일과 개인적인 일과 클럽 일 등을 간지(間紙)를 사용하여 나누었습니다. 이를 통해 목표를 더 잘 이루게 되었습니다.

노트 기록을 부지런히 하는 도슨의 습관은 토머스 선생님이 질문을 하던 때부터 시작되었습니다. "어떤 것을 기억하기 위하여 주머니에 늘 가지고 다니던 그 조그만 카드는 어디에 있지?" "사용하지 않게 된 지 오랩니다. 저는 그런 것들을 기억나게 해주시도록 오로지 성령을 의지하기로 마음먹었습니다"라고 도슨은 대답했습니다. "그랬군. 그런데 그 방법은 별로 효과가 없는 것 같은데. 네가 많은 일들을 기억하지 못했던 것을 보면 말이야." 이 말을 듣고서 도슨은 다시 카드를 사용하기 시작했습니다.

팀 멤버들은 리더의 본과 설득 때문에 동기를 부여받아, 하나님과의 교제 시간을 지키는 것만큼이나 노트 기록에도 철저했습니다. 이 방법은 나중에 등장한 여러 개정판의 선조였는데, 여러 해에 걸쳐 도슨은 더 좋은 방법을 추구하여, 더 조그만 노트, 좀 더 큰 노트, 더 정교한 노트, 더 간단한 노트 등을 만들었습니다. 완벽한 노트를 만들기 위한 도슨의 노력은 다음 슬로건에 나타난 그의 생활 목표와 보조를 같이하는 것이었습니다. "최대한 짧은 시간에 최대한 효과적인 방법으로 최대한 많이 성취하자."

도슨은 시간이 지나면서 훈련을 위한 자신의 싸움이 더 심해져 간다는 것을 깨닫게 되었습니다. 주님께 대한 열정 때문에 매일 아침 일찍 주님을 만나는 습관은 그대로 유지될 수 있었습니다. 그러나 이제 나이가 스물여섯이나 되어, 신체적으로 한창 때인 스무 살 시절을 훨씬 넘긴 것입니다. (도슨은 후에 자기가 존경하는 허드슨 테일러와 같은 기도의 영웅도 아침에 일찍 일어나 기도하기 위하여 밤에 자기보다 훨씬 일찍 잠자리에 들었다는 것을 알게 되었습니다.) 도슨은 자기가 양초의 양쪽 끝을 동시에 태우는 삶을 살았다는 것을 깨닫기 시작한 것입니다.

미니트맨을 위해 본을 보여야 한다는 것은 개인 훈련에 또 하나의 자극이 되었습니다. 또한 매주 모일 때 서로에게 보고를 해야 한다는 것은 성공할 수 있도록 더 큰 자극을 가했습니다. 그럼에도 끊임없이 다가오는 인간적인 게으름을 이기고 매일의 유혹에 빠지지 않도록 그를 도와준 것은 바로 하나님의 말씀에서 이끌어 낸 능력과 하나님의 종으로서 느끼는 특별한 즐거움이었습니다. 장애물과 유혹은 승리를 위해 도슨이 부름받은 전쟁의 일부분일 뿐이었습니다.

'매일 한 사람씩 전도한다.' 도슨은 막 잠자리에 들려는 순간 그날 아무에게도 그리스도에 대하여 말하지 않았다는 것을 깨달았습니다. 내일 두 사람에게 전도하면 되지 않을까? 그러나 도슨은 그렇게 해서는 안 되겠다고 결심했습니다. 그 주간의 과제를 온전히 이루기 위해, 옷을 입고는 T형 승용차를 타고 사람을 찾으러 나섰습니다. 몇 킬로미터를 가다가 옷 가방을 든 한 사람을 발견했습니다. 그 사람은 롱비치까지 가는 열차를 타려다 놓친 뒤였습니다. 도슨은 태워 주겠다고 제의했습니다.

도슨은 잠시 소개를 한 후 말을 시작했습니다. "믿어지지 않으시겠지만, 저는 잠을 자려다가 일어나 여기까지 왔습니다. 저는 이 세상에서 가장 놀라운 소식을 누군가와 나누지 않고서는 잠자리에 들지 않기로 했습니다. 저는 그리스도인입니다."

차에 탄 사람은 그리스도를 통한 하나님의 사랑에 대하여 들었고, 다음과 같이 진지하게 말했습니다. "약 20년 전부터 나는 하나님을 알고자 했습니다. 20년 동안 거의 매주 교회에 출석했습니다. 그런데 오늘 밤 당신이 바로 내가 찾던 것을 말해 주었습니다." 만약 다음날 전도하러 나가는 대신에 밤중에 나간 것이 단지 점검표에 표시를 하기 위한 율법적인 것이었다고 하더라도, 하나님의 섭리가 함께한 것임에 틀림이 없었습니다. 왜냐하면 하나님과 화평하기를 그토록 오랫동안 갈망했던 그 사람을 그 다음날에는 만나지 못했을 것이기 때문입니다.

도슨은 전도를 아무리 자주 해도 두려움이 없었던 적은 한 번도 없었습니다. 도슨은 이런 말을 한 적이 있었습니다. "두려움이란 '만군의 여호와께서 말씀하시되, 이는 힘으로 되지 아니하며, 능으로 되지 아니하고, 오직 나의 신으로 되느니라'는 말씀을 상기시켜 주는 빨간 신호등이라는 사실을 깨달았습니다. 온전히 자기 힘으로 할 수 있는 사람은 아무도 없습니다. 언제나 주님을 필요로 합니다."

T형 승용차를 타고 가다가 교통 신호등에 멈춘 적이 있었는데, 전도할 기회를 달라고 기도한 다음이었습니다. 그곳에는 험상궂게 생기고 우람한 체격을 가진 사람이 차를 태워 달라며 손짓을 하고 있었습니다. 전도 대상자는 결코 아니라는 생각이 들었습니다. 그러나 그 사람을 무시할 수는 없었습니다. 그래서 도슨은 그 사람을 태우고서는 전도용 소책자를 건넸습니다.

"어떻게 생각하십니까?" 그 사람이 다 읽고 나자 도슨이 물어보았습니다.

"놀랍군요." 의외의 대답이었습니다.

"아, 당신은 그리스도인이군요!"

"아닙니다. 지난 2주 동안 매일 저녁 전도 집회에 계속 다니고 있었는데, 나는 구원을 이룰 수 없습니다."

"이루다니요?" 도슨은 차를 멈추고 어떻게 예수님께서 이미 그 사람을 위해 '이루어' 주셨는지를 설명했습니다. 도슨은 자기가 두려워했던 것과 외모를 보고 그 사람의 관심이 어떨 것이라고 지레짐작한 것을 후회하였습니다.

미니트맨은 나름대로의 비밀 신호가 있었습니다. '7:7'(마태복음 7:7에서 따옴)은 기도를 의미했습니다. 식당에서 음식을 먹을 때 누군가 '6:6'(마태복음)이라고 하면 각자 감사 기도를 하자는 신호였습니다. '12:11'(로마서)은 열심을 낼 필요가 있다는 말이었습니다. 다른 성경 구절들도 동일하게 암호로 사용되었습니다. 팀 활동 일지를 보면 하나님께서 어떻게 사역의 세세한 필요들을 공급해 주셨는지가 잘 드러나 있습니다.

> 1932년 4월 4일 - 우리의 모든 필요를 공급하신 하나님께 찬양을 드린다. 지난주에 휘티어에 가기 위해, 한 멤버가 당장 필요 없는 20센트 상당의 우표를 팔았으며, 이어 누가 5센트를 주었고, 집안을 샅샅이 뒤져 5페니를 찾았다. 휘티어로 가는 길에 자동차 라이트가 나갔는데 다른 멤버가 가진 돈으로 새 것을 샀고, 그 남은 돈으로는 그 다음 날 집으로 돌아올 때 필요한 휘발유를 살 수 있었다.
>
> 1933년 5월 21일 - (한 교회의 CE 그룹을 돕고 난 후) 분명 하나님께서 우리의 경제적 필요를 채워 주셨다. 2달러를 헌금으로 받았기 때문이다.

미니트맨의 전략은 한 번에 한 개의 시를 '점령'하는 것이었습니다. 휘티어, 그 다음에는 패서디나였습니다. 오토바이 혹은 도슨의 T형 승용차를 타고 다니면서 중심되는 교회들을 찾아 사역했으며, 강의도 하고 교회 성도들에게 성경 암송과 전도에 드려지도록 도전했습니다. 성도들 사이에서 가시적인 성과가 있든 없든, 그들은 각 곳에서 한두 사람의 젊은이들을 징모할 수 있었던 것에 큰 격려를 얻었습니다. 이 한두 사람이 열 명 이상으로 불어났을 때, 하나의 클럽이 시작되었습니다. 도슨은 기도하면서 자매들을 위한 피셔맨 클럽을 만들 생각을 하였지만, 실제로 실현되지는 않았습니다. 미니트맨은 또한 고등학교와 대학에서 말씀을 전할 기회도 가졌습니다.

티닝 목사의 추천을 받아 도슨은 헐리우드 장로교회의 청소년 그룹을 인도하는 책임자로 초빙되었는데, 다른 말로 하면 시간제 청소년 사역자였습니다. 이에 대하여 그 교회 책임자의 일원이었던 헨리에타 미어즈 여사는 강하게 반발했습니다. "당치도 않아요! 도슨은 헐리우드에는 전혀 맞지 않는 사람입니다!" 물론 이는 타당한 이유였습니다. 헐리우드에 사는 약아빠진 사람들은, 도슨의 생활양식과 그가 좋아하는 것들을 받아들일 준비가 되어 있지 못했기 때문입니다.

약 9개월 뒤에 팀은 세 개의 시를 '점령'했습니다. 롱비치와 휘티어, 그리고 패서디나에서 클럽들은 이제 꽃을 피우기 시작했으며, 엄선된 젊은이들이 '말씀을 깊이 파고들었으며' 전도를 배우고 있었습니다. 그러나 이런 속도로 언제 미국 전역으로 나아갈 수 있단 말인가? 세계 각지로 나아가는 데에는 얼마나 더 걸릴 것인가? 곰곰이 이런 질문을 생각하던 도슨은, 온 세상에 복음을 전파하기 위한 하나님의 계획에 대해 일생 동안 갖게 된 확신에 한 걸음 더 나아가게 되었습니다. 도슨은 자기가 이사야 43장에서 받은 약속들을 생각했습니다. 4절에서는 "내가 너를 보배롭고 존귀하게 여기고 너를 사랑하였은즉 내가 사람들을 주어 너를 바꾸며 백성들로 네 생명을 대신하리니"라고 약속하셨습니다. 도슨은 지금까지 하나님께서 추수할 일꾼을 보내어 주시도록 기도했습니다. 이제 도슨은 단순히 믿는 사람과 일꾼의 엄청난 차이를 이해하기 시작했습니다. 그리고 하나님께서 믿고 맡길 수 있는 일꾼을 길러 내는 일에 집중할 필요가 있음을 깨닫기 시작했습니다. 도슨은 "하나님께서는 90퍼센트 헌신된 사람 100명보다 100퍼센트 헌신된 한 사람을 통해 더 많은 일을 하실 수 있다"라는 메시지를 전하기 시작했습니다.

그즈음 도슨은 이사야에 나오는 약속의 말씀들 옆의 여백에 다음과 같은 기도문을 기록했습니다. "오직 하나님의 영광에만 시야를 고정시킨, 강하고 굳센 십자가 군병이 될, 수많은 젊은이들을 곧 만나게 해주소서." 지난 6개월 동안 도슨에게는 뭔가 변화가 일어나고 있었습니다. 그의 목표는 전도하여 사람을 구원하는 일에서 견고한 제자를 세우고 하나님의 일꾼을 징모하는 것으로 바뀌고 있었습니다.

이런 생각의 변화와 때를 같이하여 충격적인 발견을 하게 되었습니다. 언행으로 보아 믿지 않는 듯한 한 사람을 차에 태워 주게 되었는데, 잠깐의 대화를 통해 도슨은 그가 자기가 일 년 전에 전도하여 예수님을 '믿게 된' 사람임을 알게 되었습니다. 그러나 그 사람은 믿기로 결심은 하였지만 양육을 받지 못하였고, 사실상 말라비틀어진 가지가 되었던 것입니다. 이에 충격을 받은 도슨은 깊이 생각하게 되었습니다. 진지하게, 때로는 눈물까지 흘리면서 주 예수 그리스도의 이름을 부르며 믿기로 한 수많은 사람들이 삶의 변화를 경험하지 못한 상태로 남아 있을 것이 분명하다는 생각이 들었습니다. 무엇이 잘못된 것인가?

이때부터 도슨은 자기가 그리스도께로 인도한 사람은 양육을 하기로 결심하였습니다. 전도보다 훨씬 어려운 일이었습니다. 그리고 다른 사람들에게 그들이 전도해서 믿은 사람들에게 그리스도 안에서 성장할 수 있는 기회를 제공하라고 격려했습니다. 실상은 분명히 과

악되었고, 도슨은 이를 하나의 공리(公理)로 만들었습니다. "어떤 사람을 그리스도께 인도하는 일은 20분에서 몇 시간 정도면 됩니다. 그러나 그 사람이 그리스도 안에서 올바로 서도록 양육하는 데에는 20주에서 몇 년이 걸립니다." 차에 태워 주었던 그 사람을 만나 충격을 받은 이후로 도슨의 사역은 새로운 전기를 맞게 되었습니다. 결신자를 얻는 일보다는 그리스도 안에서 올바로 성장하도록 돕는 일에 초점을 맞추게 된 것입니다.

일꾼을 길러 내는 일의 필요성에 대한 확신과 새로이 그리스도인이 된 사람을 위한 양육의 절박성에 대한 확신은 도슨의 사역의 방향을 결정하기 시작했고, 말씀을 전할 때에도 이를 강조하기 시작했습니다. 양육이 기독교 사역의 주된 요소가 될 때까지 도슨은 이 주제를 끈질기게 전파하였습니다.

도슨은 "영적 신생아가 태어나게 한 다음에 영양 실조로 죽게 내버려 두지 마십시오"라고 말씀을 듣는 사람들에게 힘주어 말했습니다. 새로이 믿은 사람들에게 그저 성경책을 한 권 선물하는 것으로는 충분치 않습니다. 그들에게 영적 양식을 먹여야 합니다. "갓난아이에게 깡통 따개를 주고서 통조림을 먹으라고 하지 마십시오. 우유를 잘 타서 적당한 온도로 데운 후에 우윳병을 잘 잡고 그를 먹이십시오." 자기와 다른 사람들이 수년 동안 하던 '치고 빠지는' 전도는 단지 '잘 적응한 사람만이 살아남는' 결과를 낳을 뿐이었으며, 도슨은 이를 철저히 잘못된 것이라고 말했습니다.

도슨이 그리스도께로 인도했던 라일라는 이제 의젓한 숙녀가 되었습니다. 라일라는 가장의 권위가 철저히 존중되며 사랑과 엄격한 훈련이 공존하는 흔치 않은 가정 분위기 가운데서 자라났습니다. 아버지인 클레이턴 씨는 건장한 체격의 소유자로서 남부 지방의 목사의 아들이었으나 예수님을 믿고 있지는 않았습니다. 종교에 빠져 자기 딸을 굶겨 죽일지도 모르는 사람과 딸이 약혼을 하자, 정유회사의 부두 현장 관리자로 일하던 아버지는 현장에서 쓰던 말로 자기의 감정을 표현했을지도 모릅니다. 그러나 이미 성인이 된 딸은 자기의 원하는 바를 명확하게 알고 있었고, 아버지로서도 어쩔 도리가 없었습니다.

도슨과 라일라는 3년의 약혼 기간 동안 딱 한 차례 다툰 적이 있습니다. 라일라가 머리를 기르겠다는 약속을 깨고 짧게 잘랐기 때문입니다. 완전주의자였던 도슨에게 이것은 약혼 파기를 의미할 수밖에 없었습니다. 결혼도 하기 전에 그에 대한 충성심이 그렇게 약하다면 결혼 후에는 어떠할 것인가? 그러나 청소년 클럽의 리더 중 한 사람이 언덕에 올라가 하나님께서 두 사람을 다시 결합시켜 달라고 기도했다는 말을 듣고 나서 도슨은 자기의 약점을 기억하고 즉시로 라일라를 용서하였습니다.

자기 자신을 의뢰하기를 두려워했으며, 장래를 위해 중요한 것이 많이 걸려 있다고 생각한 도슨은 구혼 기간 동안 청교도적인 기준을 적용하였습니다. 차를 탈 때 라일라는 도슨과 너무 가까이 앉지 않도록 하였습니다. 바이올라 시절, 라일라에게 보낸 편지는 낭만적인 것이라기보다는 목회 서신에 가까웠습니다. 일주일에 한 차례 저녁 시간에만 데이트를 했으며, 흔히 사역을 위한 모임이 수반되었습니다. 도슨은 결혼이란 영역에서 한순간만 잘못 행동해도 많은 세대의 기초를 세우기 위해 그를 사용하시려는 하나님의 계획에는 큰 재앙이 생길 수 있다는 것을 알았습니다. 부모의 결혼 생활을 늘 유념했던 도슨은 자기와 라일라의 결혼 생활에서는 하나님께서 주시는 최선의 것이 아니면 취하지 않기로 했습니다.

라일라는 이렇게 회상합니다. "1932년 초반의 6개월은 우리 생애 전체를 통해 매우 중요했습니다. 하나님께서 우리로 하여금 무엇을 하게 하실 것인가에 대해 생각을 확정하는 시기였습니다. 도슨은 가정생활에서 나의 위치를 분명히 하기를 원했습니다. 그것은 하나님께서 도슨에게 주신 사역을 위해 돕는 배필이었습니다. 도슨은 자주 사무엘상 30:24 말씀을 내게 상기시켰습니다. '…전장에 내려갔던 자의 분깃이나 소유물 곁에 머물렀던 자의 분깃이 일반일지니 같이 분배할 것이니라.'"

나중에 친구로 지낸 밀리 다이너트는 라일라가 도슨을 영적인 스승으로 대하는 모습을 보며 큰 충격을 받았습니다. 도슨은 라일라 스스로 말씀 가운데서 개인적인 교훈을 발견하도록 가르쳐 주었기 때문입니다. "도슨은 늘 스승이었고, 라일라는 가장 모범적인 학생이었습니다. 도슨과 함께 차를 마시며 대화를 할 때면 늘 말씀을 사용하는 모습을 볼 수 있었습니다. 비전, 사람, 꿈, 계획 등에 대한 자기의 의견을 성경 말씀 한 구절 혹은 한 부분을 인용하여 피력했습니다. 많은 사람과 대화를 나누어 보았지만 삶 구석구석까지 하나님의 말씀을 적용하는 사람은 많지 않았습니다. 그 두 사람이 느끼고 행동하는 모든 것은 하나님의 말씀으로 충만하였습니다. 그리고 그들은 그 말씀 위에 견고히 섰습니다."

라일라가 보기에 도슨의 삶을 이끌어 주는 강력한 힘은 바로 하나님을 믿는 믿음이었습니다. "라일라, 하나님을 믿어야 하오"라고 도슨은 말했습니다. 간단한 말이었지만 수없이 많은 일을 통해 두 사람은 이에 대한 연단을 경험하게 되었습니다. 그해 봄에 두 사람은 가정을 위해 이사야 60:11 약속을 주장했습니다. "네 성문이 항상 열려 주야로 닫히지 아니하리니, 이는 사람들이 네게로 열방의 재물을 가져오며 그 왕들을 포로로 이끌어 옴이라." 성경 여백에다 도슨은 자신의 다짐을 이렇게 기록했습니다. "우리 집은 늘 하나님의 뜻에 드려진다."

1932년 7월 3일, 두 사람은 남부 로미타 성서교회의 2층에서 결혼식을 올렸습니다. 밀스와 토머스 선생님은 단조로운 홀을 꾸미기 위해 역량 이상의 능력을 발휘했으며, 각종 꽃으로 화려하게 장식하였습니다. 모건 목사가 주례를 섰습니다. 클레이턴 가족은 내키지는 않았지만 자기 집 정원에서 피로연을 베풀었습니다. 신혼여행에서는 4명이 함께 즐거운 시간을 보냈습니다. 신랑 들러리였던 월트 스탠턴과 그의 아내가 함께 보트를 타고 캐털리나로 간 것입니다.

하나님을 믿어야 하는 기회가 즉시 시작되었습니다. 결혼식 바로 전날, 한 선교사 부부가 전화를 하여 북부 롱비치에 있는 자기 집을 자신들이 출타 중인 두 달 동안 트로트맨 부부를 위해 빌려 주겠다는 제안을 하였습니다. 제재소에서 일하던 도슨이 일자리를 잃었고, 그들은 그때까지도 어디에서 살 것인지 결정하지 못했던 상태였습니다. 식료품 구입을 위한 돈은 도슨의 어머니가 준 20달러짜리 지폐를 통해 공급되었습니다. 그 돈을 마련하기 위해 아마도 어머니는 몇 달 동안이나 저축을 해야 했을 것입니다.

도슨은 결혼 첫 해에 여섯 차례나 이사를 했습니다. 처음부터 이사야 60:11 말씀을 통한 다짐을 기억하며 손님 접대와 사역을 위해 집을 사용하였습니다. 몇 달 동안 두 사람은 어윈 문 가족과 한집 살림을 했습니다. 후에 두 부부는 이 시기를 즐겨 회상하면서 그건 하나의 모험이었다고 했습니다.

바이올라에서 문은 도슨보다 선배였는데, 거기서 그가 게양대 위에서 물구나무서기를 한 것은 전설 같은 이야기가 되고 있었습니다. 이는 도슨의 모험적인 행동과도 비슷했습니다. 이제 몬테시토파크 교회의 목사인 문은 취미로 천문학 연구를 했습니다(과학 탐구에 열심이었던 문은 나중에 무디 과학 영화 등을 통해 세계 전역에 걸친 사역을 하게 되었음, 역자 주). 도슨은 문이 10인치 망원경을 만드는 것을 도왔으며, 교회의 젊은이들을 대상으로 하는 사역을 도왔습니다. 경제 공황기였던 그때 문의 수입은 일주일에 12달러 내지 14달러였습니다. 한 무더기에 1센트씩 주고 산 당근으로 요리를 할 때가 많았고, 추수감사절 식탁에는 그들이 사냥한 토끼 고기가 올랐습니다.

두 가족이 함께하는 것은 참으로 즐거웠습니다. 그러나 오래 지속하기에는 이상적인 것이 되지 못하였습니다. 그래서 1월에 도슨과 라일라는 로미타로 옮겼습니다. 그리고 한 달 후에는 휘티어에다 한 달에 12달러를 내는 방 4개짜리 집을 빌렸습니다.

이때가 도슨에게는 변화와 배움의 시기였습니다. 미니트맨은 국제 피셔맨 클럽에서 막 떨어져 나와 그들 스스로 사역하기로 결정했던 때였습니다. 그해 겨울과 초봄, 도슨은 일을 하다가 두 번이나 조그만 사고가 나서 발을 다치게 되었는데, 두 달 동안이나 일을 못했습니다. 이때 기도와 묵상을 위한 많은 시간이 주어졌습니다. 도슨은 일기에 이렇게 기록했습니다.

> 오늘 정오에 허드슨 테일러 전기를 잠시 읽으려고 책을 집어 들면서 하나님께 어디를 읽어야 할지 가르쳐 달라고 기도했다. 하나님의 지혜와 섭리 가운데, 나는 허드슨 테일러가 가장 바쁜 때에 병이 나서 침대에 누워 있어야만 했던 부분을 읽게 되었다. 오후 2시경, 나는 아파서 한 계절 내내 침대에만 누워 있을 가능성에 대하여 생각해 보았다. 그렇게 되면 하나님께서 내 영혼에 말씀하시는 바를 듣는 기회가 생긴다. 그런데 몇 분 지나지 않아 구동축이 부러져 헐거워지더니 내 왼쪽 발을 내리쳤다. 적어도 한 주 동안은 발을 사용하지 못할 것이다. 하나님께 감사했다.

하나님께서는 모든 일을 계획 가운데, 지혜롭게, 그리고 자신의 영광을 위하여 역사하신다. 꽤 아프다.

4월 12일에 제재소에 복직했는데, 도슨은 자기가 배운 중요한 교훈을 기록했습니다. 하나님께서는 수입이 생기는 직업이 있든 없든 하나님의 일꾼이 하나님의 일을 성취할 수 있게 하신다는 교훈이었습니다. 하나님께서 어디로 인도하시든 보수에 대해서는 전혀 생각지 않고 인도하신 곳에서 섬기기로 마음먹었습니다. 사역과 수입을 전혀 연관시키지 않을 것이며, 하나님께서는 그분 자신이 선택한 어떤 통로로든 경제적 공급을 해주실 것이라고 생각했습니다.

도슨은 하나님의 절대주권과 인간의 책임에 대해 올바로 이해하고 있었습니다. 예정이나 하나님의 변치 않는 목적에 대해 분명한 이해를 한 도슨이었지만, 한편으로는 마치 모든 것이 자신에게 달려 있는 것처럼 힘써 순종하고 선한 일을 행했습니다. 이는 어디에나 잘 어울리는 효과적인 원리였으며, 도슨은 생애 전체를 통하여 이 원리를 스스로 지키고 다른 사람들에게 전파하였습니다.

도슨의 가르침의 중요한 내용은 이미 분명한 형태를 갖추었습니다. 패서디나 피셔맨 클럽에 있었던 찰스 베이언은 도슨이 젊은이들에게 메시지를 전할 때면 늘 말씀을 파고들라는 내용을 전한 것을 회상하면서 이렇게 말했습니다. "도슨의 삶은 하나님의 말씀에 초점이 맞추어져 있었습니다. 오직 말씀을 알고, 순종하는 훈련에 자신을 드리기 위해서였지요." 수레바퀴 예화는 도슨의 가르침의 기초가 되었습니다. 즉 기도와 말씀, 특별히 성경공부와 성경 암송과 전도와 전심으로 순종하는 삶에 헌신하라고 역설했습니다. 바이올라의 샘 서더랜드 박사는 성경 암송을 지속적으로 강조한 도슨에 대하여 언급하면서 자기의 메시지를 이해시키려는 도슨의 강한 신념에 경의를 표했습니다.

  도슨의 사역 방향은 전보다는 덜 분명해졌습니다. 휘티어에 살고 있었기 때문에 도슨은 그곳에서 사역을 해야 한다고 생각했습니다. 그래서 자기 집에 13세에서 16세 사이의 청소년들을 초청하여 하나의 그룹을 형성하였습니다. 미니트맨과 함께 교회, 청년 그룹, 고등학교, 그리고 남부 캘리포니아 지방에 있는 여러 대학을 방문하여 말씀을 전하는 일은 계속하였습니다. 팀의 일원이었던 호턴 맥데이비드는 자유주의 교회에서 말씀을 전하게 된 흔치 않은 경우를 회상하며 이렇게 말했습니다. "대학에 있는 몇 명의 열정적인 젊은이들이 대형 교회 한 곳에서 말씀을 전해 달라는 초청을 우리에게 하였습니다. 그들은 젊은이들을 많이 모아 두었고, 우리는 그들에게 복음을 전했습니다. 그때에는 자유주의가 극에 달하던 시절이었습니다." 팀의 스타일은 여전히 투박하고 저돌적인 데가 있었습니다. 샌디에이고에서 미니트맨이 주관한 한 교회 모임에서 주님께 돌아오게 된 한 해군 병사는 자기가 담배를 끊기 전까지는 그리스도인으로 살 수 없을 것이라는 말을 들었습니다. 그 다음 날 그 병사는 담배를 끊기로 결심했다면서 찾아왔습니다.

  미니트맨은 종종 도슨 트로트맨의 집에서 모임을 가졌는데, 그들의 의사록에는 저녁 식사에서 라일라가 베푼 친절에 대해 어김없이 기록하고 있습니다. 팀에는 새로운 멤버들이 생겼으며, 몇 사람은 떠나기도 했습니다. 매일 해야 할 과제가 열 가지도 넘었고 이를 완벽하게 해내지 못할 때도 종종 있었지만, 그들의 야심 찬 계획과 열정적인 태도에는 별다른 영향을 끼치지 못했습니다. 이제 그들은 한 달 동안 주일 가운데 세 차례는 교회 모임을 가지고, 한 차례는 기도에 할당했으며, 한 차례는 미니트맨 나름의 계획을 진행하였고, 평일 저녁에는 피셔맨 클럽 모임도 가졌습니다. 1933년 5월 30일, 그들은 1

년 반 동안 함께 동역한 것을 기념하기 위하여 멋지게 준비한, 교제와 레크리에이션 시간을 가졌습니다.

몇몇 시에서 청소년 사역을 하고, 미니트맨 활동을 하고, 교회 청년 그룹뿐만 아니라 개인적으로도 사람들을 만나는 등 도슨은 사역의 기회가 점점 많아졌습니다. 그래서 도슨은 한 주에 4일만 일하고 나머지 3일은 사역에 드리기로 결심했습니다. 이런 상황이었지만 도슨은 기도에 최고의 우선순위를 두어야 한다고 생각했습니다. 일기를 보면, 비록 6월의 어느 한 주간 동안 공원이나 언덕에서 다섯 차례나 주님과 시간을 가졌지만, 이 주제에 대하여 도슨은 스스로 채찍질하고 있습니다.

주님과 참으로 축복된 시간을 가졌다. 오늘 아침 일찍 가졌다. 다시금 기도에 내 관심을 둘 수 있게 되었다. 기도는 주님을 위해 많은 일을 하는 것과 긴밀하게 연관되어 있다. 많은 시간을 주님과 함께 보내는 습관을 계속 유지하고 또 추구하기로 다시 마음먹었다. 기도는 가장 어려우면서도 가장 멋지고 새로운 활력을 얻는 일이다.

기도에 많은 시간을 들인 결과로 도슨은 주님의 인도에 민감한 태도를 유지할 수 있었으며, 그 결과로 전혀 새로운 사역의 세계로 들어가는 계기가 되었던 한 만남을 놓치지 않게 되었습니다.

스펜서. 레스 스펜서. 웨스트버지니아호에 근무하는 해군 이병. "아버지 하나님, 오늘 스펜서와 함께하소서. 그가 그리스도를 아는 지식에서 자라 가도록 도우소서…." 도슨은 노트의 다른 기도 제목으로 넘어갔습니다. 기도 시간이 끝났고 직장으로 출근하면서도 여전히 스펜서를 생각했습니다. 하나님께서 어떻게 그의 기도에 응답하실 것인가? 도슨은 트로나 필드에게 전화를 걸어 배로 무선을 보냈습니다.

'4시 30분에 5번가에 있는 부두에서 만나기 원함. 밝은 색 바지에 짙은 색 코트를 입고 있음. 트로트맨.'

스펜서는 약속 장소에 나왔습니다. 말끔하게 차려 입었는데, 해군 병사가 쓰는 각진 모자 옆으로 금발 머리가 살짝 보였습니다. 도슨은 스펜서를 집으로 데려가 라일라가 준비한 닭 요리를 대접한 후, 팔로스버데스 언덕에 가서 말씀과 기도로 시간을 보내자고 했습니다. 학교 건물 옆에 주차를 하고 성경을 열심히 읽고 있는데, 경비원이 다가와서 무엇을 하고 있느냐고 물었습니다. "성경을 읽고 있습니다." 도슨은 이렇게 대답하고는 전도의 기회를 놓치지 않았습니다. 세 명이 차 안에 탔습니다. 도슨은 성경을 펴서 한 구절 한 구절 설명하며 복음을 전했고, 궁색하게 변명하는 경비원에게 말씀으로 응답하였습니다. 스펜서는 도슨이 성경을 능숙하게 사용하는 것을 지켜보고는 큰 감명을 받았습니다.

부두로 돌아가는 길에 스펜서는 이렇게 말했습니다. "성경 말씀을 당신처럼 사용할 수만 있다면 내 오른팔이라도 내놓고 배우겠습니다." 도슨은 "자네는 그렇게 할 수 없을 걸세"라고 말하며 그를 떠보았습니다. 몇 마디 대화를 나눈 후에도 스펜서는 "정말입니다. 정말 내 오른팔이라도 내놓겠습니다"라고 계속 우겼습니다.

이것이 바로 도슨이 원하던 바였습니다. "물론 할 수 있네. 그러나 오른팔을 내놓을 필요까지는 없지만, 자원해서 말씀을 파고들고 공부하고 자네 삶에 적용해야 하네. 나는 자네가 필요로 하는 모든 시간을 내어 주겠네."

배에 돌아온 스펜서는 친한 친구인 거니 해리스를 깨웠습니다. "이것 봐. 나는 오늘 밤에 진짜 하나님의 사람을 만났어. 하나님의 말씀을 잘 알 뿐만 아니라 능숙하게 사용할 줄도 알아." 그때부터 스펜서는 상륙 허가를 받기만 하면 언제나 도슨의 집을 방문하였습니다. 그리고 군함을 개방하는 날이면 도슨을 초청하였습니다. 도슨은 커다란 군함을 둘러보고는 감탄했습니다. 그야말로 하나의 작은 도시였습니다. 그러나 무엇보다도 도슨이 기뻤던 것은 바로 그리스도를 섬기기 위해 자기가 받을 수 있는 모든 훈련을 기꺼이 받으려고 하는 한 사람을 발견한 것이었습니다. 1933년 4월 30일의 일기에는 이런 기쁨이 드러나 있지는 않습니다. "스펜서가 미니트맨이 되다." 도슨은 이 몇 달 동안 자기의 사역에서 하나님께서 뭔가 중요한 일을 하시려고 한다는 것을 느꼈습니다. 비록 스펜서를 만난 일이 얼마나 중요한 의미가 있는지는 온전히 알지 못했지만, 이 일은 분명 그 '뭔가'였으며, 역사적인 시작이었습니다.

샌디에이고를 오가는 길에 도슨과 미니트맨은 헬렌 리튼하우스를 만나 도움을 주곤 했습니다. 헬렌은 바이올라 시절 같은 반이었는데, 자기 집을 매주 개방하여 군인들을 위한 성경공부를 진행하였습니다. 헬렌은 자기의 사역을 군인 성경 클럽이라고 했는데, 밀로 제미슨의 대학 성경 클럽에서 사용하고 있는 성경공부 방식을 사용하여 성경을 공부했습니다. 그들은 3가지 요점 방식을 따랐습니다. 1) 이 성경 구절은 무엇을 말하고 있는가? 2) 이 성경 구절의 의미는 무엇인가? 3) 이에 대하여 내가 할 수 있는 것은 무엇인가?

2차 대전 이전, 해군 가운데 그리스도를 믿는 해군 병사는 극히 소수였는데, 믿고 있던 해군들은 리튼하우스 집에서 갖는 교제와 성경공부를 환영하였습니다. 그러나 헬렌은 여자가 그런 사역을 이끄는 것이 적절하지 못하다고 생각했습니다. 그래서 도슨에게 와서는 샌디에이고로 와서 이 사역을 맡아 달라고 요청하였습니다. "도슨이 조그만 차에서 내려 항구에 정박해 있는 배 한 척 한 척을 위해 기도하던 것이 생각납니다"라고 헬렌은 회상했습니다. 도슨은 그의 제안에 대하여 깊이 생각했습니다. 샌디에이고는 훈련 장소였는데 대부분의 군인들이 단기간 체류하다가 발령을 받고 다른 항구 또는 배로 떠났습니다. 스펜서는 이런 군인 가운데 한 명이었으며, 그리스도께 대한 그의 헌신이 자라도록 돕기 위해 헬렌이 도슨에게 소개했던 것입니다. 군인들에 대하여 짐을 느낀 도슨은 샌디에이고를 자주 방문하여 헬렌의 집에서 성경공부를 인도하였습니다. 그러나 도슨은 샌피드로에서 만난 군인들이 좀 더 훈련받기에 좋다는 것을 발견하였습니다. 상륙 허가를 받기도 더 좋고, 이곳에 들어온 배는 오래 정박하기 때문에 더 오랜 기간 만날 수 있었기 때문입니다.

스펜서를 미니트맨으로 징모하는 과정을 통하여 도슨은 하나님을 위해 더 많은 일을 성취할 수 있는 길에 대한 확신을 얻게 되었습니다. 여러 가지 활동에 분주하게 드려지며 한 차례 또는 가끔 그룹을 돕는 사역을 하는 것보다는 한 사람의 삶을 깊이 있게 세워 주는 것이 더 큰 성취를 할 수 있다는 것이었습니다. 도슨은 이전에 성경에 유명한 인용구 하나를 적어 놓았었습니다. "감정은 활동을 대신할 수 없다." 도슨은 여기에다 "활동은 생산을 대신할 수 없다"라는 말을 추가하였습니다.

동시에 도슨은 또 다른 교훈을 배우고 있었습니다. 미니트맨이 따르도록 요구했던 12가지의 엄격한 기준은 종종 달성하지 못했을 뿐만 아니라 죄책감까지 갖게 했습니다. 비록 자신의 실패를 인정하고 새로이 결심함으로써 다시 시작할 수 있었지만, 전체적으로 보면 부정적인 영향을 미쳤습니다. 도슨은 후에 외부에서 가해진 훈련은 내부에서 생기는 동기력과 합쳐지지 않으면 결국 실패로 끝나게 된다는 사실을 배우게 되었습니다. 그러나 그때 도슨은 단지 그 요구 사항을, 보통 정도의 능력과 열망을 지닌 사람들을 실망시키지 않을 정도로만 낮추어야 한다는 생각을 하게 되었습니다. 도슨은 일기에 이렇게 기록했습니다.

> 오늘 많은 계획을 변경했다. 미니트맨 의무 사항을 적절한 수준의 중간 것으로 바꾸었다. 강한 그리스도인이라고 해도 열심히 해야 성취할 수준이지만, 새로운 그리스도인 혹은 약한 그리스도인일지라도 성취할 수 있는 것이다.

도슨은 서면으로 무거운 숙제를 부과하기보다는 상대방과 더 집중적인 개인 시간을 가짐으로써 좀 더 견고하게 제자의 삶을 살도록 이끌어 줄 수 있다는 결론을 내렸습니다. 스펜서와 이후에 만난 사람들은 이 축소된 계획을 따르기 시작했으며, 이를 통해 큰 유익을 누리게 되었습니다. 도슨은 이제 자신의 사역이 두 개의 날을 가진 것으로 보기 시작했습니다. 그 두 날은 폭넓은 사역과 집중된 사역이었습니다. 도슨은 YMCA 그룹이나 피셔맨 클럽에서 가르치는 것, 차를 태워 주는 사람들에게 전도하는 것, 부부 성경공부를 인도하는 것, 혹은 캠퍼스에서 학생 그룹을 인도하는 것 등 널리 씨를 뿌리는 사역을 했습니다. 또한 도슨은 한 사람과 많은 시간을 보내면서, 하나님께 자기의 생을 투자하라고 여러 달에 걸쳐서 가르치며 도전하였습니다. 도슨은 폭넓은 사역은 너무나 기회가 많다는 것을 발견하였는데, 할 일이 너무도 많아, 교회 예배석에 앉아 예배를 드리면서도 도슨의 마음은 들떠 있었습니다. 집중된 사역의 경우에는, 기회가 적으면 적을수록 더 효과적으로 감당할 수 있었습니다. 그리고 바로 이 사역을 통하여 하나님께서는 "내가 사람들을 주어 너를 바꾸며 백성들로 네 생명을 대신하리니"라는 약속과 "너는 역대의 파괴된 기초를 쌓으리니"라는 약속을 성취하실 수 있었습니다.

결혼식 날의 도슨과 라일라. 1932년 7월 3일.

II

"선척을 바다에 띄우며"

1933-1937

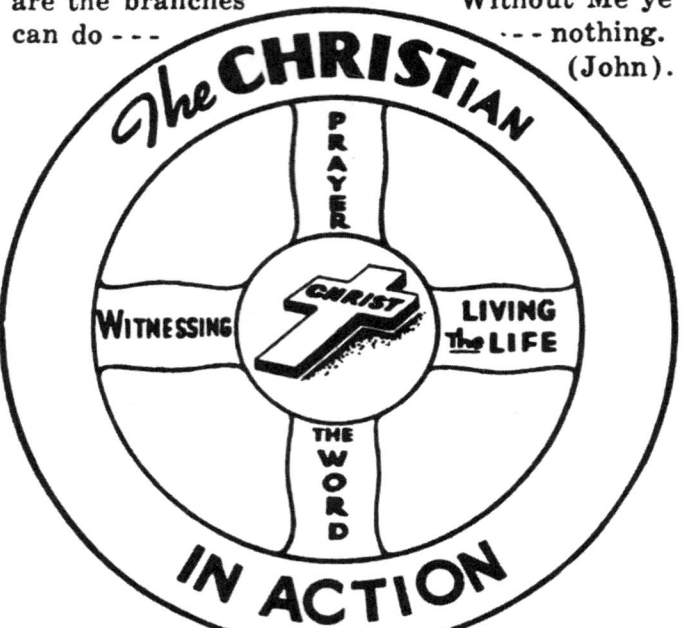

1930년경 도슨이 고안한 수레바퀴 예화는 그리스도의 제자의 삶을 그리고 있다.

휘티어에 자리를 잡는 일은 쉬웠을 것입니다. 도슨과 라일라는 처음으로 집다운 집을 마련했으며, 이곳을 '신혼의 보금자리'라고 불렀습니다. 꿈에 그리던 모든 조건을 갖춘 집이었기 때문입니다. 그럼에도 두 사람은 다른 사람들에게 집을 자유롭게 개방하였습니다. 일기에는 이렇게 기록되어 있습니다.

> 하나님을 섬길 수 있는 장소로 우리에게 작은 집을 주신 것에 대하여 진정으로 감사한다. 우리 집은 모든 사람에게 개방되어 있다. 자주 갖는 기도 모임을 막는 것은 아무것도 없다.

하루 저녁에는 부부 성경공부 모임이 있었고, 다른 날 저녁에는 휘티어 피셔맨 클럽 모임이 있었습니다. 미니트맨도 전략을 짜고 기도하기 위해 이곳에서 모였고, 교회 청년 지도자들도 도슨과 함께 성경 수양회를 계획하기 위하여 방문하였습니다. 스펜서가 탄 배가 항구에 들어왔을 때에는 비어 있는 저녁마다 스펜서와 말씀 안에서 시간을 가지거나 함께 나가서 다른 사역의 기회를 가졌고, 다음날 근무에 늦지 않도록 40여 킬로미터를 운전하여 배로 데려다 주었습니다.

생명이 있다는 아무런 증거도 보이지 않던 이전의 그 '결신자'를 만나 충격을 받은 이후에 도슨은 이 집에서 처음으로 양육을 위해 진지한 노력을 하기 시작했습니다. 도슨은 골로새서 1:28, "우리가 그를 전파하여 각 사람을 권하고 모든 지혜로 각 사람을 가르침은 각 사람을 그리스도 안에서 완전한 자로 세우려 함이니"와 같은 구절에 깊은 감명을 받았습니다. 전도를 통하여 한 사람의 열매를 얻는 것은 하나님께서 도슨을 통해 성취하기 원하시는 일의 시작에 불과했습니다.

도슨은 카드 함을 만들었습니다. 라일라와 함께, 자기가 만났던 모든 사람들의 이름과 주소, 그리고 기타 정보들을 기록했습니다. 그리고는 그들에게 편지를 열심히 쓰고 기록을 유지했습니다. 과거의 실패를 만회하기 위한 시도였습니다. 비록 이전에 만났던 사람들 가운데 많은 이들을 다시 만날 수 없었지만, 도슨은 최선을 다하여 각 사람을 찾았고, 찾은 사람들에게는 편지와 카드를 보내어 격려하고, 도움이 되는 자료들을 발송하였습니다.

새로이 그리스도를 믿은 사람들에 대한 영적 부모로서의 책임을 깨닫게 되었다고 해서 전도에 대한 도슨의 동기력이 떨어진 것은 결코 아니었습니다. 어느 날의 기록을 보면 도슨이 두 사람과 '교제했고' 다른 네 사람에게 복음을 전했다고 되어 있습니다. 도슨은 자기가 차를 태워 주었던 한 젊은이가 이웃 시에서 십여 명의 사람들과 매일 아침 기도 모임을 갖는다는 것을 알고, 하나님께서 그곳에서 어떤 역사를 하고 계신지 보기 위하여 다음 날 아침에 그 모임에 참석하게 되었습니다. 그들 가운데서 미니트맨이 되겠다는 두 사람을 만났습니다. 만나는 모든 사람들이 도슨에게는 중요했으며, 하나님을 위하여 새로이 모험을 시작하는 기회가 되었습니다. 그러나 만나는 각 사람을 양육하는 새로운 차원의 사역 때문에 도슨의 목표는 점차 '사람들에게 전도하는 것'에서 다른 사람들이 그리스도를 위해 열매를 맺도록 돕는 쪽으로 바뀌게 되었습니다.

도슨은 자기가 드릴 수 있는 시간보다 훨씬 많은 시간과 노력이 양육에 들어간다는 것을 곧 깨닫게 되었습니다. 비록 필연적으로 내리게 될 결론이지만, 사람들과 깊은 관계를 맺으려면 소수의 사람과만 만나야 한다는 것을 아직 분명히 깨닫지 못한 상태였습니다. 대신에 도슨은 더욱 열심히 더 많은 시간을 사역에 드렸으며, 언제나 시간을 효율적으로 활용하려고 했습니다. 어느 날 두 시간 동안 낮잠을 잤는데, 이를 희귀한 사건으로 여기고 일기에 기록하면서 다음과 같이 정당화하는 말을 덧붙였습니다. "비록 잠을 자며 보낸 시간이 헛된 것처럼 보여도, 충분한 휴식을 취한 몸은 성령께 언제든지 즉각 더욱 효과적으로 사용될 수 있다."

새로운 활동이 눈덩이처럼 불어났습니다. 청소년, 부부, 미니트맨, 교회 청년들, 샌디에이고 군인, 그리고 길에서 만나는 낯선 사람들을 대상으로 하는 사역 등이었습니다. 그래서 도슨은 '남이 할 수 없고 하려고도 하지 않는 일들이 많이 있을 때에는, 다른 누군가가 할 수 있거나 하려고 하는 것을 하지 말라'는 모토를 기억하면서 이 가운데 일부를 다른 사람들에게 맡겼습니다. 그럼에도 도슨의 삶은 여전히 과중한 책임의 연속이었습니다. 생명과 같은 개인 기도 시간을 확보하는 것도 도슨의 강한 의지의 훈련을 필요로 했으며, 피곤과 싸우고, 강력한 무기인 기도를 방해하는 대적과 싸워야만 했습니다.

스펜서는 도슨과 함께 많은 시간을 보내며 미니트맨 훈련을 받는 가운데 영적으로 한 걸음씩 성장해 가고 있었는데, 성경을 암송하고 공부하며, 말씀을 사용하여 전도하였고, 목표를 가지고 기도하는 것도 배웠습니다. 열한 살 때부터 그리스도인이었지만 영적 성장의 기회가 별로 없었던 그는 도슨이 자기에게 가르쳐 준 모든 것을 삶에 적용하는 면에 있어서 스코틀랜드계 아일랜드인다운 성실함을 보였습니다. 스펜서는 동료인 거니 해리스에게 자기가 배운 것을 열정적으로 나누었고, 도슨의 집을 함께 방문하자고 권했습니다.

어느 날 스펜서는 "도슨, 제가 배우고 있는 것을 거니도 와서 배우게 했으면 좋겠습니다"라고 말했습니다.

"물론 와도 되네"라고 도슨이 대답했습니다. "그런데 스펜서 자네가 돕기 시작하면 어떻겠는가? 내가 가르쳐 준 것을 단지 그에게 전달하기만 하면 되네."

"저는 사람을 돕는 훈련을 받은 적이 없습니다"라고 스펜서가 반대 의사를 나타냈습니다.

"문제 될 것이 없네." 도슨은 스펜서의 눈을 똑바로 쳐다보았습니다. "만약 내가 가르쳐 준 것을 자네가 가르칠 수 없다면 나는 실패한 것일세."

거니 해리스는 아칸소 주 출신으로 낙천적이며, 상냥한 말씨의 소유자인데, 신학교에 가기 위한 학비를 벌기 위해 해군에 입대하였습니다. 처음 스펜서를 만났을 때 해리스의 영적 삶은 보잘것없었지만, 그와 따뜻한 교제를 나누는 가운데 영적 활기를 회복하게 되었습니다. 해리스는 스펜서가 다가올 때마다 담배를 감추기 시작했습니다. 해리스는 스펜서의 뚜렷한 영적 성장을 보고 도전을 받았으며 동일한 도움을 받고 싶어 했습니다. 그러나 도슨과 만나기 전에 두 사람이 탄 배는 수리를 위해 브레머턴(시애틀 지역에 있는 시, 역자 주)으로 가야 했습니다.

도슨은 스펜서와 편지로 연락을 유지했는데, 배에서 성경공부가 시작되었으며 브레머턴에서 몇몇과 함께 전도팀을 구성했다는 소식을 듣고 기뻐하였습니다. 도슨은 편지를 통해, 이전에 가르쳐 주었던 제자의 삶의 원리를 따라 살도록 그의 젊은 제자인 스펜서를 격려하였습니다. 그리고 자주 스펜서를 기억하며, 스펜서가 하나님의 사람이 되어 웨스트버지니아호에 있는 다른 많은 사람들을 구원할 수 있도록 기도했습니다.

샌피드로 항구에 있는 언덕에 올라 항구에 정박해 있는 배들을 보며 그 배에 있는 사람들을 위해 기도하였습니다. '남이 할 수 없고 하려고도 하지 않는 일들이 많이 있을 때'라는 말이 떠올랐습니다. 4월의 그날 아침에 스펜서를 위해 했던 기도에 응답하셔서 자신을 그에게 보내신 것처럼, 하나님께서 이 여러 배에 있는 사람들에게도 나아가게 하실 수 있을까? 이는 가능했습니다. 자기 말고 누가 그들에게 나아갈 것인가? 군대는 미개척 사역지였습니다. 그리고 그는 샌디에이고에서 만난 군인들 속에 영적 성장을 갈망하는 마음이 있는 것을 보았었습니다. 애석하게도 1930년대의 해군은 그로부터 약 10년 뒤와는 달리 사회적으로 형편없는 대접을 받고 있었습니다. 이런 문구가 붙어 있는 곳이 있었습니다. '해군이나 개는 출입 금지.' 이 말은 하얀 해군 모자를 쓴 사람들에 대하여 일반인들이 어떻게 생각하고 있는지를 잘 드러내 주고 있었습니다. 그리고 해군들은 대부분 스펜서처럼 단지 제복을 입은, 촌티가 나는 청년들에 불과했지만, 일반 사람들의 마음에는 저급한 여자들과 함께 길거리를 쏘다니는 술주정뱅이 정도라는 편견이 자리 잡고 있었습니다.

　해군 중에 영적으로 활력 있는 사람은 거의 없었습니다. 6년 정도 샌피드로와 롱비치에서 지내면서 도슨은 자기가 그리스도인이라고 간증하는 해군을 한 명밖에 만나지 못했습니다. 그 사람은 늘 기계적으로 "하나님께서 구원하시고, 보호하시며, 만족을 주신다"라는 말만 되풀이하던 나이 든 군인이었는데, 성경도 가지고 다니지 않았으며 말씀을 인용한 적도 없었습니다. 해군에 그리스도를 전파하는 역사가 일어난다 해도, 성경도 가지고 다니지 않고 말씀 한 구절도 인용할 줄 모르는 그런 사람의 공허한 말을 통해서는 아무 일도 일어나지 않을 것이라고 도슨은 생각했습니다. 스펜서와 같은 사람을 통해서는 일어날 것입니다. 강하고 견고한 십자가의 군사로서, 기도하며 성령의 검인 말씀을 능숙하게 사용할 줄 아는 사람을 통해서입니다. 그리스도를 믿은 사람을 도와 영적으로 성숙하게 이끌어 줄 수 있고 또 그렇게 할 사람을 통해서만 그런 일이 일어날 수 있는 것입니다.

　"내가 사람들을 주어 너를 바꾸며 백성들로 네 생명을 대신하리니"와 "너는 역대의 파괴된 기초를 쌓으리니"라는 약속으로 말미암아 도슨의 마음속에는 거룩한 흥분이 생겼습니다. 도슨은 하나님께서 다음 단계를 보여 주고 계신다고 생각했습니다. 그것은 항구에 정박한 배들에 있는 이 사람들에게 집중하는 것이었으며, 이는 결국 그들이 장차 만날 사람들에게 집중하는 것이었습니다.

결단이 내려졌습니다. 첫 결혼기념일이 되기 전에 도슨과 라일라는 한 번 더 이사하기로 했습니다. 휘티어에 있는 '신혼의 보금자리'를 떠나 항구와 해군 병사들과 더 가까운 곳으로 옮기는 것입니다.

> 1933년 6월 24일. 오늘 로미타로 이사했다. 하나님의 인도하시는 손길을 따라 우리는 이사를 했다. 하나님께서 인도하고 계신다는 것을 알 수 있었다. 하나님께서 장래 사역을 위하여 우리를 계속 움직이고 계신다는 생각이 자주 든다. 우리가 즉각 뛰어들 수 있도록 말이다. 모든 정황을 미루어 볼 때 하나님께서는 곧 무엇인가를 행하실 것 같다. 나는 하나님의 사역과 연관하여 뭔가 중요한 일이 곧 일어날 것이라고 진정으로 믿고 있다.

장래에 대한 그러한 낙관적 태도는 오직 강한 믿음에서만 생길 수 있었습니다. 두 사람이 이사한 곳의 환경은 분명 이 사실을 뒷받침하고 있지 않았습니다. 실망스럽지는 않아도 갖추어진 것이 별로 없었기 때문입니다. 모텔에 딸린, 방 하나가 전부인 집에서 음식은 두 구멍짜리 버너로 만들어야 했으며, 성경공부 장소와 숙소로 사용할 수 있는 텍사코 주유소 뒤편 창고와는 3km나 떨어져 있었습니다. 하나님께서 큰 일을 약속해 주신 사람에게 겉으로 보이는 환경은 그리 유망해 보이지 않았습니다. 그러나 아둘람 굴에 피신했던 다윗은 이미 자기가 이스라엘의 왕으로 기름 부음을 받은 사람이라는 사실을 결코 잊지 않았습니다. 도슨은 27세였는데, 철석같은 확신을 가지고 하나님의 역사를 기대하였습니다.

그 무렵 도슨은 또 다른 좌절을 경험했습니다. 하지만 그것은 변장을 하고 찾아온 축복이었습니다. 미니트맨은 1년 6개월 전에 생길 때만큼이나 급속히 해체되었습니다. 멤버 가운데 한 사람은 목회자가 되겠다는 마음을 품고 신학교로 갔으며, 다른 한 명은 선교사가 되기 위하여 준비하였고, 또 한 명은 공공 사업장으로 갔고, 또 한 사람은 직장에서 좀 더 일을 많이 하기 위하여 빠졌습니다. 남은 사람들만으로는 팀의 모든 활동을 감당할 수 없었습니다. 그래서 미니트맨은 해체되었고, 도슨은 이 때문에 생긴 저녁 여유 시간을 군인들에게 투자할 수 있었습니다. 하나님께서 간단히 전투 준비를 끝내신 것입니다.

※   ※   ※

그는 서서 기다리고 있었습니다. 하얀 모자가 오른쪽으로 살짝 기울어 있었습니다. 갈색 눈동자가 항구를 이리저리 살폈습니다. 항구에는 선적을 기다리는 목재들이 쌓여 있었습니다. 커다란 목재 운반차가 굉음을 내며 다가와 그 옆에 섰습니다. 멕시코 밀짚모자를 쓴 운전기사는 고양이처럼 사뿐히 부둣가로 내려왔습니다. 도슨이었습니다. 씩 웃으며 도슨 트로트맨은 손을 내밀었습니다. "거니 씨가 아닌지요?" 동료인 스펜서를 통해 석 달 동안 자기를 가르친 사람이 뚫어지게 자기를 쳐다보자, 그 해군은 자기가 거니라고 놀라며 말했습니다.

"자기가 근무 중이더라도 당신은 근무가 없을 거라고 레스가 편지에 썼더군요." 도슨은 큰 소리로 말했습니다. 마치 미식축구 경기의 3쿼터가 시작될 때 외치는 소리처럼 들렸습니다. "간단히 말하겠소. 예수님을 믿는 사람들을 데려오시오. 오후 6시에 주유소에서 만납시다. 여기에 안내 지도가 있습니다." 다시 한 번 뚫어지게 쳐다본 후 "하나님, 찬양합니다!"라고 말하며, 커다란 괴물과 같은 차를 운전하여 부두로 들어갔습니다.

매일 오후에 상륙 허가를 받은 군인들을 실어 나르는 보트가 웨스트버지니아호의 승무원 몇 명을 부두에 내려놓았습니다. 그들은 주유소 뒤편에 있는 창고로 곧바로 향했습니다. 여기서 도슨은 그들과 함께 성경을 보며 많은 시간을 같이 보냈습니다. 그들은 시애틀에서 전도팀을 결성하여 전도를 할 때 성경에 대한 지식이 부족하다는 것을 깨닫게 되었는데, 그때부터 성경을 더욱 깊이 알고자 하였습니다. 그들은 또한 시애틀에 있는 동안 어떤 모임에 참여했었는데, 도슨은 이 사실을 곧 알게 되었습니다. 나중에 스펜서는 그 당시 도슨의 가르침이 정말 시기적절했다고 말했습니다. 도슨이 성경 말씀을 자세히 찾아 가면서 그 모임의 잘못된 점을 가르쳐 주었기 때문입니다.

스펜서는 성경공부와 말씀을 가르치는 시간의 중요한 강조점은 수레바퀴 예화였다고 회상합니다. '개인 전도, 지속적인 기도 생활, 말씀을 정기적으로 섭취하고 적용하는 것, 세상에서 그리스도인으로서 헌신된 삶을 사는 것의 중요성'이 강조된 것입니다. 저녁 식사 시간이 되면, T형 승용차가 주유소에 덜덜거리며 도착했는데, 라일라가 운전해 왔습니다. 라일라는 3km 떨어진 집에서 이들을 위해 준비한 감자 샐러드, 빵, 구운 콩 요리 등을 가져왔습니다. "라일라는 정말 훌륭한 주부였습니다. 음식도 일품이었습니다"라고 거니가 회상했습니다. "음식을 준비해서 해군들을 섬기기 위해 라일라는 꽤 자주 차를 운전하여 오가곤 했습니다."

레스 스펜서와 거니 해리스는 운동을 잘했는데, 자기 친구들을 창고에서 가지는 성경공부 모임에 데려오기 시작했습니다. 레스 스펜서는 배의 미식축구 팀에서 하프백이었고, 거니 해리스는 해군 수영

대회에서 입상한 경력이 있었습니다. 존 데드릭은 220야드 선수였고, 에드 구드릭은 해군의 440야드 수영에서 11초 혹은 12초를 끊어 메달을 받았습니다. 어느 날 저녁, 성경공부가 끝난 후 그들은 자기의 간증을 나누었습니다. 구드릭은 뭘 말할지 망설이다가 "나는 해군 생활이 즐겁습니다"라고 시작하고는 멈추었습니다. "나는 좋은 숙소에서 살고 있고, 상도 많이 받았습니다." 그리고는 거니를 손가락으로 가리키면서 말했습니다. "그렇지만 바로 이 친구가 내가 원하는 어떤 것을 가지고 있습니다."

도슨은 그것이 어떤 것이 아니라 어떤 분이며, 그분은 바로 거니에게 계신 분이고 구드릭에게도 그분이 필요하다고 했습니다. 구드릭은 얼마 후에 예수님을 영접하였습니다. 배에서 전도를 했던 스펜서와 해리스의 첫 열매였습니다.

데드릭은 시간이 걸렸습니다. 매일 밤 그룹이 모여 성경을 탐구하며 그리스도와 동행하는 자기들의 삶을 나눌 때 데드릭은 잘 들었습니다. "우둔하고 믿음이 없는 나로서는 도슨이 어떤 사람이냐를 보는 것만큼 그가 말하는 것에는 귀를 기울이지 않았습니다"라고 데드릭은 나중에 말했습니다. 데드릭의 부친은 "하나님을 만날 길은 없다"라고 말했는데, 데드릭은 이 말에 매여 있었던 것입니다. 그러나 구드릭의 회심으로 마음이 흔들리기 시작했으며, 하나님의 말씀이 결국 그의 방어벽을 관통하였습니다. 그는 "만약 하나님께서 구드릭을 위해 역사하실 수 있다면 내게도 역사하실 수 있다"고 결론을 지었으며, 자기 침대에서 혼자 그리스도를 마음에 모셔들였습니다.

도슨의 일정은 다시 분주해졌습니다. 해군들 외에도 패서디나 클럽, 캠프 베델 청소년 클럽, 샌디에이고 군인들, 그리고 교회의 다른 그룹들을 맡았던 것입니다. 도슨은 제재소를 그만두고, 모임 장소였던 창고 앞에 있는 조그만 텍사코 주유소를 관리하는 일을 하기로 했습니다.

1933년 8월 29일에 이렇게 기록했습니다. "오로지 주님의 일을 위해 이 발걸음을 내디뎠다. 나는 사역을 하고 계획할 시간이 필요하다. 그리고 하나님을 위하여 필요하다면 언제든 떠날 수 있어야 한다고 생각한다." 주유소에서 얻는 수입은 하루에 2달러 정도였습니다. 식료품을 사기에는 충분한 돈이었습니다. 주유소에 자동차가 들어오면 참석한 모든 해군들이 자동차로 뛰어가 차창을 닦아 주고, 오일을 점검하였고, 눈 깜짝할 사이에 다시 성경공부로 돌아왔다고 거니 해리스는 회상합니다.

여름과 초가을에 걸쳐 도슨은 그 네 사람을 가르쳤습니다. 도슨은 그리스도를 위하여 세계 각지로 나아가고자 하는 자신의 열정을, 역동적인 그리스도인의 삶을 위해 기본이 되는 것들과 함께 가르치고 심어 주었습니다. 도슨은 그 이사야의 약속들을 나누었으며, 이 비전을 성취하기 위하여 동참하도록 도전하였습니다.

비록 허름한 창고에서 몇 안 되는 해군이 모여 침대에 걸터앉아 성경을 공부하며, 함께 기도하고, 라일라가 준비한 구운 콩 요리를 먹으며 그리스도를 위하여 세계로 나아갈 것을 계획하였지만, 도슨은 전혀 실망치 않았습니다. 도슨은 하나님께서 하나님의 계획을 성취하기 위하여 역사하고 계심을 알고 있었습니다. 도슨은 생전에 스펜서가 미국 전역에 걸쳐 농촌 교회를 개척하고 주일학교를 세우며, 해리스는 동아프리카에서 선교사들을 이끄는 사람이 되고, 구드릭은 미국 북서부 지방에서 목사이자 성경을 가르치는 사람이 되며, 데드릭은 성경 번역 선교사가 되어 멕시코에서 한 인디언 부족을 위하여 최초로 그들의 언어를 문자로 기록하고, 그들의 언어로 된 신약성경을 제공하는 것을 보게 됩니다. 그리고 그들의 뒤를 이어 수백, 수천의 사람들이 생겨날 것입니다.

✳ ✳ ✳

　바다에서 산들바람이 불어와 시원하고 기분이 상쾌하였습니다. 8월의 아름다운 경치가 펼쳐지고 있었습니다. 야자수가 샌디에이고에서 롱비치에 이르는 고속도로 주변에 일정한 간격으로 심겨져 있었고, 군데군데 심겨진 유칼립투스 나무 향기가 바람결을 따라 느껴졌습니다. 인적이 드문 이 해변은 해가 지고 나면 마치 현실과 시간의 흐름을 초월한 곳처럼 보였습니다.
　T형 승용차를 타고 집으로 향하던 도슨과 라일라는 샌디에이고에서 보냈던 주말에 대하여 대화를 나누었습니다. 도슨이 배와 교회와 리튼하우스의 집에서 해군들을 만나 함께 보낸 시간을 열심히 설명할 때 라일라는 이를 경청하였습니다. 도슨은 라일라가 자기와 한마음을 이루며, 하나님께서 자기에게 주신 사역에 적극적으로 함께하는 것에 대하여 크게 기뻐했습니다. 좁은 곳에서 살며 겪는 불편에 대하여서는 한마디 불평도 하지 않았습니다. 적극적인 마음으로 이 일에서 자기의 맡은 부분을 감당하고, 정숙하고 분별력 있는 태도를 보이며, 성경공부에 정기적으로 참석하는 사람들에 대하여 따뜻하고도 개인적인 관심을 보이는 라일라의 모습은, 하나님께서 도슨을 위하여 빚어 주신 이 여인에 대하여 도슨이 감사하는 여러 장점 가운데 한두 가지에 불과했습니다.
　도슨은 라일라를 다시 바라보았으며, 여러 생각이 떠올랐습니다. 6년 전에 처음으로 라일라를 사랑하고 있다는 것을 알았던 날이며, 라일라가 주님 안에서 꾸준히 성장하고 주님을 사랑하고 있는 것이며, 때때로 드러나는 분명한 자기 주관과 기꺼이 배우고자 하는 의지, 도슨에 대한 놀라운 존경심, 결코 잘못을 범할 사람이 아니라는 도슨에 대한 신뢰, 도슨을 기쁘게 하고자 하는 지속적인 노력 등등이 생각났습니다. 도슨은 속으로 '사랑스러운 아내요 장차 어머니가 될 사람. 너무 사랑스럽다'라고 생각했습니다. 귀족과 같은 단정한 외모에, 머리는 가지런히 묶었고, 회색빛이 감도는 푸른 눈은 웃거나 장난을 칠 때면 살짝 깜박였으며, 사람들을 반갑게 맞이할 때면 온화하고 부드러웠습니다.

도슨은 라일라의 손을 잡으면서 속으로 이렇게 기도했습니다. "하나님, 감사합니다. 이렇게 멋진 아내를 선물로 주셨습니다. 우린 서로를 정말 사랑합니다. 백만 명이 넘는 사람들을 만난다고 해도 라일라보다 더 좋은 사람을 만날 수 없었을 것입니다."

✳   ✳   ✳

스펜서와 해리스는 자기들이 충분히 기도할 만큼 기도했다고 결론을 내렸습니다. 한 명이 말을 꺼냈습니다. "도슨, 하나님께서는 당신에게 해군을 위한 전임 사역자가 되라는 도전을 하고 계신다고 믿습니다. 우리 몇 사람은 만약 당신과 라일라가 샌피드로 이사를 온다면 필요한 생활비와 집세를 헌금할 준비가 되어 있습니다. 그곳은 해군 부두와 가깝기 때문에 우리가 그리스도께 인도하고자 하는 사람들을 좀 더 많이 데려올 수 있을 것입니다. 이를 통해 당신은 우리에게 시간을 좀 더 많이 투자하며, 우리가 증거의 삶에서 성장할 수 있도록 훈련시켜 줄 수 있을 것입니다."

"아내와 함께 기도해 보기로 하겠습니다." 도슨은 만나는 사람들 사이에서 이런 성장의 증거가 드러나는 것을 보고 크게 기뻐했습니다. 말씀에 대한 열망과 좀 더 훈련을 받겠다고 하는 그들의 의지를 보았기 때문입니다. 얼마 되지 않는 군인들의 봉급에서 선교를 할 수 있는 집을 위해 기꺼이 헌금하겠다는 것은 커다란 믿음의 발걸음이었습니다. 그렇지만 도슨은 또한, 그들이 생활비와 집세를 낸다고는 했지만 자신들이 모은 돈으로는 부족하다는 것을 결국 깨닫게 될 것도 알고 있었습니다. 그렇기 때문에 그들뿐만 아니라 도슨과 라일라에게도 새로운 믿음의 훈련인 셈이었습니다. 몇 주 후면 첫 아기가 태어날 것이고, 책임은 늘어날 것입니다. 그러나 허드슨 테일러와 조지 뮬러는 공급을 위해 하나님을 의뢰했고 두 사람 역시 그렇게 하기로 했습니다.

"우리 부부는 기꺼이 주님의 손에 우리를 맡기기로 결정했습니다"라고 도슨은 그들에게 말했습니다. "그렇게 하도록 합시다."

해군 병사들은 포인트퍼민에 있는, 바다가 보이는 아파트를 구했습니다. 그리고 11월 20일에 트로트맨 가족은 진정으로 네비게이토 선교관이라고 할 수 있는 첫 번째 집으로 이사했습니다(그러나 네비게이토라는 이름이 정식으로 사용된 것은 이로부터 1년이 훨씬 지나서였습니다). 라일라의 일기에는 새로운 선교관에 대한 열망이 나타나 있으며, 이렇게 기록되어 있었습니다. "아직 이사를 하지 못했지만, 우리는 여기서 저녁을 먹기 위해 몇몇 사람을 초청했다." 그 다음 토요일에 라일라는 이렇게 기록합니다. "그들 모두의 새로운 선교관에서 첫 번째 모임을 가졌다." 토요일 저녁에는 사람들을 초청하여 정기적인 성경공부가 이루어졌으며, 몇몇 사람들은 하룻밤을 묵었습니다.

라일라는 선교관의 봉헌식에 헬렌 리튼하우스와 헬렌의 어머니를 초청하였는데, 모두 19명이 참석했습니다. "우리는 간단한 다과를 나누고, 벽난로 주위에 모여 찬송을 부르며 기도하고 간증을 나누었다. 도슨이 말씀을 전했다"라고 라일라는 기록했습니다. 처음부터 이곳은 분주하였습니다. 라일라를 돕기 위해 한 젊은 자매가 들어와서 요리와 집안일을 했습니다. 도슨은 이전에 미니트맨의 멤버였으며 그때에는 대학에 다니고 있던 호턴 맥데이비드에게 도움을 청하여 함께 집에서 지내며 사역을 도와 달라고 했습니다. 대부분의 저녁 시간에는 한 명에서 여섯 명 정도의 군인, 친구, 친지들이 도슨의 집에 살고 있는 네 사람과 함께 저녁 식사를 했습니다. 식료품비가 걱정이 되는 상황이 발생해도, 라일라는 전혀 이를 내색하지 않았습니다. 라일라의 일기에는 저녁 식사에 함께했던 사람들의 이름이 기록되었으며, 벽난로 앞에서 저녁 시간 동안 노래도 하고 주님을 찬양한 즐거운 시간들에 대해 기록하고 있습니다. 어느 금요일에는 전혀 다른 손님들을 다섯 차례나 접대해야 했는데, 이들의 명단을 기록한 다음 마지막에 라일라는 이렇게 덧붙였습니다. "하나님께서는 참으로 놀라운 분이시다!"

얼마 안 되어 지출이 수입을 넘어서게 되었습니다. 비록 해군들이 적은 월급에서도 후히 드리는 삶을 살았고, 도슨과 호턴이 격일로 근무하던 주유소에서 수입이 조금 있기는 했지만 부족하게 되었습니다. 도슨은 인두와 셸락 한 통을 마련하여 나무에 성경 구절을 새긴 벽걸이용 장식품을 만들기 시작했고, 재료비에다 몇 센트를 추가하여 판매했습니다. 이전에 미니트맨이었으며 이 과정을 도슨에게 가르쳐 주었던 사람이 도슨을 도와주어서, 여러 가지 색을 사용하여 유산지에 실크스크린으로 여러 모토를 인쇄한 장식품도 만들었습니다.

그러나 이 모든 노력에도 불구하고 일용할 양식을 위하여 날마다 기도해야 했으며, 그 당시의 대표적인 사건 하나가 이를 잘 보여 줍니다. 아파트는 군인들로 가득 차 있었고, 몇몇 사람은 바닥에서 자고 있는 가운데, 도슨과 라일라는 두 사람의 방으로 돌아가서 잠자기 전에 기도 시간을 가졌는데, 다음날 아침의 식량을 위해서도 기도하였습니다. 자정이 지난 시간에 노크 소리가 들려서 나가 보니, 한 해군이 미안하다는 표정을 지으며 도슨에게 1달러를 건넸습니다. "죄송

합니다. 이 돈을 드리는 것을 깜박 잊었습니다. 저는 취사 임무를 위해 아침 일찍 떠나야만 해서요." 모든 사람이 잠들기를 기다린 후 도슨은 자리에서 일어나 T형 승용차를 아래쪽으로 밀고 나갔습니다. 아무도 시동 소리 때문에 잠을 깨지 않도록 하기 위함이었습니다. 그리고 물건을 구입하러 갔습니다. 야시장에서 도슨은 아침 식사에 쓸 베이컨, 달걀, 빵, 그리고 마가린을 충분히 구입했습니다. 포인트퍼민에서 멋모르고 자고 있는 사람들을 위한 것이었습니다.

데드릭은 하사로서 그룹에서 가장 계급이 높은 사람이었습니다. 데드릭은 스펜서, 해리스, 그리고 도슨이 포함된 4중창단에서 네 번째가 되었습니다. 두 사람의 테너, 한 사람의 바리톤, 한 사람의 베이스로 구성되었는데, 우스개로 테너는 'tuna', 바리톤은 'barracuda', 베이스는 'bass'라고 불렀습니다(각각 참치, 창꼬치, 그리고 농어의 일종인 배스를 뜻함, 역자 주). 당시에는 찬송을 많이 불렀고, 그 네 사람은 나름대로 즐기기 위하여 화음을 넣기도 했습니다. 거니 해리스는 차로 모임 장소로 가는 도중에 하나님께 노래하며 찬양하면서 보낸 즐거운 시간을 회상합니다. "도슨은 언제나 기뻐하였고, 늘 주님에 대하여 말했으며, 하나님께서 행하신 일을 찬양했고, 주님께 우리의 장래를 맡기고 신뢰하도록 도전하며 우리에게 비전을 심어 주었습니다." 그들은 곧 몬테시토파크 교회에서 찬양을 하고 예배를 인도하도록 초빙을 받았습니다. 또한 다른 교회와 청년 그룹과 지역 라디오 방송국에도 초청되었습니다. 해군으로서 그들이 나눈 간증은 일대 사건으로서 1934년 3월 22일자 롱비치 프레스 텔레그램에 '성경공부를 즐기는 해군들'이란 제목으로 대서특필되었습니다.

선교관에 점차 새로운 사람들이 방문하게 되었으며, 영적인 일에 열정과 관심을 가진 사람들도 있었습니다. 연한 갈색 머리에 스코틀랜드 출신다운 푸른 눈을 깜박이며, 엉뚱한 말을 잘하는 버질 훅이 방문하였는데 곧 정규 멤버가 되었습니다. 다른 사람들은 왔다가 떠나곤 했습니다. 3개월 동안 아파트는 많은 사람들이 함께하며 식사, 성경공부 등으로 붐볐고 자고 가는 사람들도 있었는데, 그들은 좀 더 큰 장소가 필요하다는 결론을 내렸습니다. 그래서 2월에 트로트맨 가족은 첫 아들과 함께 서프라인 33번지로 이사를 했습니다. 롱비치 해변가에 있는 집으로 파이크 공원(위락 시설이 있었던 곳, 역자 주)에서 한 블록 정도 떨어져 있었습니다. 그들은 이처럼 넓은 장소가 더 많은 해군들에게 나아가기에 좋다고 생각했습니다. 게다가 위치도 편리한 곳이었습니다.

서프라인 33번지로 이사한 것은, 비록 이 집이 주로 도슨과 젊은 제자들이 배우고 성장하기 위한 도구로 사용되었지만, 사역에서 한 단계 성장한 것이었습니다. 해변에 있는 새로운 네비게이토 선교관에는 더 많은 해군들이 방문하게 되었습니다. 그러나 얼마 지나지 않아, 숫자가 증가한다고 해서 꼭 효과적인 것은 아님을 알게 되었습니다. 그들이 제자의 삶에서 집중적인 양육을 받지 못했기 때문입니다. 원래 대여섯 명이 모였을 때에는 도슨을 통해서 그리고 서로의 경험을 나눔으로써 모두가 그러한 집중적인 양육을 받을 수 있었는데, 이제는 이것이 용이하지 않았습니다. 처음에 도슨이 스펜서에게 "내가 가르친 것을 거니에게 가르치시오"라고 도전했을 때 스펜서는 자신이 성경에 대한 체계적인 훈련이 부족해서 안 된다고 했었는데, 이제는 거니가 데드릭과 구드릭과 훅에게, 자기가 레스 스펜서와 도슨에게 배운 것을 전달하기 시작했기 때문에, 스펜서의 그 말은 설득력이 없다는 것이 입증되었습니다. 그리하여 수개월 동안 그 작은 그룹은 서로 격려하고 믿음의 선한 싸움을 싸우며, 유혹 및 복음을 방해하는 것과 적극적으로 싸우고, 그리스도에 대한 헌신을 강화시켰습니다.

그렇지만 이제 반쯤 헌신하거나 전혀 헌신되지 않은 많은 사람들이 몰려오자 그룹의 효과는 반감되기 시작했습니다. 처음 사람이 받았던 것과 같은 집중적이고 개인적인 도움이 없고, 영적 양육이 뷔페 스타일로 이루어진다면, 결국 명목상의 그리스도인이 되어 말라비틀어진 가지가 되거나 표류하게 될 것이며, 겨우 몇몇 사람만 살아서 열매로 남을 수 있을 것입니다.

서프라인에서 긴밀한 모임을 가졌던 그룹은 실제적인 믿음의 교훈을 배울 수 있었습니다. 거니는 저녁을 준비하는 라일라를 도와주었는데, 예상치 않게 찾아온 열 사람을 위하여 뒷문으로 나가서 닭고기를 사 오라는 부탁을 받았던 일을 회상합니다.

"도슨은 믿음의 삶에서 우리의 본이 되었습니다." 거니는 이렇게 회상합니다. "비록 우리가 짐을 함께 나누어 졌지만, 모든 필요를 위하여 주님께 자기의 모든 짐을 맡기는 도슨의 본은 정말 도전적이었습니다. 그리고 주님께서 우리 네비게이토의 프로그램을 위해 필요한 모든 경제적인 공급을 어떻게 이루어 주셨는가를 보는 것도 큰 도전이 되었습니다."

도슨의 일기에도 이것이 드러나 있었습니다. 7월의 어느 날 일기에는 "오늘 많은 사람이 집에 왔다"라고 하면서, 재정 상태를 개의치 않고 이루어진 활동과 계획을 기록하고는, "우리는 1센트밖에 없다"라고 덧붙였습니다. 그 며칠 전 기록에는 다음과 같은 내용이 있었습니다. "호턴 부부가 저녁에 잠깐 방문했다. 좋은 음식은 아니었지만 우리는 충분히 먹었다. 우리나 그들이나 가진 돈은 없다. 그들을 집으로 데려다 주기로 계획을 세우면서도 방법을 알 수 없었다. 우리가 막 떠나려고 할 때 레스터가 자기를 따라오라고 하더니 우리 차에 기름을 넣어 주었다." 도슨은 하나님께서 그들에게 원하시는 것을 실행에 옮겼는데, 대부분 하나님의 공급하심이 분명히 보이기 전에 이루어졌습니다. 분명 조그만 일들이었지만 반복되는 믿음의 훈련을 통해 더 큰 믿음의 모험을 할 수 있는 삶의 태도가 형성되었습니다. 하나님과 그들 앞에서 친밀하면서도 모든 것을 개방하는 도슨의 삶은 그와 함께했던 이 작은 무리들에게 결코 사라지지 않는 영향력을 미쳤습니다.

도슨과 함께 라일라도 그들의 존경을 받았습니다. "이런 모든 과정 속에서 라일라는 보석과 같았습니다. 뒤에서 성실하게 일하고, 가정을 관리하며, 식사를 준비하고, 소풍을 위해 점심 도시락을 준비했습니다"라고 스펜서는 말합니다. "라일라는 참으로 적은 예산으로 집을 효과적으로 유지 관리하는 면에서 천재적이었습니다. 그 사람들 앞에서 그리스도인 아내로서, 그리고 주부와 동역자로서 보인 간증은 정말 놀라웠습니다. 하기 어려운 역할이었습니다. 그러나 라일라는 주님의 도우심과 능력으로 감당했습니다."

도슨은 이들과 아침 일찍 기도 시간을 가졌는데, 기도에 대한 메시지보다 그들에게 더욱 강한 것을 심어 주었습니다. 거니는 동트기 전에 패서디나 언덕에서 가졌던 그 기도 모임 가운데 하나를 생생하게 회상합니다. 그날은 소수의 사람들이 날이 환할 때까지 기도했습니다. "그리고 우리는 함께 말씀을 읽었습니다. 도슨은 흉금을 터놓고 각지에 있는 선교사 친구들에 대하여 이야기해 주었습니다. 도슨은 커다란 지도를 펼쳤고, 우리는 그들이 있는 곳을 짚어 가며 그들 각자를 위하여 기도해 주었습니다. 나는 어린 시절에 주님께 했던 선교에 대한 헌신을 재검토하기 시작했으며, 내 마음과 가슴은 하나님께서 내가 장차 하기 원하실 일에 초점을 맞추게 되었습니다. 나는 나무 아래서 지도를 펴놓고 마음을 쏟으며 기도한 것을 결코 잊지 못할 것입니다. 참으로 여러 사람들을 위하여 기도했으며, 도슨은 진정으로 기도에 있어서 실제적이었고 본이 되는 사람이었습니다."

도슨은 깊은 숨을 들이마시며 상쾌한 산속의 공기를 즐겼습니다. 늘 푸르른 상록수 향기가 영혼을 깨끗하게 해주는 것 같았습니다. 빅베어레이크 위쪽 시에라마드레 산맥 등성이에 있는 울창한 숲을 거닐면서 도슨은 찬송을 하고 큰 소리를 내어 기도도 하며, 어디나 가지고 다니기 때문에 닳아진 성경을 읽기도 했습니다. 하나님과 단둘이 교제하는 이런 특별한 시간을 통하여, 도슨은 큰 활력을 얻었으며, 마음은 찬양으로 가득 차게 되었고, 새로운 열심이 생겼습니다. 라일라 및 여섯 달 된 브루스 데이비드와 함께 빅베어에서 열린 수양회에 초청을 받은 도슨은, 이를 신체적으로나 영적으로, 지난 몇 달 동안의 분주함에서 회복되는 기회로 삼았습니다.

함대는 파나마 운하를 통해 동부 지역 해안으로 가기 위해 항해를 시작했습니다. 가을까지 떨어져 있을 것입니다. 이제 도슨과 교제하던 해군들은 선상 생활의 스트레스 속에서 그동안 훈련받은 제자의 삶을 시험해 보게 될 것입니다. 데드릭이 멀어져 가는 항구를 유심히 바라보고 있었는데, 곁에 있던 한 수병이 비꼬는 투로 말했습니다.

"존, 이제 롱비치를 떠나게 되었으니 너도 신앙을 떠나는 거지. 돌아올 때는 신앙이 하나도 남아 있지 않게 될 거야." 존은 그 수병의 말에 예외가 하나 있음을 알고 있었습니다. 도슨은 그에게 빌립보서 1:6 말씀을 의지하도록 했고, 성경 암송을 지속하여 유혹에서 승리하는 삶을 살도록 도전하였습니다. 그리고 결과는 좋았습니다.

도슨은 자기 속에도 똑같이 실패로 몰아가는 법이 역사하고 있음을 보았습니다. 도슨은 바울이 로마서 7:18에서 기록한 진리를 직접 경험하여 알고 있었습니다. "내 속 곧 내 육신에 선한 것이 거하지 아니하는 줄을 아노니…." 특히 최근 몇 주 동안 그런 강한 유혹을 경험했습니다. 마치 대적하고 있는 원수가 도슨을 거꾸러뜨리기 위하여 집중적인 노력을 하고 있는 것처럼 보였습니다. 하나님께서는 도슨을 사용해 오셨습니다. 도슨은 이를 알고 있었습니다. 이 사랑스러운 사람들의 삶에 그 증거가 드러나 있었습니다. 도슨은 이들을 위해 여러 달 동안 많은 시간을 들여 기도하며 관심을 기울였습니다. 그러나 자기의 내면을 바라보면서 도슨은 의구심을 갖게 되었습니다. 약점과 단점들이 보였고, 이는 두려움을 느끼게 했습니다. 지금까지 수천 번 그러했던 것처럼, 꼭 암송한 구절에서 즉각적인 피난처를 찾아야 했습니다. "항상 우리를 그리스도 안에서 이기게 하시고 우리로 말미암아 각처에서 그리스도를 아는 냄새를 나타내시는 하나님께 감사하노라"(고린도후서 2:14).

자기 자신의 영적 생존을 위하여 말씀이 이처럼 필수 불가결한 요소라는 확신을 가져 본 적이 없었습니다. 또한, 어린 그리스도인들의 보호와 영적 성장에 대해서도 마찬가지였습니다. 예수님께서는 양육하셨던 제자들에 대하여 기도하시면서 "나는 아버지께서 주신 말씀들을 저희에게 주었사오며"라고 하셨습니다. 자기가 양육한 사람들이 다음 몇 달 동안 영적으로 위험한 항해를 하게 될 터인데, 도슨은 이 말씀에서 위로를 얻었습니다.

수레바퀴 예화에 담긴 삶의 원리들은 자기의 경험을 통해서뿐만 아니라 청소년 클럽과 미니트맨을 통해서도 검증된 것으로서, 이 해군들을 제자로 양육할 때에 깊은 확신으로 도슨의 마음 깊이 뿌리를 내렸습니다. 해군들에게 성경 말씀을 섭취하고, 기도를 통해 하나님의 손을 움직이며, 배에 있는 동료들 앞에서 영적인 삶을 살고, 그들을 그리스도께로 인도하는 삶을 살도록 가르치면서 생긴 확신이었습니다. 도슨은 사람들에게 말씀을 전할 때면 언제나 수레바퀴 예화가 성경 암송과 더불어 자기의 주된 메시지가 되었다는 것을 알게 되었습니다. 최근에 몬테시토 교회에서 최초로 구약성경에 있는 말씀을 사용하여 수레바퀴 예화를 전했습니다. 에스라 7:10이었는데 도슨은 에스라의 삶에 있는 수레바퀴의 네 살을 잘 보여 주고 있다고 생각했습니다. "에스라가 여호와의 율법을 연구하여 준행하며 율례와 규례를 이스라엘에게 가르치기로 결심하였었더라."

만약 이 진리들을 열심히 적용하는 것이 예수 그리스도 중심의 삶을 사는 비결이 분명하다면, 왜 이러한 진리들에서 그렇게 쉽게 벗어나게 될까? 도슨 자신의 경우를 볼 때, 성령의 일을 거스르는 육신과 아울러 늘 사역으로 눈코 뜰 새 없이 바쁜 것이었습니다. 이제는 그리스도인의 기본적인 삶으로 돌아갈 때가 된 것입니다. 다시금 시작하기 위하여 도슨은 암송하고 있었던 구절 가운데서 100구절을 그날 복습하고, 빅베어를 떠나기 전에 적어도 한 사람에게 전도를 하기로 했습니다. 그곳에서 머물던 마지막 밤에 도슨은 자기의 목표를 성취하지 못했다는 것을 기억했습니다. 모임에서 살짝 빠져나와 한 3,4km를 걷다가 한 사람이 혼자 걷는 것을 발견했습니다. 대화를 시작했는데, 그는 도슨에게 술을 권했습니다. 도슨은 그에게 생명수를 권했고 자신의 회심에 대해 이야기해 주었습니다. 비록 그 사람은 믿지 않았지만 관심을 보였고 자기의 이름과 주소를 주며 나중에 만나고 싶다고 했습니다.

도슨은 함대가 나가 있는 반년 동안 성경공부와 기도에 더 많은 시간을 들일 수 있을 것이라 기대했지만, 다른 사역의 기회들이 몰려왔습니다. 6월에 도슨은 십여 명의 인도자들을 모아 친구인 빌 그레이브스의 청소년 캠프를 지원하였습니다. 샌디마스캐니언에 있는 목장에서 95명의 청소년들과 더불어 8일간을 보냈습니다. 약 35명이 그리스도를 영접하겠다고 결심했고, 또 다른 35명은 예수님을 주님으로 인정하였습니다.

다음해 여름에 가진 캠프를 위해 도슨은 미리 세부적인 일정을 계획해 놓았습니다. 175명이 베델 캠프에 도착했는데, 각자에게는 이름이 새겨진 막대기 모양의 장식물이 주어졌고, 이 장식물에는 각자 성취한 것과 품행을 기록할 수 있는 여백이 있었습니다. 등사판으로 인쇄한 프로그램에는 운동과 수영 계획이 포함되었습니다. 모임은 나팔로, 식사 시간은 종으로, 레크리에이션 시간에는 호각으로 그 시작을 알렸습니다. 합창으로 부를 악보도 있었고, 캠프에서 지켜야 하는 14가지 규칙도 있었습니다. ('숙소에서 레슬링을 하거나 싸워서는 안 된다. 식사할 때에는 큰 소리를 내서는 안 된다. 모임을 가질 때에는 막대기, 칼을 소지하거나, 손전등을 켜는 것, 물건 던지는 것, 돌아다니는 것을 허용하지 않는다.')

모든 일에 모든 사람이 다 참여하는 것이 매일의 일상이었습니다. 치열한 경쟁 속에서, 소심하거나 여린 아이들은 "마마보이"라고 놀림을 받았습니다. 어떤 규칙이라도 어기는 사람은 자기 이름이 새겨진 막대기를 반납해야 하며, 어떤 모임에도 함께할 수 없고, 전부 모인 자리에서 재판을 받아야 했습니다. 벌칙으로는 '돌 쌓기' 등을 시켰는데, 이를 통해 돌로 만든 길이 생겨 캠프가 아름답게 꾸며졌습니다.

캠프에서 말씀을 전하던 한 사람이 엄격한 훈련을 반대하였습니다. "당신들은 이들에게 규칙을 따르라고 강요하고 있습니다. 우리는 그들의 마음을 얻어야 합니다." 그러나 도슨은 훈련이 그들의 마음을 얻을 수 있다고 믿었고, 69명이 이전에는 주님을 믿지 않았지만 초반부에 그리스도를 영접하였다는 사실이 이를 뒷받침해 주었습니다.

도슨은 평소에 가지고 있던 열정적인 태도와 완전주의자적인 수준을 유지하며 청소년 캠프를 이끌었습니다. 이런 태도는 그가 처음으로 교회에서 안내 책임을 맡을 때부터 보였습니다. 그때에는 예배에 참석하는 사람들을 앞좌석에 앉게 하겠다는 목표를 가지고 임했습니다. 또한 열정적인 태도는 처음으로 주일학교 수업을 진행할 때 수업 내용 전체를 다 외우는 것으로 나타났습니다. 도슨은 적당히 하는 것을 싫어했습니다. 그는 스펜서가 자기 오른팔이라도 내놓겠다고 하며, 주님을 배우라는 도전에 열정적으로 반응한 것을 좋아했습니다. 또한 데드릭이 한 주도 빼먹지 않고 105구절 전체를 복습하겠다고 한 결심을 칭찬하였습니다.

서프라인 33번지에 있는 선교관은 해군들이 희망했던 대로 민간인 사역을 위해서도 사용되었습니다. 밤마다 사람들이 찾아왔습니다. 친척, 친구, 젊은이들, 그리고 복음을 듣기 원하거나 그리스도인의 교제를 즐기기 원하는 낯선 이 등등. 젊은이들을 대상으로 하는 수요일 성경공부 모임에서는 어떻게 전도할 것인가를 주제로 하였습니다. 월요일 개인 사역 시간에는 고등학교 학생 9명이 모여 기도, 찬송, 성경 암송 복습, 전도한 것 나누기, 말씀 공부, 그리고 새로운 시도에 대한 평가를 했습니다. 도슨은 또한 가까운 교회에서 일주일간의 전도 모임을 가졌으며, 교회에서 정기적으로 가르쳤고, 돕던 군인들에게 많은 양육 편지를 썼습니다.

루이 코우테스는 헬렌 리튼하우스와 곧 결혼할 예정이었는데, 이전에 헬렌이 도슨에게 맡아 달라고 요청했던 군인 사역을 도우려고 샌디에이고로 떠났습니다.

6주 뒤에 루이와 헬렌은 서프라인 33번지를 찾아와서 도슨과 라일라를 만났습니다. 군인 성경 클럽을 결성하기 위해서였는데, 첫 해에는 루이가 회장으로, 헬렌이 총무로, 도슨이 재정 책임자로 뽑혔습니다. 이 클럽의 목표는, 롱비치 및 샌디에이고에 있는 선교관과 나중에 문을 열 다른 곳을 포함하여, '조직을 결성하는 것이 아니라 각각의 군인들이 그리스도를 알도록 돕고, 이어서 그들이 다른 사람들을 얻도록 가르치는 것'이라고 했습니다. 또한, 이 사역이 교회의 공식적인 후원을 받는 사역으로 인정되어야 한다고 생각하는 사람들에게 적절히 답해야 했습니다. 그들 모임의 의사록에는 이 목표에 도달하기 위해 필요한 방법들이 나열되어 있는데, 각 방법에는 '성경'이란 단어가 두드러져 보입니다. 1) 군인 성경 클럽의 선교관에서 성경을 가르친다. 2) 통신으로 성경공부를 한다. 3) 책자와 팸플릿과 성경공부에 도움이 되는 자료들을 배포한다. 4) 배와 기지에서 성경공부와 기도 모임을 갖는다.

도슨은 이제 지난 세월 동안 생각해 왔던 아이디어 하나를 내놓았습니다. 이곳 서프라인에서 저녁 시간을 이용하여 군인들을 위한 성경학교를 개설하면 어떨까? 도슨은 개설할 만한 과정 아홉 가지를 나열했습니다. 개인 사역, 말씀 암송과 사용, 청소년 클럽, 설교법, 화술, 교리, 과학과 신학, 예언, 구원 등이었습니다. 이 학교 개설은 실현되지는 않았습니다. 그러나 크리스마스 휴가를 나온 군인들을 위해 일주일 동안 성경 수양회를 가진 것은 이 아이디어에서 나온 것임에 틀림없었습니다.

가을에 함대가 돌아오자 가족들은 재회의 기쁨을 나누었습니다. 도슨은 데드릭과 구드릭이 눈에 띄게 성장한 것을 보았습니다. 또한 버질 훅이 두 사람을 그리스도께 인도한 것도 알았습니다. 스펜서와 해리스는 이제 해군을 제대하고 바이올라에 입학하였습니다. 그들은 배에서 아홉 명을 남겼는데, 배 안에서 진행되는 사역에서 핵심적인 역할을 감당할 사람들이었습니다.

스펜서에게 기본적인 삶의 훈련을 받았던 한 해군 병사가 지금은 샌디에이고에 있는 신시내티호에 있었습니다. 텍사스 출신인 딕 하이타워는 도슨이 샌피드로의 한 교회에서 말씀을 전하는 것을 들은 후, 스펜서의 소개로 도슨을 만났습니다. 하이타워에게는 도슨이 가지고 있는 성경이 사전보다 크게 보였습니다. 하이타워는 이렇게 말했습니다. "도슨은 내게 얼굴을 맞대고는 '예수님을 믿으십니까?'라고 물었습니다. 나는 너무나 수줍음을 잘 탔기 때문에 겁에 질려 정신을 잃을 정도였습니다."

도슨은 딕 하이타워가 그날부터 성경 읽기와 암송을 시작하도록 했으며, 마치 백과사전을 파는 외판원처럼 끈질기게 그를 양육했습니다. 또한 그가 만난 사람들을 서프라인과 캠프 베델의 주말 모임에 데려오도록 격려했습니다.

몇 달이 안 되어 딕 하이타워는 프레드와 레드라는 두 사람의 해군 동료를 그리스도께로 인도했습니다. 도슨은 이런 소식을 간절히 원했었습니다. 쉽게 살기를 좋아하는 하이타워에게 끈질기게 훈련을 강조함으로써 생긴 열매이기 때문이었습니다. 이제 도슨은 하이타워에게 그의 두 영적 갓난아이를 양육하는 법을 가르치기 시작하였습니다. 1934년 11월 21일에 딕 하이타워에게 쓴 도슨의 편지에는 이 영역에 대한 도슨의 노력이 잘 나타나 있었으며, 다른 사람들은 그저 많은 사람 가운데 하나라고 지나쳐 버릴 수도 있는 한 사람에 대한 강렬한 관심이 표현되어 있습니다.

딕에게

놀라워! 고린도전서 16:13! 그 사람들을 데리고 올 것을 생각하니 참으로 기쁘네. 가능하면 담요도 가져오면 좋겠네.

과제를 다 마쳤다니 참으로 기쁘다네. '성경에 관한 모든 것'이란 책을 보내네. 이 책은 좀 더 넓은 영역을 다루고 있어서 '성경이 하나님의 말씀임을 증명하는 법'이란 책을 공부하는 데 필요한 지식을 얻을 수 있을 것일세. 그러나 이 책을 살펴보니 한 부분이라도 그냥 지나치지 않는 것이 좋을 것 같다는 생각이 드네. 다음 과제는 이 책을 차근차근 끝까지 한 번 읽는 것이네. 급히 읽어 치우지 말고, 이 책을 죽 훑어보면서 나중에 활용할 수 있는 페이지나 장을 기록하고, 밑줄 친 부분을 모두 읽어 보기 바라네. 그때가 되면 다음 과제를 행할 준비가 된 것일세. 바로 프레드에게 가서(프레드가 자네에게 갈 수도 있을 걸세), 성경이 하나님의 말씀이라는 것을 서로에게 말로 증명하는 연습을 하는 것이네. 그 사이에는 성경 말씀이 진리임을 알려 주는 요점들을 마음에 늘 되새겨야 할 것일세. 보충 과제로는 모든 확실한 증거에 대하여 자네가 배운 바를 기록해 놓는 것일세. 이런 어려운 과정에 대하여 겁먹을 필요는 없네. 단지 파고들게. 자네가 처음 알게 된 것을 끝까지 지니도록 하게. 조금일지라도 완벽하게 아는 것이 어렴풋하게 많은 것을 아는 것보다 훨씬 낫다는 것을 기억하게. 세상 사람들은 권위를 가지고 말하는 사람에게 주목할 것이며, 자네가 이런 것들을 배우고 있는 것은, 다른 사람에게 확신을 주는 데 사용하기 위해서라네.

   암송하는 일을 지속하기 바라네. 이전에 암송한 것이 무뎌지지 않도록 주의하게.

   그레고리의 '가르침의 7가지 법칙'을 계속 찾아보게. 자네의 시를 가끔 묵상해 보게. 무엇보다도 디모데후서 4:1-2을 항상 기억하게!

그리스도 안에서
도슨

추신: 물론 '젊은이가 성경을 신뢰할 수 있나?'라는 책도 공부하게나. 해리와 레드와 프레드에게 안부 전해 주게나.

크리스마스 수양회에 분명 딕 하이타워는 담요는 물론 프레드와 레드를 함께 데리고 참석했을 것입니다.

크리스마스 바로 전 주는 서프라인 33번지 사역의 정점이었습니다. 도슨은 바이올라의 대디 헤일, 롱비치의 목사인 루이스 바우맨, 어윈 문, 라디오 성경 교사인 밀로 제미슨, 루이 코우테스를 연사로 초빙했습니다. 해군 병사들은 도슨의 집에 빽빽하게 들어찼으며, 또 다른 집의 이층을 세내어 그 달 동안 그들을 묵게 했습니다. 모든 시간이 말씀을 마음껏 섭취하는 잔치였고, 찬송과 교제, 둘 또는 여럿이서 하는 기도, 언제나 밝은 표정의 라일라가 준비한 식사 등을 즐겼습니다. 도슨은 모든 세세한 부분까지 신경을 썼습니다.

수요일 새벽 4시에 전화벨이 울렸습니다. 동생 롤런드가 죽었다는 슬픈 소식이었습니다. 낭떠러지 기슭에서 시신이 발견되었습니다. 교회 청년들과 함께 빅파인에 있는 산으로 하이킹을 즐기러 떠났는데, 23세였던 롤런드는 약혼녀가 가파른 비탈에서 발이 미끄러지고 있는 것을 발견하였습니다. 재빨리 손을 뻗어 약혼녀를 안전한 곳으로 밀었는데, 그 과정에서 자기는 그만 균형을 잃고 30미터 정도를 굴러서 15미터 높이의 절벽에서 떨어져 목숨을 잃은 것입니다.

동트기 전의 희미한 빛을 받으며, 도슨은 수화기를 잡은 채, 거실 바닥에 놓여 있는 해군 병사들의 취침용 의자 가운데 멍하니 서 있었습니다. 본능적으로 도슨은 기도했습니다. 범사에 감사하도록 하나님께서 지금까지 그를 훈련시켜 오셨기에, 자기 동생을 다시 볼 수 있다는 것을 생각하며 감사를 드렸습니다. 그리고는 이 소식을 어머니와 누나, 그리고 지금은 휘티어에서 누나와 함께 살고 있는 아버지에게 전할 힘을 달라고 간구하였습니다. 어머니가 가장 힘들어했습니다. 남편이 여러 해 전에 집을 나간 이후로, 어머니에게는 곁에 있는 롤런드의 활기찬 모습이 외로움에서 피할 수 있는 마지막 피난처였기 때문입니다.

장례식은 성대하게 진행되었습니다. "장례식장에는 사람들로 흘러넘쳐서 사람들이 길가에 서 있기도 했습니다. 젊은 사람들이 많이 왔습니다. 나는 이 사람들을 주님께서 구원하여 주시기를 기도했습니다"라고 밀스 선생님은 말했습니다. 롤런드는 성품이 좋았기 때문에 친구가 많았고, 많은 사람들이 롤런드의 영웅적인 희생에 감동을 받게 되었습니다. 롤런드는 약혼녀를 구하기 위해, 자기가 움직이면 낭떠러지에서 미끄러지게 된다는 것을 알면서도 이를 감수하고 희생적으로 행동했기 때문입니다. "롤런드는 남자답게 죽었다. 또한 사랑이 넘쳤다"라고 도슨은 기록했습니다. "천국에서 만나게 될 동생을 인해 하나님께 감사를 드린다."

롤런드는 월트 스탠턴과 함께 수습 배관공으로 일했었습니다. 복음에 무관심했던 동생을 보면서 도슨은 가족들에게 적극적으로 전도할 뿐 아니라, 아울러 기도하면서 그리스도에 대하여 나눌 올바른 때를 기다리며 그들 앞에서 '말씀을 따라 사는 것'이 매우 중요하다는 것을 배우게 되었습니다. 그리고는 롤런드의 경우에 그 시기는 죽기 3주 전에 왔습니다. 도슨은 동생과 대화를 나누다가 최근에 동생이 그리스도께 자신을 드리기로 했으며, 그리스도 안에서 성장하기 시작했다는 것을 알게 되었습니다. 이 사실을 알고 있었기 때문에 도슨은 그나마 고통을 덜 느끼며, 그 이른 아침의 전화를 끊고 마땅히 해야 할 바를 할 수 있었습니다.

✲　✲　✲

도슨은 경제적으로 부족하거나 필요가 있어도 이에 대해서는 별로 괘념치 않았지만, 모든 빚에서 벗어난 상태에서 1935년을 시작할 수 있게 되었다고 하나님을 찬양하며 기록하였습니다. 도슨의 어머니가 8년 된 시보레 자동차를 주셨고, 롤런드의 보험금으로 받은 돈의 일부를 받게 되었는데 이를 통해 굵직한 빚을 해결했기 때문입니다. 도슨과 라일라는 자기들의 능력이 닿는 한 다시는 빚지는 삶을 살지 않기로 목표를 정했습니다. 서프라인 33번지에서는 가계부를 기록했는데, 정기적으로 헌금을 하는 군인들은 가계부를 통해 언제 비용이 많이 지출되는지를 알 수 있었습니다. 매월 지출에는 집세로 25달러, 수도료나 전기료 등으로 8달러, 우유 3달러, 세탁비 2달러, 전화 2달러, 달걀 1달러, 신문 구독료 1달러가 포함되었습니다. 도슨은 이제 주유소를 그만두었고, 친구들이나 몬테시토 교회에서 가끔 받는 헌금, 그리고 목공과 실크스크린으로 제작한 벽걸이용 장식의 판매금에다가 군인들의 헌금을 통해 재정의 균형을 맞출 수 있었습니다. 도슨과 라일라는 하나님의 공급하심을 인해 매우 기뻐하였습니다.

기뻐할 또 다른 이유도 있었습니다. 구드릭은 처음으로 한 사람을 그리스도께 인도하였습니다. 다양한 수준의 사람들이 성장하고 있었습니다. 스펜서를 만난 지 2년이 되는 그해 봄에 도슨은 '많은 세대의 기초'가 될 사람들로 12명을 거명할 수 있었습니다. 그들 중 두 사람은 바이올라에 있었고, 열 사람은 군인이었습니다. 그리고 4명의 젊은 그리스도인이 성장하고 있었습니다. 브레머턴에 있는 웨스트버지니아호에서 좋은 소식들이 들려왔는데, 턱이 사각 진 짐 다우닝이 회심했다는 내용도 포함되어 있었습니다. 미주리 주 출신으로, 증거가 있어야 믿는 사람인 짐 다우닝은 동료의 기도와 자신의 성경공부를 통해서 주님을 믿게 되었습니다. 짐 다우닝은 포인트퍼민에 있던 선교관에 방문한 적이 있었는데 거의 1년 전의 일이었습니다. 당시에 다우닝은 일기에 이렇게 기록했습니다. "내 영혼의 상태에 대하여 진지한 토론을 하였다. 도슨은 내 삶에서 중요한 단 한 가지에 대해 잘 설명해 주었다." 진실된 그리스도인들의 교제가 다우닝에게는 인상적이었으나, 자기처럼 투지가 넘치고 강인한 기질의 사람보다는 나약한 향수병에 걸린 사람들에게나 어울리는 것이라는 결론을 내렸었습니다. 그러나 이제 그 결론은 바뀔 것입니다.

도슨은 함대가 나가 있기만 하면 양육 편지를 보냈는데, 그 편지는 강한 도전이 되는 내용으로 이루어져 있었습니다. 등사해서 보낸 편지 하나를 소개하면 다음과 같습니다.

> 여러분이 현재 겪고 있는 어려움과 열심히 싸우고 있다는 내용을 읽으면서 내 가슴은 크게 뛰었네. 전투가 진행되고 있네. 이 세상의 그 어떤 전투보다 격렬하고 교묘한 전투가 벌어지고 있는 것일세. "우리가 육체에 있어 행하나 육체대로 싸우지 아니하노니, 우리의 싸우는 병기는 육체에 속한 것이 아니요, 오직 하나님 앞에서 견고한 진을 파하는 강력이라"(고린도후서 10:3-4). 시편 108:13에는 "우리가 하나님을 의지하고 용감히 행하리니 저는 우리의 대적을 밟으실 자이심이로다"라고 기록되어 있네. 분명 이는 중요한 진리라네. 하나님을 의지하여, 다른 말로 하면 "그리스도 안에서"(빌립보서 4:13, 고린도후서 2:14, 고린도후서 5:17) 싸워야 한다네.
>
> 우리가 그리스도 안에 있을 때, 주 하나님을 의지할 때, 이 놀라운 그리스도인의 삶에서 걸림돌은 디딤돌이 된다네.

시간을 소중히 여기며 게으름을 죄악시하는 도슨의 태도는 마치 한순간도 놓쳐서는 안 되는 것처럼 일생을 살게 했는데, 이는 돕는 형제들에게 보낸 초기의 편지에 잘 드러나 있습니다.

> 우리 주 예수 그리스도께서는 한 예화를 들려주셨네. 주인이 종들에게 일정한 양의 돈을 맡기고 떠났는데, 떠나면서 종들에게 "내가 돌아오기까지 장사하라"고 말했네. 이어서 이 이야기에는 주인이 순종한 종들에게 어떻게 상을 주고 칭찬했는지 자세히 기록되어 있다네. 시간은 참으로 짧다네. 해는 떴는가 하면 어느새 다시 시야에서 사라지고, 하루하루 날이 가고, 한 주 한 주 지나다 보면 어느새 훌쩍 몇 달이 지나 어느덧 빠른 속도로 과거로 파묻혀 버리는 것을 발견하게 된다네. 기회는 과거 속으로 사라지고, 자기에게 왔던 기회를 제대로 활용하지 못한 사람들에게는 단지 기억 속에 희미하게 남을 뿐이라네. 우리는 어떻게 살아야 하겠나? 살아 계신 하나님의 은혜를 힘입어, 게으르고자 하는 우리 자신의 성향과 시간을 아무렇게나 보내고자 하는 유혹에 빠지지 않도록 해야 하며, 빌립보서 3:13-14, 로마서 12:11과 같은 하나님의 말씀에 주의하도록 해야 한다네. 누군가 "시작하기를 지체하는 것이 시간을 가장 크게 허비하는 것이다"라고 말했는데 맞는 말이라고 생각되네. 또 다른 사람은 귀중한 진리를 이렇게 요약했네. "1분을 아껴 쓰면 1분을 번 것과 마찬가지다." 하고자 하는 사람에게는 할 일이 참으로 많이 있다네. 그리고 함께 군사 된 여러분이 꼭 기억할 것이 있다네. 세상에서 가장 중요한 일은 사람들 앞에서 말씀대로 살고 사람들에게 전도하는 것이며, 그 어떤 것도 이에 비할 수 없다는 것이라네.

같은 편지에서 도슨은 만나는 사람이 한 명도 없는 7척의 순양함을 언급하며, 형제들에게 무관심과 두려움의 장벽을 넘어 이 7척의 배에 있는 사람들에게 나아가도록 격려하였습니다.

　도슨은 시간의 중요성에 대한 자기의 생각을, 끊임없이 일하는 것을 통해 삶으로 표현하였습니다. 3월의 어느 날 저녁, 14개월 된 브루스를 태우고 로스앤젤레스로 운전해 가다가, 마주 오던 차와 충돌하여 두 사람은 길바닥으로 나뒹굴었습니다. 도슨은 심한 부상을 당하지 않도록 보호하여 주신 하나님께 감사하였습니다. 롱비치에 있는 병원에서 몇 바늘밖에 꿰매지 않았으며, 상대편 운전자의 보험 덕분에 시간을 별로 낭비하지 않고 문제를 해결할 수 있게 된 것도 감사하였습니다. 다음날 일기에 도슨은 이렇게 기록했습니다. "일하는 것이 힘들기는 했지만 저녁에 CE에서 말씀을 전할 수 있었다. 하나님께서 도와주셨다."

　도슨은 자기의 시간이 주님과 교제하는 일이나 다른 사람들에게 투자되어야 한다고 생각했습니다. 사고가 난 지 약 일주일 후에 텍사스호에 승선하고 있었던 딕 드롱은 같은 배에 있던 동료를 데려와 도슨에게 "도와 달라"고 요청했습니다. 약 두 달 전 선교관을 방문하여 주님과 다시 동행하겠다고 결심했던 드롱은 미니트맨의 훈련 프로그램이었던 '하루에 한 구절, 하루에 한 사람, 하루에 한 시간'을 성실하게 지키며 성장하고 있었습니다. 오후에 도슨은 드롱의 동료와 함께 두 시간을 보냈고, 저녁에 또 시간을 내었으며, 밤 10시부터 새벽 1시 30분까지 영적으로 갈급한 드롱과 함께 테이블에 성경을 펴놓고 마주 앉아 교제를 하였습니다. 성경 말씀을 소상하게 설명하던 중에 도슨의 턱이 가슴에 닿았고 목소리는 희미해졌습니다. 드롱은 정중하게 도슨을 깨웠습니다. 그리고는 "바로 그곳입니다"라고 말하며 도슨이 설명하다가 멈춘 곳을 가리켰습니다.

✳ ✳ ✳

"내 아들아, 내 말을 지키며 내 명령을 네게 간직하라." 손에 들린 성경은 잠언 7장이 펼쳐져 있었는데, 도슨은 암송한 말씀을 외우면서, 시선은 서프라인 33번지에 토요일 저녁에 모인 해군 병사들을 향하고 있었습니다. 마치 각 말씀을 벽에다 단단히 박아 걸어 놓으려는 듯이 힘 있는 목소리로 말씀을 외웠습니다. "이것을 네 손가락에 매며, 이것을 네 마음 판에 새기라." 한 친구가 도슨에 대해 '형제들을 훈련하는 것과 순수한 기독교 신앙에 대한 열정'에 사로잡혀 있다고 말했는데, 이 말대로 도슨은 체계적인 성경공부, 지속적인 기도 생활, 그리스도의 능력을 삶 속에서 전파하는 것, 그리고 매일의 삶에서 말씀에 대한 민감한 순종 등을 강조하였습니다. 그러나 참석했던 사람들은 모두 도슨이 성경 암송을 가장 많이 강조했다는 것을 인정합니다. 성경 암송은 도슨 자신이 회심하는 데 결정적인 영향을 끼쳤을 뿐만 아니라 순종하고 승리하는 가운데 주님과 동행하는 일에 필수적이었으며, 전도와 상담을 위한 가장 중요한 도구가 되었던 것입니다. 도슨이 성경 암송에 지나칠 정도로 열심을 내었던 데에는 충분한 이유가 있었던 것입니다.

비록 레스 스펜서와 같은 열정적인 반응을 보인 사람은 그리 많지 않았지만, 그 해군 병사들은 도슨의 메시지를 이해하였습니다. 35년 뒤에 스펜서는 "그때 카드를 사용하여 하나님의 말씀을 암송하는 습관을 기르기 시작했는데 이 습관은 아직도 유지하고 있으며, 그동안 얻은 축복과 영적인 유익은 말할 수 없이 큽니다"라고 말하였습니다.

말씀을 있는 그대로 사랑한 도슨은 부지중에 묵상의 원리 하나를 적용하게 되었습니다. 그 원리는 나중에 심리학자들이 마음에 영향을 끼치는 중요한 요소로서 강조하게 되었는데, 바로 무의식을 의도적으로 사용하는 것입니다. 이 이론에 의하면 의식이 깨어 있을 때 마지막으로 가진 생각은 필연적으로 잠자는 동안에 무의식 속으로 들어간다고 합니다. 도슨은 캠핑을 나갔을 동안에든지 집에 있을 때에든지, 대화를 끝내고 잠자리에 들어 전등을 끈 다음에는 "이제 H.W.L.W."라고 말하고서는 마지막으로 성경 구절을 한 구절 암송하는 습관이 있었습니다. 'H.W.L.W.'는 'His Word the Last Word,' 즉 '하나님의 말씀을 마지막 말로'라는 뜻인데, 이 습관은 초기의 미니트맨 여행에서 일반적이었으나, 도슨과 라일라는 오랫동안 이 습관을 유지하였습니다. 생각을 주님께 고정시킨 채 하루를 마치는 좋은 방법이었기 때문입니다.

그러나 지금 당장은 사람들에게 암송을 훈련시키는 방법을 발견하는 것이 필요했습니다. 1928년에 시도했던 소책자 방법과 빈 카드 묶음 방법이 실패한 이후로 마땅히 쓸 만한 방법이 없었던 것입니다. 처음에 몇몇 해군에게는 암송할 구절 목록을 주거나 성경에 표시를 하였습니다. 그러나 숫자가 늘어나면서 좀 더 나은 방법이 필요하다는 것을 알게 되었습니다. 톰 올슨과 함께 성경 암송에 대하여 확신을 가지고 도슨을 지지하였던 오스카 로리는 카드 암송 시스템을 만들었는데 몇몇 사람들이 사용하고 있었습니다. 도슨은 카드를 사용하는 이 아이디어를 좋게 생각했고, 사람들의 구체적인 필요를 위해 선택된 구절들이 있으면 사람들에게 성경 암송을 더욱 적극적으로 권할 수 있겠다는 생각이 들었습니다. 이전에 암송한 방법을 분석한 이후에 도슨은 파킨슨 법칙과 비슷한 결론을 내리게 되었습니다. '체계적인 방법 자체로는 효과가 없다. 효과가 있으려면 개인적인 노력이 있어야 한다.' 도슨은 이런 노력을 기울일 준비가 되어 있었습니다.

수레바퀴 예화에서 시작하여 도슨은 말씀, 기도, 실생활에의 실천,

그리고 증거에 대하여 각각 3구절씩을 택한 후에 12장의 카드에 인쇄를 하였습니다. 카드 크기를 정하기 위하여 도슨은 해군들이 입는 잠바를 빌려, 흔히 담배를 넣고 다니는 주머니의 깊이와 폭을 쟀습니다. 그리하여 이 주머니에 카드 묶음이 잘 들어가도록 카드를 재단하였습니다. 장절은 카드의 뒷면에 인쇄하였고, 구절은 앞에 인쇄하였습니다.

짐 다우닝은 서프라인에서 있었던 일을 회상했습니다. 도슨과 루이 코우테스가 어린 그리스도인의 삶에 꼭 필요한 주제 35가지와 구절의 선택을 두고 뜨거운 논쟁을 벌였던 것입니다. 각 주제별로 3가지 구절을 뽑았습니다. (처음 4가지 주제 이외에 고른 주제는 다음과 같습니다. 죄, 죄의 형벌, 죄 사함, 대속(代贖), 길 되신 그리스도, 내 안에 계시는 그리스도, 승리, 성령, 하나님, 찬양, 재림, 심판, 상급, 죄에서 떠남, 순종, 열매, 믿음, 사랑, 평화, 인내, 소망, 의뢰, 확신, 용서, 헌금, 능력, 인도, 혀, 두려움, 절제, 유혹.) 짐 다우닝은 "두 사람이 논쟁을 벌이고 있는 것이 바로 말씀에 대해서라는 것 때문에 매우 기뻤습니다"라고 말합니다. 최종적으로 선택한 105개의 주제별 성경 암송 구절은 성장하는 그리스도인에게 매우 실제적이었습니다. 사실 이것은 개인의 구체적인 필요를 위해서 중요한 구절을 암송한다는 선도적인 개념이었습니다.

또 다른 영감이 떠올랐는데, 수레바퀴 예화에 관한 처음 열두 구절을 암송한 사람에게는 가죽 암송 지갑을 상으로 주는 것이었습니다. 초기 과정을 잘 마치도록 격려하기 위한 것이었습니다. 오래지 않아 해군 잠바에 '암송 지갑'을 가지고 있는 것이 말씀을 '깊이' 알고자 하는 사람의 상징물이 되었습니다. 암송을 새로 시작한 사람들은 모두 이 암송 과정을 해야 했습니다. 딕 하이타워는 "내게는 105개의 구절이 주어졌는데, 서둘러 시작하라는 말을 들었습니다"라고 말합니다.

데드릭은 한 주에 세 구절을 외우라는 도전을 받고는, 들은 대로 행했습니다. 때로는 그날 목표한 암송 분량을 마치기 위해 졸음을 깨려고 선실 파이프에 매달리기도 했습니다. 이 암송 과정은 계속 바뀔 것입니다. 그러나 도슨은 당시로선 이 새로운 방법이 목표를 성취하는 데 유익했기 때문에 크게 즐거워했습니다. 4월에 사람들에게 보낸 편지에서 도슨은 약 50명의 사람들이 암송 세트를 가지고 있다고 보고했습니다. 그들 대부분은 물론 군인이었습니다.

하나님의 일을 효과적으로 하려고 늘 연구했던 도슨은, 인용문, 신문이나 잡지에서 오려 둔 기사, 공부한 내용을 메모한 것 등을 위해 간단한 파일 시스템을 고안했습니다. 그리고는 나누지 않고는 배기지 못했던 도슨은 이렇게 기록했습니다. "5,6년 전에 이런 것을 알았어야 했다. 다른 어린 그리스도인이 이런 파일을 사용하는 법을 배우도록 가능한 한 모든 방법을 다 동원해야 한다."

군인들을 위해 성경공부 교재를 준비하는 것 또한 도슨에게는 중요한 일이었습니다. 아무런 교재나 도움 없이도 성경을 읽을 수 있고, 교회에서 말씀을 들을 수 있으며, 선교관에서 성경공부 교사에게 배울 수도 있고, 하나님의 사람들이 쓴 책들을 통해 유익을 얻을 수도 있었습니다. 그러나 도슨은 성경공부에 도움이 되는 자료가 필요한 것을 보았습니다. 이제 성장하기 시작하는 사람에게는 특히 필요했습니다. 늘 그랬던 것처럼 도슨은 다른 사람의 아이디어를 기초로 시작하여 개선하고 용도에 맞게 바꾸었습니다. 그리고는 자기 자신의 타고난 재질을 발휘하여, 가능한 모든 사람들을 동원하여 그 성경공부를 하게 했습니다. 도슨은 헬렌 리튼하우스가 사용하던 교재를 재검토했습니다. 그것은 세 부분으로 되어 있었는데, 첫 주에는 성경, 둘째 주에는 그리스도인이 되는 법, 셋째 주에는 이를 위해 무엇을 해야 하는가를 다루고 있었습니다. 도슨이 만든 등사판 교재가 이것에서 비롯된 것이든 혹은 전혀 새로운 것이든, 고린도후서 1:10에 기초한 '그리스도인의 구원'이란 제목이 붙은 이 교재는 그리스도의 죽음으로 말미암은 죄의 형벌로부터의 구원, 죄의 권세로부터의 구원, 그리고 장차 이루어질 죄의 존재로부터의 구원에 대한 구절을 다루고 있었습니다. 이 교재는 널리 사용되었으며, 다른 과정도 계속 준비 중에 있었으나, 정식으로 출판되지는 않았습니다. 수년 뒤에야 도슨이 민간인 성경 클럽을 위해 만든 귀납적 성경공부 교재가 케이스 L. 브룩스의 문답식 교재와 함께 군인들에게 제공되었습니다.

대공황 가운데 있었던 1935년은 돈이 드는 계획은 어떤 것이든 신중하게 검토해야 하는 시기였습니다. 그러나 도슨은 예외였습니다. 그의 하나님께서는 돈으로 말미암아 제한을 받는 분이 아니었습니다. 그해 봄에 전도팀을 이끌고 미국 전역을 여행하는 아이디어가 구체화되기 시작했습니다. 레스 스펜서와 거니 해리스, 아직 해군에 있었던 데드릭, 도슨, 그리고 4중창단이 모임에서 노래할 때 함께할 수 있었던 민간인 존 비식이 함께 떠나는 여행이었습니다. 순회하는 전도팀이 없었던 때여서 이 시도는 하나의 모험이었습니다.

여행은 세 가지 목적이 있었습니다. 첫째는 노퍽, 필라델피아, 뉴욕, 그리고 그레이트레이크 훈련 센터가 새로 생긴 시카고에서 군인들을 만나고, 가능하면 사역의 기초를 다지는 것이었습니다. 둘째는 몇몇 군인들의 고향집을 방문하는 것이었고, 셋째는 그들의 고향 교회에서 모임을 가지면서 젊은이들에게 열정적인 그리스도인의 삶을 살도록 도전하는 것이었습니다. 레스 스펜서, 거니 해리스, 그리고 도슨은 약 1년 정도 그런 여행에 대하여 논의를 했었습니다. 그러나 재정적인 문제가 걸렸습니다. 도슨은 이에 개의치 않고 여행 준비를 계속 진행하였습니다. 하나님께서는 여행에 쓰도록 1927년형 뷰익 승용차를 공급해 주셨습니다. 이를 계기로 도슨은 군인들에게 "하나님께서는 우리가 여행을 계획하도록 분명한 방법으로 인도하여 주셨다"라고 편지를 썼습니다. 여행을 위한 경비가 당장은 없었지만, 하나님께서는 이전과 마찬가지로 공급하여 주실 것입니다.

잠정적으로 정한 여행 경로를 표시한 지도를 편지로 보내면서, 도슨은 군인들에게 그 팀이 자기 고향과 고향 교회를 방문하기 원하는 사람이 있는지 물었습니다. 루이 코우테스는 여전히 샌디에이고와 롱비치에 있었던 군인 성경 클럽의 명목상의 대표였는데 도슨이 없는 기간 동안에 선교관에 사람을 보내겠다고 제안하였습니다. 루이와 헬렌은 결혼한 지 6개월이 되었는데, 샌디에이고 사역을 계속하고 있었습니다. 맥데이비드 부부도 도와주겠다고 제안을 하였습니다.

도슨은 순회 전도팀의 이름을 '군인 성경 클럽 미니트맨'으로 부르기로 했습니다. 원래 군인들을 대상으로 루이 코우테스와 사역을 시작할 때 성경공부 교재에 '군인 성경 클럽'이란 이름을 사용했었습니다. 그러자 당시 밀로 제미슨이 자신의 '대학생 성경 클럽'과 유사하다고 이의를 제기했습니다.

이에 도슨은 '네비게이토'(The Navigators)라는 이름을 생각했고, 1934년 말에는 이 이름을 편지지에 사용하기 시작했습니다. 편지지에는 '네비게이토'라는 이름과 함께 부제로 '군인을 위한 성경 클럽', 모토로 '그리스도를 알고 그를 알게 하라'(To Know Christ and to Make Him Known)가 인쇄되어 있었습니다. 처음에 해군들은 이 이름을 그리 좋아하지 않았습니다. 이전에 도슨이 아이들을 대상으로 만들었던 클럽이 연상되었기 때문일 것입니다.

그러나 6월 30일에 두 달간의 계획으로 20,000km에 가까운 여행을 떠난 '군인 성경 클럽 미니트맨'은, 그 이름이 너무 길고 쓰기에 불편하다는 것을 발견하였습니다. 여러 지역을 돌면서 그들은 네비게이토라는 이름을 다시 검토했습니다. 비록 교육은 많이 받지 않았지만 침착하고 명석하였던 데드릭은 항해를 공부했었는데, 그 용어들도 알고 있었습니다. 그들은 일반적인 항해와 영적 항해의 유사점을 발견하기 시작했습니다. 사람은 누구나 인생의 바다 위에 있는데, 나침반이나 키도 없이 방황하는 사람들이 있는가 하면, 선장도 없고 돌아갈 항구도 없는 사람들도 있었습니다. 네비게이토는 예수 그리스도를 구원의 선장으로 모시고 항해 중인 사람들로서 성경을 지도와 항해력(航海曆)으로 삼으며, 성령을 나침반으로 삼고 따르는 사람들입니다. 일단 항해하는 법을 배운 사람은 이런 원리를 매일의 삶에서 보여 주며, 다른 사람들을 인도하여 올바른 항로로 나아가도록 하고, 그들이 그리스도를 선장으로 모시고 항해를 하도록 가르칩니다. 네비게이토라는 이름은 여행 내내 가장 좋은 이름으로 생각되었고, 결국 여행을 마칠 즈음에는 굳어지게 되었습니다.

도슨은 수레바퀴 예화와 암송 지갑과 마찬가지로 네비게이토라는 이름이 새로운 삶의 방식을 나타내는 상징이 될 줄은 내다보지 못했을 것이며, 탁월한 태도와 높은 수준으로 그리스도인의 삶을 살아가는 일단의 그룹을 나타내는 이름이 될 줄은 미처 몰랐습니다. 네비게이토는 전 세계적인 사역에서 지속적으로 기억되는 이름으로 남을 것입니다. 새로운 사역지를 개척하면서 이에 맞추기 위하여 이름을 바꾸어야 했던 다른 선교 단체들과는 달리 이 이름은 사역이 세계적이 되어서도 바꾸지 않아도 될 것입니다. '그리스도를 알고 그를 알게 하라'는 모토는 그때부터 한 번에 한 사람씩 그리스도를 알게 하고, 그로 하여금 다른 사람을 제자로 삼도록 가르치는 이 운동의 정신과 목적에 계속 잘 부합되었습니다.

일행은 1927년형 뷰익을 타고 텍사스에 있는 데드릭의 고향을 방문했으며, 아울러 아칸소의 거니 해리스, 일리노이의 레스 스펜서의 고향을 거쳐 동부의 필라델피아와 뉴욕까지 갔고, 해안을 따라 노퍽으로 갔다가 다시 중부를 가로질러 솔트레이크시티로 갔고, 롱비치로 돌아왔습니다. 교회에서 말씀을 전하고, 개인에게 전도하고, 라디오 방송에서 찬송과 간증을 하는 성경 중심의 해군 병사들을 사람들은 호기심을 가지고 바라보았습니다. 모든 가정에서 2차 세계 대전에 아들들을 보내기 적어도 7년 전이었기 때문입니다. 깔끔하고 말수가 적은 레스 스펜서, 마음씨가 따뜻한 거니 해리스, 명석한 데드릭, 재능이 많은 존 비식, 그리고 지칠 줄 모르는 단장인 도슨은 이전에는 전혀 보지 못했던 방식으로 많은 도시에 복음을 전했습니다. 이 팀은 그리스도인 가정들의 따뜻한 대접을 즐겼고, 여행 중에는 차 안에서 잊을 수 없는 교제를 나누었습니다. 틀림없이 멤버 가운데 한두 사람이 "H.W.L.W."를 외친 후 성경 구절을 인용하며 하루를 마감했을 것입니다.

그 해 말 즈음에 롱비치 네비게이토는 방이 여덟 개 있는 퍼시픽 1114번지로 이사를 갔습니다. 서프라인보다 방세가 두 배 반이나 비싼 65달러였습니다. 도슨과 라일라는 새로운 집으로 이사를 하면서 풍성한 경제적 공급과 이사야 60:11에 대한 믿음을 가지고 들어갔습니다. 그리고 하나님께서 맡겨 주신 사역을 하는 기쁨을 위해 사생활을 기꺼이 희생하기로 하였습니다. 모든 것이 장밋빛은 아니었습니다. 여전히 도슨이 일기에 기록했던 것 같은 종류의 사람이 있었을 것입니다. "방문한 사람들 가운데 두세 사람은 올 때마다 우리 마음을 상하게 한다. 그러나 하나님께 감사한다. 야고보서 1:2-4."

그러나 그 두세 명과는 대조적으로 나머지 사람들은 혈육보다 더 가깝고 친밀한 교제 가운데 사랑을 나누었습니다. 그리고 선교관에는 언제나 기쁨과 우애의 분위기가 형성되어 있었습니다. 방문하는 사람은 누구든지 차별을 하지 않고 환영을 하였습니다. 해군들의 관습이 은근히 행해지게 되었습니다. 선상에서처럼 하루 저녁은 좌현에 있는 선원이 당번을 하고, 다음에는 우현에 있는 사람이 맡았습니다. 구드릭은 좌현 사람들 책임자로서 설거지를 맡았고, 우현에 있는 다른 사람들과 하루 저녁씩 교대로 하였습니다. 데드릭은 유일한 해군 하사관으로서 급여를 받아서 보험료를 납입하고 자기 용돈으로 조금 남긴 후에 전부를 선교관 유지 비용으로 헌금하였습니다. 아마도 이것이 매월 지출의 절반 정도를 충당했을 것입니다.

12월에는 몇몇 중심되는 군인과 이제는 샌디에이고 네비게이토인 코우테스 부부와 함께 모임을 가졌는데, 도슨을 회장으로 선출했고 데드릭은 재정 총무가 되었습니다. 헌금에 대한 영수증을 발행하는 계획이 세워졌고, 매년 12월에 재정 보고와 기타 업무 처리를 위해 모임을 갖기로 하였습니다. 중심되는 군인들이 각 배와 기지를 대표하며 자기가 맡은 곳의 사역을 책임졌는데, 그 수가 이제는 8명이 되었습니다. 이들은 필요가 있을 때 언제나 특별 모임을 가졌습니다.

"당신이 깜짝 놀랄 기쁜 소식이 있어요"라고 라일라는 도슨이 전도팀과 여행을 할 때 편지를 보냈습니다. 서른 번째 생일 바로 이틀 전에 첫째 딸인 루스가 탄생했을 때 도슨은 감격했습니다. 도슨은 첫째 아들을 칭찬하는 데 유별났는데, "나는 아들을 너무너무 사랑한다"라고 일기장에 기록할 정도였습니다. 그러나 눈이 파랗고, 머리가 약간 곱슬곱슬한 딸아이가 태어나자 도슨의 찬사는 극에 달하였습니다. "루스, 어쩜 그렇게 예쁘니? 맛있는 복숭아와 아이스크림이 잘 조화되어 있는 것 같아. 백만 불짜리 미소야. 우는 법이 없다니까." 루스는 정말 울지 않았습니다. 브루스는 처음 몇 주 동안 오랫동안 크게 울어 댄 적이 많았기 때문에 도슨은 루스를 울지 않게 훈련시키기도 했습니다. 여섯째 주가 되어서 이 아이디어를 실행하였는데, 그로부터 6주가 지나자 루스는 울지 않게 되었습니다.

딕 하이타워, 거니 해리스, 그리고 정기적으로 참석했던 다른 멤버들은 도슨과 라일라가 아이들을 기르는 것을 보고, 아이들을 훈련시키는 것에 대해 많은 것을 배웠습니다. 거니 해리스는 '아이들의 응석을 다 받아 주려는' 많은 해군들 틈에서 그 일은 쉽지 않았다고 말했습니다. 언제나 지켰던 한 가지 원칙은 전도서 8:11이었습니다. "악한 일에 징벌이 속히 실행되지 않으므로 인생들이 악을 행하기에 마음이 담대하도다." 도슨이 차로 하이타워를 부두로 데려다 주고 있었는데, 아이들을 뒷좌석에 태우고 있었습니다. 그때 루스가 브루스가 범한 사소한 잘못을 이야기했는데, 브루스도 이를 인정했습니다. 이때 도슨은 나중까지 기다리거나 차를 세우는 대신에 뒤를 보고서는 브루스의 손바닥을 때렸습니다.

순종을 강조하는 것이 또 하나의 중요한 원리였습니다. "누가 장난감을 더 많이 정리하나 보자." 처음에 말했을 때 브루스가 듣지 않자 라일라는 다시금 타일렀습니다. 물론 라일라가 이겼습니다. 그러나 이 방법은 오래 지속되지 못했습니다. 도슨이 이를 듣고서는 브루스에게 모든 장난감을 혼자서, 그것도 신속하게 다 정리하라고 했기 때문입니다. 도슨은 아이들에게 가족 안에서 얼마나 중요한 사람인지를 확신시켜 주면서 사랑을 듬뿍 주기도 했지만, 이와 균형을 맞추어서 엄격하게 자녀들을 다루었습니다. 아이들이 자라면서 때로 아버지의 엄한 훈련에 대하여 원망하는 경우도 있었습니다. 그러나 여러 해가 지나서 자녀들의 원망 섞인 태도는 서서히 사라졌으며, 자기들을 엄격하게 다루었던 것에 대하여 고마움을 표시하였습니다.

도슨의 집에 왔던 사람들은 당시 그리스도인 가정에서조차 찾아보기 힘든 남편과 아내의 태도를 볼 수 있었습니다. 가깝게 지내던 한 친구는 이렇게 말했습니다. "그들은 늘 연인처럼 지냈습니다. 우리 결혼 생활 전체는 서로 존경하는 태도를 보이며 살았던 도슨과 라일라에게 큰 영향을 받았습니다. 사랑과 온유가 가득했고, 비꼬는 말은 전혀 하지 않았으며, 다른 사람에게 말해서는 안 되는 개인적인 성향에 대해서는 절대로 언급하지 않았습니다." 도슨과 라일라처럼 서로를 위하여 세워 주고 격려하는 일은 누가 보더라도 아름답고 수준이 높았습니다.

 이사한 새 집은 서프라인보다 훨씬 넓었습니다. 해군들은 몇 번에 나누어서 왔는데 특히 주말에는 더욱 많은 해군들이 왔으며, 주일 아침 식사에 12명, 저녁 식사에는 16명이 보통이었습니다. 그러나 선교관의 위치는 가볍게 들러서 음식을 먹을 수 있기에 편한 곳은 아니었습니다. 도슨은 이전 선교관에서의 사역과 비교 평가를 하기 시작했습니다. 접근이 쉬웠던 서프라인 33번지에 들렀던 사람들 가운데 제자로 남은 사람은 매우 적다는 결론을 내리게 되었습니다. 약 200명 가량을 만났는데, 지금 그들은 어디에 있는가? 음식과 레크리에이션을 제공하는 것은 효과가 별로 없었습니다. 그들 대부분에게 영원한 문제를 너무 쉬운 것으로 전달하였다고 생각했습니다. 예수님께서는 제자가 되려는 사람들에게 "여우도 굴이 있고 공중의 새도 집이 있으되 인자는 머리 둘 곳이 없도다"라고 말씀하셨는데, 이같이 값을 치르는 제자의 도의 엄중함이 빠져 있었다는 것을 알게 되었습니다. 제자의 삶에서 성장한 사람들은 주로 네비게이토 가족으로서 함께 친밀하게 지냈던 사람들이었습니다. 도슨은 네비게이토 선교관이 가장 자연스런 환경 속에서 깊이 있는 사역을 할 수 있는, 독특한 잠재력이 있음을 알기 시작했습니다. 집을 단지 당장 이용 가능한 자원으로 생각하고 사역을 위해 사용하기 시작했지만, 이제는 제자삼는 특별한 사역을 위한 아주 귀중한 방법을 그들이 발견하도록 하나님께서 인도하셨다고 느끼게 되었습니다.

퍼시픽 1114번지에서 처음으로 한 해를 다 보낸 1936년에는 함대가 오랫동안 바깥에 나가 있었습니다. 그러나 모든 배가 동시에 나간 것은 아니었습니다. 그 결과 도슨은 각 개인에게 좀 더 시간을 집중할 수 있었습니다. 도슨은 비록 세 함정에서만 사역이 견고히 진행되고 있었지만 십여 척의 배에서 사람들이 배우고 있다는 것을 알게 되었습니다. 참나무가 천천히 자라지만 견고한 반면에 버섯은 하룻밤 사이에 자랐다가 금방 없어지는 것을 생각해 볼 때, 배에서의 사역이 서서히 성장하는 것은 견고한 사역이 될 것이라는 신호라고 생각했습니다.

사실 도슨의 노력은 그해 동안 다른 부수적인 사역에 분산되어 있었습니다. 그러나 도슨은 해군들과 편지로 긴밀하게 연락을 취하고 있었습니다. 그리고 배가 항구에 들어올 때에는 중심되는 사람과 그룹에 집중적으로 시간을 투자하였습니다. 사실상 항해가 잦았기 때문에 도슨은 바다에 나가 있을 동안에 배에서 사역을 이끌 수 있는 '키맨(key man)'을 계발하는 데에 우선순위를 둘 수밖에 없었습니다. 짐 다우닝은 이제 웨스트버지니아호의 인도자였습니다. 구드릭, 데드릭, 그리고 혹은 하이타워와 그 밖의 다른 사람들과 함께, 함정에서 같이 지냈던 동료들의 뒤를 이어 바이올라에 입학했습니다. (데드릭은 학교에 다닌 경험이 별로 없어서 자격 미달로 히브리어와 헬라어 수업을 들을 수 없었지만, 청강을 하여 그 반에서 가장 우수한 성적으로 시험을 통과하였습니다.)

한 달도 채 못 되어 105구절 전부를 외웠던 존 스트리터는 미시시피호의 키맨이었으며, 성경공부를 인도하고 육상에서는 전도팀을 이끌었습니다. 웨스트버지니아호의 전도팀은 브레머턴에서 석 달 동안 선박 수리를 할 동안에 교회에서 많은 모임을 가졌고, 사람들을 그리스도께 인도하고 그 사람들을 양육하는 일에 자신감을 얻었습니다. 월요일 저녁에는 선상에서 사역이 진행되었습니다. 대개는 자정까지 성경공부와 성경 암송 시간을 가졌습니다. 선상에는 주일 성경공부 반도 있었고, 화요일 저녁 공부 반도 있었으며, 군목과 함께 군목 사무실에서 매일 기도 모임을 가졌습니다. 웨스트버지니아호에서 옮겨 온 빌 굴드는 군목이 보증한 모임 장소인 군함 사령탑에서 뉴멕시코호의 성경공부를 진행하였습니다.

도슨은 아직 강력하게 사역이 진행되고 있지 않은 열두 척의 배에도 성장하고 있는 그리스도인들을 한 명 이상 꼽을 수 있었습니다. 그해 말까지 모든 군함에서 한 명 이상의 중심되는 사람을 세우는 것이 목표였지만, 애리조나호, 테네시호, 오클라호마호, 아이다호호에서는 목표에 미치지 못하고 있었습니다. 그러나 도슨은 실망하지 않았습니다. 하나님께서는 충성된 사람들의 삶에서 하나님의 선한 약속을 성취해 오셨으며, 도슨은 오직 기뻐할 뿐이었습니다. 그해 크리스마스에 도슨은 여러 배에 흩어져 있는 사람들에게 등사한 편지를 보내어, 마치 에스더 왕비와 같은 태도로 하나님께서 주신 약속을 상기시키고 각 배에서 일어날 일을 도전하였습니다.

대개는 배에서 성경공부를 하고, 선교관에서 모일 때에는 성경 교사들의 말씀을 듣는 일에 시간을 더 들였습니다. 그리고 키맨들은 도슨과 개인적인 시간을 보냈습니다. 도슨이 금요일과 토요일 저녁에 말씀을 전할 때면 성경공부의 중요성과 같은 수레바퀴 예화의 한 가지 요소를 길게 다루었습니다. 모든 사람이 이를 다 들었다는 생각이 들면 도슨은 암송, 기도 등으로 옮겨 갔으며, 대개는 방 안에 함께했던 사람들 중에서 사람들을 골라 이 영역에서 성공 혹은 실패한 사람의 예로 들었습니다. 종종 무리 가운데는 새로 참석한 사람들이 있었기 때문에, 도슨은 다시 반복하는 경향이 있었습니다. 도슨의 목표는 참석한 모든 사람들이 이를 듣고 확신하며 결심을 하도록 하는 데 있었기 때문입니다. 그래서 마지막 한 사람까지 메시지를 다 들었을 즈음에는 이미 들은 다른 사람들은 지루할 정도였습니다.

해군 형제들과 짐 다우닝은 도슨이 기도 노트와 암송 지갑을 만들고 선교관의 여러 일을 하며 형제들을 섬기는 일에 바쁜 것을 잘 알고 있었습니다. 모든 것을 솔선수범하여 행하려는 도슨의 태도를 잘 알고 있었기에 이해가 가는 일이었습니다. 지금까지 도슨은 형제들에게 본을 보이는 삶의 원리를 강조했습니다. 삶은 오직 삶에서 비롯되며, 자기는 그대로 살지 않으면서 다른 사람에게 어떤 것을 하라고 도전하는 것은 아무런 소용이 없다고 생각했기 때문입니다.

그렇지만 몇몇 형제들은 사역 전체의 유익을 위해서는 도슨이 다른 여러 일보다는 기도하고 말씀을 공부하는 일에 더욱 많은 시간을 들이는 것이 좋을 것이라고 생각했습니다. 그들은 이런 생각을 도슨에게 조심스럽게 말했습니다. 이 말을 듣고 도슨은 기도하는 중에 일정에 즉시 변화를 가해야겠다고 생각했습니다. 특히 주님과 좀 더 많은 시간을 보내며, 체계적인 기도와 말씀 공부에 집중하기로 했습니다. 또한 선교관의 수준을 유지하기 위해서 함께하는 형제들과 더욱 긴밀하게 협력하기로 했습니다.

도슨은 일기에 그 일을 간단히 기록했습니다. 그 이후 몇 주간의 일기 내용을 보면, 도슨은 형제들의 권면을 하나님의 음성으로 겸손히 받아들였음을 알 수 있습니다. 도슨은 더 많은 시간을 성경공부와 말씀 암송에 투자했으며, 기도를 위해 새로운 계획을 세우고 실천했습니다. 도슨과 라일라는 D. L. 무디에 관한 책을 읽고 있었습니다.

지난 몇 주 동안 하나님께서는 나를 훈련하셨다. 주님께서는 내 마음속에 비범한 것을 역사하고 계신다. 살든지 죽든지 하나님의 이름이 내 삶에서 영광스럽게 되기를 기도한다.

그 다음날에는 이렇게 기록되어 있었습니다.

하나님께서 사용하신 다른 사람들의 마음속에도 나와 같은 갈등이 있다는 것을 깨닫고서 크게 힘을 얻었다.… 눈물을 흘릴 정도로 마음에 감동을 받은 적이 참 오래되었다. 그러나 하나님의 거룩하심과 영혼의 귀중함에 내 삶을 비추어 볼 때 나의 죄악을 깨닫게 되었고 눈물이 나왔다.

* * *

도슨에게 있어서 일정한 훈련을 지속하는 것은 평생토록 쉽지 않은 일이었습니다. 지속적으로 승리를 경험하다가도 때로 실패에 빠지곤 했던 것입니다. 그럼에도 새로 시작하고자 하는 도슨의 열정을 꺾지는 못했습니다. 이는 마치 이정표처럼 도슨의 일기 곳곳에 드러나고 있습니다. 아침 기도, 성경 암송과 복습, 성경공부를 위한 새로운 계획을 세웠는데, 이를 끝까지 다 완수하겠다는 의지에는 추호의 의심도 없었습니다. 흔히 도슨은 라일라에게 어떤 계획에 함께하자고 제안했습니다. 순종하는 아내로서 라일라는, 선교관과 가족의 필요를 채우기 위한 여러 일로 힘든 가운데서도, 적극적인 태도를 보이며 계획을 온전히 완수하겠다는 태도로 따랐습니다. 몇 달마다 도슨은 라일라에게 체중을 줄이는 다이어트를 시작하라고 제안했는데, 라일라에게는 이것이 지속적인 문제였습니다. 수영과 테니스를 번갈아 가며 했는데, 꾸준히 하지는 못했던 것 같습니다.

1936년 말에 도슨은 미니트맨 프로그램을 다시 시작하는 것이 하나님의 뜻일지도 모른다는 생각이 들었습니다. "미니트맨의 핵심적인 것들을 살펴본 결과 각 사람들에게 이 계획이 꼭 필요하다는 것이 발견되었다." 도슨은 과거에 이 계획을 각 군인들에게 주었는데, 그룹으로 함께하는 것이 전혀 없이 각자 나름대로 계획을 진행해야 했습니다. 이제 도슨은 사역이 '정착된' 배에 있는 열 명에게 편지를 보내어 1월과 7월에 자기의 진보를 보고하라고 했습니다. 보고는 모든 사람이 볼 수 있는 노트에 기록해서 하게 되었습니다.

나머지 달에는 개인적인 점검이 이루어졌으며, 이는 보고를 하지 않았습니다. 초기의 미니트맨이 사용했던 '매일 열두 가지'와 똑같은 과제는 아니었으나, 수레바퀴 예화에 기초하고 있었으며, 간증문 작성이나 복음을 나누는 것 등이 추가되었습니다. 도슨은 "수레바퀴 삶을 열심히 살며, 그 계획을 하나님께서 우리에게 주신 것으로 믿고 끝까지 완수하자"고 말했습니다.

해군에서 시작한 사람을 포함하여 열 명의 미니트맨이 있었고, 그 외에도 4명의 새로운 사람이 후보자였으며, 열 명 정도가 고려 대상이었습니다. 물론 이 계획은 요청하는 사람은 누구나 참여할 수 있었지만, 도슨이 그것을 대단한 특권이라고 주장했기 때문에 새로운 사람들은 끝까지 해내야 한다는 책임감을 많이 느꼈습니다. 계획을 다 마칠 가망이 없는 사람들에게는 제안을 하지 않았습니다. UCLA 학생이었던 한 사람은 룸메이트가 미니트맨이었는데 이렇게 말했습니다. "나는 엄격한 훈련에는 관심이 없었습니다. 도슨은 내가 100퍼센트를 다 감당하려는 의지가 없다는 것을 알았기 때문에 내게 접근하지 않은 게 분명합니다. 도슨은 친절했지만 바쁜 사람이었습니다.… 적극적으로 나아가고자 하는 사람들에게만 자기의 시간을 드린 것입니다."

점검 시스템을 사용하던 사람들은 아마도 매일 반복되는 훈련이 쉽지 않았을 것입니다. 그러나 그들은 악한 육신을 길들이기 위해서는 그런 프로그램이 자기들에게 필요하다는 것을 인정했습니다. 실패하고 중도 하차하는 사람이 생겼습니다. 이 때문에 외부에서 가해진 훈련이 정말 효과가 있는지 돌아보게 되었습니다. 로이스 맥데이비드는 이 사람들처럼 훌륭한 성품을 가진 사람들을 만나지 못했다고 말했습니다. 사실, 그들에게 주어진 훈련은 이를 다 감당하려는 내적 열망이 없이는 아무런 효과가 없는 것이었습니다. 또한 그리스도를 열정적으로 따르고자 하는 사람들의 경우에, 탁월함에 이르도록 이끌어 주는 훈련이 없으면 그들의 잠재력을 최대한으로 계발하지 못한다는 것이 드러나게 되었습니다. 소위 말하는 기계적인 훈련 때문에 중도 하차했다고 말할 수는 없는 것이었습니다. 그리스도를 따르고자 하는 내적 동기가 결여되어서 중도 하차한 것입니다. 오히려 이런 훈련으로 말미암아 열망이 있는 사람들의 성장과 계발에 큰 기여를 했다고 보는 것이 옳습니다.

도슨은 미니트맨에게 이렇게 썼습니다. "1월 3일 주일에 우리는 중요한 모임을 가지며 기도하는 날로 가지려 합니다. 아침을 먹은 후 흩어져서 시간을 갖고자 합니다. 한 해의 첫 날을 주님과 단둘이 교제하며 보내기를 권합니다. 1937년에는 사탄의 요새가 모든 능력에 뛰어나신 주님의 손아래서 산산조각 나는 것을 보아야 합니다. 우리는 매일매일이 주님을 위해 승리의 날이 되기를 기도할 것입니다. 이제 때가 되었습니다. 우리가 일어나 우리 영혼의 적이자 동시에 주님의 적인 사탄을 대적해야 합니다. 이것이 우리가 명령받은 바입니다. 동역자 여러분, 용기를 내십시오. 주님께서는 '나는 모든 육체의 하나님이라. 내게 능치 못한 일이 있겠느냐?'라고 말씀하셨습니다."

루이와 결혼하여 이제 헬렌 코우테스가 된 헬렌은 도슨에게 젊은 자매들을 위한 미니트맨 계획을 만들어 줄 수 있느냐고 요청하였습니다. 도슨은 그렇게 해보기로 마음먹었습니다.

산 후안카피스트라노의 어느 봄 주일 저녁이었습니다. 교회 창문에는 불빛이 반짝이고 있었습니다. 건물 안에는 백여 명의 사람들이 모였는데, 차례로 강단에 올라 말씀을 전하는 대여섯 명의 해군들에게 귀를 기울이고 있었습니다. 각 사람이 간단한 메시지를 전했는데, 확신 가운데 힘이 넘치고 솔직하게 전달했으며, 성경을 펴고서 여러 말씀을 인용하였습니다. 그러나 각각은 달랐습니다. 한 사람은 그리스도께 자기의 삶을 드린 결단에 대하여 간증했고, 기도의 능력에 대하여 간증한 사람도 있었으며, 매일의 삶에서 하나님의 말씀의 가치에 대하여 간증하기도 했습니다. 예배는 간증과 더불어 복음과 그리스도 안에 있는 승리에 대해 설명함으로써 균형 있게 이루어지도록 계획되었습니다.

이들은 웨스트버지니아호의 전도팀인 네비게이토들이었습니다. 군목이 초청하여 커뮤니티 장로교회를 방문했던 것입니다. 그들의 인도자는 짐 다우닝이었는데, 엄격하고 철저한 성품의 소유자인 그는 이제 상병이었습니다. 그는 마지막으로 말씀을 전하면서, 그리스도를 마음에 모시고자 하는 사람은 앞으로 나오라는 초청을 하고 말씀을 마쳤습니다. 비록 팀이 이 모임을 통해 그리스도께 영광을 돌릴 수 있도록 간절히 기도하긴 했지만, 이토록 엄청나게 많은 사람이 반응을 보이자 깜짝 놀랐습니다. 다우닝은 팀 멤버들을 곳곳에 배치하고, 사람들이 줄을 서서 기다렸다가 개인 상담을 받도록 했습니다.

"놀라운 부흥이었습니다!"라고 그날 밤늦게 롱비치에 돌아와서 도슨에게 보고를 했습니다.

1937년 봄, 웨스트버지니아호와 미시시피호에 있던 전도팀은, 믿음이 견고히 확립되고 다른 사람들을 그리스도께 인도하는 훈련을 잘 받은 해군들로 구성되어 있었습니다. 다른 배에 있었던 사람들도 때때로 롱비치나 샌프란시스코 혹은 시애틀에서 그 팀들이 갖는 모임에 함께하였습니다. 브레머턴에서 10주 동안 지내면서 미시시피호 전도팀은 23차례의 모임을 가졌고, 그보다 더 많은 초청을 사양해야 했습니다.

화요일 저녁마다 웨스트버지니아호에서는 배에 있는 모든 사람들이 양묘기실(揚錨機室)(배의 닻을 감아 올리거나 풀어서 내리는 기계 장치가 있는 방, 역자 주)에 모였습니다. 그들은 여러 기계 장치 사이사이에 가득히 모여 짐 다우닝이 인도하는 전도 성경공부를 했습니다. 다른 날 저녁에는 좀 더 작은 그룹들이 그곳이나 공구를 보관하는 다른 방에서 모여 기도 모임, 고급 성경공부, 성경 암송 구절 작성 등을 했습니다. 다우닝은 가르치는 데에 은사가 있어서, 매일 저녁을 자기가 속한 배 혹은 가까운 배에서 성경공부 반을 이끄는 일정에 적극적으로 자신을 드렸습니다. 얼마 있지 않아 웨스트버지니아호에서는 거의 매일 저녁 성경공부를 하게 되었습니다. 성경공부는 교리별, 주제별, 혹은 장별로 이루어졌으며, 이로 말미암아 진주만 공습이 있기 오래 전에 웨스트버지니아호는 "선상(船上) 신학교"라고 불리게 되었습니다.

훈련을 강조하며 강한 믿음과 말씀을 알고자 하는 열정을 소유하였던 다우닝은 원래 예수님을 믿기 전에는 대통령이 되고자 하는 야망이 있었으며, 이런 야망의 소유자에게 그 정도의 자질은 당연한 것이었습니다. 배에 함께했던 한 동료는 "지금까지 만난 사람들 가운데 하루 24시간 전체를 자기가 믿는 바에 전폭적으로 헌신한 유일한 사람"이라고 다우닝을 칭했습니다. 다우닝은 때로는 본으로, 때로는 강하게 밀어붙임으로, 사람들이 그리스도 중심의 삶을 살도록 이끌었고, 다른 사람들을 그리스도께 인도할 수 있을 정도로 매력적인 삶을 살도록 도와주었습니다. 함장의 보좌관인 래리 던돈은 무선 기사였는데, 닻을 감아 올리는 방에서 갖는 성경공부에 참석하게 되었습니다. "나는 개인적으로 그 사람들을 좋아했기 때문에 흥미를 갖기 시작했습니다. 나는 성경을 읽기 시작했습니다. 그러던 어느 날 저녁, 성경공부를 마친 후에 갑판에 올라갔는데, 갑자기 그 어떤 것보다도 내가 더 원하는 것이 바로 그들이 그리스도 안에서 누리는 진정한 평안임을 깨달았습니다. 나는 마음을 열고 주님을 영접하게 되었습니다." 많은 사람들이 이와 비슷한 과정을 거쳐 그리스도께 돌아왔으며, 이는 그들이 '개인적으로 그 친구들을 좋아했기' 때문입니다.

도슨은 그리스도를 믿은 지 2년도 채 되지 않은 짐 다우닝에게 큰 잠재력이 있음을 보았습니다. "다우닝은 놀랍게 영적 성장을 하고 있음을 여러 가지 모습을 통해 보여 주고 있다. 틀림없이 하나님의 손에 이끌리어 능력 있게 쓰일 것을 확신한다"라고 도슨은 일기에 기록했습니다. 나중에는 이런 기록도 있습니다. "다우닝과 나는 더욱더 축복된 교제를 나누고 있다. 주님께서는 이 시간을 사용하여 우리 둘을 모두 가르치고 계신다. 특히 나를…. 내가 믿기로 다우닝은 하나님께 온전히 헌신된 한 사람을 통해 하나님께서 하실 수 있는 일을 잘 보여 주는 좋은 본보기가 된다."

도슨은 짐 다우닝을 사역에서 대리자로 여기기 시작했으며, 도슨이 집에 없을 경우에 선교관에서 갖는 주말 모임을 다우닝이 대신 인도하도록 했습니다. 다우닝에 대한 도슨의 신뢰는 다우닝의 '권면'을 받아들이는 데에서도 나타났습니다.

그해 끝 무렵, 도슨은 다우닝과 함께 시간을 보내면서 '다우닝의 삶에 도움이 될 만한 것들'을 이야기해 주었습니다. 네비게이토 사이에 이렇게 일대일로 만나서 권면을 해주는 것은 제자삼는 사역에 꼭 필요한 요소가 되었으며, 이는 주님의 명령에 순종하는 것이었습니다. 그럼에도 그것은 네비게이토 바깥에서는 흔히 볼 수 없는 일이었고, 그때 이후로도 쉽게 찾아볼 수 없었습니다. 또한 사람에 대한 두려움을 하나님께 순종하고자 하는 마음으로 이겨 낸 이 사람들 사이에서 발견되는 독특한 특징이었으며, 친구 관계를 잃을지도 모르는 위험성이 있었지만 모두 그리스도 안에서 사랑으로 연합되었기 때문에 이렇게 할 수 있었습니다. 이 전통은 그리스도의 견고한 군사들을 세우는 데에 오랫동안 큰 기여를 해왔습니다.

다우닝은 사역에서 도슨과 긴밀하게 연합되어 있어서, 항해에 나갈 때에는 자주 보고를 했습니다. 그러나 그는 사역이 어떤 식으로 이루어져야 하는지 그 방법에 대하여는 때로 다른 견해를 보였고, 이를 주장하기도 했습니다. 그때 다우닝이 독립적인 태도를 줄이고 적극적으로 배우려는 태도를 유지했다면 더 큰 유익을 얻을 수도 있었을 텐데 다우닝은 그렇지 못했습니다. 그러나 도슨은 다우닝이 스스로 배울 수 있도록 기회를 허락하였습니다.

일례로 다우닝은 복음의 메시지와 제자의 도의 요구 사항들을 제시한 후에는 사람들에게 받아들이든지 아니면 떠나든지 결단하도록 했습니다. 다우닝은 도슨이 가능성이 적어 보이는 사람들에게 시간을 낭비하고 있다고 생각했습니다. 도슨은 기꺼이 한 사람에게 집중하여 시간을 투자하였지만, 동시에 가능성이 적어 보이는 사람이라고 할지라도 장차 주님께 크게 쓰임 받을 것을 기대하며 전망이 있어 보이는 사람을 대하듯이 열정을 가지고 대하였습니다. 다우닝과는 달리 도슨은 그물을 넓게 쳤던 것입니다.

도슨은 종종 웨스트버지니아호의 형제들이 모임이 끝나면 바로 배로 돌아가지 말고, 다른 배들에서 온 불신자들이나 어린 그리스도인들을 돕는 일에 함께하기를 바랐습니다. 반면 다우닝은 왜 토요일 오후를 선교관에서 적극적으로 배우려고 하지 않는 사람들과 배구를 하며 시간을 보내야 하느냐는 생각을 하였습니다. 토요일 오후는 배에서 전도를 하기에 가장 좋은 시간이었기 때문입니다. 웨스트버지니아호의 멤버들은 배에서의 사역이 중요하다는 다우닝의 생각을 따랐으며, 다른 배의 멤버들과는 달리 선교관에서는 그리 많은 시간을 보내지 않았습니다. 웨스트버지니아호가 뉴욕에 정박해 있는 동안 전도팀은 육지에서 바쁜 시간을 보냈지만, 떠날 무렵 다우닝은 도슨에게 다음과 같이 편지를 쓰면서 자기의 생각을 다시 강조했습니다. "떠나기 직전 배에서 백 명이 넘게 집모되었는데, 이는 우리와 함께 항해하고 있는 군인들에게 복음의 문이 열린 것이며, 우리가 뒤에 두고 온 밭보다 훨씬 큰 밭임에 틀림없습니다."

다우닝은 또한 양육의 중요성에 대하여 도슨과 다른 생각을 가지고 있었습니다. 다우닝은 어떤 사람이 일단 그리스도를 믿으면, 필요하면 성령께서 그의 양육을 책임지실 것이라고 믿었습니다. 반면 다우닝이 보기에, 한 사람을 제대로 양육할 준비가 되어 있지 않다면 상대방이 결신하도록 이끌어서는 안 된다는 것이 도슨의 생각이라 여겨졌습니다. 하지만 도슨에 대한 이런 다우닝의 생각은 오해였습니다. 도슨은 각 사람을 도와 완전한 자로 세워 주려는 열정이 있었습니다. 그 사람 속에 아무리 작은 영적 성장의 불꽃이 있더라도 잘 살려서 활활 타오르게 하려고 힘썼습니다. 도슨은 무슨 일이든 하려면 탁월하게 잘하고 그렇지 않으면 아예 하지 않으려는 성향이 있었는데, 양육에 대한 태도에도 도슨의 이런 성향이 반영되었을 것입니다. 그것은 각 사람에 대한 도슨의 개인적인 관심을 잘 보여 주는 것이었습니다. 도슨은 늘 각 사람이 영적으로 어떤 수준에 있든지 간에 그의 영적 필요에 대해 자상하고 깊은 관심을 기울여 돌보았습니다. 도슨은 한 사람을 양육하기 위해서는 모든 자원을 집중해야 한다고 믿었고 그렇게 했습니다.

그해 어느 한 시점에서 도슨은 갑자기 다우닝이 네비게이토 안에서 맡은 책임을 놓도록 했습니다. 다우닝이 맡은 책임이 너무 과중해서 책임을 벗어나도록 도와주는 게 잠시 필요하다는 판단에서였습니다. 또한 이러한 결정은 독불장군 같은 그를 더욱 성숙한 인격과 지도력을 갖춘 일꾼으로 훈련시키고자 하는 도슨의 의도가 담긴 것이기도 했습니다. 수개월 동안 도슨의 편지에는 웨스트버지니아호와 다른 여러 배의 상황을 알리는 내용이 포함되었으나 다우닝의 이름은 두드러지게 언급되지 않았습니다. 그러나 다우닝은 여전히 함대에서 사실상의 인도자였으며 열심히 사역을 했습니다.

캠프 베델에서 군인들이 가진 24시간 수양회는 예상치 않은 문제들이 생겼습니다. 도슨은 원하던 강사 중에서 두 명을 데려올 수 없었고, 또 다른 강사는 모임에 너무 늦게 도착했습니다. 롱비치에서 샌디에이고까지 사람들을 이동시키는 것도 힘들었습니다. 참석 예상자를 믿음으로 예측해야 했는데, 결국에는 63명이 최종적으로 참석했습니다. 그리고 텍사스호에 있던 키맨이 불신자들을 많이 데려왔는데, 수양회가 그들에게 맞추어진 것은 아니었습니다. 그럼에도 도슨은 이 일에 대하여 늘 하던 대로 낙천적으로 기록하고 있습니다.

처음 참석한 사람들은 구기를 재미있게 즐겼다.… 저녁을 먹은 후에 나무 밑에서 찬송을 불렀다. 모임 장소인 로그 캐빈으로 올라가서 놀라운 교제의 시간을 가졌다. 간증은 실제적이었고, 아트 워드의 메시지는 참으로 적절했다. 모임 중에 그리스도를 영접한 사람은 없었지만 모임이 끝난 이후에는 몇 명 있었다.… 다우닝은 히브리서 6장에서 닻에 대해 멋진 메시지를 전했다. 그리고 아침에 교회 예배에서 다시 말씀을 전했다.… 즐거운 레크리에이션 시간을 가졌다.… 그리고 떠나기 바로 직전에 멋진 저녁 식사를 했다.… 여행은 참으로 큰 축복이었다. 그러나 믿는 사람들이 좀 더 많이 참석했더라면 더욱 좋았을 것이다.

새로 참석한 사람들의 필요에 맞추어 프로그램을 조정하다 보니 성장한 사람들의 필요를 채우는 일에는 미흡했다고 도슨은 느꼈습니다. 특히 가족 단위 모임 장소인 캠프 베델에서 가진 이런 주말 수양회는 성장한 사람들의 상호간 교제와 말씀의 잔치를 위한 것이었기 때문입니다. 그러나 하나님께서는 하나님의 목적을 위하여 역사하실 것이라고 결론을 지었으며, 그것으로 충분했습니다.

※ ※ ※

네비게이토 사역을 했던 거의 4년 동안 도슨과 라일라는 경제적 필요에 대해서는 전혀 언급하지 않고 하나님께서 채워 주시는 것을 의뢰하는 방식을 계속 유지하였습니다. 자기 연민에 빠짐이 없이 그들은 하나님께서 채워 주시는 방법에 대하여 놀라움을 금치 못하며 늘 기대하는 마음으로 살았습니다. 하나님의 공급하심은 너무도 꾸준했기 때문에 놀라운 경험조차도 도슨의 일기에는 평범한 것으로 기록되어 있습니다. 집세를 내라는 청구서가 오면 수표가 때에 맞추어 들어왔습니다. 한 군인이 도슨에게 돈을 줘서, 이를 가지고 휘발유, 식료품, 그리고 우표 등을 구입했습니다. 한 해군은 라일라에게 식품 구입 목록을 달라고 하여 그날 저녁 식사에 필요한 식료품을 사 가지고 때에 맞게 돌아왔습니다. 우유 트럭 운전기사는 차가 고장 났는데, 도슨의 집을 찾아와 많은 양의 우유를 쓸 수 있겠느냐고 물었습니다.

한번은 패서디나로 가는 길이었는데 도슨은 자동차 휘발유가 거의 떨어져 가고 있음을 발견했습니다. 도슨은 친구에게 자기는 돈이 없다고 하면서 가진 돈이 있느냐고 물었습니다.

"있어. 하지만 이를 통해 믿음을 경험해 보면 어떨까? 만약 내가 여기 없었다면 자네는 어떻게 할 셈인가?"

"좋아. 자네가 가진 돈은 그냥 보관하게. 어떤 일이 일어나는지 기다려 보세"라고 도슨은 말했습니다. 잠시 후에 타이어가 바람이 빠졌던지 아니면 다른 이유가 생겨서 좌석 시트를 들어올려야 할 상황에 처하게 되었습니다. 그 속에서 휘발유를 충분히 살 수 있을 만큼의 동전을 발견하게 되었습니다. 도슨은 하나님께서 공급하여 주실 것을 이미 알고 있었습니다. 그리고 친구도 이제 알게 되었습니다.

그러나 주님께 고정된 믿음을 가졌을지라도 어떤 방법으로 공급하실지에 대해서는 알 수 없었습니다. 그래서 1937년 초에 재정이 부족한 것을 발견했을 때 도슨은 하나님께서 그냥 공급해 주시거나 아니면 어떤 변화를 취하라는 신호를 주실 것이라고 생각했습니다. 그리고 후자로 인도하셨을 때에도 도슨은 그리 놀라지 않았습니다. 선교관의 이사뿐만 아니라 재정 정책에도 변화가 필요했습니다. 도슨은 함께 사역에 참여하고 있던 장교인 에밀 피어슨에게 모임에 참석하는 사람들 가운데 몇몇에게 사역을 위해 재정적 후원이 필요하다는 것을 알리는 것에 대하여 어떻게 생각하는지 물었습니다. 피어슨은 그들에게 알 수 있는 기회를 주는 것을 강력하게 지지했고, 필요를 채우는 일에 동참하여 매달 헌금 액수를 늘림으로써 자원하였습니다.

피어슨의 조언에 힘입어 도슨은 용기를 얻었고, 각 배의 몇몇 사람들에게 알렸는데, 이를 알리기를 꺼려하는 도슨의 태도와는 달리 모든 사람들이 열정적인 반응을 보였습니다. 한 사람은 이 사역이 교회의 지원을 받아 이루어지는 것으로 생각했었는데, 재정적으로 필요하다는 사실을 알게 된 것에 대하여 감사를 표했습니다. 이런 반응은 다른 많은 사람들의 반응을 대표적으로 몇 가지만 든 것입니다. 도슨은 일단 몇몇 사람들에게 말한 이후에 다시금 재정적 필요에 대해서는 언급하지 않기로 했습니다. "다시는 재정적인 도움을 요청하는 일이 없어야겠다고 결심했다. 단지 활발하게 사역에 드려지고 있으며 친밀한 관계가 있는 사람들에게만 투명하게 알리고 그들의 기도와 관심을 부탁하기로 결정했다."

스펜서의 동료였으며 나중에 장교가 된 플로이드 로버트슨은 다음과 같이 회상했습니다. "재정적인 문제는 언급하지 않던 그 시절인지라, 누가 그런 문제를 꺼내는 건 몹시 혐오스런 일에 가까웠습니다. 그러나 도슨은 하나님께서 그렇게 하라고 인도하셨다고 확신했습니다. 그래서 재정적 필요를 알리는 날이 되었을 때, 이것은 바로 주님의 인도하심이었습니다. 몇몇 사람들은 이를 이해하는 데에 어려움을 느꼈습니다. 그러나 내게는 일관성 없는 행동이란 생각이 전혀 들지 않았습니다. 하나님께서는 처음에는 한 길로 인도하시다가 나중에는 다르게 인도하시기도 하기 때문입니다. 이것은 일관성이 없는 것이 아니라 영적으로 성숙했다는 증거입니다." 그러나 비록 하나님의 인도하심을 느꼈을지라도, 이 문제에 대하여 도슨은 평생 동안 조심성을 유지했으며, 다른 사람에게 헌금을 요청하는 것은 결코 쉬운 일이 아니었습니다. 도슨에게는 받는 것보다 주는 것이 훨씬 축복된 것이었습니다.

피어슨은 나중에 네비게이토가 선교관을 구입하든지 아니면 새로이 짓든지 할 것을 제안했으며, 스스로 500달러를 헌금했습니다. 이를 통해 이제 매달 65달러씩 지불하던 집세를 지불할 수 있게 되었습니다. 또한, 얼마 있지 않으면 함대가 석 달 동안 여름 항해를 떠날 것이기 때문에 도슨은 퍼시픽 1114번지 선교관을 정리하고, 가구는 따로 보관한 후에 여름 동안 캠프 베델로 가서 지내기로 하였습니다. 이곳은 한 달에 10달러밖에 들지 않았으며 이를 통해 55달러를 절약할 수 있었습니다. 실제로 손에 쥔 금액은 아니지만 그렇게 생각할 수 있었습니다. 이 돈으로는 차를 살 수 있었습니다! 친구의 주선으로 도슨은 1929년형 패커드를 150달러에 구입했고 이사를 할 수 있었으며, 가을에는 집을 구입해야겠다고 계획했습니다.

✳ ✳ ✳

캠프 베델에서 보내던 첫 주 동안 도슨은 "며칠 동안 휴식을 취했더니 내 몸에 새로운 기운이 돌았다"라고 기록했습니다. 도슨은 커다란 참나무 아래에서 나무 장식품을 다시 만들며 모토를 새기기 시작했습니다. 라일라는 캐빈 생활을 즐겼습니다. 두 아이들도 맨발로 나무 아래에서 뛰어놀 수 있었습니다. 상큼한 공기 내음과 함께 근처 작은 숲에서 나는 오렌지 꽃향기를 맡을 수 있었습니다. 해가 뜨거나 달빛이 내리비칠 때면 작은 능선은 무척 아름답게 보였습니다. 도슨은 캠프 주변을 고치고 새로 짓는 여러 가지 일을 지칠 정도로 하였는데 이를 매우 즐거워하였습니다. 직접 일을 하는 것은 치료 효과가 있었으며, 이때의 몇 주 동안은 야외에서 새로워질 수 있는 적절한 기간이었습니다.

도슨은 그해 여름에 여러 배에 있는 사람들에게 편지를 많이 보냈으며, 말씀에 잠기는 시간을 많이 가졌습니다. 성경의 많은 부분을 읽었으며, 성경 구절을 암송하거나 복습했고, 서두르지 않고 기도에 드릴 수 있었습니다. 도슨은 주님과 홀로 보내는 이 시간을 귀하게 생각했습니다. 그러나 이전에 즐겼던 사랑의 잔치와는 뭔가 다른 점이 있었습니다. 이제 한두 시간 정도 말씀과 기도에 잠긴 후면 마음이 불안해졌습니다. 사역을 할 수 있는 대상인 사람들에게로 돌아가고 싶은 마음이 들었기 때문입니다. '그리스도를 향한 초기의 순수한 헌신은 이제 사라졌는가?' 도슨은 마음에 이런 생각이 들었습니다. 성령의 인도하심을 좀 더 민감하게 깨닫고 사역에 대한 촉매제를 얻기 위하여 주님과의 교제를 찾고 있는 자신을 발견했기 때문입니다. 도슨은 이에 대하여 잠시 생각해 보았습니다. 병적인 자기 분석에 빠지지 않기 위해 너무 길게 생각하지는 않았습니다. 도슨은 분명 그리스도를 마음을 다하여 사랑하고 있었고 하나님께서도 이를 알고 계셨습니다. 그러나 아마도 주님과의 관계에는 어떤 단계가 있으며, 이제 주님과 황홀경에 빠져 사랑을 나누는 단계는 지나가고, 함께 동행하며 동역하는 단계가 되었기 때문에 자연스럽게 관심의 초점이 하나님의 일에 쓰임받고자 하는 쪽으로 바뀌었기 때문이라고 생각했습니다. 하나님께서는 이 세상에서 너무도 많은 일을 원하시는데 이 일에 준비된 사람은 참으로 적었습니다. 도슨에게는 다른 대안이 없었습니다. 단지 하나님께서 하나님의 목적을 이루기 위하여 오직 도슨 자신만을 부르셨다고 생각하고 자기 자신을 드리는 것밖에는 다른 방도가 없었습니다.

도슨은 세계 모든 사람에게 복음을 전하는 하나님의 계획과 연관된 특별한 사역을 위해 하나님께서 자기를 부르셨다는 것을 알고 있었으며, 이는 주제넘은 확신이 아니었습니다. 이사야서의 약속은 여러 차례 거듭하여 도슨을 새롭게 하여 주었습니다. 이 약속들이 어떻게 이루어지며 하나님께서 자기를 어떻게 인도하실지 몰랐지만, 도슨의 몸에는 열정적인 기운이 감돌았습니다. 도슨은 지금까지 눈앞에 있는 일을 처리하느라 너무 바빠서 장기적인 전략을 수립하지 못했습니다. 시간이 지나면 하나님께서 보여 주실 것입니다. 지금 당장은 하나님께서 절대주권적인 계획을 따라 역사하고 계시다는 것을 아는 것으로 충분했습니다. 그리스도의 영광만이 자신이 가지고 있는 모든 것을 투자할 만한 가치가 있는 대상이었으며, 시간과 노력, 가족 그리고 가정과 사생활 모두를 드릴 만한 것이었습니다. 이와 더불어 몇 가지 기본적인 것에 대해서 도슨은 확신을 가질 수 있었지만, 몇 가지는 아직 유동적이었습니다.

그 가운데 한 가지 확실한 것은 수레바퀴 예화의 원리대로 사는 것이었습니다. 말씀, 기도, 증거, 그리고 그리스도 중심의 삶을 사는 것은 우리의 몸에 음식, 산소, 휴식, 그리고 운동이 필요한 것처럼 꼭 필요한 요소였습니다. 도슨은 웨스트버지니아호의 사람들이 조타수의 타륜(舵輪)을 사용하여 그들의 수레바퀴 예화를 만들었다는 것을 알고 있었습니다. 그들은 그리스도인의 삶을 위한 예화의 각 영역을 간략한 지침으로 표현하였습니다. "말씀 - 적어도 매일 15분씩. 기도 - 아침, 점심, 저녁. 삶 - 매력적인 그리스도인으로 살 것. 증거 - 매주 한 명에게 그리스도를 전할 것."

양육 또한 기본이었습니다. 도슨은 사역의 초기에 자기의 전도를 통해 생긴 열매가 무관심으로 말미암아 쓸모없는 가지가 되는 것을 보았기 때문입니다. 도슨은 흑암에 있는 사람들을 그리스도 안에 있는 생명으로 인도하고자 하는 자기의 열망이 약화되지 않고 계속 유지되기를 바랐지만, 양육이 평생 동안의 사역에서 주된 줄기가 될 것을 알았으며, 자기가 영향력을 미칠 수 있도록 하나님께서 인도하신 모든 사람에게 강조해야 할 것임을 알았습니다. 또한 중요한 것이 성경 암송이었습니다. 이것은 도슨이 회심과 더불어 그리스도인으로서 살아오면서 줄곧 강조한 빠질 수 없는 요소였습니다. 그리고 개인 훈련이 있었습니다. 도슨은 사역 전체를 통해 게으름을 떨치고 육신의 약함을 이길 수 있도록 도와주는 방법과 수단을 강조하였습니다. 도슨은 일관성 없는 삶을 살지 않기 위해 늘 경계하고 노력했으며, 일관성 없는 삶은 다른 사람들에게도 마찬가지로 문제가 될 수 있다고 생각하였습니다.

도슨의 장래 사역의 방향은 아직 선명하지 않았습니다. 도슨은 어떤 제한도 느끼지 못했으며, 자기의 노력을 해군이나 사업가 혹은 청소년들에게 국한시켜야 한다고 생각하지도 않았습니다. 도슨이 이 사람들뿐만 아니라 다른 사람들에게 사역할 때 하나님의 손이 함께 했기 때문입니다. 또한 도슨은 어떤 특별한 방법에 제한을 받지 않았습니다. 도슨은 여러 종류의 성경공부 계획을 진행해 보았으며, 성경 암송을 위해 카드 시스템도 만들어 보았습니다. 그러나 더 많은 교재를 계발할 필요가 있었습니다. 비록 하나님께서 공급해 주실 것이라는 도슨의 확신은 흔들림이 없는 것이었지만, 사역의 재정적 공급을 어떤 식으로 받아야 할지는 여전히 숙제로 남아 있었습니다.

또한 도슨은 사역을 위한 기지로서 네비게이토 선교관이 독특한 가치를 지니고 있다고 확신하였습니다. 라일라가 헌신적으로 자기 자신을 부인하며 자기의 역할을 성공적으로 해내고 있는 선교관이 바로 하나님을 위해 사람들을 제자로 훈련하는 데에 없어서는 안 되는 자원임을 발견한 것입니다. 도슨이 알고 있는 한, 이 자원은 기독교계에서 거의 사용되지 않고 있는 자원이었습니다.

양육의 필요성을 절감했던 도슨은 복음을 온 세상 사람들에게 전하라는 주님의 명령에 순종하는 것은 단지 각 개인을 제자로 삼는 것만을 의미하는 것이 아니라 지도자들을 깊이 있게 훈련하는 것도 의미한다는 결론에 이르게 되었습니다. 여기서 지도자란 바로 다른 사람들을 훈련할 수 있는 사람들을 말합니다. 하나님께서 주신 원대한 과업을 이루기 위해서는 이것이 꼭 필요했습니다. 많은 사람 혹은 그룹을 대상으로 하는 사역을 하면서도 개인에 대한 관심을 잃지 않고 어떻게 이 일을 할 수 있을까에 대하여 도슨은 알지 못했습니다. 그러나 이 일은 반드시 이루어져야 했습니다.

도슨은 일어나 시냇가를 천천히 걸었습니다. 고개를 숙인 채 한 손에는 성경을 들고 있었는데, 방금 암송하고 있었던 요한복음에 손가락이 끼워져 있었습니다. 도슨은 자기에게 이런 시간이 필요하다는 것을 알고 있었습니다. 앞으로 있을 일에 대한 신선한 전망을 얻고, 육체적 힘을 비축하며, 영혼을 새롭게 하는 시간이 필요했던 것입니다. 그러나 잠시 동안이었지만 활동에서 빠져나오는 것은 쉽지 않았습니다. 그리스도를 위하여 살고자 하는 사람들을 간절히 만나고 싶었기 때문입니다. 도슨의 관심은 결국 각지에 흩어져 있는 군인들에게 보낼 편지를 등사하는 일로 돌아오게 되었습니다. 아래 편지는 캠프 베델에서 보낸 것입니다.

세월은 짧습니다. 하나님이시라 해도 잃어버린 기회와 귀한 시간은 다시 되돌릴 수 없으십니다. 성경에는 때가 악하니 세월을 아끼라는 말씀이 기록되어 있습니다. 또한 "깨어 의를 행하고 죄를 짓지 말라. 하나님을 알지 못하는 자가 있기로 내가 너희를 부끄럽게 하기 위하여 말하노라"는 고린도전서 15:34 말씀을 기억하십시오. 잃어버린 바 되어 소망이 조금도 없는 영혼의 모습과, 이와 비교하여 천국에서 영원한 생명을 누리고 있는 놀라운 모습을 조금이라도 볼 수 있다면, 우리는 이 일을 좀 더 진지하게 받아들일 수 있을 것입니다. 사람들에게는 소망이 있습니다. 그리고 하나님께서 독생자의 대속의 죽음을 통해 이룩하신 구원의 방법을 사람들에게 알리는 것은 우리가 받은 크나큰 특권입니다. 무엇을 하고 있든, 시간을 훔치는 도둑이 틈을 타게 함으로 무엇보다 귀한 영혼을 흑암의 권세에서 하나님의 놀라운 광명으로 인도하는 기쁨을 빼앗기지 않도록 하십시오.

웨스트버지니아 전도팀 - 1937년. 뒷줄 가운데가 짐 다우닝, 앞줄 왼쪽이 존 프린스.

1933년 초창기 네비게이토는 주유소 뒤편에 있는 이 창고에서 모임을 가졌다.

III

"충성된 사람들에게 부탁하라"

1937-1942

크리스마스를 즐기고 있는 도슨과 라일라, 그리고 브루스(4세)와 루스(2세).

1940년, 뉴욕의 사업가였던 로버트 스완슨이 인도한 네비게이토 전도팀은 주요 도시를 순회하였다. 왼쪽으로부터 빅 맥케니, 케니 워터스, 스완슨, 도슨, 고든 타가트, 오란 벨.

몇 블록 떨어진 오션가(街)를 가로질러 해변에서 바닷바람이 불어오는 상쾌하고 맑은 가을날이었습니다. 콜로라도라군(롱비치 해안의 석호(潟湖), 역자 주)과 골프 코스 사이에 위치한 6번가의 방갈로 창문에서 새어 나오는 빛은 이웃 사람들에게 그 집에 사는 사람들이 뭔가를 다시 진행하고 있다는 것을 알려 주고 있었습니다. 한 주에 적어도 사흘 저녁 정도는 파란색의 제복을 입은 일단의 해군들과 몇 명의 민간인이 멈추어 서서 머리가 곱슬곱슬한 세 살짜리 여자아이, 그리고 보도 위에서 세 발 자전거를 타고 놀고 있는 다섯 살짜리 남자아이와 만나는 모습을 볼 수 있었습니다. 일찍 도착한 사람들은 그들을 초청한 주인과 함께 길가까지 쳐 놓은 네트를 사용하여 배구를 즐기고 있었습니다.

토요일 저녁이 되면 그들은 기다란 테이블에 다들 모여서 햄버거, 구운 콩, 그리고 초콜릿 푸딩을 먹으면서 자유롭게 농담도 하고 웃으며 대화를 즐겼습니다. 테이블 한쪽 끝에 앉은 라일라는 일어나서 커피를 따라 주거나 비어 있는 접시에 음식을 담아 주었습니다. 조용하면서도 밝은 표정과 꾸밈없는 웃음은 환대하는 분위기를 만들어 주었으며, 이를 통해 그곳에 찾아온 몇몇 해군들은 고향집을 생각했고, 이전에는 미처 생각지 못한 '집'이란 곳의 전혀 새로운 면을 깨닫게 되는 사람들도 있었습니다. 라일라는 그들과 나이 차가 나지 않았지만, 그럼에도 불구하고 언제나 환대하며 그리스도인의 사랑을 보여주었기 때문에, 네비게이토 선교관은 그곳을 방문했던 한 믿지 않던 해군 병사가 말한 대로 '가면 언제나 환영을 받는 곳'이 되었습니다.

테이블의 윗자리에 앉은 도슨은 대화를 주도했고, 처음 방문한 사람에게 장난을 쳐서 놀라게 해주었습니다. 접시를 건네주는 과정에서 재치 있게 상대방의 엄지손가락을 버터 속으로 밀어 넣거나 다른 여러 장난을 했습니다. 그리고 나서 도슨은 "나는 절대로 한 번만 장난을 치지는 않습니다. 언제나 두세 차례 이상입니다"라고 하면서 자랑했습니다. 아무도 안심을 하지 못했습니다. 자기가 바로 다음 장난의 표적이 될 수도 있다는 것을 알고 있었기 때문입니다. 장난이 아니면 일어나서 어떤 구절을 암송하도록 한다든지 갑자기 질문을 던질지도 모르는 일이었습니다.

이런 저녁 식사 때에는 테이블에 앉은 사람들이 돌아가면서 성경을 암송하도록 했습니다. 한 해군 병사가 얼굴이 붉어지며, 한 구절도 모른다고 했습니다. 도슨은 깜짝 놀라는 흉내를 내면서 말했습니다. "한 구절도 모르다니요. 루시, 네가 가서 아저씨에게 한 구절을 가르쳐 드리렴."

루시는 중요한 일을 맡았다고 생각하면서 자기 '학생'과 만나기 위해 자리에서 일어났습니다. 그리고는 임무를 완수하고 돌아오곤 했습니다. 몇 구절을 나누고 잠깐 동안 기도한 후에 좌현 혹은 우현 멤버들이 설거지를 도왔고 저녁 모임을 위해 장소를 정리했습니다.

토요일 모임은 전도를 위한 것이었는데, 새로운 참석자들을 끌기 위하여 오후 시간에 미식축구, 배구, 크로켓, 탁구를 했습니다. 금요일 저녁은 믿는 사람들에게 성경을 가르치는 시간이었고, 수요일은 유명한 개인 전도 강의 시간이었는데, 해군과 사업가와 전문직 종사자들이 고루 참석했으며, 도슨이 구원의 교리를 설명하고, 이어서 사람들을 그리스도께 인도하는 법을 연습하였습니다. 시간이 있는 사람들은 금요일과 토요일 밤을 묵었으며, 일요일에는 예배에 참석하고 도슨의 제안을 따라 조용한 곳으로 가서 주님과 개인적으로 시간을 가졌습니다. 무선 기사인 래리 던돈은 "그렇게 많은 사람이 한 장소에서 자는 것을 보지 못했습니다"라고 말합니다. 4명이 거실 소파에서 잤고, 그보다 많은 사람이 작은 방에서 잤으며, 몇 사람은 차고에 있는 간이침대에서 잤고, 예닐곱 명은 차고 위에 있는 다락방에서 잤습니다. 도슨의 4식구는 방 하나에서 매트리스를 펴고 잤는데, 침대를 구입할 수 있을 때까지 그렇게 했습니다.

침실이 3개이고 단층인 이 집은 번지수를 따라 '4845'라고 불렸는데, 네비게이토 선교관이 되었습니다. 특별한 장식이나 가구는 없었지만 품위 있고 청결하게 유지되었습니다. 피어슨이 헌금한 금액으로 캠프 베델에서 여름을 지낸 후, 이곳을 계약하고 이사를 할 수 있었습니다. 이전에 매달 내던 집세와 비슷한 금액으로 구입대금을 낼 수 있었습니다. 2차로 내야 할 300달러는 3개월 뒤로 예정되어 있었는데, 해군 3명이 각각 100달러씩을 헌금하여 충당할 수 있었습니다. 그러나 세 사람은 다른 사람이 헌금하는 것을 몰랐습니다.

1937년 12월의 장부를 보면 201달러가 헌금으로 들어와서 201달러가 지출되었습니다. 7개의 해군 그룹, 8명의 개인, 그리고 한 교회가 헌금한 액수였습니다. 피어슨은 자기의 매달 헌금을 도슨 가족의 개인적인 필요를 위해 쓰도록 명기했습니다. 도슨은 사역의 재정적 필요를 몇몇 중심이 되는 군인들에게 알리는 방침을 지속적으로 유지했고, 몇 사람은 정기적으로 헌금했습니다. 그렇다고 해서 구체적인 필요를 위해 기도하고 믿음으로 공급을 의뢰하는 것을 멈추지는 않았습니다. 또한 예산이 남은 적도 없었습니다. 한 군인이 20달러를 헌금했는데, 이날이 바로 20달러의 세금을 내야 하는 날이었습니다. 라일라의 병원 진료를 위해 다른 기금에서 50달러를 차용하는 것이 필요했지만, 의사는 이름을 밝히지 않은 사람이 이미 지불을 끝냈다고 도슨에게 말했습니다. 수중에 돈이 하나도 없던 날이었는데 오후에 우편으로 돈을 받은 적도 있었습니다.

기도에 대한 이런 지속적인 응답은 큰 모험이었으며, 도슨과 라일라는 공급에 대한 하나님의 약속 이외에는 아무것도 의뢰하지 않기로 했습니다. 한번은 도슨이 사람들에게 이렇게 편지를 썼습니다. "빌립보서 4:19 말씀은, 성령의 감동하심을 입은 사도 바울을 통해 주어질 때처럼 지금도 여전히 생생하고 능력이 있습니다."

그리스도인을 제자로 훈련하는 일에 강조점을 두었지만 전도는 여전히 '4845'에서 중요한 사역이었습니다. 전도를 위한 모임은 토요일 저녁에 가졌으나, 다른 요일에 불신자들이 찾아오면 그들에게 우선순위를 두었습니다. "지난 몇 주 동안 참으로 많은 군인들이 구세주이신 그리스도를 알게 되었습니다"라고 도슨은 피어슨에게 보낸 편지에 기록했습니다. 일기에도 자주 이런 내용을 기록하고 있습니다. "오늘 저녁 26명이 방문했다. 이들 중 두 명이 주님을 영접했다." 그리스도를 믿은 사람 가운데 하나인 앨 잉글리스는 텍사스호에서 왔는데, 훗날 시애틀에서 목사가 되었으며 교육 부문에서 미국 전역에 널리 알려진 지도자가 되었습니다. 또 다른 한 사람은 나중에 위스콘신에서 사업을 한 랜스인데, 선교관에 절친한 친구와 함께 왔던 그는 이렇게 말했습니다. "선교관에서 우리는 매주 성경을 공부하였습니다. 이를 통해 나는 예수 그리스도를 개인적인 구세주로 영접하게 되었습니다." 도슨과 라일라는 여러 주에서 수없이 밀려오는 많은 사람들을 일일이 다 기억할 수 없었습니다. 이들은 선교관을 통해 차례차례 그리스도께 돌아왔는데, 이는 약 10년 전 지도를 펴놓고 했던 40일 동안의 기도에 대한 직접적인 응답이었습니다.

그러나 도슨이 간절히 원하는 바는, 사람들이 그리스도의 효과적인 종으로 자라는 것을 보는 것이었습니다. 도슨은 이 목표를 위해 모든 노력을 경주하였습니다. 자녀들이 젖을 떼고 단단한 음식을 먹을 정도로 자라는 것을 보며 도슨은 이렇게 기록했습니다. "그리스도인도 사람이 육체적으로 성장하는 것처럼 꾸준히 성장할 수만 있다면 얼마나 좋을까? 이 군인들 가운데 많은 이가 이처럼 놀랍게 성장하게 하신 하나님께 감사를 드린다." 도슨은 금요일 저녁 모임에 성경 교사와 선교사들을 초청하여 말씀을 들었습니다. 어떤 경우에는 직접 가르치기도 했고, 교회에 특별한 강사가 오면 사람들을 데리고 가기도 했습니다. 한번은 잉글랜드의 휴버트 로키어 박사가 선교관에서 말씀을 전한 적이 있는데, 도슨은 큰 스피커를 설치했습니다. 1930년대에 이런 스피커를 사용하는 것은 이색적이었습니다. 그래서 옆방에서도 메시지를 들을 수 있었습니다.

돕는 사람들에게 "헌신하라"는 도전도 다양한 형태로 이루어졌습니다. 한 가지 예를 들면, 어떻게 기도할 것인가에 대한 지침을 주면서 자백, 감사, 찬양, 중보, 간구를 가르쳤습니다. 또 다른 경우에는 장별 성경공부 계획이나 성경 암송 복습 계획을 설명하면서 매일 아침 주님과 개인적인 교제를 지속적으로 갖도록 격려하였고, 죄에서 실제적으로 승리하도록 돕기도 했습니다.

사람들은 도슨이 자기가 직접 적용하지 않은 것은 가르치지 않는다는 것을 알고 있었습니다. 왜냐하면 도슨은 세상, 육신, 사탄과 싸우고 있는 그들과 함께 전투에 동참했기 때문입니다. 도슨은 오래 전부터 자기가 유혹에 약하다는 것을 알고 있었으며, 훈련의 영역에서 의지력이 약한 것도 알고 있었습니다. 또한 다우닝에게 털어놓은 것처럼, 도슨은 하나님께서 자신에게 주신 지도력은 개인적인 능력이나 거룩함이 뛰어나서 주신 것이 아님을 알고 있었으며, 어떤 형태로든 영적인 열매가 생겼다면 이는 틀림없이 하나님께서 역사하신 결과라는 것을 알고 있었습니다. 도슨은 하나님을 열심히 따랐고, 자기가 만나는 모든 사람들에게 하나님을 따르면서 도움이 되었던 실제적인 방법들을 다 나누어 주었습니다.

도슨은 등사하여 보낸 장문의 편지 혹은 항해 중에 있는 각 개인들에게 보낸 구체적이고 상세한 편지에, "진리 안에서 행하라"는 간곡한 권면을 자주 하였습니다("영원히 존귀하신 우리 주 예수 그리스도의 이름으로 문안합니다. 전투는 어떻게 진행되고 있습니까?"). 이 모든 것은 각 사람으로 하여금 가족의 중요한 일원이라는 확신을 갖게 도와주었고, 4845번지에 있는 선교관에 돌아올 때에 열렬한 환영을 받음으로써 더욱 확증되었습니다.

도슨과 라일라에게는 이렇게 마음과 가정을 다 개방하는 것이 개인의 사생활과 여가를 희생할 만한 가치가 있는 것이었습니다. 개방으로 말미암아 사랑과 교제의 즐거움을 누릴 수 있게 되었으며, 영적 열매도 풍성히 맺었기 때문입니다. 그럼에도 언제나 두 사람의 믿음을 단련하고 기도를 필요로 하는 일이 생겼습니다. 해군 병사들 중에는 야비한 행동으로 사심 없는 환대를 먹칠하는 이들이 간혹 있었습니다. 그리고 한 사람이 캘리포니아 주의 북부에서 찾아왔는데, 그는 네비게이토들의 삶에 감명을 받고 4845번지 선교관 뒤로 자기의 트레일러 집을 옮겼습니다. 살아 계신 하나님을 찾고자 하는 영적 굶주림 때문에 그는 말씀을 열심히 섭취하였습니다. 그러나 그의 식사 습관은 특이했습니다. 야채 주스만을 마셨고, 알루미늄은 유독하다고 생각하여 라일라가 사용하던 모든 알루미늄 그릇과 프라이팬을 눈 깜짝할 사이에 없애 버렸고, 주석으로 만든 제품을 채워 놓았습니다. 4845번지에 찾아온 또 다른 특이한 손님은 태평양에 있는 한 해군 지휘관의 약혼녀라는 사람이었습니다. 그 지휘관이 항구로 돌아오기 전까지 선교관 사람들은 그가 사기꾼인 줄을 몰랐습니다. 선교관에서 사용하는 기금 가운데 영문도 모르게 없어지는 돈이 있었는데, 이 돈으로 생활했던 것입니다. 그러나 이런 사건들은 곧 잊혀졌고, 당시의 기록에 나타나지도 않았습니다.

배가 항구에 정박해 있을 때에는 점점 더 많은 배의 해군들이 '네비게이토 클럽 본부'로 향하기 시작했습니다. 구기 경기, 성경공부, 모임, 활기찬 식사 교제, 그리고 편안히 쉴 수 있는 선교관의 분위기는 모두 좋은 기억으로 남는 것들이었습니다. 그러나 4845번지에서 가장 중요했지만 눈에 잘 띄지 않았던 것은 일대일 사역이었습니다. 도슨은 각 사람의 필요에 맞게 상담하는 일에 은사를 받은 사람이었으며, 이를 즐겼습니다. 각 사람들을 향한 도슨의 마음은 데살로니가전서 2:11-12에 기록된 바울의 말에 가장 잘 나타나 있습니다. "너희도 아는 바와 같이 우리가 너희 각 사람에게 아비가 자기 자녀에게 하듯 권면하고 위로하고 경계하노니, 이는 너희를 부르사 자기 나라와 영광에 이르게 하시는 하나님께 합당히 행하게 하려 함이니라."

"도슨은 일대일 사역을 방해할 정도로 외부의 다른 책임을 많이 맡는 것은 철저하게 금했습니다"라고 플로이드 로버트슨은 말합니다. "도슨은 사람들을 너무도 사랑했기 때문에 모든 사람을 위하여 모든 것이 되었습니다.… 그리고 이를 위해 자기 자신을 바꾸어 나갔습니다. 각 사람들은 도슨이 자기를 이해하고 진정한 관심을 보인다는 것을 알았습니다."

영적으로 성장할 때 도슨은 D. L. 무디가 언급했던 '그 사람,' 즉 하나님께 온전히 헌신된 한 사람이 되려는 열망을 가졌는데, 이제 이 열망은 누구나 하나님께서 사용하실 수 있는 '그 사람'이 될 잠재력이 있다는 확신으로 발전했습니다. 그리스도께 순종하는 삶의 훈련에 자신을 드린다면 그렇게 될 수 있다고 생각한 것입니다. 또한 도슨은 성장하기 위해 당장 급하게 도움이 필요한 영역이 각 사람마다 다르다는 것을 발견했습니다. "무엇보다도 그리스도께서 영광과 존귀를 받으시는 것이 중요했습니다"라고 데드릭은 말했습니다. "나는 도슨을 하나님의 마음에 합한 사람으로 생각했습니다. 또한 도슨은 내가 그런 사람이 되려는 열망을 갖도록 격려해 주었습니다."

누군가 "도슨은 순전한 기독교를 추구한다"라고 표현했듯이 모든 것을 철저하게 하려는 정신은 삶의 모든 영역에 적용되었습니다. 탁월함을 헌신적으로 추구했기 때문에 도슨은 하나님의 나라를 대수롭지 않게 여긴다고 생각되는 사람들에 대해 자칫 판단하는 마음을 갖기 쉬웠는데, 만약 사람들이 그를 인정하고 따르게 하는 개인적인 카리스마가 없었다면 도슨은 상당수의 사람들에게서 소외를 당했을 수도 있었습니다. 도슨은 각 사람에게는 하나님 안에서 무한한 잠재력이 있다고 생각했기 때문에, 이를 계발하지 않고 있는 사람들에 대해서는 잘 참지 못하는 경향이 있었습니다.

"도슨은 매우 적극적이었습니다"라고 딕 하이타워는 말합니다. "그리고 내게는 매우 엄격했습니다. 도슨은 훈련하는 삶을 우리에게 강조했습니다. 그러나 자기보다 우리에게 더 많은 것을 요구하지는 않았습니다. 어떤 사람들은 이를 받지 못하고 떠나기도 했습니다. 특히 믿음이 연약한 그리스도인들이 그러했습니다. 그러나 내게는 꼭 필요한 것이었습니다. 나는 주님을 알기 원했습니다. 그리고 도슨에게는 내게 없는 무엇인가가 있다고 느꼈습니다. 또한 레스 스펜서에게도 있었습니다. 바로 분명한 확신과 삶의 목표였습니다. 만약 훈련하는 삶이 없었더라면 현재 네비게이토는 한 사람도 없었을 것입니다."

"외적으로 강인하게 보인 이유 가운데 하나는 내적으로 부드러웠기 때문입니다"라고 한 친구는 말합니다. "나는 도슨이 눈물을 흘리는 모습을 여러 차례 보았습니다." 도슨이 무뚝뚝하게 보일 때는 주로 어떤 일을 행동에 옮기도록 하기 위한 의도적인 것이었으며, 이는 아마도 용기를 내어 말하기 위한 것이었을 것입니다.

도슨에게서 엄한 면과 사랑의 모습을 둘 다 본 사람들은 이것이 일관성이 없다고 생각하지 않았습니다. 분노의 표시를 하는 것은 대부분 계산된 것으로서, 당사자에 대한 순수한 사랑의 관심에서 비롯된 것이었습니다. 민감하게 살필 줄 알았던 도슨은 두 가지 요소를 어떤 때에 어느 정도로 쓰는 것이 적절한지를 분별하였습니다. 한 해군 병사는 도슨의 책망에 대하여 비판하였는데, 도슨은 이에 대하여 다른 형제들과 의논하고 권면하게 되었습니다. "에드, 존, 레스와 거니, 그리고 나는 L을 만나서 무엇이 문제인지를 알려 주었다. 특히 이기적인 면을 이야기했다. 그는 이를 잘 받아들이고 변화를 위해 결단했다." 그 해군 병사는 다시 살아나게 되었고, 계속 배에서 사람들에게 나아갔으며, 제대 후에는 바이올라로 갔습니다.

공적인 모임이라고 해서 예외는 아니었습니다. 샌디에이고의 한 교회에서 청년들을 대상으로 집회를 가지고 있었는데, 자리에 앉아 있던 도슨은 "내 주 되신 주를 참 사랑하고"라는 찬송을 청년들이 성의 없이 부르고 있는 것을 듣게 되었습니다. 말씀을 전하려고 일어선 도슨은 "잠깐 질문을 하겠습니다. 좀 전에 우리가 어떤 찬송을 불렀는지 아는 분이 있습니까?"라고 말했습니다. 약 200명 가운데 두 사람이 손을 들었습니다.

"도슨은 사람들의 경험을 말씀과 연결시켜 주는 능력이 있었습니다"라고 뉴멕시코호의 존 뉴맨은 말합니다. "늘 하나님의 말씀을 적용하는 것을 생생하게 볼 수 있었습니다. 도슨은 사람들이 문제를 직시하도록 도왔습니다. 자기의 삶 혹은 자기 주위 사람들의 삶에서 성경적이지 않은 어떤 말이나 행동이 보일 경우 그냥 넘어가지 않았고, 대개는 말씀으로 훈계를 하였습니다."

그리고 도슨의 이런 통찰력에 대하여 사람들은 이견이 없었습니다. 바이올라의 고든 후커 박사는 도슨이 분별력을 은사로 받았다고 생각했습니다. "도슨은 사람들을 보고 그 안에 있는 잠재력을 발견할 줄 알았습니다"라고 플로이드 로버트슨이 말했습니다. "내 친구가 누구였든, 즉 새로이 믿은 사람이건 오랫동안 믿은 사람이건, 비판적인 사람이건 불가지론자이건 혹은 무관심한 사람이건, 나는 따로 상태에 대한 설명을 하지 않고서도 도슨에게 바로 소개할 수 있었습니다. 잘못된 접근 방식을 사용하지는 않을까 절대 두려워할 필요가 없었습니다. 도슨은 주님께서 인도하시는 대로 말했습니다. 아무리 부족하고 배운 게 없는 사람이라도 절대 열등감을 느끼게 만든 적이 없습니다. 그럼에도 도슨은 자기 또래의 사람들 가운데 가장 지적인 사람들도 만날 수 있었습니다."

'주님께서 인도하시는 대로' 말하는 도슨의 모습은 청년 짐 바우스를 만났을 때 잘 드러났습니다. 도슨은 그를 사교적인 말솜씨와는 거리가 먼 방식으로 대했습니다. 바우스는 바이올라 혼성 4중창의 멤버였는데, 4845번지 선교관에서 가진 모임에서 찬송과 간증을 했습니다. 간증 후에 도슨은 커다란 몸집의 짐 바우스를 따로 데려다가 이렇게 말했습니다. "짐, 다른 사람들은 예수 그리스도께 영광을 돌리는 간증을 했지만, 자네는 짐 바우스의 영광을 드러내는 간증을 했네. 자네는 사이비야!" 짐 바우스는 목사의 아들이었고 다른 사람들은 대부분 그를 믿는 이로 생각하였는데, 도슨에게서 이런 말을 들은 것입니다. 그는 약 10년 동안 이 말에 대해 마음속으로 분노하고 있다가, 빌리 그래함이 로스앤젤레스에서 가진 첫 번째 전도 집회에 참석해서 진정으로 회심하게 되었습니다.

뛰어난 리더십을 가지고 있었고, 또한 일단 진리를 깨달으면 누구나 기쁘게 진리를 따를 것이라고 단순하게 믿었기 때문에 도슨의 도전은 다른 사람들을 끄는 힘이 있었지만, 동기력이 별로 없는 사람들은 거부하게 되었습니다. 래리 던돈은 "도슨에게는 개인적인 매력이 있었습니다. 사람들은 그와 더욱 친해지고 싶어 했습니다. 강인한 성품의 소유자였지만, 그럼에도 불구하고 당신을 편하게 해줄 수 있는 인물이었습니다. 그리고 도슨은 알게 된 지 얼마 되지 않은 사람들이라도 개인적으로 책망을 할 줄 알았습니다. 도슨이 사람들을 다루는 데에는 어떤 정해진 방식이 없었습니다. 도슨은 나를 늘 정중하게 대했습니다. 내가 아일랜드 출신이었기 때문입니다. 나는 이 때문에 도슨을 존경하였습니다"라고 말했습니다.

도슨은 종종 개인적인 잘못 때문에 후회하고 있는 사람들을 "…하나님을 사랑하는 자…에게는 모든 것이 합력하여 선을 이루느니라"라는 말씀으로 위로하였고, 하나님의 목적은 분명히 그런 잘못을 통해서도 성취된다는 것을 기억하도록 도왔습니다. 그러나 도슨은 또한 사람들이 이 구절을 변명 거리로 삼으려고 할 때는 금방 알아챘습니다.

> 1938년 3월 27일. G에게 그의 게으름에 대해 말했다. 그리고 잘못을 저지르고는 로마서 8:28 말씀과 하나님을 들먹이며 변명하지 말라고 했다. 이런 태도가 그에게서 여러 차례 관찰되었기 때문이다. 오늘날 많은 그리스도인들이 이런 태도를 가지고 있다. 주님의 일이 그렇게 뒷전에 처진 이유 가운데 한 가지는 그리스도인들이 너무도 무관심하기 때문이다. 세상 사람들이 돈을 벌기 위해 열심히 일을 하는 것만큼 우리 모두의 마음에 하나님의 일을 뛰어나게 하려고 하는 태도가 있다면 얼마나 좋을까?

경건하고 지혜로운 상담 사역은 도슨이 찰스 풀러나 어윈의 아버지였던 '대디' 문과 같은, 나이가 지긋한 성도들에게서 보았던 것인데, 자신은 머리가 희어지기까지 기다리지 않고 이런 사역을 할 수 있는 사람이 되도록 오랫동안 기도하였습니다. 대개는 나이가 들면서 그런 능력이 생기는 것처럼 보였기 때문입니다. 비록 나이가 지긋한 성도들에게 있었던 원숙한 맛이 아직은 부족하여, 사람들에게 말할 때 날카로운 면이 드러나서 상대방의 진정한 행복을 위하는 깊은 관심이 가려질 경우도 있었지만, 하나님께서는 도슨의 기도에 응답하셨습니다.

나중에 도슨은 여러 고난을 통해 원숙하게 되었으며, 이것 또한 도슨의 기도에 대한 하나님의 응답이었습니다.

3년 이상 네비게이토 선교관의 역할을 했던 4845번지에 왔던 수백 명의 사람들은 개성이나 배경이 참으로 다양하였습니다. 지속적으로 따르며 영적 항해를 배웠던 사람들 속에는 여전히 다양성이 있었으며, 수년 동안 함대에서 네비게이토라고 불리는 가지각색의 사람들이 함께하게 되었습니다. 그러나 누구에게나 공통적인 모습이 있었는데, 언제나 성경을 끼고 다녔으며, 잠바 주머니에는 암송 지갑이 있었고, 사업가들처럼 시간을 효과적으로 사용하기 위해 노력했습니다. 이를 통해, 모습만 보고서도 네비게이토인 것을 분별할 수 있었습니다.

도슨의 다이내믹하고 거침없는 태도에 대한 사람들의 첫 반응은 다양했지만, 세련되지 못해 보이는 태도나 말투 혹은 모든 상황에서 주도권을 쥐려는 도슨의 태도 때문에 어려움을 겪는 사람은 거의 없었습니다. 이것보다는 그들 각자에게 진정한 관심을 가지고 있는 도슨의 태도와 하나님과 살아 있는 관계를 유지하는 모습이 더욱 인상적이었습니다.

4845번지 선교관에서 가장 특이했던 해군 병사는 멕시코 출신 미국인인 토니 트레비노였는데, 도슨은 그를 '한 자도 틀림없이 외워야 한다는 성경 암송의 규칙을 어겨도 좋다고 허락을 받은 유일한 네비게이토'라고 불렀습니다. 토니 트레비노는 자기의 이름을 겨우 쓸 줄 아는 사람이었습니다. 그러나 사람들을 그리스도께 인도하는 일에는 열심이었습니다. "주님께서는 이 사람을 놀랍게 쓰고 계신다"라고 도슨은 그와 시간을 보낸 후에 기록했습니다. "기술이 좋아서가 아니라 성령의 인도하심을 받고 있기 때문이다.… 하나님께서는 뭔가 적극적으로 열심히 시도하며 행하는 사람을 쓰신다는 것을 알게 되었다. 기술이 좋다고 해서 좋은 결과를 낳는 것은 아니다. 종종 아무런 결과를 낳지 못할 때가 있다. 나는 열심 있는 삶을 더 좋아한다. 그러나 우리에게는 기술과 열심 두 가지가 다 필요하다. 하나님께서는 이 두 가지를 다 사용하신다." 도슨은 토니 트레비노에게, 사람들을 구원하려는 열정만큼이나 다른 사람들을 영적으로 성장하도록 돕기 위한 양육의 면에서도 열심히 노력하도록 가르쳤습니다. 토니는 수년 뒤에 발전된 모습이 보이기 시작했습니다. 늘 하던 것에서 한 단계 나아갔기 때문입니다. 전도한 사람이 그리스도를 영접하겠다고 하자 토니는 그와 함께 간단히 기도를 한 후에 종이와 연필을 건네주었습니다. "이제 여기에다 도슨 트로트맨에게 도움을 받고 싶다는 편지를 쓰시오."

특이했던 또 다른 사람은 교육을 별로 받지 못했던 젊은 해군 병사인 존 프린스였습니다. 어느 토요일, 짐 다우닝은 금발에 자기 확신에 가득 찬 한 젊은이를 무선반에서 선교관으로 초청했습니다. 처음에 프린스는 관심이 별로 없었습니다. "그는 자기가 무선에 대해 가장 잘 아는 사람이 되겠다는 꿈을 가지고 있었습니다"라고 다우닝은 말했습니다. "그래서 위대한 과학자가 강연을 할 것이라고 하자 그는 오겠다고 했습니다." 그날 밤 어원 문이 복음을 전했는데, 프린스는 그리스도를 영접하겠다는 의사를 표시했습니다.

프린스는 자기가 꿈꾸던 지식인이 되지는 못했지만, 나중에는 하나님께 온전히 굴복한 사람을 통하여 하나님께서 무엇을 하실 수 있는지를 보여 주는 좋은 본이 되었습니다. 암호를 외우지 못해서 무선반에서 나온 프린스는 처음에 암송할 다섯 구절을 외우는 데에도 큰 어려움을 겪었습니다. 그렇지만 프린스는 이를 해냈고, 더 많은 구절을 암송했습니다. 새로이 만난 주님께 흠뻑 빠져든 프린스는 다른 사람들이 접근하기 힘든 곳에서도 담대히 전도하였으며 보기 드물게 주님께 대한 절대적인 믿음을 보여 주었습니다. 해군 병사들이 사역을 위하여 다른 배로 옮길 수 있도록 기도할 때, 웨스트버지니아호에 있던 해군들은 프린스가 캘리포니아호로 옮겨야 한다고 결정했습니다. 그러나 다른 배로 가겠다고 요청하고 돌아온 프린스는 다우닝에게 풀이 죽은 채로 이렇게 말했습니다. "입을 열어서 캘리포니아호라고 말하려고 했는데 아이다호호라는 말이 튀어 나왔습니다." 다우닝은 프린스에게 하나님께서 분명 선하게 인도해 주셨다고 확신시켜 주었습니다. 프린스는 몰랐지만, 아이다호호는 1936년 말에 아직 키맨이 없다고 도슨이 기도한 4척의 전함 가운데 하나였습니다.

  1938년 10월 어느 날 프린스는 아이다호호에 승선하였는데, 크게 낙담하게 되었습니다. 갑판에는 한 해군이 있었는데, 그는 그리스도인들을 광신자라고 하면서 그들이 전도하는 것을 심하게 대적해 왔기 때문입니다. 프린스는 조용히 기도하였습니다. "주님, 이 사람을 얻게 하든지 아니면 이 사람을 다른 곳으로 옮겨 주소서. 그리하여 이 사람이 아이다호호에서 주님의 일을 방해하지 못하게 하소서." 그날 저녁 그 해군은 무선반에 근무하는 그리스도인인 세실 데이비드슨에게서 4달러를 빌려 해변으로 나갔는데, 롱비치의 한 술집에서 숨진 채 발견되었습니다.

  아이다호호에서 보낸 초기에 프린스는 권면을 받은 대로 살려고 노력했습니다. 가만히 지내는 것이 프린스에게는 어렵기는 했지만, 전도를 시작하기 전에 먼저 실제로 삶에서 보여 주는 것이 필요했습니다. 승선한 첫 주에 아이다호호는 항해를 시작했습니다. 옆구리에 통증을 느낀 프린스는 병실로 옮겨졌고 맹장염 진단을 받았습니다. 수술이 항해 중에 응급으로 이루어졌기 때문에 프린스가 당한 어려움이 널리 알려지게 되었습니다. 함장도 함교를 떠나 프린스를 방문했습니다. 프린스는 의사에게 빌립보서 4:6-7 약속으로 말미암아 평강을 누리고 있다고 간증했는데, 이로 말미암아 자기를 찾아오는 모든 사람들에게 증거할 기회를 갖게 되었습니다. 이 사건을 통하여 몇몇 사람이 그리스도를 알게 되었고, 아이다호호에서 성경공부가 시작되었습니다.

네비게이토 사역이 커감에 따라 일손이 더욱 필요하게 되었습니다. 때때로 해군 병사의 아내가 자원하여 편지 발송을 도와주었습니다. 대학을 졸업하고 해병대에 들어온 한 사람이 있었습니다. 그는 비번일 때 커다란 공헌을 했는데, 엄청난 양의 편지를 작성했습니다. 도슨은 그를 '하나님께서 사역을 위하여 보내 주신 놀라운 선물'이라고 했습니다. 또한 도슨은 레스 스펜서와 그의 아내인 마서를 초청하였습니다. 두 사람은 바이올라를 졸업한 이후 캘리포니아밸리에서 살았는데, 도슨이 4845번지 선교관에서 살며 사역에 동참하게 한 것입니다. 스펜서 부부는 몇 달 동안 함께 사역을 했으며, 또한 샌피드로에서 또 다른 사역의 책임도 맡았습니다. 이것은 전례가 없는 실험이었습니다. 새로운 사역을 개척하면서 또 다른 사역을 시작한 것입니다. 그러나 그 결과는 별로 효과적이지 못했습니다. 그래서 레스 스펜서가 콜로라도 지역에 있는 미국 주일학교 연합회에서 일해 달라는 초청을 받았을 때, 모든 사람들은 이것이 하나님의 인도하심이라고 생각했습니다.

1938년 초에 도슨은, 제대를 하고 바이올라에 진학한 8명의 사람들을 하나의 전도팀으로 묶는 것을 생각했습니다. 이는 함대에 있는 사람들을 돕는 사역에 기여하면서 동시에 자기들의 삶을 지속적으로 성장시킬 수 있는 기회가 될 것입니다. 도슨은 일기에 솔직하게 기록하였습니다. "주님의 인도하심을 기다린다.… 하나님께서 인도하시면 영원히 남을 것이 이루어질 것을 알고 있다. 이전에는 여러 차례 하나님께서 전혀 인도하시지 않은 것을 시작한 적이 있다. 그때마다 그것으로 끝이 날 뿐이었다." 도슨은 하이타워에게 말했고, 나중에 데드릭과 해리스에게도 나누었습니다. 버질 훅, 딕 드롱, 구드릭, 그리고 다른 여러 사람들은, 팀을 이루어 배에 있는 사람들을 만나는 제안에 대하여 긍정적인 반응을 보였으며, 각 사람은 저마다 한 배씩 맡기로 하였습니다. 도슨은 키맨이 없는 몇몇 전함과 대부분의 순양함에 대한 전도의 필요성과 더불어 이런 배에 타고 있으면서 한두 차례라도 선교관에 왔던 사람들을 양육하는 일의 필요성을 강하게 느꼈습니다. 민간인들이 이런 배에 접근하는 것은 제한되어 있었으나, 해군 출신인 이 사람들은 배에 자유롭게 승선할 수 있었습니다. 그들은 또한 이전에 해군이었기 때문에 해군들과 즉각적으로 친한 관계를 맺을 수 있는 장점이 있었습니다.

웨스트버지니아호와 미시시피호의 전도팀은 다른 배에 쉽게 갈 수 있었습니다. 수송선 사라토가호의 한 하사관은, 배에 있는 해군들이 만약 전도팀이 주일에 배를 방문하여 예배를 인도한다는 소식을 들으면 주일마다 육지로 가는 대신에 배에 그냥 머문다고 말했습니다. 믿는 해군뿐만 아니라 상당수의 불신자들도 참석하였습니다. 바이올라 출신 팀은 첫 번째 주일 방문에서 15명을 만날 수 있었으며, 팀이 함께 만나 기도하고 결과를 서로 나누었습니다. 도슨은 이것이 이 팀 멤버들을 도울 수 있는 참으로 좋은 기회라고 생각했으며, 그들에게 도움이 되는 것들을 제시하였습니다. 그해에 해리스는 전함에서 사역을 인도했고, 하이타워는 순양함에서 사역을 감당했습니다. 배를 방문하는 것 외에도 그 팀은 부대 막사 등지에서 모임을 가졌습니다.
 '어떻게 일을 성취할 것인가'가 이즈음 도슨의 마음에 늘 자리 잡고 있는 질문이었습니다. 지상사명은 전 세계적인 것이며, 따라서 이를 성취하기 위하여 일하는 각자의 삶은 깊이가 있고 수준이 높아야 했습니다. 도슨 자신의 삶에서부터 시작되어야 했습니다. 도슨은 이 일의 성취를 위한 기본적인 자원이 사람, 시간, 그리고 방법 또는 도구라는 결론을 내렸습니다. 도슨은 하나님께서 사람들을 주고 계신 것에 대하여 감사했습니다. 바이올라 팀과 배에 있는 다우닝, 굴드, 뉴맨과 같은 사람들로서, 그들은 다른 사람들에게 나아가 전도하고 가르치고 있었으며, 능력 있고 확신을 가진 사람들이었습니다. 도슨은 그들보다 앞서 주님의 추수하는 일을 위하여 질적인 일꾼들을 생산하고, 이어서 일꾼들이 하나님의 손에 들린 도구로서 살아가도록 인도하는 책임을 져야 했습니다. 도슨은 또한 그들이 전 세계적인 사역에 대한 비전을 갖도록 도와주기를 원했습니다. 중국에서 8년 동안의 사역을 마치고 돌아오는 에버 해즐턴 부부를 만나기 위해 도슨은 일단의 해군들을 데리고 부두로 나가 영접하고 교제를 나누는 시도를 하기도 했습니다. 해즐턴은 도슨이 제재소에서 처음으로 도왔던 사람입니다.
 도슨에게는 귀중한 시간을 더욱 효율적으로 사용하는 데 도움이 되는 발견이면 아무리 작은 것이라 해도 중요했습니다. 도슨은 일상적인 일 속에서 백여 가지의 아이디어를 발견할 수 있었습니다. 버스를 기다리거나, 계산대에서 줄을 서서 기다릴 경우에도 암송 복습을 하였습니다. 롱비치에서 로스앤젤레스로 돌아오는 길에 면도를 하기도 했습니다. 이렇게 하면 함께 타고 있는 사람들이 신경이 쓰일 수도 있었습니다. 존 뉴맨은 이렇게 말했습니다. "도슨은 면도를 하면서 운전을 하고 동시에 대화를 하며, 심지어 운전대에서 손을 떼고서 성경을 편 다음에 '이것 좀 봐'라고 말하기도 했습니다."

일을 성취하기 위해서는 방법 역시 중요했습니다. 도슨은 체계적이고 효율적인 방법을 지속적으로 찾았습니다. 잠바 주머니에 맞게 만든 암송 지갑 속에 암송 카드를 가지고 다니느냐 혹은 그렇지 않느냐가 말씀을 암송하려는 많은 사람들의 실패와 성공에 영향을 미쳤습니다. 친구의 공장에서 도슨이 인쇄한 전도지는 전도를 위해 말을 거는 데에 도움이 되었으며, 사람들의 손에 뭔가를 남길 수 있어서 좋았습니다. 표시를 한 신약성경도 유익했는데, 복음 및 영적 성장에 관한 구절 옆에다 십자가와 닻을 표시하였습니다. 크리스마스 선물로 도슨에게 들어온 새로운 인덱스 시스템은 메시지에 사용할 참고 자료를 찾고 모으는 시간을 절약해 주었습니다.

그리고 도슨은 개인적으로 새로운 도구 하나를 만들어 효율을 높이는 데에 도움을 얻었습니다. 그것은 수레바퀴 삶을 점검하는 표였습니다. 세로가 15cm, 가로가 9cm인 노트에다 등사를 했는데, 매일 혹은 매주를 마칠 때마다 영적 재고가 얼마나 되는지를 평가하여, 자기의 삶에서 약한 부분을 제대로 측정해 볼 수 있는 도구였습니다. 성경 읽기와 성경공부를 매일 점검할 수 있었으며, 성경 암송과 복습, 개인 기도와 팀 기도, 말씀으로 증거하는 것과 삶으로 증거하는 것 등을 점검할 수 있었습니다. 도슨은 이것이 초기의 미니트맨 도표에서 상당한 진전을 이룩한 것임을 알게 되었습니다.

"나는 매일 점검에서 100퍼센트를 다 이루지는 못했다. 그러나 계속 나아지고 있으며, 이전에는 승리하기가 어려웠던 영역에서 어떻게 승리할 수 있는지를 명확히 알게 되었다." 도슨은 몇 명의 군인과 함께 수레바퀴 점검표를 사용하기 시작했는데, 성경 교사인 얼 에드워드가 만든 장별 성경공부 계획표도 함께 주었습니다. 이 사람들과 더욱 많은 시간을 함께하면서 도슨은 그리스도를 따르고자 하는 그들의 결심을 실행할 수 있도록 도와주는 도구들을 더 많이 만들 필요성을 느꼈습니다.

✳ ✳ ✳

　계곡이라 그런지 시월의 태양은 빨리 졌습니다. 기다란 햇살이 샌타모니카 산맥 등성이에 드리웠습니다. 가을의 정취가 물씬 풍기며, 발밑에는 마른 낙엽이 밟혔습니다. 계곡 한쪽에 있는 퍼시픽팔리사데 교회 캠프의 통나무집에서 남자들의 우렁찬 찬송 소리가 울려 퍼졌습니다. 찬송을 하다 잠깐 멈춘 사람들은 나머지 사람들의 웅장한 소리에 푹 빠져 있었습니다. 50명도 안 되는 남자들의 소리가 마치 백 명이 부르는 것과 같았습니다. 제2회 '그리스도 안에서 승리하는 삶' 연례 수양회의 시작을 알리는 찬송이었습니다. 이 수양회는 모든 배에 있는 사람들과 몇몇 민간인들 가운데서 적극적으로 헌신한 사람들을 초청하여 갖는 특별한 행사였습니다.

　도슨은 캠프 베델에서 자주 군인들을 위한 주말 수양회를 개최하였습니다. 그리고 매년 적어도 한 차례는 4845번지 선교관에서 이런 수양회를 가졌는데, 참석자들을 근처에 있는 친구들의 집에서 묵게 하고 식사와 모임은 공원에서 가졌습니다. 이렇게 모든 사람을 초청하는 주말 수양회에는 종종 믿지 않는 사람도 왔으며, 믿는 사람들의 성장뿐만 아니라 전도와 징모에도 효과가 있었습니다. 그러나 도슨은 '그리스도 안에서 승리하는 삶' 수양회를 통해서 소수의 선택된 네비게이토들이 수준 높은 하나님의 사람들이 전하는 말씀의 잔치에서 충분히 먹고 채움을 받기를 원했습니다. 하나님의 사람으로 성장하기 위해서는 말씀이 필수 불가결한 요소였기 때문에 도슨은 성장하고 있는 이 제자들에게 의도적으로 말씀을 먹이기로 작정을 하였습니다. 이는 일 년에 한 차례만 가지는 수양회였고, 키맨들에게는 이 수양회를 통해 "영적 거인들과 가장 뛰어난 사람들의 메시지를 접하는 것을 목표로 한다"고 설명했습니다.

　휴가를 얻지 못해 이 수양회에 참석하지 못한 사람들도 있었지만, 그들은 수양회에 참석하기 위하여 온갖 방법을 다 동원하였습니다. 수양회장에 도착할 때마다 환호를 지르고, 서로 등을 치며 껴안았습니다. 마치 다른 배에서 온 전우들을 환영하듯이 했습니다. 1938년 그 주말에 볼 수 있었던 형제 사랑과 연합은 참으로 독특한 것이었으며, 그리스도를 사랑하며 드러내 놓고 그리스도를 따르는 군인들에 의해 더욱 고양되었습니다. 참석자들은 각각 '그리스도 안에서 승리하는 삶'이라고 멋지게 인쇄된 노트를 받았습니다. 더불어 고린도후서 2:14도 인쇄되어 있었습니다. "항상 우리를 그리스도 안에서 이기게 하시고, 우리로 말미암아 각처에서 그리스도를 아는 냄새를 나타내시는 하나님께 감사하노라." 하나님의 능력을 힘입어 승리하는 삶을 살라는 두 쪽에 걸친 도전이 기록되어 있었고, 이어서 10명의 강사들이 전하는 메시지를 적는 부분이 있었습니다. 강사들이 전하게 될 메시지 주제가 시간별로 정리가 되어 있었습니다. 또한 수레바퀴 삶을 점검하는 표가 첨가되었으며, 성경 암송 페이지도 있었고, 자주 부르는 찬송과 합창의 가사도 실려 있었습니다.

　찰스 풀러는 당시에 유명한 라디오 방송 전도자이자 성경 교사였는데, 해마다 수양회를 시작하는 첫 메시지를 전했습니다. '대디' 문 박사는 주일 정오에 '정복자 그 이상'이라는 주제로 마지막 말씀을 전했으며, 수양회 중간에는 기도, 개인 전도, 헌금, 성령에 대하여 여러 강사들이 말씀을 전했습니다.

　'그리스도 안에서 승리하는 삶' 수양회는 5년 동안 계속해서 열렸는데, 해마다 규모와 그 중요성이 증대되었습니다. 진주만 공습으로 참석자들이 각기 먼 곳으로 흩어지기 전까지 수양회는 매년 열렸습니다. 나중에는 외부 초청 강사나 네비게이토 간사들 모두 '네비게이토' 메시지를 전하였습니다. 시간이 흐르면서 외부 강사보다는 네비게이토 강사들이 많아졌습니다. 수양회에서는 말씀을 듣고 감동하는 것으로 끝나는 것이 아니라 삶에서 적용하고 순종하는 것을 강조하였습니다. 아무리 말씀의 잔치가 놀랍고 훌륭하다고 해도 수양회가 끝난 후에 참석자들은 열심 없고 수동적인 삶으로 쉽게 돌아갈 수 있는 반면, 만약 참석자들이 말씀을 스스로 탐구하는 방법을 배운다면 하나님의 일을 성취할 수 있는 가능성은 더욱 높아진다는 것이 도슨의 생각이었습니다. 그래서 네비게이토 수양회는 점차 변화되었습니다. 그러나 1937년에서 1942년 사이에 열린 초기의 '그리스도 안에서 승리하는 삶' 수양회에 참석했던 사람은 멋진 잔치에 대하여 결코 퇴색하지 않는 좋은 추억을 가지게 되었습니다.

"**주**님께서는 최근 내 마음에 청소년과 젊은이들을 대상으로 하는 사역에 대해 짐을 크게 느끼게 하고 계신다"라고 도슨은 1938년 3월 어느 날 공원에서 기도 시간을 가진 후에 기록하였습니다. 이런 생각은 여러 달 동안 도슨의 마음속에 자리 잡고 있었습니다. 도슨의 주된 사역은 해군을 대상으로 하는 것이었습니다. 그러나 배가 자주 그리고 오랫동안 항해를 떠나면, 도슨은 청소년 사역에 자기를 드릴 수 있다고 생각했습니다. 그리고 주님께서는 자신을 군인들만을 위해 부르시지는 않았고, 장차 그리스도의 일꾼이 될 수 있는 젊은이들 대상의 사역에도 부르셨다는 생각이 들었습니다.

로미타 시절 이후로 도슨은 전적으로 청소년 사역에 드려지지는 않았습니다. 물론 빌 그레이브 팀을 지도하여 여름 캠프도 갔고, 로스앤젤레스에 있는 오픈도어 교회에서 주일학교 교사로 섬기기도 했으며, 한 친구가 이끄는 레귤러펠로우 성경 클럽 모임에서 매주 9-11세 반 학생들 십여 명을 가르치기도 했었습니다. 그러나 도슨은 이제 좀 더 큰 아이들 대상의 사역을 신중하게 고려할 때가 되었다고 생각하였습니다. 몇 주 전에, 고등학교 3학년 학생이 찾아와서 학교에서 전도하는 것을 도와줄 수 있겠느냐고 물어본 적이 있었습니다. 이를 통해 도슨은 '두나미스'(Dunamis)라고 이름을 붙인 최초의 고등학생 클럽을 시작하게 되었습니다. 이 단어는 로마서 1:16에 나오는 '능력'을 뜻하는 헬라어 단어였습니다. 여섯 명의 회원으로 시작하여 클럽은 이내 18명 이상으로 불어났습니다. 도슨은 4월의 일기에 이렇게 기록했습니다. "두나미스 클럽은 출석률이 좋다. 요한일서를 깊이 파고들었다. 고린도후서 13:5 말씀을 삽으로 삼아 요한일서라는 기름진 땅을 파헤칠 수 있었다."

  5월에 도슨은 로스앤젤레스 청소년 사역 지도자 모임을 주관했습니다. 그들 가운데는 피셔맨 클럽에 연관되어 있는 사람도 있고, 다른 사역에 참여하고 있는 사람도 있었습니다. 20명이 넘는 지도자들이 진행되고 있는 사역에 대하여 보고하고 계획을 간략하게 설명하는 기회를 가졌습니다. 이를 통해 협력을 위한 위원회가 발족되었으며, 이는 중학교에서 대학에 이르는 연령층을 대상으로 하는 클럽들을 중심으로 이루어졌습니다. 제대 후에 바이올라에 있었던 사람들은 배에서 하는 사역뿐만 아니라 이 사역에도 함께하였습니다. 도슨은 여름 캠프 때 도와주었던 짐 헤이든에게 시간의 절반을 청소년 캠프와 클럽 사역에 드리도록 했습니다. 세세한 부분까지 치밀하게 관심을 갖는 짐 헤이든의 태도는 도슨을 기쁘게 했습니다. 헤이든은 새로운 아이디어를 빨리 이해했습니다. 금방 이전에 정해진 과정에 변화를 가하는 융통성을 보였습니다. 개인 기도를 위한 장소를 제공하는 포리스트홈 수양관에서 도슨은 청소년 사역을 위한 '최초의' 계획을 세웠고, 이 계획이 널리 사용될 수 있는 형태라고 생각했습니다.

1939년 초 질적인 클럽 지도자를 찾기 위해서 도슨은 바이올라에서 선택한 몇몇 학생과 면담했습니다. 그리고 학생 선교를 담당할 클럽 지도자에 대한 학교 당국의 승인을 얻었습니다. 성경 클럽이 시작되었고, 각 연령층마다 노트와 교재가 달랐습니다. 중학교에 다니는 학생들은 'Conqueror'(정복자) 클럽이나 주니어 두나미스 클럽에 속하였으며, 그보다 저학년 학생들은 '포인트 블랭크'라는 간단한 성경공부 교재를 사용했습니다. 그것은 접으면 암송 지갑에 들어갈 수 있었으며, 상급 학년이 사용하는 방법을 단순화시킨 것으로 매주 한 구절씩을 공부하고 암송하였습니다. 그러나 이러한 저학년 클럽들은 두나미스가 주된 클럽이 되자 곧 사라졌습니다. 중학교에 다니던 학생들이 곧 고등학교에 진학했기 때문입니다. 두나미스에는 대학생도 포함되어 있었습니다.

두나미스에서 도슨은 또 한 차례 개척자 정신을 발휘하였습니다. 아직 영라이프(Young Life), YFC(Youth For Christ) 같은 단체가 생기지 않았기 때문에 따를 본이 없었습니다. 도슨은 이 클럽을 통해 몇 가지 원리를 실험해 볼 수 있었고, 청소년들의 반응을 통해 많은 것을 배울 수 있었습니다. 예를 들어 도슨은 십대들이 비교적 어렵다고 생각되는 제자의 도에 대한 도전을 잘 받아들인다는 것을 발견하였습니다. 클럽에 속하는 것이 큰 특권이라는 자부심을 갖도록 해준 후에, 도슨은 '쉽게 살라'는 철학을 철저하게 거부하고, 의도적으로 어려운 프로그램을 진행하였습니다.

마샬 윌거스는 쌍둥이 형제인 모리스와 함께 클럽에 초청을 받았는데, 그 조건을 기억했습니다. "도슨은 '여러분이 처음으로 나온 것을 기쁘게 생각합니다. 그러나 두나미스 클럽은 놀러 오는 곳이 아닙니다. 일주일에 두 구절을 암송해야 하며, 장별 요약을 해야 하고, 질문들과 영적 삶에 적용한 것을 적어 와야 하며, 또한 매주 숙제가 있고, 화요일에는 모든 것을 완성하여 참석해야 합니다'라고 말했습니다. 우리는 지독하게 공부해야 했으며, 물론 도슨은 말 그대로 완벽한 수준을 요구하였습니다. 도슨은 우리를 엄격하게 대했지만, 우리의 성장을 위한 것이었습니다. 우리는 성경을 전혀 몰랐습니다. 주일학교 계간지를 통해 일반적인 내용은 알고 있었지만 구체적인 공부를 한 적이 없었기 때문입니다. 내 동생은 '난 다시 가지 않을래. 나라면 다른 사람에게 그런 것을 요구하지는 않을 거야'라고 말했습니다. 그러나 우리는 언제나 모임에 갔습니다."

"무엇보다 나를 갖추어 준 것은 성경 암송이었습니다"라고 마샬 윌거스는 말했습니다. "그 당시 암송한 구절들은 내가 교회 제직회의 부회장으로 섬기는 오늘날까지도 사용하고 있습니다. 지난해에 우리는 교회에서 150명이 넘게 주님을 영접하도록 도왔으며, 초청에 응한 모든 사람들을 도와주고 있습니다. 나는 사람들에게 도슨이 가르쳐 준 복음과 수레바퀴 예화를 설명해 줍니다." 도슨이 시도한 여러 도구 가운데 하나는 옛날 손목시계의 겉면에다가 구절을 인쇄하는 것이었습니다. 이를 통해 소년들에게 "손목에 매며"라는 성경 말씀을 가르쳤습니다.

두나미스 모임은 정성을 다해 찬양하는 것, 소리 내어 암송 구절을 점검하는 것, 그리고 TNT(86쪽 참조, 역자 주)라고 하는 매주 과제에 대한 보고로 이루어졌습니다. 보고는 '합격' 혹은 '불합격'으로 나뉘었으며 부분적으로 완성하는 것은 용납되지 않았습니다. 그리고는 성경공부 토의가 이루어졌으며, 인도자가 도전을 하였습니다. 때로는 개인 전도 특강도 했으며, "모든 것을 그리스도를 위해!"라는 인사를 하며 마쳤습니다.

롱비치의 고등학생이었던 봅 홉킨스는 네비게이토에 나가고 있던 두 해군 병사에 의해 그리스도께 돌아왔는데, 형인 월과 함께 클럽에 초청을 받았습니다. "어머니께서는 우리가 확 변했다고 하셨습니다. 아침에 일찍 일어나서 성경을 읽었기 때문입니다"라고 그는 말합니다. "자유주의 교회 출신이었던 우리 다섯 사람은 두나미스 클럽에 다니면서 진정으로 성장하기 시작했습니다. 우리는 말씀을 갈급해했고, 모든 모임에 참석했습니다. 그러나 다른 교회에서 온 많은 학생들은 늘 말씀을 들어 왔기 때문에 점차적으로 클럽에서 떨어져 나갔습니다." 이를 통해 도슨은 야고보서 1:22 말씀을 확신하게 되었습니다. "너희는 도를 행하는 자가 되고 듣기만 하여 자신을 속이는 자가 되지 말라." 암송한 말씀을 적용해야 한다는 도슨의 요구는 단순한 의견이 아니라, 생존을 위해 꼭 필요한 것이었습니다.

모임에 빠지는 것을 생각할 수 없을 정도로 교제에 함께하는 것이 특권이라는 분위기가 형성되었던 것을 회상하며, 봅 홉킨스는 이렇게 말했습니다. "도슨은 이른 아침 기도 모임을 공원에서 가졌습니다. 그리고 함께할 사람이 있느냐고 물었습니다. 형과 나, 그리고 쌍둥이 형제인 마샬 윌거스와 모리스 윌거스는 매주 토요일 아침 여섯 시에 모임에 참석했습니다. 때로 군인들이 함께하기도 했습니다. 우리는 말씀을 읽고 도슨은 그 말씀에 대해 간단히 설명했으며, 기도 제목을 나누었습니다. 우리는 많은 내용을 위해 기도했습니다." 마샬 윌거스는 다음과 같이 덧붙입니다. "도슨은 늘 '큰 것을 구하십시오. 말씀 그대로 하나님을 믿고 큰 것을 구하십시오. 하나님을 위해 큰 일을 시도하십시오. 하나님으로부터 큰 일을 기대하십시오'라고 말했습니다."

함대가 나가 있었던 2년 동안 청소년 사역은 크게 성장했습니다. 도슨은 1938년 여름 캠프의 책임을 맡게 되었습니다. 빌 그레이브가 손을 뗐기 때문입니다. 새로운 두나미스 클럽 학생들뿐만 아니라 폴 워커와 노만 크라이더가 함께 이끄는 피셔맨 클럽 소년들과 레귤러 펠로우 성경 클럽 등에서 백여 명의 중학생과 고등학생들이 캠프 베델에 모이게 되었습니다. 도슨의 아버지 찰스 트로트맨은 그 주간 동안 주방장으로 즐거이 일했으며, '대디' 문은 또다시 강사로 초빙되어 큰 호응을 받았습니다. 캠프는 다른 여름과 마찬가지로 열정이 넘쳤으며, 좀 더 세련된 모습이 보였습니다. 구드릭은 다시금 트랙 운동과 수영을 가르쳤는데, 때때로 상금을 걸기도 했습니다. 짐 헤이든은 프로그램을 계획했고 이의 실행을 도왔습니다.

다음 여름에는 6학년과 7학년이 캠프 베델로 들어왔습니다. 고등학생과 대학생은 캐털리나로 초청을 받았습니다. 밀로 제미슨은 한 달 동안 보이스카우트 캠프를 빌려 주었으며, 도슨은 한 주 동안 청소년 성경 클럽을 위해 사용하였는데, 4845번지 선교관 근처 석호에서 가진 예비 캠프 모임에서 모였던 100여 명의 젊은이들이 일찌감치 자리를 채웠습니다. 네비게이토인 다우닝, 프린스, 그리고 굴드는 제대 후 바이올라에 있던 사람들과 청소년 사역 모임에 속한 다른 사람들과 함께 캐털리나에서 인도자와 상담자로 섬겼습니다. 도슨은 캠프 참석자들 가운데 영적으로 성장한 몇몇을 보조 인도자로 지명했습니다. 이는 두 가지 목적이 있었습니다. 첫째는 캠프 인도자 한 사람당 참석자 비율을 낮추기 위한 것이었고, 둘째는 인도자를 훈련할 기회를 만드는 것이었습니다. 두세 가지 효과가 있는 그런 일은 도슨을 크게 기쁘게 하였습니다. 캐털리나 모임은 성공적인 것으로 평가되었습니다. 참석자들의 85퍼센트가 그리스도를 영접하기로 결단하거나 자기의 삶을 주님께 드리기로 했기 때문입니다.

해군 사역이 본 궤도에 진입했고, 헤이든과 다른 사람들이 청소년 성경 클럽을 도우면서 도슨은 사역의 가능성이 있는 또 다른 곳을 보게 되었습니다. 1939년 여름 도슨은 롱비치에 있는 몇 사람의 사업가를 만났는데, CBMC(Christian Business Men's Committee, 기독 실업인회)를 시작하기 위해서였습니다. 이 그룹은 그들 친구들의 합세로 곧 십여 명으로 늘어났습니다. 성경 암송을 깊이 파고드는 것과 사업상 만나는 사람들에게 전도하는 것을 시도하였는데, 화살표 표시가 된 성경의 도움으로 생전 처음으로 전도를 해본 사람도 있었습니다. CBMC 점심 모임에는 헤이든이 이전 모임에 대한 기록을 읽는 시간이 있었습니다. 이때에는 불가피하게 몇몇 사람의 약점이 드러나게 되었는데 이로 말미암아 나머지 사람들은 즐거운 반응을 보였습니다.

"함께 그 일을 하는 우리들 중 서너 명은 토요일마다 도슨의 집에서 아침 식사를 같이 하였습니다"라고 한 사람은 회상합니다. "나는 그 전에는 정기적인 성경공부를 한 차례도 해본 적이 없었습니다. 내게 인상적인 것은 말씀을 섭취하는 도슨의 방법이었습니다. 도슨처럼 구절과 장절을 함께 인용하는 사람을 본 적이 없었습니다. '사람을 내가 그 가운데서 찾다가…'라는 에스겔 22:30 말씀은 도슨이 자주 사용하던 말씀이었습니다. 우리 다섯 사람은 낚시를 간 적이 있었는데, 돌아오는 길에 도슨이 빌레몬서 전체를 암송하기도 했습니다."

✳ ✳ ✳

도슨은 해군들이 배에서 전도를 할 뿐만 아니라 청소년 사역에 함께하는 것을 보고 기뻐했습니다. 그들 가운데는 멀리서 캐털리나 사역을 도우러 온 사람도 있었습니다. 그들은 또한 캠프의 청소년 사역에 필요한 비용을 위해 상당한 액수를 헌금하기도 했습니다. 도슨은 입항해 있는 몇 명의 중심이 되는 네비게이토들을 불러 회의를 하고,

다른 사람들에게는 편지로 의견을 물어, 청소년 사역을 위한 시간제 사역자로 헤이든을 임명하기로 했습니다.

그해 여름에 비서 한 사람이 간사진에 합류하였습니다. 도슨은 그해 초기에 바이올라 바로 옆에 조그만 로스앤젤레스 사무실을 열었는데, 그곳에서 일주일에 이틀을 머물면서 청소년 클럽과 클럽 지도에 관심이 있는 사람들을 만났습니다. 구드릭은 청소년 몇몇과 함께 가는 여행에 도슨을 초청했는데, 도슨이 일이 많다는 이유로 난색을 표하자, 구드릭은 즉시 시애틀의 마지 톰슨을 불러 편지 업무를 돕도록 했던 것입니다. 마지는 일주일에 오후 한나절만 돕다가 이틀 동안 돕게 되었으며, 졸업 후에는 전적으로 업무를 담당하게 되었습니다. 사정이 좋을 때는 주당 5달러를 받기로 하고 4845번지에서 살며 함께 일하기로 하였습니다. 사정이 좋은 적은 한 번도 없었습니다. 그러나 모든 필요가 늘 채워지는 것을 경험할 수 있었습니다. 도슨의 일하는 습관은 남달라서 두세 가지 일을 동시에 하기도 했습니다.

자매 성경 클럽은 나중에 '마르투레스'(Martures)로 바뀌었는데, '증인'을 뜻하는 헬라어 단어였습니다. 이 클럽은 라일라, 마지와 바이올라의 학생이었던 조지아 맥데이비드, 비비안 퍼스비와 다른 사람들을 구성원으로 하여 형성 중에 있었습니다. 그들은 개인적으로 '자매 미니트맨'(Minute Girls)의 TNT 과제를 매주 했는데, 2년 이상을 했던 사람들도 있었으며, 미니트맨의 패턴을 따라 장 분석 성경 공부와 성경 암송이 포함되었습니다. 얼마 후에 휘티어에서 롱비치 클럽에 참석하던 학생들이 그들 자신의 마르투레스 그룹을 만들 수 있도록 요청했습니다. 주로 20대인 그들이 이를 원했던 것은 자기들의 영적 성장을 위해서뿐만 아니라 고등학교 마르투레스 클럽의 지도자로 훈련받기 위해서였습니다. 조지아는 주로 오후 시간을 로스앤젤레스 클럽 사무실에서 보냈는데, 오래지 않아 여러 지역에서 고등학교 클럽을 맡아 달라는 요청을 받게 되었습니다.

청소년 사역에 집중하기로 결심하고 시작했던 해는 나중에 네비게이토 사역뿐만 아니라 다른 기관의 사역에서도 사용할 수 있는 훈련의 원리들을 발견한 한 해가 되었습니다. 그런 발견 가운데 하나는 개인에게 일정 수준을 요구하는 것과 더불어 그룹 교제를 통한 동기 부여가 동반되면, 두 요소가 따로 떨어져 있을 때보다 훨씬 더 나은 결과를 낳는다는 것이었습니다. 도슨은 클럽의 모든 사람은 반드시 자기 수준에 맞게 설정된 구체적 과제를 이루어야 하며, 나아가서 같은 일을 하는 다른 사람의 격려와 도전을 받는 것이 필요하다는 결론을 내리게 되었습니다. 미니트맨은 과제가 매우 어려웠는데, 그룹 교제가 없을 때에는 대개 실행 수준이 뒤떨어졌습니다. 이제 그들은 보고서를 제출하기로 되어 있는 달이 다가오면, 미리 만나서 하루 혹은 한나절 동안 모임을 가지기로 했는데, 이를 통해 더 많은 승리의 경험을 할 수 있게 되었습니다. 도슨은 강한 열망을 가진 사람에게만 미니트맨 과제를 주었기 때문에 더욱 충실하게 이루어질 수 있었습니다.

미니트맨 모임에서는 목표를 세우고 계획할 뿐만 아니라 위대한 하나님의 사람들의 전기를 읽고 그들의 엄격하고 열심 있는 훈련을 본받도록 도전하는 일도 이루어졌습니다. 미니트맨 형제 자매들에게 전한 도슨의 메시지에는 한 시가 자주 등장하였습니다.

    강건하라!
    우리는 이곳에 놀거나 몽상에 빠지거나
    떠돌기 위해 오지 않았다.
    우리에게는 반드시 해야 할 어려운 일과
    짊어져야 할 짐이 있다.

어려움을 피하지 말고, 적극적으로 맞서라.
이것은 하나님의 선물이다.
강건하라!
적들이 얼마나 견고히 참호를 구축했는가는
문제가 되지 않는다.
아무리 전쟁이 힘들지라도,
그리고 아무리 하루가 길지라도
절대 용기를 잃지 말라.
힘껏 싸워라!
내일은 승리의 개가를 부를 것이다.

그룹 필요를 채우기 위해 계획된 모임과 수양회는 충분했기 때문에, 도슨은 개인 과제를 새롭게 정비하고 이를 성공적으로 완수하도록 돕는 방법을 찾는 일에 관심을 기울이게 되었습니다. 도슨은 수년 전에 적절한 양육이 있어야 열매 없는 전도에서 벗어날 수 있다는 것을 배우게 되었듯이, 그리스도 안에서 성장하며 그리스도를 따르고자 하는 진정한 열망을 가진 사람들에게 흔히 생기는, 영적 열망과 실제 삶에서의 실행 사이의 간격은, 적절한 도구를 주고 이를 사용할 수 있도록 도와주면 메울 수 있다는 결론을 내리게 되었습니다.

성경 암송 시스템은 유익하다는 것이 증명되었습니다. 이제 기도를 위한 효과적인 계획과, 매일 개인 성경공부를 할 수 있는 방법도 필요했습니다. 그리고 각 사람이 매일 훈련을 점검하고 진보를 측정할 수 있는 방법도 필요했습니다. 이 모든 것은 성경공부를 하는 방법을 보여 줄 뿐만 아니라 바쁜 날에도 성경공부를 빼놓지 않고 할 수 있도록 해줄 것입니다.

아이디어를 구하며 기도하던 중에 도슨의 머리에 갑자기 번뜩이는 것이 있었습니다. STUDY라는 단어의 각 글자를 따라 다섯 부분으로 이루어진 장별 성경공부를 하는 방법을 만드는 것이었습니다. 'S'(summary)는 그 주에 할당된 한 장 또는 그보다 작은 부분을 한두 문장으로 요약하는 것이었습니다. 'T'(title)는 장의 제목을 뜻했고, 'U'(uplifts)는 발견한 진리를 자기의 삶에 적용하여 진보가 생기도록 하는 것이었습니다. 'D'(difficulty)는 공부 과정에서 생기는 질문이나 어려운 문제를 의미했고, 'Y'(your key passage)는 장의 내용을 가장 잘 표현하는 구절을 의미했습니다. 나중에 'STS(Search The Scripture) No.1'이라고 이름이 붙여진 STUDY는 가로 9cm 세로 15cm 노트 내지에 멋지게 인쇄되었습니다. 앞표지에는 "부끄러울 것이 없는 일꾼으로 인정된 자로 자신을 하나님 앞에 드리기를 힘쓰라"는 구절이 있었고, 안에 있는 공부 부분에는 각 부분을 위해 세심하게 할당된 여백이 있었으며, 클럽 사람들이 사용하도록 분배되었습니다. 도슨은 이 방법이 여러 필요를 채우는 것을 볼 수 있었습니다. 학생들이 성경의 진리를 스스로 발견할 수 있도록 도와줄 뿐만 아니라 선생님이나 인도자를 통해서만 양식을 공급받는 것에서 벗어날 수 있게 해주기 때문입니다. 각자의 개인적인 발견은, 비록 신학적인 면에서는 선생님들보다 앞서지 못할지라도, 각 사람에게는 더욱 의미 있고 중요했습니다.

도슨은 할 일 목록, 기도 제목, 그리고 매일 점검을 위한 노트를 고안했습니다. 헤이든은 도슨을 도와서 가로 3인치 세로 5인치짜리 교재를 만들었는데, 중학교 남학생 모임인 'Conqueror' 클럽과 여학생 모임인 '빅토리' 클럽을 위한 것이었습니다. 더 어린 학생들은 아직 레귤러펠로우 성경 클럽으로 모였습니다. 자원하여 4845번지 선교관 식탁에 모인 사람들은 노트 각 장에 구멍을 뚫고 정리하는 작업을 했는데, 도슨은 감독하면서 구멍 하나만 살짝 틀려도 이를 즉시

빼라고 했습니다.

두나미스와 마르투레스 클럽은 점차 수가 늘어났고, 두 그룹 모두 도슨이 만들어 준 교재를 사용했습니다. 두나미스 멤버들은 미니트맨 훈련에 사용하던 TNT 과제보다 축소된 과제를 7주 동안 하도록 했습니다. 이는 '2등 사수' 급에 해당하였습니다. 여기에서 그들은 '1등 사수' 급으로 나아갔고, 이어서 '특등 사수'가 되었습니다. 이는 사격에서 사용하는 친숙한 용어였습니다. 마르투레스 멤버들도 이와 비슷하게 나아갔습니다. 'W' 한 개[말씀(Word)], 'W' 두 개[말씀과 동행(Walk)], 'W' 세 개[말씀, 동행, 증거(Witness)]로 급을 나누었으며, 각 급마다 과제가 늘었습니다. 아무리 작은 기술적인 발견일지라도, 젊은 사람들을 그리스도와 매일 친밀하게 동행하도록 돕는 목적에 기여하는 것이라면 이는 영적인 승리로 여겨졌습니다.

몇몇 군인과 민간인들에게 두나미스 교재들을 시험적으로 사용하도록 하면서, 도슨은 클럽에서 사용하기 위해 개선책을 강구했습니다. 도슨은 형제 미니트맨과 자매 미니트맨 멤버들에게 두나미스 과제를 하도록 했고, 어떻게 사용하는지를 배우도록 했습니다. 그리하여 두나미스를 미니트맨이 되기 위한 예비 단계로 사용하기로 하였습니다.

이제 농촌 선교사인 스펜서는 이 교재들을 가지고 자기가 돕는 젊은이들과 함께 'Conqueror' 클럽과 빅토리 클럽을 시작하기 위해 콜로라도로 돌아갔습니다. 하이타워와 해리스는 바이올라를 막 졸업한 후에 아프리카에 선교사로 떠나기 위해 준비하면서 청소년 클럽 사역에 드려지고 있었습니다. 클럽은 될 수 있으면 샌디에이고만큼 멀리 떨어진 곳에서 시작했으며, 선물로 받은 1928년형 포드 쿠페는 곧바로 두나미스 자동차라고 명명하게 되었고, 사역에 효과적으로 사용되었습니다. 휘튼 대학에 진학하려던 한 학생은 스스로 미니트맨 훈련을 자청하였고, 학교에서 젊은이들을 모아 모임을 만들 계획을 세웠습니다. 청소년 클럽 운동은 계속 진행되었습니다. 그리고 도슨은 비록 자기의 시간이 교재를 만들고 시험적으로 사용해 보며, 인도자들을 징모하고 코치하며, 그와 연관된 일을 하는 데 드려졌지만, 자기가 배우고 있는 원리나 만들고 있는 교재가 장래 사역에 가치 있게 쓰일 것이라고 생각했습니다.

다시금, 열정적인 태도의 소유자인 도슨은 몸이 감당할 수 없을 정도로 일을 하게 되었습니다. 일하는 시간은 점차 길어졌고, 늦게까지 일하게 되었으며, 기도를 위해 아침에 일어나는 시간도 점점 빨라졌습니다. 체중이 줄기 시작했습니다. 오후 시간에는 손에 성경을 든 채 의자에 앉아 골아떨어진 도슨의 모습을 발견할 수 있었습니다. 의사는 도슨에게 삶의 속도를 늦출 것을 권했습니다.

1939년 12월 말, 도슨은 항구에 들어와 있던 배의 키맨들을 불렀습니다. 빅베어레이크에서 전략을 세우는 모임을 하기 위해서였습니다. 다우닝, 순양함 아스토리아호의 빅 맥케니, 뉴멕시코호의 뉴맨과 굴드, 캘리포니아호의 오란 벨, 그리고 펜실베이니아호와 수송선 사라토가호의 사람들이 모였습니다. 수년 동안 도슨은 키맨들에게 편지를 써서 제자의 도와 사역에 대하여 가르쳤습니다. 도슨은 이들에게 다른 배에 있는 네비게이토를 위해서도 기도하도록 가르치는 것이 필요하다고 생각했습니다. 사실상, 서로 지속적으로 연락을 하도록 격려하는 것이 이 모임의 제일가는 목표였습니다.

도슨은 다우닝과 다른 여러 성숙한 키맨들의 인도를 따라 그해에 해군들이 이룩한 분명한 영적 성장에 대해 크게 기뻐하였습니다. 이를 통해, 무리의 영적 건강은 그들과 함께하는 인도자의 훈련에 크게 좌우될 것이라는 도슨의 믿음이 더욱 강화되었고, 도슨은 이런 훈련에 더욱 집중하기로 작정했습니다.

130명의 군인과 민간인들이 이 해의 '그리스도 안에서 승리하는 삶' 수양회에 참석했습니다. 찰스 풀러가 다시 주강사로 초빙되었으며, 수양회 마지막에는 네비게이토 전도팀이 오픈도어 교회에서 주일 저녁 예배를 인도했습니다. 지역 라디오 방송국에서는 그리스도를 위해 역동적으로 살고 있는 해군들의 간증이 소개되었는데, 자기 아들들을 군에 보낸 사람들에게서 뜨거운 반응을 얻었습니다. 목사인 루이스 탈봇 박사는 2주일 후 저녁 예배에 네비게이토를 다시 한 번 초청하였습니다. 전도팀을 인도하는 다우닝은 배가 정박해 있는 동안에는 푸른색 제복을 입은 해군들을 한 주일에 대여섯 곳의 예배에 파견했습니다. 그들 간증의 하이라이트는, 관심 있는 사람이라면 누구든 따라 할 수 있는 방법을 통해 얻은, 그리스도께서 주신 승리였습니다. 정기적인 성경 암송과 성경공부, 기도의 삶의 훈련, 적극적인 증거가 그것이었는데, 이는 수레바퀴 예화의 각 살에 해당하는 것으로 각 사람이 영적으로 어릴 때부터 힘써 길들여야 하는 것이었습니다.

해군들의 영향력은 새로운 배로도 퍼져 나갔습니다. 미국이 전쟁에 개입하기 2년 전이었는데, 이미 각 구축함은 새로운 임무를 받고 있었고, 다른 배에는 해군들이 새로이 배치되어 경험이 많은 해군들은 각 곳으로 흩어졌습니다. 프린스와 다른 키맨들은 이를 통해 새로운 사역지로 옮기게 되었습니다. 배에는 여전히 군목이 별로 없었습니다. 대개는 대형 전함에만 한 명씩 있었습니다. 도슨은 다른 배에서도 주님의 일을 할 수 있게 해달라고 수개월 동안 기도한 것의 응답임을 알았습니다. "주님께서 우리 형제 중 몇몇을 새로운 임무를 받은 구축함으로 보내셨다.… 각 사람은 이를 하나님의 부르심으로 받아들였다." 도슨은 또한 몇몇 사람들이 이미 다른 구축함에 있는 사람들을 만나고 있음을 알게 되었습니다. 그들은 대개 4척이 하나의 함대로 움직였기 때문입니다.

어떤 네비게이토들은 키맨이 없는 순양함으로 이동했습니다. 존 팅클은 거의 모든 함대에서 온 16-20명 정도가 인디애나폴리스호의 성경공부에 참석하고 있다고 보고했습니다. 성경공부에 정기적으로 참석하는 사람들은 조금이라도 관심을 보인 사람들을 위해 기도할 책임을 졌습니다. 존은 다른 순양함에서 교제할 사람이 생기면 자기 배에서 사람이 생긴 것 못지않게 기뻐했습니다. "도슨, 놀라운 소식이 있습니다"라고 존은 편지를 썼습니다. "지난번에 내가 만났다는 형제를 기억하십니까? 그와 나는 지난 몇 달 동안 친하게 지냈는데, 이제 그런 유대가 영원히 지속하게 되었습니다. 그는 지난 토요일에 그리스도를 영접했습니다. 우리는 정기적인 교제와 성경공부를 시작했습니다. 내 믿음이 견고해지고 용기가 더욱 생기는 것을 느낄 수 있습니다." 그러한 사이에 이미 성경공부가 제대로 진행되고 있었던 7척의 전함에서는 성경공부가 꽃을 피우게 되었습니다. (전함의 명칭은 각 주의 이름으로 했고, 순양함은 도시, 구축함은 유명한 사람, 그리고 잠수함은 물고기의 이름으로 지었기 때문에 이름으로 각 배를 구별할 수 있었습니다.)

도슨은 한 배에서 '새로운' 사역을 서서히 시작하도록 권면했습니다. 서서히 성장하는 것이 더 견고할 것이라고 생각했기 때문입니다. 이것 역시 빅베어 수양회의 주요 관심사였습니다. "배에서 두세 명씩 기도를 위해서 모이기 바랍니다"라고 도슨은 참석자들에게 권했습니다. "그리고 성경공부와 같은 것을 시작하기 전에 먼저 주님의 인도를 기다리기 바랍니다." 이것은 성경공부 인도자를 선택하는 데에도 적용이 되었습니다. 하나님께서 택하신 성숙한 인도자가 없는 경우나 군목이 인도하는 경우가 아니면 성경에 대한 토의는 논쟁으로 흐를 가능성이 있기 때문입니다. 그리고 조심해야 할 또 다른 이유가 있었습니다. 웨스트버지니아호에서는 군목이 그룹을 만들어 인도를 하였으나, 네비게이토를 잘 알지 못하는 다른 배의 군목은 네비게이토를 경계할지도 모릅니다. 그리고 어린 그리스도인 중에 열심이 지나쳐 군목의 전문적인 역할을 침해하는 일까지 생겼기 때문에 몇몇 군목의 경우 네비게이토라는 이름에 대하여 주의 신호를 보내기도 했습니다.

도슨은 빅베어 수양회에 참석한 사람들에게, 자기가 탄 배에서 이루어지는 사역에 대하여 책임을 져야 한다는 것을 강조하는 가운데서도, 다른 전략적인 항구에서도 네비게이토 선교관이 생겨야 한다는 짐을 나누었고, 이 목표를 위해 그동안 한 노력을 되돌아보았습니다. 수년 동안 짐 포스터는 배가 브레머턴에 있을 때 해군들에게 사역을 했는데, 해군들을 교회와 자기 집으로 데려왔고, 해군 YMCA에서 매주 성경공부를 가졌습니다. 네비게이토 성경공부가 YMCA에서 갖는 유일한 군인 성경공부라는 사실은 이 기관의 공식적인 홍보 사진으로 남는 계기가 되었습니다. 포스터는 각 사람의 영적 성장을 주의 깊게 기록하고, 그들을 성실하게 섬겼습니다. 1938년에 그는 그 지역에서 공식적인 네비게이토 '개척 간사'였습니다. 그는 또한 해군들을 CE의 간사인 루엘라 다이어와 만나도록 했는데, 루엘라는 매우 경건했으며, 이 사람의 집은 수년 동안 네비게이토들에게 개방되어 있었습니다.

오클랜드에서는 해럴드 크리스맨이 1937년 초에 자기 집을 개방하여 주중에 네비게이토를 위한 성경공부를 진행했습니다. 미국 주일학교 연합회의 일을 하면서 부수적으로 이 일을 한 것이었습니다. 이 사역은 단명하였습니다. 도슨은 또한 침례교 목회자이며 호놀룰루에 갈 예정인 해럴드 디그로프 및 중국으로 가려던 한 선교사와 함께 이 기지들에 있는 군인들을 대상으로 공동으로 사역하는 것에 관하여 토의하였으며, 모두 다 그 일에 하나님께서 함께하신다는 것에 동의하였습니다. 중국으로 가려던 선교사는 계획대로 되지 않았지만, 디그로프는 자기 집을 호놀룰루의 네비게이토 본부로 개방하였고, 그곳에 있는 사람들을 대상으로 자기가 원래 배운 바를 따라 전통적인 성경공부를 인도하였습니다. 진주만에는 더욱 많은 배들이 들어와 오랫동안 정박하게 되었는데, 다우닝과 기타 여러 배에 있는 사람들은 네비게이토 고유의 사역을 진행하였습니다.

샌디에이고에는 코우테스가 다른 사역으로 옮겼기 때문에 네비게이토 선교관이 없었는데, 여기에서는 더욱 많은 교훈을 배울 수 있었습니다. 매우 열심 있는 젊은 그리스도인이었던 아트 워드는 청소년 캠프에서 유명한 강사였는데, 도슨과 함께 샌디에이고에 들렀을 때 이곳에서 사역하는 게 좋겠다는 도슨의 제안을 즉시로 받아들였습니다. 도슨은 하나님의 인도하심이 분명하다고 믿고 매우 의기양양하였습니다.

> 나는 전적으로 주님께 굴복한 하나님의 사람을 만나게 되어 매우 기쁘다. 오늘날 사람들 가운데 올바르게 균형 잡힌 사람을 찾기가 어렵다는 것을 알았다. 즉, 개인적인 사역을 잘하는 사람, 하나님의 말씀을 많이 사용하는 기도의 사람, 진정으로 하나님의 말씀을 마음에 새기고 있는 사람, 쉬우면서도 최신 감각의 언어를 구사하는 재미있는 사람을 말한다. 이 사람 아트 워드는 이 모든 것을 가지고 있으며, 게다가 매우 솔직한 태도를 가지고 있다.

도슨은 아트 워드 부부에게 샌디에이고 선교관을 맡기고 사역을 시작하도록 도왔습니다. 그곳의 친구들에게서 도움을 얻도록 했으며, 크게 격려하였습니다. 아트 워드는 놀라운 소식을 보내 왔습니다. 첫 14주 동안에 40명 이상의 사람들이 그리스도를 영접했으며, 그들 대부분은 선교관에서 영접한 사람들이었습니다. "하나님께서는 참으로 놀라우십니다! 오늘 두 사람이 더 돌아왔습니다!"

그러나 아트 워드에 대하여 큰 기대를 가졌던 도슨이 미리 예견하지 못한 문제가 생기고 있었습니다. 그가 아직 성숙하지 못했기 때문입니다. 얼마 지나지 않아 워드는 독재적이고 독립적인 태도를 보이기 시작했습니다. 사람들의 의견을 경청하지 않고 그들에게 충성만을 강요했으며, '마더' 리튼하우스, 에밀 피어슨, 플로이드 로버트슨과 같은 충실한 친구들을 멀리하기 시작했습니다. 그리고 군인들을 독단적으로 이끌어 갔습니다. 1938년 8월에 아트 워드는 그만두었습니다.

이 일을 키맨들에게 나누면서, 도슨은 샌디에이고와 동부 해안에 네비게이토 선교관이 긴급히 필요하다는 것을 알게 되었습니다. 단순히 집을 개방하는 것으로는 부족했습니다. 도슨은 '네비게이토 선교관의 자격' 여덟 가지를 토의하였습니다. 책임을 맡은 부부가 사람들의 영적 필요를 채워 주고 영적으로 성장하도록 도울 줄 알아야 하고, 기꺼이 자신의 시간과 소유물을 희생하려고 해야 하며, 네비게이토 본부와 긴밀한 협력을 할 줄 알아야 한다는 것 등등이었습니다. 선교관에서 성장하지 않은 사람 가운데서는 그런 부부를 발견하는 것이 쉽지 않았습니다. 예를 들어 굴드는 이제 도슨의 비서인 마지와 약혼하였는데, 전역을 한 이후에 네비게이토 선교관을 맡을 준비가 될 것입니다. 그는 4845번지 선교관에서 훈련을 받았으며, 마지도 네비게이토 선교관 사역을 위해 구체적으로 훈련을 받고 있었기 때문입니다. 마지는 라일라를 시간제로 도왔습니다. 이를 통해 가정을 관리하는 라일라의 수준과 맛있는 참치 요리를 만드는 법을 배웠습니다. 참치 요리는 너무나 맛있어서 사람들은 늘 한 번 더 달라고 하였습니다. 마지는 또한 믿음의 교훈도 배웠습니다. 식료품 가게에서 장바구니에 물건을 담고 있었는데, 때마침 한 군인이 도슨에게 돈을 건넸고, 이 돈으로 점원에게 값을 지불하는 것을 직접 보기도 했습니다. 또한, 라일라의 풍성한 삶을 통하여 인내하며 즐거워하는 삶의 교훈을 배웠고, 도슨이 모임에서 더욱 큰 자유로움을 가지고 형제들에게 말할 수 있도록 라일라와 함께 자전거를 타고 밖으로 나가는 신중한 분별력도 배울 수 있었습니다. 굴드와 마지는 선교관을 위해 이상적으로 준비된 사람들이었습니다. 도슨은 이런 부부가 여섯 정도 더 있었으면 좋겠다고 생각했습니다.

호놀룰루에 있는 사람과 최근에 무선으로 통신을 한 이후에 도슨은 여러 네비게이토 사무실을 단파 통신으로 연결하는 가능성에 대하여 생각하기 시작했습니다. 도슨은 또한 비행 훈련을 받을 계획도 세웠는데, 미국 전역에 있는 해군과 청소년 사역을 둘러보는 여행을 염두에 둔 것이었습니다.

늦은 봄의 따스한 햇살이 좁은 뜰 건너편 벽 곳곳을 비추고 있었습니다. 바이올라와 로스앤젤레스 공공 도서관 사이의 낡은 건물에 있는 사무실에서 도슨은 길쭉한 창문을 활짝 열고는 상쾌한 공기를 들이마셨습니다. 구름 한 점 없는 푸른 하늘을 바라보면서 도슨은 사람들 가운데 하나님의 후한 선물인 따스한 햇살과 상쾌한 공기에 대하여 감사하는 사람이 몇 명이나 있을까 생각했습니다. 또한 한 컵의 맑은 물 혹은 즐겁게 지저귀는 새소리에 대해서도 마찬가지였습니다. 하나님, 감사합니다. 도슨은 책상 뒤에 있는 팔걸이의자로 돌아와서는 건너편에 앉아 있는 활발한 젊은 자매와 면담을 하였습니다. 그녀는 고상한 말씨로 신중하면서도 확신 있게 말했으며, 살짝 짓는 미소로 인해 적갈색 머릿결이 더욱 빛이 났고 지극히 여성스러운 모습을 띄게 되었습니다. 모리나 홈스는 졸업할 때 여학생 대표로 뽑혔으며, 19명의 학생들로 이루어진 바이올라 마르투레스 사역에 함께하고 있었는데, 그들이 그 시스템을 어떻게 사용하고 있는지, 그리고 여름 선교에는 무엇을 하려고 하는지를 알고자 하여 도슨이 면담을 계획했던 것입니다.

"마르투레스는 주님과 교제하는 삶에 도움이 되었어요"라고 모리나는 말했습니다. "그 시스템은 너무도 명확했기 때문에 말씀과 기도로 주님과 교제하는 시간을 내야 한다는 확신이 생겼어요. 그렇지 않았다면 주님과 교제하는 시간은 다른 여러 일들에, 심지어는 그룹 성경공부와 같은 좋은 일들에, 밀려나고 말았을 것입니다." 도슨은 열정이 넘치는 그 자매를 바라보며 경청하였습니다. "또한 규모 있는 삶에 도움이 되었어요"라고 계속 말을 이었습니다. "예를 들면 성경 암송과 같은 것이지요. 저는 늘 많은 일을 하려고 했습니다. 그러나 주말까지 구체적으로 그 구절을 외워야 한다는 것과 매일 저녁 일정한 분량의 구절을 점검받아야 한다는 것 때문에, 미루고자 하는 마음이 있었지만 미룰 수 없었습니다. '시간이 있을 때' 더 많이 암송하고 복습하면 된다는 생각을 버려야 했지요. 그리고 확실한 것은 매일 조금씩 행하면 구체적인 시스템이 없이 하는 것보다 훨씬 더 많은 구절을 외울 수 있다는 것이지요."

도슨은 이에 동의를 표했습니다. "그것이 바로 내가 하는 방식입니다. 만약 내가 어떤 기한 내에 이루기로 한다면, 나는 모든 노력을 다해야 합니다. 그러나 만약 내가 많은 분량을 성취하기 위해 편리한

때를 기다린다면, 그럴 만큼 편리하고 여유 있는 때는 좀처럼 생기지 않기 때문에 시간은 마냥 흘러가게 마련입니다. 알다시피, 이것이 인간의 본성이라고 생각됩니다. 우리 모두는 외부의 압력이 필요하며, 행해야 한다는 것은 알고 있지만 혼자 힘으로는 하기 힘든 것을 할 수 있도록 도와주는 도전이 필요합니다.

나는 매일 한 구절을 외우겠다는 목표를 세움으로써 처음 천 구절을 외웠습니다. 그렇지만 매일 암송했다는 표시를 100퍼센트 하기 위해 밀고 나가지 않았다면 결코 천 구절을 외우지 못했을 것입니다. 증거도 마찬가지입니다. 초기 미니트맨은 하루에 한 사람을 만나는 목표를 가지고 있었습니다. 그리고 내가 실패했다는 표시를 하지 않기 위해 어떤 것이든 했습니다. 그래서 심지어 잠자리에 들기 전에 바깥으로 나가서 말씀을 전하기도 했습니다. 이렇게 해도 효과가 있었습니다. 그리고 우리가 이런 목표를 가지지 않았을 때보다 훨씬 더 많은 사람들을 만날 수 있었습니다. 게으르고자 하는 것이 인간의 본성입니다. 그렇지 않습니까? 그러나 주님께서는 이를 알고 계시며, 우리에게 두뇌를 주셔서, 하나님의 명령을 순종하지 못하도록 방해하려고 사탄이 놓은 장애물을 극복하는 방법을 알 수 있도록 해주셨습니다."

상대방이 적극적으로 들으려는 학생임을 안 도슨은 자기의 생각과 비전을 계속 나누었습니다. "약 9년 전에 나는 평생의 사역에 대하여 주님의 인도하심을 기다렸습니다. 나는 '주님, 무엇이든 하겠습니다. 오직 주님의 명령을 따르겠습니다. 주님을 위해 사람들을 얻게 하여 주십시오. 그리고 그들에게 주님과 동행하는 삶의 기쁨을 전달하게 하옵소서'라고 기도했습니다. 그리고 기도하면서 자주 이사야 말씀으로 돌아왔습니다. 어떤 성경을 사용해도 그것은 이사야였습니다. 주로 이사야 40장에서 끝까지인데, 특히 43, 44, 45, 그리고 58장을 묵상했습니다. 시간이 지나면서 나는 하나님께서 이 약속들을 내게 주셨다는 것에 대하여 어떤 의심도 갖지 않게 되었으며, 내가 주님을 믿고 순종하기만 한다면 그 약속들이 내게도 이루어지게 될 것이라고 굳게 믿었습니다. 그리고 1936년에, 네비게이토 사역을 시작한 지 4년이 되었을 때 약속 가운데 몇 가지가 성취되는 것을 보기 시작했습니다."

"이것을 들어 보시오." 도슨은 손에 성경책을 펼쳐든 채 다음 구절을 천천히 극적인 어조로 읽었습니다. "야곱아, 너를 창조하신 여호와께서 이제 말씀하시느니라. 이스라엘아, 너를 조성하신 자가 이제 말씀하시느니라. 너는 두려워 말라. 내가 너를 구속하였고, 내가 너를 지명하여 불렀나니, 너는 내 것이라. 네가 물 가운데로 지날 때에 내가 함께할 것이라. 강을 건널 때에 물이 너를 침몰치 못할 것이며, 네가 불 가운데로 행할 때에 타지도 아니할 것이요, 불꽃이 너를 사르지도 못하리니, 대저 나는 여호와 네 하나님이요, 이스라엘의 거룩한 자요, 네 구원자임이라. 내가 애굽을 너의 속량물로, 구스와 스바를 너의 대신으로 주었노라. 내가 너를 보배롭고 존귀하게 여기고 너를 사랑하였은즉 내가 사람들을 주어 너를 바꾸며 백성들로 네 생명을 대신하리니, 두려워 말라, 내가 너와 함께하여 네 자손을 동방에서부터 오게 하며 서방에서부터 너를 모을 것이며, 내가 북방에게 이르기를 놓으라. 남방에게 이르기를 구류하지 말라. 내 아들들을 원방에서 이끌며 내 딸들을 땅 끝에서 오게 하라. 무릇 내 이름으로 일컫는 자 곧 내가 내 영광을 위하여 창조한 자를 오게 하라. 그들을 내가 지었고 만들었느니라."

"처음에 나는 '맞습니다'라고 생각했습니다. 그러다가 '주님, 딸들이라니요?'라고 물었습니다. 나는 형제들을 대상으로 사역을 하고 있었습니다. 그때 자매들이 찾아와서 성경공부와 성경 암송을 원한다고 했습니다. 오래지 않아 우리는 자매 미니트맨과 마르투레스 클럽을 갖게 되었습니다. 주님께서는 시작부터 이를 알고 계셨던 것입니다. '바다 가운데 길을, 큰 물 가운데 첩경을 내고.' 이것 역시 나를 고민스럽게 했습니다. '주님, 큰 물 가운데 첩경이라니요? 무슨 뜻입니까? 이곳엔 이미 청소년 클럽에 200명이나 있고, 여러 교회에서 말씀을 전하고 있으며, 미니트맨을 대상으로 사역을 하고 있는데요'라고 말씀드렸습니다. 그러자 레스 스펜서와 딕 하이타워와 거니 해리스가 웨스트버지니아호에서 사역을 시작하게 되었습니다. 구드릭과 데드릭과 훅과 다우닝이 함께하게 되었고, 형제들은 여러 전함으로 이동했으며, 여러 순양함과 구축함에서도 사람들을 얻을 수 있었습니다. 그들은 도처에서 그리스도를 열심히 증거하였고, 배에서 간증이 되는 삶을 살았으며, 각각 자기의 일을 할 뿐 아니라 다른 사람들도 도와주었습니다. 그래서 지금은 약 50척의 배와 기지에서 사람들이 그리스도를 위하여 일을 하고 있습니다. 이것이 바로 하나님께서 큰 물 가운데 첩경을 내신 것입니다! 그리고 주님께서는 이 모든 것을 내게 약속을 주실 때 알고 계셨습니다.

'너희는 이전 일을 기억하지 말며, 옛적 일을 생각하지 말라. 보라, 내가 새 일을 행하리니 이제 나타낼 것이라. 너희가 그것을 알지 못하겠느냐? 정녕히 내가 광야에 길과 사막에 강을 내리니.' 초기 네비게이토들은 이등병이었습니다. 그들은 하사관이 된 사람에게는 복음을 전하지 못할 것이라고 생각했습니다. 물론 우리는 몇몇 하사관에게 복음을 전했고, 후에는 몇 명의 장교를 얻게 되었으며, 나중에는 모든 계급에 있는 사람들을 얻었습니다. 하나님께서는 이 약속도 성취해 주신 것입니다." 도슨은 성경 책장을 넘겼습니다. 그러나 구절은 암송한 것을 인용하였습니다. "'네게서 날 자들이 오래 황폐된 곳들을 다시 세울 것이며 너는 역대의 파괴된 기초를 쌓으리니, 너를

일컬어 무너진 데를 수보하는 자라 할 것이며 길을 수축하여 거할 곳이 되게 하는 자라 하리라.'

아마 당신은 오픈도어 교회에서 20명의 해군들이 일어나 각각 자기의 간증을 하는 것을 보았을 것입니다. 이들은 내가 믿기로, 주님께서 약속하신 역대의 기초가 될 사람들 가운데 일부라고 생각합니다."

그녀는 고개를 끄덕였습니다. 그리고 "그 사람들을 보면 아가서의 말씀이 생각나요"라고 했습니다.

"아가서의 말씀이요?"

"예, 아가 3:8입니다. '다 칼을 잡고 싸움에 익숙한 사람들이라. 밤의 두려움을 인하여 각기 허리에 칼을 찼느니라'라는 말씀이지요. 그들은 모두 말씀에 강해요. 네비게이토 해군들을 보면 팔에 성경을 끼고 다녀요. 전쟁에 바로 쓸 수 있도록 준비된 무기와 같은 것이지요."

이 비유를 듣고 도슨은 기뻐하였습니다. "나는 이전에 그 구절을 전혀 생각지 못했습니다. 그러나 정말입니다. 그들은 모두 용사들입니다. 사탄을 물리치기 위하여 성령의 검인 하나님의 말씀을 어떻게 사용하는지를 알고 있습니다. 그리고 그들은 성경을 통하여 직접 하나님의 명령을 받는 법도 알고 있습니다. 성경을 공부하고 마음에 새기고, 그리고 나아가서 믿음의 선한 싸움을 싸우는 것이지요."

도슨은 다시 창문을 향하였다가 돌아섰습니다. 그리고 성경책에 손가락을 넣었습니다. "내가 뭐라고 말하고 행동하든 하나님께서는 이 약속들을 성취하실 것임을 알고 있습니다. '과연 태초로부터 나는 그니, 내 손에서 능히 건질 자가 없도다. 내가 행하리니 누가 막으리요?' 나는 이 페이지 밑에다 여섯 가지 기도 제목을 적었습니다. 하나를 빼놓고는 이미 다 응답되었습니다. 그 가운데 하나는 '하나님, 우리에게 강력한 젊은 무리를 보내어 주소서. 굳세고 강한 십자가의 군사, 오직 주님의 영광에만 시선을 고정시킨 사람들을 보내어 주소서'였습니다. 모리나, 나는 이미 아가 3:8의 사람들을 보았습니다. 굳세고 강한 십자가의 군사들, 그들과 같은 사람들을 다시 일으킬 수 있는 사람들이 많이 일어나고 있는 것입니다.

내가 아직 응답을 보지 못한 기도는 바로 이것입니다. '하나님, 이 사역을 통하여 미국에서 2백만 명이 구원을 받게 하소서.' 이것 또한 보게 될 것입니다. 미국에 있는 모든 고등학교와 대학에 두나미스 클럽과 마르투레스 클럽이 생기게 되어, 많은 남학생과 여학생들이 하나님의 말씀에 파고들며, 친구와 부모들에게 복음을 전하는 것을 배우고, 진정으로 영혼을 구원하는 사람들이 되는 것을 생각해 보십시오! 만약 우리가 그들을 이 성경 속으로 데려올 수 있다면 성경 말씀은 그들에게 들어갈 것입니다"라고 하면서 도슨은 집게손가락을 자기 가슴에 대었습니다. "그 어느 것도 이를 멈출 수는 없습니다." 도슨은 장차 일어날 일들을 생각하며 잠시 숨을 골랐습니다.

"그러나 우리가 해야 할 것은, 단지 그들에게 십여 개의 성경 구절을 준 다음에 그저 말씀으로 나아가라고 말하는 것이 아닙니다. 우리는 모든 것을 주님께 드릴 젊은 형제 자매들을 길러 내어야 합니다. 지금 배에서 사역하고 있는 사람들처럼 전력을 다하는 사람들 말입니다. 그 다음에 우리는 그들을 먹이고 훈련해야 하며, 그들이 말씀을 자기의 삶에 깊이깊이 간직하여 중심이 불붙는 것 같아서 골수에 사무치기 때문에 나누지 않으면 견딜 수 없을 정도로 성장하기까지 기다릴 줄 알아야 합니다. 우리는 그들이 당면하는 작은 문제들을 해결할 줄 알도록 도와야 하며, 지혜와 인도 및 그들이 필요한 모든 것을 얻기 위하여 주님을 의지하는 법을 가르쳐 주어야 합니다.

배에서 사역하고 있는 사람들에게 있는 문제 가운데 한 가지는 바로 한두 사람들이 너무 서둘러 일을 시작하는 것입니다. 성경공부 그룹을 이끄는 데 필요한 영적 성숙함과 분별력을 갖추기도 전에 많은 사람들을 모아 성경공부 그룹부터 조직하려고 하는데, 이는 득보다는 실이 더 많습니다. 나는 지금까지 사람들에게 천천히 시작하도록 계속 권해야 했습니다. 그리고 성경공부 그룹을 조직하고 말을 많이 하기 전에, 먼저 말씀과 기도에 뿌리를 내리고 삶을 통해 증거할 줄 아는 한두 사람을 얻으라고 말합니다. 우리는 완벽하고 깊이 있는 것을 위해 싸워야 합니다. 우리는 커지기 위하여 애쓰는 대신에 작은 규모를 유지하기 위해 애써야 합니다. 정신 나간 말처럼 들리지 않습니까? 그러나 당신이 만약 역대의 파괴된 기초를 쌓고자 한다면 어떤 압력에도 무너지지 않는 기초를 쌓아야 하지 않겠습니까? 나는 하나님께서 우리 해군의 모든 함정에 키맨들을 길러 주시기를 기도하고 있습니다. 그리고 새로 생기는 항공대(1926년부터 6년 동안 공군력 증강 계획이 실행됨, 역자 주)를 구성할 사람들에게 나아갈 수 있기를 기도하고 있습니다. 그러나 키맨에게 한 배 혹은 한 기지 전체를 맡기려면, 그는 반드시 훈련되고 하나님께서 실제적으로 사용하실 수 있도록 준비된 사람이어야 합니다.

이것은 두나미스 클럽이나 마르투레스 클럽에도 마찬가지입니다. 만약 미국 전역에서 이런 일이 생기도록 하려면, 우리는 반드시 지도자를 훈련시켜야 합니다. 그는 말씀에 견고히 뿌리를 내린 삶을 살아야 할 뿐만 아니라, 다른 사람을 가르칠 수 있는 충성된 사람들에게 이를 전달할 줄 아는 사람입니다. 이것이 바로 바울이 디모데후서 2:2에서 말한 것입니다. '또 네가 많은 증인 앞에서 내게 들은 바를 충성된 사람들에게 부탁하라. 저희가 또 다른 사람들을 가르칠 수 있으리라.' 디모데인 당신은"이라고 하면서 도슨은 중지를 잡았습니다. "바울인 나에게 배운 것을"이라고 하며 집게손가락을 잡았습니다. "그리고 당신은 충성된 사람들에게 부탁해야 합니다"라고 말하면서 약지를 잡았고, "그러면 그들은 또 다른 사람들을 가르칠 수 있을 것입니다"라고 하면서 새끼손가락을 잡았습니다. "모리나, 지금부터 나는 형제 디모데와 자매 디모데를 훈련시키는 일에 집중해야 합니다. 그들은 또한 충성된 사람들에게 부탁하여 다른 사람들을 가르칠 수 있을 것입니다. 이것이 바로 하나님께서 우리를 사용하셔서 미국 전역에 있는 젊은이들에게 나아가는 방법이며, 이 젊은이들은 하나님의 이름을 영광스럽게 할 것입니다."

모리나는 수업을 들으러 돌아갔습니다. 도슨이 말한 비전은 가능할 뿐만 아니라 꼭 이루어져야만 하는 비전이었고, 이에 대하여 생각할 때마다 가슴이 뛰었습니다. 도슨의 목표는 선명했습니다. 도슨은 하나님의 뜻을 위해 유별난 야망을 가진 사람이었습니다. 그러나 개인적인 야망과는 구별되는 뭔가 다른 점이 있었습니다. 도슨의 하나님은 살아 계신 하나님이었습니다. 모리나는 무슨 일이 있더라도 그 일에 참여해야겠다고 결심했습니다. 모리나는 이 일에 함께할 수 있는 바이올라의 19명 가운데 한 사람인 것에 자부심을 느꼈습니다. "하나님께서 살아 계시다고 믿는 그의 태도는 놀랍다"라고 모리나는 자기 일기에 기록했습니다. "주님께서 정말 가까이 계시는 듯이 보인다. 얼마나 놀라운 비전이며 놀라운 삶인가? 그의 삶은 여러 면에서 허드슨 테일러를 생각나게 한다."

"도슨, 지난밤 나를 부두로 데려다 주었는데 내가 배를 놓친 것을 알고 있습니까? 그런데 그것은 주님께로 말미암은 것이었어요." 그 해군은 4845번지에 정기적으로 왔었는데 의기양양하게 말했습니다. "한 친구가 내 성경을 보고는 이야기를 시작했는데 그가 주님을 영접했습니다. 여기 그 친구 이름이 있습니다. 당신이 만나 주실 수 있겠습니까?"

"당신은 그를 위해 무엇을 할 작정입니까?"

"글쎄, 나는 잘 모르겠습니다."

"잘 들어요, 맥. 당신이 그를 방문하고, 편지도 쓰고, 그리고 그가 보살핌을 받고 영적 성장을 시작하도록 조처를 취해야 합니다. 당신이 바로 그의 영적 아버지이고 그것은 당신의 책임입니다. 당신의 갓난아이를 우리 집 앞에 데려다 놓을 생각은 아니지요?"

1940년 초 4845번지 거실은 밤마다 여러 모임으로 북적대었습니다. 브레머턴으로 간 배도 있었고 다른 여러 배들은 호놀룰루에 머물고 있는 상황에서도 마찬가지였습니다. 접촉하는 사람은 많았지만, 도슨은 반드시 고쳐야 할 약점이 있음을 알게 되었습니다. 양육에 대한 강조가 부족했습니다. 사람들은, 심지어 키맨조차도, 해군들을 그리스도께 인도하고 성경공부를 가르치기는 했지만, 개인적으로 영적 갓난아이를 돌보는 일과 그들의 영적 성장을 위해 필요한 것들에는 무관심했던 것입니다.

"조지, 당신이 전도한 사람들 이름을 한번 보여 주십시오"라고 도슨이 말했습니다. 조지가 노트를 폈습니다. "이들에 대해 말해 주시오. 그들은 성장하고 있습니까?" "이 사람은 결신할 때는 진지했는데, 성경공부에는 오지 않았습니다. 이 사람은 만나기가 쉽지 않습니다. 나를 피하고 있습니다. 아마도 자기의 삶에서 뭔가를 포기하고 싶지 않은 것 같습니다. 이 아홉 사람들 가운데 제대로 성장하기 시작한 사람은 한 사람도 없습니다." 조지는 마침내 자기의 실상을 인정했습니다.

"그렇다면 조지, 빌립보서 1:6 말씀은 역사하지 않고 있는 것이지요? 왜 그런지 알고 있습니까? 나는 당신의 삶 때문은 아니라고 생각합니다. 당신은 순종하는 삶을 살고 있음을 나도 알고 있습니다. 그러나 당신이 이 구절이 역사할 기회를 주고 있지 않기 때문에 역사하지 않는 것입니다. '너희 속에 착한 일을 시작하신 이가 그리스도 예수의 날까지 이루실 줄을 우리가 확신하노라'라는 구절 다음에 바울은 '내가 너희 무리를 위하여 이와 같이 생각하는 것이 마땅하니 이는 너희가 내 마음에 있음이며'라고 말했습니다. 바울은 자기의 영적 아기들을 돌보았습니다. 그들을 사랑하고, 밤낮으로 기도하며, 편지를 써서 격려하고, 문제를 해결하도록 도왔습니다. 그리스도께서 베드로에게 마지막으로 세 차례나 말씀하셨습니다. '내 어린 양을 먹이라,' '내 양을 치라,' '내 양을 먹이라'라고 말입니다."

그래서 그해에 도슨은 주로 양육을 주제로 메시지를 전했습니다. 이와 함께 성경 말씀을 암송하는 것과 수레바퀴의 삶에 대한 지속적인 도전도 이루어졌습니다. 도슨은 양육에 대해 자기가 쓰라린 경험을 통해 배운 교훈을, 지금까지 전도에 대하여 가르쳤던 사람들에게 지속적으로 가르쳐야 한다는 것을 깨달았습니다. 양육은 자연스럽게 물려받는 확신이나 기술이 아니었습니다. 또한 힘들여 양육을 해도 전도를 통해 처음으로 영접자를 얻는 것처럼 결과가 분명히 나타나지는 않았습니다. 도슨은 해군들에게 그들의 영적 자녀들에게 암송과 성경공부를 시작하게 하고, 전도와 기도와 말씀에 대한 적용을 하도록 도와야 한다고 지속적으로 가르쳤습니다. 이 과정에서 도슨은 자기가 디모데후서 2:2의 패턴을 따르고 있다는 것을 느꼈습니다. 또 다른 사람들에게 가르칠 것들을 충성된 사람들에게 부탁하는 것입니다. 그러나 이 비전이 더욱 성숙해져서 도슨이 아직 이 구절의 반밖에 적용하지 못했다는 것이 드러나는 데에는 꼬박 5년이 더 걸렸습니다.

그럼에도 도슨에게 1940년은 사역에서 상당한 진보를 이룬 한 해였습니다. 그래서 주유소와 서프라인 33번지 이후 지난 6년을 되돌아볼 때, 하나님께서는 구하거나 생각한 것 이상으로 넘치게 역사하여 주셨다고 도슨은 담대히 말할 수 있었습니다. 적어도 두 가지 이유로 그해가 참으로 멋진 해라고 할 수 있었습니다. 첫째, 자기 스스로 사역을 온전히 이끌 수 있는 지도자를 훈련하는 일에 집중하기로 한 이후로 뭔가 결과가 나타나기 시작한 것입니다. 만나는 사람들이 눈덩이처럼 불어나고 배의 여러 전도팀이 대여섯 개 이상의 항구에서 모임을 인도하고 있었어도, 도슨은 책임을 맡은 키맨들의 지도력을 확신할 수 있었습니다.

"그들 중 많은 사람들이, 그들이 탄 배에서 주님의 일을 감당할 수 있고 또한 다른 사람들을 훈련할 수 있는 역량이 있습니다"라고 도슨은 한 친구에게 편지를 썼습니다. "우리는 양적 증가에는 개의치 않습니다. 우리는 성장에 관심이 있으며, 양이 아니라 질을 원하고 있습니다. 그러나… 나는 앞으로 3,4년 후에 사역이 3배로 증가할 것이라고 생각합니다. 주님께서 세우고 계시며 주님께는 불가능한 것이 없습니다." 학생 사역이나 클럽 사역과 함께 군인 사역에서도 도슨은 지상사명은 오직 추수터로 보낼 많은 일꾼들을 훈련함으로써 성취할 수 있다고 생각하게 되었습니다.

그해가 발전을 이룬 해라고 할 수 있었던 두 번째 이유로는, 10여 명의 키맨이 사역을 위하여 해군에 다시 들어간 것입니다. 초기 네비게이토들이 제대한 이후로 지도력에 공백이 있었는데 이제 하나님께서 채우고 계신 것입니다. 그러나 도슨은 다우닝의 경우에는, 지난 2년 동안 자주 그와 상의하며 모든 결정과 계획에 대하여 알려 주었지만, 현재의 복무 기간이 끝나면 전역하여 브레머턴 선교관을 책임 맡고, 네비게이토의 부회장으로 일하기를 원했습니다. 짐 다우닝은 이에 대하여 기도하고 있었고, 모리나 홈스와 결혼하는 것에 대한 도슨의 제안에 대해서도 기도하고 있었습니다. 도슨은 또한 모리나에게도 다우닝과의 결혼에 대해 기도해 보도록 제안했습니다.

해군 선교사로 다시 입대한 사람은 존 프린스였습니다. 소박한 프린스는 논리나 효율과는 거리가 멀었습니다. 그러나 프린스는 성령의 인도하심에 민감했고 다른 사람들은 굉장하다고 할 만한 경험에 대해서도 사실 그대로 보고할 줄 알았습니다. 프린스는 자기가 탄 구축함이 정박한 푸에르토리코에서 다음과 같은 편지를 썼습니다.

지난밤에 기도한 후에 스카우트 모임에 갔습니다. 놀랍게도 그들은 모든 대원들이 참석하여 모임을 갖고 있었습니다. 보이스카우트가 500명도 넘었습니다. 커다란 캠프파이어 곁에서 그들에게 말할 수 있는 길이 열렸습니다. 나는 보이스카우트의 12규칙을 사용하여(보이스카우트는 충성스러워야 한다, 신뢰할 수 있어야 한다 등), 일전에 당신이 말한 것처럼 거듭난 그리스도인이 아니면 그 누구도 이 규칙을 지킬 수 없다고 증거했습니다. 오늘 함장이 나를 불러 편지를 건넸습니다. 푸에르토리코 보이스카우트 연맹 책임자가 보낸 것인데, 이렇게 기록되어 있었습니다. "지난 금요일 저녁 우리 캠프파이어 현장에 영광스럽게도 당신의 승무원 한 사람이 참석해 주었습니다. 그는 청소년들에게 말씀을 멋지게 전했습니다. 우리는 당신이 그에게 심심한 감사의 표시를 전달해 주기를 원합니다. 이 편지는 우리가 그의 이름을 묻지 못했기 때문에 당신에게 보냅니다. 우리 섬에 있는 동안 내가 그에게 무엇이든 도움이 되었으면 좋겠습니다. 만약 그가 우리의 초청에 응할 수 있다면, 그에게 사무실이나 우리 집으로 전화를 하도록 해주시기 바랍니다." 모든 장교들은 큰 관심을 보였으며, 질문도 많이 했습니다. 이 일이 있기 전에는 내가 육상의 여러 곳에서 하는 일에 대하여 비판적인 태도를 보이더니,

이제는 그들이 매우 우호적이 되었으며 이전과는 나를 다르게 대하고 있습니다.

도슨은 미소를 지었습니다. 물론 하나님의 손이 프린스와 함께하신 것입니다. 또 다른 편지에서 프린스는 배에서 한 기관병에게 요한복음을 건네준 이야기를 했습니다. 그가 요한복음을 읽겠다고 약속한 것이었습니다. 그날 밤 프린스는 첨벙 하는 소리와 함께 사람들이 "사람이 빠졌다!"라고 외치는 소리를 들었습니다. 프린스는 달려갔습니다. 함께 정박한 두 배 사이에 두 사람이 빠져 있었습니다. 프린스는 위험은 아랑곳하지 않고 그들을 구하러 뛰어들었습니다. 프린스와 그중 한 사람은 끌어올려졌습니다. 그러나 나머지 한 사람은 다음 날까지도 발견되지 않았습니다. 성경을 건네주었던 기관병이었습니다. "나는 하나님께서 이 사람에게 줄쳐진 복음을 읽을 수 있는 마지막 기회를 주신 것이라고 믿습니다." 프린스는 편지에 이렇게 썼습니다. "그러나 그는 육지로 가서 술을 마셨습니다. 돌아오다가 그와 또 다른 사람은 싸우게 되었고 함께 두 배 사이에 빠지게 되었습니다.… 그의 죽음으로 말미암아 많은 사람들이 영향을 받게 되었습니다."

산후안에서 보이스카우트 대원들을 만난 그 일이 있고 나서 프린스는 다음과 같은 내용을 보고하였습니다. "사역의 기회가 너무나도 많이 생겨서 모든 필요를 다 채울 수 없을 정도였습니다. 나는 두 차례나 방송을 통해 말씀을 전할 수 있었습니다. 우리 배에 탄 거의 모든 사람들이 들었습니다. 또한 통역을 통해 여러 감옥에서도 말씀을 전했습니다. 삼사백 명이 참석했습니다. 여러 학교에서도 말씀을 전할 기회가 생겼는데, 욥기 38장의 과학적 내용을 기초로 복음을 전했습니다." 이렇게 성령의 인도하심을 받은 한 해군이 기도하고 보이스카우트 캠프파이어 현장에 갔을 때 한 도시의 시민과 한 배 전체의 승무원이 복음을 듣게 된 것입니다.

✻　✻　✻

도슨은 사역을 위하여 사람들이 해군에 머물기 원했던 것 이상으로 사람들이 자기 고향으로 혹은 해외로 선교를 위해 나아가는 것을 기뻐하였습니다. 선교에 열심이었던 도슨은 곧 네비게이토 선교사들을 위한 거대한 계획을 세우고 있었습니다. 버질 훅은 바이올라를 졸업하고 티베트로 가게 되었습니다. 스펜서는 콜로라도에 있었고, 하이타워는 출항이 가능해지는 대로 곧 아프리카로 갈 것입니다. 구드릭은 웨스트몬트 대학에서 가르칠 것이며, 데드릭은 멕시코로 갈 것입니다. 거니 해리스는 미국 선박에 대한 독일의 공격으로 말미암아 국무성이 '선교 항해'를 취소하기 바로 전에 콩고로 떠났습니다. 도슨과 다우닝은 몇몇 네비게이토들에게 거니 해리스를 위한 비용의 반을 맡도록 했으며, 거니 해리스를 전송하기 위해 로스앤젤레스의 클리프턴(1931년부터 시작하여 지금까지 있는 식당, 역자 주)에서 저녁 모임을 가졌고, 오랜 항해를 하게 되는 그를 위해 한 묶음의 편지도 전달하였습니다.

뉴욕에서 거니 해리스를 배웅하기 위한 계획은 1935년과 같이 전국을 순회하는 또 한 번의 전도팀 여행의 계기가 되었습니다. 이 순회 여행에서는 4명의 해군의 고향을 방문하기로 했는데, 이들은 30일간의 휴가를 얻었습니다. 아마추어 권투 선수로 약간 말랐으나 부지런하고 성품이 소박했던 오란 벨, 상냥하고 사근사근하며 태평했던 미주리 주 출신의 고든 타가트, 그리스도를 믿은 지 1년이 되었고 아이오와 농장 젊은이와 같은 얼굴에 운동 선수 같은 체격을 가진 케니 워터스, 그리고 해군 모병 포스터에 나와 있는 것 같은 깔끔한 외모를 가진 빅 맥케니였습니다.

1931년형 패커드 승용차를 타고 2월 말에 이루어지는 이 여행을 통해, 도슨은 이 사람들이 자신들의 필요가 기도를 통해 어떻게 공급되는지를 볼 수 있는 기회가 되기를 기대했습니다. 그러나 출발 바로 전날 저녁에 도슨은, 다우닝이 선교관에 온 한 사람 한 사람을 데리고 공원으로 가서 여행을 위한 경비를 위해 기도하고 있는 것을 알게 되었습니다. 물론 각 사람들은 후에 도슨에게 돈을 조금씩 건넸습니다. 몇 차례 이런 헌금을 받은 후에 도슨은 무슨 일이 있었는지 알아차렸고, 다우닝에게 그만둘 것을 요청했습니다. 다우닝은 그대로 따랐습니다. 그러나 다우닝은 재정적 필요에 대해 말하는 것을 그렇게 엄격하게 제한할 필요가 없다고 생각했습니다. 한번은 다우닝이 자기가 저축한 돈을 어디에 드리는 것이 좋은지 도슨에게 조언을 구했습니다. 도슨은 항해를 막 떠나려는 한 선교사를 위해 드리라고 조언했는데, 당시 네비게이토 사역을 위해 절대적으로 돈이 필요한 것에 대해서는 언급하지 않았습니다.

미국 전역을 여행하면서 성경을 인용하는 해군 병사들의 생생한 간증은 5년 전만큼이나 듣는 사람들에게 놀라운 것이었습니다. 그러나 이번에는 사람들의 민감한 필요를 건드렸습니다. 군에 가족을 보낸 집이 수천에 이르렀고, 제복을 입은 군인들의 영적 필요는 생생한 이슈였습니다. 결과적으로 군에 있는 그리스도인 가운데 교제를 필요로 했던 많은 사람들이 연결되었습니다. 바로 테네시호에 있던 고든 구스타프슨과 같은 사람들이었습니다.

"나는 약했고, 실망에 빠져 있었으며 그리스도인들을 찾고 있었습니다"라고 구스타프슨은 말했습니다. "집에서 자라면서 성경에 대한 가르침은 많이 받았지만 스스로 성경 말씀을 섭취하는 법은 몰랐습니다. 물론 다른 사람을 돕는 것도 몰랐습니다. 시카고에 있는 한 친구가 네비게이토에 대해서 듣고 내게 편지를 보냈습니다. 기억난 사람은 벨이었습니다. 나는 벨을 찾았고, 그는 나를 다른 사람들에게 소개했습니다. 그때 마치 나는 여러 수많은 슈퍼맨과 마주친 기분이었습니다."

그 여행의 한 가지 목표는 1935년과 달랐습니다. 도슨은 지도자 훈련에 대한 자신의 비전에 초점을 맞추어, 군인들이 있는 항구뿐만 아니라 훈련 센터를 방문하기로 마음먹었습니다. 훈련 센터는 댈러스 신학교, 컬럼비아 성경대학, 휘튼 대학이었는데, 휘튼 대학에는 루이 코우테스와 다른 한 학생이 사람들을 이끌어 두나미스를 형성하고 있었습니다. 당시 댈러스에 있었던 위클리프의 조지 코완의 말에 따르면 이 팀은 큰 영향력을 주었습니다.

"각 사람들이 그 모임에서 일익을 담당했습니다"라고 조지 코완은 말했습니다. "나는 그들이 모든 면에 열심을 가지고 행했던 것을 기억할 수 있습니다. 모든 것은 산뜻하게 정리되어 놓여 있어서 능률적으로 진행되었고 따뜻한 마음을 느낄 수 있었습니다. 신학교에 있는 나에게 이것은 큰 도전이었습니다. 학교에서는 게으르고 나태해질 수 있습니다. 그런데 여기에는 대단한 활력과 영향력을 갖춘 사람들이 있었습니다." 컬럼비아 성경대학의 토머스 페티는, 학장인 로버트 맥퀼킨이 도슨이 말씀에 대하여 강조하는 것에 감명을 받았다는 말을 했습니다. "우리 또한 감명을 받았습니다"라고 페티는 말을 덧붙였습니다. "분명한 계획을 갖고 그 계획을 따라 행동하는 사람을 만났기 때문입니다. 그 계획의 핵심은 그리스도였고, 책임의 핵심은 바로 그리스도께 대한 순종이었습니다."

로스앤젤레스 사무실에는 이제 감당해야 할 편지의 양이 너무 많아 행정을 담당하는 전임 간사가 필요하게 되었습니다. 그래서 마르투레스의 일원이자 당시 바이올라 4학년이었던 비비안 퍼스비는, 본부의 '앵커맨(anchor man)'이 되어, 매일 일어난 일의 보고서를 전달하고 여러 가지 사무를 관장하게 되었습니다.

뉴욕을 방문했을 때에는 로버트 스완슨이 작성한 빡빡한 모임 일정과 참석 계획이 팀을 기다리고 있었습니다. 그는 사업가로서 대단한 대접을 했는데, YMCA에 숙소도 마련해 주고, 개인 헌금도 했으며, 패커드 승용차의 타이어까지 새로 교체해 주었습니다. 프린스와 다우닝이 이전에 입항했을 때 만난 적이 있었던 스완슨은 뉴욕 CBMC의 지도적 인사 가운데 한 사람이었는데, 포켓 성경 협회와 기드온 협회에도 열심이었고, 또한 사업가인 잭 위첸의 전도 사역에도 큰 관심을 가지고 있었습니다. 잭은 타임스퀘어에서 청소년 집회를 막 시작했었습니다. 여기저기 모습을 잘 나타내는 프린스는 길을 거닐다가 몇몇 사업가들이 시청 앞에서 주최한 거리 집회 속으로 들어가 간증을 나누었으며, 이 과정에서 위첸을 만났습니다. 프린스는 나중에 다우닝과 도슨이 그 사람들과 만나도록 주선하였습니다.

스완슨과 위첸은 이 해군들과 그들의 지도자 안에는 그리스도를 향한 보기 드문 열정이 있음을 알게 되었습니다. 세련된 스완슨은 거친 서부 사람처럼 보이고 이따금 속어도 섞인 말을 하는 정반대의 사람인 도슨에게 매력을 느꼈습니다. 그는 주님을 향한 열정을 가지고 기쁘게 살아가는 도슨에게 끌려 오랜 친구가 됨과 동시에 네비게이토를 후원하게 되었습니다.

"뉴욕은 우리 여행의 하이라이트였습니다. 그리고 주님께서는 이를 위하여 당신을 사용하셨습니다"라고 도슨은 스완슨에게 편지를 썼습니다. "우리는 그 귀한 시간들을 여러 차례 되돌아보았습니다. 한 친구는 이렇게 말할 것입니다. '여보게, 1940년형 캐딜락을 타고 다니면서 스완슨 선생의 얘기를 들었던 게 놀랍지 않았던가?' 또 다른 사람은 이렇게 말할 것입니다. '물론이지. 주님께서 남은 여행을 위해 패커드를 수리하도록 역사하신 것은 어떻고?… 그리고 그 멋진 아이들과 스완슨 부인은 어때?' 뉴욕의 스카이라인을 보는 흥미진진함… 제리 맥컬리 선교회에서 섬기며 참으로 귀중한 대여섯 영혼이 그리스도를 믿도록 도운 것… 플러싱 장로교회 주일학교에서 증거한 것… 뉴욕의 기독 실업인들… 그리고 우리 최초의 선교사인 거니를 배웅한 것. 모든 것을 통해 하나님의 선한 손이 우리와 함께하셨음을 알 수 있었습니다."

집으로 돌아오기 위해서는 140달러가 필요했고, 또한 라일라에게는 5달러를 보내려고 했는데, 도슨은 하나님께서 이 금액을 어떻게 공급하여 주셨는지를 그에게 나누었습니다. 또한 27달러를 추가로 받게 되었는데, 처음에 그들은 영문을 몰랐습니다. 그러다가 외딴 길에서 타이어가 펑크가 나자 그 이유를 알게 되었습니다. 그들은 25달러를 주고 타이어를 샀고, 타이어 구입을 위해 마을을 오고갈 때 태워 준 자동차 운전자에게 2달러를 주었습니다. 물론 영적인 필요가 있었던 그 사람의 필요도 채워 주었습니다.

스완슨과 도슨은 자주 편지를 주고받았습니다. 만날 군인들의 이름과 사역에 관심이 있는 그리스도인 사업가들의 이름을 서로 알려 주었습니다. 그러나 스완슨이 네비게이토에 대한 정보를 자기가 알고 있는 몇몇 부유한 사람들에게 알려 주자고 요청했을 때 도슨은 이를 거절했습니다. "재정에 대해서는 언급하지 않는 것이 우리의 방침입니다. 하나님께서는 놀라운 방법으로 우리의 필요에 대하여 군인들의 마음에 적시에 알려 주셨습니다"라고 도슨은 편지를 쓰면서, 그런 식으로 예산을 관리하는 것은 하나님께서 그들의 사역을 인도하시도록 하는 한 가지 방법이라고 말했습니다. "나는 재력가들에게는 조그마한 힌트도 주지 않는 것이 적절하다고 생각해 왔습니다. 많은 사람들이 L모 씨와 같은 사람을 초청하는데, 그가 영적 열심이 있는 사람이어서가 아니라 그들을 위해 뭔가를 해줄 수 있기 때문이라고 생각됩니다. 나는 당신이 우리의 상황을 이해하시리라 믿습니다. 우리 두 사람이 모두 주님만을 기쁘게 하기 원한다는 사실을 확신합니다." 스완슨은 진심으로 그 말에 동의했습니다. "도슨, '재력가'를 대하는 당신의 태도는 참으로 지혜롭다고 생각합니다. 주님께서는 이에 대하여 축복해 주실 것입니다."

19 40년 4월에 모든 전투 함대는 오래된 유타호를 제외하고는 하와이 근처에서 갖는 기동 연습을 위해 떠났습니다. 이 일과 더불어 해군 사역이 급속히 성장했기 때문에 도슨은 호놀룰루 네비게이토를 방문할 시기가 되었다고 생각했습니다. 4월 18일에 도슨과 라일라는 맛소니아호를 타고 항해를 하여 6일 후에 도착하였는데 하와이에서 두 주 동안 바쁜 일정을 보냈습니다. 많은 함대가 몰려들었지만, 커가는 사역에 대하여 준비가 부족한 것을 보고 도슨은 마음에 실망이 되었습니다. 그리고 호놀룰루 선교관의 분위기나 수준도 마음에 들지 않았습니다.

"사역이 실망스런 상태에 있다는 것을 발견했다"고 도슨은 일기에 토로했습니다. "네비게이토의 이름으로 진행되고 있지만 진정으로 이것은 네비게이토의 사역이 아니다." 탁월함을 열망했던 도슨에게는 수없이 많은 기회가 그냥 사라져 버리는 것을 보고서 실망만 더할 뿐이었습니다. "엄청나게 많은 사람들이 몰려오는 것을 보며 얼마나 좋은 곳인지를 생각하지만, 또한 마음에 얼마나 큰 짐을 느끼는지 모릅니다"라고 도슨은 친구에게 편지를 썼습니다. "기동 연습을 위해 진주만에는 40,000명의 장교와 해군 병사들이 배에 머물고 있습니다. 게다가 수많은 육군들이 있는데, 30,000명이 이 섬들에 있고, 그

중 28,000명이 이곳 오아후에 있습니다."

늘 낙관적인 태도를 보인 도슨은 여러 그리스도인들과 모임을 가졌으며 사역이 좀 더 '네비게이토'다운 것으로 바뀌도록 지역 대표인 디그로프를 가르치는 일에 시간을 투자했습니다. 디그로프는 말씀을 가르치기는 했지만 일대일로 훈련하는 것은 없었습니다. 가르치고, 과제를 내주고, 그리고 기지와 배에 있는 선교 현장에서 일할 수 있도록 코치하는 면은 없었던 것입니다. 견고히 서든지 아니면 적의 공격을 받고 넘어지든지 할 곳은 바로 선교 현장이었고, 다른 사람을 얻고 훈련할 곳도 바로 그곳이었습니다. 도슨은 4월 한 달 동안 웨스트버지니아호에서 그리스도를 만난 13명이 모두 그 배에 있는 한 사람의 인도로 그리스도인이 되었는데, 같은 사람에게 개인적인 양육을 받게 될 것임을 알게 되었습니다.

도슨은 그동안 자신과 다우닝이 많은 투자를 했던 빅 맥케니, 타가트, 그리고 다른 키맨들이 사역에 함께하는 것을 보고 큰 격려를 받았습니다. "여러 달만에 처음으로 함께 교제를 나누면서 우리의 마음은 뜨거워졌다"라고 도슨은 일기에 기록했습니다. "이 사람들은 주님을 위해 곧바로 나가 싸울 준비가 되어 있다. 사실 그들은 이미 싸움을 하고 있다. 우리는 적의 계획이 실패로 돌아가는 것을 볼 수 있다. 그러나 오직 하나님만이 그렇게 하실 수 있다!" 호놀룰루에서 보낸 14일 동안 17차례의 모임을 가졌습니다. 3차례는 전도팀 모임이었고, 나머지는 10-50명의 군인들을 그룹으로 모아 성경공부, 간증, 그리고 제자의 도에 대한 도전을 하였습니다. 20, 30, 혹은 50명의 그리스도인이 모였다 해도 수만 명에 비교하면 '땅의 티끌' 같아 보였지만, 도슨은 그들을 '정금'과 같은 사람들이라고 생각했습니다.

집으로 돌아오는 배에서 도슨은 주님과 함께 여러 시간을 보낼 수 있는 조용한 장소를 발견했습니다. 허드슨 테일러의 전기를 읽으면서 믿음에 신선한 자극을 받았고, 하나님께서 군인 사역에 대하여 주신 위대한 약속들을 새롭게 주장하게 되었습니다. "네 장막터를 넓히며 네 처소의 휘장을 아끼지 말고 널리 펴되 너의 줄을 길게 하며 너의 말뚝을 견고히 할지어다. 이는 네가 좌우로 퍼지며, 네 자손은 열방을 얻으며, 황폐한 성읍들로 사람 살 곳이 되게 할 것임이니라.… 주 여호와께서 학자의 혀를 내게 주사 나로 곤핍한 자를 말로 어떻게 도와줄 줄을 알게 하시고 아침마다 깨우치시되 나의 귀를 깨우치사 학자같이 알아듣게 하시도다. 주 여호와께서 나를 도우시므로 내가 부끄러워 아니하고 내 얼굴을 부싯돌같이 굳게 하였은즉 내가 수치를 당치 아니할 줄 아노라"(이사야 54:2-3, 50:4,7).

진주만은 이제 함대의 본 기지가 되었습니다. 다우닝은 도슨의 호놀룰루 방문과 연관하여 편지를 쓰면서 이런 상황 변화에 대하여 언급했습니다. "그 시기에 하와이를 방문한 당신은 지속적으로 성령의 능력을 힘입고 이전의 어떤 때보다 더욱 치밀하고 더욱 생산적이었습니다. 여러 상황의 변화에 비추어 볼 때, 당신은 호놀룰루에 가야만 할 때에 그곳에 갔다는 것을 분명히 알 수 있었습니다."

※ ※ ※

그해 봄에 도슨의 마음에는 공동의 관심사를 담은 신문을 모든 사람이 받아 볼 수 있도록 해야겠다는 생각이 계속 자리 잡고 있었습니다. 그 사이에 한 클럽 지도자가 청소년 성경 클럽에 뉴스 매체가 있으면 좋겠다고 했습니다. 그 결과로 1940년 6월에 4쪽짜리 인쇄물이 나왔는데, 반은 클럽 뉴스로서 클럽의 생생한 소식을 담고 있었고, 반은 '네비게이토 일지(日誌)'(The Navigators Log)인데 주로 군인들의 편지에서 발췌한 것들이 실려 있었습니다. 도슨은 이제 발행인이 된 것입니다. 창간호의 모든 비용은 1,000부를 보내는 우편료까지 포함해서 40달러였습니다. 도슨은 '네비게이토 일지'가 항해 중인 사람들을 위한 하나님의 특별한 섭리임을 알 수 있었습니다. 6월부터 함대의 이동과 각 배의 위치가 비밀 사항이 되어 우편물을 통한 접촉이 갑자기 중요해졌기 때문입니다. '네비게이토 일지'는 매월 발행하려고 노력했습니다. 그러나 종종 두 달치가 하나로 발행되기도 했습니다. 그리고 나서 3개월에 한 번씩 발행되다가 나중에는 필요할 때마다 발행하게 되었습니다.

함대의 활동 폭이 넓어지고, 함정들이 더욱 많은 항구를 더욱 오랫동안 방문하게 되면서, 도슨은 적어도 여섯 내지 일곱 개의 전략적인 항구에 네비게이토 선교관을 세우는 것이 긴급히 필요하다는 생각을 하였습니다. 그러나 도슨은 호놀룰루 등지에서의 경험에 비추어 볼 때 책임을 맡은 부부는 먼저 네비게이토 사역을 통해 훈련을 받아야 한다고 생각했습니다. 아무에게나 경솔히 안수하지 말라는 말씀을 염두에 두었던 도슨은 어떤 사역에 대하여 공식적으로 네비게이토 도장을 찍는 일을 주저하였습니다. 대신에 접대를 위해 자기의 집을 아끼지 않고 개방하는 사람들과 적절한 선에서 교제를 유지하는 방침을 따랐습니다. 브레머턴에서 짐 포스터는 여전히 성실하게 사람들을 돕는 일을 하고 있었습니다. 롱비치에 있는 선교관 외에도 호놀룰루에 선교관이 하나가 있었고, 마닐라에 갔던 선교사가 있었는데 그는 방문하는 사람들을 위해 그리스도인의 교제 장소를 제공하고 있었습니다. 그러나 도슨은 이제 네비게이토로 훈련이 된 하이타워에 의해 샌디에이고에서 선교관을 다시 시작할 수 있게 된 것을 가장 기뻐하였습니다. 아프리카로 가고자 했던 하이타워의 계획이 지연되어 이렇게 할 수 있었던 것입니다. 7명의 견고한 네비게이토들이 샌디에이고에 머물고 있었습니다. 그 가운데에는 해군학교의 케니 워터스, 이제 한 구축함에 배치를 받게 된 빌 굴드가 있었습니다. 이를 통해 이 항구에는 견고한 팀이 생겼고, 함대의 사역에도 크게 기여하게 되었습니다.

딕 하이타워와 도슨의 유일한 차이점은 재정에 대한 방침이었습니다. 한 사람이 재정적 필요에 대하여 묻자 딕은 기꺼이 그에게 알렸습니다. "딕, 그것은 주님으로 말미암은 것이 아닙니다"라고 도슨은 책망했습니다. "하나님께 알리고 하나님의 공급을 기다리기 전에 사람에게 재정적 필요에 대하여 말하기 시작하면 육(肉)을 따라 행하는 것이 됩니다." 혈기왕성한 하이타워는 납득이 가지 않았습니다. "물론 저도 형제님의 생각에 전적으로 동의하고 무엇을 경계하시는지 잘 알고 있습니다. 하지만 다른 사람에게 재정적 필요를 알리는 것도 성경적인 방법 중에 하나가 아닐까요?"

도슨은 자기의 제자가 매우 중요한 이 영역에서 자기의 방침을 그대로 따르지 않는 것을 보고 마음이 힘들었습니다. 자기와 동역하는 사람이 자기의 생각을 그대로 받아들이는 것은 좋든 싫든 꼭 필요한 것이라고 생각했기 때문입니다. 그러나 하이타워는 충성된 사람이었기에 비록 그가 도슨의 방침에서 벗어나는 행동을 하여 마음을 힘들게 하였지만, 도슨은 그를 기꺼이 용납하였습니다.

샌프란시스코에도 네비게이토 사무실이 필요했습니다. 9월에 도슨은 샌프란시스코만(灣) 지역을 방문했습니다. 오랜 친구인 어윈 문은 과학적인 여러 증거들을 종합하여 복음 전도용 영상물을 만들었는데, 그는 이를 샌프란시스코 만국박람회에서 전도를 위해 효과적으로 사용하고 있었습니다. 그는 도슨에게 박람회에 와서 결신자들을 양육하는 것을 도와 달라고 요청했습니다. 그들 가운데는 육군과 해군이 많이 있었습니다. 도슨은 어윈이 미국 전역에서 온 이 사람들에게 전도하는 것을 보고 감격했습니다. 9년 전의 기도, 즉 48개 각 주에서 사람들에게 그리스도를 전할 수 있도록 구한 기도가 한층 더 발전되어 응답되고 있는 것입니다. 도슨은 그곳에 네비게이토 사역을 확립하기 위한 노력을 지속하는 한편 그곳에서의 어윈 문의 사역에 대해서도 감사하였습니다.

그해 중반에 이르러 도슨은 큰 추진력을 얻어 기분이 좋았습니다. 도슨에게 기본적으로 내재되어 있었던 쾌활하고 서두르는 마음에 불이 붙은 것입니다. "요즈음은 내 생애에서 가장 바쁜 시기입니다"라고 도슨은 에밀 피어슨에게 편지를 썼습니다. "그러나 나는 지금 이를 즐기고 있습니다. 나는 바쁠 때가 가장 행복합니다." 동부 지역과 호놀룰루 여행 이후로 군인들에 대한 도슨의 사역은 주로 편지를 통해 이루어졌습니다. 한 달에 150통 이상의 편지를 보냈습니다. 그리고 샌디에이고를 자주 방문했습니다. 도슨은 '네비게이토 일지'를 편집하고 있었고, 적어도 매월 한 차례씩 롱비치 CBMC와 만났습니다. 동역자도 늘어나서 간사의 수가 증가하였습니다. 클럽 지도자들을 징모하고 훈련시켰으며 몇몇 클럽을 인도하였습니다. 매월 두나미스-마르투레스 혹은 'Conqueror'-빅토리 클럽 집회를 계획하였습니다. 여름 캠프와 지도자 수양회도 계획하고 진행하였습니다. 새로운 클럽을 견고히 세우기 위하여 각 두나미스와 마르투레스 팀이 여행을 떠나는 계획도 세웠습니다. 샌디에이고와 로스앤젤레스 본부가 적절한 건물을 찾도록 도왔으며, 더 나은 성경공부 교재와 클럽이 사용하는 교재를 디자인하고 제작 과정의 모든 부분을 세세하게 감독하였습니다. 사역에 사용하기 위하여 비행기 여행이나 자동차 여행과 같은 아이디어에 대하여 가능성을 타진하기도 했습니다.

또한 한 차례만 참여했던 일들도 많이 있었습니다. 수양회에서 복음의 메시지를 전한 것, 고등학생 그룹의 점심 성경공부를 도운 것, 한 교회에 모여 하나님의 종들과 함께 기도한 것, 방문하는 선교사들을 격려하고 사역에 대하여 동기를 부여한 것 등이었습니다.

도슨은 즐겨 다양한 일과 많은 활동을 했지만, 또한 하고 있는 모든 일이 높은 수준으로 이루어지도록 하기 위해 큰 애착을 보였습니다. 어떤 책임을 맡든 피상적으로 흘러가도록 방치하기보다는 마치 모든 것이 자기의 일인 것처럼 철저하게 다루었습니다. 모든 'i'에는 점을 찍어야 했고, 모든 't'에는 반드시 선을 그어야 했습니다. 그렇게 접근하다 보면 세부적인 일에만 빠져 목표에 대한 시야를 잃기 쉬울 것 같았지만 도슨은 그렇지 않았습니다. 도슨은 흔들리지 않는 비전을 가지고 있었으며, 그 비전은 계속 성장하였고, 늘 그 비전을 따라 움직였습니다. 각 사람이 그리스도와 교제하도록 이끌며 또한 그 사람이 다른 사람을 가르쳐 그리스도와 친밀한 관계를 맺도록 이끌게 하고자 하는 도슨의 목표는, 이 목표를 이루기 위해서는 수레바퀴의 삶, 특히 말씀의 살에 강조점을 두는 것이 필요하다는 도슨의 확신만큼이나 흔들림이 없는 것이었습니다.

"영적 싸움에 있어서 그리스도의 군사는 다른 무엇보다도 두 가지 무기를 가져야 합니다"라고 도슨은 '네비게이토 일지'에 썼습니다. "믿음의 방패라는 방어용 무기와 성령의 검이라는 공격용 무기입니다. 이 두 가지 무기는 사실 하나이며 동일한 것으로 바로 하나님의 말씀입니다."

두나미스가 성장함에 따라 도슨은 자기에게는 어디에서나 효과가 있는 방법이 있다고 확신하게 되었습니다. 두나미스는, 매일 삶에 있는 사소한 일에서든 혹은 만왕의 왕이신 하나님을 섬기는 커다란 일에서든 효율을 떨어뜨리는 것을 막고자 노력한 결과로 생긴 것이었습니다. 도슨은 두나미스-마르투레스 클럽이 미국 전역의 고등학교와 대학에서 배가될 잠재력이 있다고 생각했습니다. 그리고 군인과 사업가들 사이에서도 마찬가지였습니다. 시범적으로 시도한 그룹들이 성공적이었기 때문입니다.

세계 전체를 선교 현장으로만 생각한 것이 아니라 일꾼을 공급하는 터전으로 보게 됨으로써 시야가 넓어진 도슨은 새로운 차원의 열심을 내게 되었습니다. 사역의 초창기부터 각 개인에게 보인 개인적인 관심은, 많은 사람들에게 감명을 주었고 몇몇 사람들에게는 당황스럽게 하는 것이었는데, 도슨은 이제 각 사람을 일꾼으로 성장할 수 있는 잠재력을 가진 존재로 보기 시작한 것입니다. 그들 모두가 다른 사람을 그리스도의 제자로 성장하도록 돕는 일꾼이 될 수 있다고 생각했습니다. 도슨은 그런 지도자들을 징모하고 훈련하는 일에 자기의 최선의 노력을 들여야 한다는 생각을 하게 되었습니다. 이로 말미암아 도슨은 지도자 계발을 위한 두나미스-마르투레스 세미나를 갖게 되었습니다. 이는 선택된 10여 명의 사람들을 대상으로 하는 훈련 프로그램으로 6개월 동안 진행되었습니다.

일주일에 4일씩 집중적인 강의 수업과 친밀한 교제를 했는데, 그들은 또한 두나미스가 전 세계에서 사용할 수 있는 교재와 방법을 고안해 내는 연구소의 기능도 했습니다. 각 훈련생은 두세 개의 고등학교 혹은 대학교 클럽을 이끌었으며, 이를 통해 이론을 실험해 보고 생생한 경험을 기초로 세미나에서 발표를 했습니다.

9월에 두나미스-마르투레스 세미나가 시작되었습니다. 바이올라를 막 졸업한 4명의 자매는 4845번지 선교관으로 들어왔으며, 한두 사람은 차고에서 자고 다른 사람들은 통학했습니다. 수업은 한 주에 이틀은 오전 내내 선교관에서 이루어졌고, 또 이틀은 로스앤젤레스 사무실에서 했습니다. 오후와 저녁에 훈련생들은 L.A. 카운티에 흩어져서 200명가량의 학생들을 위해 각 클럽을 인도하였습니다. 이들은 성경과 검정색 노트를 가지고 있었습니다.

　세미나에서는 매일 한 시간씩 초청 강사가 성경 메시지를 전했습니다. 다른 시간에는 클럽 인도, 기도, 성경 암송, STS 성경공부, 점검표 사용과 훈련 등에 대한 워크숍을 했습니다. "교재는 단순히 도구임을 기억하십시오"라고 도슨은 그들에게 상기시켰습니다. "만약 사용되지 않는다면, 녹이 슬 것입니다. 그러나 꼭 맞도록 만들어졌다면 결국 사용될 것입니다. 그리고 이를 사용하기 위한 더 나은 방법을 찾는 이유는 겉만 번드르한 방법을 고안해 내려는 것이 아니라, 한 형제나 자매가 삶 속에서 힘을 얻고 주님께 대한 헌신이 깊어져서 결국 시험에서 승리하도록 돕기 위한 것입니다. 그렇기 때문에 우리는 가능하면 가장 예리하고 가장 효과적인 도구를 원하는 것입니다. 그리고 이유가 더 있습니다. 우리가 먹든지 마시든지 무엇을 하든 이는 모두 주님을 위한 것이어야 합니다. 따라서 우리가 무엇을 하든 하나님의 영광을 위하여 열심과 깨끗함과 예리함과 높은 수준과 최고를 추구해야 합니다."

　그래서 그 여섯 달 사이에 새로운 클럽 지도자들이 더 참가하게 된 그 그룹은 많은 시간을 들여 STS 공부와 기도 노트, 클럽 점검표, 그리고 암송과 복습 기술을 새롭게 정비하였습니다. 훈련생들은 세미나가 끝나는 3월까지 공부한 각 주요 과목에 대하여 보고서를 쓰도록 했습니다.

　"참 놀라운 일입니다"라고 도슨은 다우닝에게 보낸 편지에서 말했습니다. "정말 힘든 일이었지만 내가 정말로 즐긴 일이었습니다. 값진 내용들을 배울 수 있었는데, 이는 찬부 양론을 통한 수업이 아니고서는 드러날 수 없는 것이었습니다."

　두나미스-마르투레스 세미나 결과로 기존의 105구절 암송을 대체하는 새로운 성경 암송 과정이 생겼습니다. 모두 지난 5년 동안 사용된 구절들이었습니다. 그들은 함께 '모든 새로운 그리스도인이 알아야 할 49구절'을 골랐습니다. 그리고 이 49구절은 두나미스 클럽 멤버, 군인, 그리고 그 외 누구나 암송해야 할 표준으로 자리 잡게 되었습니다. '초기 테스트'라고 한 6구절은 시험을 위한 묶음으로서 카드 전체를 받기 위한 예비 시험을 위해 사용되었습니다. 이 조그만 인센티브는 세미나에서 만든 몇 가지 개선책 가운데 하나였습니다. 달라진 것으로는 구절을 암송할 때 '전과 후' 원리를 적용하는 것이었습니다. 장절을 기억하는 것은 한 클럽만 빼놓고는 모든 클럽의 만성적인 문제였습니다.

"우리 학생들은 장절을 외우는 데 어려움이 없습니다"라고 한 클럽 지도자가 보고했습니다. "왜 그렇지요?" "우리는 구절을 암송할 때 먼저 장절을 말하고 구절을 다 외운 후에도 장절을 말하면 장절을 기억할 수 있다는 것을 발견했습니다." "좋습니다"라고 도슨이 말했습니다. "다른 클럽에서도 다 그렇게 해봅시다. 그리고 효과적인지 봅시다." 이 방법은 효과가 있었습니다.

이 세미나에서는 어떤 방법의 세세한 부분까지 집중적으로 다루었는데, 이는 나중에 성령의 역사하심은 기계화될 수 없다고 주장하는 사람들의 비판을 받기도 했습니다. "맞습니다"라고 도슨은 말했습니다. "그러나 방법이 암송이나 공부나 효과적인 기도에 대한 각 개인의 목표를 이루는 데 도움이 된다면, 그 사람 안에 일어나는 성령의 역사를 더욱 촉진시킬 것입니다." 그리고 하나님의 말씀을 마음에 담기 위하여 기계적인 방법을 사용하는 것이 뭐가 문제입니까? 그때부터 말씀은 하나님의 성령께서 영적인 목적을 위해 사용하실 수 있게 되는 것입니다. 방법과 교재는 우리의 진정한 목표인 주 예수 그리스도를 알고 그를 알게 하는 일에서 실패를 성공으로 바꿀 수 있습니다. 그리고 도슨은 궁색한 변명을 하지 않았습니다. 도슨은 단지 사람들에게 꼭 필요하고 사람들이 요구하는 것들을 공급하고 있었기 때문입니다.

　세미나를 통해 영적 기술뿐만 아니라 인간관계와 실제적인 선교 훈련의 영역에서 예상치 못했던 교훈을 얻을 수 있었습니다. 얼마 지나지 않아 4845번지 선교관은 너무 좁았기 때문에 사생활이 보장될 수 없다는 것이 드러났습니다. 거실을 깨끗이 치우고, 소파를 침대로 만들어 누구라도 잠을 잘 수 있게 하려면 기다려야 하는 불편함이 있었고, 아침에는 일어나기 원하는 시간이 각자 달랐으며, 집안 허드렛일을 분담하는 것도 각자 원하는 바가 달랐기 때문에 선교관에서 생활하는 자매들은 정신적 에너지가 소모되기 시작했습니다. 그들은 이전에는 한 차례도 그리스도인으로서 각자의 삶을 24시간 내내 보인 적이 없었습니다. 선교관에서는 많은 사람들이 함께 생활했기 때문에 몇 가지 규칙이 있었습니다. 예를 들면, 아무거나 함부로 말해서는 안 되고 오직 서로 덕을 세우고 유익을 주는 선한 말을 하도록 되어 있었습니다. 그래서 어떤 자매는 제한당하고 있다고 느꼈습니다. 어떤 자매는 또한 도슨이 세 자녀를 엄격하게 훈련하는 것과 때때로 라일라에게 책망하는 말을 하는 것에 대해서도 부정적으로 생각했습니다.

　도슨은 자매들이 형제들과는 그렇게 다를 수 있다는 것을 발견하고 어떻게 세워 주어야 할지 깊이 생각하게 되었습니다. 도슨은 가족들과 그리고 선교관에 살고 있는 형제들과 자유롭고 모든 것을 터놓는 교제를 나누었는데, 이와는 달리 자매들은 각자의 사소한 문제들을 숨기고 있었으며, 보이지 않는 곳에서 조금씩 드러내며 다투고, 도슨뿐만 아니라 서로와의 관계에서도 침묵 가운데 긴장감을 키우고 있다는 것을 알게 되었습니다. 도슨 자신은 자기가 제한하고 있다고 생각지 않았으며, 오히려 합리적이며 터놓고 지낸다고 생각했습니다. 도슨은 이전에 형제들에게 그러했던 것처럼 자유롭게 가르치고자 했습니다.

"누가 이 자몽을 준비했습니까?" 도슨은 아침 식탁에서 단도직입적으로 물었습니다. 그리고는 "자몽을 어떻게 자르는지 보여 주겠습니다"라고 말했습니다. 그 자매는 모든 사람 앞에서 부끄러워 어쩔 줄을 몰랐습니다. 그러나 도슨은 그 자매가 그 부끄러움을 오랫동안 기억하리라고는 꿈에도 생각하지 않았습니다. 도슨은 잠언 18:15, "명철한 자의 마음은 지식을 얻고 지혜로운 자의 귀는 지식을 구하느니라"라는 말씀을 따라 그 자매가 기쁘게 받을 것이라 생각했습니다.

태평스러운 성격의 비서인 마지 톰슨 자매를 제외하고는 이것이 도슨에게는 선교관에 자매들을 살게 하는 첫 경험이었습니다. 그래서 도슨은 책망과 경계의 사역에서 자매들은 형제들과는 다른 접근이 필요하다는 것을 배우게 되었습니다. 사실 라일라는 이 자매들보다는 훈련하기가 훨씬 쉬웠습니다. 그러나 라일라는 열세 살 때부터 도슨의 영향력 아래에 살기 시작했습니다. 누군가 도슨을 일컬어 '못하는 것이 거의 없는 사람'이라고 말했듯이, 도슨이 늘 더 나은 방법을 알고 있었지만 그 사실은 자매들의 마음에는 그리 중요한 것이 아니었습니다. 그러나 차츰 자매들은 솔직하게 드러내 놓았으며, 그들을 다루는 도슨의 태도는 영적인 일이건 실제 삶에 관한 일이건 모두 순수한 사랑과 관심에서 비롯되었다는 사실을 깨달았습니다. 그리하여 대수롭지 않았던 그 문제들은 자연스럽게 다 해결되었고 도슨과 더욱 한마음이 되어 훈련을 받게 되었습니다.

"참으로 따뜻한 마음을 가졌고 동시에 훈련을 잘 시키는 사람이었습니다"라고 휘튼 대학의 학장인 레이먼드 어드먼은 도슨에 대하여 말했습니다. "그는 각 네비게이토가 잘되는 일에 큰 관심을 가지고 있었지만, 부주의함이나 게으른 습관은 용납하지 않았습니다. 도슨은 훈련이 되어 있었고, 모든 사람에게 자기와 같은 훈련을 요구했습니다." 세미나에 참석했던 한 자매는 나중에 이를 이해하게 되었습니다. "도슨은 우리 각 사람이 가장 높은 수준에 이르기를 원했습니다. 도슨은 단도직입적이었습니다. 그러나 나중에는 더욱 지혜롭게 사람들을 대하는 법을 배우게 되었습니다."

이렇게 세미나는 알지 못하는 사이에 선교사 준비 과정이 되었습니다. 지금까지 선교 책임자들은, 선교사로 징모된 젊은이들이 사역지로 떠나기 전에 장차 필연적으로 겪을 성품의 마찰에 대하여 돕기 위해 고심하고 있었습니다. 대개 인간관계의 실패가 선교사로서의 경력에 치명적인 손상을 가했기 때문입니다. 그러나 도슨이 '사탄의 공격'이라고 파악했던 이러한 마찰은 그 몇 달 동안 이루어진 일의 주된 관심사는 아니었습니다. 전체적인 분위기는 가벼운 마음으로 즐거운 시간을 갖는 것이었습니다. 성경공부와 기도와 하나님께 감사하는 시간을 함께 가짐으로써 동료애가 자랐던 것입니다.

후한 마음을 가진 라일라는 매번 식사 시간을 잔치로 만들었고, 특별하게 참석한 손님에게는 축복된 경험이 되도록 이끌었습니다. 또한 선교관에서 할 일을 겸손하게 감당했으며, 예기치 않은 일도 하나님의 뜻으로 받아들였습니다. 남편인 도슨에게 책망을 들었을 때는 잠시 마음이 힘들기도 했지만, 이내 올바른 태도를 유지했습니다.

그룹의 모든 멤버는 도슨을 제외하고는 주로 가벼운 생각으로 모였습니다. 그리고 분위기의 급속한 전환을 위하여 도슨은 테이블에 있는 각 사람에게 승리, 하나님의 광대하심, 혹은 기도에 관한 구절을 암송하도록 했습니다. 늘 알지도 못하는 사이에 말씀이 최고의 우선순위가 되었습니다. 길모퉁이나 버스 정류장에서 헤어질 때 클럽 멤버들이나 지도자들은 "말씀 한 구절을 나누겠습니다"라고 하면서 특별히 선택한 말씀을 암송했습니다. 어원 문은 도슨이 성경 구절을 나누지 않고 헤어진 적을 기억할 수 없을 정도였습니다. 그는 "언제나 적절하고, 귀중하고, 새롭고, 놀라운 말씀이었습니다"라고 했습니다. 마음에 있고, 혀에 있으며, 선교관에 있는 말씀은 믿음을 유지하는 데 큰 기여를 하였고, 어떤 환경에서든 주님께서 책임을 지고 계신다는 사실을 즉각적으로 확신하도록 해주었습니다.

롱비치와 로스앤젤레스의 가족들이 집을 서로 바꾸면서 새로운 네비게이토 선교관으로 이사하는 것이 1940년 말을 장식했습니다. 사우스버질 175번지에 있는 새로운 선교관에 대한 도슨과 라일라의 약속은 학개 2:9이었습니다. "이 전의 나중 영광이 이전 영광보다 크리라. 만군의 여호와의 말이니라. 내가 이곳에 평강을 주리라. 만군의 여호와의 말이니라." 편리한 곳에 위치했고, 넓은 이층 건물은 모든 사람이 기대하던 것 이상으로 넘치게 공급하여 주신 곳이었습니다. 클럽 사역이나 세미나 수업을 위해 이상적인 장소였고, 웨스트몬트 대학의 운동장에도 쉽게 갈 수 있었던 175번지 선교관은 한 가지만 제외하고는 단점이 없었습니다. 해군 부두가 있는 곳에서는 멀어서, 빨간색의 퍼시픽 전차를 타고 오는 데 45분이나 걸렸습니다. 그러나 도슨은 이것도 전혀 장애물이 되지 않는다는 사실을 알고 기뻤습니다. 주말에 두세 척의 배가 항구에 들어올 때는 집에 20-25명이 꽉 들어찼던 것입니다.

새해 전날 밤도 그런 경우였습니다. 도슨의 새로운 비서였던 비비안 퍼스비는 이렇게 회상합니다. "선교관에는 해군들로 가득 찼습니다. 캘리포니아호가 들어와 있었고, 모두가 그곳에 왔습니다. 짐 다우닝과 모리나는 약혼을 발표했습니다. 우리는 제야 예배를 드렸고, 새벽까지 잠을 자지 않았습니다. 그리고 도슨은 라일라를 롱비치 근처에 있는 병원까지 태우고 갔습니다. 아이를 해산하기 위해서였는데, 제 시간에 도착할 수 있었습니다." 여러 가지 많은 활동을 하고 늘 시간을 쪼개어 부지런히 살았기 때문에 도슨은 막히는 도로에서 운전을 기술적으로 해야 했는데, 도슨은 이 모든 것을 즐겼습니다. 그리고 라일라는 이것이 멋진 모험이라고 생각하며 끝까지 즐겼습니다. 자정을 한 시간 넘긴 시각에 태어난 넷째 자녀이자 둘째 딸의 이름을 페이스(Faith)라고 지은 것에는 아무런 이견이 없었습니다.

새로운 선교관, 성장하는 클럽 사역, 형제 자매들과의 편지 연락 및 교재를 위한 인쇄비와 사무 비용, 그리고 주로 헌금으로 살아가는 세미나 그룹으로 말미암아 그해 말에 가서 도슨은 예산의 규모를 보고 크게 놀랐습니다. 지갑에 돈이 조금이라도 있어서 필요가 있는 동역자에게 줄 수 있을 때에만 도슨은 돈에 대하여 생각하는 것을 좋아하였습니다. 도슨은 여전히 허드슨 테일러의 믿음의 원리를 따르고 있었습니다. 간혹 예외가 있었는데 한 가지 예를 들면, 지난해 여름의 성경 캠프를 위하여 도슨은 군인들에게 편지를 써서 도움을 요청하였고 이에 대하여 그들은 후히 드렸습니다.

빈틈없는 다우닝은 자기를 네비게이토의 재정 책임자로 스스로 생각했었는데, 헌금에 대한 확인서를 발행하자고 했습니다. 이는 믿음의 원리를 깨뜨리는 것도 아니고, 사람들에게 우편으로 보낸 헌금이 잘 도착했음을 알려 주는 것이라 생각했습니다. 도슨은 이렇게 하는 것을 반대하였습니다. 확인서를 보내면 또 다른 헌금을 강요하는 의미가 담긴 것이라고 생각한 것입니다. 그러나 짐 다우닝은 사람들에게 후히 드리고자 하는 마음이 있다고 하면서, 사람들은 대개 필요가 있다는 것을 아는 곳, 예를 들어 호놀룰루 선교관이나 혹은 그 순간 필요가 있다고 보이는 곳에 드린다고 하였습니다.

"좋습니다, 짐." 도슨은 인정했습니다. "긴밀한 연락 가운데 있지 않은 사람들의 필요에 대해서는 쉽게 잊는 경향이 있습니다. 나 또한 내가 드린 헌금으로 인하여 어떤 필요가 채워졌다는 것을 나중에 듣고서는 격려를 받은 적이 있었습니다. 그리고 이 때문에 또 드리고자 하는 마음이 생겼습니다." 헌금을 하는 사람들에게 현재의 필요에 대해 알릴 필요가 있다는 것이 도슨에게는 의미 있게 다가왔습니다. 그러나 사역에 대한 재정적 정보는 오직 '알아야 할 사람들'에게만 전달되어야 한다고 생각했습니다. 긴 안목을 가진 사람답지 않게, 도슨은 자기가 실제로 하나의 조직을 세우고 있다는 사실을 그대로 인정하려 하지 않았습니다. 왼손이 한 일을 오른손이 알도록 해야 할 뿐만 아니라 정부에 보고하거나 공적 감사에 대비하여 재정 기록을 잘 남겨야 하는 등, 조직의 재정적 문제에 개입해야만 한다는 사실을 인정하지 않았습니다.

여러 해가 지나서야 도슨은 적극적이지는 않았지만 장부를 정리해야 한다는 것과 각각의 회계 항목에서 기금을 적절히 사용해야 한다는 생각을 받아들이게 되었습니다. 그전까지 도슨은 그런 제한에서 자유로웠고, 필요한 액수만큼의 돈을 하나님께서 채워 주시는 경험을 즐겼습니다. 청소년 캠프 기간 동안에 적은 일기가 이를 잘 보여 줍니다. "돈이 완전히 떨어졌다. 주님께서는 주님의 종을 통하여 5달러를 보내 주셨다. 바로 오늘, 전혀 예상치 않은 곳에서."

밸리로 가는 여행을 위해 철도 정거장에 도착한 도슨은 수표를 가져오지 않았다는 것을 발견하고는 바깥으로 뛰어가서 자기를 태워다 준 사람들을 큰 소리로 불렀습니다. "주님께서는 차에 타고 있었던 사람들의 잔돈을 모아 목적지까지 갈 수 있게 하셨다. 돌아올 때도 하나님께서 놀라운 방법으로 공급해 주실 것이다." 도슨은 돌아올 때 로스앤젤레스까지 오는 사람의 차를 탈 수 있었습니다. 오는 길에 도슨은 그 사람에게 복음을 전했습니다.

이틀 뒤에 도슨은 이렇게 기록합니다. "우리는 며칠 동안 우리가 초기 사역을 할 때처럼 빠듯하게 지내 왔다. 식사가 끝나면 다음 식사 때를 생각해야 했고, 한 가지 필요가 채워지면 그 다음 필요를 생각해야 했다. 하나님의 은혜로운 공급은 그 무엇보다도 놀랍다." 기차 여행에서 '은행에 있는 6달러'를 사용하지 않았기 때문에 남아 있었는데, 도슨은 사역을 하는 한 친구의 여행 비용에 꼭 필요한 액수임을 알게 되었습니다. 그래서 그에게 주었습니다. 그 다음날 도슨은 이렇게 기록합니다. "오늘 주님의 종 가운데 한 명으로부터 90달러를 받았다. 참으로 때에 맞는 공급이었다." 한 달 뒤에는 이렇게 기록되어 있었습니다. "39달러를 청구한 청구서와 함께 40달러가 들어 있는 우편물이 도착했다." 그리고 다음날에는 "오늘 40달러를 지불해야 했고, 전화료도 8달러를 내야 했다. 주님께서 공급해 주실까? 한 사람이 51달러 수표를 선교관으로 가져왔다"라고 기록했습니다.

그날 저녁 도슨은 희생적으로 드릴 수 있는 특권을 위하여 하나님께 기도했습니다. 친구의 집에 들렀을 때 도슨은 가지고 있던 돈을 다 주었는데, 마침 그 돈이 다음날 아침거리를 살 돈임을 알았습니다. 그 다음날 모두 15달러의 헌금이 들어와 그날 필요한 것을 채울 수 있었습니다. 의사와 만나기로 한 라일라의 필요도 채워졌습니다. 그리고 또 다시 조금이나마 그 친구 부부에게 헌금을 할 수 있었습니다.

다시금 도슨은 이렇게 기록했습니다. "비가 와서 차가 필요했다. 헨리가 차를 두고 출타했기 때문에 그의 차를 사용할 수 있었다. 비록 내가 차가 없어도 하나님께서는 필요할 때면 공급하여 주신다는 것을 꼭 알아야 한다.… 주님께서는 내 패커드 승용차를 헤이든에게 주어 자동차 판매 금액으로 그의 모든 빚을 갚도록 나를 인도하셨다. 날이 갈수록 어떤 필요가 생길 때마다 하나님께서는 매번 새롭게 이런저런 방법으로 나의 필요를 채워 주신다는 확신이 더욱 생긴다. 하나님께서는 종종 전혀 기대하지 않은 방법을 통해 이렇게 하신다. 이때 내 마음엔 큰 기쁨이 넘친다."

사랑하는 자기 가족들과 보낼 시간을 빼앗기고 있다는 생각이 들 때 도슨은 그런 생각을 단호히 거부했으며, 만약 부르심을 받은 대로 하나님의 일에 우선순위에 둔다면 하나님께서 가족들을 돌보아 주실 것이라고 믿었습니다. 그리고 라일라도 자신과 같은 확신을 가지고 있다는 것을 알았습니다. 집에서 어느 날 저녁, 6세, 4세, 그리고 2세인 자녀들과 함께 보내었는데, 이는 도슨의 일기에 기록할 만큼 보기 드문 일이었습니다. "참으로 오랜만에 저녁 시간을 아이들과 함께 집에서 보냈다. 참으로 귀여운 아이들이다." 그리고 페이스가 태어났을 때에는 이렇게 기록했습니다. "나는 분명 가족들을 사랑하고 즐거워한다. 이리저리 다니며 아이들에게 뽀뽀하는 것은 얼마나 즐거운 일인지 모른다. 내가 들어올 때면 아이들이 줄을 서서 반기고, 세 아이에게 뽀뽀를 해주고 얼른 갓난아이인 페이스를 보기 위해 달려간다."

도슨은 간단한 쇼핑 여행을 즐겼습니다. 돌아올 때에는 아이들마다 옷가지를 선물하거나 때로 장난감을 주기도 했습니다. 라일라는 도슨이 고른 것을 좋아했고, 아이들에게 아빠가 이런 것을 공급해 주는 분이라는 사실을 알리며 즐거워했습니다. 가족 모두가 도슨의 아버지를 방문하는 일은 언제나 하이라이트였습니다. 도슨의 아버지는 엘몬테에 있는 조그만 농장에서 살고 있었는데, 그곳에는 채소밭과 물고기를 키우는 연못이 있었고 토끼들도 있었으며 딸기밭도 있었습니다.

"날 할아버지라고 부르지 말고 그냥 단이라고 불러라." 도슨의 아버지는 손자들에게 이렇게 말했습니다. 젊다는 것을 보여 주기 위하여 광대처럼 우스꽝스런 모습을 보이기도 했습니다. 단이 손자들을 즐겁게 하려고 입 속에다 조그만 개구리를 넣었다가 그만 실수로 삼켰을 때 모두 즐거워서 비명을 질렀습니다.

하나님께서는 라일라의 부모에게도 자녀들을 사용하셨습니다. 라일라의 아버지인 클레이턴은 목사의 아들이었지만 다섯 살 난 브루스와 세 살 난 루스를 만났을 때, 다른 아이들이 동요를 부르듯 이 아이들은 성경 구절을 암송하는 것을 듣고서야 그리스도를 개인적으로 영접하게 되었습니다. 이제 그는 확실한 믿음을 갖게 되었으며, CBMC 모임에도 출석하고, 옛날 고향으로 가서 친척들에게 그리스도를 증거하기도 했습니다. 라일라의 어머니는 확신이 부족했지만 아이들을 통해서 믿음이 견고해졌습니다. 4845번지 선교관에서 식탁에 둘러앉아 교제할 때 루스는 자기가 암송할 차례가 되어 요한복음 3:16을 암송했는데, 애써 외운 '저를 믿는 자마다'라는 말을 강조하여 암송하였습니다. 이때 옆에 앉았던 한 해군이 늘 들어 왔던 구절이지만 마치 생전 처음 듣는 것처럼 듣게 되었고, '믿는 자마다'는 바로 자기를 가리키는 말임을 깨닫게 되었습니다. 5일 후에 그는 주님을 영접하였습니다.

가족들을 자랑하는 것은 도슨에게 고칠 수 없는 습관이었고, 도슨의 친구들은 이를 좋게 받아들였습니다. 편지나 대화나 혹은 수양회 메시지에서 도슨은 "로키산맥 이쪽 편이나 저쪽 편을 통틀어 가장 잘 생긴 아이들, 그리고 온 세상에서 가장 똑똑한 아이들"이라고 말했고, "다른 사람들은 자기 아이들이 뛰어나다고 생각하지만 우리 아이들은 실제로 그렇다"고 말하기까지 했습니다. 도슨은 사역에서 자녀들이 특별한 위치를 차지하는 것을 감사하게 여겼습니다. 해군들의 삶에 아이들이 기여를 하는 것이나 그들이 아이들의 삶에 영향을 주는 것도 감사하게 생각했습니다. 그리고 도슨은 자녀들을 훈련하면서 배운 것을 형제들에게 자유롭게 가르쳤습니다. 도슨은 누나 밀드리드가 아들에게 지속적으로 순종을 강조하면서 훈련하는 것을 보고 존경하였습니다. 그리고 누나가 사용하는 방법을 배우겠다는 결심도 하였습니다. 이제 밀드리드는 자기보다 도슨이 자녀들을 더 엄격하게 대한다는 것을 알게 되었습니다.

도슨은 순종을 강조하였습니다. '아빠는 오직 한 가지를 원한다. 바로 아빠의 말을 그대로 행하는 것이다'라는 교훈을 자녀들은 곧 터득하게 되었습니다. 자녀들은 아빠가 어떠한 예외도 허용하지 않지만, 자기들을 정말로 사랑하고 칭찬도 후하게 한다는 것을 알고 있었습니다.

그리고 라일라. 라일라에 대한 도슨의 마음은 정말 각별한 것이었기에 만나는 누구에게든 도슨은 라일라가 뛰어나다고 말했습니다. 도슨은 여전히 낭만이 넘치는 이상주의자였습니다. 용감하고 멋진 기사가 숙녀 앞에서 창 싸움을 하던 시절의 정신을 아직도 갖고 있다고 할 만하였습니다. 도슨은 전혀 낯선 사람에게도 라일라가 여인 중에서 가장 멋있는 사람이라고 장담할 수 있을 정도였습니다. 도슨은 라일라에 대하여 감사하는 글을 써서, 나무판에 붙여 테두리를 멋지게 그을린 다음 장인인 클레이턴의 생신에 드렸습니다.

…로미타의 작은 교회에서 아버지께서는 제게 라일라를 건네 주셨습니다. 아브라함의 아들 이삭은 리브가와 결혼하기 위해 은금 패물을 주었습니다. 야곱은 라반의 딸 라헬과 결혼하기 위하여 라반의 집에서 14년을 일했습니다. 그런데 너무 바쁘게 살다 보니 저는 제대로 감사하다는 말씀도 드릴 경황이 없었군

요.… 아버지, 라일라는 참으로 멋진 여인입니다. 정금과 같고 억만금의 가치가 있습니다. 하나님께서는 라일라를 지으셨고 우리가 함께 길을 가도록 인도하셨음을 저는 알고 있습니다. 그러나 아버지와 어머니께서 18년 동안 라일라를 소중히 품고 길러 주셨습니다. 결혼을 허락해 주신 것은 아버지이셨으며, 이를 위해서 라일라의 가치만큼이나 큰 값을 치르신 것을 저는 알고 있습니다!…

도슨이 직접 만든 발렌타인 선물은 라일라가 그 어떤 비싼 선물보다 귀하게 생각하는 것인데, 거기에 적힌 글귀를 보면 지나치다 싶을 정도로 낭만적이었고 아내에 대한 극진한 사랑이 담겨 있었습니다. 두 사람은 종종 누가 상대방을 더 많이 사랑하는지에 대해 논쟁하곤 했는데, 두 사람이 작별 인사를 할 때는 늘 "당신을 가장 사랑해"라고 했습니다.

아내를 사랑스러워한다고 해서 높은 수준을 유지하지 못하거나 통찰력이 흐려지지는 않았습니다. 아내의 영적 필요를 발견하는 일이나 주님과의 관계에서 약한 점이 무엇인지를 아는 것에 도슨은 엄청날 정도로 실제적이었습니다. 한번은 라일라가 "이것 혹은 저것이 있었으면 좋겠다"라고 말한 것에 대하여 강하게 책망하였습니다. 이는 주님께서 허락하시거나 주신 환경에 대하여 만족하지 못한다는 신호였기 때문입니다. 나중에 도슨은 "아내의 삶은 하나의 간증 그 이상이다"라고 기록했습니다. 그리고 라일라가 새로운 일정을 잘 감당하고 있다고 기록했습니다. "라일라는 아내와 어머니로서 채워야 할 자리를 채우는 능력이 계속 성장하고 있다. 그리고 주님께서 우리를 부르신 일에서 행해야 할 수많은 일들을 감당하는 사람으로 성장하고 있다"라고 기록했습니다. 한번은 아내가 주님과 교제를 갖기 전에 신문을 먼저 본 것에 대하여 책망했습니다. 도슨은 또한 라일라의 체중을 줄이는 문제에 대해서도 지속적으로 개입했습니다. 도슨은 체중 문제로 고민해 본 적이 없었기 때문에 이 면에서 이해하는 태도가 부족했습니다.

그러나 라일라에 대한 도슨의 기본적인 생각은 언제나 사랑이 넘치는 것이었고 아내에 대한 감사가 가득하였습니다. 아내의 모든 목표는 자기를 편하게 해주는 것이고 언제나 완전한 충성심을 가지고 자기를 보필하는 것임을 잘 알고 있었습니다. 라일라가 모든 사람에게 차별 없이 따뜻하게 접대하는 것에 대하여 도슨은 늘 감사하였습니다. 전혀 예상치 않은 손님이 도착했을 때에도 주저함 없이 긍정적으로 반응하는 법을 라일라가 배우고 있다는 것을 도슨도 잘 알고 있었습니다. 또한 라일라가 마음이 편하지 않을 때가 있어도 즉시 자기의 감정을 드러내지 않고 즐거운 모습을 보이면서 집안일을 효율적으로 잘 해내고 있다는 것을 알고 있었습니다. 라일라의 믿음은 지속적으로 성장하고 있었고, 자주 생기는 병이나 수술을 하나님께서 합력하여 선을 이루기 위하여 주신 '모든 것'이라고 여길 수 있게 되었습니다.

주님의 사역과 연관하여 도슨이 보기에 라일라에게 있는 가장 큰 장점은 바로, 해군에 대해 도슨 자신이 가지고 있는 것과 같은 열정과 사랑을 가지고 있다는 점이었습니다. 동역자들이 늘어나고 식구가 많아져도 라일라의 태도는 변하지 않았습니다. 시간제로 도슨의 편지를 타자로 옮기는 일을 한, 바이올라에서 온 어떤 자매는 자기가 '가족의 일원'으로 저녁 식사에 참석할 때면 언제나 환영을 받는 것에 놀랐습니다. 라일라는 175번지 가족을 위하여 따뜻하게 용납하는 분위기를 유지하였습니다. 이를 통해 각 사람은 자기가 가치 있고 중요한 사람이라는 느낌을 받게 되었습니다. 라일라는 자기를 있는 그대로 개방하는 삶의 기쁨을 몸소 보여 주었습니다. 이기적인 태도로 자기만의 시간을 추구하거나 자기만의 프라이버시를 지키려고 하지 않았습니다. 도슨은 해군들이 라일라에게서 자신들이 결혼 생활에서 추구할 수 있는 이상적인 그리스도인 아내와 어머니의 모습을 보고 있다는 것을 알 수 있었습니다. 도슨은 라일라가 바로 하나님께서 성경에서 말씀하신 여인이라고 주저 없이 말할 수 있었습니다. "덕행 있는 여자가 많으나 그대는 여러 여자보다 뛰어난다 하느니라"(잠언 31:29).

플로이드 로버트슨은 이 시절을 뒤돌아보면서, 라일라는 자기가 알고 있던 어떤 여인보다도 하나님께 받은 역할을 충성스럽게 감당했다고 하면서, 도슨의 성공은 상당 부분이 라일라 때문이었다고 했습니다. "도슨에게는 세상의 수많은 아내들이 무의식적으로 만들어 내는 에너지 소모를 감당할 여력이 없었습니다"라고 로버트슨은 말했습니다. "라일라는 이를 의식적으로 삼갔을 뿐만 아니라 더 나아가 도슨을 격려하기 위해 애썼습니다. 모든 면에서 100퍼센트 조화를 이룬 것은 아닙니다. 그러나 이는 라일라의 전반적인 태도였고 헌신이었으며, 내가 아는 한 그 어떤 여인도 라일라보다 뛰어나지 못합니다. 라일라는 선교관과 자녀 양육과 접대하는 일에서 생기는 책임을 다 감당했으며, 도슨의 든든한 오른팔로서 언제나 격려하고 후원하며 깊은 이해심을 보였습니다. 하늘나라에서는 라일라가 네비게이토 사역의 진정한 활력소였음을 인정할 것입니다."

"**현**재 건강이 좋지 않습니다"라고 도슨은 다우닝에게 편지를 썼습니다. "내가 가장 원하는 것이 부족합니다. 바로 기력입니다. 그동안 전력 질주를 했는데 갑자기 힘이 빠지기 시작하여 멈출 수밖에 없었던 적이 지난 3주 동안 두 차례나 있었습니다." 6개월 동안의 세미나와 기타 책임들로 말미암아 도슨은 힘이 들었던 것입니다. 그런데 이는 일시적이었던 것 같습니다. 몇 달 뒤에 다우닝은 35세가 된 도슨의 빨라진 삶의 속도를 보고 이렇게 말했습니다. "지칠 줄 모르는 당신의 에너지는 계속 도전이 됩니다. 나도 같은 원천으로부터 그런 에너지를 좀 얻을 수 있도록 기도해 주십시오."

그러나 1941년 2월에 편도선 절제 수술을 받아야 한다는 것을 알았을 때 도슨은 하나님의 손이 함께하신다는 것을 알았습니다. 세미나 참석자들은 조사를 하고 논문을 쓰면서 일주일을 보냈습니다. 도슨은 회복 기간 동안 좀 쉴 수 있었고, 말씀을 묵상하고 기도하며 감사하는 시간을 가질 수 있었습니다. 바이올라 건너편에 있는 사우스 랜드 호텔 사장이 도슨에게 방을 제공하였고, 도슨은 여기서 열흘 동안 새로운 전략들을 생각하며 즐겁고 유익한 시간을 보낼 수 있었습니다.

도슨은 커가는 군인 사역과 늘어나는 편지의 양, '네비게이토 일지'의 편집, 교재 제작에 대해 커지는 요구, 그리고 해외에 네비게이토 지부를 설치하는 것 등을 생각했습니다. 그러나 이 시점에서 도슨의 마음에는 미국 전역에 있는 고등학생들에게 두나미스와 마르투레스 클럽을 통해 나아가는 짐이 있었습니다. 이 꿈은 이제 구체적인 실현 단계에 가까워지고 있는 것처럼 보였습니다. 도슨은 44개의 그룹이 활동적으로 사역하고 있으며, 그 가운데 다섯은 배에서 사역하고 있음을 알 수 있었습니다. 그러나 도슨은 복음을 통해서 어떤 도시 전체와 지역에 나아가는 비결은 바로 먼저 그 지역의 고등학생들에게 나아가는 것이라고 믿었습니다. 고등학생들을 목표로 하는 또 다른 이유는 그들 가운데 대부분이 군에 입대하게 되는데, 입대 전에 믿음 안에 견고히 서는 것이 필요하다고 생각한 것입니다.

두나미스-마르투레스와 'Conqueror'-빅토리 집회를 통해 고등학생뿐만 아니라 중학생들까지도 그리스도의 제자로 훈련될 수 있다는 것이 증명되었습니다. 도슨은 그 비밀이 말씀이라는 것을 전혀 의심하지 않았습니다. 그들은 간증을 할 때 기본적으로 말씀을 인용했기 때문입니다. 하이랜드파크 두나미스 클럽은 보기 드물게 많은 사람을 이끈 클럽이었습니다. 클럽은 딕 소더버그를 중심으로 일 년 전에 시작했는데, 그는 이제 졸업생 대표 연설에서 자기의 간증과 복음의 메시지를 전하고자 했습니다. 딕은 반 친구인 랄프 윈터와 동생 폴을 인도했고, 찰스 풀러의 아들인 단도 그룹에 함께했습니다. 이 학생들은 빠른 성장 속도를 보였고, 상당량의 암송 구절들을 마음에 새겼으며, 성경공부에 파고들었습니다. 도슨은 평범한 열망을 가진 평범한 학생들은 이들을 따라가기가 어려울 것이라고 생각했습니다. 그러나 도슨은 이들이 주님과 지속적으로 동행하며 성장하고 있음을 보고 크게 기뻐하였으며, 지속적으로 그들을 지켜보기로 결심했습니다.

1941년에는 여름 캠프가 두 차례만 계획되어 있었습니다. 한 주는 빅토리와 마르투레스 클럽의 여학생들을 위한 것이고, 한 주는 'Conqueror' 클럽과 두나미스 클럽의 남학생들을 위한 것이었습니다. 이는 이전 캠프보다는 전도에 덜 강조를 둔다는 의미였습니다. 소수라도 좀 더 잘 훈련되면 결국에는 더욱 많은 사람들에게 전도를 할 수 있다는 도슨의 생각을 반영하는 것이었습니다. 여름 캠프는 가을에 이어질 클럽 사역과 연관되도록 하였습니다. 캠프에서 보내는 한 주를 통해 일련의 과정을 시작하여 그들이 고향으로 돌아가서도 매주 지속할 수 있도록 하는 것이 목적이었습니다.

두나미스와 마르투레스 세미나는 젊은 사람들이 주님의 일을 시작하도록 돕는 일에 효과적인 교재들을 계발하는 좋은 결과를 낳았습니다. 원래 목표는 4명의 형제로 된 팀과 5명의 자매로 된 팀을 훈련하여 미국 전역을 여행하며 각 학교와 대학에 클럽을 세우는 것이었습니다. 이 목표의 부산물로 좋은 교재가 생긴 것입니다. 여러 클럽에서 사람들을 뽑아 두나미스와 마르투레스팀이 각각 하나씩 생겼는데, 이 팀은 로스앤젤레스 근처의 교회나 학교를 찾아가 모임을 가지면서 간증을 하고 수레바퀴 예화의 각 살에 대하여 간단한 메시지를 전함으로써 다른 고등학생들에게 나아가는 목표를 가지고 있었습니다. 고등학교 사역이 모든 지역으로 넓게 퍼져 나가려는 것처럼 보였습니다.

그러나 세미나가 끝난 시점에서 자매들 가운데 3명은 결혼할 계획을 가지고 있었습니다. 여행을 시작하기도 전에 사실상 그들이 사역할 수 있는 기회가 없어진 것이었습니다. 그러나 도슨은 이 일에 하나님께서 개입하셨다고 생각했습니다. 이에 대하여 봅 스완슨에게 편지를 보냈습니다. "하나님께서는 오란 벨과 짐 다우닝에게 내가 이 세상에서 만난 어떤 자매보다 훌륭한 자매들 가운데 둘을 주셨습니다. 자매 성경 클럽에서 우리와 함께 사역을 하던 귀한 자매들입니다." 도슨은 이 하나님의 사람들과 결혼하도록 자매들을 보내며 아버지와 같은 긍지를 느꼈습니다. 형제들 또한 도슨의 믿음의 아들들이었습니다. 도슨의 비서였던 마지는 퍼시픽 팔리사데 교회에서 빌 굴드와 결혼했는데, 마침 '그리스도 안에서 승리하는 삶' 수양회 중이어서 참석한 많은 네비게이토 친구들이 함께하며 기쁨을 나누었습니다. 이제 뒤를 이어 비서가 된 비비안 퍼스비도 곧 빅 맥케니의 청혼을 받을 것입니다. 클럽 지도자였던 나딘 사이몬과 존 길스피도 곧 결혼하여 알래스카 선교 현지로 갈 예정이었습니다. 도슨은 자매들이 줄어드는 것을 손실로 보지 않았습니다. 사실 도슨과 라일라는 짐과 모리나의 경우처럼 결혼을 격려하기도 했습니다. 아직도 클럽을 인도하고 새로운 지도자를 훈련할 수 있는 훌륭한 자매들이 많이 있었습니다.

　이제 도슨의 분명한 우선순위는 두나미스 사역을 위한 사람들을 징모하는 것이었습니다. 무디가 말한 '하나님께 온전히 헌신된 사람'을 찾는 것입니다. 하나님께서는 그들을 통하여 능력을 보이실 것입니다. 그러한 사람들은 수백 명이 있을 것입니다. 그러나 우선은 한 명씩 한 명씩 찾아서 훈련하는 것이 필요했습니다. "48개 주 전체를 샅샅이 뒤져서라도 우리는 젊은 사람들을 찾아야 한다"고 도슨은 일기에 기록했습니다. 다음해의 세미나에는 오직 클럽 사역을 적어도 몇 년 동안 계속할 수 있는 사람만이 등록할 수 있게 될 것입니다. 도슨은 이를 상담자 훈련 과정으로 바꾸려고 했습니다. 클럽 지도자들을 훈련할 수 있도록 그들을 무장시키는 것입니다. 한 사람이 이 기준에 맞았습니다. 그는 웨스트몬트 대학으로 가서 가르치는 대신에, 세미나를 마친 후에는 계속 머무르면서 클럽과 함께 사역할 수 있는 사람이었습니다. 엘로이 로빈슨은 트랙 경기 세계 신기록을 세 개나 가지고 있었습니다. 그는 휘튼에서 두나미스 활동을 했으며, 이 사역에 대한 비전을 키워 왔습니다. 로빈슨은 즉시 제안을 받아들이고 행동에 옮겼는데, 이는 도슨이 보기를 원하던 자질이었습니다.

　도슨이 이 사역을 위하여 꼭 불러야겠다고 생각한 또 다른 한 사람은 바이올라의 1학년 학생인 론 쎄니였습니다. 이 젊은이는 1940년 9월에 자기가 본 적이 있는 바인더에 대하여 물으려고 도슨을 찾아온 날부터 도슨의 마음에 깊은 인상을 남겼습니다. 도슨은 그 당시에 론 쎄니를 돌려보내면서, 바이올라에는 신입생에게 두나미스 활동을 허락하지 않는 규칙이 있다고 설명했습니다. 그러나 끈질긴 쎄니는 돌아가서는 규칙이 수정되어 평균 B학점이 넘는 사람은 예외로 하는 조항이 생긴 것을 알게 되었고, 곧 자기의 성적 증명서를 가지고 되돌아왔습니다. 도슨은 자기 사무실에서 매주 한 차례 아침 6시 15분에 갖는 두나미스 모임에 참석하도록 그를 초청했습니다. 도슨은 쎄니가 확신이 있고 준비되어 있었으며, 화강암처럼 강인한 결단력과 동시에 민감함도 갖추고 있다는 것을 발견하게 되었습니다. 모데스토 법대생이었던 시절, 쎄니는 학생 모두에게 요한복음을 우편으로 보내어 전도를 할 생각도 했었습니다. 주소록을 달라는 그의 요구를 대학 당국이 거절했고, 그래서 지방 교육위원회를 찾아가 명단을 얻었습니다. 도슨은 쎄니의 이런 진취적인 태도를 높이 평가했습니다.

쎄니는 두나미스에 몰두했으며, 하나님의 일을 효과적으로 하는 것의 가치를 알게 되었습니다. 도슨이 성경과 노트에 표시하기 위하여 각각 다른 색의 잉크로 채운 에스터부룩 펜을 다섯 자루나 가지고 있는 것을 보고 쎄니는 큰 매력을 느꼈습니다. 또한 모임에 늦게 참석한 사람에게 그의 4분의 태만함이 다른 열 사람을 기다리게 했으며, 말할 수 없이 귀중한 40분의 시간을 허비했고, 주님과의 약속을 지키는 일의 중요성을 무시한 것이라고 설명하면서 시간을 잘 지키라고 가르치는 도슨의 모습을 통해서도 매력을 느꼈습니다. 그리고 주방에서 쓰는 타이머를 사용하여 정확히 10분 동안 새로 암송한 구절을 점검하는 시간을 클럽 사람들이 갖도록 하고 그 다음에는 다른 활동을 위해 10분을 주는 것을 보고 또한 매력을 느꼈습니다. 쎄니는 또한 TNT 과제를 완수하지 못한 데 대한 어떤 변명이나 미봉책 대신에 성공 혹은 실패로 분명하게 보고하는 방식에 대하여 긍정적인 반응을 보였습니다. 클럽 인도와 다른 일에서 드러난 쎄니의 능력은 그가 전도유망한 청년임을 모두가 알 수 있게 했습니다. 도슨은 쎄니를 사무실로 불러서 그해가 가기 전에 두나미스 간사로 일하도록 초청하였습니다.

세미나는 3월에 끝이 났고, 도슨과 라일라는 동부 여행을 하기로 했습니다. 존 프린스가 노퍽에 네비게이토 사역을 시작하는 데 도움을 청했기 때문입니다. 존 프린스는 한 경찰관 부부(남편은 존 미드게트였고, 아내는 루이즈)를 징모했습니다. 이 부부는 해군들에게 자기 집을 개방하였는데 이제 공식적인 네비게이토 선교관으로 도슨의 승인을 받기 원했습니다. 여행 방법이 결정되었습니다. 도슨 부부는 175번지 선교관에서 같이 살다가 동부로 전근을 가는 사람과 함께 차로 출발할 것이며, 캘리포니아로 돌아오는 길에는 로스앤젤레스에 있는 몇몇 친구들을 위해 동부에 있는 공장에서 새 차를 받아 올 예정이었습니다. 사도 바울에게나 어울리는 한밤중 작별 인사를 나누고, 차고에서 도로로 연결되는 길에서는 함께 기도했으며, 함께 살던 사람들이 두 사람에게 약속의 말씀을 나눈 뒤, 두 사람은 175번지를 떠났습니다.

노퍽에 들른 이후에 워싱턴 D.C.와 필라델피아, 그리고 뉴욕도 방문했습니다. 그리고는 휘튼 대학 및 교수인 모티머 레인 여사의 집도 방문했습니다. 이 집은 학생들과 기독교 사역자들이 연중 끊이지 않고 모임을 갖는 장소였습니다. 이곳에서 이전에 미시시피호의 키맨이었던 존 스트리터와 그의 약혼자이며 레인 여사의 딸인 캐럴도 만났습니다. 그 학교에 다니던 스트리터는 도슨과 라일라에게 동료인 빌리 그래함을 소개시켜 주었습니다.

"안녕하십니까? 빌리"라고 도슨은 가볍게 말하면서, 젊은이가 내민 손을 잡았습니다. 맑고 파란 눈 뒤에서 도슨은 영혼의 순수함을 볼 수 있었습니다. 잠시 대화를 나눈 뒤 도슨은 갑자기 물었습니다. "오늘 아침 주님께서는 당신에게 어떤 말씀을 보여 주셨습니까?" 잠시 멈칫한 빌리는 속으로 생각했습니다. "주님께서 이 사람에게는 어떤 말씀을 주셨을까? 정말 뭔가 있을까?" 빌리는 이 사람에게 아무 말도 할 수 없었습니다. 자기에게 집중적인 관심을 보였기 때문에 마치 자기가 이 방에 있는 유일한 사람인 듯한 느낌이 들었습니다. 다시는 이런 질문에 적절한 대답을 하지 못하는 일이 없어야겠다고 빌리는 강하게 결심하게 되었습니다.

여러 해에 걸쳐 많은 사람들이 도슨과의 짧은 만남을 통해 이런 종류의 당혹감과 감사를 느꼈습니다. 도슨은 자기의 인생길에서 만난 하나님의 특별한 종들에게 개인적인 도전을 자주 하였는데, 이런 사역은 때로 중요한 시점에 이루어졌고, 그 결과로 사람들의 시야가 바뀌고 삶이 변하기도 했습니다. 때로 익살맞기도 했습니다. 아직 거듭나지 않았고 키가 190cm가 넘었던 짐 바우스에게는 사이비라고 말한 적이 있었습니다. 그러나 도슨의 시기적절한 말은 꼭 필요한 변화를 일으킬 때가 많았습니다. 전년도에 뉴욕에서 만난 젊은 전도자인 잭 위첸은 타임스퀘어에서 '생명의 말씀'(Word of Life) 집회를 갖고 있었습니다. "우리는 모임에서 매일 밤 대단한 성공을 경험하고 있었습니다. 사실 우리는 그 당시에 성공에 대해서 꽤 자랑스럽게 생각했습니다"라고 위첸은 회상했습니다. "그러던 어느 날 도슨이 뉴욕으로 왔습니다. 우리 집도 들렀고 사무실도 방문했습니다. 하나님께서는 도슨을 사용하셔서 우리가 주님 앞에 엎드릴 수 있도록 하셨습니다. 도슨은 여러 영접자가 생긴 것에 크게 즐거워하였습니다. 그러나 도슨은 우리가 양육에 대하여 생각할 수 있도록 도와주었습니다. 이것은 참으로 커다란 도움이었습니다."

* * *

"풀러 씨를 언제 만날 수 있습니까?" 도슨은 턱 밑에 수화기를 낀 채 책상 위의 편지에 서명을 하고 있었습니다.

비서는 대답했습니다. "글쎄요. 월요일에는 폴 드휘스트 치과에 약속이 있으신대요."

"잘 됐군요. 나도 폴을 만날 필요가 있습니다. 풀러 씨가 치료를 받을 때 대화를 할 수 있는지 알아보겠습니다."

월요일에 세 사람은 치과에서 함께 만나게 되었습니다. 전례 없는 모임 장소에는 개의치 않았습니다. 덩치 큰 사람이 치과의사의 드릴 밑에 앉았는데, 말을 하기가 불편하였습니다. "도슨, 용건을 바로 말해야겠군요. 일요일 방송에서 나는 군대에 간 그리스도인 청년이나 믿고 있는 아들을 군대에 보낸 사람은 누구든지 우리에게 편지를 보내도 되며 우리는 그들을 만나겠다고 했습니다. 그리고 나는 그 명단을 당신에게 전달하겠습니다."

도슨은 놀랐습니다. "그게 바로 내가 당신에게 부탁하려던 것이었습니다." 동부 여행에서 돌아온 후 얼마 되지 않아 도슨은 풀러, 드휘스트, 그리고 문에게 자문이 되어 달라고 의뢰했고 육군 사역에 대한 자기의 계획을 나누었었습니다. "육군은 지금 빠르게 커가고 있습니다"라고 도슨은 그들에게 말했습니다. "그리고 우리는 갓 징집된 새로운 사람들에게 나아가기 위해 무엇인가를 해야 합니다. 육군 병사들이 네비게이토 선교관이 있는 몇몇 항구에 해군들과 같이 들르곤 합니다. 그러나 우리는 새롭게 만들어지고 있는 이 모든 기지에 있는 사람에게 나아가야 합니다."

도슨은 또한 다우닝에게도 편지를 했습니다. "우리는 지금 놀라운 사역을 할 수 있는 기회가 생겼습니다. 사회 각 계층에서 일하던 사람들이 군인으로 징집되고 있습니다. 이들 중에는 믿는 사람들이 많습니다. 새로운 사역 환경이 생기고 있지만, 필요는 본질적으로 동일합니다. 밀로 제미슨은 육군에서 철저한 계획 속에 사역을 수행하고 있습니다. 연결된 모든 사람을 그에게 보낼 수 있으면 좋겠지만, 그러나 우리가 보건대 현재 필요한 것은 바로 지극히 개인적인 만남입니다. 나는 이 시점에서 다른 사역보다도 이 영역에서의 책임을 더 이상 미룰 수가 없습니다. 가장 좋은 것은 기지에서 기지로 옮겨 다닐 수 있는 사람들이 우리와 연결된 사람들을 찾아서 영적으로 성장하도록 도움을 주는 것입니다."

풀러가 방송하는 '부흥의 시간'(Old Fashioned Revival Hour) 청취자들에게서 큰 반응이 있었습니다. 군인들과 그들의 가족에게서 편지가 쏟아져 들어왔습니다. 한 달에 1,000통이 쌓였고, 네비게이토 사무실에는 간사가 더 필요하게 되었습니다. 엘로이 로빈슨이 포트오드 및 다른 기지에 사람들을 찾아 만나기 위해 파송되었습니다. 군목들의 도움을 얻어 그는 이틀 동안 머물면서 몇몇 사람들을 찾아내어 함께 교제를 나누었습니다. 그러나 도슨은 이런 속도로 미국 전역에 있는 기지를 다 여행하려면 상당수의 사람이 필요함을 알게 되었습니다. 특별한 기도 시간을 가지면서 도슨은 육군 사역을 위하여 적어도 일 년 정도를 투자할 수 있는 7명의 사람을 주시도록 주님께 기도하였습니다.

"거룩하신 아버지, 이 사역을 위해 7명을 보내 주소서. 주님, 특별한 은사를 가진 일곱 사람을 보내어 주십시오. 각자가 다니엘, 다윗, 아브라함, 모세, 요한, 바울, 그리고 베드로와 같은 사람들을 보내어 주소서."

유럽의 전쟁은 진전이 없었습니다. 미국의 참전 가능성이 높아졌습니다. 더욱 더 많은 수의 그리스도인 군인들이 새로운 상황에서 그리스도인의 교제와 도움이 필요하다는 것을 깨닫게 되었습니다. 도슨은, 그런 도움을 주기 위해 본부에서 그들에게 보낸 편지에 대하여 상당한 분량의 답장이 오는 것을 보고 크게 기뻐하였습니다. 각 사람은 장차 주님의 군대의 일원이 될 것이기 때문입니다. 도슨은 신이 났습니다. 그러나 실망도 했습니다. 그들 각자를 개인적으로 가르칠 때처럼 두나미스 프로그램을 통해 그들이 제자의 도에 대하여 완전한 훈련을 받기를 기대하였지만, 이것은 불가능하다는 결론을 내릴 수밖에 없었습니다.

도슨은 긴급한 사태에 대비하여 지름길을 택할 수밖에 없었습니다. 많은 사람들을 위하여 조금이라도 할 수 있는 것을 하면서 또한 개인적으로 만날 수 있는 몇몇 사람들에게는 철저한 훈련을 지속하는 것이었습니다. 많은 사람들을 위한 응급조치는 성경공부가 될 수 있었습니다. 개인이든 그룹이든 편지를 통해서 성경공부를 할 수 있었고, 이어 전도에 대한 간단한 지침을 전달하면 되었습니다. 요컨대 핵심은 성경공부와 성경 암송이었습니다. 키맨이 생길 수 있는 기지라면 어디서나 그 사람의 인도하에 성경공부 그룹들이 형성될 수 있을 것입니다.

어느 날 아침 식탁에서 도슨은 한 예화를 생각하게 되었는데 이를 '말씀의 손'이라고 불렀습니다. 각 손가락은 개인의 삶에 말씀을 섭취하는 방법을 나타냈습니다. 말씀을 듣고, 읽고, 공부하고, 암송하는 것입니다. 묵상은 가장 중요한 것으로 엄지손가락이었습니다. 이 손가락은 각 손가락과 함께 말씀을 견고히 잡을 수 있습니다. 수레바퀴 예화처럼 '말씀의 손 예화'는 즉시로 유용한 도구가 되었습니다. 두 가지 예화 모두 각 개인에게 무엇이 필요한지를 보여 주었으며, 영적 양식을 균형 있게 섭취하고 있는가를 측정하는 도구가 되었던 것입니다. 편지를 통해 군인들을 도우면서 이를 적용한 도슨은, 군인들이 교회나 군목을 통해 설교 말씀을 들을 수 있고, 성경은 스스로 읽을 수도 있기 때문에, 성경공부와 성경 암송이 자신이 초점을 맞추어 도울 영역이라고 생각했습니다.

최근에 만난 케이스 L. 브룩스 박사는 그가 만든 문답식 성경공부 교재를 무한정 공급해 주었습니다. 이 교재는 수레바퀴 예화와 기본적인 성경 교리를 다루었습니다. '새신자를 위한 성경공부'는 수십 부씩 네비게이토 본부에서 발송되기 시작했고, 이어서 수백 부씩 나갔습니다. 또한 사용하는 사람들에게 "…진리의 말씀을 옳게 분변하며 부끄러울 것이 없는 일꾼으로 인정된 자로 자신을 하나님 앞에 드리기를 힘쓰라"는 격려의 편지도 보냈습니다. 49개의 구절이 담긴 성경 암송 과정은 요구하는 사람에게만 보냈으며, 먼저 '초기 테스트'로 여섯 구절을 암송하게 하였습니다. 문답식 성경공부를 끝낸 사람들은 간단한 장별 성경공부인 ABC 성경공부로 올라갔습니다. ABC 성경공부는 그 전해에 두나미스가 제공하는 것보다 더 쉬운 성경공부가 필요한 고등학생들을 위해 도슨이 만든 것이었습니다. ABC 성경공부는 또한 두나미스 클럽 계획 전체를 사용하고 있지 않은 몇몇 학생 그룹에서도 채택하고 있었습니다.

브레머턴에서는 짐 포스터가 한 소그룹을 인도하고 있었는데, 멤버들은 아침 일찍 하는 성경공부에는 열정적이었지만 두나미스 보고에는 소극적이었습니다. 심지어 본부에서조차도 몇몇 사람들은 문서로 점검하는 일을 단조롭게 여기기 시작했습니다. 함대에서도 역시 두나미스 체계는 어려운 시기를 겪었는데, 다우닝이 ABC 성경공부로 전환했기 때문입니다. 나중에는 그룹 활동에서 ABC 성경공부까지 빠지게 되었습니다. 사람들이 공부 시간에 경쟁심이 발동하여 영적으로 별로 득이 없는 지적인 논쟁만을 즐겼기 때문입니다. 완전주의자였던 도슨은 웨스트버지니아호에서 두나미스 체계의 일부만을 사용하게 해달라는 짐 다우닝의 요구를 거절하고서, 계획은 아무 손도 대지 말고 사용해야 하며, 오직 과제를 완전히 수행하고 늘 과정에 충실하려는 사람들만 해야 한다고 주장했습니다. 과제를 완전히 마치지 못하는 것은 사기에 나쁜 영향을 끼친다고 말했습니다. 그리고 점검 시스템이 있건 없건 성경 암송과 복습과 공부는 할 수 있다고 말했습니다. 이렇게 해서 개인적으로 사용하는 몇몇 사람을 제외하고는, 배에서는 두나미스 체계가 중단되었습니다. 그러나 노트 자체는 그때 이후로 군 안팎에서 중요한 네비게이토 도구로 남게 되었습니다.

"그러므로 예수 그리스도를 기억하십시오." 자주 인용하던 디모데후서 2:8 말씀으로 도슨은 수양회를 시작하는 첫 메시지를 마쳤습니다. 도슨은 청중들을 더욱 자세히 보기 위하여 몸을 기울였습니다. "여러분, 그분이 어떤 분이신지 기억하십시오. 알파와 오메가이며, 여러분의 창조주요, 주님이요, 구속자요, 친구요, 구원의 주이시며, 사령관이 되십니다. 기억하십시오. 주님께서는 마음이 주님께 고정된 사람에게는 누구에게나 그의 삶에서 자신을 강하게 드러내기를 원하십니다. 기도합시다."

1941년 7월 헐몬산에서 열린 침례교 가족 성경 수양회였습니다. 이 교단에서는 이제 20세가 된 론 쎄니를 수양회의 책임자로 임명했는데, 쎄니는 도슨을 주강사로 초청하였습니다. 쎄니는 이번 주만 제외하고는 여름 동안 이주 노동자들을 대상으로 한 선교에 참여하고 있었습니다. 같은 교회 출신 친구인 클리프 배로우의 도움을 받았는데, 그는 매트리스에서부터 온수에 이르기까지 환경 제반에 대한 책임을 졌습니다. 쎄니는 모임과 행정을 맡았습니다. 이는 두 사람 모두에게 참으로 큰 일이었습니다. 그리고 도슨은 그들이 언제 도움을 필요로 하는지를 오랜 경험을 통해 계발한 눈으로 관찰했습니다.

클리프는 3세 때부터 헐몬산 수양회에 참석하기 시작했으며, 이곳에서 딕 힐리스의 설교를 통해 그리스도께 자기의 생을 헌신하게 되었습니다. 도슨의 남자다움에 매력을 느꼈고, 이렇게 바쁜 사람이 시간을 내어 자기와 같은 사람과 개인적인 대화를 해준 것에 더욱 큰 매력을 느낀 클리프는 하나님의 말씀을 마음에 새기라는 도슨의 도전을 받아들였습니다. 클리프와 그의 누이인 메리 진, 그리고 도슨과 함께 그 주 동안에 개인적인 시간을 보낸 몇몇 사람들이 도슨에게 두나미스와 마르투레스 사역을 요청하였습니다.

메리 진은 말씀을 암송하고 삶에 적용하는 법을 배우고서 자기의 삶이 혁신적으로 달라졌음을 느꼈습니다. 메리 진은 "도슨은 하나님께서 함께하고 계심을 보여 주었습니다. 우리는 그가 하나님을 알고 있다는 것을 알 수 있었습니다. 나는 매일의 실제적인 삶에서 그렇게 가까이 하나님과 동행하며 살아가는 사람을 본 적이 없습니다"라고 말했습니다.

도슨은 쎄니에게 아침 다섯 시에 기도를 하자고 했습니다. 두 사람은 시냇가에서 만나 기도하였고, 몇 번이고 쎄니는 이전에 누구와도 나눌 수 없었던 질문들에 대하여 도슨에게 담대히 조언을 구할 수 있었습니다. 도슨은 쎄니가 개인 삶의 필요를 위해 말씀을 적용하도록 도와주었습니다. 당시 쎄니에게는 사역에 대한 도움보다는 이것이 훨씬 더 중요한 영역이었습니다.

이런 시간을 통해 두 사람의 '영적 아버지와 아들'의 관계는 더욱 견고히 되었고, 이는 쎄니의 장래 진로에 결정적인 영향을 미쳤습니다. 쎄니는 신입생 시절에 학생회장으로 지명된 적이 있었던 바이올라로 되돌아가는 것, 장학금을 제공하겠다는 두 기독교 대학으로 가는 것, 버클리에서 법학 학위를 받는 것 등을 깊이 생각한 후, 이 모든 것 대신에 사람들의 마음 깊은 곳에 있는 필요를 돕는 일의 가치를 알고 있는 사람과 운명을 같이하기로 결심하였습니다.

쎄니가 9월에 네비게이토 본부에 도착했을 때, 도슨은 주님께서 일곱 명을 구한 자신의 기도에 응답하기 시작하고 계심을 알았습니다. 다른 사람들도 뒤를 이었습니다. 2주도 안 되어 5명으로 구성된 한 팀이 1941년형 올스모빌을 타고 떠났습니다. 이 차는 군인 사역을 위해 여행을 많이 해야 하는 것을 알고 풀러 가족이 기증한 것이었습니다. 도슨은 '네비게이토 일지'에 이렇게 썼습니다.

> 여러분 가운데… 미국 북동부 지역을 방문할 수 있도록 기도해 온 분들이 있을 것입니다. 그곳엔 우리가 한 번도 방문한 적이 없는 몇몇 해군 기지가 있습니다. 많은 그리스도인들이 육군으로 징집되었고, 그리스도를 알고 사랑한다고 하는 많은 그리스도인들이 군에 갔지만… 그들은 구체적인 훈련이 부족합니다. 말할 필요도 없이 가장 효과적인 사역은 사람들이 개인적인 도움을 얻을 때에만 가능합니다. 그래서… 주님께서는 몇 명의 젊은이들을 보내어 주셨습니다. 그리고 자동차와 빌립보서 4:19도 주셨습니다. 우리는 6주간에 걸쳐 16,000km를 이동하는 기나긴 여행을 시작하였습니다. 순회 여행 기간 동안 우리는 매일 저녁마다 기지에서 사람들을 만나게 되도록 계획을 미리 짜 놓았습니다.

존 스트리터는 휘튼 대학을 졸업하고 캐럴과 결혼한 후 도슨의 부름을 받아들여 미시시피 동쪽에 있는 기지에서 군인 사역을 하였습니다. 그는 이 여행에 부분적으로 함께하였습니다. 여행에는 두 가지 목적이 있었습니다. 육군에 있는 사람들을 만나는 것과 네비게이토 사역을 사람들에게 알리는 것이었습니다. 두 가지 목표를 이루기 위해 순회 팀은 기독교 학교나 교회에서 모임을 가졌으며, 또한 기지를 방문해서는 각자 흩어져서 이미 명단을 전달받은 사람들을 찾아 개인 교제를 하였습니다. 나중에 '네비게이토 일지'에는 이에 대한 도슨의 보고가 실렸습니다.

휘튼 대학에서, 라디오를 통해서, 그리고 여러 교회에서, 사람들은 군대 안에서 하나님의 일이 일어나고 있다는 것을 듣고 마음이 뛰었을 것입니다.… 우리는 찰스 풀러가 보스턴 공원에서 가진 모임에서 개인 사역을 하는 특권을 누렸습니다. 그곳에는 하나님의 말씀을 듣고자 하루에 30,000명이 모였습니다.… 뉴포트, 뉴런던, 워싱턴 D.C., 노퍽 등지에서 섬길 기회가 있었습니다.… 우리는 '모든 육체의 하나님'의 명령을 따라 움직이고 있습니다. 하나님께서는 우리가 수고하지 않았는데도 문을 열어 주셨습니다.… 캠프데이비스와 포트브래그, 그리고 포트잭슨에서 놀라운 일이 있었습니다.… 컬럼비아 성경대학에서는 사람들이 큰 도전을 받았습니다.… 애리조나의 포트후아추카에서는 300명의 흑인이 마음을 열고 말씀을 받아들였습니다.…

스트리터의 사역, 찰스 풀러를 통해 우리에게 전달된 편지들, 기도하고 있는 부모와 친구들, 각처의 사역자들이 보내 준 명단들을 통해 알게 된 사람들과 개인적인 편지를 주고받고 있으며, 75개 이상의 기지와 요새에서 성경공부와 개인적인 도움을 요청하는 편지들이 오고 있습니다.

봅 스완슨은 뉴욕에서 민간인으로 구성된 팀을 초청했지만, 그들이 해군 팀보다 덜 인상적이라는 것을 알았습니다. 그는 도슨에게 조언했습니다. "어디를 가든 가능하다면 제복을 입은 네비게이토가 당신과 함께 있으면 좋겠습니다.… 오늘날 제복은 널리 알려져 있는 것이기 때문에 우리가 전도를 효과적으로 하려면 모든 방법을 동원해야 합니다." 휘튼에서 레인 교수는 도슨이 늘 바쁘게 움직이는 것을 보고 놀라워하면서 고개를 흔들었습니다. 이는 '일을 성취해야 한다'라는 도슨의 집념 때문에 생긴 이미지였습니다. 어드먼 박사도 도슨을 따르고 있는 사람들의 뜨거운 충성심에 대하여 칭찬하면서, 하나님께서 도슨에게 주신 지도력을 다시 한 번 인정했습니다.

휘튼에서 빌리 그래함과 두 번째 만날 때에는 한 가지 사건이 있었습니다. 이는 목회를 배우고 있는 젊은 목사에게는 당혹스런 것이었지만, 어떤 사람이 생각하도록 만들기 위해 도슨이 전형적으로 사용하던 방법이었습니다. 바로 상대방을 부끄럽게 만드는 좀 투박한 방법을 쓰는 것이었습니다. 빌리 그래함이 담임하던 조그만 교회에 초청을 받은 도슨은 메시지를 전하면서 언제나 즉시 사용하도록 말씀을 암송하는 일의 중요성을 언급했습니다. 도슨은 준비가 부족한 그리스도인을 마치 손님에게 물건이 꼭 있다고 말하면서 어디에 있는지는 모르는 잡화점 점원에 비유하였습니다. "그런 점원이 얼마나 잡화점에서 오래 일할 수 있겠습니까? 예를 들어 여기에 한 목회자가 있습니다"라고 하면서 도슨은 한 구절을 외운 후에 몸을 돌려 물었습니다. "빌리, 이 구절을 어디에서 찾을 수 있지요?" 당황한 빌리 그래함은 대답을 못했습니다. 그리고 도슨은 계속했습니다. "만약 이것이 중요한 구절이라면 어디에 있는지 꼭 알아야만 합니다." 그래함은 당혹스러웠지만, 자기도 다른 한 구절을 외운 다음에 도슨에게 어디에 있는 구절이냐고 물었습니다. 이 질문에 도슨이 대답을 못함으로써 빌리 그래함은 충분히 만회하게 되었습니다. 참석한 성도들은 이 두 사람의 게임을 즐겼습니다. 그러나 요점은 분명하였습니다. 빌리의 친구인 봅 에반스는 그 전해 여름에 로스앤젤레스에서 전도팀과 함께 시내의 한 카페에서 도슨과 점심을 먹을 때 당한 부끄러움을 기억하고는 움츠러들었습니다. "저 친구에게 전도지를 주게나"라고 도슨은 갑자기 말했습니다. 봅에게 전도지가 하나도 없다는 것을 알았던 도슨은 놀라는 시늉을 했습니다. "주님을 필요로 하는 사람들에게 줄 것을 하나도 가지고 다니지 않는단 말이요? 탄약이 하나도 없는 군인을 좋은 군인이라고 할 수 있겠습니까?"

"당신은 그런 사람을 결코 잊을 수 없을 것입니다"라고 에반스는 수년 뒤에 말했습니다. "도슨은 강인한 성품의 소유자였습니다. 그러나 도슨은 누구에게 이런 식으로 도전을 줄 것인가를 분별할 줄 알았고, 그 행동에는 분명한 목적이 있었습니다. 아마 그 시절에도 도슨은 틀림없이 빌리라는 젊은이에게 뭔가 있음을 보았을 것입니다." 빌리 그래함과 봅 에반스는 실제로 도슨과 가장 가까운 사이가 되었습니다. 그리고 여러 해 동안 함께 사역을 했습니다.

순회 팀은 1941년의 '그리스도 안에서 승리하는 삶' 수양회에 맞추어 로스앤젤레스에 돌아왔습니다. 이는 보통 때처럼 북적이는 네비게이토 가족 모임이 아니었습니다. 20명의 군인만이 140명의 민간인 사이에 여기저기 흩어져 있었습니다. 전쟁의 위협 때문에 많은 사람들에게 휴가가 허락되지 않았고, 다른 사람들은 수천 마일이나 떨어진 곳에 배치가 되어 있었기 때문입니다. 그러나 이 20명의 군인들은 수양회가 끝난 후 전형적인 '네비게이토 예배'를 위해 다시금 오픈도어 교회의 성가대 자리를 채웠습니다. 군인 가족들은 그들의 찬송과 더불어 군에 있는 사람들에게는 그리스도만 있으면 충분하다는 생생한 간증을 듣고 마음이 뜨거워졌습니다.

7명의 본부 간사들 대부분은 175번지에서 함께 살았습니다. 그들은 도슨과 라일라가 정한 독특한 가족 스타일로 살았으며, 어느 곳에 있는 네비게이토나 이렇게 살았습니다. 이렇게 함께 생활하게 된 실제적인 이유는 다른 도시에서 온 일꾼들에게 집을 제공하고, 또 재정을 공동으로 관리함으로써 사역을 위한 재정적 자원을 늘리기 위한 것이었습니다. 더욱 중요한 이유는 네비게이토 선교관에서 살며 다른 사람들의 삶에 기여하는 것을 통하여 간사들이 훈련을 받을 수 있었기 때문입니다. 24시간 함께 생활하는 것을 통해 벽을 허물고 각 사람의 매일의 삶을 다른 사람에게 보일 수 있었습니다. 개인적인 필요가 보일 수밖에 없었고, 이는 함께 섬기고 보살피는 가운데 채워졌습니다. 도슨은 자녀들이, 함께 사는 그들의 삶을 통해 다른 대부분의 아이들보다 훨씬 더 많은 것을 배울 수 있었기 때문에, 이 대가족을 통해 큰 유익을 얻고 있음을 느꼈습니다. 그리고 사랑과 선행을 격려하는 분위기는 방문객이나 짧은 기간 동안 함께 생활하는 사람들의 마음을 따뜻하게 해주었습니다.

그러한 방문객 중 한 명은 오클라호마 시골 출신이며 라디오 방송국에 들어가려고 자기 차를 몰고 이제 막 로스앤젤레스에 도착한 활기찬 젊은이였습니다. 그는 한 사람을 차에 태워 주었는데, 그 사람이 그에게 어디에서 잠을 잘 예정이냐고 물었습니다. 그가 아무런 계획이 없다고 하자 그 사람이 그를 네비게이토 선교관으로 초청했습니다. 이렇게 해서 도슨과 라일라는 캘리포니아에서의 첫 밤을 보내는 그를 대접하게 되었습니다. 그때 그는 아직 믿고 있지 않았지만, 나중에 세계적인 대학생 선교 운동을 이끄는 인물이 되었습니다. 바로 'CCC'(Campus Crusade for Christ)의 빌 브라이트였습니다.

선교에 온전히 헌신되었지만 도슨과 네비게이토들은 언제나 즐기며 살았습니다. 주차장으로 들어가는 길에서 배구를 하거나 유머를 즐겼으며, 짓궂은 장난이 언제 어느 때나 튀어 나왔습니다. 도슨은 계획된 장난을 좋아하였습니다. 도슨은 종종 시내 한복판에서 쎄니와 함께 큰 소리를 내며 말다툼을 하는 시늉을 하였습니다. 그리고는 헤이든을 낯선 사람처럼 보이게 하여 두 사람이 주먹 싸움을 하지 않게 떼어 놓는 일을 하게 했습니다. 혹은 도슨이 쎄니와 함께 어깨를 마주 대어 마치 A자 모양을 하고서는 길을 걷기도 했습니다. 웃기기를 잘하는 도슨을 보면 자랑을 잘하는 영국 출신 아버지가 생각났기 때문에, 때로 도슨이 웃기고 있을 때면 라일라는 옆에 앉은 사람에게 살며시 "꼭 시아버지 찰리 트로트맨 같아요"라고 소곤대기도 했습니다. 이런 특성은 아들인 브루스에게도 드러났고, 그 아이는 '로렐과 하디'의 팬이 되어 흉내를 잘 내었습니다. 175번지를 방문하는 새로운 사람들은 집안 살림이 효과적으로 이루어지고 있는 것을 보았을 뿐만 아니라, 웃고 즐기는 분위기 속에 즉시로 자신이 동화된다는 것을 알 수 있었습니다.

이런 매력은 사무실에서도 느낄 수 있었습니다. 사무실은 이제 방 두 개에서 네 개로 늘어나 모든 간사의 책상과 타자기를 놓을 수 있었습니다. 라일라는 간사들이 모여 기도와 교제의 시간을 갖거나 혹은 선교지에서 고향으로 돌아온 특별한 손님을 맞이하여 말씀을 듣는 날에는 점심을 준비하여 사무실을 찾았습니다. 본부 사무실에는 각 사람이 하고 있는 일의 중요성을 알고 활기가 넘치는 분위기가 유지되었습니다. 충성스러운 이 동역자들의 중심에는 도슨이 있었습니다. 도슨은 그들의 헌신을 기뻐하였고 그들에게 지속적으로 '우리의 놀라운 주 예수님'이 바로 그들이 소유한 모든 것의 근원이시며 완성자이심을 상기시켜 주었습니다.

방 4개짜리 사무실을 꾸미는 데에는 개선을 잘하는 도슨의 능력이 발휘되었습니다. 쎄니와 함께 도슨은 중고 가구를 돌아보았는데, 두 사람은 구식 책상을 발견하였습니다. 이를 잘 닦아 손질하면 가장 최근에 온 간사가 쓸 수 있었습니다. 쎄니는 접는 탁자에서 일하다가, 새로이 낡은 책상 하나를 또 하나 발견하여 손질한 후 사용했습니다. 그러다가 또 다른 간사가 오자 다시 접는 탁자에서 일을 하게 되었습니다.

도슨은 론 쎄니에게 남부 캘리포니아에 있는 여러 고등학생 클럽을 책임 맡게 했습니다. 모두 35명 정도 되었습니다. 바이올라를 한 학기 동안 쉰 쎄니는 몇몇 클럽을 인도하며 다른 클럽의 지도자들을 돕는 책임을 맡았습니다. 쎄니가 개인적으로 인도한 클럽은 패서디나에 있는 두나미스 그룹이었는데, 단 풀러와 윈터 형제가 함께하였습니다. 도슨에게서 배운 대로 시계를 이용하여 정확하게 모임을 인도하였으며 모임에는 열정이 넘쳤습니다.

쎄니는 두나미스 성경공부 계획을 개정하였습니다. 이를 '알파메가'(AlphAmegA)라고 불렀습니다. 이는 요한계시록 1:8, "나는 알파와 오메가라"라는 말씀을 따른 것으로 그리스도 중심의 공부라는 의미였습니다. 대부분의 클럽은 두나미스와 비슷한 교재를 사용하는 '알파메가' 클럽이 되었습니다.

클럽의 초기에 재미있는 일이 있었습니다. 롱비치에서 도슨이 군인들이나 고등학생들을 클럽 모임이나 집회에 데려올 때 사용하던 버스가 이제 경찰국에 팔리게 되었습니다. 당국은 이 차의 창문을 가리고 죄수를 수송하는 일에 사용하였습니다. 그러나 그들은 글자에는 칠을 하지 않았습니다. 그래서 어느 날이든지 범죄자들이 가득 찬 버스가 롱비치 거리를 지나다니는 것을 볼 수 있었습니다. 그런데 그 차에는 커다랗게 "네비게이토"라고 쓰여 있었습니다!

"바다 가운데 길을, 큰 물 가운데 첩경을 낸다"라는 하나님의 약속을 주장하면서 도슨은 해군에 있는 모든 배에 키맨이 생기기를 기도하였습니다. 도슨의 이 기도와 새로운 사역지로 옮길 수 있게 해달라는 사람들의 기도는, 1940년에 의회가 '대양 해군 계획'(전쟁에 대비한 해군력 증강을 위한 계획, 역자 주)을 승인함으로써 많은 응답을 받게 되었습니다. 이 계획은 새로운 배에 많은 사람들이 충원되어야 한다는 것을 의미했습니다. 새로운 배에는 기존의 사람들 가운데 숙련된 승무원들을 보내어 새로이 배치해야 했습니다. 빅 맥케니는 아스토리아호로 갔고, 타가트도 캘리포니아호에서 그 배로 갔습니다. 다른 키맨은 캘리포니아호에서 시카고호로 갔습니다. 플로이드 로버트슨은 이미 위치타호에 있었습니다. 기관 준위였던 잭 암스트롱은 애틀랜타호에 가려고 했으나, 갑자기 자기가 준비가 되지 않았다고 느꼈습니다. 다우닝은 그에게 지도력에 대한 집중 훈련을 시켰고, 새롭게 믿은 6명의 그리스도인들을 붙여 주어 양육하게 하고, 처음으로 성경공부를 인도하도록 지도해 주었습니다. 잭 암스트롱은 이를 통해 더욱 자신감을 가지고 새로운 기지로 옮기게 되었습니다.

도슨은 이들 가운데 몇 사람이 해군을 제대한 후에도 함께 사역하기를 원했습니다. 첫 번째가 짐 다우닝이었고, 빅 맥케니와 타가트, 벨, 워터스도 대상이었는데, 몇몇 사람은 이에 대해 깊이 생각하고 있었습니다. 도슨은 갑자기 이런 생각이 들었습니다. '만약 주님께서 지난해 동부 여행을 했던 네 사람까지도 주신다면 얼마나 좋을까?' 지금으로서 도슨은 능력 있는 이 사람들이 함대 안에서 사람들과 함께하면서 사람들 앞에서도 순종하는 삶을 살고, 배에서의 사역을 더욱 잘 감당하고 있으며, 그리스도를 알고 그를 알게 하는 일을 최우선순위로 두고 있었기 때문에 크게 기뻐하였습니다. 그리고 성령께서는 그들을 여러 배에 전략적으로 배치하셨기 때문에, 마치 말씀이 점점 왕성하고 제자의 수가 심히 많아졌던 사도행전 6장을 다시 보는 것 같았습니다.

각 사람은 달랐습니다. 잭 암스트롱이나 케니 워터스는 지적 관심이 많았으며, 다우닝은 지혜롭고 분별력이 있었고, 프린스와 벨은 솔직하고 꾸밈이 없었습니다. 그러나 그들은 모두 말씀과 믿음에 견고하였고, 도슨의 마음에 보배와 같았습니다. 도슨은 하얀 모자를 쓴 네비게이토들이 나타났을 때, 175번지에 있던 간사들이나 사무실 간사들이 얼마나 기뻐하였는지를 생각하며 미소를 지었습니다. 그들은 진정으로 친밀한 가족이었습니다. 벨이 호놀룰루에서 쓴 편지에 "모든 형제들이 175번지를 너무나 그리워하고 있습니다"라고 기록한 것과 같습니다. 도슨은 최근에 캘리포니아호가 들어와 두 주 동안 놀라운 교제를 가진 것을 기억했습니다. 도슨은 또한 벨과 형제들이 "오늘 주님께서는 당신의 마음에 무엇을 말씀해 주셨습니까?"라고 서로 묻는 습관이 있었던 것도 생각났습니다. 이처럼 말씀을 자주 나누는 습관을 통해 그들은 '주야로 묵상'하는 습관을 장려하고 발전시켰는데, 이것은 도슨이 배우기를 원했던 것이며, 그들에게 가르쳐 주기를 원했던 것입니다.

여러 배에서 형제들의 깊은 유대가 분명히 드러났습니다. 웨스트 버지니아호에 그리스도인들이 있다는 말을 듣고 이 배에 타기 원했던 젊은이인 마빈 로케스모는, 그들이 서로 살피며 다른 사람들이 주님과의 교제나 그룹과의 교제에서 벗어나지 않도록 어떻게 도왔는지를 말했습니다. 매일 갖는 기도 모임이나 성경공부에 한 형제라도 오지 못하면 그들은 그를 찾아갔습니다.

한번은 로케스모가 한 형제가 다른 병사들과 함께 무릎을 꿇고 주사위 게임을 하고 있는 것을 발견했습니다. 그 친구는 계면쩍은 듯이 올려다보며 말했습니다.

"안녕, 로케스모. 나는 이제 1달러밖에 남지 않았어. 이번 한 차례만 던지고 즉시 너와 함께 갈게."

"우리는 서로에 대해 진정한 신약성경의 사랑을 가지고 있었습니다"라고 로케스모는 말했습니다. "우리는 서로 깊은 관심을 보였고, 한 사람이라도 교제에서 빠지면 모두가 마음 아파했습니다."

이런 관심은 모든 영역에서 나타났습니다. 한 형제가 구멍이 난 티셔츠를 입고 있는 것을 보고서 로케스모는 자기 손가락을 그 구멍에 넣고는 티셔츠를 찢었습니다. 이와 마찬가지로 다른 형제에게는 "가서 구두를 닦어"라고 말했습니다. 그룹의 평판에 나쁜 영향을 끼칠 수 있었기 때문입니다. 나중에 그는 이렇게 말했습니다. "해군에는 보안관들이 징집 장소까지 추적한 사람들이 많이 있었습니다. 그리고 해군 내에는 그리스도인들에 대해서 좋게 생각하는 분위기가 별로 없었습니다. 그래서 우리는 다른 사람보다 열 배는 더 뛰어나야 했습니다."

벨은 언제나 말씀에서 받은 신선한 축복과 형제들과 함께 보낸 시간에 대해 편지를 썼습니다. "나는 배를 거닐다가 한곳에 들어갔습니다. 거기에 누가 있었는지 아십니까? 바로 너클스가 기도를 하고 있었습니다. 나는 그와 함께 기도를 한 후에 다시 거닐기 시작했습니다. 다른 곳을 쳐다보니 그곳에는 제임스 루이스가 성경 암송을 하고 있었습니다. 나는 그와 말씀을 나누었고, 앉아서 당신에게 편지를 쓰기 시작했는데, 버튼이 찾아왔습니다."

도슨은 거의 모든 배에 있는 키맨의 이름과 한두 형제의 이름을 댈 수 있었습니다. 그들은 '또 다른 사람들을 가르칠 수 있는 충성된 사람들'이었습니다. 도슨은 그들이 양육한 모든 사람이 이와 같은 사람이 되기를 원했습니다. 왜냐하면 결국 사람을 훈련할 수 있는 사람을 훈련하는 것이 하나님의 일을 성취하기 위한 유일한 길이었기 때문입니다. 도슨은 생각했습니다. '만약 어느 한 배에 생긴 처음 두세 사람 이후에 새로 생긴 사람들에게는 어떤 일이 생길까?' 물론 도슨은 그들을 개인적으로 도울 수는 없었습니다. 그러나 도슨은 키맨들이 그들을 돕되 철저하게 돕기를 기대했습니다. 도슨은 이미 많은 사람들이 '네비게이토 일지'를 철저히 읽고 있지 않다는 것을 발견하였습니다. '그렇다면 그들은 자기 사람들이 성경공부와 성경 암송을 제대로 하는지를 정기적으로 점검하는 일이나, 그들의 영적 아들에게, 복음을 전하는 올바른 방법과 그른 방법이 무엇인지를 가르치는 것과 그 외에 반드시 배워야 하는 수많은 다른 것을 가르치는 일에서도 철저하지 못한 것은 아닌가?' 도슨은 그렇지 않기를 바랐습니다. 그러나 이에 대하여 마음이 편치 않았습니다. 왜냐하면 사람에서 사람으로 삶을 통해 전달하는 사역이 견고해야만 사역이 끝까지 지속될 수 있었기 때문입니다.

  이 영역에 대하여 생각할 때면 마음이 편치 않았던 도슨은 네비게이토가 만나는 사람들이 날마다 늘어나는 것을 보고 마냥 기뻐할 수는 없었습니다. 도슨은 네비게이토가 수적으로 그렇게 빨리 성장하는 것에 대하여 경계하였습니다. 도슨은 철과 진흙이 섞인 한 개 사단 병력보다는 하나님의 영광에만 초점이 맞추어진 철과 같은 몇 사람을 선택하고 싶었습니다. 사실 도슨은 함대나 육군 기지에 진정한 네비게이토가 몇 명이나 되는지 알지 못했으며, 네비게이토에 도움을 요청하는 사람들의 숫자를 구체적으로 파악하려고도 하지 않았습니다. 유명해지는 것이 네비게이토에게는 위험하였습니다. 도슨은 이 이름이 유명해지는 것을 두려워했습니다. 도슨은, 사람들이 이름이나 조직에 매력을 느끼기보다, 사람들 가운데서 일하며 그리스도를 닮은 삶을 사는 한 사람에게 매력을 느끼기를 원했습니다. 만약 사람들이 주님께만 돌려야 할 영광을 네비게이토에게 돌리기 시작하는 날이 온다면, 네비게이토라는 이름은 버리겠다고 도슨은 결심했습니다. 네비게이토와 하나가 되겠다고 하면서도 순종하는 삶이나 하나님의 일을 성취하는 일에는 전혀 열망이 없는 사람들이 생긴다면, 이는 하나님께 역겨운 것이며 하나님의 영광을 가리게 될 거라는 생각이 들었습니다.

시간이 지날수록, 도슨은 이 원리를 더욱 분명히 하고, 또한 지나치게 알려지지 않도록 하기 위해 더욱 열심히 노력해야 했습니다. 도슨은 성장을 피하려 하지는 않았습니다. 일꾼은 언제나 부족했기 때문입니다. 도슨이 진정으로 경계한 것은 바로 운동이 유명해지면 필연적으로 생기는 인플레이션, 즉 내실은 없는 외적 성장이었습니다. 도슨은 네비게이토라고 알려진 수많은 사람들 속에서 참나무가 자라는 것과 같은 견고한 성장이 이루어지도록 하기 위해 모든 노력을 기울이기로 했습니다.

그리고 다행스럽게도 네비게이토는 별로 드러나지는 않았습니다. 주된 매체는 여전히 사람의 입을 통해 전달되는 말이었습니다. 그해 중간에 바이올라 대학의 잡지인 'The King's Business'에는 '그리스도인에게 군대 생활은 어떤 유익이 있는가?'라는 제목으로 한 형제의 이야기가 실렸습니다. 그리고 캘리포니아호가 4월에 하와이로 떠날 때, 벨은 배에 탔던 '콜리어'라는 잡지의 기자에게 복음을 전할 기회가 있었다는 편지를 했습니다. 후에 '콜리어'지의 사진 기자가 사진을 찍으려고 도슨의 사무실로 찾아왔습니다. 도슨은 이 요청을 수차례 거절하며 사전에 미리 그 기사를 보여 달라고 하였습니다. 마침내 도슨은 성경을 펴놓고 한 해군에게 말을 하는 장면을 사진으로 찍는 데 동의했습니다. 사진의 배경은 도슨의 사무실에 걸려 있는 커다란 포스터였는데, '항상 우리를 그리스도 안에서 이기게 하시고'라는 글귀가 선명히 보였습니다.

그러나 미리 여러 가지 경계를 했음에도 잡지에 네비게이토가 크게 실린 것을 보고 걱정을 많이 하게 되었습니다. 25명가량의 간사 및 클럽 지도자들과 함께 축복이 넘치는 한 주 동안의 수양회를 마치고 돌아온 도슨은 9월 13일자 '콜리어'지에, 월터 데이븐포트 기자가 쓴 '전진하는 그리스도인 해군들'이라는 장문의 기사가 실렸음을 발견했습니다. 도슨의 사무실에서 찍었던 사진도 실렸는데, 해군, 성경, 그리고 모든 배경이 그대로 나왔습니다. 기자는 '새로운 해군'을 설명하는 한 해군 책임자의 말을 인용했는데, 그 새로운 모습 가운데 하나가 네비게이토였습니다.

> 우리 캘리포니아호에는 12명 정도가 있습니다. 한 15명이 될지도 모릅니다. 제대로 셀 수는 없을 것입니다. 오늘은 12명, 혹은 15명이지만 내일은 18명 내지 20명이 될 것입니다. 그들은 언제나 믿지 않는 사람들에게 말씀을 전하고, 그들을 변화시키며, 부흥을 일으키고, 잃어버린 영혼들을 위해 기도합니다. 함대의 모든 배에 몇 명씩 있습니다. 나는 그들 전체가 몇 명인지도 모르며 그들도 말하지 않습니다.

데이븐포트 기자는 네비게이토에 대한 이야기를 주로 항해 중이던 벨과의 인터뷰를 통해 작성하였습니다. 비록 대화를 할 때 상대방이 상당히 많은 메모를 하고 있다는 사실은 알았지만, 벨은 자기가 인터뷰를 받고 있다는 사실도 몰랐습니다.

175번지에 있는 사람들 모두가 당황하였습니다. 첫 번째 드는 생각은 이렇게 알려지게 되면 몇몇 배에서는 전도에 대한 제한 조치가 내려질 수도 있다는 것이었습니다. 간사들은 기도하였고, 성경에서 평안을 주는 구절을 찾았습니다. 그러다가 기사의 서두에 등장한 고린도후서 2:14을 통하여 평안을 얻게 되었습니다. 그들은 이를 승리를 위해 주장했습니다. '항상'이란 말은 지금도 의미가 있었습니다. 승리는 바로 이야기의 대상이 된 함대에 있는 네비게이토들을 위한 것이었습니다. 24시간 이내에 도슨은 그것이 전혀 걱정할 일이 아니라는 결론을 내리게 되었고, 분명 좋은 일이 생길 것이라고 생각하였습니다. 특히 본문에 인용된 구절 그대로 이루어질 것이라 생각했습니다.

그리고 실제로 좋은 일이 생겼습니다. '콜리어'지는 모든 고향 마을과 모든 배의 장교용 휴게실 및 도서실에 배포되었고, 이를 통해 많은 그리스도인 장교 및 사병과 접촉이 이루어지게 되었습니다. 이것은 이미 배와 기지에 있는 네비게이토들의 위상을 높였고, 미국 전역의 수많은 교회에 네비게이토 친구들을 만들어 주었습니다. 일찍이 도슨은 전적으로 새로운 종류의 사람들을 길러 내겠다는 비전을 가지고 이 일에 힘썼는데, 이를 통해 기독교를 획기적으로 바꾸어 놓았습니다. 사람들은 기독교가 더 이상 낡은 삶의 방식이 아니라 전적으로 새로운 삶의 방식임을 깨닫게 되었습니다. 이제 '콜리어'지가 증언하고 있듯이, 도슨은 좋든 싫든 하나의 조직과 운동을 창시하게 된 것입니다.

도슨은 조직이라는 아이디어를 계속 거부했습니다. 조직은 너무 급격한 성장을 조장하며 이 결과로 각 사람의 삶에 이루어지는 사역의 수준을 떨어뜨린다고 생각했기 때문입니다. 그럼에도 도슨은 군대에 있는 수많은 사람들에게 나아가기를 원했습니다. 이러한 두 가지 마음과 더불어, 사람들은 조직이 아니라 '말씀대로 살고 그리스도를 따르는 일'에 징모되어야 한다는 생각 때문에 어떤 개인이나 지역의 사역에 네비게이토라는 이름을 붙이기를 계속 주저하였습니다. 도슨은 누가 물으면 늘 "네비게이토는 항해하는 사람입니다"라고 대답하였습니다. 그리고 항해가 의미하는 바를 수레바퀴 예화를 중심으로 설명하였습니다. 도슨은 또한 진정으로 항해하고 있는 사람이라면 자기 자신에게 어떤 이름을 붙이려고 하지는 않을 것임을 알고 있었습니다.

✳ ✳ ✳

　친숙한 여러 환경이 과거의 추억을 떠올리게 했습니다. 20여 년 전에 고등학생들은 조그만 건물에 딸린 거실 겸 식당에서 '오락과 공부를 위한 모임'이나 CE 모임을 위해 모여들었습니다. 후에 이곳에서 라일라는 CE의 임원으로서 교제와 성경공부를 하며 좋은 시간을 가졌습니다. 12월의 어느 일요일, 도슨과 라일라는 존경하는 학교 선생님이었으며 친구요 영적 상담자인 밀스와 토머스 선생님의 저녁 식사 초청을 받아 로미타를 방문했습니다.
　"오늘날 제가 가지고 있으며, 또한 다른 사람들에게 가르치는 확신과 삶의 원리들은 대부분 바로 여기에서 배운 것입니다"라고 도슨은 분명히 말했습니다. 두 선생님은 감사하다고 하면서 주님께 영광을 돌렸습니다. 아마도 두 선생님은 자기들에게 영광을 돌린 도슨의 행동을 마음이 넓은 도슨의 전형적인 행동으로 생각했을 것입니다.
　"매일 제 책상에 배달되는 편지들을 보았다면 아마 매우 기뻐하실 것입니다"라고 도슨은 말을 이었습니다. "전국에 있는 육군 기지와 여러 배에서 말씀 안에서 성장하고 있으며 그리스도께 사람들을 인도하고 있는 사람들이 보내는 것입니다. 그들은 선생님들께서 초기에 내게 외우라고 주신 동일한 구절을 암송하고 사용하고 있습니다. 그리고"라고 하면서 도슨은 밝게 미소를 지으며 이렇게 덧붙였습니다. "선생님들도 알다시피 그 구절들 가운데는 어떤 구절도 쓸모없는 것은 없습니다. 그들은 강하고 굳센 십자가의 군사들로 전쟁에 잘 준비되어 있습니다."
　도슨은 최근 몇 달 동안 군인들과 젊은 사람들 사이에서 일어난 하나님의 역사를 두 분 선생님께 말씀드렸으며, 감사하는 마음으로 진지하게 경청하던 두 선생님은 십대와 이십대 초반에 걸쳐 그들이 제자로 훈련시켰던 이 젊은이 속에 있던 열정을 다시 떠올리게 되었습니다. 그들은 대화에 너무나 깊이 몰입했기 때문에 현관 벨소리가 나자 모두 놀랐습니다.

라일라의 아버지가 방문하였던 것입니다. 몇 블록 떨어진 곳에 살고 계셨는데, 그의 얼굴에는 긴장감이 역력하였습니다. "방금 라디오에서 뉴스를 들었다"라고 인사도 없이 곧바로 말했습니다. "우리가 공격을 받았다고 하는구나. 일본이 진주만을 폭격하여 우리 전함 몇 척을 침몰시켰다. 모든 군인들은 즉시 자기 기지로 복귀하라는 명령이 떨어졌다."

도슨은 라디오를 켰습니다. "어떤 배가 침몰했는지 들으셨습니까?"

"아니다. 그렇지만 사태가 심각하게 들렸다." 클레이턴 씨는 말이 없었습니다. 모두 말없이 앉았습니다. 각 사람은 거기에 포함되었을지도 모르는 친구들의 이름을 머릿속으로 떠올렸습니다.

"함께 기도합시다"라고 도슨이 입을 열었고, 모두가 같은 생각이었습니다.

* * *

로미타의 작은 집에서 함께 무릎을 꿇고 태평양 함대에 있는 형제들을 위하여 기도하면서도 도슨의 마음에는 여러 가지 질문이 스쳐갔습니다. 어떤 전함이 침몰했을까? 웨스트버지니아호? 캘리포니아호? 귀한 형제들은 어떻게 되었나? 다우닝…벨…워터스…맥케니…. 많은 이름들과 얼굴들이 떠올랐습니다. 도슨은 그날 아침 라일라와 9년 전에 결혼했던 조그만 교회에서 메시지를 전하면서 이들의 이름을 언급했었습니다. 미국 해군의 큰 배 위에서 그리스도를 충성스럽게 증거하고 있는 사람들이었습니다. '콜리어'지에서는 벨을 선교사로 지칭했었습니다. 또한 테네시호에도 선교사가 있었습니다. 바로 구스타프슨이었습니다. 웨스트버지니아호의 다우닝에게는 7,8명의 견고한 사람들이 있었습니다. 캘리포니아호에도 몇 명이 있었습니다. 이 배들에 있던 승무원들은 아마도 복음을 들었을 것입니다. 애리조나호는 그렇지 않았습니다. 도슨은 그곳에 키맨이 없다는 것을 알고 있었습니다. 네바다호에도 마찬가지였습니다. 만약 그 배에 무슨 일이 생겼다면 더욱 큰 비극이 될 것입니다.

그러나 비관적인 소식으로 인해 이런저런 걱정이 생겨 속이 탔지만, 하나님의 절대주권과 사랑을 기억함으로 평안을 찾을 수 있었습니다. 도슨은 함대에 대한 폭격은 사람을 놀라게 할 수는 있어도 하나님을 놀라게 할 수는 없음을 알았습니다. 그리고 자기를 향한 하나님의 선한 계획을 이루기 위하여 간절히 하나님의 이름을 부르던 형제들 한 사람 한 사람에게 하나님의 시선이 고정되어 있다는 것을 알았습니다. 하나님의 사랑과 말씀으로 양육을 받은 이 사람들이 긴급 상황에서 어떻게 대처했을까를 생각하며 도슨은 마음이 설레기도 했습니다. 그들 각 사람은 멋지게 행동했을 것입니다. 그리고 이로 말미암아, 정확한 소식을 알지 못해도 도슨은 마음에 평안을 누릴 수 있었습니다.

수주 동안 뉴스에서는 별다른 소식을 알 수 없었습니다. 전쟁 기간 중에 검열이 강화되었기 때문입니다. 12월 7일에 일어난 일에 대한 이야기는 점차적으로 종합되기 시작했습니다. 그러나 꼬박 1년이 지나서 라이프지에 사진이 실리기 전까지 일반 사람들은 이 참상의 정도를 알지 못했습니다. 그 기간 동안에, 그날 네비게이토들의 이야기는 하와이에서 새로이 돌아오는 사람들 주위에 몰려든 본토 사람들에 의해 재구성되기 시작했습니다. 1월 1일에 모리나 다우닝이 가장 먼저 돌아왔습니다. 그리고 본토로 돌아오는 가족들 가운데에는 벨의 아내인 아샤도 있었습니다. 지난해 여름 도슨과 라일라는 아샤가 결혼을 위해 호놀룰루로 가도록 도와주었습니다. 모리나와 아샤는 공격을 당하고 있는 상태에서 네비게이토들이 보여 준 영웅적인 행동에 대하여 자세히 이야기했습니다. 또한 사람들은 보기 드물게 잘 들을 준비가 되어 있었기 때문에 전도를 위해 전무후무한 기회가 생겼다는 것도 말했습니다.

모리나는 호놀룰루 네비게이토 선교관에서 주일 아침 식사시간에 찾아온 사람들을 위해 두 번째 컵에 커피를 따랐습니다. 그 전날 밤 성경공부를 위해 모인 30명가량은 시내에서 주일 예배를 드린 후에 기지로 돌아가려고 했었습니다.

하사관이었던 허브 골드너는 의자에서 일어났습니다. "죄송하지만, 배에서 아침 8시에 성경공부가 있어요." 골드너가 떠난 이후에 그들은 총소리를 들었습니다. 대공포, 기관총, 소총 소리였습니다. 모두 가만히 들었습니다. 한 해군이 우스갯소리를 하였습니다. "만약 이 섬이 공격을 받아도 우리를 육군이 지키지 않아도 되니까 잘된 일이야."

"사격 훈련이야"라고 한 명이 결론을 내렸습니다. 그러나 준사관이었던 다우닝은 더 많은 것을 알고 있었습니다. 그는 라디오를 켰습니다. 그리고 경계경보를 들었습니다. 일본군이 진주만을 습격한 것은 10분도 채 안 되었습니다. 해군 기지 정문에 도착한 골드너는 폭격 장면을 목격했습니다. 곳곳에 연기가 나고 혼란스러웠으며, 여기저기에 파편들이 불타고 있었습니다. 그는 차를 돌려 다시 돌아왔습니다. 그들은 이미 군복을 입고 있었고, 갈 준비가 되어 있었습니다. 그들이 전투를 위해 나아가려고 할 때 모리나가 남편을 큰 소리로 불렀습니다. "여보, 신명기 33:12!" 그때 이후로 모리나는 크리스마스 날 고향으로 돌아오기 위해 떠날 때까지 남편을 거의 보지 못했습니다.

전쟁의 조짐은 보였지만, 진주만에 대한 공습은 거의 예견하지 못한 것이었습니다. 진주만 공습은 공격 측의 전략 부재와 잘못된 판단에서 비롯된 것이었습니다. 그것은 미국을 분노케 하여 곧바로 반격을 유발했습니다. 해군 역사가인 새뮤얼 모리슨은 이렇게 말합니다. "전술적인 면에서 본다면, 진주만 공습은 목표를 잘못 택한 것이었습니다.… 전략적인 면에서 본다면, 이는 어리석은 것이었습니다. 나아가 정치적인 면에서 본다면, 이는 재앙이었습니다."

전쟁에 대비해 상당한 준비가 이루어졌고 또한 경계 상태에 있었습니다. 그러나 군이나 민간이나 똑같이 아무런 위험이 없을 것이라고 생각했었습니다. 실제로 전쟁이 시작되더라도 어딘가 '다른 곳'에서 일어날 것이라고 생각했습니다. 그래서 사람들은 여느 때와 다름없이 토요일 밤을 즐겼습니다. 비번인 장교와 병사들은 바깥에서 식사를 하거나 시내에 있는 위락 시설 혹은 기지 내에 있는 클럽에서 한가로이 시간을 보냈습니다. 많은 사람들이 일요일 아침에 골프나 수영을 계획하였습니다. 이때만 해도 정오가 되기 전에 죽을 2,400명이 넘는 사람 가운데 그 누구도 시속 180마일의 속도로 북동쪽에서 다가오는 재앙을 전혀 예상하지 못했습니다. 또 다른 수천 명에게는 그 다음 날이 1,351일 동안 벌어질 엄청난 전쟁의 첫날이 될 것입니다.

정문 안에 들어서자, 골드너의 차에서 내린 사람들은 심하게 파괴된 지역으로 들어갔습니다. 한때 전함 8척이 위용을 자랑하며 줄지어 정박했던 포드아일랜드 건너편에는, 갑판에 심한 화재가 난 웨스트버지니아호가 좌현으로 심하게 기울어져 있었습니다. 애리조나호는 전방 화약고가 폭발하여 반이 없어졌는데, 처참하게 타면서 불꽃 파편들을 이웃 배에 날리고 있었습니다. 오클라호마호는 뒤집어졌고, 캘리포니아호는 서서히 가라앉고 있었습니다. 두 척의 구축함이 건조 독에서 불타고 있었고, 옆에는 펜실베이니아호가 있었습니다. 섬 끝에 있는 격납고는 불탔는데, 적의 비행기들이 모든 보이는 목표물은 사람이든 시설이든 폭격을 가했기 때문입니다. 대공포가 낮게 날고 있는 비행기를 향해 발사되었고, 소방대원들이 조직되었습니다. 파괴된 배에서 새어나온 기름이 바다를 덮었고, 대개는 불이 붙어 있었습니다.

몇 사람은 전투 위치로 달려갔으나 도달할 수 없었습니다. 다른 사람들은 안전을 위하여 부서진 배를 떠났습니다. 부상을 당한 사람들은 분노하며 하늘을 향해 주먹을 휘둘렀습니다. 사람들은 욕설을 퍼붓고, 기도하고, 멍청히 서서 바라보거나, 어쩔 줄을 몰라 이리저리 허둥지둥 다녔습니다. 정문에서 한 해병대 하사관이 목표물을 발견하고는 머리 위로 지나가는 일본군을 향해 소총을 발사했습니다. "저들이 내게 총을 쏘고 있어"라고 그는 말했습니다.

다우닝과 주임 하사관이었던 워터스는 부두로 달려가서 보트를 타고 포드아일랜드로 갔습니다. 다른 보트들은 이미 바다에서 시체를 건지거나 생존자들을 구출하고 있었습니다. 이리저리 다니다가 그들은 테네시호와 줄로 연결되어 있는 웨스트버지니아호가 가라앉고 있는 것을 발견하였습니다.

"다우닝, 양손이 다 필요할 것 같습니다"라고 워터스가 바라보며 말했습니다. 그래서 둘은 성경과 노트를 독에 있는 공구함에 넣었습니다. 키가 크고 눈썹이 짙은 아이오와 사람인 워터스는 함장 보좌관과 함께 메릴랜드호로 이동했었습니다. 메릴랜드호는 오클라호마호와 연결되어 있었는데, 그때 오클라호마호는 전복되어 있었습니다. "기도하는 중에 일을 당하여 기쁩니다"라고 그는 자기의 전투 위치로 뛰어가면서 외쳤습니다.

다우닝 역시 이 날을 위해 준비된 것에 대하여 감사했습니다. 말씀

"충성된 사람들에게 부탁하라" / 291

들이 생각나서 심지어 바로 그 순간에도 자기를 강하게 해주고 있었습니다. 그는 부서진 애리조나호를 바라보았습니다. 약 1,100명이 불에 타거나 밑으로 떨어져 물에 빠졌습니다. 다우닝은 애리조나호에서 단 한 명만을 알고 있었습니다. 무선 기사 상병이었는데, 그는 이 일 전에 그 배에서 존슨아일랜드(오하이오 주에 있는 기지, 역자 주)로 전출되었습니다. 그가 떠난 직후에 본토에서 아내가 도착하였습니다. 아내는 솔직하게 하나님께서 왜 그렇게 하셨느냐고 물었습니다. 다우닝은 이제 아내가 그 이유를 이해할 수 있으리라 생각했습니다. 하나님께서는 남편을 통해 할 일이 더 있었던 것입니다.

웨스트버지니아호는 최초에 폭격을 맞은 배 가운데 하나였습니다. 측면에 6,7발의 어뢰를 맞아 좌현으로 급격히 기울어졌습니다. 긴급 상황에서 마빈 로케스모의 전투 위치 임무는 선체의 방수격실을 조작하여 배가 균형을 잡도록 하는 일이었습니다. 명령을 내리는 사람이 아무도 없는 것을 보고, 그는 임의로 밸브를 열어 물줄기를 반대로 흐르게 하였습니다. 이는 명령 없이 행동을 한 죄로 군법 회의에 회부될 위험을 감수한 것이었습니다. 첫 번째 어뢰에 맞아 동력이 끊겼기 때문에, 책임을 맡은 장교는 로케스모에게 그 일을 하도록 전화로 명령을 전달할 수 없었던 것입니다. 로케스모의 즉각적인 조치와 더불어 테네시호와 줄로 연결되어 있었던 덕분에 웨스트버지니아호는 더 이상 심하게 기울지 않았고, 오클라호마호처럼 전복되는 대신에 간신히 균형을 유지할 수 있었습니다. 배는 갑판의 4분의 1가량이 잠겼지만 똑바로 설 수 있었습니다.

웨스트버지니아호의 갑판 장교는 첫 번째 폭탄이 포드아일랜드 격납고를 파괴하는 모습을 보았는데, 이것을 캘리포니아호의 폭발로 생각하고는 구조대에 명령을 내렸습니다. 이 때문에 많은 승무원들이 갑판에 모이게 되었습니다. 최초의 경보와 신속한 역류 조치로 수백 명의 생명을 구했고 이 배의 심각한 손상을 막았습니다. 1,541명의 승무원 중에서 105명만을 잃었습니다. 십여 명의 사람들이 자기가 살아남은 것은 바로 체중이 56kg밖에 되지 않고 마른 체격의 소유자인, 텍사스 출신 준사관 잭 프랭클린이란 네비게이토 때문이라고 했습니다. 폭탄이 배에 떨어지고 어뢰에 맞았을 때 몇몇 사람들은 잠시 의식을 잃거나 불타는 기름 연기 때문에 질식했습니다. 의식을 잃고 누워 있는 이 사람들은 배가 가라앉아 배에 물이 차면 익사할 사람들이었습니다. 프랭클린은 구조대의 일원으로 배를 돌고 있었는데, 이 사람들을 한 사람씩 안전한 곳으로 끌어내었습니다. 나중에 그는 자기가 사람들을 하나씩 끌어내면서 "저 죽어 가는 자 다 구원하고!"란 찬송을 활기차게 불렀다는 것을 알았습니다. 다음 날 그는 "저기도 우리 형제가 있네!"라는 말을 여러 차례나 듣게 되었습니다.

테네시호에 오른 다우닝과 동료들은 5인치 포를 웨스트버지니아호를 향해 조준한 다음, 그 갑판으로 밀어 내렸습니다. 그들은 함께 소방 호스를 옮겼습니다. 웨스트버지니아호의 수압이 떨어졌기 때문입니다. 그리고는 다른 승무원들과 함께 큰 구조물을 휩쓸고 있는 불꽃과 싸우기 시작했습니다. 상부 갑판에 있는 불을 끄기 위해 노력한 중요한 이유는 포열 갑판에 쌓아 둔 탄약이 폭발하지 않도록 막기 위해서였습니다.

테네시호는 폭탄이 두 발밖에 떨어지지 않았고, 어뢰는 맞지 않았는데, 20여 미터 떨어진 애리조나호에서 날아오는 불타는 파편들과 싸워야 했습니다. 정오에 테네시호에서는 두 배의 승무원들에게 샌드위치를 제공했고, 다우닝은 친구 구스타프슨을 찾았습니다. 다우닝은 기울어 있는 웨스트버지니아호에 오르기 전에 그에게 자기의 손목시계를 맡겼었습니다. 다우닝은 구스타프슨이 승무원들에게 전도지를 나누어 주고 있는 것을 보았습니다. 많은 사람들이 죽음의 위험 앞에 흔들리고 있었기 때문에 이날에는 모두 다 커다란 관심을 보였습니다.

해질 무렵에 애리조나호를 제외하고는 모든 화재가 진화되었습니다. 애리조나호는 3일 동안 불에 탔습니다. 그날 오후에 예상되는 적의 공격에 대비하여 모든 승무원들은 섬의 방어를 위해 분주히 움직이며 전열을 가다듬었습니다.

"당신은 틀림없이 그날에 열심히 기도했을 것입니다"라고 질서가 회복된 뒤에 어떤 사람이 한 네비게이토에게 말했습니다. 그 네비게이토는 이렇게 대답했습니다. "열심히 하지는 못했습니다. 그저 나는 주님께 내가 그곳에 있다는 것을 상기시켜 드린 후에 주님을 의뢰했을 뿐입니다." 이는 영적 준비가 잘 되어 있는 사람들에게 공통적으로 나타나는 모습이었습니다. 기도해야 할 때가 있었고, 전투에 관심을 집중해야 할 때도 있었습니다. 그들은 이것을 '순종하는 삶'이라고 불렀습니다.

웨스트버지니아호의 승무원들과 다른 배의 생존자들이 해군 항공기지 본부로 몰려들었습니다. 그들은 바닥에 매트리스를 깔아 사용했습니다. 사람들은 흰옷, 파란 옷, 카키색 옷, 그리고 작업복 등으로 즉석에서 만든 기묘한 제복을 입고 이리저리 돌아다녔습니다. 배의 우편 담당으로서 다우닝은 편지를 빨리 전달함으로써 승무원들의 사기를 올릴 수 있다고 생각했습니다. 다우닝은 포드아일랜드에서 버려진 핫도그 스탠드를 발견하였고, 친구인 로케스모가 이를 이용하여 새로 만든 우체국에서 쓸 우체통을 만들었습니다.

처음 몇 날 동안 우편물을 분류하면서, 다우닝은 사망하거나 실종된 사람들에게 온 편지들을 다시 되돌려 보내야 하는 가슴 아픈 일을 맡게 되었습니다. 다우닝은 웨스트버지니아호의 희생자 105명의 명단을 돌아보며, 그들 대부분이 동료들에게서 복음을 들었다는 것을 알 수 있었습니다. 대부분의 경우 그 사람들은 "예, 믿고는 싶은데, 나중에요"라고 대답했습니다. 가라앉는 배에 갇혔던 몇몇 사람이 크리스마스 후까지 살아 있었다는 것을 알게 되었을 때, 다우닝은 그 사람들이 여러 주 동안 깜깜한 곳에서 기다리면서 말씀을 다시금 생각하며 하나님과 화목하라는 권면을 받아들였기를 기대했습니다.

화요일까지도 뒤집힌 오클라호마호의 선체에 낸 구멍을 통하여 사람들이 계속 구출되었습니다. 네비게이토 조 스미스는 배가 뒤집힐 때 갑판에서 미끄러졌습니다. 그는 포드아일랜드로 가까스로 헤엄을 쳐서 갔으며, 부상자들과 함께 옮겨지면서 또다시 구사일생으로 살아났습니다. 캘리포니아호가 인양되었을 때, 판금공이었던 프란시스 코울의 시체가 숙소에서 발견되었는데, 성경이 펼쳐진 모습으로 보아 그는 분명히 배가 공습당할 당시 숙소 동료에게 그리스도를 나누다가 죽었을 것입니다.

비록 애리조나호와 오클라호마호를 제외하고는 모든 전함이 나중에 전투를 위해 다시 인양되었지만, 30분 만에 태평양 함대는 비참한 모습으로 바뀌게 되었습니다. 수천 명이 귀중한 목숨을 잃었습니다. 그리고 그들 가운데 대부분은 부활에 대한 주님의 약속을 모른 채 죽어 갔습니다.

19
41년 12월 7일의 위기는 미국 전체와 네비게이토 군인들을 전쟁으로 내몰았지만, 이미 고무된 도슨에게는 아드레날린과 같은 것이었습니다. 경주가 시작되는 총소리가 들릴 때, 경주에 출전할 수 없는 말이 앞발을 차며 콧김을 내뿜는 것처럼, 도슨은 후방에서 감당할 자기의 역할을 순복하는 태도로 받아들였습니다. 도슨은 전투가 일어나는 곳으로 가서 자기 사람들과 함께 있는 것이 필요한

일이었다면, 자기의 모든 것을 바쳐 그렇게 했을 것입니다. 도슨은 하나님의 손이 함께하셔서 다우닝을 진주만에 있도록 하셨음을 보았습니다. 이제 그곳은 태평양에서의 전력 이동의 중심지가 되었습니다. 벨도 그곳에 있었습니다. 그리고 워터스는 평상시와 다름없이 기함의 함장 보좌관실에 배속되어 있었습니다. 모리스 윌거스는 롱비치 두나미스 출신인데 이제 구스타프슨과 함께 테네시호에 있었습니다. 형제인 마샬 윌거스는 비행기 공장에서 일하다가 직장에서 전도하는 것을 금지하자 해안 경비대에 들어갔습니다. 몇몇 사람들이 사역을 위하여 두 번째로 군에 입대하였습니다. 그리고 이제는 전쟁 기간 동안 이동이 동결되었습니다.

다우닝은 12월 7일에 공포에 떨며 기도했던 수많은 불신자들이 12월 10일이 되자 하나님의 필요성을 잊게 되었다고 보고했습니다. 그럼에도 불구하고 다우닝이 하루도 빼놓지 않고 매일 밤 포드아일랜드의 방공호에서 갖는 성경공부에는 지속적으로 사람들이 몰려들었으며, 이들은 이전보다 훨씬 더 말씀을 들으려는 태도를 보였습니다. 토니 트레비노가 가르치는 성경공부에도 참석자가 많았습니다. 대개는 토니가 선택하여 초청한 사람들이었습니다. 토니는 어두운 막사를 이곳저곳 다니면서 사람들에게 "성경공부에 오지 않겠습니까?"라고 물었는데 반응이 대체로 좋았습니다. 다우닝은 이를 보고 크게 감탄하였고, 토니에게 그 비결이 무엇이냐고 물었습니다. "나는 주님께 기도합니다. 그러면, 주님께서는 나를 그들에게 인도하십니다"라고 토니는 별것 아닌 듯이 말했습니다.

방공호 성경공부는 웨스트버지니아호에서 했던 방식을 따랐습니다. 하루 저녁에는 인물 성경공부, 다른 날에는 장별 성경공부, 그리고 다른 날에는 전도 성경공부를 했습니다. 이에 대하여 군목은 '영양식'이라고 칭찬했습니다. 드나드는 많은 사람들에게 깊이 있는 사역을 할 수는 없었지만, 그러나 다른 방법으로는 복음을 전혀 듣지 못했을 수많은 사람들이 복음을 접하게 되었습니다. 이런 대규모 사역에는 도슨이 원했던 철저함이 결여되어 있었지만, 도슨은 다우닝 주위에 자기의 삶을 주님을 섬기기 위해 드리겠다고 한 대여섯 명이 있다는 얘기를 듣고 큰 격려를 얻었습니다.

빅 맥케니는 아스토리아호에서 일어난 하나님의 사역에 대하여 보고했습니다. 그 보고는 지난해 여름부터 빅 맥케니와 약혼한 사이인 도슨의 비서 비비안을 통해 도슨에게 간접적으로 전달되었습니다. 빅 맥케니는 이렇게 썼습니다. "양떼를 먹이기 위해 말씀을 파고드는 것은 정말 좋습니다. 내가 성경공부 모임을 준비하려고 말씀을 파고들수록 하나님의 말씀은 더욱 풍성해졌습니다. 그리고 내 자신의 필요도 채워졌습니다." 도슨은 하나님의 말씀을 의뢰하는 그의 태도에 만족하였습니다. 밤에는 안전을 위하여 배의 갑판이 컴컴해졌는데, 그들은 갑판을 걸어다니며 마음속에 저장해 놓은 성경 구절을 암송했고, 이를 사용하여 사람들에게 말할 수 있는 것에 대하여 하나님께 감사하였습니다. 빅 맥케니는 편지에 다음과 같이 기록했습니다. "성경 암송에 대하여 더욱 격려를 받게 되어 정말 기뻤습니다. 암송해 둔 말씀들은 내 사고방식을 통제하였고, 그리하여 사탄이 나를 곁길로 이끌지 못하게 하였으며, 또한 올바르지 못한 교리를 분별하도록 도와주었습니다. 이를 통해 나는 정확하면서도 신속한 결정을 내리는 법을 배우게 되었습니다. 내 마음속에 간직한 하나님의 말씀 때문에 나는 언제나 나를 향한 하나님의 뜻이 무엇인지 확신할 수 있었습니다. 만약 내가 잘못한 것이 있다면, 이것은 말씀을 통한 하나님의 인도를 따르지 않고, 오히려 내 소욕이 나를 인도하도록 내버려두었기 때문입니다."

빅 맥케니는 몇몇 반대 움직임에 대해서도 언급한 적이 있었습니다. "우리는 사역을 방해하려고 하는 은밀한 음모가 있다는 것을 알고는 크게 기뻐하였습니다. 자기에게서 떠나는 사람들이 생기자 사탄이 이를 걱정하고 있다는 분명한 증거가 되기 때문입니다."

도슨은 다른 여러 배와 육지에 있는 키맨들과 빅 맥케니가 믿음에 견고하며 앞으로도 믿음에 굳게 서리라고 확신하였습니다. 그들은 이미 시련의 때에도 굳게 서 있었기 때문입니다. 그전에 도슨은 나중에 주님을 섬길 수 있도록 훈련하기에 가장 좋은 자리에 빅 맥케니가 있다고 말한 적이 있습니다. 다른 사람을 섬기면서도 동시에 지속적으로 공부하는 것은 학교 상황보다 나으면 나았지 못하지는 않았습니다. 학교에서는 지속적으로 공부할 시간은 더 많겠지만 사람들에게 나아가 사역을 할 수 있는 기회는 제한될 것이기 때문입니다.

인디애나호, 펜실베이니아호, 그리고 다른 배에서도 사역이 활발히 진행되고 있다는 소식이 들려왔습니다. 대개는 하나님께서 사용하고 계신 키맨들을 통해 내용을 알 수 있었습니다. 캘리포니아의 여러 항구에 정박한 배들에 있는 몇몇 사람들과의 교제를 제외하고는, 도슨이 사람들과 접촉할 수 있는 유일한 방법은 우편이었습니다. 이것이 도슨의 생명줄이 되었습니다. 도슨은 본부에 머물면서 전선에 나가 있는 사람들에게 영적 탄약을 공급하는 일에 만족하고 있었던 것 같습니다. 그러나 도슨이 보낸 편지는 그들과 효과적으로 함께할 수 있는 방법이 되었는데, 그것은 도슨이 생각했던 것 이상으로 그들의 행동에 좋은 지침이 되었습니다. 마치 멀리 떨어져 있으면서도 디모데와 디도에게 서신으로 도전을 주었던 바울처럼, 도슨은 편지로 자기 사람들을 권면하였습니다. 사역의 초기에 "말씀을 하나 나누겠습니다"라는 말이 많이 쓰였는데, 이제 이 말은 각 편지 말미에 기록되었습니다. 그 말씀은 받는 사람들의 필요에 따라 주의 깊게 선택한, 힘을 북돋아 주는 양식이 되었습니다.

도슨의 편지는 사람들에게 감동을 주었는데, 단지 사람들이 행복감을 느끼도록 달래 주는 그런 감동은 아니었습니다. 도슨을 훈련하는 사람이며 본을 보이는 사람으로 알고 있었던 그들은 최선을 다하라는 도전으로 받아들였습니다. 도슨은 전쟁 영웅들의 말을 즐겨 인용하며("방향을 돌려라! 우리는 돌아간다!"), 게으름이나 두려움 때문에 영적 전투에서의 훈련을 태만히 해서는 안 된다는 것을 상기시켜 주었습니다. 더욱 많은 사람들에게 편지를 써야 했지만, 도슨의 편지에는 그들 각자에 대한 개인적인 관심이 드러나 있었고, 수천 킬로미터 떨어진 곳의 전혀 낯선 바다 위에서 항해하는 그들에게 큰 영향을 미쳤습니다.

육군 사역을 시작한 지 1년도 안 되어 육군에서 만나는 사람은 이제 1,500명이 되었습니다. 이들도 네비게이토의 체계적인 성경공부와 성경 암송을 통해 유익을 누리고 있었습니다. 감사하다는 편지를 보낸 많은 사람들 가운데에는 라스 그랜버그가 있었습니다. 루이지애나 캠프포크에 홀로 있는, 휘튼 대학 출신인 그는 이렇게 편지를 썼습니다. "딕 하이타워의 방문은 문자 그대로 까마귀를 통해 먹이신 것과 같았습니다. 주님을 사랑하고 하늘나라의 언어를 말하는 사람은 너무나 적고 이곳에서는 너무도 멀리 있습니다. 그런데 나는 영적으로 축복을 받았고 놀랍도록 새로운 힘을 얻었습니다. ABC 방식은 내가 들어 본 성경공부 방법 중에서 가장 훌륭한 것이었습니다. 나는 이를 통해 큰 유익을 얻고 있습니다. 존 스트리터는 이 과정을 내게 소개시켜 주었는데, 진정으로 큰 은혜를 내게 베풀어 준 것입니다."

구스타프슨이 본부에 잠시 들렀을 때 그는 자기를 특별한 손님으로 대접하는 것에 대하여 크게 놀랐습니다. 구스타프슨은 감탄하며 이렇게 말했습니다. "도슨은 나이도 들고 배도 타지 않는 해군인 나에게 자기의 모든 시간을 투자하려고 했습니다. 내가 사양하려고 하자 도슨은 말했습니다. '무슨 말입니까? 이것이 바로 나의 삶입니다.' 빌립보서에 있는 말씀대로 도슨은 내 사정을 진실히 생각하는 사람이라고 생각되었습니다. 도슨이 내게 얼마나 큰 도움을 주었는지 모릅니다."

구스타프슨은 도슨의 가식 없는 태도가 군인들에게 큰 영향을 주는 열쇠가 되었고, 그가 슈퍼맨이 아니라 단지 하나님을 강하게 신뢰하고 있는 사람임을 드러내어 준다고 느꼈습니다. 사람들 앞에서 모든 것을 개방하는 도슨의 삶은 그들이 가까이에서 볼 수 있는 모본이었습니다. 구스타프슨은 도슨과 샌프란시스코에 있는 YMCA에서 함께 방을 사용했는데, 그때 말씀을 격의 없이 나누는 도슨을 보며 많은 것을 배울 수 있었습니다.

"도슨은 우리가 자기를 너무 잘 알아서 존경을 받지 못하지는 않을까 하는 두려움이 전혀 없는 것처럼 보였습니다"라고 구스타프슨은 말했습니다. "도슨은 자기에 관한 어떤 것이라도 알릴 수 있었습니다. 그리고 전혀 직업적이 아니었습니다. 도슨 또한 우리와 동일한 유혹과 시련을 겪고 있는 것처럼 보였습니다. 여자에 대한 태도 등과 같은 영역에서 정말 실제적인 조언을 해주었습니다. 모임에서 우리가 말할 때 우리를 칭찬하는 여자들에게 끌리는 것에 대해서도 경계를 해주었습니다. 그리고 이것이 단지 이론이 아님을 알 수 있었습니다.… 도슨은 우리가 국가적 위기에 처해 있을 뿐만 아니라 영적 전쟁을 하고 있다는 사실을 잊지 않도록 했습니다. 그리고 다른 일에 지나치게 얽매이지 않도록 했습니다. 이는 디모데후서 2:3-4 말씀과 같았습니다. '…군사로 다니는 자는 자기 생활에 얽매이는 자가 하나도 없나니….' 자기의 확신과 더불어 우리 수준에서 어떻게 올바로 따라 살아갈 수 있는가에 대한 도슨의 가르침은 실로 큰 영향력이 있었습니다."

도슨은 군인들과 친밀한 관계를 누리고 있었기 때문에 그들을 수준 높게 훈련할 수 있었습니다. 그리고 어떤 일이 생겼을 때 도슨은 주저하지 않고 한 사람의 예를 들어 다른 많은 사람들이 배울 수 있도록 하였습니다. 어느 주일 저녁에 도슨은 오클랜드의 한 교회에 초청 강사로 갔습니다. 보통 때와 마찬가지로 네비게이토 해군들이 앞좌석을 채우고 있었습니다. 성경 암송에 대한 메시지를 전하면서 예를 들기 위해 한쪽 끝에 앉아 있는 사람을 가리켰습니다. "빌, 몇 개의 구절을 암송하고 있습니까?" "서른여섯 구절입니다." "그리스도인이 된 지 얼마나 되었습니까?" "넉 달입니다."

"켄, 몇 구절을 암송하고 있습니까?" "열다섯 구절입니다." "그리스도를 믿은 지 얼마나 되었습니까?" "6주가 되었습니다." 도슨은 이런 식으로 진행하여 바로 자기 앞에 앉아 있는 사람까지 오게 되었습니다. "한 구절입니다!"라고 그 해군은 무례한 태도로 말했습니다. "암송해 보십시오!"라고 도슨은 큰 소리로 말했습니다. 그 해군은 요한복음 3:16을 암송했습니다. 그러나 정확하지 않았습니다.

효과를 높이기 위하여 잠시 침묵을 지킨 후에 도슨은 '어뢰를 발사'하기 시작했습니다. "여러분"이라고 도슨은 낮은 목소리로 말했습니다. "나는 오늘 저녁 여러분에게 암송에 대하여 도전을 하려고 합니다. 그러나 모임은 내가 기대한 것과 약간 다르게 변했습니다. 여기에 내가 오랫동안 기도한 친구가 있습니다. 나는 그 사람에게 하나님의 말씀을 섭취하는 일에 대하여 오랫동안 말했습니다. 그 사람을 보셨습니까? 그는 한 구절밖에 몰랐습니다. 그것도 완전히 외우지는 못했습니다." 성도들은 어색한 표정을 지었으며, 그 해군이 불쌍하게 생각되어 당황하기도 했습니다. 그러나 도슨은 지속했습니다. "여러분에게 뭔가 다른 것을 말하고자 합니다. 이 사람은 트레져아일랜드에 기지를 두고 있는 구축함대에 있습니다. 하나님께서 그가 탄 배에서 어떤 역사를 하고 계시는지 아십니까? 아무것도 없습니다!"

동료와 함께 기지로 돌아오면서 이 해군은 긴 침묵을 깨고 사람들에게 동정을 구했습니다. "친구, 도슨은 오늘 밤 내게 정말 너무하지 않았나?"

성령의 음성을 묵살하지 않기 원했던 그의 친구는 간단하게 대답했습니다. "도슨은 해야 할 일을 했네. 하나님께서는 자네 배에서는 역사하지 않고 계시지 않은가?" 이 말을 통해 가르침이 더욱 분명해졌습니다. 그 해군은 말씀을 파고들기 시작했습니다. 오래지 않아 그의 삶과 그가 탄 배에서 결과들이 나타나기 시작했습니다.

그러나 교회 사람들의 반응은 그 해군의 친구의 반응과는 전혀 달랐습니다. 그들은 도슨이 그 해군에게 너무 심하게 대했다고 생각하며 분노했습니다. 도슨이 귀한 군인 형제가 처한 곤경을 헤아려 알지 못했다고 생각했습니다. 도슨에게 있어서 그 해군 병사에 대한 성도들의 동정은 군인 사역에 대한 새로운 면을 보여 주는 계기가 되었습니다. 그것은 하나님을 위해 영적 군사들을 훈련하는 일을 어렵게 만드는 것이었습니다. 진주만 공습으로 말미암아 애국심이 물결치게 되었고, 교회 안에서는 미국 군인에 대한 동정의 물결이 흘러넘쳐 비번인 군인들 가운데서 그들이 만날 수 있는 사람들에게는 일종의 모성애가 담긴 사랑을 아낌없이 보여 주었습니다. 이런 식으로 교회는 전쟁을 위한 노력에 애써 기여하려 했고, 때로 하나님의 나라는 군인들의 영적 성장이나 제자의 도에 유익하게 기여하기보다는 그들의 응석을 받거나 환대하는 정도에 그쳤습니다.

또 하나 분명하게 드러난 경향은 진주만 공습 이후로 군인들 사이에서 갑자기 종교가 성행하게 된 것이었습니다. 과거에는 관심이 별로 없던 사람들도 이제는 성경공부 모임에 넘치도록 참석하였습니다. 한 해병 부대에서는 하사관 4명 가운데 3명이 성경공부에 참석했습니다. 그리고 소속된 배에서 성경공부를 인도하는 군인들은 그들의 지휘관들에게 칭찬과 격려를 받았습니다. 육군이나 해군 모두 군목의 수를 크게 늘렸고, 새롭게 만든 기독 군인 모임은 개신교의 주요 교단에서 후원을 받도록 하였습니다.

네비게이토에 '참여'하고 싶은 군인들의 문의도 증가했습니다. 도슨은 그리스도의 이름이 무엇보다 중요하며 그리스도의 제자가 되는 것이 어떤 한 운동의 일원이 되는 것보다 훨씬 뛰어나다는 것을 사람들에게 설명하려고 했으나 이것이 어렵다는 것을 알게 되었습니다. 이와 더불어서, 그리스도께 온전히 헌신되지 않은 사람들에게 네비게이토라는 이름을 붙이는 것은 하나님께 아무런 영광이 되지 않을 뿐만 아니라 이 운동에도 별다른 도움이 되지 않을 것이라는 두려움이 있었습니다. 자신을 네비게이토라고 부를 자격이 있는 사람들의 경우 도슨의 지침을 따라 자신을 그렇게 부르지는 않았으나 잡지에서 표현한 대로 "네비게이토는 하루 24시간 내내 그리스도인으로 산다"라는 말을 들을 만했습니다. 그래서 도슨은 회원이 되고자 하는 사람들에게, 중요한 것은 실제로 '순종하는 삶을 사는 것'이며 네비게이토는 이런 삶을 살 수 있도록 도움을 주거나 교재를 제공하는 것이라고 설명했습니다.

회원 자격에 대한 질문은 도슨이 네비게이토 선교회라는 법인을 만들고자 할 때 실제로 생겼습니다. 이제는 상당한 기금을 운영하고 있으며 기관의 목적과 역할에 대하여 묻는 수많은 질문이 들어오고 있는, 10년이나 된 운동에 법적인 지위를 부여하는 것이 필요하다는 조언을 도슨이 들었던 것입니다. 1943년 3월의 법인 서류에는 딕 하이타워를 부회장으로, 짐 헤이든을 총무로, 그리고 해럴드 크리스맨을 감사로 하였습니다. 회원 자격에 대하여 규정해야 했기 때문에 서류에는 최소한의 요구 사항이 기록되었습니다. 네비게이토에서 사용하던 편지지 중에는 '법인'이란 단어가 상단에 인쇄된 것도 있었으나, 도슨은 자기의 이름이나 지위는 인쇄하지 않았습니다. 도슨은 지극히 개인적이고 비공식적이며 세속적이지 않은 사역에 대하여 법적 구조가 필요하다는 것에 마음에 가책을 느끼기도 했습니다. 그리고 뉴스거리 중에서 그리 중요하지 않은 내용들은 '네비게이토 일지' 및 도슨이 당시에 발행하기 시작한 매월의 '뉴스레터'에 많이 실렸지만, 법인에 대해서는 둘 중 어느 곳에서도 언급되지 않았습니다.

아마도 네비게이토가 법인이 될 때 회원을 거명할 필요가 있을 것이란 생각 때문이었을 터인데, 도슨은 1942년 말에 이 운동의 중심이라고 생각하는 28명의 이름을 열거하였습니다. 이들에게는 내부 회람용 정보와 소식을 보낼 것입니다. 도슨은 다우닝, 벨, 그리고 워터스와 함께 이 명단에 대한 조정 작업을 했습니다. 이 세 사람은 당시에 도슨에게 가장 가까운 조언자들로서 마치 다윗의 빼어난 30인 중의 첫 3인과 같았습니다. 다우닝은 도슨에게 보낸 회신에서, 일반 정보를 받는 사람들 명단에 세 사람을 더하고, 재정 보고서를 받을 사람은 24명으로 축소하며, 의견을 묻는 일에는 17명만을 포함시킬 것을 제안하였습니다.

도슨에게 있어서 이 사람들은 여러 세대의 기초를 세우기 위하여 하나님께서 사용하실 사람들이었습니다. 그들은 모두 하나님께서 그들을 위하여 큰 능력을 나타내시는 분임을 입증했고, 그리스도를 위하여 수백 명의 젊은이들에게 영향을 준 사람들이었습니다. 그들은 모두 사랑하는 전우들이요, "내가 사람들을 주어 너를 바꾸며, 백성들로 네 생명을 대신하리니"라는 하나님의 약속을 성취하는 사람들이었습니다. 이제 도슨이 보는 바와 같이, 참혹했던 진주만 공습은 복음을 위해서는 유익이 되었습니다. 마치 예루살렘에 핍박이 일어나 초기의 제자들이 흩어져 '두루 다니며 복음의 말씀을 전한' 것처럼 사람들이 함대 전체로 퍼질 수 있었기 때문입니다. 네비게이토가 가장 많았던 웨스트버지니아호가 공습 중에 가장 먼저 공격을 받았다는 것은 중요한 의미가 있었습니다. 이제 새로운 배와 기지에서 사역을 하게 된 이 사람들은 장래를 위해 값진 경험을 하고 있었습니다. 그들의 '떠 있는 신학교'는 학교라는 환경보다 여러 가지 면에서 뛰어난 점이 있었습니다. 학교에서의 공부는 그러한 사역의 기회와 견줄 수 없기 때문입니다. 도슨은 한 친구에게 이렇게 편지를 썼습니다. "이제 군에 있는 미국의 젊은이들이 이런 훈련과 준비에 드려지고 있기 때문에 우리는 전후에 미국을 뒤흔들 수 있을 것입니다."

미국이 전쟁에 가담한 첫 해에는 주로 남태평양에서 해군과 해병대가 전투를 하였습니다. 본토에 있는 기지에서는 수천 명의 새로운 육군이 북아프리카와 유럽의 전투를 위해 훈련을 받았습니다. 도슨은 집에 머물면서 편지를 보내거나 격월로 '네비게이토 일지'를 발행하여 새로운 소식을 알리고 도전을 주면서 사람들을 격려하는 일을 했는데, 이는 비교적 조용한 일이었습니다. 이를 보상하기 위하여 도슨은 다른 사역의 길을 찾았습니다. 샌디에이고와 샌프란시스코를 자주 방문하여 몇몇 키맨과 시간을 가질 수 있었고, 각 지역의 네비게이토 선교관의 사역을 더욱 견고하게 하는 기회를 얻을 수 있었습니다. 미국 전역을 통해 군인들이 폭발적으로 증가하고 있어서 전도의 기회가 많아졌다고 생각한 도슨은 사업가들을 격려하여 여러 곳에 군인 선교를 위해 '빅토리 센터'를 열도록 했으며, 이를 인도할 책임자들을 찾도록 도와주었습니다. 도슨 자신은 종종 군인들의 집회에서 말씀을 전하였고 해군과 해병의 부대 본부에서 주일 예배를 인도하기도 했습니다.

1942년 초에 도슨은 영라이프 운동의 짐 레이번을 만났는데, 새로운 사역을 통해 폭넓은 영향력을 줄 기회를 얻게 되었습니다. 텍사스에서 젊은이들의 집회에 몇 차례 레이번과 함께하면서, 도슨은 영라이프의 지도자들에게 크게 번창하고 있는 그들의 고등학교 클럽에서 쓸 수 있는 양육 방법과 자료들을 전달해 주었습니다. 영라이프의 지도자들은 늘 노트와 암송 지갑을 가지고 다니기 시작했고, 레이번은 언제나 도슨 앞에 있으면 주머니에서 빨간 가죽 암송 지갑을 크게 뽐내며 꺼냈습니다.

새로운 성경공부 방식은 언제나 시도할 가치가 있었습니다. 도슨은 일기에 이렇게 기록합니다.

> 처음으로 우리는 현재의 STS 성경공부를 새로운 기준을 가지고 검토했다. 주어진 과제에 대하여 두나미스 클럽의 회원들이 보고서를 가져왔다. 이번 과제는 '그리스도의 보혈'이었고, 회원들은 히브리서 9장을 STS를 따라 공부했다. 다음 기간 동안 우리는 STS를 새로 실험해 볼 것이다. STS를 주제별 성경공부에 사용하는 것이다. 예컨대 성령과 같은 주제를 공부하는 것이다. 주제에 대하여 성경 곳곳에서 성경 말씀을 찾아 요약하며, 적용할 내용과 질문이나 어려운 점을 찾은 후, 이 주제에 대하여 핵심이 된다고 생각하는 한 구절을 고르는 것이다. STS는 그 자체만으로도 상당히 유익하다고 생각된다.

최고의 하이라이트는 매달 갖는 기도의 한나절이었습니다. 도슨은 간사, 클럽 지도자, 목회자, 그리고 다른 친구들과 함께 175번지 선교관에서 만나 아침 일찍 식사를 한 후에 모두가 공원으로 가서 정오까지 기도를 하였습니다. 의도적이었든 아니었든 도슨은 자기가 함께 일했던 사람들에게, 예수님의 본을 따라, 기도를 가르치기 위해 함께 기도하는 시간을 가졌습니다. 도슨은 여러 해 동안 활동이 증가하면서 자기의 기도 시간이 줄어든 것에 대하여 마음이 편치 않았습니다.

많은 교회에서 고아원이나 양로원, 교도소나 병원 등을 찾아가 이른바 소외된 사람들을 만나 복음을 전하고 섬기는 활동을 하곤 했는데, 이에 비해 전도유망한 젊은이들을 찾아 나서는 시도를 하는 이는 거의 찾아보기 힘든 것을 도슨은 보았습니다. 누군가는 이 일을 해야 한다고 생각했습니다. 바울은 "헬라인이나 야만이나 지혜 있는 자나 어리석은 자에게 다 내가 빚진 자라"(로마서 1:14)라고 했습니다. 이런 아이디어가 구체화되자 도슨은 각 지역에서 한 명씩을 불러 위원회를 만들었습니다. 그리고 헐리우드 호텔에서 '승리하는 삶 잔치'를 가질 계획을 작성하였습니다. 이 모임에는 각 사람이 대학에 다니는 불신자들을 초청하며, 특별 강사가 복음을 전할 계획이었습니다. 이들을 맞이하는 사람들은 신약성경이나 조그만 성경을 가져오도록 지침을 주었으며, 함께 마음을 다하여 찬송을 하고 대화를 하되 강사가 메시지를 전할 때는 "아멘"이라고 말하지 말라는 지침도 주었습니다! 그들은 강사의 메시지를 들은 후 초대한 사람들과 개인적인 대화를 나누도록 했습니다.

"참으로 흥미진진했습니다"라고 도슨은 첫 모임 이후에 다우닝에게 편지를 썼습니다. "구원을 받지 못한 사람이 약 40명가량 모였습니다. 그들 가운데 상당수는 대학생이었습니다." 두 번째 모임에는 더욱 많은 사람들이 참석했습니다. 이렇게 해서 전도를 위한 새로운 매체가 활용되기 시작했습니다. 2차 대전 초기에 격월로 가지기 시작했던 이 최초의 '안드레 만찬'은, 요즈음에 널리 알려져 있는 전도 초청 모임보다도 수십 년이나 앞선 것이었습니다.

1942년에 도슨은 또한 그때까지 거의 손대지 않았던 새로운 사역을 시작했는데, 바로 사업가들을 대상으로 한 것이었습니다. "네비게이토는 주로 군인들입니다. 우리는 사업가들을 대상으로는 사역하지 않습니다"라고 하며 도슨은 샌프란시스코만에서 찾아와 성경공부를 도와달라고 요청하는, 한 여위고 진지한 표정의 사람에게 확실한 대답을 피했습니다. 봅 파델포드는 새로이 그리스도를 믿은 사람이었는데, 그의 목사가 그를 도슨에게 보내 주었던 것입니다. 그는 자기의 요구를 재차 설명하였고, 갈색 눈은 도슨에게서 더 나은 대답이 나오기를 기다리고 있는 듯이 보였습니다.

도슨은 두나미스 과제를 이런 나이의 사람들에게 주는 것에 대해 평안이 없었습니다. 도슨은 그런 나이의 사람들의 아들들을 대상으로 하는 사역에 익숙해 있었습니다. 이 사람들을 대상으로 사역을 한다면 영적 아버지와 아들 관계를 통해 누릴 수 있었던 효과가 사라질 수도 있었습니다. 또는, 젊은이들은 도슨의 영웅적인 이미지로 말미암아 배우려는 태도를 잘 가졌지만, 이 사람들을 대상으로 사역을 하면 이런 영웅적인 이미지가 통하지 않아 더 어려울 수도 있었습니다. 그러나 도슨의 마음에는 이런 것들이 고려 대상이 아니었습니다. 오직 도슨의 마음에는 자기가 이 새로운 사역을 시작한다면 최선을 다해 자기의 시간과 노력을 투자해야 한다는 생각만이 자리 잡고 있었습니다. 그리고 이미 꽉 찬 일정 위에다 새로운 것을 더할 수 있을 것인가? 이런 경우에 도슨의 마음에는 종종 잠언 3:27이 떠올라 찔림이 되었습니다. "네 손이 선을 베풀 힘이 있거든 마땅히 받을 자에게 베풀기를 아끼지 말며." 도슨은 "좋습니다"라고 대답했습니다. 그리고는 "내일 아침 5시 30분에 이곳에서 만날 수 있겠습니까?" 하고 물었습니다.

"물론 할 수 있습니다"라고 파델포드는 도슨에게 확신 있게 대답했습니다. 도슨의 또 다른 시험을 통과한 것입니다.

파델포드는 영적 갈망이 컸기 때문에 여러 시간 걸리는 두나미스 기초 과정을 인내로 감당했으며, 본과정의 과제를 받았습니다. 엄격한 성경공부와 성경 암송 훈련 과정을 그대로 따른 최초의 사업가가 된 것입니다. 사업상의 일로 로스앤젤레스에 갈 때면 그는 네비게이토 사무실 옆에 있는 메이플라워 호텔에 머물렀습니다. 여기서 그는 여가 시간을 활용하여 뒷방의 인쇄소에서 성경 암송 카드를 인쇄하는 것을 도왔습니다. 그는 자기의 사업가 친구인 어니 민티와 찰리 쿠퍼에게 성경 암송 과정을 소개하였으며, 또한 그들을 도슨에게도 소개하였습니다.

"나약한 사람이나 성경 암송을 합니다"라고 턱이 넓은 쿠퍼가 말했습니다. 그는 도슨과 함께 차를 타고 샌디에이고로 가고 있는 중이었습니다. "잘 들으십시오. 만약 다음 주 이 시간까지 다섯 구절을 암송하지 못한다면 당신이야말로 나약한 사람이라고 생각합니다"라고 도슨은 동일한 말로 대답했습니다.

나중에 집에 도착해서 쿠퍼는 아내에게서 "저도 당신이 다섯 구절은 암송하지 못할 거라고 생각해요"라는 말을 들었습니다. 그래서 그는 성경 암송 계획을 시작했고, 열심히 이를 실천하였습니다. 나중에는 국제 CBMC의 회장이 되어 전국에 있는 수백 명의 사업가에게 이를 전하였습니다. 후에 민티, 쿠퍼, 파델포드는 이른 아침에 함께 도슨을 만나 '알파메가' 그룹 모임을 가졌습니다. 도슨은 그들이 이 모임에 지속적으로 참여하도록 이끄는 일에서 완벽하게 성공하지는 못했습니다. 비록 도슨에게는 이것이 만족스럽지 못했지만 그들의 눈에는 그 정도도 굉장한 성공으로 보였습니다. 그리고 열정이 있었던 그들은 다른 사업가들에게도 권하기 시작했습니다.

그 그룹은 다른 여러 가지 방법으로 도슨에게 보답을 하였습니다.

예를 들어 도슨이 배급 휘발유를 받을 수 있는 자동차를 타고 해안을 오르내리는 여행을 자유롭게 할 수 있도록 했습니다. 그들은 또한 유별난 분위기가 나는 도슨의 복장을 개선하기 위한 노력과 더불어 속어가 섞인 도슨의 어휘 사용의 개선을 위해서도 노력했습니다. 도슨은 이 모든 것을 감사하게 생각했고, 그들과 함께 있으면서 솔직하게 서로 의견을 교환하는 분위기를 몹시 즐겼습니다.

이 사람들 또한 네비게이토를 만나면서 영향을 받기 시작했습니다. "그들은 모두 도슨을 그들 자신보다 훨씬 뛰어난 사업가로 생각했습니다"라고 파델포드는 인정했습니다. "그들은 모두 도슨의 효율성을 높이 평가했습니다. 만약 도슨을 경영 책임자로 하고 도슨의 간사들을 채용할 수 있었다면 모두들 기뻐했을 것입니다. 기독교 기관의 업무 처리 방식에 대하여 비판적인 견해를 가지고 있던 사람들이라도 도슨이 네비게이토를 이끄는 것을 본다면 큰 감명을 받을 것입니다."

파델포드는 도슨을 샌프란시스코 CBMC의 아놀드 그루니겐과 해리 스미스에게 소개하였습니다. 이를 통해 이 지역에서 네비게이토 교재를 배포하고 일을 감당할 수 있는 사무실을 제공받게 되었습니다. 여름에 사무실을 열었으며, 곧이어 마켓 스트리트에도 군인 센터가 생겼습니다. 여기서 CBMC와 네비게이토는 함께 사역하였습니다. 샌프란시스코의 두 그룹에 의해 '승리하는 삶 잔치' 아이디어가 사용되었는데, '육지와 바다에서 온 기독 실업인들'이라는 화려한 이름으로 모임을 가졌고 찰스 풀러를 강사로 초청하였으며, 이를 통해 그리스도를 믿는 사람들이 생겨났습니다.

충격적인 효과를 위해 여러 사람 앞에서 사람을 당황하게 만드는 도슨의 습관은 사업가들과의 교류를 통하여 많이 개선되었습니다. 초봄에 도슨은 한 로스앤젤레스 교회에서 말씀을 전하게 되었습니다다. 메시지가 길어지자 목사의 젊은 아내는 어린 두 자녀를 조용히 있게 하느라 애쓰고 있었습니다. "단, 당신의 아이들입니까?"라고 도슨은 갑자기 물었습니다. "당신이 안아 주는 것이 좋겠습니다." 얼굴이 붉어진 그 목사는 "예"라고 대답했습니다. "그 '예'에 대하여 뭔가 행동으로 옮기는 게 좋겠습니다"라고 도슨은 첨가했습니다.

3년 뒤에 도슨과 라일라는 그 목사의 집에 저녁 식사 초청을 받았는데, 목사의 아내는 그 일을 떠올렸습니다. 도슨은 소스라치게 놀랐습니다. "제가 그렇게 했습니까? 너무 무례하지 않았습니까?"라고 말하며 도슨은 용서를 구했고, 캔디 선물 상자를 건네면서 씽긋 웃었습니다.

파델포드와 민티는 그들이 도슨과 만나던 초기에 자기 아내들이 도슨을 몹시 싫어한다는 것을 알고 있었습니다. 라일라를 유능한 주부요 어머니라고 극구 칭찬하는 도슨의 태도로 말미암아 그들은 자기들이 가정을 꾸려 나가는 것에 대하여 도슨이 아마 비판적인 시야로 보게 될 것이라고 생각하며 방어벽을 만들었던 것입니다. "도슨은 라일라의 역량을 두 배로 성장시켰습니다"라고 파델포드는 말했습니다. "만약 내가 도슨을 저녁에 초대하려고 하면 소동이 벌어졌습니다. 도슨이 우리 지역을 방문할 때면 우리 집에 머문 적이 있습니다. 그런데 도슨이 떠나면 아내는 불평했습니다. '도슨은 우리 부엌 정리에 대해 내게 이러쿵저러쿵 할 자격이 없어요.' 그러나 얼마 후 간호사 사역이 시작되었을 때, 아내는 도슨을 이해하게 되었습니다."

✳   ✳   ✳

간호사 사역은 바빴던 그해에 최초로 시작한 여러 사역 가운데 하나였는데, 샌프란시스코에 있는 시온 산 병원의 수습 간호사들의 요구로 시작되었습니다. 빌과 마지 굴드 부부의 집을 개방하여 자매들을 위해 네비게이토 사역을 할 수 있도록 해달라고 간호사들이 도움을 요청하였습니다. 도슨은 그 일이 잘되기를 기도한다고 했습니다. 단, 그들이 큰 집을 얻는다는 조건을 걸었습니다. 얼마 가지 않아 마지의 자매 사역은 꽃피기 시작했고 스탠포드와 캘리포니아 대학 병원의 간호사들도 함께하였습니다. 존과 이델리 뉴맨 부부는 굴드 부부가 다른 곳으로 옮긴 이후에 사역을 넘겨받았습니다. 샌프란시스코만 건너편의 파델포드의 집에서는 또 다른 성경공부가 여군과 간호사들을 대상으로 이루어졌습니다. 이 성경공부는 새로운 샌프란시스코 네비게이토 사무실을 책임 맡은 간사이며 마빈 로케스모의 아내인 팻 로케스모가 인도했습니다. 추가된 이 사역들과 더불어 아트와 노마 보간 부부가 책임을 맡은 네비게이토 선교관이 샌프란시스코에 생기면서, 도슨은 격주마다 샌프란시스코만을 방문하여 시간을 보내겠다고 결심했습니다. 그리고 기차를 타는 시간 동안에는 종종 편지 쓰는 일을 하였습니다.

이런 기차 여행 도중 한번은, 자기를 초청하는 편지 하나를 읽게 되었는데, 그리스도인의 삶에서 '좀 더 많은 것'을 얻기 원하는 이십여 명의 교회 젊은이들에게 말씀을 전해 달라는 초청이었습니다. 도슨은 이제 더 이상 말씀 전할 약속을 할 수 없을 정도라고 생각했습니다. 다른 때 같았으면 그 초청을 사절했을 것입니다. 그러나 "네 손이 선을 베풀 힘이 있거든 마땅히 받을 자에게 베풀기를 아끼지 말며"라는 말씀이 떠올랐습니다. 그래서 가기로 하였습니다.

당시 도슨의 메시지를 들었던 켄트 플라이게어는 이렇게 회상했습니다. "우리의 모든 삶을 변화시켰습니다. 도슨은 우리에게 성경을 암송하도록 도전했습니다. 열두 명가량이 시작했고 이것이 자기들의 영혼에 엄청나게 유익함을 발견했습니다. 나는 암송을 할 수 없다고 대답했습니다. 그러나 버클리에 가기로 되어 있던 딕 소더버그가 우리 네 사람과 함께 두나미스 클럽을 시작했습니다."

그리고 성령의 인도하심에 순종하여 그 젊은이들에게 말씀을 전했던 도슨은 귀중한 간사 한 명을 얻을 수 있었습니다. 그로부터 1년 정도 뒤에 로스앤젤레스 본부로 오게 된 켄트 플라이게어는 도슨에 필적할 만한 완전주의로 네비게이토 인쇄소를 책임지고 감독했습니다. 그리하여 출판한 인쇄물은 두 사람 모두 흡족할 정도로 높은 수준이었습니다. 켄트는 도슨이 산더미처럼 쌓인 인쇄물 속에서 흠이 있거나 앞뒤 인쇄면이 일치하지 않는 것을 뽑아내는 것을 보고는 감탄했습니다. 그리고 작업자에게 등사판을 사용하고 관리하는 법을 가르치는 도슨은 인쇄 기술자 면허를 주어도 될 정도였습니다. 수년 동안 켄트는 자신의 독특하고 창의적인 기계 기술을 사용하여, 편리한 장치를 좋아하는 도슨을 위해 많은 종류의 기계를 고안하고 만들었습니다. 이것 가운데 가장 많이 쓰이던 것은 켄트가 고안한 여러 틀이었는데, 이는 암송 과정에서 요구하는 정확한 매수의 카드를 넣을 수 있는 암송 팩을 위한 틀이었습니다.

✳   ✳   ✳

육군 사역을 시작한 지 1년이 지난 1942년 6월 무렵 도슨은 본부 사무실이 해군 함정보다는 육군 기지와 더 많은 연락을 취하고 있음을 알았습니다. 그러나 거의 대부분의 육군 접촉자들과의 교제는 편지로 이루어지고 있었습니다. 배에서와는 달리 육군 기지에서는 사역을 인도할 키맨이 별로 없었던 것입니다. 그런 사람들은 로빈슨과 같은 사람과 많은 시간을 가질 수 있다면 계발될 수 있었습니다. 그러나 로빈슨은 여러 기지를 다 담당하기 위해 늘 움직이고 있었습니다. 그는 군인들을 대상으로 참으로 많은 일을 훌륭하게 감당했습니다. 장차 그들이 알지 못하는 지역으로 파병되기 전에 말씀 안에서 견고히 서도록 도왔던 것입니다.

이제 도슨은 로빈슨이 한 기지 가까이에 정착하여 사람들을 대상으로 깊이 있게 사역하며 진정한 일꾼을 훈련하는 일을 하는 것이, 이 기지에서 저 기지로 순회하는 것보다 낫다고 생각했습니다. 여러 기지에서의 스트리터의 사역은 주목할 만한 것이었습니다. 그러나 그는 이제 해군 소위였습니다. 헤이든은 사무실에서 육군의 수많은 사람들과 서신 연락을 하면서, 수백 명의 사람들에게 성경공부, 성경 암송, 그리고 전도를 도와주고 있었습니다. 그리고 이것은 직접 만나서 사역하는 것과는 비교할 수 없었으나, 그들의 승리의 소식과 말씀으로부터 얻은 축복, 그리고 풍성한 전도의 열매에 대한 소식은 하나님께서 그들의 삶에서 역사하고 계시다는 것을 분명히 볼 수 있게 해주었습니다. 도슨은 육군 사역에 큰 잠재력이 있는 것을 보았고, 이를 발전시킬 방법을 찾아보기로 계획하였습니다.

그러나 이 전략적인 순간에 대적 사탄은 목표를 정하고 사랑하는 한 동역자를 교묘하게 쓰러뜨려 네비게이토 사역에서 떠나게 하였습니다. 도슨은 이 사람이 수년 동안 잘못된 주장을 하는 사람들의 서적을 몰래 탐독하였다는 것을 발견하였습니다. 그들은 또한 하나님의 말씀에 의문을 던지거나 모순점이 있다고 말했습니다. 그들의 주장은 모두 성경 말씀과는 어긋나며 네비게이토 사역에서는 전혀 받아들일 수 없는 것들이었습니다. 도슨은 간절히 기도하면서 이 사람이 영적으로 회복되기를 바랐습니다. 그러나 그의 영혼은 잘못된 가르침의 촉수에 단단히 붙잡혀 있었습니다. 도슨은 그 가르침의 치명적인 영향력을 너무나 잘 알고 있었습니다.

도슨은 이렇게 말했습니다. "이스라엘의 임무는 말씀을 지구상의 모든 족속과 모든 이방인에게 전하는 것이었습니다. 이를 위해 하나님께서는 이스라엘을 택하셨습니다. 땅에 있는 모든 족속을 축복하시기 위함입니다. 그러나 이스라엘은 실패하였습니다. 이제 하나님께서는 그리스도의 손에, 그리고 우리의 손에 원래 이스라엘에게 맡기셨던 그 일을 맡기셨습니다. 갈라디아서 3:16은 이렇게 말합니다. '이 약속들은 아브라함과 그 자손에게 말씀하신 것인데….' 아브라함의 자손인 그리스도 안에서 하나님께서는 완전히 새롭게 시작하셨습니다. 누구든지 그리스도 안에 있으면 새로운 피조물입니다. 그리스도의 형상으로 새롭게 창조된 것입니다. 하나님께서 아브라함을 통해 시작하셨던 일은 그리스도를 통해서 그리고 우리를 통해서 이루어져야 합니다. 그리하여 우리 모두를 통해서 땅의 모든 족속이 복을 받아야 합니다.

그들의 가르침은 하나님의 말씀과는 어긋납니다. 그들은 마가복음 16:15, 마태복음 28:19-20, 그리고 사도행전 1:8에 나오는 지상사명을 인정하지 않습니다. 우리에게 해당되는 것이 아니라고 주장합니다. 하지만 우리가 목표로 하는 것은 바로 이것입니다. 즉 복음을 만민에게 전하는 것입니다. 이는 정말 큰 명령입니다. 또한, 복음을 온 천하에 전하는 것입니다. 먼저 예루살렘에, 그리고 온 유대와 사마리아에, 그리고 땅 끝까지 나아가는 것입니다. 그리고 우리가 온 천하에 나아갔을 때 만민에게 나아가는 방법은 바로 이것입니다. '제자를 삼아… 내가 너희에게 분부한 모든 것을 가르쳐 지키게 하라.' 우리는 이것을 예루살렘에서 먼저 하고, 다음에는 온 유대에서, 사마리아에서 그리고 땅 끝까지 가서 해야 합니다. 이 명령은 지금 여기에 있는 우리에게 주어진 것입니다. 그리고 우리가 이를 따르지 않는다면 우리는 영광의 주님께 불순종하는 것입니다."

빅 맥케니, 전투 중 실종. 이 소식은 도슨에게 마치 날벼락과 같았습니다. 도슨이 멕시코에 있을 때 라일라가 편지를 보냈는데, 빅 맥케니가 바다에서 죽었을지도 모른다는 소식에도 아내 비비안이 평안 가운데 주님을 의뢰하고 있다고 했습니다. 도슨은 이 자매를 인하여 하나님께 감사하였습니다. 비비안은 지난해에 만약 하나님께서 남편을 달라고 하시면 드리겠다고 약속했었습니다. 여러 가지 생각이 도슨의 마음에 떠올랐습니다. '실종'-그러나 하나님께는 '실종'이 아니었습니다. '전투 중'-물론 그렇습니다. 그리스도의 대사로서 치열한 전투를 하고 있었습니다. 도슨은 빅 맥케니가 아스토리아호에 탄 후에 보낸 편지를 기억했습니다. 그는 사도행전 20:26 말씀에 도전을 받았다고 했습니다. "그러므로 오늘 너희에게 증거하노니 모든 사람의 피에 대하여 내가 깨끗하니." 그리고 그 배에서 증인으로서의 자기의 책임을 다하여 이런 고백을 할 수 있도록 간절히 기도하였다고 했습니다.

1942년 초까지 빅 맥케니는 하나님의 응답을 경험하고 있었습니다. "참으로 놀라운 날들입니다"라고 빅 맥케니는 편지에 썼습니다. "이런 종류의 삶에 매력을 느껴 배를 타게 됩니다. 배에 탄 지 거의 2년이 되었는데, 내 마음에는 새로운 동기가 생기며, 주님을 위해 할 일이 더욱 뚜렷해지고, 다른 사람들이 주님과 좀 더 친밀하게 동행하도록 인도할 기회가 많아지고 있습니다." 후에 이렇게 썼습니다. "나는 이전에 이런 기쁨과 만족과 승리를 전혀 알지 못했었습니다.… 요즈음엔 사람들에게 말을 걸기가 쉬워졌습니다. 사람들은 자기들을 만드신 분이 자기에게 필요하다는 사실을 깨닫고 있습니다. 비록 죽음에 대한 두려움이 어느 정도 영향을 미치고 있기는 하지만 실제로는 죽음에 대한 두려움 때문만은 아닙니다."

비록 빅 맥케니가 맡은 업무와 사람들을 영적으로 돕는 일 때문에 지치고 바쁜 나날을 보내고 있다고 편지에 기록하기는 했지만, 도슨은 그가 능력의 비밀을 잊어버리지 않고 있음을 알 수 있었습니다. "아침에 일찍 일어나는 것이 내게 얼마나 큰 효과가 있는지 깨닫게 된 기회가 있었습니다"라고 빅 맥케니는 편지에 썼습니다. "나를 깨워 주는 한 친구가 어느 날 아침에는 이를 잊었습니다. 그래서 나는 여섯 시까지 잠을 잤습니다. 그날 오전은 이전에 내가 4시에 일어나서 주님과 함께 말씀 안에서 교제를 나누던 때의 오전 시간처럼 빛나지 못했습니다."

약 10주 정도 성경공부는 식당이나 8인치 포탑 밑의 갑판에서 지속되었습니다. 때로 군목이 가르치기도 했고, 때로는 빅 맥케니, 르노와, 혹은 타가트가 책임을 맡기도 했습니다. 심각한 문제는 늘어나는 새로운 그리스도인들을 제대로 먹일 수 없다는 데 있었습니다. 구원을 받지 못한 사람들이 지속적으로 참여했기 때문에 모든 성경공부는 전도에 초점이 맞추어져 있었던 것입니다.

멕시코의 뜨거운 태양 아래서 도슨은 눈을 내리깔고 깊은 생각에 잠긴 채 걷다가, 하늘을 바라보면서 하나님의 절대주권적인 지혜에 감사하였습니다. 빅 맥케니는 도슨이 장래 사역을 위한 동역자로 생각하고 있던 네비게이토 가운데 최초의 손실이라 할 수 있었습니다. 물론 하나님께서는 의장대로 쓰시기 위해 하나님의 가장 뛰어난 군대에서 사람을 선택할 권리를 가지고 계시며, 모든 영광은 마땅히 하나님께 돌려야 합니다. 그럼에도 이 부대에는 얼마나 큰 공백이 남았는지!

오랜 시간 뒤에 8월의 그 밤 솔로몬 군도에서 일어났던 전투에 대한 이야기가 종합되기 시작했습니다. 아스토리아호가 특공 부대 지원 임무를 맡아 과달카날을 향하고 있을 때, 모든 사람은 위험이 임박했다는 것을 알고 있었습니다. 어느 날 저녁 빅 맥케니는, 이전에 자기가 했던 헌신의 기도를 상기하면서 르노와와 타가트에게 이렇게 말했습니다. "우리가 최악의 상황에 처하게 된다 해도, 우리는 이 배에 있는 모든 사람의 피에 대하여 깨끗할 것입니다." 8월 2일 일요일, 군목인 부터스는 자기가 준비한 메시지를 제쳐 두고 사람들에게 생명과 사망, 그리고 그리스도 안에 있는 구원에 대하여 말씀을 전하였습니다. 빅 맥케니는 군목의 방을 찾아갔습니다. "아까 전한 메시지로 인하여 그리스도를 믿게 될 사람들을 위하여 하나님께 감사 기도를 드립시다." 그들이 기도하고 있는 동안에도 한 사람이 찾아와 결신을 하였습니다. 다른 사람들도 뒤를 이었습니다. 그리고 추수는 계속되었습니다.

   그 주 후반부에 그들은 과달카날 해안선을 포격하고 대공포로 수송선을 보호함으로써, 해병대가 상륙할 수 있도록 도와주었습니다. 그들이 해협을 순찰하고 있을 때, 봄버그는 갑판에서 군목과 이야기를 하고 있었는데, 그리스도 안에서 자기가 누리는 평안과 기쁨, 그리고 어떤 일이 일어나더라도 그것이 바로 최선이라고 믿는 강한 확신을 나누었습니다. 고요한 열대 지방의 자정이 지난 한밤중이었습니다. 불침번을 제외하고는 지난 이틀 동안의 작전으로 피곤에 지쳐 모두가 고요하게 잠들어 있었는데, '전원 배치 명령' 사이렌이 울려 배에 탄 모든 사람이 잠에서 깨었습니다. 적 함대의 특공대가 그들의 북서쪽 기지에서 출발하여 슬롯(솔로몬 군도에 흩어져 있는 여러 섬 사이의 바다를 일컫는 말, 역자 주)이라고 하는 직선 통로를 따라 왔습니다. 이것이 최초의 야간 기습이었는데, 나중에는 너무나 자주 발생했기 때문에 지친 해병대들은 이것을 '도쿄 특급'이라고 칭했습니다. 초기에 두 대의 일본 정찰기들이 왔을 때에는 이것이 공격을 위한 것이 아니라고 생각하거나 무시했는데, 그렇기 때문에 지친 병사들의 충격은 큰 것이었습니다.

  6분 만에 적군은 사보 해협(슬롯의 동쪽 끝에 있는 해협으로 작은 섬인 사보 섬을 따라 이름이 붙여짐, 역자 주)을 순찰하고 있던 연합군을 무력화시켰습니다. 그리고 섬을 빙빙 돌며 뒤편에서 다른 배를 공격했습니다. 세 척의 순양함과 두 척의 구축함은 적이 있는지도 전혀 모른 채 공격을 당했습니다. 가장 가까이에 있었던 순양함인 아스토리아호는 너무나 심하게 포격을 당해서 화재가 배 전체로 퍼졌고 승무원들은 미처 방어 시설로 갈 수 없었습니다.

  위용을 자랑하던 배는 가까스로 응사했지만, 일본군은 그 틈을 타서 그들의 끔찍한 임무를 다 완수했고, 세 척의 순양함을 모두 침몰시킨 후에 슬롯을 통해 기지로 안전하게 돌아갈 수 있었습니다. 적은 최초의 전투를 이겼습니다. 이 전투는 참으로 길고 필사적으로 계속되었는데, 연합군은 1,000명 이상이 죽었고 700명 이상이 부상을 당했습니다. 아스토리아호에서도 400명의 사상자가 발생하였습니다. 날이 밝았을 때 침몰하던 배에서 생존한 사람들이 이송되었는데, 빅 맥케니는 그들 가운데 없었고, 봄버그도 없었습니다. 전투가 일어나는 동안 군목의 방 바깥에서 한 사람이 얼굴에 환한 미소를 지으며 숨진 채 발견되었다는 소문을 군목이 들었습니다. 아마도 빅 맥케니였을 것입니다. 그의 전투 위치가 그곳이었기 때문입니다. 그러나 군목은 어떤 식으로든 알고 있었을 것입니다. 타가트와 르노와는 공격에서 살아남았습니다. 전투가 일어나기 전 주에 그리스도를 영접했던 아홉 사람 가운데 세 명은 살아남지 못했습니다.

  배를 버린 후에 한 해군이 암송 카드가 담긴 조그만 가죽 지갑을 바다에서 건져서 가지고 있었습니다. "이것이 당신 것입니까?"라고 타가트에게 물었습니다. 그가 주인이었습니다. 아스토리아호에서는 함대에 속한 다른 40여 척 이상의 배에서와 마찬가지로 승무원들은 누가 성경을 가지고 다니며 기도를 하는지 알고 있었습니다.

군목인 부터스는 왜 하나님께서 빅 맥케니를 살려 주시지 않았는지에 대하여 깊이 생각했습니다. "나는 훌륭한 해군을 많이 알고 있었습니다. 그리고 그리스도인들도 꽤 많이 알고 있었습니다"라고 그는 편지에 기록했습니다. "그러나 나는 빅 맥케니처럼 그리스도인이면서 동시에 훌륭한 해군인 사람은 본 적이 없습니다. 그는 일류 요리사였으며, 일류 그리스도인이었습니다. 비록 나는 그를 만난 지 두 달밖에 되지 않았지만, 그는 나의 최고의 친구 중의 한 사람이라고 생각합니다. 그의 격려는 내게 큰 의미가 있었습니다. 아마도 내가 그를 그리스도의 마음을 품고 사는 사람이라고 생각했기 때문일 것입니다.… 나는 하나님의 도우심을 입어 빅 맥케니가 미처 전하지 못했던 말씀을 다 전하며, 빅 맥케니가 살았더라면 다가갔을 사람들에게 나아가고자 합니다."

다른 네비게이토들도 전투에서 사라졌습니다. 이들을 잃은 도슨은 마음이 심히 아팠습니다. 그러나 도슨은 이들이 나라를 위하여 용감하게 죽은 것과 죽음을 앞에 두고서도 승리하는 삶의 간증을 보인 것에 대하여 자랑스럽게 생각했습니다. 도슨은 이 귀중한 일꾼들이 요한복음 12:24 말씀처럼 땅에 떨어져 죽어 많은 열매를 맺는 씨앗이라고 생각했습니다. 하나님께서는 이들의 죽음을 통하여 수많은 사람을 배가시켜 주실 것이며, 그들의 생명을 대신하여 사람들을 주실 것입니다.

잭 암스트롱은 뉴욕에 있는 한 그리스도인 사업가에게 11월에 보낸 편지에서 이 내용을 언급했습니다. "우리의 생명을 나라를 위해 바칠 수 있다는 것이 얼마나 큰 특권인지요! 그리스도인에게는 죽음 이후에도 얼마나 멋진 소망이 있는지 모릅니다. 우리 주 예수 그리스도, 그리고 사랑하는 이들과 함께 영원을 보낼 수 있기 때문입니다!"

"내가 당신 집에 두고 온 물건들은, 혹시 내가 그것을 가지러 돌아가지 않으면 가지셔도 됩니다"라고 그는 덧붙였습니다. 애틀랜타호의 사역은 잘 이루어지고 있었습니다. "우리는 아직도 환경이 허락하는 대로 주일마다 성경공부를 지속하고 있습니다.… 늘 적어도 12-15명 정도가 참석하고 있습니다. 어떤 때는 25명이 참석하기도 합니다. 숫자는 그리 중요하지 않습니다. 정말 중요한 것은 일대일로 하나님의 말씀을 나누는 교제입니다. 우리 주 예수 그리스도께서는 시간이 흐를수록 내게 더욱 친밀하고 개인적인 분이 되셨습니다."

그 달 말, 과달카날 전투의 특공대를 지원하는 부대의 일원이었던 애틀랜타호는 자정이 지난 한밤중에 해상에서 12척의 도쿄 특급 공격을 받고는 처참하게 부서지고 침몰했습니다. 169명에 이르는 애틀랜타호의 사상자 가운데에 잭 암스트롱이 포함되어 있었습니다. 군목은 중상자들을 찾아 말씀을 나누고 있었는데, 잭 암스트롱은 두 다리가 잘린 채 그곳에 쓰러져 있었습니다.

"내 걱정은 마세요. 나는 어디로 갈지를 알고 있습니다"라고 잭 암스트롱은 확신 있게 말하며, 오히려 구원을 받지 못한 다른 사람들에게 시간을 들이라고 군목에게 말했습니다. 이와 동일한 관심이 그 며칠 전에 동생에게 보낸 편지에도 드러나 있었습니다. "우리는 곧 항구를 떠나 위험한 임무를 맡게 될 것이다. 만약 우리가 침몰하게 되면, 나는 우리 주 예수 그리스도와 함께 있게 될 것이다. 조지, 그곳에서 보기를 원한다.… 주님께서는 너를 위해 죽으셨다. 조지, 주님을 네 삶에 모시기를 바란다. 조지, 나는 너를 사랑하며 네가 나의 예수님을 너의 개인적인 구세주로 알게 되기를 간절히 원한다."

애틀랜타호의 한 장교는 정통 유대교인이었는데 이렇게 말했습니다. "그는 내가 지금까지 만난 사람 가운데 가장 훌륭한 사람이라고 생각합니다." 배의 함장은 이렇게 편지에 썼습니다. "잭 암스트롱은 이 배에 배속된 사람 중에서 가장 훌륭하고 유명한 사람 가운데 한 사람이었습니다. 그가 인도하는 일요일 성경공부는 군인들의 사기를 높이는 데에 큰 기여를 하였습니다. 그는 함장 이하 모든 사람의 존경과 칭찬을 받는 사람이었습니다." 잭 암스트롱은 그런 찬사에 당황했을 테지만, 잭 위첸이 '생명의 말씀' 시간에 그에 대한 이야기를 들려주고 그의 편지를 읽어 주었을 때, 청취자 가운데 50명이 '구원 초청'에 응답하였는데, 그 가운데 여섯 명이 해군이었다는 사실을 알았다면 크게 기뻐하였을 것입니다.

✻ ✻ ✻

지난 5년 동안 하나님께서 약속을 어떻게 성취해 오셨는가를 생각하는 가운데 도슨은 자기 사역의 패턴이 어떤 식으로 변화되었는가를 파악할 수 있었습니다. 이전에는 항구에 들어온 함대의 젊은 그리스도인들을 대상으로 개인적인 사역을 했지만, 이제는 각자의 배와 기지에서 제자를 삼고 있는 키맨들을 멀리서 돕는 사역으로 바뀌었습니다. 도슨은 열심히 양육을 하는 일에서 다른 사람들을 양육을 할 수 있는 사람으로 훈련시키는 일로 옮아갔으며, 각자 있는 곳에서 책임을 지고 사역하도록 함으로써 그들이 성장하는 기회가 되었습니다. 육군 사역은 견고하게 시작되었고, 전쟁과 더불어 네비게이토 사역이 널리 알려지면서 네비게이토 선교회를 찾는 사람들이 폭발적으로 증가하였습니다.

고등학생을 대상으로 하는 두나미스 사역은 해군 사역을 보완하였습니다. 형제들에게 기지 사역과 클럽을 인도하도록 했는데, 이것이 그들에게는 좋은 훈련의 기회가 되었습니다. 사업가를 대상으로 하는 사역도 시작되었고, 마르투레스 클럽과 간호사 사역을 통해 자매 사역도 시작되었습니다. 여러 지역에 네비게이토 선교관을 세우는 일에서도 상당한 진전이 있었습니다. 비록 아직 충분하지는 않지만, 이제 10개의 공식적인 네비게이토 선교관이 생겼습니다.

'네비게이토 일지'는 이제 발간된 지 3년이 되었는데, 의사소통에 꼭 필요한 연결 고리가 되었습니다. 네비게이토 선교회를 법인으로 만듦으로써 재정 업무를 법에 근거하여 체계화하였습니다. 본부 사무실에는 헌신적인 일꾼들이 간사로 일하게 되었습니다. 그리고 잘못된 교리와 전쟁으로 말미암아 귀한 일꾼을 잃었음에도 도슨은 하나님께서 기도에 응답하셔서 함께 동역할 수 있도록 견고한 사람들을 보내어 주신 것에 대하여 감사하였습니다.

1941년 12월 7일 진주만 공습으로 인한 피해: (왼쪽부터) 웨스트버지니아호, 테네시호, 애리조나호. (미국 해군 사진.)

IV

비전을 함께 성취함

1942-1944

'175번지' 뒷뜰에서 가진 모임. 도슨의 왼쪽이 키맨 존 뉴맨, 가운데 뒤가 간사인 론 쎄니, 그리고 오른쪽 앞이 짐 헤이든.

전쟁 기간 중 샌디에이고 선교관에서 가진 네비게이토 전도 모임에는 수병, 장교, 간호사, 그리고 민간인들이 참석했다.

1942년 9월에 도슨은 위클리프 성경 번역 선교회(WBT)의 대표인 캐머론 타운센드의 초청을 받아 멕시코를 방문하게 되었는데, 이를 계기로 도슨은 해외 선교의 필요성을 더욱 느끼고 구체적으로 추진하게 되었습니다. 촉매제는 초창기 네비게이토인 존 데드릭이었습니다. 데드릭은 멕시코에 선교사로 나가 성경을 멕시코 북서부 지방의 언어인 야키어로 번역하고 있었는데, 캐머론 타운센드와 도슨이 꼭 만나야 된다고 생각했습니다. 데드릭의 간곡한 권유로 타운센드는 도슨을 멕시코시티에서 가진 일꾼 수양회에 강사로 초청했습니다.

두 사람은 상대방에게서 믿음 가운데 개척자 정신을 가지고 나가는 모습을 발견했고, 마치 자기 자신의 모습을 거울에 비추어 보고 있는 것 같다는 생각을 하게 되었습니다. 도슨은, 자기 자신이 선교사로 나갈 수 없다면 사람들을 보내는 일을 하게 해달라고 하나님께 기도한 이후로, 군 복무가 끝나는 사람들을 해외 선교에 드려지도록 인도하겠다는 목표를 가지고 있었는데, 모병관(募兵官)으로서 자기의 역할을 수행해야겠다는 새로운 자극을 얻게 되었습니다.

멕시코에서 보낸 2주간의 새로운 경험들은 도슨의 뇌리에서 떠나지 않았습니다. 한 멕시코 여인이 무릎을 꿇고 애절하게 고해성사를 하고 있지만 성직자는 하품만 하고 있는 모습을 본 것, 수십 개의 부족이 자기 부족의 언어로 된 성경이 한 줄도 없다는 말을 들은 것, 방문한 도시를 둘러보며 선교사들과 함께 매운 멕시코 음식을 맛본 것, 해와 달과 뱀을 섬기는 사원을 바라보며 슬퍼했던 것, 하나님의 말씀이 들어가서 몇몇 사람의 삶을 바꾸었고, 현재도 삶의 수준을 변화시키고 있는 한 인디언 부족을 방문한 것 등등. 부족들 가운데서 사역하는 용감한 젊은 형제 자매들, 그리고 미국 본토에서 하계 언어 훈련을 마치고 현지에 온 사람들과 나눈 교제는 정말 큰 즐거움이 되었습니다. 도슨은 그들의 관심사와 문제에 마음을 같이하게 되었고, 그들에 대한 도슨의 관심으로 말미암아 그들은 사기가 올라갔으며, 도슨에게는 하나님의 말씀을 위한 새로운 전투의 장을 여는 계기가 되었습니다.

젊은 선교사들의 요청을 따라 도슨은 몇몇 강의를 통해, 맡은 임무와 성경 암송, 그리고 성경공부 등을 열심히 하는 것의 중요성을 나누었습니다. 대부분의 사람들은 성경에 대한 훈련도 많이 받았고 배경 지식도 있었지만, "말씀을 마음판에 새기라"는 도슨의 도전을 받고 매일 영적 양식을 섭취하는 일에 대해 개인적인 열망을 갖게 되었습니다. 그들은 도슨이 성경 말씀 묵상을 소의 되새김질에 비유한 것을 좋아하였습니다. 말씀을 전달하는 자로서 그들은 자신의 삶이 먼저 말씀으로 충만하고 말씀으로 힘을 얻어야 한다는 것을 인정하게 되었습니다. 도슨이 멕시코를 떠나기 전에 30여 명이 두나미스 과정을 요청하였습니다. 도슨은 이 여행을 되돌아보며 성취감을 느꼈고, 주님 안에서 동역하는 새로운 사람들을 알게 되어 신이 났습니다. 또한 각 부족들이 그들의 언어로 된 생명의 말씀을 갖도록 하는 일에 더욱 큰 짐을 느끼게 되었습니다. 도슨은 일기에 이렇게 기록했습니다. "비행기에서 전도할 수 있는 기회를 여러 차례 얻어 좋은 날이었다.… 사랑하는 가족과 동역자들이 있는 집으로 가고 있다."

바쁜 멕시코 일정을 마치고 미국으로 돌아와서도 도슨은 쌓인 편지에 답장을 하고 본부의 여러 일을 해야 했으며, 샌프란시스코만 지역에서 사역하기 위하여 한 주 전체를 보냈고, 3주간에 걸친 동부 여행을 떠났습니다. 댈러스에서 영라이프의 간사들을 방문하여, 고등학생을 양육하기 위해 노력하고 있는 그들을 격려했고, 노퍽과 워싱턴 D.C.에서는 네비게이토 선교관에서 시간을 보냈습니다. 워싱턴 선교관은 남편을 여윈 헬렌 밀러가 맡고 있었는데, 네비게이토 사역을 위해 자기의 집을 개방하였습니다.

디트로이트에서 도슨은 CBMC 사람들을 만나 교제하였고, 시카고에서는 무디 교회에서 말씀을 전했으며, 휘튼에서 이루어지는 두나미스 사역에 함께하는 학생들과 시간을 보냈습니다. 휘튼 대학의 해외 선교 모임은 이전에 웨스트버지니아호에 타고 있었던 존 쓰로운이 회장이었는데, 도슨은 이곳에서 말씀을 전하면서 해외 선교를 위해 사람들을 열심히 징모하려는 자신의 열망을 나누었습니다. 도슨은 "왜 해외 선교에 자원하는 사람들이 그렇게 적은가?"라고 하며 도전하였습니다. 11월에 발행한 '네비게이토 일지'에서 도슨은 전쟁이 끝나면 군인이었던 사람들 가운데 수백 명이 아직 복음이 들어가지 않은 수많은 족속들에게 나아가 복음을 전할 수 있도록 모든 사람이 손을 모아 기도하자고 했습니다.

다시금 도슨은 자기의 힘이 소진되었음을 발견했습니다. 계속되는 활동으로 그의 몸에 과부하가 걸린 것입니다. 도슨은 당황이 되었습니다. 하고 싶은 것이 너무도 많았기에 체력이 다 소진되는 것은 도슨이 꼭 피하고 싶은 일이었습니다. 의사가 점심 식사 후에 15분 정도 낮잠을 자라고 한 권고는 부끄러운 것이었지만 즉시 효과를 나타내기 시작했습니다. 그래서 유익한 것을 발견했을 때 흔히 하던 대로 도슨은 이를 나누지 않을 수 없었습니다. 멜 라슨 기자와 잡지 기사를 위해 인터뷰를 하고 있었는데, 도슨은 갑자기 그의 눈을 똑바로 쳐다보면서 "매일 오후마다 30분씩 낮잠을 자는 것이 좋을 것 같습니다"라고 말했습니다.

도슨은 또한 코퍼스크리스티에 있는 해군 기지를 방문하면서 만난 로이 로버트슨 및 다른 사람들에게, 점심을 먹은 후 잠시 눈을 붙이는 것의 유익을 가르쳐 주었습니다. 도슨은 처음에는 자기가 낮잠을 자다가 다른 사람에게 들키면 자기가 게으른 사람으로 보여 부끄러웠다고 말했습니다. 그러나 이를 통하여 도슨은 저녁 시간을 훨씬 더 효과적으로 보낼 수 있었으며, 이 아이디어를 다른 사람들에게 나누기 시작했습니다. 도슨은 로이 로버트슨을 처음 만났을 때 번득이는 직관으로 그에게 네비게이토 간사가 될 것을 권했습니다. 전투기 조종사이면서 비행 훈련관이었던 로이는, 장차 네비게이토 사역에 자가용 비행기를 이용하면 좋겠다는 비전을 도슨에게서 듣고서 수송부서를 이끌게 됩니다.

태평양 전투에 직접 참가한 네비게이토들은 전투에 대해 언급하면서 그리 심각한 표현을 쓰지 않았습니다. "전쟁은 계속되고 있습니다. 어떤 날은 다른 날보다 더 흥미가 있습니다. 가장 흥미진진한 곳은 진주만, 산호해, 그리고 솔로몬 군도였습니다. '주의 법을 사랑하는 자에게는 큰 평안이 있으니 저희에게 장애물이 없으리이다'"라고 짐 윌리스는 도슨에게 편지를 썼습니다. 캔버라호에 타고 있었던 그는, 캔버라호가 솔로몬에서 침몰하기 이전에 다른 곳으로 옮겼습니다. 그는 편지에 다음과 같이 썼습니다. "나는 아직도 두나미스 과제를 하고 있습니다. 그런데 고린도 사람들에게 보낸 서신을 읽으며 새로운 진리들을 접하게 되었습니다. 그 말씀들 역시 그리 쉽지는 않습니다."

전쟁이 2년째로 접어들자 도슨과 후방에 있는 사람들은 그들의 안전을 위해 기도했습니다. 그러나 하나님의 말씀이 능력 가운데 60척에서 80척에 이르는 함정과 여러 군항, 그리고 만나는 사람들이 있는 200여 개의 군부대와 기지에서 퍼져 나갈 수 있도록 기도하는 일에 더욱 집중하였습니다. 전투에서 전사한 네비게이토의 소식은 슬픔보다는 평강과 승리의 분위기 가운데 전달되었습니다.

더 많은 양의 성경공부 교재와 성경 암송 카드, 그리고 편지가 로스앤젤레스의 본부 사무실 및 샌프란시스코의 사무실을 통해 수백 명의 사람들에게 전달되었습니다. 도슨은 기회가 닿는 대로 서부 해안을 오르내리며 키맨들과 시간을 가졌고, 개인적인 서신 교환 외에도 중심이 되는 군인들과 다른 여러 사람들에게 뉴스레터를 보내었습니다. 해외에 나가 있는 사람들에게는 브이 메일(V-Mail, 당시 군에서 편지를 마이크로필름으로 찍어 보낸 후 다시 인화하여 수신자에게 전달하던 방식, 역자 주)을 통해 뉴스레터를 보내기도 했습니다. 그러나 검열이 엄격했기 때문에 본토로 돌아오는 소식은 거의 없었습니다.

그 사이에 도슨은 더욱 많은 네비게이토 선교관과 군인 사역 센터를 열기 위해 노력했습니다. 하이타워는 샌디에이고의 사업가들이 후원하는 한 센터를 이끌도록 파견되었습니다. 굴드는 샌피드로에 있는 네비게이토 선교관을 책임 맡았습니다. 1943년 3월에 뉴욕에서도 네비게이토 사역을 시작해 달라는 지속적인 요청에 응답하여 하이타워를 보냈는데, 성장하고 있는 동부 해안 사역도 돌보게 되었습니다. 짐 헤이든과 딕 드롱이 샌디에이고 사역을 물려받았습니다. 크리스맨은 오클랜드에서 자기의 집을 개방하였습니다. 이곳에서는 스트리터도 자기의 집을 개방하여 장교를 대상으로 사역을 하고 있었습니다. 샌디에이고에 있던 존과 이델라 뉴맨 부부는 그들의 집을 개방하여 간호사들과 장교들을 위한 공식적인 '개척 사역'을 하게 되었습니다. 발레조에도 군인 센터가 열리게 되었습니다.

워싱턴 D.C.로 돌아온 짐 다우닝 가족은 그들의 집을 간호사, 여군을 위한 사역에 사용했으며, 짐 다우닝은 시내에 있는 군인 센터에서 성경공부반을 가르쳤습니다. 그해가 끝날 무렵, 롱비치에 있는 사업가들은 도슨의 격려에 힘입어 한 센터를 열었는데, 론 쎄니를 초대 책임자로 보내 달라고 요청했습니다. 뉴욕에서 딕 하이타워는 네비게이토 선교관과 더불어 새로운 CBMC 빅토리 센터를 이끌기 시작했습니다. 도슨은 포틀랜드, 코퍼스크리스티, 그리고 뉴올리언스에 사무실이 생기도록 지속적으로 기도했으며, 로스앤젤레스에는 여군과 부인들을 위한 시설이 생길 수 있도록 기도했습니다. 사무실에는 이제 일곱 명의 전임 간사와 다섯 명의 시간제 간사가 각자 맡은 다양한 사역을 분주하게 감당하고 있었습니다.

로스앤젤레스에 장교 사역이 꼭 필요한 것으로 보였습니다. 많은 수의 두나미스 회원들이 장교 훈련을 받게 될 것이고, 만나고 있는 그리스도인 장교들이 늘어나고 있었기 때문입니다. 도슨은 이에 대한 해결책을 구하면서 패서디나 남부의 상점가에 있는 한 집이 적당하다고 생각했습니다. 175번지 선교관보다 두 배이며, 내부 가구가 멋진 이 집은 늘어나는 간사들을 다 수용할 수 있고, 장교 사역을 위해서도 적절한 장소를 제공할 수 있으며, 많은 군인들과 전국을 여행하면서 초청한 많은 친구들을 접대하기에 좋은 곳이라고 생각했습니다. 도슨은 만약 이 집을 구입하는 것이 하나님의 뜻이라면, 하나님께서 공급해 주시리라 믿었습니다. 그런데 하나님께서는 실제로 그렇게 하셨습니다. 풀러 전도 재단이 이 집을 사서 네비게이토가 사용할 수 있도록 빌려 주는 제안을 찰스 풀러가 한 것입니다. 그래서 1943년 4월 도슨의 여섯 식구와 여덟 명의 간사들은 '패서디나 509번지'로 이사를 했으며, 509번지 선교관은 네비게이토 세계에 널리 알려지게 되었습니다.

509번지 선교관으로 이사를 들어가기 전날 밤, 도슨과 라일라는 즉석에서 '기도의 방'이라고 명명한 다락방에서 무릎을 꿇고, 선교관을 주님께 드리는 기도를 했습니다. 학개의 약속이 적당하게 보였습니다. "이 전의 나중 영광이 이전 영광보다 크리라. 만군의 여호와의 말이니라. 내가 이곳에 평강을 주리라. 만군의 여호와의 말이니라"(학개 2:9). 유칼립투스와 아보가도 나무, 키가 큰 종려나무, 그리고 멋진 목련으로 둘러싸인 잔디밭 뒤에 자리 잡은 그 집은 참으로 아름다웠습니다. 지붕이 멋있게 장식되어 있었고, 돌로 만든 베란다, 목재 패널과 태피스트리로 장식한 벽면, 마호가니 기둥, 하얀 샹들리에, 그리고 넓은 계단은 이를 본 사람들마다 이 두 사람에 대한 하나님의 축복이며 보상이라고 생각하였습니다. 이 두 사람은 이전의 모든 집을 수많은 사람들에게 아낌없이 개방하였으며, 복음을 위한 접대에 그들 자신을 희생적으로 허비했기 때문입니다.

그러나 두 사람의 열정은 식을 줄 몰랐습니다. 509번지 선교관에 대하여 말할 때마다 도슨은 즐겁게 덧붙이곤 했습니다. "이제 원하는 사람들을 마음껏 초대할 수 있게 되었습니다. 방이 충분하기 때문입니다." 넓은 식당은 16명 정도가 커다란 오크 테이블에 모여 식사를 할 때도 텅 비어 보일 정도였습니다. 여기저기에 있는 구석진 곳들은, 마치 전도 초청 모임을 할 때 쓰이는 '상담실'처럼, 두 사람이 마주 앉아 이야기하기에는 제격이었습니다. 이제 평일 아침에는 509번지에서 나온 일곱 명의 사람들이 1941년형 올드 쿠페에 올라타고는 바이올라 이웃에 있는 사무실까지 '아로요 세코 파크웨이'(서부 지역 최초의 고속도로, 역자 주)를 달렸습니다. 도슨은 이동하는 20분 동안 STS 성경공부를 하거나, 어려움을 당하고 있는 자동차 운전자를 만나면 차를 세우고 도와준 후에 전도지를 주기도 했습니다. 엔진이 꺼진 차에 범퍼를 맞대고 분주한 도로 위를 밀고 가는 것은 도슨이 즐기던 일종의 오락이었습니다. 이로 말미암아 함께 탄 사람들이 스릴을 맛보는 것을 보고 도슨은 더욱 즐거워했습니다.

비록 매월 갖는 모임들이 이제 일정에서 제외되다시피 했지만, '알파메가' 클럽은 여전히 번창하며 그해 초에 몇몇 고등학교와 대학에 새로운 클럽이 생겼습니다. 단 풀러는 패서디나에서 한 클럽을 인도하였고, 두 윈터 형제는 캘리포니아 공대에서 클럽을 시작하였습니다. 도슨의 비서인 비비안과 다른 자매들은 대학교와 고등학교의 여학생 클럽을 인도하였습니다. 도슨은, 시간이 많이 들지만 중요한 클럽 사역에 쎄니가 책임을 맡고 있다는 것에 대하여 기뻐하였습니다. 도슨은 여전히 고등학생들을 만나는 것이 전략적이라고 생각했습니다. 상당수의 군인들이 고등학교에서 이런 훈련을 시작했더라면 주님을 섬기기 위해 더욱 잘 준비되었을 것이라고 말했기 때문입니다.

도슨은 22세인 쎄니를 보면서 하나님께서 자신에게 다니엘, 빌립, 그리고 디모데와 같은 사람을 보내 주셨다고 느끼게 되었습니다. 쎄니에게 적합한 곳이 적어도 세 군데는 있었습니다. 하나님의 손이 쎄니와 함께하고 있었습니다. 그러나 하나님께서는 자기의 사람을 기르는 데에 있어서 시간이 필요했고, 도슨에게는 인내가 필요했으며, 도슨은 이 사실을 다시 기억했습니다. 쎄니는 6월에 금발의 루시 브룩스와 결혼할 예정이었습니다. 루시는 고등학교 시절에 쎄니를 교회로 인도했으며, 거기서 쎄니는 복음을 듣게 되었습니다. 그 두 사람은 다음해 봄에 쎄니가 바이올라에서 맡은 일을 마치면 지역 사역을 책임 맡을 준비가 되어 있었습니다. 그 사이에 루시는 509번지 선교관에서 라일라를 도우며, 네비게이토 선교관을 꾸미는 것과 라일라가 잘 해냈던 것과 같은 특별한 역할을 감당하는 데에 필요한 훈련을 받았습니다.

루시는 자기가 예상한 것보다 배울 것이 훨씬 더 많다는 것을 알게 되었습니다. 그리고 또한 말보다는 라일라를 도우면서 삶을 직접 보는 것을 통해 훨씬 더 많은 것을 배울 수 있다는 것을 알게 되었습니다. 라일라가 평범한 참치 찜 요리를 손님들에게 대접하는 방식을 보고 놀랐습니다. 대부분의 안주인들이 특별한 손님이 오면 좋은 인상을 주려고 애쓰는 법인데 평소 하던 대로 했던 것입니다. 방문객들은 멋진 메뉴 때문에 좋은 인상을 받은 것이 아니라 사랑이 넘치는 환대 때문에 좋은 인상을 받았습니다. 쎄니 가족이 처음으로 네비게이토 지역 사역을 할 때, 찾아오는 사람들에게 콩 요리를 대접하였는데, 루시는 라일라의 본을 자주 기억했습니다. 어떤 태도로 대접하느냐에 우선순위를 두었던 것입니다.

"어떤 계층의 사람과도 잘 어울렸습니다"라고 루시는 말했습니다. "라일라는 모든 사람을 동일하게 대접했습니다. 라일라는 사람을 차별 대우하지 않았습니다. 그리고 상대방을 가리지 않고 누구든 평등하게 대했습니다."

도슨은 때로 라일라를 보조하는 사람들을 훈련하는 일을 도왔습니다. "누가 이 달걀을 휘저어 익혔지요?"라고 도슨은 어느 날 아침 식탁에서 물었습니다.

"제가 했습니다. 뭐가 잘못 되었나요?"라고 루시가 대답했습니다.

"너무 딱딱해요."

"그럼, 직접 휘저어 익혀 보시지요"라고 루시는 대꾸를 했습니다.

도슨은 다른 방법을 제안했고, 이를 통해 루시는 달걀을 휘저어 익히는 요리에 전문가가 되었으며, 보너스로 올바른 태도가 무엇인지도 배우게 되었습니다. 한 자매는 도슨에게 토스트를 태우지 않는 완벽한 방법을 가르쳐 달라고 요청했습니다. "어떻게든 태우지 않으면 된다"라는 것이 도슨의 단순하면서도 의미심장한 방식이었습니다. 이 원리는 이후에, 어떤 일의 성공이 그 일을 올바로 하겠다는 마음가짐에 달려 있는 많은 일에 적용되었습니다. 이는 각 네비게이토 선교관에서 자주 사용하는 말이 되었고, 여러 훈련하는 사람과 훈련받는 사람들에 의해 전달되어 네비게이토 일의 효율성을 나타내는 말이 되었습니다. "우리 집에서는 결코 토스트를 태우지 않습니다."

모든 간사들은 토요일의 소프트볼 경기나 배구 경기에 참가했는데, 도슨이 투수와 주장을 맡았고, 재미있게 하려고 규칙을 바꾸기도 했으며, 언제나 이기기 위해 최선을 다했습니다. "그냥 적당히 하지 마십시오. 이기기 위해 하십시오"라고 도슨은 말했습니다. 아무도 그렇게 말하지 않았지만, 실제로 몇 사람은 그냥 적당히 경기를 했습니다. 규칙이 바뀌는 것을 받지 못하고 마음속으로 어려워하는 사람이 간혹 있었지만, 모두들 한마음으로 경기를 즐겼습니다. 도슨의 규칙은 실제로 뛰어났으며, 도슨의 전략은 실제로 게임을 이기게 하였습니다. 도슨은 무슨 일에서나 늘 더 좋은 방법을 고안하는 자기의 천재성을 발휘했습니다.

차베스레빈에 있는 해군과 해병대 예비군 부대 본부의 예배가 끝이 났습니다. 도슨과 쎄니 그리고 다른 몇몇 사람들이, 도움을 받으려고 남아 있는 해군 병사들과 대화를 나누었습니다. 네비게이토들은 대부분의 일요일에 지휘관의 요청에 따라 이곳에서 예배를 인도했으며, 종종 사람들을 그리스도께로 인도했습니다. 새로이 태어난 이 그리스도인들에게 차례가 표시되어 있는 신약성경을 건네주는 것도 상당한 도움이 되었습니다. 그러나 도슨은 '맨 먼저 먹일 우유 한 병'이라고 분명하게 라벨이 붙어 있는 뭔가를 그들에게 줄 필요가 여전히 있다고 느꼈습니다.

"오늘 아침에는 당신이 만난 사람들에게 무엇을 말해 주었습니까? 어떤 구절을 가르쳐 주었습니까?"라고 도슨은 집으로 돌아오는 길에 팀의 각 사람에게 물었습니다. 각자의 노트를 비교하면서 아이디어가 떠올랐습니다. 간단하지만, 전투 현장에서 탄생한 아이디어였기 때문에 단순한 이론이 아니었습니다. 새로이 그리스도를 믿은 사람들의 영적 생존에 필요한 구절 4개를 패키지로 만들면 어떨까? 영적 전투를 위한 전투 식량으로서, 새로운 적 사탄에 대항하여 그들을 세워 주고, 하나님의 말씀에서 그들에게 꼭 필요한 영적 양식을 제공하며, 동시에 생명을 보호하는 말씀을 암송하는 습관을 기르도록 동기를 부여해 주는 구절들이 있었으면 좋겠다고 생각했습니다.

그 결과로 손바닥 크기의 '초기 식량'(Initial Rations) 패키지가 생겼습니다. 여기에는 그리스도인에게 하나님께서 주신 네 가지 약속을 보여 주는 암송 카드와 새로운 탄생으로 말미암아 생기는 즉각적인 결과를 설명한 조그만 소책자가 들어 있었습니다. 구원의 확신을 위해 요한복음 5:24, 승리의 확신을 위해서는 고린도전서 10:13, 사죄의 확신을 위해서는 요한일서 1:9, 그리고 공급에 대한 확신을 위해 요한복음 16:24을 주장하는 방법을 보여 주었습니다. 그리고 여러 달이 지나는 동안, 이 패키지가 강력한 영적 무기가 된다는 확신이 생기기 시작했습니다. 보이지 않는 대적이 이 패키지의 생산을 계속 방해했기 때문입니다.

휴버트 미첼은 '초기 식량'을 빅토리 센터에 있는 군인들에게 사용했는데, 이름을 '초기 성경 식량'(Initial Bible Rations)이란 의미의 'B 식량'이라고 하자고 제안했습니다. 육군에서 사용하는 'K 식량'(K Rations)을 본 딴 말이었습니다. 그래서 이름이 'B 식량'이 되었고, 이 조그만 패키지는 1943년 봄에 해군들을 위해 만들어진 이래 온 세상에 퍼지기 시작했습니다. 수백 만 부 이상이 배포된 이 패키지는 나중에 '그리스도와의 새출발'(BWC, Beginning With Christ)이란 이름으로 불리게 되었습니다. 함대에 있는 사람들은 뜨거운 반응을 나타냈습니다. 다우닝은 자기가 그리스도께 인도한 사람들에게

이 교재를 사용해 보니 정말 만족스러웠다고 말했습니다. "여기에는 영적 교훈과 영적 식량이 모두 담겨 있으며, 또한 양육 과정으로 인도하는 연결 고리도 되기 때문에 그 무엇과도 비길 수 없습니다." 개인 전도에서 'B 식량'을 사용하는 것은 급격히 퍼져 갔습니다. 도슨은 찰스 풀러도 이 구절들을 암송했다고 말하면서 매우 기뻐했고 어디에서나 이의 사용을 장려했습니다. 풀러와 다른 전도자들은 방송과 전도 모임에서 질문을 하는 사람들을 위해 'B 식량'을 사용하기 시작했습니다. 도슨은 전도만 하고 그들이 맺은 전도의 열매에 대해서는 거의 도움을 주지 않고 그냥 떠나는 전도자들 때문에 마음에 슬퍼하였는데, 이렇게 생긴 양육의 공백을 이 패키지가 메워 주기를 바랐습니다.

49구절 암송 과정은 그해 말에 108개의 구절로 이루어진 새로운 주제별 성경 암송으로 대체되었습니다. 서른여섯 주제에 대하여 각각 세 구절이 있었습니다. 첫 열두 구절은 '초기 테스트'로 명명되었습니다. 새로이 그리스도인이 된 사람이나 암송을 새로 하는 사람들이 성공적으로 암송할 수 있도록 돕기 위한 것이었습니다. 처음에는 'B 식량'의 네 구절을 받았고, 다음에는 '초기 테스트' 열두 구절을 받았으며, 그러고 나서 세 개로 된 더 큰 암송 패키지를 받았습니다. 처음 열두 구절을 암송하면서 '초기 테스트' 소책자를 통해 '암송 전투에서 승리하기 위한' 여섯 가지 원리를 배우게 되었습니다. 1) 시작하라, 2) 지속하라, 3) 체계를 가지라, 4) 장절을 외우라, 5) 복습하라, 6) 무엇을 외울 것인지를 알라.

도슨은 주제별 성경 암송 108구절을 선택하면서 수많은 그리스도인 사역자들에게 조언을 구했습니다. 그리고 도슨은 이 구절들을, 매일의 영적 필요에 대한 자신의 실제적인 통찰력을 반영하는 주제들로 분류하였습니다. '유혹에서 승리하는 법,' '고난과 어려움을 인내하는 법,' '그리스도를 따르는 삶'과 같은 중요한 주제들은, 다른 암송 체계에서는 그때까지 다루지 않았던 것이며, 그리스도인의 삶의 가장 실제적인 필요를 채우고자 한 것이었습니다. 이것은 아직 아무도 하지 않았던 개척자적인 시도였으나, 실제 현장에서 도슨의 기초는 견고했고 목적도 분명했습니다.

108구절을 다 암송한 후에는 스스로 선택하여 암송을 지속해야 했습니다. 네비게이토 그룹 교제가 이루어지는 곳에서는, 예를 들어 다우닝이 워싱턴으로 이동한 후에 주임 하사관인 케니 워터스가 인도하고 있었던 호놀룰루와 같은 곳에서는, 성장하는 그리스도인들에게 암송을 지속하도록 박차를 가했습니다. 성경공부 그룹이 모이는 장소에 커다란 표를 붙여 놓고는 암송할 구절들을 기록해 놓았는데, 거기에는 각 사람의 이름과 함께 그들이 암송한 구절을 점검할 수 있는 칸도 있었습니다. 워터스는 그가 양육하고 있었던, 함정의 요리사인 찰리 마이어에게 모든 그리스도인은 열두 개의 기본 구절을 알고 있어야 한다고 말했습니다. 찰리는 이를 암송했습니다. 한 주쯤 뒤에 케니는 "찰리, 그리스도인은 적어도 50구절 정도는 알아야 하네"라고 말했습니다. 찰리가 50구절 가까이 외웠을 때 케니는 적어도 백 구절 정도는 외워야 한다고 말했습니다. 그러고 나서 500구절이 되었습니다. "그가 다 마쳤다고 생각할 때마다 나는 그의 시야를 넓혀 더 높은 목표를 주었습니다"라고 워터스는 말했습니다. 찰리는 500구절을 암송한 뒤에 워터스에게 권면하는 말을 하기도 했는데, 워터스는 이를 듣고 매우 기뻤습니다. "워터스, 지난밤에 말씀을 전할 때에 이 구절과 이 구절을 사용했더라면 좋았을 것입니다. 성경을 충분히 암송하고 계시지 않군요."

케이스 브룩스 성경공부 교재는 암송 교재처럼 군인들에게 무료로 발송되었습니다. 이 비용은 부분적으로는 브룩스가 부담했고, 나머지는 네비게이토 본부로 오는 헌금에서 충당했습니다. 암송 패키지를 인쇄하는 비용은 두세 달 동안 거의 천 달러에 달했습니다. 그러나 도슨은 주저하지 않고 새로운 주문을 했습니다. 이 교재들이 생명줄이었기 때문입니다. 해군의 상당수가 호놀룰루에 드나들며 종종 그곳에 있는 네비게이토 선교관에 헌금을 하였는데, 자신들의 헌금이 로스앤젤레스에서 인쇄 비용을 충당하게 되리라고는 생각지 못했습니다.

비용은 들어도, 도슨은 이 시점에서는 우편을 통한 사역이 매우 중요하다고 느꼈습니다. 도움을 청하는 사람의 수가 너무나 급속히 늘고 있었기 때문에, 그들 가운데 많은 사람이 현장에서 성숙한 키맨에 의해 적절한 양육을 받기 힘들었습니다. 보내야 할 편지도 많아지고 교재에 대한 요청도 늘어나서 접촉자가 수백 명에 이르렀다는 것을 알 수 있었습니다. 그리스도인들이 생전 처음으로 말씀을 헌신적으로 섭취하고 있었고, 사람들이 동료 군인들에 의해 그리스도께로 인도되고 있었습니다. 도슨은 샌디에이고 선교관에서 토요일 저녁에 갖는 모임에 50명이 넘는 사람들이 참석하는 것을 보았습니다. 1944년 여름에 크리스맨이 열었던 오클랜드 군인 센터에도 20명이 넘는 사람들이 참석하는 것을 보았습니다. 열 구절 혹은 스무 구절을 암송할 수 있는 사람들은, 고향 교회나 풀러의 라디오 방송, 혹은 오픈도어 교회에서 그들의 간증을 들은 사람들에게 영적 거인으로 간주되었습니다.

도슨의 목표는 장차 일꾼이 될 이 많은 군인들과 연락을 지속적으로 유지하면서, 편지와 여러 방법을 통하여 그들을 양육하고 그들이 주님을 위해 열매를 풍성히 맺도록 인도하는 것이었습니다. 그들의 환경은 영적 성장을 위해서 이상적이었습니다. 불신자들 사이에서 일하고 생활하고 있었기 때문입니다. 대개는 성경공부를 할 수 있는 여유 시간이 있었고, 주님께서는 새로운 책임으로 이동하게 함으로써 이를 통하여 한 사람을 계발하고 그가 폭넓은 경험을 하도록 인도하셨습니다.

509번지 선교관에서 토요일 밤 네비게이토 모임이 끝난 후에 한 해군이 도슨에게 물었습니다. "도슨, 그 안 좋은 소식을 들었습니까?"라고 하면서 자기 배에 있는 한 키맨이 다른 곳으로 이동했다는 말을 하였습니다. 도슨은 그를 뚫어지게 쳐다보았습니다. "나는 지금까지 안 좋은 소식을 들은 적이 한 차례도 없습니다. 그것은 좋은 소식입니다. 이를 통해 남아 있는 여러분이 더 열심히 살 것이기 때문입니다." 이 말을 통해 위임을 받게 된 그 해군은 그 난국에 잘 대처하였습니다.

그러나 장차 전쟁이 끝난 후 많은 사람들이 여러 곳에서 하나님의 일꾼의 대열에 함께하기를 기대했던 도슨은, 그들과 지속적인 관계를 유지하기 위해서 성경공부 교재를 계속 보내고 또한 도전을 지속했습니다. 첫 번째 브룩스 교재를 다 끝낸 사람은 그 다음 과정의 책 또는 ABC 공부 책자를 소개받았는데, 거기에는 두나미스와 '알파메가'에서 발췌한 9cm x 15cm 공부 양식, 기도 제목란, 할 일 기록란이 포함되어 있었습니다.

1945년 초에 도슨은 접촉자의 수가 감소할 위기에 처했다는 것을 알았습니다. 한동안 ABC 공부를 한 사람에게는 그 이상의 교재를 긴급히 보낼 필요가 생기지 않았기 때문입니다. 이 중요한 시점에서 틈을 메우기 위해 도슨은 고급 ABC 공부를 고안했는데, 여기에는 기존의 ABC 공부에다 귀납적 방법으로 각 장을 분석하는 것이 추가되었습니다. 공부를 하는 사람들은 참조 구절을 찾고, 성경 구절을 다른 성경 구절과 비교하는 법을 배우게 되었습니다. 또한 한 장 혹은 부분을 공부하고, 두 가지 적용을 하도록 되어 있었는데 한 가지는 하나님과의 관계에서, 또 한 가지는 사람과의 관계에서 해야 했습니다. 그 장에서 주목할 만한 진리 혹은 교리적인 가르침은 ABC 공부에서 고급 ABC 공부로 옮겨 갔습니다. 요약 혹은 개요, 제목, 중심 구절, 그리고 질문 등으로 접근하는 고급 ABC 공부는 한 주 동안 감당하기에는 벅찬 과제가 되었고, 비록 편지를 통해 더욱 많은 것을 가르쳐야 했지만, 말씀 안에서 성장하는 사람들과 지속적으로 연락을 취할 수 있는 효과적인 매체가 되었습니다. 한편 기존의 ABC 공부도 널리 사용되고 있었는데, 그룹으로 함께 공부할 때도 개인적으로 혼자 공부할 때도 모두 적합했기 때문입니다.

도슨은 해군 장교인 플레처 프래트가 작성한 신문 기사를 보고 웃음이 나왔습니다. 신문 기사에서 그는 네비게이토를 조롱하였습니다. "네비게이토는 로스앤젤레스에서 해군들에 의해 만들어진 종파로서, 종말론적이고 복음적인 신앙을 따라 알코올, 차, 커피, 심지어는 코카콜라까지도 금하고 있고, 회심을 위한 모임을 갖기 위해 특별한 방을 요구함으로써 다른 사람들에게 폐를 끼치고 있다." 도슨은 프래트의 말을 칭찬으로 받아들였습니다. 프래트는 자기가 탄 전함에는 네비게이토가 세 명밖에 없었는데도, 이들이 사도 바울의 서신서를 너무 많이 인용하여 검열관들을 끝없이 성가시게 만들었으며, 이 결과로 검열을 하는 하사관들이 성경 말씀을 잘 알게 되었다고 말했습니다.

약 3년 전에 '콜리어'지에 기사가 실린 이후로 세상 언론에서 네비게이토에 대하여 관심을 보인 최초의 일이었습니다. 사실 기독교 언론에서도 거의 다루지 않았는데, 프래트의 기사는 네비게이토가 성경을 공부하고 성경 구절을 인용함으로써 영향을 주고 있다는 사실을 명확하게 보여 주고 있었습니다. 그러나 언제나 그러했듯이 도슨은 그들의 숫자가 아니라 하나님께서 다른 사람을 제자로 훈련시키고 이끌 수 있는 사람들을 키우고 계시다는 사실을 아는 데서 큰 만족을 느꼈습니다. 케니 워터스와 같은 사람들은 성경 말씀에 정통하고 있어서 성경의 어느 책이나 어느 교리에 대해서도 잘 가르칠 수 있었습니다. 그러나 워터스는 사람들이 자기 스스로 공부하게 하는 것이 더 낫다는 것을 알고 있었습니다. 다우닝처럼 워터스도 사람들을 가르치는 사역을 폭넓게 진행했지만, 개인에게 시간을 투자하는 일의 가치를 깨닫고 자기의 삶을 장차 하나님의 충성된 일꾼이 될 사람에게 투자하였습니다.

그렇게 희생적인 투자를 할 정도로 성숙한 수준에 이른 사람은 그리 많지 않았습니다. 그러나 도슨은 약 10명 정도가 제대로 성장하고 있다는 것을 알고 있었습니다. 그리고 진심으로 주님께 헌신하여 무슨 일이 있더라도 자기의 생을 주님을 섬기는 일에 드리겠다고 하는 백 명의 사람이 생길 것이라고 믿었습니다. 엘돈 듀란트는 잠수함에 근무하면서 사람들을 그리스도께 인도하였고, 태평양에서 꽤 많은 전투에 참가했었는데, 그가 쓴 편지에서 나눈 성경 말씀을 보면 어떤 삶을 살고 있는지를 알 수 있었습니다. "스불론 중에서 모든 군기를 가지고 항오를 정제히 하고 두 마음을 품지 아니하고 능히 진에 나아가서 싸움을 잘하는 자가 오만 명이요"(역대상 12:33). 금발 머리로 말씨가 상냥한 돈 블레이크는 전도에 은사가 있었는데, 고향으로 돌아가서 친형제 5명을 주님께 인도하였습니다. 그가 그리스도께 인도한 한 해군은 블레이크와 다른 사람들이 그리스도를 위해 사는 것을 볼 때까지는 기독교가 단지 어린이와 여자들을 위한 것이라고 생각했다고 했습니다.

스웨덴 출신으로 시카고에서 온 구스타프슨은 온화한 성품의 소유자였는데, 새로운 전함인 위스콘신호에서 사역을 잘 감당하고 있었습니다. 그리고 찰리 해이스는 키가 크고 팔다리도 길었는데, 누구와

도 친하게 지낼 줄 알았습니다. 미시시피호에 타고 있었던 그는, 일본군의 자살 비행기가 날아와 배에 충돌하여 수십 명의 사상자가 나기 바로 직전에 다른 곳으로 이동하였습니다. 하나님께서는 찰리를 위해 계획을 가지고 계셨습니다. 그는 아이다호 주에 있는 패러것(미국 해군 제독의 이름, 역자 주) 기지로 가서 여섯 개 부대의 음식 검열관으로 일했습니다. 이를 위해서는 부대에서 부대로 이동을 해야 했는데, 이를 통해 그는 마음껏 전도할 수 있었습니다. 그는 한 번에 15,000장의 전도지를 요청하여, 기지 전체에 전도지를 나누어 주었습니다.

하나님께서는 전쟁을 통하여 더욱 많은 네비게이토들을 하늘 본향으로 불러 주셨습니다. 아키 브랜트는 잠수함 스캠프호의 수중 음파 탐지 하사관이었는데, 정상적인 분량보다 더 많은 순찰을 자원하였고, 이 과정에서 스캠프호는 실종이 되었습니다. 헨리 잭슨은 1942년 말 이후 태평양 전투에서 실종이 되었습니다. 존 팅클은 그해 초 자바의 격렬한 전투에서 휴스턴호가 침몰할 때 함께 죽었다는 것을 도슨이 나중에 알게 되었습니다. 클리프 홀트는 초창기 두나미스 회원이었고 네비게이토 인쇄공이었는데, 해군에서 18개월 동안 풍성한 열매를 맺었습니다. 그는 사람들을 그리스도께로 인도하고 구축함인 존스턴호에서 사람들을 도왔습니다. 이 배는 레이테만(灣) 전투에서 침몰하였습니다. "마치 시간이 날아가는 것 같습니다"라고 클리프는 최후의 편지 가운데 한 통에서 말했습니다. "아마도 말씀에 상당한 시간을 투자했기 때문이라고 생각됩니다. 마음껏 성경을 공부할 수 있었습니다. 그래서 지금은 말씀으로 흠뻑 적셔져 있습니다. 얼마나 놀라운 책인지요! 빠져들면 들수록 더욱 사랑하게 됩니다. 그리고 배워야 할 것이 더욱 많다는 것을 알게 됩니다." 클리프는 존스턴호의 모든 사람에게 복음을 전했고 배가 가라앉던 날에도 몇 사람이 그리스도를 영접하였습니다.

  이외에도 하나님의 탁월한 용사들이 그들이 사랑하던 주님과 함께 사는 본향으로 갔습니다! 그렇지만 그들이 떠난 것을 믿음의 눈으로 보면 하나님의 군대에 새로운 사람으로 채워질 것이라는 확신을 가질 수 있었습니다. 오직 하나님만 알고 계셨던 일이었지만, 하나님께서 장차 주실 동역자들 가운데 두 사람이 한 달 전에 펠릴리우라는 작은 섬에 해병대의 일원으로 상륙하였습니다. 리로이 아임스는 아직 예수님을 믿고 있지 않았는데, 부상당한 다리에서 흘러나오는 피를 멈추게 할 줄을 몰라 당황하고 있었으며, 탱크 운전병이었던 봅 보드만은 병원에서 기드온협회에서 나누어 준 신약성경을 읽고 그리스도를 영접하였습니다. 두 사람은 서로 몰랐고, 그들은 도슨이나 다른 네비게이토들에 대해서도 몰랐습니다.

전쟁 기간 중에 도슨은 사람들을 네비게이토 전임 사역자로 징모하는 일에는 거의 관심을 기울이지 않았습니다. 그러나 사람들을 선교를 위해 계발하는 일에는 관심을 많이 기울였습니다. 유일하게 쎄니는 예외였습니다. 그는 네비게이토의 한 지역에서 계속 사역을 배우게 됩니다. 그가 최초에 부르심을 받은 일인 전국에 걸쳐 두 나미스 클럽을 만드는 계획이 이제 군인 사역에 밀려 있었기 때문입니다. 헤이든은 본부에서 간사들을 지원하는 업무를 할 생각이 있었는데, 그는 이 면에 은사가 있었습니다. 여러 도시에서 네비게이토 선교관을 이끌고 있는 대부분의 부부들은 영적으로 재충전할 수 있도록 사람들을 도와줌으로써 전쟁 기간 중에 꼭 필요한 역할을 감당하고 있었습니다. 이것은 직업을 갖고 있으면서 부가적으로 하거나 임시로 감당하는 사역이었습니다. 딕 하이타워는 전쟁이 끝나면 아프리카로 갈 예정이었습니다. 와우케간에 있다가 나중에는 샌디에이고로 옮긴 존 쓰로운도 선교지로 나갈 예정이었습니다. 롱비치, 샌디에이고, 그리고 샌프란시스코에서 네비게이토 지역 사역을 감당했던 드롱도 마찬가지였습니다. 도슨은 그들이 이 방향으로 나아가는 것을 격려했으며 아직 군 복무 중에 있는 많은 사람들에게 해외 선교에 대해 기도해 보라고 도전을 하였습니다.

1943년 여름 오클라호마의 베이콘 대학에서 위클리프 캠프가 열렸는데, 캐머론 타운센드는 도슨에게 선교사 후보생들을 면접하는 책임을 부탁했습니다. 멕시코에서 했던 것과 마찬가지로 도슨은 그들의 영적인 삶을 도우려고 했으며, 이를 통해 상당수의 후보자들이 '알파메가' 계획을 요청하였습니다.

도슨은 몇 가지 탐색 질문을 함으로써 그들의 필요를 분명히 짚어 주었습니다. "기도의 삶은 어떻습니까?" "매일 주님과 교제하는 시간을 갖고 있습니까?" "당신이 그리스도께 인도한 사람들 가운데 현재 주님을 위해 살고 있는 사람의 이름을 말할 수 있습니까?" 젊은이들은 열심도 있었고 선교 현장을 위한 교육이나 성경학교 훈련을 마친 상태였지만, 대부분이 개인적으로 한 사람도 주님께 인도한 적이 없었고, 영적 건강에 필수적인 개인 기도와 주님과의 교제 시간이 생활화되어 있지 않았습니다. 도슨은 이런 사실을 알고 놀라지는 않았지만, 나중에 메시지를 전할 때 이런 사실을 사용하여 많은 사람들에게 도전을 주어 그들 스스로 필요를 깨닫도록 하였습니다. 후보생들은 일정이 불규칙하고 시간이 부족해서 그렇다고 어설픈 변명을 했지만 도슨의 다음 질문에 의해 대부분 자기의 필요를 깨달았습니다. "선교지에 나가면 여기서보다 더 잘할 수 있으리라 생각합니까? 그곳에서는 마실 물조차 끓여야 하고, 본국에서는 상상하지도 못했던 수많은 허드렛일을 끝없이 감당하며 시간을 써야 합니다."

도슨은 한 후보생에게 말했습니다. "당신의 삶에서 성경 말씀을 어떤 위치에 두느냐, 성경 말씀에 어떤 우선순위를 부여하느냐가 중요합니다. 꼭 네비게이토에서 사용하는 방법을 사용할 필요는 없습니다. 각 사람마다 효과적인 방법이 있게 마련입니다. 어쨌든 당신은 성경을 당신 마음에 품고 성경을 당신 삶에 가지고 있어야 합니다."

그해에 가진 '알파메가' 모임에 이어 선교사를 위한 모임들도 509번지 선교관에서 가졌습니다. 도슨은 편지에 이렇게 기록했습니다. "한 모임에는 5명의 선교사를 강사로 초청하였고, 헌신적인 그리스도인이 약 60명 정도 참석했는데, 아직 복음이 들어가지 않은 세계 각 곳에 대해 언급할 때 하나님의 역사가 일어나는 것을 보았습니다.… 우리는 곧바로 나아가기를 기대하고 있습니다. 중심이 되는 젊은이들에게, 세상에서 가장 위대한 부르심인 개척 선교에 대해 도전하였습니다." 틀림없이 이런 도전은 509번지 선교관에서 가진 토요일 저녁 모임에서도 이루어졌을 것입니다. 이 모임에는 주로 해군들과 대학 장교 훈련 프로그램에 있는 사람들이 참석했습니다. 함정에 타고 있는 해군들은 대개 샌디에이고나 샌프란시스코로 갔기 때문입니다.

도슨은 베이콘에서 동부 해안 지역으로 떠나 네비게이토 선교관을 방문할 계획을 가지고 있었습니다. 특히 브루클린에 있는 딕 하이타워 가족을 만나 시간을 보낼 계획을 가지고 있었습니다. 그러나 오클라호마로 떠나기 전인 7월 12일에 자동차와 트럭의 충돌 사고로 딕 하이타워의 아내 헬렌이 죽고 딕이 심한 부상을 당했다는 소식을 들었습니다. 그래서 도슨은 곧바로 뉴욕으로 향했습니다. 도슨의 여행을 위한 하나님의 공급은 바로 전날 이루어졌습니다. 그리스도를 믿은 지 1년이 되는 한 군인에게서 용도를 지정하지 않은, 상당액의 헌금이 들어왔던 것입니다.

도슨은 예상했던 대로 딕 하이타워가 거의 반사적으로 인용하다시피 하는 성경 말씀으로 위로와 힘을 얻고 있다는 것을 알았습니다. 이 모든 일 가운데 하나님의 절대주권적인 지혜가 담겨 있음을 인정하는 구절들이었습니다. 딕 하이타워의 아내 헬렌은 하나님께서 본향으로 부르신 최초의 네비게이토 간사였습니다. 그리고 도슨은 붙들어 주시는 하나님의 능력에 대한 딕 하이타워의 간증이 다른 사람들을 그리스도께 인도하는 일에 사용되는 것을 보고 큰 위로를 받았습니다.

뉴욕에 있는 동안에 도슨은 라일라가 아프다는 소식을 들었습니다. 도슨이 워싱턴, 노퍽, 시카고, 그리고 마지막으로 베이콘으로 순회 여행을 할 때, 라일라는 병세가 심해졌습니다. 신장 절제 수술이 계획되었습니다. 걱정이 된 찰스 풀러는 도슨에게 전화를 걸어 의사를 바꾸는 데 대하여 동의를 요청했습니다. "라일라를 친딸처럼 생각해서 잘 보살펴 주십시오"라고 하며 도슨은 즉시 동의했습니다. 하나님께서는 라일라를 위한 도슨의 간절한 기도에 응답하셔서, 비록 도슨이 당시에는 몰랐지만, 라일라의 생명을 연장시켜 주셨습니다. 풀러 가족은 그들의 주치의를 불렀습니다. 주치의는 라일라를 병원에 입원시켰고, 심한 탈수 현상을 바로잡고 긴급 맹장 수술을 위한 준비를 시켰습니다. 그 의사의 소견에 따르면, 라일라가 예정되었던 그 신장 수술을 받았더라면 살아나지 못했을 것이라고 했습니다.

도슨은 서둘러 집으로 돌아와 라일라의 곁에 있었지만, 의사가 이제는 라일라가 위험한 순간은 넘겼다고 말하자 다시 선교 여행을 떠나게 되었습니다. 도슨은 루이지애나와 텍사스에서 만나기로 한 약속들을 지켰습니다. 그리고 2주 동안 멕시코를 방문했습니다. 거기서 도슨은 말라리아 증세를 보였고, 집으로 돌아와서 일주일가량 병원 신세를 져야 했습니다. 도슨은 하나님께서 이를 허락하셨다고 생각했습니다. 그리하여 종종 이 병에 걸리는 선교사들과 동일시를 할 수 있게 되었던 것입니다.

✻ ✻ ✻

그동안 도슨의 기도 패턴은 바뀌었습니다. 이제 여행을 많이 하기 때문에 기도할 시간을 얻기가 쉽지 않았습니다. 결과적으로 도슨은 혼자 갖는 기도 시간이 더 많아졌는데, 이는 함께 그룹으로 모여서 기도하는 시간을 계획하기가 어려웠기 때문입니다. 도슨은 '세계에서 가장 뛰어난 간사들'이 여행 중에 있는 자신을 기도로 지원해 주기를 몹시 기대하고 의지했으며, 여행 후 집에 돌아왔을 때에도 마찬가지로 그들의 기도의 후원이 필요함을 느끼고 있었습니다. 한번은 21일간의 여행을 하며 그 여행 기간 내내 기도에 의해 큰 힘을 얻고 있음을 느꼈는데, 여행에서 돌아와 어느 조그만 모임에서 했던 일은 열매가 없는 것을 보고 깜짝 놀랐습니다. 그 일을 위해서는 간사들이 그를 위해 기도하는 것을 빠트렸던 것입니다! 도슨은 주님을 위해 하는 어떤 일에서든 "(성공은) 힘으로 되지 아니하며 능으로 되지 아니하고 오직 나의 신으로 된다"라고 하신 하나님의 말씀을 기억해야 한다고 자신은 물론 동역자들에게 끊임없이 상기시켰습니다.

밥 파델포드가 자주 방문하였는데, 한번은 도슨이 그에게 509번지 선교관의 다락방에서 함께 기도하자고 요청했습니다. 파델포드는 일정이 허락하는 한 이런 시간을 언제나 고대하였습니다. 그런데 오늘은 그들이 함께 하나님을 기다리면서 사업가인 밥은 무엇이라고 설명할 수 없는 엄숙한 분위기가 흐르고 있음을 느꼈습니다. 도슨은 기도했으며 주님께서 자신을 진정으로 시험해 달라고 요청하였습니다. 파델포드는 속으로 '참으로 담대한 기도 제목이구나'라고 생각했습니다. "무엇 때문에 그런 기도를 하게 되었습니까? 상당히 위험한 기도 아닙니까?"

"봅, 나는 이것이 필요합니다"라고 도슨은 설명했습니다. "오직 이렇게 해서만 나는 제대로 알 수 있습니다. 나는 결정을 내릴 일이 많이 있는데, 내 앞에 놓인 몇몇 단계를 밟을 만큼 내가 준비가 되었는지를 알아야만 합니다. 나는 하나님의 손이 나와 함께하고 계신지를 알아야 하기에 하나님께서 나를 시험해 달라고 기도하고 있습니다." 도슨은 잠시 멈추었습니다. 그리고는 성경 말씀을 인용했습니다. "네 하나님 여호와께서 이 사십 년 동안에 너로 광야의 길을 걷게 하신 것을 기억하라. 이는 너를 낮추시며 너를 시험하사 네 마음이 어떠한지 그 명령을 지키는지 아니 지키는지 알려 하심이라." 도슨은 말라리아로 고생했으며, 사랑하는 라일라는 병원에 두 번이나 갔습니다.… 딕 하이타워 가족은 끔찍한 교통사고를 당했습니다.… 재정 문제 등도 있었습니다. 그것만으로도 현재 충분한 시련이 아닐까? 파넬 포드는 고개를 흔들었습니다. 그런 기도를 하려면 상당한 용기가 필요했습니다. 도슨도 이를 부인하지는 않았습니다. 그러나 이제는 피하거나 후회할 수 없었습니다. 하나님께서는 긍휼을 베푸셔서 도슨에게 장차 일어날 두 가지의 구체적인 시련에 대하여 알지 못하도록 하셨습니다. 두 가지 모두 도슨이 특별히 민감하게 여기는 영역에서 일어났습니다.

1944년 1월에 도슨은 다시 병원에 입원하였습니다. 이번에는 포틀랜드에서였습니다. 아타브린(말라리아 예방약, 역자 주)은 말라리아균을 막지 못했고, 군인 센터와 군인 사역을 감당하는 사람들과 목사들을 만나는 힘든 여행 일정 때문에 비축해 놓은 에너지를 다 쓴 것입니다. 그러나 여행 일정이 늦어진 것을 인하여 도슨은 위축되지 않았습니다. 도슨은 자기가 만나야 할 사람들을 병원으로 불렀습니다.

도슨은 무선 기사인 세실 데이비드슨과 교제를 하면서 새로운 힘을 얻었습니다. 그는 아이다호호의 키맨이었는데 그때 항구에 들어와 있었습니다. 마치 바울이 디도의 방문으로 위로를 받은 것과 마찬가지였습니다. 세실은 비번일 때 모든 시간을 도슨과 함께 병원에서 보냈으며, 나중에는 호텔에서 함께 시간을 보냈습니다. 세실은 교제의 특권을 누리기 위해 매일 저녁 스테이크 요리를 기쁘게 샀습니다. "그런 시간을 가지기 위해서라면 많은 돈을 들일 사람들이 적지 않을 것입니다"라고 후에 그는 말했습니다. 일대일 사역의 가치를 점점 더 확신하고 있던 도슨은 이런 시간을 한 사람의 삶을 세우는 데에 사용했습니다. 도슨은 또한, 자기 배에서 제자들을 삼는 일을 잘 해내지 못하는 것을 안타깝게 여기고 있는 세실에게 필요한 원리를 가르쳐 주었습니다. "진정한 관심을 가진 한 사람을 선택하십시오. 그리고 그 사람에게 집중하십시오"라고 도슨은 조언했습니다.

포틀랜드에 찾아온 또 다른 사람은 해군 키맨이었는데, 그는 브레머턴에서 내려왔습니다. 도슨은 지난해에 그에 대해서는 거의 듣지 못했고, 진주만 공습 이전에 마지막으로 그를 보았습니다. 그는 뭔가 변해 있었습니다. 이전의 명랑하고 쾌활했던 성격 대신에 우울한 성격으로 바뀌어 있는 듯했습니다. 최근의 편지에서 그는 도슨을 만나 마음에 있는 개인적인 어려움을 나누고 싶다고 했었습니다. 그와의 교제를 통해 도슨은 이유야 어떻든 자기가 사랑하는 형제의 마음을 아프게 했다는 것을 알고는 어찌할 바를 몰랐습니다. 이 사람은 도슨과 라일라에게는 육신의 형제보다 가까웠던 사람이었기 때문입니다.

도슨은 말씀에 굴복하여 자기에게 찾아오는 그의 순종을 높이 평가했습니다. 아마도 용기가 필요했을 것입니다. 그리고 도슨도 같은 말씀에 순종하여 상황을 올바르게 회복하기를 진심으로 원했습니다. 도슨은 그 형제에게 진심으로 용서를 구했습니다. 그의 말 가운데 어떤 것은 이해하기가 힘들었습니다. 그러나 도슨은 교제 회복이 당장의 필요였기 때문에 그 내용들을 하나하나 따지려 하지는 않았습니다. 이제 도슨의 마음은 깨끗해졌습니다. 그리고 그 형제도 만족하는 듯이 보였습니다.

도슨은 이렇게 기록했습니다. "주님께서는 우리와 함께하여 주셨다. 사랑하는 T, 그를 정말 사랑한다." 그러나 문제가 완전히 해결된 것이 아니었습니다. 그 후에도 T는 잊을 만하면 나타나 도슨을 공격하여 도슨의 마음을 아주 힘들게 했습니다.

"**정**말 좋습니다, 도슨. 금요일 아침에 보겠습니다." 헤어지면서 굳게 악수를 나눌 때 그 사람의 솟구치는 열정을 느낄 수 있었습니다. 도슨은 휴버트 미첼이 정말 열정적인 기도 친구임을 알았습니다. 미첼은 아침 식사 전에 두 시간을 기도하기 위하여 새벽 다섯 시에 만나는 일에도 꽁무니를 빼지 않았습니다.

1942년 헐몬산에서 처음으로 만난 이후로 두 사람은 각각 상대방의 하나님에 대한 사랑과 지상사명에 대한 꿈을 보고 도전을 받았습니다. 미첼은 아내가 죽은 후 어린 네 자녀와 함께 수마트라 선교 현장에서 본국으로 돌아온 후로 로스앤젤레스에 있는 빅토리 센터를 책임 맡고 있었습니다. 군인 사역과 자녀 양육에 대한 공동 관심으로 말미암아 두 사람의 우정은 더욱 견고해졌습니다. 그들은 거의 일 년 정도 금요일 아침마다 네비게이토 사무실이 있었던 호텔 건물 옥상에 있는 조그만 '파워하우스'(Powerhouse, 엘리베이터 수직 통로와 발전기가 있는 옥상의 조그만 건물로 도슨은 이곳에서 기도했는데, '전기의 힘'과 '기도의 힘'이라는 이중적 의미를 지니고 있었음, 역자 주) 혹은 미첼의 집 뒤에 있는 시멘트로 만든 이글루 형태의 대피소에서 만났습니다.

"우리 두 사람이 있었습니다"라고 도슨은 묘사했습니다. "그리고 나는 조용히, 대화하는 투로 기도했고, 반면에 휴버트는 마치 주님을 깨울 수 있을 정도로 큰 소리를 내며 기도했습니다."

봄에는 미첼의 매제인 데이비드 모컨이 그들과 함께 기도하기 시작했습니다. 그도 수마트라에서 전쟁 때문에 본국으로 돌아왔습니다. 미첼처럼 그는 교회, 기지, 그리고 수양회에서 사역을 했으며, 네비게이토 양육 교재를 사용하여 군인 센터를 운영하고 있었습니다. 가을에는 바이올라에서 가르치기 위해 돌아온 딕 힐리스가 함께하였습니다. 딕 힐리스는 13년 전 바이올라 시절에 도슨이 오토바이를 타고 지나가며 자기에게 성경 말씀을 암송하라고 도전했던 것을 기억했습니다. 중국에 있을 때 딕 힐리스는 도슨에게 편지를 쓴 적이 있었는데, 하나님께서 자기에게 주신 충성된 사람들을 훈련하고 그들의 사역을 도와주고 있다고 하면서, 그 사람들에게 사용할 수 있도록 네비게이토 교재를 중국어로 번역해 달라고 요청했습니다. 그러나 도슨의 응답을 듣고 그는 기가 꺾였습니다. "당신이 먼저 교재대로 따라 행해야만 그 교재로 다른 사람들을 도울 수 있을 것입니다." 딕 힐리스는 이에 대하여 답장하지 않았습니다.

이제 딕 힐리스는 먼저 본을 보이라고 깐깐하게 말하는 도슨을 만나는 것에 대해 두려움을 느꼈습니다. 실제로 두 사람이 만났을 때 힐리스는 이렇게 말했습니다. "좋아, 도슨. 내가 졌어. 나는 성경 암송을 해야 하고, 훈련과 성경공부도 필요하다네. 다른 누군가를 위한 공부가 아닌 바로 나 자신을 위한 공부 말일세. 언제 시작할 수 있나?" "내일 아침 다섯 시 내 사무실에서." 힐리스는 제 시간에 왔고, 금요일 아침에 모이는 그룹에 참석하기 시작했습니다. 그 모임에서는 기도를 하다가 말씀도 나누었는데, 대개는 '마음판에 새긴 말씀'에서 나누었습니다.

모컨은 학교 다닐 때도 도저히 암송은 못하겠다고 선언했지만, 이제는 성경 암송을 능숙하게 하고 있었습니다.

"당신 이름을 알고 있습니까? 알파벳은? 구구단은?" 도슨이 물었던 적이 있습니다. "당신은 이런 것을 반복함으로써 외우게 되었습니다. 반복해서 복습하면 당신도 성경 암송을 할 수 있습니다."

모컨은 복습이 효과가 있다는 것을 깨달았습니다. 복습과 더불어 도슨의 제안을 따라 묵상도 했습니다. 묵상을 통해 소화한 말씀은 삶의 일부가 되었고, 절대로 잊을 수 없게 되었습니다. 그의 아내 헬렌은 성경 암송이 남편의 사역을 깊이 있게 만들었으며, 전하는 말씀에도 새로운 권위가 생겼다는 것을 느낄 수 있었습니다.

힐리스의 동생인 단은 인도에서 본국으로 돌아왔는데 그도 그들과 함께하였습니다. 그와 함께 남부 헐리우드의 목사인 로버트 멍어도 왔습니다. 멍어는 그해 여름에 가진 '승리하는 삶 잔치'에 강사로 왔었습니다. 이 모임은 불신자 혹은 성장하고자 하는 그리스도인을 대상으로 하였습니다. 그 또한 군인 사역에 깊은 관심을 갖고 있었습니다. 그의 교회의 많은 사람들이 지금은 전장에 나가 있기 때문입니다. 쎄니는 바이올라와 롱비치 센터의 일이 허락하는 한 이 그룹과 만났습니다. 사업가인 어니 민티는 정기적으로 참석하였고, 찰리 쿠퍼와 봅 파델포드도 이 지역에 있을 때는 참석했습니다.

마태복음 9:38 말씀대로 일꾼을 구하는 기도를 중심으로 하다 보니 주로 군인들을 위한 그들의 기도는 그들을 주님의 군대로 징모하는 것에 초점이 맞추어졌습니다. 매월 509번지 선교관에서 가진 선교사 모임 외에도 도슨의 베이콘과 멕시코 여행으로 말미암아 금요일 기도 모임은 주로 선교에 집중하게 되었습니다. 그리고 딕과 단 힐리스 형제, 모컨, 그리고 미첼이 함께했기 때문에 그들의 선교지였던 중국, 인도, 그리고 인도네시아가 참으로 가깝게 느껴졌습니다.

"내가 중국을 위해 기도하고, 로버트 멍어가 남부 헐리우드를 위해 기도하며, 휴버트가 수마트라를 위해 기도하는 것으로는 충분하지 않았습니다"라고 힐리스는 설명했습니다. "우리는 로스앤젤레스에서 시작하여 세계 전체를 위해 기도해야 했습니다." 도슨은 일기에 이렇게 기록했습니다. "오늘 아침 5시에 쿠퍼, 코완, 쎄니, 미첼, 힐리스를 만나 진정한 기도를 하는 귀중한 시간을 가질 수 있었다. 이 시간은 우리 모두에게 대단히 큰 도전을 주었으며, 쿠퍼와 민티가 전 세계를 향한 비전을 갖는 것을 보면서 감동이 되었다." 그러나 도슨이 "이제 태평양에 있는 작은 섬들을 택하여 이 섬들을 위해 기도합시다"라고 말하며 지도에서 들어 보지도 못한 이름을 가리키자 파넬포드는 약간 억지가 아니냐고 말했습니다. 도슨에게 있어서 이는 억지가 아니라 믿음의 행동이었습니다. 수년 뒤에 네비게이토 선교사로서 오키나와로 떠나는 봅 보드만과 작별 인사를 할 때, 파넬포드는 수년 전의 기억이 떠올랐습니다. 오키나와는 그 이른 아침에 도슨과 함께 기도하던, 지도 위의 잘 보이지도 않는 점 가운데 하나였기 때문입니다! 그는 하나님께서 도슨에게 믿음의 은사를 주셨으며, 도슨은 이 은사를 이런 일이 실제로 일어나도록 기도하는 일에 사용했다고 결론을 짓게 되었습니다.

금요일 아침 교제는 이 기독교 지도자들의 삶에 큰 영향을 미치게 되었습니다. 그들은 서로 격려하며 영향을 준 것을 오랫동안 기억하게 되었습니다. 딕 힐리스는 전쟁 중에 생긴 틈을 이용하여 선교를 위한 기도에 드려진 이 교제는 오직 하나님만 아시는 중보 기도의 열매를 맺었으며, 자신들 대부분이 다시 해외로 나아가 그리스도를 섬기게 했다고 말했습니다. 힐리스는 또한 개인적인 유익도 발견했습니다. "이 기간 동안 나는 도슨의 마음을 고동치게 하는 큰 힘은 바로 사랑임을 깨달았습니다. 이 사랑은 하나님의 모든 자녀들이 하나님의 아들 예수님의 형상을 닮도록 하려는 열망으로 표현되었습니다. 만약 하나님의 자녀들에게 주님을 닮지 않은 모습이 있어서 하나님께서 도슨에게 이를 지적해 주시면 도슨은 적극적으로 나섰습니다. 이 때문에 나는 마음속으로 도슨을 깊이 사랑하게 되었습니다. 나의 영적 삶과 연관하여 도슨처럼 강하게 도전한 사람도 없었으며, 나를 도슨처럼 사랑한 사람도 없었습니다."

하나님께서는 도슨이 초기에 기도했던 것에 응답하고 계셨습니다. 도슨은 성숙한 주님의 사람들과 같이 영적 조언을 해줄 수 있는 지혜를 나이가 들기 전에도 얻을 수 있도록 기도했던 것입니다. 하나님께서는 도슨에게 이런 은사를 주시면서 동시에 일찍 성숙하는 데에 필요한 고난도 함께 허락하셨습니다.

미국 전역의 크고 작은 여러 도시에 있는 군인 센터들은 전쟁 기간 동안 육군, 해군, 그리고 해병대를 대상으로 하는 사역의 핵심적인 필요를 채워 주었습니다. 조지 보스트롬은 타코마에서 센터를 열었는데, 아마도 이것이 센터들 가운데 최초일 것입니다. ("네비게이토는 들어오자마자 금방 알 수 있어. 그들은 성경을 잘 알고 있거든" 하고 그는 아들들에게 말했습니다.) 딕 하이타워는 샌디에이고에 센터를 여는 데 기여했으며, 나중에는 뉴욕에서 빅토리 센터를 열었습니다. 이곳에서 그는 네비게이토 선교관에서 중심이 되는 군인들을 데려와 개인 전도 훈련을 했습니다. 모컨은 산타아나(캘리포니아 주 오렌지 카운티의 시, 역자 주), 미첼은 로스앤젤레스, 드롱은 롱비치에 있었습니다. 도슨은 북서부 지역을 여행하다 포틀랜드에서 말라리아 때문에 멈추었는데, 이곳에서 군인 센터의 몇몇 책임자들과 시간을 함께 보냈습니다. 도슨은 3일간의 수양회를 가지면 크게 유익할 것이라고 생각했습니다. 책임자들이 함께 모여 교제를 하며 경험을 나누고, 각자의 사역을 발전시킬 수 있는 방법들을 찾으며, 양육에 대하여 좀 더 많은 것을 배울 수 있을 것이기 때문입니다.

서부에 있는 여러 주의 13개 센터의 사람들이 4월에 509번지 선교관에서 열리는 수양회에 참석하라는 네비게이토의 초청을 받아들였습니다. 이 수양회는 참석한 사람들이 다음 모임을 계획할 정도로 열망을 보여 성공적이었다고 할 수 있었습니다. 휴버트 미첼은 개인 전도에 대하여 가르쳤고, 도슨은 양육에 대하여 나누었으며, 찰스 풀러, 루이스 탈봇이 메시지를 전하였고, 다른 프로그램들이 포함되었습니다. 시카고에서 7월 말에 열린 두 번째 수양회에는 50명의 사람들이 참석하여 군인 사역에 대하여 공동의 관심사를 나누었으며, 여러 아이디어와 도움을 얻고 돌아갈 수 있었습니다. 특히 도슨이 양육에 대하여 강하게 도전하였습니다. 도슨은 이들 대부분이 전도에 대해서는 열정적이었지만, 비전이 부족하고 새로이 그리스도인이 된 사람들을 말씀과 순종하는 삶에 견고히 서도록 돕는 면에서 노하우가 필요하다는 것을 알게 되었습니다.

미국 전역에 생기고 있는 많은 센터에서 단순히 '커피와 도넛 전도'를 통해 사람들이 결신하고 있다는 사실 때문에 도슨은 근심이 되었습니다. 아침 식사를 하면서 15분 동안의 메시지를 듣고, 손을 든 사람에게는 'B 식량'을 나누어 준 후에 등을 두드리며 하나님의 축복이 있기를 바란다고 말해 주는 정도였기 때문입니다. 이렇게 결신한 사람들이 영적으로 살아남는다면 이는 거의 기적에 가까웠습니다. 이런 관행은 중요한 일이라면 잘해야 한다는 도슨의 생각에 반하는 것이었습니다. 나아가 모든 그리스도인들이 그리스도의 장성한 분량이 충만한 데까지 이르기를 원하시는 주님을 슬프게 하는 것이었습니다. 군인 센터에서 'B 식량'을 받은 200명 가운데 오직 3명만이 4구절을 다 암송한 후에 추가로 구절을 요청했다는 조사 결과 또한 도슨이 기뻐하지 않은 것이었습니다. 찰스 풀러의 방송을 통해 만나게 된 사람들은 새로이 그리스도인이 된 사람이건 오래 된 그리스도인이건 간에 65퍼센트의 요청이 들어왔기 때문에 비교가 안 될 정도였습니다.

찰리 해이스라는 키맨이 로스앤젤레스를 방문했을 때 한 해군이 길거리에서 그를 불렀습니다. "여보게, 내가 뭘 가지고 있는지 보게나." 그것은 'B 식량'이었습니다! 찰리는 깜짝 놀랐습니다. "도슨, 그는 우리 기지에서 복음을 가장 크게 대적하는 사람입니다." "자세히 알아보고 내게 보고해 줄 수 있겠나?"라고 도슨은 요청했습니다. 그 해군은 군인 센터에 들렀는데 복음을 전하는 모임이 진행되고 있었습니다. 강사는 모임이 끝난 후 손을 드는 사람이면 누구에게나 줄 것이 있다고 말했습니다. "그래서 나는 손을 들었지. 그런데 준다는 게 고작 이런 거더라고"라며 실망한 해군은 찰리에게 말했습니다. 도슨은 네비게이토 교재를 그런 식으로 남용하는 일이 다시는 있어서는 안 되겠다고 생각했습니다. 도슨은 각 개인에게 'B 식량'에 대하여 설명하는 시간으로 한 시간이 적절하다고 생각했습니다.

온전한 전도와 적절한 양육을 위한 도슨의 영적 전쟁은 이제 시작이었습니다. 도슨은 되풀이하여 도전하였습니다. "기억하십시오. 결신은 5퍼센트에 불과하고 양육이 95퍼센트입니다. 손을 든 후에 그리스도인의 삶을 실제로 살지 않으면 그러한 결신을 통해서는 하나님께서 영광을 받지 못하십니다."

당시 전도자 혹은 목사들의 '영혼'에 대한 관심은 사람들에게 손을 들게 하거나 강단에서 기도를 하는 것으로 끝날 때가 많았습니다. 도슨은 이렇게 되어서는 안 된다고 생각했습니다. 도슨은 종종 로스앤젤레스의 전도 집회를 언급하였습니다. 그리스도를 믿겠다고 400명이 등록하였지만 양육은 하지 않았고, 나중에 그들을 위한 양육 모임을 열었지만 한 사람도 참석하지 않았습니다. 네비게이토 수양회에서 말씀을 전하면서 도슨은 외쳤습니다. "하나님께서 원하시는 것은 바로 하나님의 가족의 일원으로 태어난 사람이 그리스도의 형상을 본받아 자라서 하나님을 아는 냄새를 각처에서 나타내는 것입니다. 여러분이 한 사람을 그리스도께로 인도합니다. 여러분은 그에게 구원을 받았다고 말해 줍니다. 여러분은 그를 교회로 데려갑니다. 그리고는 그를 떠납니다. 여러분은 그가 세상적인 삶을 살도록 그냥 내버려둡니다. 언제 그가 하나님 나라에 더 해를 끼치겠습니까? 이전입니까, 나중입니까? 여러분들은 이를 알고 있습니다. 그리고 목사들도 알고 있고, 전도자들도 알고 있습니다. 그럼에도 그들은 나아가서 더 많은 사람들을 전도합니다. 그리고 그들을 내버려둡니다. 그리고는 더욱 많은 사람들을 전도합니다. 이것이 이치에 맞습니까?"

✷ ✷ ✷

네비게이토 선교관 및 네비게이토와 만날 수 있는 장소는 전쟁 기간 동안 늘어났습니다. 이와 더불어 사람들을 관리하고 감독하는 도슨의 책임도 커졌습니다. 키맨들이 군대의 명령을 받고 계속 이동했기 때문입니다. 딕 하이타워는 교통사고를 당하기 전까지 동부 해안 지역에서 많은 도움을 주었습니다. 봅 수티는 뉴욕에서 딕 하이타워를 도왔고, 후에 로스앤젤레스로 왔으며, 시애틀 시내에 네비게이토 사무실을 여는 임무를 받았습니다. 루엘라 다이어의 집은 여전히 접대와 만남의 장소였지만, '개척 간사'가 필요했습니다. 4개월 뒤에 수티는 군에 들어가게 되었고, 도슨은 다시금 인력이 부족한 상황에 처하게 되었습니다.

시애틀에는 쎄니가 적임이었습니다. 바이올라를 졸업한 그는 곧바로 지역 사역을 감당할 준비가 되어 있었습니다. 23세였지만 소년 같은 외모 때문에 몇몇 사람들은 그를 사역의 책임자로 진지하게 받아들이지 못했습니다. 그러나 도슨은 쎄니가 잘 해낼 것임을 알고 있었습니다. 쎄니는 확신이 있었고, 온유했으며, 믿음에 견고한 기도의 사람이었고, 하나님을 기쁘시게 하고자 하는 강한 열망을 갖고 있었습니다.

수티는 인기 있는 연사이며 전도자였지만 양육에 대해서는 쎄니만큼 정성을 들이지 않았습니다. 도슨은 자신의 디모데인 쎄니를 이 영역에서 훈련시켰고 시애틀이 본이 되는 지역 사역이 되기를 기대했습니다. 도슨은 다음과 같은 작별의 말을 했습니다. "쎄니, 얼마나 많은 사람을 가르치든, 얼마나 많은 전도팀 모임을 갖든, 혹은 토요일 저녁 모임에 다섯 명이 나오든 100명이 나오든, 내가 시애틀에 갈 때에는 말씀에 온전히 헌신한 당신의 사람들을 만나고 싶습니다. 결신은 했지만 아직 어떤 도움도 받지 못한 사람들을 찾아보십시오. 그리고 그들과 함께 시간을 보내며, 그들에게 집중하십시오. 그리고 그들이 말씀에 파고들게 하십시오." 쎄니는 1944년 6월에 시애틀에 도착했습니다. 성경 말씀의 약속으로 무장하였으며, 자기와 루시를 위해 엄청난 기도의 지원이 있다는 것을 확신하였고, "당신의 사람에게 집중하라"는 가르침에 담긴 도전을 명심하고 있었습니다.

도슨은 여러 다른 지역들에서 생기는 요구들에 대처하면서, 동역자들에게 그들의 배경과 능력에 따라 적절한 수준과 방향을 제시하는 면에서 융통성을 가져야 한다고 굳게 믿었습니다. 그럴지라도 도슨은 목표에 대한 시야를 잃지 않았으며, 별로 중요치 않은 일보다는 핵심 되는 목표들에 우선순위를 두었습니다. 플로이드 로버트슨은,

비록 도슨은 분명한 자기 견해를 가지고 있었지만, 다른 사람들이 모든 면에서 다 동의하도록 요구하지는 않았다고 말했습니다. 노퍽에서 네비게이토 선교관을 책임 맡고 있는 존 미드게트의 삶의 어떤 영역에 대하여 한 키맨이 근심하며 도슨에게 알렸는데, 이에 대해 도슨은 자기도 이를 알고 있다고 답장을 썼습니다.

"존의 삶의 다른 영역과 사역은 견고합니다"라고 도슨은 편지에 썼습니다. "존이 길러 내고 있는 사람들은, 우리의 다른 지도자들이 길러 낸 사람들 못지않게 견고합니다. 나는 그 영역에서 존이 좀 부족하다고 해서 문제시할 필요는 없다고 생각합니다. 나는 오래지 않아 성령께서 그 영역에 대해서도 그를 성장시켜 주실 것이라고 생각합니다." 단점이 있다고 해서 문제시하기보다는, 격려하고 발전하도록 도와주었던 것입니다.

사역을 돌아보기 위해 여러 지역을 여행해야 했기 때문에 개인적으로 쓸 수 있는 시간이 줄어들자, 도슨은 이에 들어가는 시간을 벌충하고자 애썼습니다. 도슨은 샌디에이고나 샌프란시스코만 지역에 갈 때 여전히 기차를 이용했는데, 이때 성경공부를 하거나 서류를 작성하고 자료도 정리했습니다. 성경 암송과 성경공부 교재를 구상하는 일은 대개 이동하는 중에 이루어졌습니다. 때로는 이동하는 도중에 사람들을 만나 영적으로 도움을 주기도 했습니다. 한번은 샌디에이고로 가는 기차 안에서 도슨은 인도에 선교사로 갈 사람을 만나 교제를 나눈 적이 있었습니다. 10년도 넘은 후에 그 선교사는 그 우연한 만남에 대하여 이렇게 말했습니다. "나는 그 한 시간 동안 배운 바를 그 이후로 줄곧 나의 선교 사역에 적용하려고 애를 썼습니다."

샌디에이고 선교관에 왔던 한 해군은 새신자였는데, 도슨을 보고 깜짝 놀라며 약간의 두려움을 느끼기까지 했습니다. 가냘픈 몸매지만 턱은 크고 거칠게 보였던 도슨의 모습은, 그 해군이 생각한 일반적인 기독교 지도자의 이미지보다 훨씬 젊었기 때문입니다. 그럼에도 불구하고 나중에 네비게이토 지역 사역을 하게 될 켄 스완이라고 하는 그 해군은 도슨의 메시지를 기억했습니다. "도슨은 고린도전서 16:13을 기초로 네 가지에 대하여 말씀을 전했고, 우리 모두가 이를 암송하도록 했습니다. 나는 절대로 이를 잊지 않았습니다." 그는 또한 도슨에게서 그 다음번에 들은 메시지도 기억했습니다. 시애틀의 루엘라 다이어의 집에서 들은 성경 암송에 관한 메시지였습니다. 도슨 자신도 자기의 영향력이 얼마나 오래갈지 확신하지 못할 때였습니다. 1944년 후반기에 도슨은 이렇게 기록했습니다.

> 일기를 쓸 때마다 뒤로 거슬러 올라간다. 일요일, 토요일, 금요일 이런 식으로. 금요일 밤을 생각해 보면 내가 어떤 메시지를 전했는지도 다 기억하지 못할 때가 있다. 목요일도 마찬가지이다. 만약 내가 전한 것을 나도 잊어버린다면, 듣는 사람들은 어떠할까? 내가 다시금 깨닫게 되는 사실은, 우리가 주님을 위하여 일할 때 가장 중요한 것은, 하나님께서 자기 백성에게 말씀하기 원하시는 것을 아주 단순하고, 아주 명료하고, 아주 분명하게 전달해야 한다는 것이다. 메시지의 초점이 분명해야 한다. 하나님께서 뭘 말씀하시는지 몰라 혼란스러워하는 일이 있게 해서는 안 된다.

늘 많은 일에 손을 대고 있다는 것이 도슨에게는 짐이 되기보다는 신나는 일이었습니다. 그러나 도슨의 모든 활동은, 그리스도를 위하여 그리고 세계 선교를 위하여 훈련되고 강한 군사들을 일으키는 목표에 초점이 맞추어져 있었습니다. 그 긴급함은 도슨이 한 잡지에 실은 글에 잘 나타나 있는데, 이는 아마도 '네비게이토 일지'에 실은 것 말고는 처음으로 쓴 글일 것입니다. 도슨이 잡지에 글을 싣는 것은 참으로 드문 일이었습니다. 1944년 11월 바이올라 대학 잡지인 'King's Business'에는 다음과 같은 글이 실렸습니다.

미국은 모든 것을 가지고 있습니다. 더불어 세계 모든 나라들 가운데 가장 큰 책임을 가지고 있습니다. 모든 나라 가운데 가장 부유하며, 가장 문명화된 나라로서 미국은 과학, 교육, 교통, 생산, 그리고 무한한 자원에 이르기까지 최고를 자랑하고 있습니다. 무엇보다도 예수 그리스도의 복음이 설교, 전도, 개인적인 사역, 인쇄물, 그리고 라디오 방송을 통해 미국 전역에 전파될 수 있는 환경 속에 있습니다.

만약 이 모든 것이 사실이라면, 우리는 2차 세계 대전이 끝난 다음에 무엇을 해야 합니까? 상업적이고 정치적인 입장에서 본다면, 미국의 국가 지도자들은 전후에 세계에 대하여 그들의 할 일이 무엇인지를 알고 있습니다. 그것은 수백만 명의 인력과 수억 달러에 이르는 돈을 필요로 할 것입니다.…

그러나 그리스도인 여러분! 우리의 할 일은 무엇입니까? 모든 일보다 큰 그 일은 무엇입니까?… 내셔널지오그래픽에서는 이 세상에 각기 언어가 다른 2,700개의 민족과 나라와 종족이 있다고 말했습니다.… 세계 복음화의 과업은 각 사람들에 의해 이루어져야 합니다. 하나님께서는 언제나 한 사람을 통하여 큰일을 이루어 오셨습니다. 주님께서는 우리가 자원하면 우리를 사용하실 것입니다.

지상사명의 성취와 연관하여 도슨은 네비게이토가 주로 기여할 수 있는 두 가지가 있는데, 하나는 사람이요 다른 하나는 양육에 대한 특별한 강조라고 생각했습니다. "수많은 사람들에게 영향을 주게 될 한 사람의 삶에 영향을 주는 것은 참으로 흥미진진한 일입니다"라고 도슨은 다우닝에게 편지를 썼습니다. "우리가 할 수 있는 최선의 투자는 또 다른 사람들을 가르칠 수 있는 충성된 사람들에게 투자하는 것입니다."

1944년 가을 도슨은 퍼스 수양관에서 네비게이토 간사 수양회를 가졌습니다. 이 수양회에서 잭 미첼과 윌버 스미스가 전한 말씀은 특별히 도슨에게 시기적절한 것이었습니다. 도슨은 여름 동안 빡빡한 여행과 사역 일정으로 소진 상태에 있었기 때문입니다. "하나님께서는 그들을 보내셔서 우리를 먹이셨습니다"라고 도슨은 편지에 썼습니다. "우리는 우리가 얼마나 영적으로 굶주린 상태에 있었는지, 그리고 말씀을 얼마나 필요로 하는지를 깨닫지 못하고 있었습니다. 우리는 하나님께서 우리에게 주신 과업을 완성하기 위해, 비전과 결심을 새롭게 하고 영적 활기를 회복하여 집으로 돌아왔습니다."

도슨이 발견한 한 가지 필요는, 사역의 성장에 따라 급속히 확장되었던 본부 사무실을 정비하는 것이었습니다. 바이올라 학생이었던 애디 로젠바움과 밀리 홉킨스는 해외 선교를 할 작정이었지만 하나님의 인도하심에 순종하여 네비게이토 사무실에서 섬기고 있었는데, 직면한 문제들을 해결하고, 급속하게 성장하는 사역의 여러 필요들에 신속하고 효율적으로 대처하고 있었습니다. 정글에서는 성경을 고대하고 있는 부족들에게 나아갈 길이 뚫리기를 기다려야 했겠지만, 타자기를 가지고 전투에 뛰어든 이들 두 사람의 공로는, 선교지로 나간 사람 못지않게 하늘나라에서 큰 상급을 받을 것입니다.

새롭게 섭취한 말씀과 옆에서 도와주는 '세계에서 가장 뛰어난 간사들'을 힘입어 도슨의 믿음과 용기는 새롭게 되었고 큰 것을 계획할 준비가 되어 있었습니다. 도슨은 지상사명이라는 강력한 목표를 위해 전 세계적인 전쟁터에서 무적의 사령관을 모시고 전투를 하고 있었습니다. 그리고 승리는 분명해 보였습니다. 도슨은 예산이 계속 늘어나는 것에 대해서는 걱정을 전혀 하지 않았습니다. 비록 이 사역을 좋아한 한 그리스도인 인쇄공이 비용을 최소한으로 청구했지만, 성경공부와 성경 암송 교재의 주문량이 계속 늘어 이에 대한 청구서가 밀려왔습니다. 새로운 사무실 간사들은 509번지 선교관에서 편하게 지낼 수 있었습니다. 그리고 손님들을 위한 방은 따로 남겨 두었습니다. 이것은 도슨이 가는 곳마다 초청하는 손님들을 위한 것이었습니다. 늘어나는 사무실 공간과 장비는 대개 싼값에 마련할 수 있었습니다. 물론 어느 정도의 비용은 들어갔습니다. 그러나 지금까지 주님께서는 어김없이 공급해 주셨기 때문에 도슨은 현재의 재정적 어려움을 거의 초연한 태도로 바라볼 수 있었습니다.

많은 군인들이 네비게이토 선교회로 보내는 금액을 급여에서 바로 공제하였습니다. 그리고 특별한 필요가 있을 때에는 상당액의 헌금이 때에 맞게 들어왔습니다. 딕 하이타워는 이제 재혼하여 뉴욕에 있는데, 자동차 사고 처리 결과로 받은 돈의 일부를 사역을 위하여 보내고 싶다고 전화로 말했습니다. 이 헌금이 도착했을 때 모든 청구서를 지불하고도 새로운 인쇄물에 투자할 수 있을 만큼 상당한 액수가 남게 되었습니다. 한 장교는 5달러를 헌금했고, 또 다른 한 군인이 100달러를 보내 왔는데, 이것으로 사무실의 11월 임대료를 제때 지불할 수 있었습니다. 이것은 매우 중요했는데, 주인은 네비게이토에 대한 질문을 받고서는 그들은 늘 제때에 임대료 지불을 한다고 말했기 때문입니다! 하나님의 방법으로 이루어지는 하나님의 일은 절대로 하나님의 공급이 끊어지지 않는다는 허드슨 테일러의 공리는 여전히 살아 있고 유효한 것임이 분명히 드러났습니다.

도슨은 여행이나 사역의 다른 활동을 결정할 때 현재 기금이 얼마나 있는가를 기초로 하지 않고 이 시기에 하나님께서 원하시는 일인가를 기초로 하였습니다. 도슨은 호놀룰루 사역을 돌아보는 여행이 긴급한 필요라고 생각했습니다. 디그로프가 본토로 돌아올 수 없었기 때문입니다. 그리고 크리스맨은 동부 해안을 순회하고 돌아오는 길에 시카고와 휘튼에 들러 도슨 대신에 사역을 돌볼 필요가 있었습니다.

1943년부터 1953년까지 도슨의 집이요 네비게이토 섬김의 센터였던 '509번지'의 멋진 집.

V

재생산하는 자를 생산함

1944-1948

개인 기도 시간을 갖기 위해 캘리포니아의 에이크론 로지를 방문한 도슨.

남부 패서디나의 굽이치는 언덕에 심긴 나무들 사이로 산들바람이 불자 12월의 공기가 얼굴에 상쾌하게 느껴졌습니다. 저녁을 먹은 후 도슨은 상의를 걸치고 성경과 해군 담요를 들고서 509번지 선교관 뒤에 있는 구불구불한 길을 따라 자주 가는 언덕을 오르기 시작했습니다. 이곳에서 도슨은 불빛이 깜박이는 시내를 내려다보거나 하늘에 있는 별을 볼 수 있었습니다. 도슨은 혼자서 귀한 시간을 가졌습니다. 소리를 내어 기도하기도 하고, 주님을 찬양하는 노래를 부르기도 하며, 마음에 떠오르는 약속의 말씀이나 도전이 되는 말씀을 암송하기도 했으며, 어떤 때는 긴급한 기도 제목을 가지고 간절히 기도하거나 잠잠히 언덕 주변을 걷기도 하였습니다.

지난밤에도 도슨은 이곳에서 주님과 더불어 비슷한 시간을 가졌습니다. 잭슨빌로 가는 비행기 좌석을 출발 시간에 항공사에서 취소했기 때문입니다. 도슨은 변경된 계획에 대하여 주님께 감사드렸습니다. 그리고 나서 편지가 왔는데, 그곳에 가는 것이 올바른 때가 아니었음을 명백하게 알 수 있었습니다. 도슨은 여행이나 사역에서 이런 식의 변경이 생겨도 하나님께서 인도하셨다는 사실을 전혀 의심하지 않았습니다. 사전에 이 모든 것을 주님께 맡겼기 때문입니다.

최근에 많은 활동이 있었습니다. 샌디에이고와 오클랜드에 있는 군인 센터를 돕기 위해 여행했고, 청소년을 위한 초청 모임을 시작했으며, 사무실을 새로이 정비했고, 군인들 모임과 '알파메가' 초청 모임을 주최했고, 그 외에도 많은 일이 있었습니다. 그리고 호놀룰루와 미국 전역의 각 지역에서 진행되는 네비게이토 사역에는, 흑암의 세력과 싸우는 하나님의 사역에 생기는 일반적인 문제들이 늘 있었습니다. 지난밤 이곳에서 가진 시간에 주님께서는 도슨에게 몇 가지 어려운 결정을 내릴 수 있는 힘을 공급해 주셨습니다. 영원한 의미가 있는 결정들이었습니다.

오늘 밤 도슨은 하나님께서 자기에게 주신 사명을 다시 돌아보게 되었고, 다음과 같은 기도를 하고픈 마음이 들었습니다. "거룩하신 아버지, 미국 전역에서 주님께서 우리에게 주실 고등학교 및 대학교의 학생들과 사업가들의 마음속에서 주님의 일을 시작하여 주시기를 구합니다. 다가올 수년 동안 네비게이토를 통하여 주님께서 하실 일을 위해 최고의 사람들을 준비시켜 주시기 원합니다." 이것은 이루어진 것이나 다름이 없었습니다. 도슨은 나중에 이렇게 기록했습니다. "이제 내 노트에도 기록하는 것이 좋을 것 같다. 주님께서 나의 기도를 들으셨기 때문이다. 이 기도는 주님의 수첩에 올라 있고 현재 이루어지고 있다."

하나님께서 자기의 마음을 살펴 주시기를 기다리면서, 도슨은 그리스도인의 삶에서 전투가 왜 더욱 치열해지는지를 생각해 보았습니다. 도슨이 주님께 더욱 가까이 가고 더욱 많은 책임을 맡게 될수록, '훈련'은 어느 정도 쉬워져야 될 것 같았는데, 사실은 전혀 그 반대로 진행되어 왔습니다. 과거에 경험했던 개인적인 승리는 아무리 간단한 것이라도 거듭해서 싸워야 지속해서 경험할 수 있었습니다. 도슨은 적의 영토에 더욱 가까이 진격할수록 더 치열하게 싸움을 해야 한다고 결론을 내렸습니다. 심지어 전쟁이 끝나야 할 시점처럼 보이는 지금도, 히틀러와 도조는 그들이 보기에도 명백한 연합군의 승리를 지연시키기 위해 필사적으로 싸우고 있었습니다.

도슨은 고린도전서 10:13의 약속이 절대로 닳아서 효력을 상실하지 않는다는 것이 기뻤습니다. 그는 늘 이 약속을 즉시 사용 가능하도록 간직해야 할 것입니다. 그리고 요한일서 1:9의 약속도 마찬가지입니다. 도슨은 책망을 받아들이고 사람들과의 관계를 바로잡는 경험을 많이 했는데, 그것이 이 약속에 대한 확신을 더하여 주었습니다.

그리고 다시금 이번 주에 주님께서는 새로이 시기적절한 책망을 해주셨습니다. 도슨은 말씀을 전할 때 하나님의 말씀을 실제적으로 적용하는 것에 대하여 강조하였는데, 그 일이 도슨의 삶에서는 제대로 이루어지지 않고 있다는 것을 주님께서 지적해 주신 것입니다. 사탄이 도슨의 삶에 영향을 끼칠 수 있다면 네비게이토 사역 전체를 무너뜨릴 수도 있었습니다. 도슨은 사람들을 대하는 태도에 있어서 좀 더 발전이 필요함을 깨달았습니다. 또한 자신과 밀접하게 함께하고 있는 사람들을 대할 때 하나님의 은혜를 힘입어 좀 더 분별력 있게 행하기로 마음먹었습니다. 특히 영적인 삶에서 변화가 없고 성장이 더딘 사람들을 대할 때 더 큰 사랑과 인내로 행하기로 하였습니다.

도슨은 본부에서 근무하고 있는 젊은 간사들로 인하여 크게 감사하였습니다. 각 사람은 하나님으로부터 특별한 은사를 받은 사람들이었습니다. 도슨은 간사들의 사진을 자기 가족들의 사진과 함께 여행 중에 가지고 다니면서 사람들에게 보여 주곤 했으며, 들으려고 하는 사람들에게는 누구에게나 간사들의 훌륭한 점을 늘 얘기해 주었습니다. 도슨은 이제 세계에서 가장 뛰어난 간사들과 멋진 가족을 인하여 감사하였습니다. 특히 라일라를 인하여 가장 크게 감사했습니다. 오랫동안 참으로 귀중한 배필이었으며, 지금도 여전히 은혜 안에서 그리스도의 형상을 닮아 가고 있었기 때문입니다. 라일라는 지난 1년 반 동안 자주 병에 걸렸지만 인내하는 면이 뛰어났습니다. 가장 최근의 것으로는 지난 2월에 갑상선 절제 수술을 받은 것이었습니다. 라일라는 최근 어려움에 처했던 도슨을 지속적으로 격려하였습니다. 하나님께서 하고 계신 일을 방해하지 않으려고 세심한 주의를 기울이면서도, 후원자로서의 역할을 흔들리지 않고 잘 감당했습니다. 두 사람은 이제 다섯 번째 아이를 가졌다는 것을 알고 마냥 좋아했습니다. 두 사람은 아들을 달라고 기도했습니다.

그레이스 월리스는 지난 12월부터 샌프란시스코 간호사 사역을 책임 맡고 있는 스탠포드 대학 출신의 간호사인데 도슨의 요청을 받고 6월에 와서 라일라를 돕기로 하였습니다. 라일라를 보살피는 일 외에도 그레이스는 거의 20명이나 살고 있는 선교관의 일을 멋지게 감당하였습니다. 훌륭한 식사를 신속하게 준비하였고, 자신을 드러내지 않고 간사들을 섬겼습니다. 그레이스가 오게 된 것은 하나님께서 이 사역을 축복하시기 위해 내려 주신 또 하나의 멋진 선물이었습니다.

오늘 밤 509번지 선교관 위의 언덕에 있는 동안, 도슨이 만약 자신을 시험해 달라고 주님께 구했던 지난해의 기도제목을 마음에 생각했다면 아마도 하나님께서 그 기도에 모두 응답하셨다고 결론지었을 것입니다. 그리고 하나님께서 히브리서 12:11의 징계에 대한 '상급'의 하나로 자신과 라일라에게 한 사람을 보내어 위로해 주신 것이라고 결론을 지었을지도 모릅니다. 그러나 도슨의 시련은 아직 끝나지 않았습니다. 주님께서는 무궁한 지혜 가운데 시련을 더 남겨 두셨습니다. 그 시련이 무엇이든 도슨은 다윗이 했듯이 온전히 하나님의 은혜에 자신을 맡길 것입니다. 또한 하나님께서 도슨에게 어떤 잘못을 드러내시든 하나님의 용서가 뒤따를 것입니다. 도슨은 이런 시련이 하나님과의 관계를 망쳐 놓지는 않을 것을 알고 있었습니다. 또한 오늘 밤 장래의 일꾼들을 위해 믿음으로 한 기도를 하나님께서 반드시 들어주실 것을 알고 있었습니다. 하나님께서는 약속하신 것을 반드시 행하실 것입니다.

크리스마스 3일 전날 오전에 도슨은 집으로 전화를 걸었습니다. "여보, 우리가 병원에 갈 때 써야 할 돈이었지만 대신에 간사들을 위해 쓰기로 했던 일을 기억하고 있소?" 라일라는 기억하고 있었습니다. 사실, 이전에도 여러 차례 라일라의 전적인 동의 가운데 개인적인 용도로 쓰라고 들어온 헌금을 다른 일에 사용했었습니다. "그런데, 오늘 아침에 도착한 편지에 우리를 위해 100달러 헌금이 들어 있었소."

"잘 되었어요"라고 라일라는 웃었습니다. "제때에 들어왔어요. 지금 7분 간격으로 진통이 오고 있어요." "뭐라고!" 도슨은 소리를 지르며 즉시 행동으로 옮겼습니다. 라일라가 조금씩 저축해 두었던 20달러를 더하여 두 사람은 이제 병원에 입원하는 데 꼭 필요한 금액을 갖게 되었습니다.

대기실에서 도슨은 하나님께서 과거에 어떻게 필요에 꼭 맞게 먹을 것과 돈을 공급해 주셨는지를 기록하며 시간을 보냈습니다. 점심이 지나서 찰스 얼 트로트맨이 태어났습니다. 도슨은 멈추어서 하나님께 감사를 드렸습니다. 그리고 성경을 펴서 하나님께서 아이를 위해 주셨다고 믿은 구절을 보았습니다. 누가복음 2:40이었습니다. "아기가 자라며 강하여지고 지혜가 충족하며 하나님의 은혜가 그 위에 있더라." 나중에 라일라와 함께 이야기를 하다가 도슨은 같은 구절이 펼쳐져 있는 라일라의 성경을 집어 들게 되었습니다. 찰스가 6일이 되었을 때 도슨은 일기에 이렇게 기록했습니다. "특별한 애다. 간호사들도 그렇게 말하고, 엄마도 아빠도 그렇게 말하며, 그렇게 말하는 데에 아무런 이의도 없다."

19
45년 1월에 호놀룰루로 가는 여행에는 몇 가지 일이 있었습니다. 전쟁과 연관된 탑승자에게 좌석의 우선순위가 주어졌기 때문입니다. 도슨은 군대 수송선을 타고 갈 수 있도록 기도했습니다. 혼잡한 상황에 처한 사람들의 경험을 동일시하고 싶었으며, 시끄

럽고 담배 연기가 자욱한 공간에서도 성경을 공부하며, 친절한 행동을 통해 증거함으로 말씀을 전하기 위한 길을 열기 원했기 때문입니다. 도슨은 수송선에 타기는 했으나 장교들이 사용하는 쪽으로 방을 배정받았고 17명만이 함께하였습니다. 이 배는 적의 움직임을 관찰하면서 6일 동안 지그재그로 항해하였습니다.

도슨은 한동안 배 위에서는 예배를 드리지 않았다는 것을 알고, 해군 장교에게 예배를 제안하였는데, 즉시 그 장교는 일요일 오전에 예배를 갖겠다고 광고를 했습니다. 뜨거운 태양 아래 400명이 넘는 사람들이 예배를 알리는 신호와 함께 나타났습니다. 이동식 오르간과 코넷이 연주되었고, 이어서 도슨이 임시로 만든 강단에 올라서서 여호수아 1:9을 주장하며 격려하였습니다. 말씀을 전하던 도슨은 휘갈겨 쓴 메모를 주머니에 넣고는 한 손에는 핸드 마이크를, 또 한 손에는 성경을 잡고서 복음을 설명하고 있는 페이지들을 넘겨 가며 복음을 전했는데, 암송을 해두어 구절들을 쉽게 찾고 인용할 수 있어서 좋았습니다. 도슨이 가지고 갔던 100권의 신약성경은 몇 분도 안 되어 다 없어졌습니다. 사무실에 오면 주기로 약속한 사람은 더 있었습니다. 도슨은 이보다 더 집중하여 듣는 청중은 이전에 본 적이 없었습니다. 그날 오후에 많은 사람이 배에 흩어져 성경을 읽고 있는 것을 보며 도슨은 그들이 자기의 메시지를 하나님의 말씀으로 믿고 받아들였다는 것을 알 수 있었습니다. 이 사람들의 영적 굶주림은 호놀룰루에서 보게 될 상황의 예고편이었습니다.

일단 도착하자, 도슨은 최고의 표현을 쓰며 감탄하였습니다. "정말 놀라운 곳이군! 사역하기가 정말 좋구나." 비록 도슨은 편지를 통해서 그리고 다른 지역 방문을 통해서 네비게이토를 만나는 사람들이 수백 명에서 수천 명으로 불어났다는 것을 잘 알고 있었지만, 그 어느 곳보다도 대규모 네비게이토 사역을 하고 있는 이 지역에 수없이 밀려오는 군인들을 보며 감탄할 수밖에 없었습니다. 말씀에 굶주리고, 적극적으로 그리스도를 배우고자 하며, 주님께 쓰임받기를 원하는 사람들이었습니다. "디그로프가 당면한 문제가 무엇인지 한번 상상해 보십시오"라고 도슨은 쎄니에게 편지를 썼습니다. "이 많은 사람들을 개인적으로 만나려면 여간 힘든 게 아닙니다." 어떤 일요일에는 70명이 선교관을 방문했고, 그 다음에는 60명이 왔습니다. 그 가운데 20명 정도가 거듭 참석하였습니다. 변화되는 환경 가운데서도 수년 동안 충성스럽게 사역을 해온 디그로프는 현재 4개의 민간인 그룹을 가르치고 있고, 매일 오후에는 선교관에서 12-15명 정도로 이루어진 군인 그룹들을 만났습니다. 거기다 선교사로서 감당해야 하는 편지 업무와 기타 일까지 감당했습니다.

도슨은 기지와 선교관에서 지속적으로 이루어지는 모임에 계속 함께했습니다. 각 개인들과 만나기도 하고, 둘 혹은 셋과 만나기도 했는데, 섬을 횡단하는 해군 버스에서는 소음 때문에 큰 소리로 말을 해야 했고, 이로 말미암아 도슨은 금세 목이 아팠고, 며칠 동안은 다른 사람들이 이야기를 하도록 했습니다. "나는 이미 과거의 어느 때보다 더 많은 시간을 사람들과 함께했습니다"라고 도슨은 첫 3일에 대해 말했습니다.

하이라이트는 케니 워터스 및 다른 사람들과 가진 교제 시간이었습니다. 전쟁이 시작된 이후로 한 번도 만나지 못한 사람들도 있었고, 전투 현장에서 새로 만났기 때문에 도슨으로서는 처음 보는 사람들도 있었습니다. 도슨은 오전 시간 동안 디그로프 및 다른 키맨과 함께 개인 교제 시간을 길게 가졌습니다. 오후에는 선교관에서 여러 그룹과 교제를 하였습니다. 그리고 저녁에는 기지에서 성경공부 시간을 가졌습니다. 도슨은 장교 그룹과 간호사 그룹도 방문하였습니다. 캠프캐틀린에서는 보급계원이었던 모리스 덴함이 인도한 몇몇

'견고한 해군 사나이들'도 만났으며, 포트쉐프터와 스코필드바라크(호놀룰루에 있던 육군 기지, 역자 주)에서는 여러 육군 병사들을 만났고, 바버포인트(오아후 섬에 있었던 해군 비행장, 역자 주)의 해군과 아이아(호놀룰루에 있었던 군인 병원, 역자 주)의 해병대, 그리고 진주만의 신병 교육 훈련함에서 클리프 홀트가 시작한 성경공부 그룹도 만났습니다. 몇몇 군목들은 이 모임에 참석했으며, 다른 군목들은 약속하여 만났습니다. 특히 에드 필립스 소령과 주임 상사인 레이 스테드맨의 소개로 당시에 전방으로 가기 위해 호놀룰루에 들렀던 해군 군종감을 만날 수 있었습니다.

도슨은 지역 교회에 가서 말씀을 전하기도 했습니다. "주님께서는 이 일을 통해 교회와 네비게이토의 관계를 더욱 견고하게 해주셨습니다"라고 도슨은 편지에 썼습니다. "내가 말씀을 전한 거의 모든 곳에는 참석한 사람의 절반 내지 3분의 1이 군인이었습니다."

도슨은 어디에서 말씀을 전하든 약간의 변형을 가했을 뿐 동일한 주제를 다루었습니다. 바로 수레바퀴 예화였습니다. 캠프캐틀린에서 덴함이 성경공부 시간에 수많은 성경 말씀을 나눈 후에 도슨이 말했습니다. "여러분, 나는 한 구절만 나누도록 하겠습니다. 오늘 밤에 이미 너무 많은 말씀을 섭취했기 때문입니다." 도슨은 이 구절을 가지고 묵상의 가치를 설명하고, 한 구절을 가지고 묵상하면서 개인적으로 유익을 얻는 법을 보여 주었습니다. 그리고 여느 때와 마찬가지로 성경 암송을 지속할 것과 새로운 그리스도인들을 양육할 것을 권했습니다.

호놀룰루에서 한 경험을 통해 도슨은 크게 고무되었습니다. 1940년에 도슨은 그곳에 수천 명의 사람들이 있는 것을 보았습니다. 바다만큼 넓은 거대한 낚시터와 같았습니다. 몇 년이 지난 지금 도슨에게는 더욱 무르익은 추수터가 보였지만, 아쉽게도 많은 부분이 추수가 되지 못하고 버려져 있는 것을 발견했습니다. 정말 긴급했습니다. "내 마음에는 큰 꿈이 생겼습니다"라고 도슨은 로스앤젤레스의 간사들에게 편지를 썼습니다. "정말 놀랍습니다. 나의 비전은 점점 세계 전체를 향하게 되었으며, 먼저 미국에서 확장되기 시작하고 있습니다. 동지 여러분의 기도를 부탁합니다!" 도슨은 일꾼을 위한 기도 부탁을 하면서 더욱 힘써 기도하라고 덧붙였습니다. "나는 주님께서 네비게이토 사역을 위하여 될 수 있는 한 빨리 대여섯 명을 주시도록 기도하고 있습니다"라고 도슨은 쎄니에게 편지를 썼습니다. "나는 딕과 단 힐리스 형제, 라이맨 웬디트, 그리고 놈 크라이더를 초청하였습니다." 도슨은 또한 론 쎄니에게 시애틀에서 호놀룰루로 옮기는 것을 고려해 보라고 제안했습니다. "…당신이 있는 곳보다는 5배에서 10배 내지 15배의 기회가 더 있습니다.… 나는 이런 생각을 디그로프에게 말했고, 그는 정말 기뻐하였습니다.… 두 사람의 능력은 서로 보완할 수 있을 것이라고 생각합니다. 본토에서 내가 가진 책임만 아니었다면 나는 즉시 짐을 싸고 사무실 간사의 반을 이곳으로 보낼 것입니다."

그러나 호놀룰루 사역뿐만 아니라 전체 네비게이토 사역에서 사람보다 더욱 필요한 것은 방향 수정이었습니다. 이 사실은 도슨이 워터스, 필립스, 그리고 덴함과 만나 거의 4시간 동안 필요를 분석하고 이에 따른 대책을 토의하는 과정에서 부각되었습니다. 사실 엄청난 양의 사역을 감당하는 디그로프는 도움이 필요했습니다. 그러나 그들이 내린 진단은 너무나 분명하고 올바른 것이어서 분명 주님께로 말미암은 것이었습니다. 선교관에서나 기지에 있는 그룹에서나 너무나 많은 것이 모임에 떠맡겨져 있었습니다. 모임이 너무나 잦아 인도자나 따르는 자나 일대일 교제를 제대로 할 수 없었습니다. 워터스는 5년 전 도슨이 호놀룰루에서 전한 메시지는 "내 양을 먹이라"였다는 것을 기억했습니다. 그런데 지금 자기는 "양에게 먹는 법을 가르치라"는 내용의 메시지를 전하고 있었습니다. 찰리 마이어가 90분 동안 말씀을 전한 이후에, 워터스는 도슨에게 성경 수업을 평해 달라고 요청했습니다. "단단한 음식이 너무 많았습니다. 설교 내용이 너무 강합니다"라는 것이 도슨의 평결이었습니다.

워터스를 포함하여 몇몇 사람은 사람들을 개인적으로 돕고 있었습니다. 그리고 결과도 있었습니다. 마이어즈, 단 로젠버거, 데이비드 로러, 그리고 그 외 여러 사람이 일대일 사역의 열매들이었습니다. 이들은 다른 사람들을 도울 수 있도록 빠른 속도로 무장되고 있었습니다. 그러나 성경 수업 시간의 주된 열매는 더 많은 성경 수업 시간이었습니다. 그리고 공부하고 가르치는 인도자는 가장 많은 유익을 얻었습니다. 새로이 등장하는 인도자는 대개 훈련을 받았든 혹은 그렇지 않든, 어떤 식으로든 부상(浮上)한 사람이었습니다.

어쨌든, 수많은 모임을 갖는 것에서 벗어나 배운 것을 충성된 사람들에게 부탁하는 것으로 흐름을 바꿀 필요가 있었습니다. 그리고 수많은 '배운 것들'은 삶에서 삶으로 가장 잘 전달이 되었습니다. 한 사람을 가르치는 데에는 그리 많은 은사가 필요하지 않기 때문에 누구라도 사역을 할 수 있었습니다. 그리고 개인적인 도움을 통해 훈련을 받은 사람은 같은 방법을 사용하여 다른 사람을 세워 주고 그가 '또 다른 사람들을 가르칠 수 있게' 훈련시킬 수 있을 것입니다. 이것이 바로 본을 보이는 삶의 놀라운 능력입니다. 핵심은 바로 '재생산하는 자를 생산하는 것'이었습니다. 사람은 자기와 같은 사람을 재생산할 것입니다. 사람뿐만 아니라 방법도 재생산됩니다. 성경 수업은 성경 수업을 낳았고, 충성된 사람은 충성된 사람을 낳았습니다.

도슨은 디모데후서 2:2 원리를 지속적으로 적용해 왔으며, 자기가 훈련시킨 사람들이 자기와 같은 방법으로 다른 사람들을 훈련시킬 것이라는 생각 가운데 사람들을 훈련시켰습니다. 도슨은 사람들을 훈련하는 데 있어서 일대일 방식이 탁월하다는 사실을 지금처럼 인상 깊게 받아들인 적은 없었습니다. 전쟁으로 말미암은 활기로 인해 다수의 필요를 채우려는 시도를 하다 보니 이 방식에서 벗어나 그 진정한 중요성이 가려진 것입니다. 일대일은 가장 효과적인 방법일 뿐만 아니라 가장 많은 수의 사람들에게 다다를 수 있는 가장 빠른 방법이었습니다. "한 사람에게 집중하라"고 쎄니에게 한 도슨의 권면은 이 원리의 본질을 보여 주는 말이었습니다. 철저하고 세심하게 훈련을 받은 사람은 사역을 배가시킬 것입니다. 싹이 트고 있던 그 아이디어는 이제 활짝 피었으며, 사역에서 잔잔한 혁명을 약속하고 있었습니다.

이 혁명에 대한 도슨의 보고는 차분하고 절제된 문체로 이루어졌습니다. "모든 키맨은 대부분 모임에 모임, 또 모임이 이어져 실제적으로는 돕는 사람들과 개인적인 시간을 가질 기회를 빼앗겼다는 것을 알게 되었습니다. 모두들 이에 대한 대책을 기꺼이 마련하고 있습니다."

이제 도슨에게는 이 원리가 그동안 찾았던 것임이 분명해졌습니다. 이 원리는 사역 전체를 통하여 의도적으로 적용될 것입니다. 도슨은 즉시로 '재생산하는 자를 생산하라'는 주제로 말씀을 전하기 시작했습니다. 이것은 지상사명을 전제로 할 때 도슨과 다른 많은 사람들이 황금의 열쇠로 생각하게 될 방법이었습니다.

＊　＊　＊

비록 네비게이토의 여러 지역 가운데 가장 컸지만 멀리 떨어진 지리적 여건 때문에 호놀룰루는 감독을 가장 적게 받았고 여러 운영 방침이 제대로 전달되지 못했습니다. 따라서 도슨은 디그로프와 시간을 보내면서 많은 부분을 할애하여 본부와 더욱 긴밀하게 보조를 맞추며 나아가도록 도왔습니다. 재정적 필요가 생기면 그때그때의 기도 응답을 통해 받는 헌금으로 채우는 재정 방침은 호놀룰루에는 거의 알려지지 않았습니다. 짐작이 되듯이, 해군들과 가장 가까이에 있는 이 네비게이토 기지에는 상당액의 은행 예금이 쌓여 있었습니다. 배가 들어왔을 때 해군들은 자기 계좌에 남은 돈을 모두 빼내어 헌금했기 때문입니다.

디그로프는 장래 필요를 위하여 저축하는 면에서 자신이 신중한 과정을 따랐다고 생각했습니다. 그러나 즉시로 이러한 잔액을 로스앤젤레스 본부로 옮기는 데에 동의했습니다. 본부에서는 모든 군인들에게 무료로 주어지는 모든 교재에 대하여 인쇄와 우편 비용을 감당해야 했기 때문입니다. 고린도후서 8장의 원리가 여기에 적용되었습니다. "기록한 것같이 많이 거둔 자도 남지 아니하였고 적게 거둔 자도 모자라지 아니하였느니라." 도슨은 본부의 필요와 509번지 선교관의 필요를 채울 이런 공급에 대하여 특히 기뻐하였습니다. 선교관의 실내 장식은 40년이 넘은 것이었으며, 카펫이 심하게 해어졌기 때문입니다.

'호놀룰루 클리퍼'(당시 호놀룰루와 샌프란시스코 사이를 운행하던 프로펠러식 여객기, 역자 주)를 타고 집으로 날아오는 것은 굉장한 모험이었습니다. 도슨은 조종석으로 들어가 비행사를 지켜볼 수 있었는데, 깊은 밤에 태평양 상공을 가로지르는 강력한 성능의 비행기를 보면서 도슨은 어린아이처럼 즐거워하였습니다. 본토로 돌아온 도슨은 자기를 위해 기도해 주던 사람들을 만났습니다. 도슨은 그들에게 "여러분은 귀중한 동지입니다. 모두를 사랑합니다"라고 말했습니다.

오클랜드에서 도슨은 그랜드애비뉴 606번지에 열게 된 네비게이토 군인 센터의 시작 모임에 250명의 친구들을 초청하여 말씀을 전하면서, 진주만에서 구체적으로 떠오른 혁명적인 생각을 설명했습니다. "네비게이토가 직면한 가장 큰 일은 바로 재생산하는 자를 생산하는 것입니다." 도슨은 집게손가락으로 가리키며, 눈을 가늘게 뜨고 물었습니다. "여러분으로 말미암아 그리스도의 복음을 전하고 있는 사람은 누구입니까?" 그리고 호놀룰루에 대하여 보고하는 뉴스레터에서는 이렇게 말했습니다. "영원까지 남을 일을 해야 합니다. 동역자들이 열린 마음으로 네비게이토 앞에 놓인 큰 일, 바로 '재생산하는 자를 생산하는' 일을 받아들이는 것을 보는 것이 가장 기쁩니다." 도슨은 키맨들과 많은 시간을 보내는 것을 말하면서, '개인과 시간을 함께 보내고, 그들을 하나님의 말씀과 교제로 견고하게 세워 주어 결국에는 그들도 다른 사람들에게 동일한 일을 하도록 하는 일'의 필요성을 강조했습니다.

본부에 돌아와서 도슨은 간사들과 딕과 단 힐리스 형제, 베티 그린을 불러 그들에게 '재생산하는 자를 생산한다'는 말이 진정으로 무엇을 의미하는지를 설명했습니다. 도슨은 그들이 이 원리에 흠뻑 적셔들 수 있도록 기도하기 시작하였습니다.

샌프란시스코만 지역에서 라일라와 몇몇 간사를 만나자 도슨은 집에 남아 있는 나머지 식구들이 더욱 보고 싶어졌습니다. 특별히 6주나 떨어져 있었던 아들 찰스가 보고 싶었습니다. 떠나면서 도슨은 일기에 이렇게 기록했습니다. "사랑하는 라일라와 식사를 했다. 우리는 귀중한 교제 시간을 가졌다. 이제 다섯 아이의 엄마가 된 라일라가 얼마나 사랑스러운지 모르겠다. 라일라의 품 안에 있는 찰스보다 더 아름다운 피조물을 이 세상에서 본 적이 없다. 그 얼마나 사랑스런 아이인가!" 그러나 두 사람이 집에 도착하기 전에 찰스가 아프다는 소식이 왔습니다. 나중에 알게 되었지만 상당히 심각한 상태였습니다. 심한 경련으로 몸 전체가 고통스러워서 진정제를 써야만 안정을 되찾을 수 있는 정도였습니다.

✳ ✳ ✳

수일이 지나서 의사의 소견이 있었습니다. 찰스는 절대로 정상인이 될 수 없다는 것이었습니다. 그들은 모든 의학적인 가능성을 따져 보았지만 나아질 희망은 전혀 없었습니다. 그리고 몇몇 친구들은 하나님께서 아이를 기도로 치료하실 것이라고 생각하기는 했지만, 도슨과 라일라는 하나님께서 찰스를 바로 이런 상태로 두 사람에게 주셨을 것이라고 생각했습니다. 과거에 종종 지진아를 볼 때마다 도슨은 하나님께서 자신들에게는 그런 아이를 주시지 않을 것이라고 생각했었습니다. 이를 감당할 자신이 없었습니다. 이제 이 아름다운 아기는 절대로 걷거나 말하지 못할 처지에 있습니다. 자기를 목욕시켜 주고, 먹여 주고, 옷을 입혀 주는, 침대 위에 보이는 사람의 얼굴 외에는 자기 주위의 세상에 대해서는 더 이상 알 수 없습니다. 하나님의 존전에 온전한 몸으로 설 때까지는 예수님의 이름을 부르지도 못할 것입니다. 이것이 자기를 시험해 달라고 한 기도에 대한 응답일까? 도슨은 확신할 수 없었습니다. 그러나 의심의 여지없이 이 일은 하나님으로부터 비롯된 일임을 알고 있었습니다.

그러나 하나님께서는 찰스의 탄생에 대하여 분명한 약속을 주시지 않았는가? "아기가 자라며 강하여지고 지혜가 충족하며 하나님의 은혜가 그 위에 있더라." 아이가 절대로 자라거나 강하여지며 지혜가 충족하지 못할 것이 분명했지만, 도슨은 필사적으로 의심에서 돌이켰습니다. "주님, 의심할 수 없습니다. 그래서 주님께 맡기겠습니다.

주님의 뜻을 보여 주십시오." 로마서 4:20-21 말씀이 떠올랐습니다. 하나님께서는 아브라함의 믿음을 시험하셨듯이 도슨의 믿음을 시험하고 계셨습니다. 동일하게 아들과 관련해서였습니다. "믿음이 없어 하나님의 약속을 의심치 않고 믿음에 견고하여져서 하나님께 영광을 돌리며…." 여기에 도슨의 해결책이 있었습니다. 도슨은 믿음이 없어 의심하지 말아야 합니다. 아마도 "지혜가 충족하며"라는 말에는 좀 더 깊은 의미가 있을 것입니다. 찰스는 아마도 인간적인 지혜의 면에서는 자라지 못할 것입니다. 그러나 도슨과 라일라에게 하나님의 지혜를 전달하는 통로의 역할을 하게 될 것입니다.

도슨은 하나님께서 그 약속을 가지고 두 사람을 조롱한 것이 아님을 잘 알고 있었습니다. 하나님의 절대주권에 대한 절대적인 확신으로 말미암아 도슨과 라일라는 전적으로 주님께 맡길 수 있었습니다. 두 사람은 하나님의 생각과 길이 자신들보다 높다는 것을 인정하고, 시편 115:3에 매달렸습니다. "오직 우리 하나님은 하늘에 계셔서 원하시는 모든 것을 행하셨나이다." 그들은 주님의 뜻대로 되기를 원한다고 말한 적이 있었는데, 이는 진심이었습니다.

다시 T에게서 편지가 한 통 왔습니다. 이어서 연속해서 수많은 편지가 왔는데, 거기서 그는 여러 가지로 도슨을 공격했습니다. 그가 언급한 것들은 모두 터무니없는 것이었습니다. 도슨은 매일 전달되는 편지로 인해 마음속에 찌르는 듯한 고통을 느꼈습니다. 도슨은 한 동역자에게 이렇게 털어놓았습니다. "마음이 찢어질 것만 같습니다. 라일라도 너무 많은 고통을 받고 있습니다.… 나는 아직도 어안이 벙벙합니다. 주님께서는 지난날 나의 말과 행동과 태도를 깊이 돌아보게 하십니다. 많은 일들을 다시 생각해 봅니다. 나는 지금까지 오직 하나님의 영광에만 초점을 맞추며 하나님의 뜻을 행하고 살았다고 확신합니다. 앞으로도 계속 기꺼이 부서지고자 하는 마음으로 어떤 값을 치르고서라도 주님을 섬기고 주님을 기쁘시게 해야겠다고 결심했습니다."

어려움을 겪고 있는 도슨에게 찰스 풀러는 이렇게 말했습니다. "도슨, 나도 그런 일에 대하여 비난을 받은 적이 있습니다. 다른 사람들도 겪습니다. 주님의 일꾼들에게 이것은 늘 일어나는 일입니다. 최선의 행동은 주님께 의뢰하고 비난에 대하여 해명하느라 시간을 허비하지 않는 것입니다. 사역을 계속해 나가십시오. 하나님께서 당신을 돌보실 것입니다."

이 사건을 보면서 라일라와 간사들도 도슨만큼이나 마음이 아팠습니다. 그들은 도슨을 변호하며 T를 격렬히 반박했습니다. 그러나 도슨은 간사들에게 베드로전서 3:8-17을 마음에 적용하도록 했습니다. "마지막으로 말하노니, 너희가 다 마음을 같이하여 체휼하며, 형제를 사랑하며, 불쌍히 여기며, 겸손하며, 악을 악으로, 욕을 욕으로 갚지 말고, 도리어 복을 빌라."

도슨은 풀러의 조언을 따르기 위해 애써 노력하였으며, 자기를 변호하기보다는 사역에 시간을 사용하려고 애를 썼습니다. 주님과의 교제 시간은 더욱 풍성해졌습니다. "하나님께서는 지금 한 일을 행하고 계시며, 이는 미래의 모든 일과 연관이 있을 것이다"라고 도슨은 일기에 기록했습니다. "지속적으로 생각나는 구절은 요한복음 말씀이다. '무릇 내게 있어 과실을 맺지 아니하는 가지는 아버지께서 이를 제해 버리시고, 무릇 과실을 맺는 가지는 더 과실을 맺게 하려 하여 이를 깨끗케 하시느니라.'" 이 시기에 많은 구절들이 도슨의 마음에 생생하게 와 닿게 되었는데, 감옥 속의 바울의 경우처럼 '자신의 당한 일이 도리어 복음의 진보가 된 것'을 깨닫게 되었습니다.

도슨은 하나님께서 쓰실 만한 사람으로 더욱 갖추어져 갔습니다. 9월에 도슨은 멕시코를 방문했습니다. "지난 여러 달 동안의 일을 통해 내 마음은 멕시코에서 보낼 시간에 대하여 준비가 되었습니다"라고 도슨은 워터스에게 편지를 썼습니다. 워터스는 하이타워가 아프리카로 떠난 이후에 뉴욕에 있는 네비게이토 선교관을 이끌고 있었습니다. "많은 선교사들의 마음속에 영원까지 남을 역사가 이루어졌다는 증거가 보이는 듯했습니다.… 나는 고린도후서에 있는 암송 구절을 복습하고 있으며, 새롭게 몇 구절을 더 암송했습니다. 참으로 놀라웠습니다. 주님께서 이 고린도후서를 통해 이렇게 선명하게 말씀하여 주신 적이 이전에는 없었습니다."

하나님께서 두 가지 시련, 즉 찰스의 문제와 T의 사건을 허락하셨다는 것을 굳게 믿은 도슨은 이를 진정으로 환영했습니다. 만약 하나님께서 장차 네비게이토 사역을 통하여 큰일을 행하실 계획을 갖고 계시다면 도슨 자신을 재정비하고 네비게이토도 재정비해야 하는데, 이를 위해 두 경험은 꼭 필요한 것이었기 때문입니다. 네비게이토 사역은 전쟁이 끝나면 확장될 것이 분명했는데, 네비게이토 전체가 이를 준비하기에 앞서 먼저 개인의 삶이 새롭게 되어야 했습니다. 바로 도슨 자신의 삶을 철저히 비우는 것이었습니다. 도슨은 자신이 다른 사람의 감정과 짐을 이해하고 인내하는 면에서 이미 변화를 보이기 시작했음을 알 수 있었습니다. 친구들 또한 도슨이 원숙해졌다는 것을 알아챌 수 있었습니다. 모컨의 아내 헬렌은 그 기간을 통해 도슨의 삶에서 일어나고 있는 점차적인 변화를 볼 수 있었습니다. 도슨은 딱딱하고 거칠게 보이는 태도가 있었는데, 헬렌은 이것이 하나님의 뜻을 행하기 위해 열심히 노력하기 때문에 생긴다고 생각했습니다. 그런데 이런 태도가 "주님과 동행하는 데서 생기는 아름다운 온유함에 밀려나게 되었고,… 하나님의 은혜로 말미암은 사랑과 원숙함이 도슨의 마음에 충만하게 되었다"라고 헬렌은 말했습니다.

앞으로 지속적으로 이루어질 역사가 시작된 것이었습니다. 도슨은 한 편지에 이렇게 썼습니다. 하나님의 연단을 마음에 새기고 썼을 것이 분명합니다. "1945년은 내 생애 가운데 가장 놀라운 한 해였습니다. 나는 오로지 전능하시며, 전지하시고, 편재하시는 구원의 주님께 찬양을 돌릴 수밖에 없습니다." 동부 해안 수양회를 위해 워싱턴에 갔을 때 도슨은 다우닝에게 자기가 겪은 일을 어떻게 생각하고 있는지를 나누었습니다. "이전에 나는 나이가 들기 전에 찰스 풀러나 대디 문처럼 경건한 조언을 할 수 있는 성숙함을 달라고 주님께 구했었는데, 만약 내가 하나님께 어떤 조건을 달았다면, 그것은 바로 나의 가족과 나의 평판만은 건드리지 말아 달라는 것이었습니다." 하나님께서는 두 가지를 모두 손대셨습니다.

네비게이토 사역을 더 크게 쓰시기 위해 하나님의 손길이 움직이고 있다는 사실은, 수준 높은 사람들을 보내어 주시는 하나님의 인도하심을 인하여 도슨에게 더욱 명백해졌습니다. 이제 도슨은 재정적 필요를 알리는 재정 방침에 대해 하나님의 뜻을 구해야 했으며, 사역의 원리들을 더욱 명확히 해야 했고, 땅을 차지하라는 하나님의 명령을 수행하기 위하여 단지 준비만 하는 것이 아니라 여러 지역들을 조사해야 했습니다. 도슨은 양육, 성경 암송, 수레바퀴 예화에 나타난 훈련된 삶, 그리고 재생산하는 자를 생산하는 것이 대부분의 기독교 사역에서 결여되어 있다는 확신을 점점 더 갖게 되었습니다. 그리고 이러한 성경의 원리들을 기독교계 전체에 널리 알리고 실제로 사용하게 하는 일에 자신이 하나님으로부터 책임을 부여받았다고 느끼게 되었습니다.

더 나아가 한 가지 생각이 들었습니다. 도슨은 소스라치게 놀랐습니다. '사탄은 이미 일대일 배가의 놀라운 잠재력을 파악했단 말인가? 그리고 이에 초점이 맞추어지자 이를 막기 위하여 벌써 움직였단 말인가?' 만약 재생산하는 자를 생산하는 것이 대적 사탄의 관심을 이토록 크게 끌었다면, 영적 재생산은 세계 복음화를 위한 원자폭탄이 될 수 있을 것이라고 도슨은 생각하게 되었습니다.

전쟁이 끝나자 군 복무를 하던 사람들은 모두 제대를 하게 되었습니다. 도슨은 각자의 삶에서 하나님의 인도하심을 구하던 많은 사람들을 돕는 전략적인 위치에 있었습니다. 전쟁 기간 동안 800개가 넘는 함정, 기지, 그리고 육군 캠프에서 사람들을 만났던 네비게이토는 이제 '네비게이토 일지'를 통하여 '인원 분류 및 배치 계획'을 제공하였습니다. 만난 사람들에게 진학과 사역이 가능한 분야에 대하여 조언을 한 것입니다.

몇 년 만에 처음으로 진정한 네비게이토 수양회가 1946년 봄에 열렸습니다. 동부 해안에서는 다우닝과 워터스의 주도로 열렸고, 서부 해안에서는 도슨이 주도하여 포리스트홈에서 열렸는데, 이제 막 군 복무를 마쳤거나 아직 군인인 120명이 모였습니다. 여기서 참석자들은 그리스도를 섬기기 위하여 자기의 재능을 가장 잘 사용할 수 있는 방향으로 나아가도록 격려를 받았습니다. 서부 해안의 수양회에서는 톰 올슨, '대디' 문, 그리고 잭 미첼 박사가 말씀을 전했는데, 전쟁 전에 열렸던 '그리스도 안에서 승리하는 삶' 수양회와 비슷한 분위기가 이루어졌습니다. 참석자들은 도슨의 소문을 미리 들었습니다. 주머니에서 암송 팩을 꺼내어 임의로 구절을 선택한 다음 완벽하게 외우는지 점검한다는 것입니다.

도슨은 그해 가을에 바이올라에 있는 50명의 사람들을 보고 크게 놀랐는데, 그들은 군대 또는 클럽에서 네비게이토 과제를 했었고, 그들 중 상당수가 네비게이토에 의해 그리스도를 믿은 사람들이었습니다. 도슨은 다른 성경학교나 대학에도 비록 규모는 작을지라도 비슷한 그룹들이 있을 것이라고 확신하게 되었고, 자신이 알고 있거나 상담을 한 사람들보다 더 많은 사람들이 해외 선교를 하거나 사역을 하게 될 것이라고 생각했습니다.

도슨은 하나님께서 좋은 사람들을 네비게이토 사역으로 인도해 주신 것을 인하여 감사하였습니다. 단 로젠버거와 데이비드 로러는 전에 함장의 보좌관이었는데, 이제 장래 사역을 위하여 훈련을 받으면서 그들의 은사를 네비게이토 본부 사무실에서 사용하고 있었습니다. 해군 조종사였던 로이 로버트슨은 항공 정비 학교에 입학했다고 보고했습니다. 도슨이 항공 수송 담당 간사와 전도팀이 네비게이토 사무실이 있는 도시들을 여행하면서 사역하는 아이디어를 말했었는데, 이를 기억한 것입니다. 세실 데이비드슨도 함께하였습니다. 무선 전신 기술을 가진 그는 전 세계의 네비게이토를 무선으로 연결하는 일에 기여하고 싶었습니다. 뉴멕시코호의 하워드 데이비스는 육군을 맡았습니다. 육군 대위 리 선드스트롬은 무선 연락 계획을 돕기 위해 왔으며, 나중에는 샌디에이고 선교관을 이끌었습니다. 도슨은 이들을 모두 장차 지역 사역을 책임 맡을 수 있는 사람으로 생각했습니다. 도슨은 멀리 뉴욕에서뿐만 아니라 가까운 포머나(로스앤젤레스에서 가까운 시, 역자 주)에서도 간사들을 더 뽑았습니다. 주제별 성경 암송 과정을 민간에서도 더욱 많이 사용하게 되었고, 그해에는 2,100명이 이 과정에 참여하였으며, 성경공부 교재와 노트도 많이 사용하게 되어, 이런 필요를 채우기 위해서였습니다.

13년에 걸쳐 군인 사역을 하는 동안 도슨은 미국 군인의 이미지가 변화되는 것을 보았습니다. 30년대에는 고집이 세고 투박한 인상을 주었는데, 나라를 위해서 자기의 책임을 다하지만 군 복무를 마치면 진학하거나 취직하기를 희망하는 이웃집 청년과 같은 이미지로 바뀐 것입니다. 전쟁이 끝날 즈음 이 젊은이들 가운데 수천 명이 그리스도의 말씀을 접했고, 제자의 삶에 헌신한 사람도 많이 생겼는데, 함정의 갑판이나 선실에서, 군 기지 식당에서 이루어진 성경공부를 통해서, 잠수함을 타고 깊은 바다 속을 항해하거나, 혹은 패튼 전차 부대의 일원으로 유럽을 횡단하는 중에 한 사람씩 한 사람씩 징모가 되었습니다.

도슨은 군인들의 이미지 변화에 네비게이토가 일조를 했다는 것을 알고 있었습니다. 그리고 사실 유약하고 물러 터진 기독교의 이미지를 활기차고 역동적인 이미지로 바꾸는 데도 기여했습니다. 그럼에도 도슨은 이전보다 더욱더 네비게이토라는 이름을 드러내지 않기로 결심했습니다. 바다에 길을, 큰 물 가운데 첩경을 내며, 많은 세대의 기초를 일으키시겠다고 약속하신 하나님의 영광을 조금도 가리지 않기 위해서였습니다. 이런 이유 때문에 고향과 학교로 돌아가는 형제들에게 도슨은 다음과 같이 말했습니다. "네비게이토라는 이름을 드러내려 하지 마십시오. 단지 순종하는 삶을 사십시오. 어디에 있든 사람들을 돕고 섬기는 일에 중점을 두십시오. 사람들을 구원하고 본이 되는 삶을 사십시오. 하나님께서 당신에게 사역을 허락하실 것입니다."

비록 몇몇 곳은 전략적인 곳이기는 했지만, 각 항구마다 네비게이토 선교관이 다 있을 필요는 없게 되었습니다. 워터스는 해외 선교를 위해 뉴욕을 떠났고, 잭 위첸이 뉴욕에서 '개척 간사'로 섬겼습니다. 글래서는 롱비치의 군인 센터를 맡았고, 후에 선교사로 중국으로 떠나면서 굴드에게 이를 맡겼습니다. 모리스 덴함은 시카고 지역 대표가 되었습니다. 디그로프는 호놀룰루에서 민간인을 대상으로 전임 사역을 시작했습니다. 하워드 데이비스는 휘튼 대학에 입학하여 이곳에서 네비게이토로서 섬겼습니다. 놈과 마지 크라이더 부부는 잭슨빌 선교관을 맡고 있었는데, 괌에서 사역하는 것을 고려하고 있었습니다. 플로이드 로버트슨 가족은 그들의 집을 워싱턴에 있는 네비게이토들에게 개방했습니다. 다우닝 가족은 브라질로 갔습니다. 오클랜드 군인 센터는 문을 닫았고, 크리스맨은 갓 복무를 마친 네비게이토를 위한 집중적인 성경공부 프로그램을 이끌었습니다. 노퍽에는 군목인 로버트 에반스가 있었고, 하사관인 에드 그레이가 대기하고 있었으며, 그리고는 해군에서 제대한 제이크 보스가 있었습니다. 사업가인 봅 크로포드는 필라델피아에서 '개척 간사'로 섬겼습니다. 쎄니는 시애틀 사무실을 닫고 선교관에서 민간인과 군인들을 대상으로 사역을 했습니다.

군인은 여전히 높은 우선순위를 차지했습니다. 그러나 거의 모든 네비게이토가 제대하여 민간인이 되었기 때문에 도슨은 민간인 사역에도 적극적으로 드려졌습니다. 이전에 군인들을 위해 했던 것처럼 본부에서는 편지로 돕는 일에 초점을 맞추기 시작했습니다. 그러나 민간인들의 상황은 다양했습니다. 선상이나 기지 대신 교회, 대학 캠퍼스, 직장, 지역 사회, 성경학교 등 다양한 곳에서 사역이 진행되었습니다. 도슨은 이내 한 곳의 네비게이토 지역 대표가 현장에서 직접 리더십을 제공하는 것이 가장 효과적임을 알게 되었습니다. 멀리서는 단지 우편을 통하여 성경 암송과 성경공부 교재를 제공하고 가끔 격려와 조언을 해줄 수 있을 뿐이며, 그 이상은 할 수 없었습니다.

이처럼 사람들이 광범위하게 퍼져 나가는 것은 주어진 과업을 마치고 졸업하는 것과 마찬가지였습니다. 이는 일꾼들을 징모할 수 있는 더 넓은 사역 현장이 새로이 열린 것을 의미했고, 이사야 54:2-3 말씀이 실현된 것이었습니다. "네 장막터를 넓히며 네 처소의 휘장을 아끼지 말고 널리 펴되, 너의 줄을 길게 하며 너의 말뚝을 견고히 할지어다." 이렇게 여러 추수터로 일꾼들이 흩어지는 것을 통해, 재생산하는 자를 생산하는 일은 더욱 활발해질 것입니다.

※ ※ ※

　전시에서 평시로 전환하는 과정에서 가장 의미가 있었던 것은 재정 방침에서 일어난 변화였습니다. 수입은 급격히 줄었습니다. 급여에서 매달 일정액을 떼어 보내 주던 군인들의 헌금이 없어졌고, 이제 '제대 군인 원호법'에 의해 연금으로 학교에 다니게 된 사람들이 헌금을 줄였기 때문입니다. 당시 사무실 간사들에게는 주당 11달러의 급여가 지급되었는데, 어떤 주에는 급여가 2달러밖에 되지 않기도 했습니다. 인쇄비, 식료품비, 그리고 여행 비용이 즉시 지불되지 못했습니다. 그때 제대하며 받은 돈에서 500달러를 헌금한 사람이 있어서 재정 상황이 크게 호전되었습니다. 1946년 1월에는 세 차례나 그런 헌금이 들어와 사기가 상당히 올랐고, 청구서를 지불하며, 많은 필요가 있었던 업무용 차를 구입하는 데에 보탤 수 있었습니다. 이와 비슷한 뜻밖의 돈이 1947년 중반에도 생겼습니다. 잭슨빌과 오클랜드의 재산을 팔게 되었던 것입니다. 그러나 이 일이 있기 몇 달 전에 주님께서는 새로운 변화를 암시하시면서 이런 특별한 공급을 통해 예산이 적자가 나지 않도록 지켜 주셨다는 것이 분명해졌습니다. 도슨은 이를 깨닫는 데에 더뎠습니다. 돈이란 주제에 대하여 시간을 들이거나 생각하는 것을 싫어했을 뿐만 아니라, 그것은 하나님께서는 믿음으로 구하는 자에게 모든 필요를 공급해 주신다는 확신을 위협하는 것처럼 보였기 때문입니다.

　도슨의 첫 번째 반응은 우선 마음 깊숙한 곳을 살펴보는 일이었습니다. 도슨은 간사들을 불러 모았습니다. 그리고 하나님께서는 죄로 말미암아 하나님의 축복을 거두실 수도 있다고 경고했습니다. 만약 아간과 같은 사람이 있다면, 사역은 재정 문제로 인한 것보다 훨씬 더 심각한 상황에 처할 것입니다. 혹시 주님께 불순종하지 않았는가에 대한 검토가 끝나자, 도슨은 사역의 재정적 필요를 채울 수 있는 새로운 방향에 대하여 하나님의 인도하심을 찾기 시작했습니다. 장막을 만드는 일을 함으로써 자비량으로 사역을 한 바울의 본이 있었습니다. 도슨은 사역의 초기에 한 것처럼 장식을 만들 수도 있다고 생각했습니다. 사실 도슨은 미술을 너무도 즐겼기 때문에, 이를 취미로서 지속하지 않을 수 없었습니다. 도슨은 스크린 인쇄와 에어브러시 작업에 대하여 좀 더 자세히 살펴보기로 마음먹었습니다. 그리고 몇몇 장식에 대해서는 원판을 만들어 판매를 위해 대량 생산할 수 있는 길을 찾아보기로 했습니다.

가을에 세실 데이비드슨은 라디오 수리소를 사무실 근처에 열었습니다. 사역을 지원하기 위한 것이었습니다. 장식 제작소가 뒤를 이었습니다. 로러는 패서디나에서 일자리를 얻었습니다. 로젠버거는 서부의 여러 주에서 한 기독교 출판업자를 대리하는 일을 하였으며, 도슨이 만든 장식을 서점에 판매하였습니다. 로드 사전트는 해군에 있을 때 로젠버거의 도움으로 구원의 확신을 갖게 되었는데, 로젠버거가 로스앤젤레스에서 사업을 경영하는 동안에 그를 대신하게 되었습니다. 헤이든은 기독교계 고등학교에서 가르치며 코치 일도 했습니다. 돈을 벌 수 있는 다른 방법들도 생기기 시작하였습니다. 친구들의 제안을 따라 고무판에 그림을 그리거나 광물 부스러기에서 금을 제련하는 사업도 알아보았습니다. 사역과 선교를 위해 좋은 자원이 될 것이라 생각되었습니다.

그러나 그림과 제련 사업은 이루어지지 못했습니다. 그리고 다른 여러 자비량 프로젝트의 결과도 들쭉날쭉했습니다. 도슨은 이 방면은 이제 충분히 검토했다고 느꼈습니다. 도슨 자신뿐만 아니라 간사들 전체가 사역을 지원하고 적극적으로 드리려는 의지가 있음을 증명하였다고 생각하였습니다. 주님께서는 세계적인 사역을 지원하기 위한 더 좋은 방법을 가지고 계심에 틀림없었습니다. 이 세계적인 사역을 위해 도슨은 인력이 몹시 필요했지만, 그 인력은 지금 간사들의 일용할 양식을 구하는 일에 드려져 있었습니다.

도슨은 의견을 고수하기도 했지만 한편으로는 자기 생각을 버릴 준비가 되어 있었습니다. 재정 방침에 대해서도 새로운 변화가 필요하다면 기꺼이 주님의 인도하심을 받아들이기로 했습니다. 15년 동안, 도슨은 재정적 공급의 있고 없음을 그들이 하고자 하는 사역에 대한 '하나님의 고삐'로 믿었습니다. 그리고 이는 재정적 필요를 위해 계속 기도하게 이끌어 주는 아주 좋은 방법이었습니다. 이제는 하나님의 뜻을 분별할 때 굳이 재정적 공급의 있고 없음이라는 판단 기준을 고수할 필요가 있느냐는 다우닝의 생각도 옳다고 여겨졌습니다. 하나님의 공급을 의뢰하는 것은 부르심을 받고 사역을 새로이 시작한 사람에게는 좋은 훈련이었습니다. 이런 훈련을 시애틀에서 사역을 했던 쎄니는 잘 감당했습니다. 도슨은 매일매일의 필요를 위해 하나님을 의뢰함으로써 자기와 라일라가 배운 귀중한 교훈을 그 어느 누구도 놓치지 않기를 바랐습니다.

도슨은 새롭게 구성된 네비게이토 이사회에 소속된 사업가들에게 조언을 구했습니다. 그들은 조언을 할 준비가 되어 있었습니다. "도슨, 만약 네비게이토 사역에 대해 안다면 네비게이토 사역에 직접 시간을 들일 수는 없어도 기쁘게 헌금하고자 할 사람이 수백 명은 될 것입니다. 그러면 당신과 함께하는 이 사람들은 자신의 시간을 사역에 드릴 수 있을 것입니다." 도슨은 이를 경청하며, 정말 그럴 것인지 곰곰 생각해 보았습니다.

신중히 생각하고 기도하며 이사회 멤버들과 토의한 끝에 도슨은 재정적 필요를 알리는 쪽으로 재정 방침을 변경하도록 주님께서 인도하고 계신다는 결론을 내렸습니다. 이제 네비게이토가 제공하는 것에 대하여 전 세계적으로 많은 요구가 있게 될 것이므로, 도슨은 이것이 더 이상 식사를 위해 양식을 공급해 주시도록 기도하는 문제가 아님을 알았습니다. 늘어나는 주님의 일꾼들의 필요, 다른 언어로 만들 엄청난 양의 'B 식량,' 여러 나라와 지역에서 일하는 데 필요한 교통수단과 장비 등을 위해서 기도하는 문제였습니다. 전 세계에 걸쳐 이루어지는 사역을 위하여 적극적으로 헌금하며 기도할 수백 명의 성도들로 이루어진 후원군을 하나님께서 만들어 주실 것이라고 생각하게 되었습니다. 도슨은 동역자들에게 그들의 시간과 재능, 사실상 그들의 생을 드리라고 요구하는 일에는 지금까지 전혀 주저하지 않았습니다. 그럼에도 도슨은 돈을 드리라고 사람들에게 요구하는 일에는 장벽을 느꼈습니다. 이는 일관성이 없는 것이라고 도슨은 결론을 내렸고, 이제는 요구를 해야만 했습니다.

이런 결심을 한 도슨은 이 생각을 여섯 사람에게 나눈 후에 이들의 반응을 하나님의 인도하심에 대한 표시로 삼기로 하였습니다. 도슨은 그답지 않은 조심스러운 태도로 알렉산더 커르 부인을 만났습니다. 커르 부인은 남편과 사별한 이후 커르 유리 회사를 경영하고 있었는데, 주제별 성경 암송 과정을 통해 큰 축복을 받은 후에 수십 명의 사람들을 이 과정에 등록시키고 암송을 격려하였던 사람입니다. 도슨은 머뭇거리며 커르 부인에게 재정적 필요에 대하여 말했는데, 도슨에게는 고문이나 다를 바가 없었습니다. 그런데 커르 부인이 공감하며 적극적으로 돕겠다고 하자 놀라지 않을 수 없었습니다.

"전혀 몰랐습니다"라고 커르 부인은 말했습니다. "당신의 사역은 후원을 받고 있는 줄 알았습니다. 왜 사람들에게 알리지 않았습니까? 당신은 이 사역에 참여할 수 있는 축복을 사람들에게서 빼앗은 것이나 다름이 없습니다." 그날부터 커르 부인은 정기적으로 후한 헌금을 하였습니다.

다른 사람들에게 물어보았을 때도 격려가 되는 결과를 얻었습니다. 하나님께서 그렇게 하셨다고 확신하고 도슨은 1948년 12월에 네비게이토 친구들에게 편지를 보내어 계획대로 전 세계적으로 사역을 확장시키기 위해서 그들의 헌금이 필요하다고 했습니다. 비록 액수는 적었지만, 사람들은 참여할 수 있는 특권에 대하여 감사하다고 하며 은혜로운 반응을 보였습니다. 도슨 자신은 지금까지 드리는 삶을 통하여 축복을 많이 누렸지만, 재정적인 짐을 다른 사람들과 나누지 않겠다는 태도를 고수한 자기의 행동이 다른 사람에게서 그런 축복을 빼앗았다는 생각이 들자 놀라게 되었습니다. 간사들은 새로운 방침에 모두 동의하였습니다. 마음이 연합되었다는 것이 분명히 드러난 것입니다.

분명 믿음이란 요소가 빠져서는 안 되었습니다. 공급해 주실 뿐만 아니라 헌금할 사람들의 마음을 움직이시는 하나님을 언제나 의뢰하는 것이 필요할 것입니다. 하나님께서는 여전히 헌금의 양을 조절하심으로써 어떤 계획을 진행하고 멈추어야 할지에 대한 신호로 사용하실 수 있었습니다. 그리고 하나님께서 장차 공급하실 것을 믿고 과감히 모험을 해야 할 때도 생길 것입니다. 그 다음 가을에 조사한 결과에 따르면 단지 32명만이 정기적으로 사역에 헌금하고 있었으며, 그들은 주로 네비게이토 사역을 통해 개인적인 도움을 받은 사람들이었습니다. 캘리포니아에 있는 한 사업가는 성경공부와 성경 암송에 대해 개인적인 도움을 받고 영적인 삶에 획기적인 변화를 경험하였는데, 사무실을 방문하여 오프셋 인쇄 장비가 필요하다는 것을 알고는 즉시 이를 공급하였습니다. 그리고 나서 그는 다른 사람들에게 편지를 보내어 정기적으로 헌금하는 32명에 합류할 것을 적극 권하였습니다.

※ ※ ※

　전후의 발전을 위한 개편은 개인적인 면과 조직적인 면에서뿐만 아니라 개념적인 면에서도 이루어져야 했습니다. 네비게이토 사역에 고유한 원리를 정의할 필요가 있었고 이를 명확히 할 필요도 있었습니다. 어떤 것은 정의까지는 필요 없고 단지 서술만 하면 되었습니다. 그리스도 중심의 삶에 필요한 핵심적인 요소들인 말씀, 기도, 순종, 증거를 나타내고 있는 수레바퀴 예화는 오랜 세월을 통해 검증이 되었습니다. 모든 사람들은 수레바퀴 예화를 알았고, 개인적인 경건의 시간, 규칙적인 성경 암송, 개인 성경공부의 중요성을 알고 있었는데, 이런 것들은 도슨의 사역 초기부터 기본이었습니다. 또한, 디모데후서 2:2 원리도 알고 있었는데, 이 원리는 처음부터 계속 실행되고는 있었지만 호놀룰루를 다녀온 후에야 적극적으로 강조되었습니다. 이제 로젠버거, 로버트슨, 데이비드슨, 로러, 그리고 데이비스는 이런 원리들에 대하여 체계적인 공부를 시작하였고, 사도행전과 서신서를 적극적으로 파고들면서 도슨이 알고 있는 것보다 훨씬 많은 내용이 이런 원리들을 확증하고 있다는 것을 발견하게 되었습니다.

　1947년 라이트우드에서 열린 간사 수양회에서 로버트슨은 구약성경과 바울의 사역을 통해 키맨 원리에 관해 공부한 내용을 발표했습니다. 각자가 네비게이토 원리에 대하여 성경을 공부한 것들을 나누고, 그들 자신의 경험을 예로 들면서 수양회는 세미나가 되었습니다. 시애틀에서 온 쎄니는 주제 발표를 하였는데, 고린도전서 3장의 '세우다'라는 말에는 흔히 알고 있는 대로 자기 자신의 삶을 세우는 것뿐만 아니라 그리스도 안에서 영적 갓난아이를 양육함으로써 다른 사람의 삶을 세워 주는 것도 포함되어 있다고 했습니다. ABC 성경공부에 대한 시간에는, 말씀을 스스로 공부하여 진리를 발견하고 이를 자기의 삶에 적용하도록 가르치는 방법에 대하여 배웠습니다. 본을 보이는 삶의 원리와 실행에 대하여 뜻 깊은 토의를 했으며, 디모데후서 2:2의 핵심적인 의미를 이해하려는 시도를 통해 모든 간사들은 자기들이 믿고 가르쳤던 바에 대하여 연합된 마음을 가질 수 있었습니다. 도슨은 이 주간이 참으로 전략적이었다고 느꼈습니다.

본부로 돌아와서도 탐구는 지속되었고, 수양회에서 강조하였던 묵상, 배가, 시간을 아낌, 본을 보임과 같은 영역에 대하여 성경의 배경을 찾아보았습니다. 이런 영역에 대한 공부를 통해 사람들은 '재생산하는 자를 생산함'이란 용어가 성경에 근거를 둔 개념임을 확신하게 되었습니다. 이는 도식적인 차트를 통해 나타낼 수는 없었습니다. 영적 재생산은 단지 어떤 교재의 전달이나 체계적인 가르침 그 이상의 것을 포함하는 것이기 때문입니다.

이처럼 도슨은 네비게이토 선교회에 주신 주님의 특별한 부르심을 더욱 선명히 했습니다. 한편으로 도슨은 그리스도의 몸 안의 다른 지체들에 대해 관심을 갖고 그들이 비전을 실행하도록 도와주었습니다. 또한 네비게이토의 어떤 사역의 원리라도 그들의 발전에 도움이 된다면 나누었습니다. 예를 들면 수레바퀴 예화, 본을 보임, 디모데후서 2:2 원리 등이었습니다. 미국과 해외의 여러 선교지를 돌아보며 도슨은 주님의 일꾼들이 주님과의 개인적인 교제를 유지하며, 그리스도께 인도한 사람들을 제자로 삼는 일을 해야만 주님의 비전을 성취할 수 있다는 생각을 하게 되었습니다.

1946년 여름, 도슨은 오클라호마에서 위클리프의 간사들, 콜로라도에서 영라이프 간사들, 미네소타에서 YFC 간사들, 그리고 토론토 근처에서 IVF 간사들과 시간을 보내면서 주님의 일꾼들에게 하나님과 교제 시간을 잘 갖는 것이 얼마나 필요한지를 강조하였습니다. 여름이 끝나 갈 무렵 도슨은 IVF 간사와 YFC 간사들이 영라이프의 간사들과 마찬가지로 주제별 성경 암송 과정을 시작하게 되었다는 소식을 듣고 크게 기뻐하였습니다. 그들은 자신들이 만난 젊은이들에게 본을 보이고 있었습니다. "본을 보이는 것은 다른 사람을 도전하는 위치에 있는 지도자들에게 언제나 선행되어야 할 조건입니다"라고 도슨은 뉴스레터에 썼습니다.

본을 보이는 것은 도슨이 늘 강조한 점이었습니다. 509번지에서 가진, 국제 YFC 지도자들과의 모임에서 라일라가 준비한 멋진 저녁 식사를 한 후에, 도슨은 참석자들에게 그리스도를 영접한 젊은이들을 양육하고, 그들의 삶과 마음속에 하나님의 말씀을 심어 주는 일의 필요성을 역설했습니다. 이렇게 하려면 간사들이 먼저 말씀 안에 깊이 잠기는 것이 필요하다고 했습니다. 그렇게 되려면 그 자리에 참석한 지도자들 한 사람 한 사람이 먼저 성경 말씀을 섭취하는 일에서 선명한 본을 보여 주어야 한다고 도전했습니다. 참석자들은 모두 도슨의 도전에 깊이 공감하였습니다.

전쟁이 끝난 후 젊은이들이 복음에 대한 관심이 높아 전도가 활발하게 진행되어 바쁘게 지냈던 여러 해 동안, 도슨은 다른 기관의 지도자들을 여러 면에서 도와주었습니다. 대부분의 지도자들은 도슨과 동년배이거나 나이가 어렸습니다. 하나님께서는 때에 맞는 말을 할 수 있는 보기 드문 기회를 주셨는데, 이는 소심한 사람이었다면 엄두도 못 낼 일이었습니다. 한 지도자에게 다른 사람에 대한 원망을 버리라고 권면한 것입니다. 후에는 원망을 받았던 사람에게, 원망을 한 그 사람과 화해하라고 촉구했습니다. 도슨은 담대한 마음과 겸손한 태도로 주님의 일꾼들 사이의 잘 드러나지 않는 불화나 의견 차이를 살피고, 성경 말씀의 권위로 이를 해결했는데, 이런 권면하는 사역은 사람들의 눈에 잘 드러나는 사역은 아니었지만 하나님께서는 이를 귀히 사용하셨습니다. 도슨은 서로 다른 기관에서 일하고 있는 지도자들이 화해하도록 중재하는 일도 했습니다. 각 사람들을 매우 존중했기 때문에, 그들이 서로를 인정하고 격려하도록 권면하는 일은 쉬웠습니다. 여러 해 동안 도슨은 다른 기관의 지도자들과 함께 기도할 기회가 생길 때마다 이를 행했습니다. 이를 통해 그리스도 안에서 각자 가진 큰 비전에 대해 서로 격려할 수 있었습니다.

로버트 쿡은 초기 YFC 전도자들 가운데 핵심 멤버였는데, "도슨은 상대방에게 가장 필요한 것이 무엇인지를 파악하는 내장 레이더를 가지고 있어서 그 필요에 초점을 맞추었습니다. 도슨은 영적인 귀가 있어서 상대방의 필요가 무엇인지를 들을 수 있었고, 때로는 상대방이 무슨 생각을 하고 있는지도 알 수 있었습니다"라고 말했습니다. 도슨의 이런 인식 능력은, 상대방을 찬란한 위치에 있는 영적 지도자로 보기보다는 하나님의 왕국에서 독특한 가치를 가지고 있는 한 개인으로 보았기 때문에 생긴 것이었습니다.

반대로, 동일한 맥락에서 나온 것이지만, 도슨은 군인이건 민간인이건 간에 자기를 별로 중요한 존재가 아니라고 생각하는 평범한 사람에게서 놀라운 가능성을 볼 줄 알았습니다. 도슨은 지극히 평범한 사람에게도 하나님께서 그 사람을 쓰실 수 있다는 믿음을 갖도록 도와주었으며, 하나님의 종으로서 자신을 준비하는 방법을 알려 주었습니다. 평범한 능력을 가진 젊은이들이었지만, 그들은 도슨과 대화하면서, 도슨이 자기들에게 큰 능력과 잠재력이 있으며 놀라운 일을 성취할 수 있다고 말하는 것을 들었습니다. 하나님께서 그들을 통해 큰일을 하실 수 있다는 도슨의 믿음은 설득력이 있었으며, 듣는 사람들도 확신을 갖게 되었습니다.

VI

"우리 세대에 성취하자"

1948-1956

1952년 여름의 도순과 론 쎄니 부부.

1948년 3월 중국으로 떠나기 전 토머스 선생님(좌) 및 밀스 선생님과 함께.

1948년 3월 6일 베이징. 로스앤젤레스 인구와 맞먹는 3백만 명의 사람들이 위협을 받고 있는 도시에서 YFC의 토요일 저녁 전도 초청 모임이 처음이자 마지막으로 열렸습니다.

공산군의 대포 소리가 멀리서 들려왔습니다. 공산당 군대가 대륙 전체를 휩쓸기 위해서 베이징으로 진격해 오고 있었습니다. 말씀을 전하기 위해 강단에서 기다리고 있는 도슨은 공산당 때문이 아니라 문화 충격 때문에 '생애에 있어서 가장 큰 두려움'을 경험했습니다. 진지하게 들으려는 수많은 중국인들의 얼굴을 바라보며 도슨은 마치 자기가 생전 처음으로 설교를 하는 사람처럼 느껴졌고 하나도 기억나는 것이 없었습니다. 그러다가 다시금 여러 주제가 마음속에 떠올랐지만 이내 버렸습니다. 도슨은 자기의 간증을 하기로 결정하였습니다. 옆에는 중국 전역에서 사랑받는 전도자이며, 따뜻한 마음의 소유자인 앤드류 기가 함께 서서 통역했습니다. 몇 사람이 그리스도를 영접하라는 초청에 응했습니다. "한 사람이라도 따로 만나 '길'을 좀 더 완벽하게 설명해 주고 싶었지만, 내 혀는 굳어졌습니다"라고 도슨은 로스앤젤레스에 있는 기도의 동역자에게 편지를 썼습니다.

딕 힐리스는 전쟁이 끝난 후 다시 중국으로 돌아와서 허난 성에 있는 교회들을 돌아보았습니다. 1946년 가족에게로 돌아온 그는 도슨에게 마음에 있는 짐을 설명하고자 했습니다. "도슨, 중국에는 추수할 것이 너무나 많습니다. 당신이 직접 가든지 아니면 당신의 사람들 가운데 가장 뛰어난 사람을 보내야 합니다"라고 했는데, 그는 자기가 이런 말을 해놓고도 자기도 놀랐습니다. 도슨은 이에 대하여 종종 기도하였습니다. 1947년 초에 앤드류 기와 함께한 힐리스는 중국인 전도에서 계속 좋은 결과가 나오는 것을 경험했습니다. 그리고 데이비드 모컨과 봅 피어스는 중국 전역에 걸친 5개월 동안의 전도를 마친 후에 17,000명 이상이 그리스도를 믿었다고 증거하였습니다. 모컨은 이를 10월에 도슨에게 보고하고 다음과 같이 마음을 털어놓고 이야기했습니다. "도슨, 참으로 중국은 추수할 때입니다. 무수한 사람들이 복음에 반응을 보이고 있으며, 제일 필요한 것은 바로 네비게이토의 양육입니다. 나는 딕에게 이에 대하여 말했고, 우리 두 사람은 당신이 중국에 꼭 와야 한다고 느꼈습니다. 우리는 당신의 여행을 위해 한 사람이 100달러씩을 헌금하겠습니다." 하나님께서 말씀하고 계신 것이었습니다. 도슨은 꼭 가야겠다고 결정했습니다.

　모컨은 여행 계획 세우는 것을 도왔으며, 기금을 마련했습니다. 도슨의 이 여행은 오픈도어 교회, 선교 방송, 그리고 선교에 관심이 있는 사람들의 열정적인 지원을 받게 되었습니다. 도슨은 중국의 전략적인 도시인 베이징, 상하이, 청두, 그리고 광둥에서 수양회를 갖기로 계획을 세웠는데, 이 도시들은 많은 선교사들과 중국인 기독교 지도자들이 모일 수 있는 곳이었습니다.

　상하이에 도착했을 때 도슨을 처음 만난 사람은 에버 해즐턴 부부였습니다. 20여 년 전 제재소 시절부터 친구였습니다. 중국에는 또한 해군 군목이었던 아더 글래서가 광둥에 들어가 있었고, 단 카르는 청두에 있었습니다. 스트리터도 그곳에 들어가 있었습니다. 빌 블랙스톤은 버클리에서 네비게이토 사역을 접한 적이 있었는데, 홍콩에 있었습니다. 베이징에서 도슨은 클라이드 조우어를 만났습니다. 그는 웨스트버지니아호 사람들에게 하는 도슨의 도전을 듣고 선교사가 되었다고 말했습니다.

　도슨과 앤드류 기는 롤런드 라이스 부부의 따뜻한 대접을 받고 즐거운 시간을 보냈습니다. 네 사람은 하루 종일 모임을 가진 후 뜨거운 초콜릿 음료를 마시면서 늦게까지 교제를 나누었습니다. "나는 앤드류와 다른 모든 사람들을 진정으로 사랑합니다"라고 도슨은 편지에 썼습니다. "참으로 소중한 사람들입니다. 앤드류는 참으로 재미있고, 유머 감각이 뛰어나며, 주님을 사랑하는 사람입니다." 다른 기관에서 온 선교사들 사이에 사랑과 연합의 분위기가 있는 것을 보고 도슨은 크게 기뻐하였습니다. 지상사명이 그들의 한결같은 목표였습니다. 구세군은 그들의 홀을 아침에 길게 갖는 모임을 위해 도슨이 사용할 수 있도록 해주었으며, 그 모임에는 125명의 선교사와 중국인들이 모였습니다. 도슨은 오후에 그리스도를 믿고 있는 100명의 고등학생들에게 말씀을 전했고, 격일 저녁마다 앤드류와 함께 복음의 메시지를 전했습니다. 모임 사이의 시간이나 식사 시간에는 많은 사람들과 개인적으로 만나는 시간을 끼워 넣었습니다. 한 대학에서 도슨은 서른 명의 학생들에게 말씀을 전하였는데, 바로 옆방에서는 다른 대학생들이 공산주의를 찬양하는 노래를 하며 공산주의를 선전하는 내용을 듣고 있었습니다.

도슨의 사역을 상징적으로 드러내어 주는 것은 수레바퀴 예화를 설명하는, 알루미늄으로 만든 모형이었습니다. 가로 세로가 각각 38cm가 되는 사각형 모양의 독창적인 장치였는데, 도슨은 이를 시각 교재로 사용하였습니다. 검정색 바탕에 백색 원이 그려져 있었는데, '그리스도인의 순종하는 생활'이란 의미의 한자가 기록되어 있었습니다. 도슨이 버튼을 누르면 하얀색 축이 수레바퀴의 중심으로 튀어나왔습니다. '그리스도'를 의미하는 한자가 기록되어 있었습니다. 도슨은 말씀을 전하면서 다른 버튼을 눌렀고, 그때마다 필요한 다른 살들이 튀어나왔습니다. "중국인들은 이를 좋아했습니다"라고 도슨은 이 신기한 장치에 대하여 말했습니다. 그러나 도슨은 그들이 메시지를 이해하고 받아들였다는 것으로 기뻐하였으며, 그들 및 다른 선교사들과의 대화를 통해 도슨은 자기의 방문이 참으로 시기적절하게 이루어졌다는 것을 알았습니다. 중국인들에게 양육이 필요하며 그들에게 증거하는 삶을 가르칠 필요가 있다고 생각하는 사람은 아무도 없었습니다. 한 사람이 그리스도를 믿도록 돕는 것이 유일한 목표처럼 보였던 것입니다. 어떤 사람은 목회자로 훈련을 받기 위하여 성경학교에 갔습니다. 그러나 성도들에게 전도를 하도록 훈련을 시키는 것이나 각 개인에게 다른 그리스도인을 재생산할 책임이 있다는 것을 가르치는 일은 현저히 부족했습니다.

"성경 암송 계획에 대단한 흥미를 나타냈습니다"라고 도슨은 편지에 썼습니다. "실제로 중국의 그리스도인들은 성경 암송의 가치나 그 중요성에 대하여 잘 알지 못한다는 사실을 알게 되었습니다. 오직 앤드류 기만이 많은 구절을 알고 있는 것처럼 보입니다. 그는 말씀을 잘 알고 있습니다." 도슨은 베이징에 있는 백 명가량의 대학생이 주제별 성경 암송을 시작할 것으로 예상했습니다. 그것은 예수님을 믿는 두 명의 중국인 학자가 로스앤젤레스에서 번역한 것으로서 이제는 베이징에서 배포될 것입니다.

공산주의자들이 가까이 오고 있다는 사실은 중국 그리스도인들이 스스로 복음을 전하도록 가르쳐야 한다는 도슨의 메시지를 더욱 강화시킬 뿐이었습니다. "주일에 나는 백여 명의 선교사들에게 말씀을 전했습니다"라고 도슨은 크리스맨에게 편지를 썼습니다. "각 사람은 '떠나야 합니까? 아니면 남아야 합니까?'라고 기도하고 있습니다. 공산주의자들이 강력한 힘을 가지고 빠른 속도로 다가오고 있습니다. 12개의 대학이 있으며 그중 50퍼센트의 학생들이 복음에 호감을 보이고 있는 베이징이 다음 차례가 될 것입니다." 힐리스는 허난 성에서 편지를 쓰면서 긴급함을 강조했습니다.

당신이 중국에 있을지 아니면 미국에 있을지, 혹은 이 편지가 당신에게 도착할지 전혀 모르겠습니다.… 우리는 내 생애에서 가장 위험한 시기를 보내고 있습니다. 군대가 여기서 약 1.5km 떨어진 곳에 참호를 파고 주둔하고 있으며, 거의 날마다 커다란 포탄이 날아옵니다.… 도슨, 하나님께서 네비게이토 교재를 이곳에서 어떻게 사용하시는지 보고 가슴이 뛰었습니다. 이 그룹의 젊은이들은 진정으로 성장하고 있습니다. 이것은 성경학교 훈련보다 훨씬 효과가 있습니다. 그들은 하나님의 말씀을 스스로 섭취하는 법을 배우고 있기 때문입니다. 나더러 10년 전에 이렇게 하도록 해주었더라면 더욱 좋았을 것입니다.… 도슨, 중국 교회는 선교에 있어서는 한 것이 거의 없습니다. 바로 이 때문에 서아시아 지역에 복음이 거의 들어가지 않은 것입니다. 주님께서 네비게이토 교재를 통해 그들이 '가야' 한다는 것을 깨닫게 해주시도록 기도하고 있습니다. 만약 서아시아에 그리스도를 전하려고 한다면, 반드시 중국 교회가 일어나 그 일을 수행해야 합니다. 인도의 그리스도인들도 비전을 가져야 합니다. 그래서 나는 당신이 인도로 갈 수 있게 주님께서 길을 인도해 주시도록 기도하고 있습니다.

도슨이 난징에서 이틀간 머물 때를 대비하여, 데이비드 아데니는 학생 그룹 인도자들과 만날 수 있도록 모임을 주선해 두었습니다. "당신은 여기에 꼭 필요한 메시지를 가지고 있습니다"라고 아데니는 편지를 썼습니다. "당신이 중국어로 된 교재를 가지고 있는 것이 너무나 기쁩니다. 중국 전역에 있는 여러 모임에 소개할 수 있을 것입니다."

베이징에서 11일을 보낸 후에 다음으로 상하이를 방문했습니다. 불확실한 우편 상황 때문에 도슨은 주제별 성경 암송 배포 센터를,

중국 북부를 위해 베이징에 있는 것 외에도 더 만들 필요가 있다고 생각했습니다. "이제 중국에 네비게이토 전임 사역자를 보내 달라고 주님께 구할 마음이 생겼습니다"라고 도슨은 편지에 썼습니다. "그리고 인도와 아프리카에도 한 사람씩이 필요할 것입니다." 베이징에서의 반응을 보고 도슨은 여러 나라에서 네비게이토 양육에 대한 요청이 있을 것을 미리 내다볼 수 있었습니다. 그러나 중국의 거대한 규모에 도슨은 압도되었습니다. 세계 인구의 4분의 1이나 되었습니다. 선교사들이 추방되고 있었기 때문에 결국 중국 복음화는 중국인들이 해야 할 일이며, 어차피 그렇게 되었어야 마땅하다고 도슨은 생각했습니다.

문제의 핵심은 베이징에서 드러났는데 이는 상하이에서도 분명하게 드러났습니다. 수많은 선교사들과 중국인 목회자들이 성도들 가운데 열심히 전도에 드려지는 사람은 별로 없다는 것을 인정했습니다. 아마도 이는 개인적으로 말씀을 섭취하는 일이 부족했기 때문일 것입니다. 선교사들은 본국에서 하던 방식으로 교회를 세우는 경향이 있었습니다. 목회자들은 가르치고 성도들은 앉아서 들으며, 가끔 젊은 사람들이 사역을 위해 공부를 자원하는 것이 전부였습니다. 따라서 '모든 그리스도인을 증인으로'라는 개념은 목회자들에게도 성도들에게도 혁명적인 것이었습니다. 그러나 그 일은 단지 전도를 하라고 도전하는 것이 아니었습니다. 그들은 마음속에 하나님의 말씀을 간직함으로 그런 일을 할 수 있도록 준비가 되어야 했습니다. 이를 위해서는 선교사와 목사들이 먼저 성경을 암송하고 본을 보여야 한다는 것을 의미했습니다. 도슨은 이 일을 적극적으로 시작하고자 하는 그들의 열망을 보고 격려를 받았습니다. "이것이 참 필요입니다"라고 많은 선교사 그룹이 동의하였습니다.

모컨은 그 여행을 위해 사전 준비를 효과적으로 했는데, 네비게이토의 양육이 중국의 현재 필요를 채울 수 있는 해답이라고 강조했던 것입니다. 앤드류 기도 통역하고 설교하면서 이런 깊은 확신을 전달하였습니다. 그리고 오래된 선교사들조차도 성경 암송에 대하여 전심으로 받아들이는 태도를 보였기 때문에 중국에서도 건강한 출발을 할 수 있을 것이라고 도슨은 생각했습니다. 각 그리스도인들이 재생산을 할 수 있느냐가 중국 교회가 장차 살아남는 데에 결정적인 요소가 될 것이기 때문입니다. 수년 뒤에 앤드류는 이렇게 말했습니다. "네비게이토는 중국 교회뿐만 아니라 전 세계에 걸쳐 있는 그리스도의 몸 된 교회의 필요를 채우고 있습니다. 이는 그 교회들의 약점이었습니다. 그리스도인들은 꼭 해야 할 일을 하고 있지 않습니다. 네비게이토는 단지 성경 암송만 하지 않습니다. 이는 일부분일 뿐입니다. 다른 한 부분은 나아가서 자기의 디모데를 얻는 일입니다."

3주 동안의 선교 여행을 하고 도슨은 모컨에게 이렇게 편지를 썼습니다.

> 이곳에서의 모임은 베이징 못지않게 좋습니다. 30명의 목사와 30명의 사역자들, 그리고 또 다른 80여 명 정도가 아침 모임에 참석합니다. 그들은 수레바퀴 예화, 말씀의 손 예화 등을 적극적으로 받아들이고 있습니다. 당신을 중국으로 인도하신 하나님을 찬양하지 않을 수 없습니다. 중국은 참으로 귀하고 놀랍지만 황폐한 곳입니다. 주님께서는 지금까지 줄곧 에베소서 3:20의 말씀을 이루고 계십니다. 나의 형제인 데이브, 지금이 바로 행할 때입니다. 우리는 한시도 지체할 수 없습니다.… 우리는 모두 당신이 중국의 YFC를 전임으로 맡아야 한다고 믿고 있습니다. 힐리스는 전적으로 양육을 책임 맡을 것입니다.

도슨은 가족과 간사들이 보고 싶어 외로움과 싸웠습니다. "여러분 모두를 사랑합니다. 아직도 3개월이나 더 남았습니다. 여러분을 생각하면 생각할수록 3개월이 한없이 길게만 느껴집니다. 애써 마음을 추스립니다"라고 도슨은 베이징에서 편지를 썼습니다. 나중에는 이렇게 썼습니다. "정말 가족들과 간사들이 보고 싶습니다. 그러나 생각뿐입니다! 거의 한 달이 지났습니다. 나는 둘 사이에 끼여 정말 곤란한 지경에 처했습니다. 그러나 이 여행은 영원한 계획에 의한 것입니다." 상하이 다음으로 난징으로 가서 이틀을 보내고 서쪽 끝인 청두로 가게 될 것입니다. 도슨은 감기가 걸리고 목도 아파서 크게 고생했습니다. 일정도 빡빡했습니다. 그러나 이런 전략적인 기회를 하나도 놓칠 수가 없었습니다. 도슨은 틈을 내어 잠깐 쉬면서 약을 복용했습니다. 본국에 있는 동지들이 도슨을 위해 쉬지 않고 기도했습니다. 그 덕분에 도슨은 다시 힘을 얻어 여행을 지속할 수 있었습니다. "앤드류는 피곤하지만 계속 분투하고 있습니다"라고 도슨은 베이징에서 비슷한 어려움을 겪은 적이 있는 앤드류에 대해 썼습니다.

그러나 도슨은 고난을 당하고 있는 중국인들을 보면서 자기의 불편함은 잊었습니다. 수만 명의 피난민들이 난징, 상하이, 그리고 다른 도시들로 쏟아져 들어오고 있었으며, 1948년의 3월은 참으로 쌀쌀했습니다. 사람들의 가엾은 얼굴과 남루한 옷을 보면서 도슨의 마음은 찢어지는 듯했습니다. 가족과 집을 잃은 여자들과 아이들이 길거리에 넘쳐 났습니다. 그리고 누군가는 죽은 아기의 시신을 한 선교사 집의 마당에 던졌습니다.

쌍발 비행기를 타고 충칭으로 날아가면서 도슨은 이렇게 보고했습니다. "작은 기도 모임 하나가 하늘에 달렸습니다. 날씨가 갑자기 변하여 예닐곱 대의 비행기가 다시 돌아갔습니다. 우리 비행기도 같은 명령을 받았으나 그저 나아지기만을 기대하면서 계속 나아갔다고 나중에 기장이 내게 말해 주었습니다. 나는 우리가 한 번은 착륙해야 한다는 것을 알 수 있었고, 구름 사이에 틈이 생기기를 기도해야겠다는 생각이 들었습니다. 작은 마을 위를 날다가 우리 조종사는 구름 사이에 틈이 있는 것을 발견하고 그리로 급강하했습니다. 그곳에는 넓은 터가 있었습니다. 마음을 놓을 수 없는 나라였기 때문에 우리는 조금도 안심하지 못했습니다. 연료를 다시 넣고는 충칭으로 출발했습니다."

그곳에서 하루를 머물며 모임을 갖고, 다시 청두로 출발했습니다. 도슨은 다시 한 번 말씀에 대하여 사람들이 보이는 갈망과 잘 받는 태도에 놀라게 되었습니다. 도슨이 말씀을 전한 첫날 저녁에 35명의 중국인이 '구원 초청'에 응답하여 앞으로 나아왔습니다. 도슨은 다음 날 저녁에 일찍 오라고 그들에게 말했는데, 양육을 위한 도움을 주기 위해서였습니다. 다음 날 도슨은 그들에게 요한복음 5:24과 요한복음 1:12을 가르쳤습니다. 35명 모두가 세 번째 날에도 왔습니다. 그리고 동일한 도움을 받기 위해 10명이 더 참석하였습니다. "이제 내일은 세 그룹을 도와야 합니다"라고 도슨은 편지에 썼습니다. 도슨은 선교사들이 옆에 서서 새로운 그리스도인들에게 무엇을 해주는 것이 필요한지를 보고 배우는 모습에 크게 감명을 받았습니다. '그들은 왜 이 간단한 것을 알지 못하는가? 왜 그들은 훈련받을 때 이런 것을 배우지 못했는가?'라고 도슨은 생각했습니다. 이것이 참 필요였으며, 도슨은 몇몇 사람이 이를 깨달아 알게 되었다고 믿었습니다.

청두에서 5일째 되는 날 도슨이 옻이 올라 눕게 되는 바람에 앤드류 기가 모임들을 주관해서 끝내야 했습니다. 한 주에 한 번만 운행되는 비행기를 놓치면 안 된다는 것을 안 도슨은 발진이 난 몸을 일으켜 충칭까지 스쿠터, 버스, 비행기, 가마 등을 타고 고통스런 여행을 했지만, 결국 병원에 눕게 되었습니다. 의사가 일주일은 입원해야 한다고 말했을 때 도슨은 생각했습니다. '광둥에서 여러 모임이 있는데…. 그러나 하나님께서 이루실 거야.' 하나님께서는 실제로 그렇게 하셨습니다. 힐리스를 광둥으로 보내셔서 도슨이 와서 모임을 끝낼 수 있을 때까지 모임을 인도하게 해주셨습니다. "내 마음은 강하고, 내 믿음은 솟구쳤습니다"라고 도슨은 4월 15일에 주장 강을 거쳐 홍콩으로 들어가면서 편지에 썼습니다. "태초부터 계획된 일정을 따르고 있다는 느낌이 듭니다.… 오직 하나님의 은혜로만 나는 하나님의 대사가 될 수 있습니다.…"

"중국에는 너무나 많은 필요가 있습니다"라고 도슨은 기록했습니다. "우리 주님께서 원하시는 바를 깨달을 수 있도록 기도해 주십시오." 그리고 로스앤젤레스 본부의 책임을 맡아 남아 있는 쎄니에게는 이렇게 썼습니다. "이사야 54:2-3 말씀이 이루어지는 것을 목격하고 있습니다. 하나님께서는 지금까지 우리에게 많은 일꾼들을 주셨는데, 이제는 세계 전역에 일꾼들을 파송하기를 원하십니다. 하나님께서는 또한 길도 열어 주시리라 믿습니다." 중국 여행 이후로 도슨은 이전의 도슨이 아니었습니다.

휴버트 미첼은 도슨에게 인도로 와줄 것을 강력히 요청하였습니다. 선교지인 인도로 다시 돌아온 단 힐리스도 도슨에게 같은 요청을 했었습니다. 도슨이 이제 일상적이 되다시피 한 주님의 특별한 도우심을 입어 인도에 도착하였을 때, 미첼은 캘커타(지금의 콜카타)에 있었습니다. 도슨은 홍콩을 출발하는 비행기를 놓쳤기 때문에 캘커타에 3일 정도 늦게 도착할 상황이었고, 이로 말미암아 봄베이(지금의 뭄바이)로 가는 비행기를 타지 못할 형편이었습니다. 도슨은 특별 비행 편을 마련해서라도, 주님의 계획에 필요하다면 자신을 캘커타로 보내 달라고 기도했습니다. 아니나 다를까, 지친 채 방콕에 내린 비행기 승무원은 예정대로 휴식을 취하는 대신에 그 비행기를 다시 타고 캘커타로 가라는 명령을 받게 되었습니다. 승무원들은 투덜거리면서 4명의 승객을 태우고 이륙했습니다. 도슨이 알게 된 사실은, 그들 가운데 3명은 며칠 내에 캘커타에 갈 필요가 없던 사람들이었습니다. 승무원들은 그들 가운데 요나와 정반대인 사람이 타고 있었다는 것을 결코 알지 못했습니다.

캘커타에서, 그리고 잠깐 동안 머문 모든 인도 지역에서, 도슨은 중국에서 본 것과 같은 필요가 있음을 보았습니다. 그곳 지도자들은 주님의 일이 제대로 이루어지지 않았다는 데에 동의하는 것 같았습니다. 또한, 그들의 문제에 대해 도슨이 수레바퀴 예화, 본을 보이는 것, 그리고 디모데후서 2:2의 원리를 통해 답을 제시하였다는 데에도 동의하는 것 같았습니다. 이미 미국에서도 보았지만, 세계 여러 곳에 있는 교회에 만연하고 있는 이런 현상에 대한 치료책을 제시하도록 하나님께서 자기를 보내셨다고 생각하니 도슨은 정신이 번쩍 들기도 하고 겸손해지기도 했습니다. 이곳에도 동일한 문제가 있었고, 도슨은 그 증거를 분명히 볼 수 있었습니다.

찌는 듯이 한창 더운 인도의 4월 어느 주일에 도슨은 캘커타의 큰 교회 세 곳에서 네 차례나 설교를 했습니다. 한 세기 반 이전에 선교를 했던 윌리엄 케리와 아도니럼 저드슨과 같은 개척 선교사들이 섰던 강단에, 도슨은 그들에 대한 깊은 존경심을 가지고 섰습니다. 어디에나 수많은 사람들로 북적대는 모습은 광활한 미국 서부에서 온 사람에게는 상상을 뛰어넘는 것이었습니다. 세계 인구의 4분의 1이나 사는 중국에서 다시금 5분의 1이나 사는 인도로 온 것은 참으로 경이적인 일이었습니다. 미첼과 함께 인도 대륙을 가로질러 봄베이로 가면서 도슨은 30-50개 마을을 동시에 볼 수 있었습니다. 이 수백만 명의 사람들에게 나아갈 방법이 있어야 했습니다. 이사야 43: 19은 도슨에게 분명히 길이 있다는, 새로운 길이 있다는 확신을 심어주었습니다.

"휴버트, 카르카트 만이 선교사들에게 문이 닫혀 있는 네팔에 복음을 들여보내는 데 열쇠가 될 수 있다는 생각을 해보았습니까?"라고 도슨은 큰 소리로 말했습니다. 카르카트 만은 사향을 팔기 위해 캘커타로 왔었는데, 우연히 도슨이 말씀을 전하고 있는 모임에 참석하게 되었습니다. 나중에 도슨은 그를 주님께로 인도하게 되었습니다. 이제 휴버트 미첼은 양육을 위해 그와 함께 개인적으로 시간을 보낼 것을 약속했습니다. 개방적인 마음을 가진 미첼은 "도슨, 이번 주에 내 생각은 획기적으로 바뀌었습니다"라고 선언했습니다. "나는 이 네 사람 - 카르카트 만, 중국인 1명, 인도네시아인 1명, 그리고 인도인 1명 - 에게 주된 초점을 맞출 것입니다. 나는 알았습니다. 만약 내가 대규모 집회를 가지면서도 이 사람들과 함께하며 그들에게 시간을 투자한다면, 우리는 그들이 자기 나라로 돌아가서 그 나라 사람들에게 동일한 행동을 하는 것을 보게 될 것입니다."

도슨은 참으로 기뻤습니다. 72시간 전에 끼어든 한 사람의 제안을 받고 사역의 접근 방식 자체를 전부 바꾸고자 하는 이 사람에 대해 도슨은 경탄해 마지않았습니다. 그러나 도슨은 휴버트의 확신이 하나님과 하나님의 말씀으로부터 말미암은 것이며 그가 끝까지 이를 따를 것임을 알고 있었습니다. 도슨은 그를 도와야 한다고 생각하게 되었고, 인도를 위해 네비게이토를 한 사람 보내야 했습니다. 만약 윌리엄 케리 이후로 선교사들 가운데 반수만이라도 바울이 디모데에게 했던 간단한 방식, 즉 한 사람을 개인적으로 가르치고, 그를 충성된 사람에게 투자하도록 훈련시켜서, 그 충성된 사람이 다른 사람을 가르칠 수 있도록 하는 방식을 따랐더라면, 지금 인도는 어디쯤 와 있게 되었을까? 아마도 전 세계에 인도 선교사들을 보냈을 것입니다! 그러나 금세기 중반에 유행했던 대규모 집회는, 이를 통하여 많은 사람들에게 복음이 전파되기를 기대했지만 기대에 크게 못 미쳤습니다. 이제는 선교사들도 뭔가가 더 필요하다고 느끼고 있었습니다.

봄베이의 한 커다란 교회에서 모임을 마친 후 그들은 기차, 버스, 그리고 지프로 여행을 하여 마하블레스와(인도 중서부에 위치한 마하라슈트라 주의 휴양지, 역자 주)에 도착했습니다. 산속에 있는 휴양지였는데, 서양에서 온 사람들이 더위를 피하며 언어를 배우기 위해 가는 곳이었습니다. 도슨은 미첼 및 단 힐리스와 기도 시간을 많이 가질 수 있으리라 기대하였으며, 80여 명의 선교사들을 만나 교제를 하며 3일 동안 여러 차례에 걸쳐 그들에게 말씀을 전할 예정이었습니다. 영적으로 소진된 선교사들은 도슨을 개인적으로 찾아와 대화를 나누었습니다. 도슨은 실패와 실망으로 가득 찬 그들의 이야기를 들으며 마음이 무척 아팠습니다. 모든 문제가 같은 뿌리에서 비롯되었습니다. 개인적으로 갖는 기도 시간과 경건의 시간이 취약하고, 자신의 영적 건강을 위해 말씀을 섭취하는 면이 부족했으며, 개인 전도가 없었고, 그리하여 이런 좋은 것들을 인도 사람들의 삶에 심어 주지 못했습니다. 그 결과, 열매가 없다는 데서 생기는 실망감만 느끼고 있었습니다.

여기서 다시 도슨은 해외 선교를 위해 그들이 받은 훈련에는 가장 필요한 두 가지가 빠져 있었다는 생각을 하게 되었습니다. 하나는 그리스도께 인도한 사람들을 제자로 삼는 일의 중요성과 실제적인 방법을 아는 것이며, 또 하나는 선교사들 자신이 주님과의 개인적인 교제를 유지하는 일이었습니다. 도슨은 전투에서 사기가 떨어진 이 주님의 군사들을 격려하고, 기운이 빠져 있는 그들이 회복할 수 있도록 적어도 한 가지 도움을 주고자 시도했는데, 그것은 바로 주제별 성경 암송 과정이었습니다. 많은 사람들이 암송을 하겠다고 했으며, 좀 더 의미 있는 영적 삶을 살고 열매가 풍성한 사역을 하기 위해 이 새로운 과정을 밟고자 하는 마음을 먹었습니다.

중동의 하늘을 날아 미국으로 돌아오면서 도슨은 사도행전에 나오는 나라를 경외감 가운데 내려다보았습니다. "다마스커스에 잠깐 기착했을 때 당연히 내 가슴은 뛰었습니다"라고 도슨은 편지에 썼습니다. "여기서 바울은 아나니아를 통해 사명을 받았습니다. 그리고 나중에는 성벽에서 광주리를 타고 내려왔습니다.… 내게도 동일한 하나님이 계시며, 바울과 동일한 계획 가운데 있고, 동일한 성령을 모시고 있으며, 동일한 하나님의 말씀을 가지고 있다는 생각을 하자 새로운 희망이 생겼습니다."

유럽 또한 도슨에게는 놀라웠습니다. 벨기에, 네덜란드, 스위스, 영국, 그리고 프랑스를 거치면서 도슨은 새로운 풍경과 언어, 특이한 화폐와 관습 등 세세한 모든 것들에 흥미를 보였으며, 자세히 관찰하면서 자기 마음에 가장 가까이에 있는 것과 필연적으로 연관을 시켰습니다. 프랑스의 님에서 도슨은 이렇게 편지를 썼습니다. "어제 기차를 타고 지나가며 폐허가 된 여러 유적들을 보았는데, 무척 인상적이었습니다. 그때 나는 생각했습니다. 내가 암송하고 있는 이사야의 말씀은 이 유적들보다도 더 오래되었다는 것입니다. 그러나 하나님의 말씀들은 시간이 지나도 없어지거나 닳지 않고 그대로 살아 있으며, 마치 처음 양피지에 기록하여 잉크가 마르고 있는 그 순간만큼이나 생생합니다."

도슨은 여러 모임에서 말씀을 전했습니다. 네덜란드의 도언에 있는 성경학교, 파리 및 다른 여러 도시에서 양육에 대하여 배우려고 모여든 많은 사람들에게 말씀을 전했습니다. 기계 장치로 꾸민 수레바퀴는 각 지역의 언어로 각 살에 글자가 기록되어 있었습니다. 그러나 도슨은 장차 하나님의 계획에서 전략적인 역할을 할 것 같은 사람들을 발견한 것이 가장 신났습니다. 네덜란드의 한 전쟁미망인은 네덜란드에 주제별 성경 암송 과정을 번역하여 배포하기를 원했습니다. 그리고 한 프랑스 젊은이는 그리스도를 프랑스 전역에 전파하는 일에 짐을 느꼈습니다. 이전에 영국군 위생병이었던 조 시몬즈는 맨체스터에 있었는데, 전쟁 당시 뉴욕에서 하이타워를 만나 성경 암송과 성경공부를 시작하였고 영국에도 이와 동일한 필요가 있음을 깨달은 사람이었습니다. 도슨은 이들이 디모데후서 2:2의 중요성을 이해하기만 한다면 그들 나라에서 사역의 문을 여는 열쇠가 될 사람들이라고 생각했습니다.

파리에서 혼자 자유롭게 저녁 시간을 보낼 기회가 생겼는데, 도슨은 주님과 함께 시간을 보내기로 결심하였습니다. 조지 5세 호텔 옥상으로 올라간 도슨은 파리 거리의 화려함과 죄악 됨을 밑에 두고, 남부 캘리포니아에서 하던 것처럼 5월의 밤하늘 아래에서 담요를 두른 채 사랑하는 주님과 몇 시간에 걸친 교제를 즐겼습니다. 도슨의 기도는 영역이 넓었는데, 고향에 있는 사랑하는 사람들에서부터 중국, 인도, 그리고 유럽에 이르는 광활한 땅을 위해 기도했습니다. 하나님께서 도슨에게 보도록 해주신 어마어마한 필요는 두려울 정도였습니다. 마치 1퍼센트만 이루어지고 나머지 99퍼센트는 그대로 남아 있는 것처럼 보였습니다. 양육에 대한 도움을 받고자 하는 요청은 이미 도슨이 어떻게 대답해야 할지 모를 정도로 많아지고 있었습니다. 그러나 도슨은 생각했습니다. '하나님께서는 세상을 사랑하시어 열두 제자를 세상이라는 선교지로 보내셨다. 그들은 누가 보더라도 준비가 덜 된 사람들이었지만 하나님께서는 그들을 사용하셨다. 우리도 선교사를 보내야 한다. 이 일은 하나님의 은혜로만 이루어질 수 있다.' 이를 위해 제일 먼저 해야 할 일은 미국에 있는 모든 자원과 사람을 동원하여, 여러 나라에서 해오는 이러한 요청에 대해 깊이 생각하며 거기에 응하도록 하는 일이었습니다.

하늘의 별을 바라보면서 도슨은 하나님의 능력과 분명한 계획을 보여 주는 이사야서의 위대한 약속들을 소리를 내어 암송했습니다. "주님, 주님을 더욱 기쁘시게 해드리기를 원합니다. 우리가 무엇을 하기를 원하십니까? 우리가 하고 있는 일 가운데 중단해야 할 일은 무엇입니까?… 우리가 반드시 시작해야 하는 일 가운데 빠뜨리고 있는 일은 무엇입니까?"

이 과업의 기본은 바로 그리스도의 제자가 되고자 하는 모든 사람의 삶에 수레바퀴 삶을 심어 주는 것임을 다시 확신하였습니다. 그리스도 중심의 삶을 살도록 돕는 것이 최소한의 목표였는데, 말씀 및 기도라는 수직 살과 순종 및 증거라는 수평 살이 균형을 이루는 것이 필요했습니다. 그리고 말씀의 손 예화가 있었습니다. 하나님의 말씀을 개인의 삶에서 어떻게 섭취하며 왜 그렇게 해야 하는지를 가르쳐 주는 내용이었습니다. 도슨은 주님께서 그 어둠 속에서 자신에게 심어 주고 계시는 것이라고 생각되는 수레바퀴 예화와 말씀의 손 예화를 묵상하면서, 펜과 종이 대신에 기억하기 쉬운 도구를 택하기로 했는데, 자신의 요점들을 북쪽 하늘에 걸려 있는 국자 모양의 북두칠성과 연관시켰습니다. 국자의 손잡이와 통을 연결하는 중심에 있는 별은 바로 '수레바퀴 삶'이었습니다. 이것은 진정으로 중심이 되었기 때문입니다. 말씀의 살을 밑에 있는 별로 내려뜨려 이를 '말씀의 손'이라 불렀습니다. 말씀을 섭취하는 네 가지 방법과 묵상하는 엄지손가락은 각 손가락과 함께 말씀을 좀 더 견고히 잡게 하였습니다.

또 다른 중요한 강조점은 '전도'에 주어졌습니다. 도슨은 이를 오른쪽 아래에 있는 별에 할당했고, 이로써 삽 모양이 되었습니다. 바로 이것이었습니다. 전도는 사람들을 그리스도의 몸 된 교회로 퍼 올리는 것이었습니다. 그리고 전도 다음에는 당연히 양육이 뒤따라야 했습니다. 그 다음 별에는 '양육'이 할당되었습니다. 이로써 네 개의 별로 사각형 모양의 통이 이루어졌습니다. 보기에 좋았습니다! 이 통은 전도의 결과로 생긴 열매들을 잃지 않도록 보존합니다.

그 다음에는 무엇이 있을까? 도슨은 이런 기본적인 요소들을 확증시켜 주고 계시는 하나님의 역사하심을 보며 흥분을 감추지 못하였습니다. 그 다음으로 꼭 필요한 것은 본을 보이는 것이었습니다. 그리스도의 종은 반드시 바울처럼 말할 수 있어야 합니다. "내가 그리스도를 본받는 자 된 것같이 너희는 나를 본받는 자가 되라." 어린 그리스도인에게 "나처럼 행하라"라고 가르치며 본을 보이는 것은, 가르치는 사람에게는 목적을 이룰 수 있는 지렛대를 주고, 배우는 사람에게는 희망을 줍니다. 본을 통해, 배우는 사람은 자기를 가르치는 사람이 평범하며, 자기에게 도달할 수 있는 목표를 가르쳐 주고 있다는 것을 알게 됩니다. 또한 그가 가르치고 있는 바를 먼저 직접 행함으로써 자기에게 본을 보이고 있다는 것을 알게 됩니다. 배우는 사람은 자기도 할 수 있다는 자신감을 얻습니다. 자기는 허드슨 테일러와 같은 영적 거인의 발자취를 따르는 것이 아니라 친구와 같은 사람을 따르기 때문입니다. 도슨은 통에 가장 가까이에 있으면서 손잡이에 있는 이 별을 '본을 보임'이라고 불렀습니다.

다른 지체를 섬기는 것도 포함되어야 했습니다. 하나님의 일꾼들은 마땅히 그리스도 안의 다른 지체들을 돌아보고 격려하며 세워 주기를 힘써야 합니다. 지금까지 도슨은 다른 사람들이 그들의 비전을 성취하도록 돕고 격려하는 일을 늘 해왔습니다. "각각 자기 일을 돌아볼 뿐더러, 각각 다른 사람들의 일을 돌아보아." 도슨은 '다른 지체를 섬김'이라는 요소를 손잡이의 다음 별로 지정하여 기억하기로 했습니다.

손잡이의 가장 끝까지 다다르게 되었는데, 마지막에 있는 별은 '세계비전'이 되어야만 했습니다. 세상 전체, 하나님께서 너무도 사랑하시는 세상에 대한 비전이었습니다. 도슨은 나폴레옹의 부하들이 세계 지도를 가지고 다녔는데, 이는 자신들의 지도자인 나폴레옹이 세계 전체를 정복하기를 바란다는 것을 상기하기 위한 것이란 말을 들었습니다. 하나님의 사람들은 반드시 그들의 마음에 하나님의 마음에 있는 것을 품어야 하며, 한시도 세계 전체를 잊지 않아야만 합니다. "너희는 온 천하에 다니며 만민에게 복음을 전파하라.… 모든 족속으로 제자를 삼아.… 예루살렘과 온 유대와 사마리아와 땅 끝까지 이르러…." 다시 각각의 별을 하나하나 세어 보며 각 별에 할당한 요소가 정말 중요한 것인지에 대하여 따져 보았는데, 갑자기 도슨은 별을 하나하나 살피는 과정에서 또 다른 의미를 발견하게 되었습니다. 북두칠성은 늘 북극성을 가리키고 있으며 그 주위를 돌고 있었습니다. 이처럼 제자의 삶은 언제나 주 예수 그리스도를 향하고 있어야 합니다.

✳ ✳ ✳

캘리포니아의 시에라네바다 산맥 중심부에 있는 휴레이크 캠프는 헌신된 그리스도인들이 힘을 합쳐 문을 연 곳인데, 1948년 네비게이토 전체 수양회, 간사 수양회, 그리고 자매 수양회가 이곳에서 열렸습니다. 여기서 도슨은 북두칠성 예화를 전하며 참석자들에게 도전했습니다. 익숙한 원리를 전혀 새로운 패키지에 담은 것입니다. 이를 공식적인 견해로 만듦으로써 효과를 증가시킬 수 있었습니다. 그 여행을 통해 도슨의 마음이 불타올랐기 때문에, 도슨은 이 젊은 형제자매들에게 전 세계의 추수터에서 그들이 감당할 수 있는 역할을 설명하며 동기를 부여했습니다. 도슨은 100명의 사람들에게, 네비게이토에서 강조하는 것을 가지고 세상으로 나아가 빠져 있는 부분을 채우는 데 기여하라고 직접적인 도전을 하였습니다. 만약 빠진 고리가 연결된다면 지상사명은 그들 세대에 성취될 수 있을 것입니다.

이 과업은 3단계로 이루어진다고 도슨은 말했습니다. 첫째, 위클리프나 중국에서 모리슨이 했던 것처럼 한 부족이나 민족에게 그들의 언어로 된 성경을 주는 것입니다. 그 다음은 전도자와 선교사들의 일이 이어지는데, 복음을 전하고 영접자를 얻는 것입니다. 세 번째 단계는 양육으로서, 새로이 믿은 그리스도인들을 그리스도 안에서 성숙하도록 길러 주는 것인데, 그들이 또 다른 사람들에게 나아갈 수 있게 해주는 것입니다. 양육을 전문으로 하는 일꾼의 필요성은 점차 알려지게 되었고, 네비게이토는 이 세 번째 단계에서 가장 많은 것을 도울 수 있다고 도슨은 말했습니다. "중국과 인도에 있는 선교사들은 하나님께서 우리에게 맡겨 주신 많은 것에 대하여 잘 모르고 있다고 고백했으며, 우리에게 도움을 요청했습니다." 교계의 다른 기관들이 도움을 요청할 정도로 네비게이토에 대하여 큰 신뢰감을 표시하는 것은 하나의 큰 도약으로 느껴졌습니다. 이제는 갈 수 있는 사람들을 찾아 발견하고, 갈 수 있도록 준비시키며, 그들을 보내는 일만이 남았습니다.

그러나 어떤 사람을 보내야 하는가? 도슨은 모든 지역에 수십 명을 보내기를 원했습니다. 그러나 도슨은 일꾼의 수준이 숫자보다 훨씬 더 중요하다고 믿었습니다. 하나님께서는 기드온의 얼마 안 되는 군사들도 훨씬 더 줄이셨기 때문입니다. 도슨은 그곳에 참석한 모든 사람에게 그들이 바로 그러한 일꾼이 되어야 한다는 소망을 심어 주었습니다. 도슨은 주먹을 불끈 쥐고 턱을 내밀며 "세계비전을 가지십시오"라고 힘주어 말했습니다. "만약 여러분이 미니애폴리스를 떠날 기회가 전혀 생기지 않더라도 하나님께 구하기만 하면 하나님께서는 복음을 땅 끝까지 전파하는 일에 당신을 사용하실 수 있습니다. 나는 여러분이 자신을 얼마나 작고 보잘것없는 사람으로 생각하는지에 대해서는 개의치 않습니다. 중요한 것은 하나님이 누구시냐 하는 것입니다. 하나님께서는 다니엘의 하나님이시며, '너는 내게 부르짖으라. 내가 네게 응답하겠고 네가 알지 못하는 크고 비밀한 일을 네게 보이리라'고 말씀하신 하나님이십니다. 여러분 가운데는 한 사람을 만나 그가 다른 사람에게 전도할 수 있을 정도까지 돕는 일을 하지 못할 만큼 작거나 별 볼일 없는 사람은 하나도 없습니다. 한 사람을 전도하고 양육함으로써 땅 끝까지 나아갈 수 있습니다."

이렇게 형제들 가운데 가장 작은 자라도 땅 끝까지 나아갈 수 있다고 말한 뒤에, 도슨은 사역의 수준과 일꾼들이 반드시 갖추어야 할 자질에 대하여 강조하기 시작했습니다. 도슨은 믿음과 순종에 대하여 강하게 도전했습니다. 익숙한 성경 구절의 내용을 통해 하나님께 대한 믿음과 순종이 어떻게 연관되어 있는지를 보여 주었습니다. 도슨은 북두칠성 예화에 담긴 여러 요소에 대해 깊이 있는 메시지를 전했습니다. 그리고 하나님께 쓰임받는 일에 방해가 되는 것들, 예를 들어 죄, 기도하지 않는 것, 용기 부족, 분주함 등에 대하여 경고도 했습니다. 그리고 체계적인 성경 암송의 유익을 세세히 나열했습니다. 개정된 STS가 수양회 참석자들에게 주어졌는데, 성경의 한 장 혹은 일부분을 네 가지 방식으로 분석하는 것이었습니다. 그리고 주님을 위해 일하고 있는 다른 사람들을 알아주고, 그들을 격려하며 적극적으로 함께하라는 권면도 했습니다.

열심이 많았던 한 학생이 도슨에게 물었습니다. "어떻게 그렇게 빨리 성장할 수 있었습니까? 제가 형제님의 나이가 되었을 때 형제님의 반만큼이라도 되었으면 좋겠습니다." 도슨은 이전과는 달리 이제는 분명하게 깨닫게 된 영역에 대하여 잠시 생각했습니다. "당신이 내 나이가 되었을 때 만약 나보다 두 배 이상 성장하지 못했다면 나는 매우 실망할 것입니다"라고 도슨은 대답했습니다. 참석자들은 홈레이크를 떠날 때 미니애폴리스 혹은 시애틀에서 한 사람으로 시작하여 땅 끝까지 나아가고자 하는 강한 동기를 부여받게 되었습니다. 동시에 말씀에 깊이 파고들면서, 필요가 있는 곳이면 어디든지 하나님께서 보내셔서 사용하실 수 있는 사람이 되기 위하여 준비를 하였습니다. 그들은 시애틀에서 이루어진 배가의 본을 보았습니다. 찰리 릭스는 육군 장교인데 쎄니가 훈련시켰고, 찰리는 얼마 지나지 않아 조지 클라크를 돕게 되었으며, 조지는 또 다른 사람을 만났고, 그 또 다른 사람은 다시 또 다른 사람을 도왔던 것입니다. 그 모든 사람이 그 수양회에 참석하였습니다. 쎄니는 4년 전에 받은 "당신의 사람에게 집중하라"라는 명령을 간직하고 지켰던 것입니다.

  도슨은 이제 경험을 통해 검증된 이 원리들을 적극적으로 널리 알리기 시작할 때가 되었다고 생각했습니다. 이를 위해서는 두 가지가 필요하다고 생각하였습니다. 첫째, 네비게이토 자체 사역을 더욱 많은 지역으로 확장하는 것입니다. 둘째, 지금까지 도슨은 다른 기관의 지도자들을 만나 양육의 필요성과 본을 보이는 삶을 도전했는데, 이제는 양육의 원리를 전파할 새로운 사람들을 계발하고 훈련시키는 것입니다. 그러자면 장차 지도자가 될 사람들이 많이 필요했습니다. 그들은 전도와 양육에 능할 뿐 아니라 다른 사람을 제자로 훈련시키는 일을 수준 높게 할 수 있는 사람들입니다. 홈레이크는 소수의 사람들을 대상으로 하계 지도자 훈련 과정을 진행할 수 있는 이상적인 장소였습니다. 먼저 통나무집을 짓는 일부터 시작할 수 있었습니다. 그리고 이 집에서 지내면서 집중적인 훈련 프로그램을 진행하는 것입니다. 그러면서 그들은 청소년 캠프를 운영함으로써 사역의 기회를 얻을 수 있었습니다. 도슨은 통나무집 프로젝트를 존 크로포드에게 맡겼습니다. 해군에서 막 제대한 그는 오클랜드 네비게이토 선교관에서 살고 있었습니다. 기회가 생기기만 하면 집을 짓기 시작할 것입니다.

중국 여행 전에 도슨은 YFC의 토리 존슨에게서 스위스의 비텐베르크에서 말씀을 전해 달라는 부탁을 받았습니다. 8월에 27개국에서 모인 400명의 대표들이 최초의 YFC 국제 수양회를 갖기로 되어 있었습니다. 도슨은 또한 IVF의 스테이시 우즈의 초청을 받아들였습니다. 로잔에서 300명의 학생 대표들이 모여 국제 수양회를 하는데 말씀을 전해 달라고 했던 것입니다. 도슨에게는 마음에 불타오르고 있던 메시지를 전달할 수 있는 참으로 귀한 기회였습니다. 도슨은 힐리스, 미첼, 그리고 모컨에게 편지를 썼습니다.

하나님께서 내 마음에 무언가를 행하셨다고 말하는 것은 부드럽게 말하는 것입니다. 지난 15년 동안 하나님께서는 바로 이 시간을 위하여 나를 준비시켜 오셨다는 것을 깨닫게 되었습니다. 내 앞에 주어진 일을 마치기 위하여 일하고 싸우고 전진해야만 합니다.… 바로 우리 세대에 복음을 전파하고 모든 영혼들에게 이를 듣도록 기회를 주는 것입니다.

중국, 인도, 네덜란드, 프랑스, 스위스, 벨기에 등지에서 줄곧 의문을 품어 왔던 한 가지가 있었는데, 나는 이제 이것을 확실히 알고, 많은 선교사와 일꾼들에게 말했습니다. 바로 적절한 양육이 결여되어 있으며, 심지어 이를 시작하지도 않고 있고, 이런 필요를 잘 깨닫지도 못하고 있고, 이 일을 어떻게 해야 할지 배우지도 않았으며, 막연히 무언가가 행해지기를 기대하고만 있다는 것입니다. 그들이 복음을 전했던 사람들은 개인 사역에는 전혀 드려지지 않고 있으며, 자기들의 전도를 통해 그리스도께 돌아온 사람들과 무엇을 해야 할지를 전혀 모릅니다. 만약 지난 150년 동안 중국에 간 1-2만 명의 선교사들 가운데 몇몇 사람이라도 성경에서 전도와 양육과 배가에 대하여 가르치는 바를 알았더라면… 지난 100년 동안 각 세대는 복음을 들을 수 있었을 것입니다. 그런데 오늘날에 들리는 소리는 단지 "좀 더 많은 선교사를 보내어 달라"는 것입니다. 마치 이렇게 하면 과업이 완성될 것처럼 생각하는 것입니다. 수천 명의 선교사도 지난 수십 년 동안 몇 억 명도 만나지 못했습니다. 그렇다면 몇 천 명의 선교사를 더한다고 해서 현재 상황이 해결되겠습니까?

　마가복음 16:15을 성취하는 비밀은 바로 마태복음의 마지막 구절에 있습니다. 제자를 삼는 것입니다. 내 마음은 이것에 고정되어 있습니다.… 나는 앞으로 5년에서 7년 사이에, 그 이후에 이어지는 세월에 대해서는 언급할 필요도 없이, 구원받는 영혼이 두 배가 되게 할 수 있다고 진심으로 믿습니다. 전 세계에는 20억의 사람이 살고 있으며, 참으로 크고 어려운 과업이 앞에 놓여 있습니다. 그러나 너무 큰 일은 아닙니다. 나는 우리 세대에 하나님의 복음을 땅 끝까지 전할 수 있다고 믿습니다.

　우리 모든 동역자들이 아침 일찍 만나 기도 모임을 가지면서 하나님께서 전 세계를 변화시켜 주시도록 기도했던 것을 생각하면 흥분됩니다. 비록 지구 정반대편에 떨어져 있지만 우리는 이 일을 위해 한마음으로 일하고 있습니다. 그것은 바로 놀라운 우리 주님께서 마음에 품고 계신 일입니다.

도슨은 자신의 메시지를 듣고 많은 사람들이 도전을 받는 것을 보고 격려를 받았습니다. 중국 내지 선교회의 포드 캔필드 박사는 아더 글래서에게 네비게이토의 양육 방법을 중국 선교사 후보생들에게 가르쳐 달라고 2년 전에 부탁했었습니다. 그리고 국제 YFC의 젊고 의욕적이며 활동적인 일꾼들은 509번지 선교관에서 전한 말씀을 듣고 상당히 적극적인 반응을 보였습니다. 도슨은 미네소타 주의 메디슨 레이크에서 가진 모임에서 그들을 만났고, 종종 여러 지역의 모임에서도 만났습니다. 토리 존슨과 점심을 먹으면서 도슨은 매일 한 시간 동안 이런 내용을 비텐베르크에서 전할 수 있도록 담대히 요청했습니다. 존슨은 동의하였으며, 또한 그곳에 있는 키맨들과 함께 퀸메리호에서 시간을 보낼 수 있다고 했습니다.

모든 사람이 그렇게 적극적으로 받아들인 것은 아니었습니다. 유럽으로 떠나기 전에 이제는 부회장으로 본부 사무실에 있는 론 쎄니와 함께 도슨은 부다페스트에서 온 유명한 기독교 지도자를 접대하였습니다. 도슨은 유럽에 대한 열망을 얘기하면서 네비게이토의 사역을 소개하였습니다. 그리고 예를 들기 위하여 주제별 성경 암송 과정을 바닥에 펼쳐 보였습니다.

"이런 것을 유럽에 보내려고 돈을 허비하지 마십시오"라고 그는 일소에 붙였습니다. "대신에 돈을 보내십시오. 유럽 사람들은 이런 것을 받아들이지 않을 것입니다." 이런 냉담한 반응에 도슨은 더욱 굳게 결심하였습니다. 나중에 도슨은 강한 어조로 이렇게 말했습니다. "쎄니, 설사 내가 유럽으로 이사를 가야 한다 할지라도 우리는 유럽 사람들이 성경을 암송하는 것을 꼭 보고야 말 것입니다.… 내가 말하는 바가 무엇인지 이해했습니까?" "분명히 이해했습니다." 쎄니는 도슨이 말한 것처럼 되어야 한다고 굳게 믿었던 것입니다.

비텐베르크에서 도슨은 굉장히 자유로움을 느끼며 참석자들에게 말씀을 전할 수 있었습니다. 그곳에는 유명한 강사들이 많이 참석하였는데도 자신에게 시간을 후하게 배정하여 준 것에 대하여 크게 감사하였습니다.

스위스 산자락에서 기도를 위해 네 사람이 모였는데, 이것이 그 주간의 하이라이트였습니다. 휴버트 미첼은 이렇게 회상합니다. "도슨은 우리들에게 기도와 묵상의 시간을 함께 갖자고 제안하였습니다. 빌리 그래함과 봅 에반스가 함께하였습니다. 우리들은 각자의 필요, 자신의 단점들, 사람들을 돕는 일에서의 무능력함을 그대로 드러내어 놓는 시간을 가졌습니다. 그리고 우리들은 성경을 마음에 새기고 더욱 깊이 알아 가자는 언약을 서로 맺었습니다. 우리 네 사람은 서로 손을 잡고 진정으로 말씀을 아는 일에 헌신하기로 했습니다. 성경에 대해서 아는 것이 아니라 성경 자체를 아는 일이었습니다."

빌리 그래함은 세 친구에게 미니애폴리스에 있는 노스웨스턴 성경대학의 총장직에 대하여 조언을 구하며 함께 기도해 달라고 요청했습니다. 이 자리는 사람들에게 널리 존경을 받았던 윌리엄 릴리 박사가 빌리 그래함에게 제의한 것으로 빌리 그래함은 이런 사역에 자격이 있거나 부르심을 받았다고 생각하지 않았습니다. 다른 사람들은 이를 받아들이라고 말했습니다. 그러나 도슨은 몇 가지 질문을 던졌습니다. "빌리, 성경학교를 책임 맡으면 무엇을 할 생각입니까?" "다른 사람이라면 어떻게 할 것 같습니까?" "미국에 있는 다른 성경학교들은 해야 할 바를 제대로 감당하고 있다고 생각합니까?" 좀 더 생각할 수 있는 질문이었습니다. "당신은 무엇을 해야 한다고 생각합니까?"라고 빌리 그래함이 물었습니다.

"빌리, 성경학교가 제일 먼저 해야 할 일 가운데 하나는, 바로 양육하는 방법을 가르치는 일입니다. 한 사람을 그리스도께로 인도하고 다시 그가 다른 사람을 전도하여 양육할 수 있는 수준까지 성장하도록 돕는 것입니다. 이것이 기본임에도 불구하고, 미국에 있는 어떤 성경학교도 이런 내용을 가르치는 커리큘럼을 가지고 있지 않습니다." 그래함은 진심 어린 반응을 보였습니다. "도슨, 당신이야말로 그 학교에 꼭 필요한 것을 가지고 있습니다. 와서 그것을 학생들에게 전달해 주십시오!"

"나는 할 수 없습니다"라고 도슨은 응답했습니다. "왜 그렇습니까? 무엇이 필요합니까? 돈? 사람?" 빌리 그래함은 이해가 되지 않았습니다. "먼저 나는 당신이 필요합니다"라는 예상치 못한 대답이 나왔습니다. "만약 당신이 그것을 마음에 깊이 간직하고 새기고 본을 보인다면, 우리는 학생들에게 이것을 전달하는 데에 아무런 어려움도 없을 것입니다." "좋습니다. 그렇게 하겠습니다"라고 그래함은 동의했습니다.

빌리 그래함은 노스웨스턴 총장직을 승낙했고, 이곳을 전 세계 전도를 위한 기지로 만들고자 했습니다. 그는 에반스와 도슨을 초청하여, 2월에 2주 동안 열리는 선교를 위한 수양회에서 1,000명의 학생과 교수진 앞에서 말씀을 전하도록 하는 계획을 세웠습니다. "빌리는 학교의 목표를 이루고자 한다면 먼저 자기의 마음에서부터 이루어져야 한다는 사실을 깨닫기 시작한 것 같습니다"라고 도슨은 그 수양회 기간 동안에 에반스와 함께 시간을 보내며 말했습니다. 도슨은 매일 자기가 맡은 시간에 그래함과 교수진이 참석해야 한다는 것을 조건으로 했습니다. 젊은 시절 십여 년 동안 그래함은 스스로를 철저하게 훈련하는 도슨을 보고 감탄했었습니다. 이제 도슨은 40대가 되었는데도 여전히 새로운 구절을 암송하며 이미 알고 있는 수많은 구절에 더하고 있었습니다. 훈련이 그리 쉽지 않은 상황이며 자기의 재능과 능력으로 해나갈 수 있음에도 불구하고 영적 건강을 유지하기 위하여 강력한 조치를 취하는 도슨의 모습을 보고, 그는 도슨을 깊이 존경하게 되었습니다. 빌리 그래함은 자신과 마찬가지로 도슨의 마음에도 하나님을 간절히 알고자 하는 열망이 있으며, 다른 사람이 하나님을 알도록 인도하기 위해 무엇이라도 하고자 하는 열망이 있음을 보게 되었습니다.

밥 에반스는 유럽에 대한 자기의 짐을 나누었습니다. 유럽을 선교지로 보는 사람은 거의 없었습니다. 유럽은 대부분 그리스도인들이라고 막연하게 짐작하거나 혹은 '기회가 늘 있기 때문에' 선교의 대상이 아니라고 생각하는 것입니다. 에반스는 프랑스에 성경학교를 세우기로 계획했습니다. 유럽을 복음화하기 위하여 이곳에서 유럽의 젊은이들을 훈련시키는 것입니다. 그는 자기 학교에서 네비게이토의 강조점을 널리 알리기로 했습니다. 해군 군목으로서 그리고 도슨과 자주 만남으로써 네비게이토 사역을 높이 평가하게 된 것입니다. 이러한 좋은 인상은 도슨과 함께 파리에서 시간을 보낼 때 북두칠성 예화를 들으며 더욱 깊어졌습니다.

도슨은 그래함의 간청을 따라 단 로젠버거를 1949년 가을에 노스웨스턴으로 보내어 네비게이토 과정을 소개하는 3개의 강좌를 맡도록 했습니다. 그러나 학교 이사회에서는 이를 승인하지 않으려 했습니다. 학점을 주든 주지 않든 그런 과정을 개설한 학교는 없으니 이건 지나친 게 아닌가 하는 것이었습니다. 그러나 로젠버거의 강의는 즉시로 큰 인기를 끌었습니다. 학점이 주어지는 강의가 아니었음에도 불구하고 이 강의를 통해 유익을 얻기를 갈망하는 상당수의 사람들이 등록을 했으며, 앞으로 그리스도를 섬기는 일을 할 때에 사용할 수 있는 실제적인 내용들을 배웠습니다.

그해 봄에 한 커다란 선교 기관의 수양회에서 말씀을 전한 후에 도슨은 중국에 있는 아더 글래서에게 편지를 썼습니다. "성경학교와 신학교 훈련을 마쳤지만 기본적인 원리들을 잘 모르고 있는, 장차 선교사가 될 이 젊은이들을 만나면서 우리의 마음은 무척 아팠습니다.…그리고 하나님의 은혜로 이것은 변화될 것입니다. 우리는 '나는 바로 이 한 가지를 합니다!'라고 말해도 과언이 아닐 것입니다. 우리는 균형을 잃지 않도록 기도하면서도 이 한 가지에 집중하고 있습니다."

로젠버거는 미니애폴리스로 몇몇 제대한 네비게이토를 데리고 갔습니다. 이들은 로젠버거가 크리스맨을 이어 오클랜드의 네비게이토 지역 대표로 일할 때 함께했던 사람들이었습니다. 그들은 그 지역의 여러 학교에 등록했으며, 팀을 형성하여 동료 학생들을 대상으로 사역을 했습니다. 오클랜드에 있었던 또 다른 해군 출신인 윌리엄 플레처는 이미 그곳 학교에 등록하여 개인적으로 몇 사람의 학생을 훈련하고 있었습니다. 가르침의 은사가 있었던 로젠버거는 개인 성경공부, 성경 암송, 그리고 양육에 대한 강좌를 더욱 발전시켰으며, 또한 그는 분석과 요약을 좋아했기 때문에 이 강좌들을 묶어 파악하기 쉽게 만들었습니다.

그러나 도슨은 이러한 강조점들을 어떤 틀 속에 체계화시키는 것에 대하여 신중을 기했습니다. 도슨은 틀을 만들어 놓으면 배우는 사람의 마음속에 진리가 살아 있도록 하는 일을 방해할 수 있다고 염려했던 것입니다. 원리를 잘 정리해 놓으면 너무도 쉽게 전달이 되고 이것을 '훈련'이라고 생각하게 되어, 삶에서 새로움도 없고 자발성도 없이 단지 노트에 적힐 뿐이기 때문입니다. 또한 그것은 도슨에게 '강의식 수업 방식'을 기억나게 했습니다. 도슨은 "말한다고 가르치는 게 아니며, 듣는다고 배우는 게 아니다"라는 유명한 격언을 인용하면서 이것이 적절하지 않다고 말해 왔기 때문입니다.

로버트슨, 로젠버거, 그리고 로러는 네비게이토 원리에 대하여 성경적인 해석을 하려고 노력했으며, 중요한 주제와 부제를 요약하고 영역별로 묶은 후에, 키맨을 훈련하는 데에 필요한 각 영역을 시간

순서에 따라 표로 작성했습니다. 도슨은 이를 면밀하게 살펴보았는데, 그들의 적극적인 태도를 꺾으려는 의도가 아니라 아직 온전히 자기 것이 되지 못한 원리들을 그저 전달하는 일에만 드려질 것을 염려하였기 때문입니다. 쎄니는 도슨이 중국 여행을 떠나기 전에 로스앤젤레스 본부로 옮겨 왔는데, 도슨이 강조하는, 성령 안에서 누리는 자유함과 융통성을 올바로 이해하고 있었습니다. "도슨, 부회장으로서 내가 할 책임은 무엇입니까?"라고 쎄니가 물었습니다. "우리는 그런 식으로 일하지 않습니다"라고 도슨은 대답했습니다. "우리는 사람들에게 직함과 그 직함에 따라 해야 할 일을 주지 않습니다. 대신에 우리는 그에게 해야 할 일을 줍니다. 만약 그 책임을 명확하게 하는 데 필요하다면 직함을 줍니다."

도슨은 함께하는 형제들을 훈련할 때에 어떤 틀에 매이거나 제한을 두지 않고 자유롭게 권면하였는데, 처음에는 도슨의 의도를 제대로 이해하지 못했던 로젠버거나 함께 일하는 다른 젊은 형제들이 마음에 어려움을 느끼기도 했습니다. 도슨은 경험도 풍부할 뿐만 아니라 더 깊이 생각하고 더 멀리 내다볼 수 있는 능력이 있었으며, 직관이 뛰어나고 강하게 권면하는 스타일의 지도자였는데, 젊은 지도자들을 수준 높게 계발하기 위하여 그들의 개인적인 삶과 사역에 적극적으로 개입하였습니다. 때로 몇몇 젊은 형제들은 자기의 아이디어나 주도적인 행동이 가로막힌다고 생각하여 불편한 마음이 들기도 했지만, 대부분의 사람들은 쎄니처럼 겸손한 마음으로 잘 받았습니다. 자유롭지 못하다는 느낌이 들 때는 모든 것을 주님께 아뢰었습니다. 그들은 하나님의 사람인 도슨은 자기들을 가로막는 사람이 아니라 적극적으로 도와주려는 사람임을 깨달았으며, 이전보다 더욱 적극적으로 배우려는 태도를 갖고 충성된 마음으로 도슨을 따랐습니다. 쎄니는 홉레이크에서 기도하며 말씀을 통해 하나님의 인도하심을 받고 이런 문제를 해결했으며, '하나님께 순종'이라는 견고한 기초 위에 서게 되었고, 장차 다가오는 어떤 험한 날씨도 극복할 수 있게 되었습니다.

"사도들이 양육의 가치를 믿었기 때문에 여러분은 오늘 저녁에 신약성경을 가지고 있게 된 것입니다. 바울의 서신서는 양육 편지였습니다. 고린도 교인들에게 보낸 편지도 그렇고, 데살로니가에 보낸 편지는 최초로 쓴 양육 편지입니다. 바울이 데살로니가인들을 양육해야겠다는 책임감을 느낀 것을 보여 주는 곳이 스물네 곳이나 된다는 것을 알 수 있었습니다. 이전에는 내가 왜 이런 내용을 알지 못했겠습니까? 아무도 내게 말해 주지 않았습니다. 이 때문에 우리들 가운데 많은 사람이 제대로 알지 못하고 있습니다. 우리가 성경에 대하여 알고 있는 것은 대부분 누군가 우리에게 성경에 있는 것이라고 말해 준 것입니다. 우리 스스로 발견한 내용이 아닙니다."

6월 밤의 상쾌한 공기가 소나무와 전나무 향을 머금고 천막으로 만든 커다란 강당에 스며들었습니다. 강대상의 앞 모서리를 붙잡고 있는 도슨은 마치 청중들에게 바로 다가갈 듯이 보였습니다. "베드로는 양육의 가치를 믿었습니까? 물론입니다. 베드로는 직접 주님으로부터 양육에 대하여 특별한 메시지를 받았습니다. '베드로야, 네가 나를 사랑하느냐?' '예.' '내 어린 양을 먹이라. 네가 나를 사랑하느냐?' '예.' '내 양을 먹이라. 네가 나를 사랑하느냐?' '예.' '내 양을 먹이라.' 베드로는 이 메시지를 이해했습니다. 그것이 아가페의 사랑이건 필레오의 사랑이건 주님의 메시지의 핵심은 분명히 양을 먹이라는 것이었습니다.

골로새 교회에 편지를 쓸 때, 바울은 교회에 있는 단지 몇몇 사람이 그리스도를 위해 사는 것에 만족하였습니까? '너희 안에 계신 그리스도시니 곧 영광의 소망이니라.' 이 말씀은 모든 믿는 사람에게 해당되는 것입니다. '우리가 그를 전파하여 각 사람을 권하고 모든 지혜로 각 사람을 가르침은 각 사람을 그리스도 안에서 완전한 자로 세우려 함이니.' 교회의 손상은 어디에서 비롯됩니까? 외부에서 오지 않습니다. 오히려 주님의 이름을 영광스럽게 하지 않는 교인들에게서 옵니다. 이것이 우리가 지금 전파하는 것입니다. 모든 사람이 승리하는 그리스도인이 되어야 한다는 것입니다. 모든 사람이 재생산하는 그리스도인이 되어야 합니다. 구원 초청에 응하여 예수님을 영접한 것으로 끝나서는 안 됩니다. 하나님의 말씀을 배우고 훈련하여 순종하는 삶을 살아야 합니다. 이럴 때 하나님께서는 영광을 받으십니다.… 그리고 이것이 바로 영적 부모의 책임입니다."

도슨은 영적 자녀를 먹이고, 보호하고, 훈련하는 책임에 대하여 자연에 있는 예를 들기를 좋아했습니다. "왜 암탉은 병아리를 열다섯 마리만 품는지 아십니까? 왜 새는 십여 개의 알이 아니라 기껏해야 네 개의 알만을 품는지 아십니까? 네 마리를 먹이기 위해서도 충분히 벌레를 잡아 오려면 부모가 부지런히 움직여야 하기 때문입니다. 그리고 그 어린 새끼들은 지속적으로 보호를 받고 먹이를 얻습니다. 결국에는 둥지 밖으로 나와, 나는 것과 스스로 먹이를 찾는 법을 배울 때까지 이렇게 합니다. 이것이 정상입니다. 뜰에서 어린 병아리들을 데리고 있는 암탉은 새끼들을 위해 바닥을 여기저기 긁어서 먹을 수 있는 벌레들을 찾아 줍니다. 그리고 얼마 안 가서 병아리들은 엄마가 하는 것을 보고서 스스로 바닥을 긁어서 벌레를 찾을 줄 알게 됩니다. 그리고 암탉은 본성이 이기적인데도 자기가 게걸스럽게 먹기보다는 뒤로 물러나 어디에 먹이가 있는지를 새끼들에게 알려 줍니다. 어미의 본능으로 어린 새끼들을 보살피는 것입니다. 이것이 정상입니다."

1949년 네비게이토 수양회의 분위기는 기대감이 가득 찬 것이었습니다. 165명의 참석자들은 모두 뛰어났으며, 그 가운데는 고등학교 클럽에서 중심이 되는 학생들도 있었는데, 모두가 진지한 관심을 보였고, 도슨에게 큰 격려가 되었습니다. 그들은 모두 지상사명에서 자기 자신이 갖는 전략적인 중요성을 새롭게 느끼는 것처럼 보였습니다. 나중에 로스앤젤레스에서 열린 6주에 걸친 네비게이토 세미나에는 37명의 형제와 7명의 자매가 등록하였는데, 오랫동안 잊혀져 있다가 이제는 여기저기서 기독교 지도자들의 관심을 불러일으키고 있는, 신약성경에 나오는 '네비게이토 원리들'을 배우도록 초청된 사람들이었습니다.

지난해에 중국에서 돌아오면서 도슨은 자기가 할 일을 북두칠성 예화를 통해 분명하게 규명하게 되었습니다. 거의 모든 곳에서 여러 선교사와 목사들로부터 '이런 것을 가르쳐 줄 사람'을 보내 달라는 요청을 받았습니다. 12월에 도슨은 로이 로버트슨을 최초의 네비게이토 선교사로 해외에 파송했습니다. 이는 딕 힐리스를 도와 중국 여러 지역에서 양육을 할 수 있게 하며, 공산당의 점령으로 선교사 추방이 임박했기 때문에 그 전에 될 수 있는 대로 빨리 중국 사람들을 훈련하기 위해서였습니다. 로버트슨은 상하이가 함락되기 전에 5개월밖에 여유가 없었습니다. 그러나 그는 중국 전역의 4개의 센터에서 주제별 성경 암송 과정을 배포할 준비를 신중하게 했으며, 머무르는 동안 7명에게 디모데후서 2:2 방법을 훈련하는 일에 시간을 들였습니다. 이는 앞으로 교회 모임이 허락되지 않더라도 일대일로 전달할 수 있도록 하기 위함이었습니다.

미첼은 캘커타에서 4명을 충성스럽게 훈련시키고 있었는데, 하나님께서 인도를 도와주시기 위해 보낼 네비게이토 선교사를 기다리고 있었습니다. 1949년 5월의 '네비게이토 일지'에는 거의 3년 만에 처음으로 도슨이 쓴 글이 실렸습니다.

> 약 17년 전에 우리는, 주 예수님께서 기도하신 것처럼, 열방을 유업으로 주시며 우리 소유가 땅 끝까지 이르게 해주시도록 하늘에 계신 하나님 아버지께 기도하기 시작했습니다. 오래지 않아 우리는 네비게이토 사역을 시작할 수 있게 되었고, 미국 각 주에서 온 사람들을 얻을 수 있었습니다. 이들 가운데 몇 사람은 이미 파송되었고… 상당수가 갈 준비를 하고 있습니다. 지난 2,3년 동안 우리는 하나님께서 우리에게 하라고 주신 일에 대하여 특별한 전공을 갖게 되었습니다. 우리는 이제 선발된 키맨을 훈련시켜서 네비게이토를 대표하는 사람으로 해외 여러 나라에 보낼 것입니다.

이 사람들은 현지에서 영적 배가의 개념을 전달하고 직접 보여 줄 것이라고 도슨은 말했습니다. 또한 각 사람을 그리스도께로 인도하고 각 사람을 영적 부모의 관심으로 양육하며 세워 주는 일대일 사역의 중요성을 가르칠 것입니다. 이 사람들은 선교 사역의 패턴을 바꾸는 시도를 할 것이며, 결국에는 선교사들이 없어도 현지인들에 의하여 사역이 계속 확장되어 갈 것입니다.

네비게이토 교재와 방법에 대하여 20개국에서 요청이 들어온 것을 보고 도슨은 이것을 사용하도록 훈련을 받은 사람이 없이는 효과적이지 못하다고 설명했습니다. 로버트슨은 처음으로 파송된 사람이었습니다. 곧 이를 뒤따르는 사람들이 생겨야 했습니다. "비록 늦기는 했지만 현재 중국에서 일이 진행되고 있는 것에 대하여 기쁘게 생각합니다"라고 도슨은 로러에게 편지를 썼습니다. "1년이 지체되면 7년 뒤에는 6년치 일밖에는 하지 못하는 것이 됩니다. 이 1년은 단순한 1년이 아닙니다. 배가의 관점에서 보면 우리는 첫 번째 해가 아니라 일곱 번째 해를 잃은 셈이 되는데, 이는 참으로 심각한 문제가 되는 것입니다."

도슨은 1945년의 시련을 거치면서 잠시 잃었던 자신감과 균형 감각을 되찾았으며, 이제는 배가를 세계 선교에서 빠진 고리로, 그리고 '가장 짧은 시간에 가장 효과적인 방법으로 가장 많은 사람에게 도달할 수 있는' 열쇠로 담대히 제시할 수 있었습니다. 도슨은 이 여름 수양회와 세미나에서 이를 힘주어 강조했습니다. "나는 이 편지로 인해 시작된 1945년의 중상모략은, 우리가 지금 가르치고 있는 양육과 디모데후서 2:2의 원리를 중단시키기 위한 사탄의 최초의 시도였다고 믿습니다. 사탄은 우리가 그리스도의 지상사명 성취의 열쇠에 점점 가까이 가고 있는 것을 보고 이를 막기 위해 집중 공격을 가한 것입니다.

네비게이토의 초기 시절에 우리는 한 사람에게 많은 시간을 투자했습니다. 그리고 전쟁이 터져 수백 명의 사람들을 만나게 되었고, 모든 것은 성경공부로 이루어졌습니다. 우리는 제자를 삼는 데 있어서 일대일 훈련의 필요성에 대한 시야를 잃었던 것입니다. 그때 호놀룰루에서 나는 네비게이토가 한 주일에 40개의 성경공부를 인도하고 있는 것을 보았습니다. 나는 기뻐해야 했지만 기뻐하지 않았습니다. 나는 '여러분, 뭔가가 빠져 있습니다'라고 말했습니다. 그리고 우리는 알기 시작했습니다. 그때 나는 재생산하는 자를 생산해야 한다고 말했습니다. 이 개념은 겨우 나타나기 시작하여 마치 어스름한 새벽과 같았습니다.… 그리고 내가 호놀룰루를 떠나던 날 사탄이 공격을 해 왔고, 이 개념을 겨우 깨닫기 시작했던 몇몇 지도자들까지도 균형을 잃게 되었습니다. 거의 1년 동안 사역은 어려움을 겪었습니다.

따라서 우리는 지난 3년 반 정도, 한 사람에게 집중하여 많은 시간을 보내는 일대일 사역을 강조해 온 셈입니다. 또한 우리는 각 사람에게, 그가 어떤 일을 하고 있더라도, 자신을 이어 재생산하는 자가 될 충성된 사람들, 즉 이삭과 디모데와 같은 사람들을 달라고 하나님께 간절히 기도해야 함을 강조해서 가르쳤습니다.

이제 여러분에게 한 가지 경계할 것이 있습니다. 사탄은 진리를 왜곡하려고 할 것이며, 여러분이 이를 잘못 사용하거나, 균형을 잃게 만들고자 시도할 것입니다. 그리고 일대일 사역이 효과가 있다고 해서 이것이 유일한 사역이라고 생각해서는 안 됩니다. 비록 우리의 주된 사역은 일대일 사역이지만 그룹으로 하는 사역도 대단히 중요한 것입니다. 그룹을 통해 여러분은 귀한 교제를 가질 수 있으며, 이런 교제는 단 두 사람만이 있을 때는 누릴 수 없는 것입니다. 그리고 다른 사람들이 주님께 헌신하는 모습을 보는 것과 그들이 주님을 찬양하는 것을 듣는 것은 참으로 도전이 됩니다. 일전에 어떤 모임에서 많은 형제 자매들이 '주 예수 내 맘에 들어와 계신 후'를 부르는 것을 들었을 때 얼마나 큰 감동을 받았는지 모릅니다. 나는 그들의 목소리가 하나가 되어 주님을 찬양하는 것을 들으며 마치 하늘에 있는 듯한 기분을 느꼈습니다.

그룹은 또한 여러분의 생활에 균형을 잡아 주며 어느 한 사람만의 제자가 되는 것을 막아 줍니다. 그룹의 멤버들이 서로 격려함으로써 각자가 서로 다른 것을 기여하게 됩니다. 이것이 바로 주님께서 히브리서 10:25을 통하여 모이기를 폐하지 말라고 명하신 한 가지 이유이기도 합니다. 따라서 이는 주님께 순종하는 것이며, 이에 대한 예는 성경에서 수없이 찾아볼 수 있습니다.

그룹 사역의 유익점은 또한 시간을 절약할 수 있다는 것입니다. 만약 동시에 이십 명에게 요점을 전할 수 있다면 이것은 시간을 절약하는 것입니다. 그렇지 않습니까? 지금 바로 이 그룹에서도 나는 여러분의 주목을 받고 있습니다. 여러분 가운데 몇 사람은 여러분이 알고 지내는 사람들이 함께 이런 메시지를 들었으면 좋겠다고 생각할 것입니다. 나중에 내가 여러분을 도울 때, 여러분이 이미 이 원리를 알고 있는 상태에서 시작할 수 있습니다. 따라서 이는 시간을 절약하는 것입니다.

이제 분명히 할 것은 일대일 사역은 디모데후서 2:2 사역과 똑같은 것이 아니라는 점입니다. 디모데후서 2:2 사역은 지속적인 전파를 의미합니다. 백묵이 있습니까?" 도슨은 모든 사람이 볼 수 있는 곳에 칠판을 세웠습니다. "바울이 디모데에게, 디모데는 충성된 사람에게, 그리고 충성된 사람이 또 다른 사람에게 전달했습니다. 요엘 1:3에 보면, 요엘이 노인들에게, 그들은 그 자녀들에게, 그들은 그들의 자녀들에게, 그리고 그들은 그 다음 세대에게 전했습니다. 그들은 이 연결 고리가 깨지지 않도록 유의했습니다. 그리고 우리가 한 사람을 대상으로 사역할 때 우리는 우리가 만나고 있는 그 사람이 자기가 돕는 사람과 무엇을 하는가에 관심을 기울여야 합니다. 그리고 이런 사역이 3대, 4대까지 지속되는 것을 보려면 시간과 인내가 필요합니다." 도슨은 손가락으로 계보에 있는 네 번째 사람을 가리키며 말을 이었습니다. "만약 이 사람까지 이르렀다면 나는 평안히 죽을 수 있습니다. 여러분이 돕고 있는 사람이 이 개념을, 다른 사람에게 가르칠 수 있는 충성된 사람에게 제대로 전달하지 못했다면 이 사람까지 이르지 못했을 것이기 때문입니다. 이것은 하나님께서 태초에 시작하신 방법입니다. 모든 살아 있는 피조물은 번식을 위하여 씨를 갖고 있는 것입니다. 그리고 복음을 통하여 하나님께서 새로운 피조물을 만드셨을 때에는 스스로 번식하도록 의도하셨습니다. 이 세상은 하나님께서 아담과 하와에게 주신 생육하고 번성하라는 명령을 따라 사람들이 번성하게 되었습니다. 만약 그리스도인들이 생육하고 번성한다면 전 세계가 복음화될 수 있다고 생각하는 것은 전혀 지나친 말이 아닙니다.

따라서 우리가 디모데후서 2:2 원리라고 부르는 것은 각 그리스도인이 바로 자신을 닮은 사람을 재생산하는 것을 의미합니다. 일대일 사역의 원리는 단지 아버지와 아들 개념, 그리고 부모가 자녀를 양육하고 믿음 안에서 훈련하는 그 이상의 의미를 가지고 있습니다. 이 두 원리들은 서로 연관되어 있습니다. 일대일 사역은 디모데후서 2:2 사역의 기본이 됩니다. 그러나 그것만으로는 땅 끝까지 이를 수는 없습니다. 땅 끝까지 이르는 것은 디모데후서 2:2의 원리를 통해 이루어집니다. 그리고 나는 여러분 가운데 아무도 주님 안에서 여러분의 영적 증손을 볼 때까지는 만족하지 않기를 바랍니다. 이것은 여러분 모두가 목표로 삼을 수 있는 것입니다. 나는 이제 더 이상 하나님을 위하여 많은 것을 성취하는 일에 관심이 없습니다. 만약 나의 영적 증손의 손자가 영적으로 견고하고 말씀 안에서 성장하며 재생산한다면 나는 그것으로 족합니다.

시애틀에서 사역하고 있는 쎄니를 방문했을 때 그는 내게 열 사람을 소개시켜 주었습니다. 그 가운데 한 사람이 찰리 릭스입니다. 찰리는 이 비전을 배웠고, 다른 9명의 사람과 시간을 보냈습니다. 그 가운데 한 사람이 조지 클라크입니다. 클라크는 여덟 명을 도왔는데, 그 가운데 한 사람이 보스트롬이었습니다. 보스트롬은 네 사람을 도왔고 그 가운데 한 사람이 레이에르였습니다. 여러분은 지난해에 흄 레이크에서 그들을 보았습니다. 모두가 나아가서 재생산을 하고 있습니다. 우리는 한 체인을 살펴보았습니다. 한 사람이 다른 사람을 돕기 시작할 때까지 평균적으로 6개월이 걸렸습니다. 만약 우리가 이렇게 확장된다면 6개월이 끝날 때마다 각 사람이 새로운 한 사람을 돕기 시작할 것입니다. 1년이 지나면 네 사람이 생기는 것입니다. 2년이 지나면 16명이 생깁니다. 그리고 15년 반이 지나면 우리는 세계 인구에 도달합니다. 20억 이상이 되는 것입니다!

이를 기초로 생각해 볼 때 우리는 지금 어디에 있습니까? 잘 모르겠습니다. 그리고 개의치도 않습니다. 문제는 우리가 몇 명인가가 아니라 얼마나 견고한가, 얼마나 생기가 있고 순결하고 올바른가 하는 것입니다. 이 방법은 느리게 보이며, 처음에는 실제로 그렇습니다. 그러나 시간이 지나면서 숫자가 불어납니다. 만약 여러분이 양육은 하지 않고 개인 전도만 하기로 했다고 생각해 봅시다. 전 생애를 걸쳐서 매일 사람을 얻는다고 생각해 봅시다. 만약 하루에 세 사람 혹은 한 달에 100명을 얻는다면 1년에 1,200명을 얻을 수 있을 것입니다. 15년이 지나면 아마도 18,000명이 될 것입니다. 아니면 여러분이 위대한 전도자가 되어 미국 역사상 유례없던 대규모 집회를 연다고 생각해 봅시다. 미국에서는 지금까지 3주 동안의 대규모 전도 집회를 통해 1,000명의 결신자를 얻은 적이 있었습니다. 만약 일 년에 대규모 전도 집회를 12차례 할 수 있다면, 일 년에는 12,000명을 얻을 수 있을 것이며, 15년이 끝났을 때에는 180,000명을 얻을 수 있을 것입니다. 아마 역사에 길이 기록될 것입니다. 그렇지 않습니까? 그러나 이 배가라는 방법을 통해서는 약 2,174,000,000명이 될 것입니다.

그러나 이 6개월이란 기간을 기계적으로 적용하지는 마십시오. 그러다가는 난처한 상황에 처할 것입니다. 이는 단지 개념일 뿐입니다. 청사진이며 어떤 일이 일어날 것인가를 보여 줄 뿐입니다. 그리고 우리는 이에 대하여 몇 가지 예를 가지고 있습니다. 우리는 디모데후서 2:2 원리라는 것이 6개월 동안 한 사람이 다른 사람을 돕도록 하는 것이라고 말하는 것이 아닙니다. 첫 번째 사람을 만나는 데에는 5년이 걸릴 수도 있습니다. 아니면 3개월 만에 만날 수도 있습니다. 따라서 점수를 매기는 일은 그만두십시오. 영적 갓난아이를 성숙하도록 돕는 데에는 6개월 그 이상이 걸립니다. 그리고 영적 할아버지의 도움도 필요합니다. 당신이 돕고 있는 영적 갓난아이들에게 자꾸만 사람을 얻으라고 조급하게 밀어붙여서는 안 됩니다. 먼저 성장이 필요합니다. 약하고 무기력한 사람을 얻으면 무슨 의미가 있겠습니까? 우리는 영적 손자의 손자가 보내는 놀라운 보고서를 원하는 것이 아닙니다. 그러므로 걱정하지 마십시오. 단지 기도하십시오. 그리고 믿으십시오. 하나님의 때를 기다리십시오. 하나님께 순종하십시오. 하나님께서 추수하게 하실 것입니다."

새로운 시도를 했던 이 세미나는 성공적인 것으로 평가되었습니다. 수업과 토의 사이에는 팀 프로젝트가 들어 있었고, 즐거운 교제 시간과 더불어 진지한 평가의 시간도 있었습니다. 세미나를 마칠 즈음에는 다음해의 세미나가 크게 달라질 것이 분명해졌습니다. 젊고 자질 있는 형제 자매들의 반응을 통해 도슨은 다음해에 흄레이크에서 가지는 시간은 굉장할 것이라는 기대감을 가질 수 있었습니다. 통나무집은 완성이 되어 즉시 쓸 수 있게 될 것이며, 그곳은 전화를 비롯한 문명 생활의 소란함에서 멀리 벗어날 수 있는 곳이었습니다.

로버트슨이 상하이에서 어려운 여건 아래서 사역을 진행하고 있을 때, 도슨은 인도로 보낼 사람을 찾는 계획을 추진하였습니다. 세계의 다른 여러 지역에도 디모데후서 2:2 원리를 조속히 심어야겠다고 느낀 도슨은, 세계 공산주의의 불길한 움직임을 보고 선교의 문이 닫힐 위험에 처하게 되자 더욱 서두르게 되었습니다. '만약 첫 번째 해를 잃는다면, 실제로는 마지막 7년째를 잃게 되는 것이다'라는 생각을 가지고 도슨은 주제별 성경 암송 과정과 배가의 비전을 될 수 있는 대로 많은 나라에 심기를 간절히 원했습니다. 그해 여름 도슨은 주님께서 유럽과 아프리카로 인도하신다는 것을 알았습니다. "이 여행은 적어도 6개월은 걸릴 것입니다"라고 도슨은 간사들에게 편지를 썼습니다. 도슨은 영국, 네덜란드, 프랑스, 그리고 아프리카의 3개 지역에서 수양회를 가질 예정이었으며, 돌아오는 길에는 아시아 여러 나라를 방문할 예정이었습니다.

세미나를 마친 후에 도슨은 오클라호마에서 위클리프 선교사 후보생들을 면접하는 일에 1주를 보내면서, 그들에게 번역하는 일 이외에 그리스도를 위해 제자를 삼을 수 있는 한 사람에게 투자하라고 도전하였습니다. 로스앤젤레스에서 도슨은 대디 문이 하는 일을 도와주었는데, 대디 문은 9월에 있을 빌리 그래함 전도 집회를 위해 상담자를 징모하는 일을 하고 있었습니다. 도슨은 쎄니에게 빌리 그래함을 돕도록 해두고, 전도 집회가 시작될 때 유럽을 향해 떠났습니다.

아프리카는 순회 일정에서 빠지게 되었습니다. 그러나 도슨은 여전히 유럽에 6개월 동안 머물 계획을 잡았습니다. 각 나라의 교회에서 무엇을 하고 있는지를 알고, 네비게이토의 강조점을 전할 수 있는 최고의 통로를 찾기 위해서였습니다. 도슨은 여러 사람들을 만날 예정이었습니다. 알렉산더 커르 부인은 열심히 암송을 하는 사람으로서 성경 암송 과정이, 자기 조상들이 살던 독일에도 소개되기를 간절히 원했습니다. 도슨은 대개 알려지지 않은 채로 방문했으며, 지역에 있는 사람들과 만나면서 늘 그 나라에서 중심이 될 수 있는 사람들을 찾았습니다. 그런 사람들은 자연적으로 도슨의 관심을 끌었으며, 그들에게는 하나님의 일을 성취하기 위한 커다란 잠재력이 있음을 발견하였습니다. 네덜란드의 기엔 카젠, 영국의 조 시몬즈, 그리고 그 외 여러 사람들을 주님께서는 도슨과 만나게 인도하셨습니다. 대규모 집회는 오래 지속되는 효과가 있는지 확신할 수 없었지만, 모임이 끝난 후에 남아 도슨에게 질문을 던지는 한 명 혹은 대여섯 명의 사람들은 매우 중요하게 느껴졌습니다.

첫 방문지는 파리였습니다. 밥 에반스는 이곳에 유럽 성경학교를 곧 열 예정이었습니다. 기독교 지도자, 전도자, 그리고 선교사들과 만나도록 에반스가 주선한 모임은 도슨에게 유럽 성경학교의 목적에 대하여 알리는 계기가 되었습니다. 도슨은 또한 여행을 하면서 이 학교에 들어갈 만한 사람들을 발견했습니다.

파리의 가능성은 도슨을 깜짝 놀라게 했습니다. 그곳에는 아프리카의 선교 사역을 위하여 프랑스어를 배우고 있는 선교사들이 늘 75-100명 정도 있었기 때문입니다. 도슨이 만난 사람들은 도슨이 전한 진리를 잘 이해하고 받아들였습니다. 파리에는 또한 매일 수천 명의 학생들이 식사를 하는 장소가 대여섯 곳이나 되었습니다. 이곳은 상상을 초월할 정도로 좋은 국제적인 낚시터였습니다. 여기서 도슨은 인도차이나 반도 출신의 학생을 만났는데, 그는 그리스도에 관한 것에 즉시 반응을 보였습니다. 도슨은 고넬료와 루디아 같은 사람들이 이곳에 많이 있다는 확신을 갖게 되었습니다.

"동지 여러분, 나는 많은 교회들이 적극적이며 생산적인 생각도 없고, 주님의 마지막 명령을 수행하기 위해 교회가 해야 할 일에 대한 계획도 없는 것을 보고 놀랐습니다"라고 도슨은 선교관에 편지를 썼습니다. "나는 마치 기독교 사역이 암흑기를 통과했다는 느낌을 받습니다. 모든 사람이 우리의 메시지에 즉각적인 반응을 보입니다. 모두가 부족하다는 것을 인정했습니다. 만약 우리 모두가 그 간단한 법칙을 알고 이를 따랐다면 어떤 일이 성취되었겠습니까? 그들은 우리가 돕는다면 반응할 준비가 되어 있습니다."

도슨은 더 이상 기다릴 수 없었습니다. 다른 지역에서 새로운 발견을 하게 되더라도 네비게이토는 파리에서 바로 사역을 시작해야 했습니다. 도슨은 로러를 유럽으로 불렀습니다. 파리에 본부를 세우고, 봅 에반스를 도우며, 주제별 성경 암송 과정을 배포하고, 만날 수 있는 사람들에게 사역을 하도록 하기 위해서였습니다.

독일에서도 도슨은 마음이 크게 움직였습니다. 10월 26일에 도슨은 이렇게 편지를 썼습니다. "내가 누구를 독일에 보내야 합니까? 될 수 있는 대로 빨리 보내야 합니다. 기도를 부탁합니다." 그리고 네덜란드에서는 11월 4일에 이렇게 썼습니다. "네덜란드를 위해 일할 사람을 하나 보내 주시도록 내가 기도를 부탁한 적이 있습니까? 이사야 45:11. 쎄니, 그런 사람을 빨리 찾읍시다. 그리고 그가 네덜란드어를 배우도록 합시다." 나폴리에서 도슨은 네비게이토 사람이 보스턴에 있는 이탈리아 학생을 만나도록 하는 계획을 세웠습니다. 그 학생은 네비게이토 원리들을 배우며 동시에 언어를 가르칠 수 있었습니다. 영국은 사정이 달랐습니다. 조 시몬즈는 몇 사람에게 암송, 성경공부, 증거, 그리고 경건의 시간을 갖는 법을 가르치고 있었습니다. 도슨이 와서 여러 모임을 인도할 것이라고 짐작하는 조에게 도슨은 이렇게 편지를 썼습니다. "아닙니다. 나는 주로 당신과 시간을 함께 보내기를 원합니다."

독일 입국 허가는 유럽의 군목이었던 폴 매덕스 대령의 도움을 받았습니다. 도슨을 자기 집에 초청하였던 것입니다. 매덕스는 도슨의 선교에 대한 열정, 성경에 대한 깊은 통찰력, 그리고 말씀을 전달하는 실제적인 방법 등에 깊은 감명을 받았습니다. 그는 도슨에게 귀중한 도움을 주었습니다. 독일인 비서를 시켜서 도슨이 여는 모임들에 독일 사람들을 초청하는 편지를 쓰도록 했는데, 이는 여러 작은 도움 가운데 하나였습니다. 그 비서는 교회를 단지 세례를 받고 결혼식을 올리고 장례를 치르는 곳으로 생각했었는데, 성경을 읽고 암송하며 다른 사람들을 영적으로 돕는 것은 목회자뿐만 아니라 평범한 교인들도 해야 한다는 것을 배운 후로는 생각이 변화되었습니다. 그 비서는 얼마 안 되어 그리스도를 구세주로 받아들이게 되었습니다. 매덕스 대령은 이를 '마음과 삶을 하나님의 말씀으로 흠뻑 적시어 모든 행동과 만남 속에 말씀이 흘러넘치게 하는' 도슨의 삶의 여러 열매 가운데 하나라고 생각하였습니다. 이는 참으로 하나님의 말씀이 '생명의 떡'임을 보여 주는 생생한 본이었습니다.

도슨은 자기의 느낌을 선교관에 있는 사람들에게 전달하려고 노력했습니다. "나는 마음을 가다듬고 있습니다. 바라보는 곳마다 새로운 기회와 필요가 보입니다. 대체로 우리 모두는 필요가 있다는 것은 알고 있습니다. 그러나 사람들을 만나 그들의 표정을 직접 보면 마음이 불타오르기 시작합니다." 선교사, 군목, 군인, 독일의 그리스도인들이 프랑크푸르트에서 가진 모임에 참석했습니다. 열네 사람 이상이 매일 저녁 규칙적으로 참석하였습니다. 몇 사람은 비스바덴에서 오기도 했습니다. 두 사람의 독일인이 도슨의 관심을 끌었습니다. 비텐베르크에서 만났으며, 이제는 'B 식량'을 독일어로 번역하고 있는 한 경건한 여인과, 열정적으로 영적 성장을 원하는 트라우고 보겔이라는 젊은이였습니다. 도슨은 2월에 각국에서 한두 명의 중심이 되는 사람들을 초청하여 파리에서 세미나를 열기로 계획했는데, 네비게이토의 원리를 더욱 잘 알도록 하고 유럽 성경학교에 관심이 있는 사람들을 돕기 위한 것이었습니다. 트라우고는 반드시 포함되어야 할 사람이었습니다.

네덜란드와 스코틀랜드, 그리고 잉글랜드에서 가진 일정과 만난 대상은 매우 다양했습니다. 네덜란드 성경학교에서는 학생과 교수들을 만났고, 글래스고에서는 85명의 복음적인 지도자들을 초청하여 모임을 가졌으며, 잉글랜드에서는 성공회와 플리머스 형제 교회의 성도들과 만났으며, 또한 YFC 초청 모임에서 400명을 만났습니다. 그리고 각 사람과 많은 시간을 가졌습니다. 그러나 그 결과는 놀라우리만치 비슷했습니다. 말씀에 대한 갈망이 새로워졌고, 비전이 넓어져서 제자를 삼는 것과 배가에 대한 전망을 갖게 되었으며, '나보다 더 큰 일도 하리라'는 그리스도의 약속이 지상사명에 문자 그대로 적용될 수 있음을 깨닫게 되었습니다.

도슨은 조 시몬즈와 테이블에 마주 앉아 여러 시간을 보내면서 디모데후서 2:2과 북두칠성 원리에 대하여 말씀을 나누었습니다. 조의 눈은 이제 활짝 뜨여서 그가 돕고 있는 사람들에게 나누어 줄 수 있게 되었습니다. 나중에 그는 이렇게 회상합니다. "도슨은 여러분 자신이 바로 세계 복음화의 열쇠라고 느끼게 만듭니다."

유럽 사람들의 진지한 반응을 통해, 동양과는 대조적으로 오랜 기독교 유산을 갖고 있지만 도중에 어디선가 핵심을 벗어난 이 대륙의 필요를 채우는 것이 긴급하다는 것을 알게 되었습니다. 선교관에 보낸 편지에는 도슨이 큰 도전을 받았음이 나타나 있습니다. "나는 지금 역사가 만들어지고 있음을 알고 있습니다. 하나님께서는 왜 우리를 이 일에 관여하도록 하셨을까요? 우리는 이 일에 깊이 빠져 들어가 있으며 이제는 되돌아 나올 수 없습니다. 사랑하는 동지 여러분, 각기 검을 차십시오. 여러분이 가지고 있는 검에는 엄청난 위력이 있다는 것을 기억하십시오. 최근에 여러분 자신을 위하여 하나님께 기도한 것 가운데 가장 큰 기도 제목은 무엇이었습니까?"

도슨이 하나님과 보내는 시간은 갖기가 어려웠던 만큼 더욱 풍성했습니다. 때로 밤하늘 아래를 거닐며 주님과 교제를 하였으며, 그러한 교제는 외로움을 이기는 무기이기도 했습니다. 아버지가 태어난 곳인 맨 섬을 방문하였는데, 도슨은 등대까지 이르는 방파제를 거닐면서 자유롭게 저녁 시간을 보낼 수 있었습니다. 도슨은 찬송을 하고, 많은 사람의 이름을 언급하며 기도도 했습니다. 북쪽 하늘에 빛나고 있는 북두칠성은 도슨의 사명을 기억하게 해주었습니다. "큰 것을 구했습니다"라고 도슨은 편지에 썼습니다. "나의 놀라운 주님을 찬양하며 여러 찬송을 불렀습니다."

그 다음은 이탈리아였습니다. 압력은 더욱 커져 갔습니다. "내 가슴과 머릿속에 일어나고 있는 모든 것을 다 말할 수 없습니다"라고 나폴리에서 편지를 썼습니다. "어느 한 지역의 문제를 깊이 생각할 겨를도 없이 또 다른 지역으로 가게 되는데, 거기서는 전혀 다른 문제들을 발견하게 됩니다. 벌써 로마에서의 일이 걱정됩니다. 그곳에서 나는 예수님을 믿은 지 3주밖에 되지 않는 세 명을 지도자들과 함께 같은 모임에서 만나야 하는데, 3일 밤밖에 여유가 없습니다." 도슨은 로마 YFC 위원회와 만났으며, 모임의 목적이 새로이 그리스도를 믿은 세 사람이 성장하도록 돕는 방법을 발견하는 것임을 알았습니다. 그래서 로마에서 가진 수양회에는 기독교 지도자들뿐만 아니라 영적 갓난아기도 참석하게 되었습니다.

나폴리에서 도슨은 휴일에 시내를 행진하는 조상(彫像)을 향해 외치며 기도하는 무리들을 보면서 안타까운 마음이 들었습니다. 나중에 도슨은 나가서 혼자 걸으며 기도하였습니다. "오늘 밤에는 이탈리아를 위하여 기도했습니다. 짧았지만 간절한 기도였습니다. 처음으로 나는 진정한 짐을 느꼈습니다"라고 도슨은 편지에 썼습니다. "왜 더 일찍 이런 짐을 느끼지 못했는지 의아하기까지 합니다. 우리 모두에게 이런 짐을 느끼게 해주시도록 하나님께 기도하십시오. 여러분 모두가 세계 지도를 구하기 바랍니다. 그리하여 일정 기간 그 지도를 가지고 지속적으로 기도하십시오. 그리고 반복하고 반복하며 또 반복하여 기도하십시오. 얼마 안 있다가 네비게이토들은 어떤 나라가 어디에 있으며, 어떤 일이 일어났으며, 그 나라에는 성경이 있는지

등을 묻는 시험을 볼 것입니다. 그러니 여러분이 먼저 솔선하여 행하십시오." 네비게이토 간사들의 놀라운 충성심과 결속은 종종 다른 기독교 지도자들 사이에서 주목을 받았습니다. 그 비결 중의 하나는 도슨이 자기 마음에 있는 관심사와 경험들을 때마다 항공 우편을 통해 동지들에게 나누고, 이것을 즉시로 행동에 옮기도록 한 것이었습니다. 이 팀을 이끌고 있는 지도자에게서 발견되는 카리스마의 특징 가운데 하나는 바로 자발성과 즉시성이었으며, 이는 '멤버에게 통보하는' 개념과는 큰 차이가 있는 것이었습니다.

나폴리에서 보낸 첫 날, 도슨은 19세에서 27세 사이의 젊은이 12명을 만났습니다. 모두들 그리스도를 믿은 지 13개월이 안 된 사람들이었습니다. 도슨은 마음이 무거웠습니다. 누가 이들을 도우며, 어떻게 도울 것인가? 도슨이 할 수 있는 것이라고는 겨우 지도자들을 위해 만든 모임에 참석하도록 하는 것이었습니다. 게다가 언어의 장벽, 잘 모르는 통역자, 문화적인 차이, 그들의 성경 지식의 부족, 미신적인 신앙의 만연이라는 장애물이 덤으로 딸려 있었습니다. 모임이 진행되면서 하루는 11시간, 그 다음날에는 12시간 동안 모임을 가졌지만 문제는 커져 갔습니다. "정말 힘든 상황입니다"라고 편지에 썼습니다. "나는 거의 지칠 지경이 되었습니다. 다루어야 할 내용을 다루었고, 유망해 보이는 두세 사람이 있었습니다. 그러나 전투는 치열합니다. 동지 여러분, 지금 이 순간 나는 전투에 참가하고 있습니다."

이 12명의 젊은이들 및 이들이 상징하고 있는 다른 수많은 사람들로 인하여 도슨은 마음이 심히 무거웠습니다. "만약 이탈리아 말을 할 줄 아는 네비게이토가 있다면 즉시 그 사람을 이곳으로 오게 하고 싶습니다. 16년 전에 재생산하는 자를 생산하도록 네비게이토들을 준비시키고, 여러 언어와 북두칠성 원리를 배우도록 했어야 하는데, 그렇게 하지 못한 것이 얼마나 큰 죄악인지 모릅니다. 만약 그 많은 하나님의 종들이 전통적인 방법을 따르지 않고 하나님께서 우리 인간에게 주신 가장 큰 사명을 조금이라도 연구하고 조사를 했더라면, 지구 역사상 가장 전략적인 이 시점을 우리가 준비되지 않은 채로 맞이하지는 않았을 것입니다."

10주 동안 유럽 6개국에서 본 것을 통해 도슨은 마음이 크게 눌렸습니다. 3월에 퀸메리호에 오를 때까지 3개월은 더 있게 될 것입니다. 도슨은 생각했습니다. 앞으로 방문할 나라들에서 보게 될 것들을 견뎌 낼 수 있겠는가? 사람들은 심한 말씀의 기근을 느끼고 있으며, 영적 굶주림을 느끼고 있었고, 이에 대한 해결책은 거의 모르고 있었습니다. 이 과업은 희망이 없어 보였습니다. 황량한 팔레스타인 광야를 주님과 함께 걸어다녔고, 그렇게 빈약한 자원을 가지고 주님의 메시지를 '땅 끝까지' 전하기 시작했던 열두 명을 기억하고 나서야 새로운 희망을 갖게 되었습니다. 이 생각으로 말미암아 도슨은 큰 격려를 얻게 되었습니다.

도슨은 지금까지 본 여러 필요의 해답은 바로 사람이라는 것을 알았습니다. 에스겔 22:30에 나오는 것과 같이 이 땅을 위하여 성을 쌓으며 성 무너진 데를 막아서서 멸하지 못하게 할 사람이었습니다. 수많은 사람들이 준비를 하고 있었습니다. 그러나 누가 지금 갈 준비가 되어 있는가? 이에 대하여 기도할수록 도슨은 도중에 그만두고 돌아가서 유럽에 파송할 수 있는 사람들을 찾아야겠다는 생각이 들었습니다. 8개국을 더 방문하여 자신이 채울 수도 없는 필요들을 보는 것은 별다른 의미가 없었습니다. 도슨의 마음은 더 이상 받아들이거나 감당할 수 없었기 때문입니다. 주님께서는 도슨의 결정에 확신을 더하여 주셨고, 수일 후에 라일라와 쎄니를 제외하고는 모두가 놀라는 가운데 로스앤젤레스로 돌아왔습니다.

1950년 2월은 원래 도슨이 유럽의 중심이 되는 사람들을 위해 파리에서 세미나를 개최하기로 되어 있었는데, 그 대신에 도슨은 론 쎄니와 함께 미국 전역에서 장차 네비게이토의 지역 대표가 될 만한 사람을 찾는 여행을 시작했습니다. 5년 전에 언덕에서 구체적으로 기도했던 '최고의 사람들'을 찾고자 했던 것입니다. 동양뿐만 아니라 유럽을 위한 사람들을 찾는 일에도 우선순위를 두면서, 그들은 가용한 인적 자원을 조사할 계획이었습니다. 그리고 만나는 사람마다 어느 곳으로 부름을 받아도 갈 준비가 잘 되도록 하려면 어떤 훈련 과정을 거쳐야 하는지를 알도록 도와줄 것입니다. 도슨은 다른 나라에 기초를 쌓기 위하여 즉시 사람들을 보내고 싶은 마음과, 즉시 보내기보다는 신중을 기하여 준비를 잘하도록 시간을 충분히 주는 것 사이에서 늘 갈등을 느꼈습니다.

로스앤젤레스 지역의 사역은 쎄니의 리더십 아래 견고하게 성장하고 있었습니다. 키맨들은 약 90명의 사람들을 돕고 있었는데 그들은 모두 영적 성장을 경험하고 있었습니다. 댈러스는 순회 여행 초기에 들른 곳인데, 이틀 동안의 수양회에 90명이 참석했습니다. 그리고 신학교 학생들을 면접했는데 결과가 좋았습니다. 봅 존스 대학의 모임에는 400명 이상이 참석했으며, 군대 시절에 네비게이토 사역의 도움을 받은 많은 사람들이 따뜻하게 환대를 하였습니다. 이 학교에서는 전도에 중점을 두고 있었기 때문에 도슨이 전한 양육에 대한 메시지는 때에 맞는 것이었습니다.

컬럼비아 성경대학에서는 장차 선교사가 되겠다고 하는 네비게이토들이 많았습니다. 그 가운데에는 고든 구스타프슨과 그가 해군에 있을 때 만난 디모데인 세실 호킨스도 있었습니다. 컬럼비아 대학에서는 말씀을 전하는 일과 면접하는 일로 일정이 빡빡했습니다. 여기서 도슨과 라일라는 주지사의 저택에 초청을 받았는데, 여기에는 주지사 스톰 써몬드의 초청을 받은 빌리 그래함 전도단도 있었습니다. 그래함은 컬럼비아에서 전도 집회를 마쳐 가던 참이었는데, 마지막 집회에는 35,000명이 참석했으며, 이는 로스앤젤레스에서 모임을 가질 때보다 훨씬 많은 숫자였습니다. 이 집회 전에 그래함은 6,000석이 되는 로스엔젤레스의 캔버스 대성당에서 집회를 가졌는데, 이때 도슨은 유럽 여행 중에 있었습니다. 그 전도 집회는 8주간 지속되었으며, 몇몇 유명한 사람들이 회심하고 갑자기 미국 전역에 유명해져서 빌리 그래함과 그 전도단은 일면 뉴스가 되었습니다.

도슨은 해군사관학교와 육군사관학교에서 사역할 수 있는 기회를 몹시 즐겼는데, 열정적으로 듣고자 하는 사관생도들은 더 많은 것을 요청하였습니다. 도슨의 전도 모임 후에 4명의 육군사관학교 생도들이 그리스도께 돌아왔습니다. 보스턴에서 도슨은 양육 집회를 하면서 말씀을 전했는데, 1월에 열린 17일 동안의 빌리 그래함 전도 집회에서 생긴 1,000명의 결신자들을 가르쳤습니다.

시카고와 휘튼에서 도슨과 쎄니는 더 많은 일꾼들이 생기고 있음을 발견했습니다. 그러나 미니애폴리스 근처에서 가진 주말 수양회는 여행 중에 생긴 그 어떤 일보다도 의미 있었습니다. 이 수양회에는 미니애폴리스와 세인트폴에서 140명이 넘는 학생들과 젊은 직장인들이 말씀과 전도를 배우기 위해 참석하였으며, 그들 대부분은 개인적인 도움을 얻을 수 있었습니다. 윌리엄과 자넷 플레처 부부가 만나던 사람들과 노스웨스턴 성경대학에서 로젠버거에게 배운 사람들이 제자의 도 및 제자삼는 삶에 대하여 도움을 청했습니다. 로젠버거는 이 지역에서 몇 달을 머물 동안 전도를 강조하였는데, 키맨들은 여러 학교에서 25명을 그리스도께 인도할 수 있었습니다.

로젠버거는 도전 거리를 찾는 사람들에게 높은 수준을 유지하였습니다. 그가 키맨 그룹에 함께하도록 초청한 해병대 출신의 리로이 아임스라는 학생은 시간이 얼마나 드느냐고 질문을 하였습니다. "당신에게 남은 인생 전부요"라고 로젠버거는 해병이 이해할 수 있는 말로 대답했습니다. 그는 함께하였습니다. 그 주말 수양회에서 그는 도슨을 만났는데, 순수하고 사랑이 넘치는 관심을 보이는 도슨에게 깊은 인상을 받았습니다. 그는 나중에 이렇게 말했습니다. "그것은 전혀 가식이 아니었습니다. 반면 나는 꾀를 부리며 눈속임을 하는 사람이며 대부분의 다른 사람들도 마찬가지입니다." 그때부터 리로이 아임스는 자기의 생을 다른 사람들이 주님을 알도록 하는 일에 헌신하게 되었습니다. 아이오와 출신인 리로이 아임스는 해병으로 참전하여 팔라우 제도의 펠릴리우 섬 상륙작전에서 살아남으면서 하나님을 알아야겠다는 필요성을 느꼈었습니다. 수양회에서 리로이 아임스는 암송 구절을 '7주 동안 복습'하는 것에 대한 도슨의 설명을 이해하려고 노력했지만 제대로 이해하지 못하여, 자기가 외운 주제별 성경 암송의 모든 구절을 하루에 일곱 번 복습해야 하는 것으로 나름대로 결론을 내리게 되었습니다! 방법론은 구체적으로 이해되지는 않았지만, 삶을 통한 메시지는 전달되었던 것입니다.

  수양회에 참석한 많은 사람들이 자신들의 잠재력을 굳게 믿는 도슨의 확신을 느낄 수 있었으며, 메시지 시간에는 자신들에게 개인적으로 말하고 있다는 느낌을 계속 받았습니다. 도슨은 이 사람들을 보며 크게 흥분하였지만, 한편으로는 사역이 그렇게 크게 성장한 것을 보고 조심스런 태도를 갖게 되었습니다. 지난해 가을에 도슨은 로젠버거에게 말했었습니다. "대형 집회는 하지 마십시오. 그곳으로 돌아가서 당신의 힘을 학교에 쏟고 지금의 사역이 견고하게 되는 일에 드리십시오." 도슨은 물론 하나님께서 네비게이토로 인도하시는 사들에게는 문호를 개방하기를 원했습니다.

  세인트폴과 미니애폴리스에 있는 이 그룹들은 장차 국내와 해외에서 일할 수많은 일꾼들을 생산해 내게 될 것입니다. 그리고 나중에는 네비게이토 지역 대표가 되거나, 선교사의 아내, 자매 사역자가 될 것입니다. 도슨은 월드런 스코트를 만났는데, 그는 리로이 아임스에게 'B 식량'을 주었던 사람입니다. 성경을 많이 알고 있었던 스코트는, 이 그룹에는 자기가 원하는 생동감이 있고 성경을 삶에 올바르게 적용하는 법을 알고 있음을 발견하게 되었습니다. 그리고 배가를 통해서 전 세계 사람들에게 나아가겠다는 비전은 그에게 혁명적인 것이었습니다. 또한 그곳에는 덕 스팍스와 군 시절의 동료인 봅 세이퍼트와 봅 글로크너가 있었는데, 그들은 덕 스팍스가 그리스도를 믿도록 인도했으며 영적으로 성장하도록 도왔습니다. 그리고 수십 명이 더 있었는데, 각 사람은 하나님의 말씀에 잠기고 이에 순종하는 형제 자매들을 통해 하나님께서 무엇을 하실 수 있는가를 보여 주는 좋은 본보기였습니다.

※ ※ ※

  로젠버거는 그해 여름 홈레이크에서 가진 자매 수양회에 많은 자매들을 버스에 가득 태워 데려왔는데, 또 다른 버스에는 네비게이토 수양회에 참석할 형제들로 가득 차 있었습니다. 이 네비게이토 수양회에는 기록적으로 240명이 참석하였는데, 동부, 남서부, 북서부 지역에서, 그리고 육군사관학교와 해군사관학교에서 많은 사람들이 왔습니다. 이 수양회에는, 7월에 열린 4주 동안의 세미나에 참석한 100명의 형제와 20명의 자매처럼, 네비게이토 본부의 초청을 받은 사람들만이 올 수 있었습니다.

도슨은 이해의 세미나가 각 지역의 한 해 사역을 분석하고 실수와 결과들을 파악함으로써, 새로운 시도를 해서 유익했던 지난 해 여름의 세미나보다 훨씬 더 많은 것을 성취했다고 느꼈습니다. 이해 여름에 가진 여러 모임에서는 전도에 좀 더 많은 강조를 두었습니다. 사람들을 훈련할 때, 일주일에 한 번 한 시간씩 만나 노트를 통해 전달하는 훈련에서 방향을 바꾸어 삶을 함께하며 삶으로 영향을 주는 '함께함'의 원리('with him' principle)를 통해 더욱 많은 훈련이 이루어지도록 했습니다. 다시 한 번 배가에 대하여 강조하였습니다. 각 사람들의 삶에 대한 도슨의 예리한 통찰력은 불편함을 느낄 정도였는데, 도슨의 깊은 사랑과 각 사람의 성공을 진심으로 바라는 열망 때문에 문제가 되지 않았습니다. 그리하여 이 세미나가 각 개인 모두에게 기억에 남을 만한 일이 되었고, 도슨은 극도로 에너지를 써서 고갈 상태에 이르게 되었습니다. 도슨은 최초의 유럽 지역 대표들을 임명하고서 크게 기뻐하였습니다. 데이비드 로러는 세미나에서 가르치기 위하여 유럽에서 돌아왔었는데, 로스앤젤레스의 간사인 진 캠벨 자매와 결혼하여 함께 돌아갔습니다. 그리고 잉글랜드에는 윌리엄과 자넷 플레처 부부를, 프랑스와 독일에는 조지 클라크와 봅 홉킨스를 보냈습니다. 그들은 파리에서의 어학연수 비용을 제대 군인 원호법에 의한 연금으로 감당했으며, 학비를 대고 조금 남는 것으로 생활을 유지했습니다.

세미나에 참석한 많은 사람들에게 도슨은 누가복음 9장에 나오는 제자의 도에 대한 주님의 절대적인 부르심에 대하여 자세히 설명했습니다. "여러분 가운데 90퍼센트는 지금부터 5년 혹은 10년 후면 사라지고 없을 것입니다." 도슨의 어조는 감히 그들이 도슨에게 틀렸다고 말하지 못할 정도였습니다. "여러분은 실패할 것이며, 낙오자의 대열에 들어갈 것입니다. 지금은 큰 약속을 하고, 큰 포부를 말합니다. 그러나 주님의 명령을 따르고 실행하기 위하여 치러야 할 값을 지불하지는 않으려 할 것입니다." 이 시간이 잊지 못할 헌신의 시간이 되었던 사람들 가운데는 덕 스팍스가 있었습니다. 빈틈없고 분석적이며 목표 지향적이었던 스팍스는 낙오자의 대열에 서지 않겠다고 다짐했습니다. 호숫가에서 혼자 기도 시간을 가지면서 스팍스는 자기의 삶을 지상사명의 성취를 위해 드리겠다고 하였습니다. 윌드런 스코트도 이 중 한 사람이었습니다. 그날 바깥으로 나가 소나무 아래에서 자기의 마음을 살피며 자신이 90퍼센트에 속할지 아니면 10퍼센트에 속할지 생각하였고, 자신을 지탱해 줄 견고한 약속을 하나님께로부터 받았습니다.

　장차 일꾼이 될 사람들을 찾기 위해 나섰던 봄 여행과 더불어 여름에 가진 강도 높은 훈련 프로그램들 때문에 도슨은 본부에서 너무 오랫동안 떨어져 있게 되었습니다. 도슨은 그해의 남은 기간을 사무실의 필요를 채우는 데 사용하기 위하여 모든 약속을 사절하기 시작했습니다. 약 550명 정도가 매월 주제별 성경 암송에 등록하고 있었고, 미국 및 해외에 보내야 할 편지의 양도 많아졌습니다. 이해에는 간사들에게 보내는 소식지는 한 차례, '네비게이토 일지'는 세 차례밖에 보내지 못했는데, 론 쎄니가 뉴스레터 형식으로 편집하여 새로운 등사기로 인쇄했습니다. 최초의 네비게이토 그룹을 유럽에 보내는 일도 있었고, 공산화된 중국에 로버트슨을 얼마나 머물게 할 것인지를 결정하는 일도 있었습니다. 다른 선교사들은 뿔뿔이 흩어지거나 혹은 상하이에서 거의 움직일 수 없게 되었습니다. 로버트슨은 머물기를 원했습니다. 자기가 신중하게 사역을 진행할 수 있을 것이라고 생각했던 것입니다. 그는 800명의 중국인이 주제별 성경 암송을 진행하고 있고, 한 지역에서는 30명이 이를 마쳤다고 보고했습니다. 이 암송 과정은 유럽의 3개 국어로 번역될 필요가 있었고, 경우에 따라서는 다른 여러 언어로도 번역해야 했습니다. 도슨은 또한 웨스트포인트, 오클라호마시티, 그리고 시애틀에 사람들을 보내어 훈련을 받도록 했는데, 그곳에서 네비게이토로서 사역하고 있는 사람들을 보조하도록 하거나, 혹은 도움을 요청한 몇몇 사람들을 네비게이토 '개척 간사' 자격으로 돕도록 했습니다.

　또한 성경공부 교재와 노트를 사무실에 있는 인쇄소에서 제작하였는데, 세세한 영역까지 도슨이 감독하였습니다. 함께한 몇몇 사람들은 도슨이 극단적일 정도로 높은 수준으로 작업하는 것을 보고 속으로 당황하기도 했습니다. 사업가 클럽에는 민티, 쿠퍼, 그리고 다른 여러 사람들이 함께하였는데, 도슨은 이 교제를 즐겼습니다. 그리고 각 개인과 함께하는 전략적인 시간을 가졌습니다. 이 가운데에는 빌 브라이트가 있었습니다. 빌 브라이트는 5년 전에 스스로 예수님을 영접하였지만 양육은 받지 못했었습니다. 그는 도슨과 쎄니에게 자주 찾아오기 시작했습니다. "주님에 대한 것이라면 어떤 것이든 배우려는 갈급함이 있었습니다"라고 후에 그는 말했습니다. "도슨의 따뜻하고 다이내믹한 삶은 내게 큰 영향을 주었습니다. 다른 어떤 가르침보다도 도슨의 인격, 비전, 그리고 하나님께서 사용하시는 모습을 보며 큰 도전을 받았습니다." 하나님에 대하여 큰 열망을 가졌으며, 상냥한 말씨를 쓰는 명석한 이 젊은이에게서 도슨은 깊은 인상을 받았습니다.

　한 철 내내 가족 및 간사들과 함께 집에 있는 것은 도슨에게 참으로 좋은 것이었습니다. 본부에서 일하는 몇몇 사람들이 주로 도슨과 함께 시간을 보내게 되었습니다. 저녁 식사를 하면서 자녀들과 체스를 즐기기도 했으며, 게임에 너무나도 열중한 나머지 도슨이나 자녀들은 저녁에 뭘 먹었는지도 몰랐고, 개의치도 않았습니다. 그리고 509번지 위의 언덕에서는 화요일 밤마다 몇몇 사람과 함께 잊을 수 없는 기도 모임을 가졌습니다. 그 기도 모임에는 미니애폴리스에서 온 제이크 코움, 해군 장교였던 빌 미첼, 해병이었다가 부상을 당한 봅 보드만, 그리고 세실 데이비드슨과 그 밖의 여러 사람들이 함께하였습니다. 주님의 약속들을 인용하고 주장하며 기도할 때 그들의 비전은 커갔으며, 이는 도슨이 초기에 여러 언덕에서 기도했을 때 및 훗날 힐리스, 미첼, 모컨, 그리고 멍어와 함께 기도할 때와 비슷하였습니다. 예레미야 33:3, 이사야 43:4, 이사야 58:12은 이전보다 훨씬 생생하고 실제적으로 다가왔습니다. 이 약속들이 부분적으로 성취되는 것을 경험했기 때문입니다. 그러나 도슨은 함께하는 사람들이, 하나님께서 약속하신 것을 실행하실 능력과 의향이 있으시다는 것을 믿지 못하고 있음을 알 수 있었습니다. 사실, 그들은 대륙을 구해야 할 때에 땅콩을 구하고 있었던 것입니다.

"여러분, 잠깐 멈춥시다." 도슨은 예산이 부족한 것에 대하여 기도하다가 갑자기 중단을 시켰습니다. "여러분은 진정으로 세계를 위해 필요한 것을 구하고 있지 않습니다. 여러분의 비전은 제한되어 있습니다. 여러분은 큰 것을 구해야 합니다." 지속하는 대신에 도슨은 함께한 사람들을 언덕 아래로 내려 보내며, 나머지 시간 동안 자신의 비전을 키워 줄 수 있는 것을 적어 보라고 했습니다.

하나님께 전심으로 향하는 자는 누구든지 쓰신다는 확신을 가진 도슨은 하나님을 믿고 큰 것을 구하도록 지속적으로 도전했습니다. 도슨이 간사 기도 모임에 참석하지 못할 경우에는 쎄니에게 "그들이 기도한 것을 적어서 내게 보여 주십시오. 나는 그들이 큰 것을 구하고 있는지 알고 싶습니다"라고 말했습니다.

1950년 중반에는 사무실 공간이 더 필요하게 되었습니다. 모든 설비가 중심가에 있는 바이올라 건물에 꽉 들어찼기 때문입니다. 수개월 동안 그 지역을 조사한 후에 도슨과 쎄니는 두 사람이 발견한 장소가 기도에 대한 하나님의 놀라운 응답임을 알게 되었습니다. 간사들이 살고 있던 509번지와 쎄니의 패서디나 선교관에서 수분 거리에 있는 1층짜리 조그만 공장 건물이었습니다. 자원하여 어려움을 묵묵히 견디며 함께한 네비게이토들과 함께 흄레이크 통나무집을 마무리했던 존 크로포드는 이 공장 건물도 사무실 건물로 새롭게 고쳤고, 11월부터는 간사들이 사용할 수 있도록 했습니다.

   가을 동안 도슨은 활동을 줄이며 못 다한 일을 처리하려고 했었지만, 갑자기 한 가지 생각이 떠올라 실행에 옮기기로 하였습니다. 도슨은 대학에 다니는 전도유망한 젊은 제자들이, 만약 학교라는 환경 속에서 제자의 도에서 성장하도록 도움을 받지 못한다면, 생의 목표에 대한 열망은 식어지고 하나님을 섬기고자 하는 비전은 희미해진 채 4년의 세월을 마칠 것이라고 생각했습니다. 도슨의 아이디어는 그들이 수업에 대한 부담을 두세 시간 정도 줄이도록 하고 캠퍼스 바깥에서 이루어지는 네비게이토 과정에 등록하도록 하는 것이었습니다. 이 과정은 캠퍼스라는 선교지에서 증거의 삶을 살도록 돕고, 또한 졸업할 때까지 상당한 양의 훈련을 받도록 하기 위한 것이었습니다. 그래서 9월에는 UCLA 프로젝트가 시작되어 이 과정에 등록한 27명이 일주일에 하루 저녁을 내어 두 차례의 수업을 받았습니다. 론 쎄니가 이들을 가르쳤으며, 장소는 그 대학 캠퍼스 근처에 새로 생긴 네비게이토 자매 본부였습니다. 이곳은 그 학교를 졸업한 간호사인 라일라 엘리오트가 책임을 맡고 있었습니다.

   선교관에 머물겠다는 도슨의 계획에서 벗어난 것이 마지막으로 또 하나 있습니다. 바로 또 한 번의 해외 여행입니다. 9월에 힐리스가 도슨의 사무실로 성큼성큼 걸어 들어오더니 곧바로 핵심을 말했습니다. "도슨, 하나님께서는 우리 가운데 몇 사람을 타이완으로 보내실 것입니다. 네비게이토에서는 누구를 보내시겠습니까?" 힐리스는 중국 대륙에서 나온 350만 명의 중국인들에게 자유롭게 복음을 전할 수 있는 기회가 생겼다고 봅 피어스의 말을 전했습니다. 그 가운데에는 60만 명의 군인과 장제스 정부가 포함되어 있었으며, 이로 말미암아 타이완 본토 사람과 합하여 섬 전체의 인구가 두 배로 되었다고 했습니다. 장제스의 부인은 군대를 위해 50만 장의 전도지를 요청했습니다. 힐리스는 팀을 하나 조직하고 있었는데, 병사들과 피난민들과 타이완 사람들에게 전도지를 배포하고 복음을 전하기 위해서였습니다. 그리고 이를 통하여 생길 결신자들을 위하여 양육을 도와줄 사람을 원했습니다. 도슨의 마음에는 여러 생각이 떠올랐으며, 자기가 직접 가야겠다는 결심을 즉시 하게 되었습니다. 도슨은 상하이에 있는 로버트슨에게 전화를 걸어 11월에 도쿄에서 만나 타이완으로 가자고 하였습니다.

그들은 도쿄에서 1주일을 보냈는데, 도쿄에는 모컨이 사역을 하고 있었습니다. 도슨은 오랫동안 일본에 네비게이토를 파송하기를 원했고, 다른 사람들로부터도 그런 요청을 받아 왔습니다. 도슨은 또한 베이징에서부터 알고 있었던 선교사들이 도슨이 한국으로 갈 수 있도록 기도하고 있다는 것도 알게 되었습니다. 이를 생각할 때 도쿄는 동양 선교의 본부가 될 수 있는 전략적인 곳이었습니다. 이곳에서 로버트슨은 필리핀, 인도차이나, 그리고 아시아의 다른 국가들로 나갈 수 있었습니다. 이것은 이제 중국이 공산당에게 넘어갔기 때문에 더욱 긴급한 목표가 되었습니다. 도쿄에만 40개의 대학이 있으며 180,000명의 학생이 있다는 것을 도슨은 알게 되었습니다. 참으로 놀라운 기회였습니다!

그러나 그 당시 애를 써야 할 곳은 타이완이었습니다. 팀이 전도를 하고 전도지를 나누어 줄 동안 도슨은 목회자, 선교사, 열심 있는 성도들을 모아서 수양회를 가졌습니다. 선교사들은 섬의 여러 지역에서 왔는데, 도시에서 온 사람들도 있고, 산지에서 원주민들을 대상으로 선교하던 사람들도 있었습니다. 도슨은 감기를 견디며 마룻바닥에서 잠을 자는 불편한 환경 속에서도 놀라운 기쁨을 누렸습니다. 이는 주님을 위하여 감내할 수 있는 귀한 특권이었습니다. 로버트슨의 임무는 타이베이에 있는 수많은 결신자들을 양육할 수 있는 길을 발견하며, 이 수천 명의 새로운 그리스도인들의 필요를 채울 수 있는 통신 성경공부 과정을 준비하는 것이었습니다. 도슨은 이 임무를 완수하도록 그를 타이완에 남겨 두고 도쿄를 경유하여 귀국했는데, 이 도시를 동양 선교의 본부로 선택하기로 다시 한 번 마음을 굳게 정하였습니다. 로이는 타이완에 새로운 사람이 오는 대로 속히 도쿄로 이사하기로 하였습니다. 도슨은 1951년 1월에 본국에 도착했습니다. 두 달 반 동안 5,000명의 결신자를 얻은 힐리스는 전도지 150만 부를 더 가져가기 위해 돌아왔습니다.

타이완에서 목회자와 여러 교회를 방문하여 사역을 한 도슨은, 주님 앞에서 개인의 책임을 이해하는 면이 그들에게 결여된 것을 보게 되었는데, 이는 다른 나라에서와 마찬가지로 교회에 큰 장애물이 되었습니다. 모든 그리스도인들이 증거하는 일에 대하여 책임을 깨닫도록 돕는다면 타이완에서 그리스도를 위해 대단한 승리를 얻은 셈이 될 것입니다. 이미 다른 몇몇 지역에서 그런 일이 일어나기 시작했듯이 말입니다. 타이완에 갈 네비게이토가 꼭 필요했습니다. 그리고 수일이 못 되어 사람이 선정되었습니다. 덕 스팍스였습니다. 그는 세인트폴에 있는 마칼레스터 대학에서 역사를 전공하고 있었는데, 로젠버거가 추천을 하여 부름을 받게 되었습니다. 흄레이크에서 한 헌신은 자신이 예상한 것보다 빨리 테스트를 받게 되었는데, 스팍스는 즉시 부름을 받아들였고, 대학 졸업은 훗날로 미루게 되었습니다.

성경 책장을 넘기다가 도슨은 뒷장에서 기록 날짜와 장소가 '런던, 웨스트민스터, 48년 5월 2일'로 되어 있는 글을 읽었습니다. "사람들을 추도하여 세운 대리석 조각상들을 보았습니다. 주님, 이것이 주님께서 원하시는 바입니까? 아니면 주님께서는 온전히 하나님의 영광에 헌신된, 살아 있는 사람들을 원하십니까? 오 주님, 제가 사람들을 세울 수 있도록 도와주소서. 견고하고, 거룩하며, 세계 각지로 나아가서 제가 했던 일과 동일한 일을 할, 준비된 사람들을 세우게 하소서. 도슨." 기도하고 있던 언덕 주변에는 홀쭉하고 껍질이 하얀 나무들이 마치 언덕을 보호하듯이 둘러서 있었습니다. 가벼운 바람이 얼굴에 상쾌하게 느껴졌습니다. 양털 모양의 조각구름들이 지나갔는데, 파란 캘리포니아의 하늘에 그런 구름이 흘러가는 것이 드문 것만큼이나 혼자서 갖는 이런 소중한 시간이 찾아오는 것도 드물었습니다. 이는 말씀에 흠뻑 젖는 시간이요, 사령관이신 주님께 조언을 들을 수 있는 시간이었으며, 다윗이 했던 것처럼 '옛날을 기억하고 주의 행하신 모든 것을 묵상하는' 시간이었습니다.

전후(戰後)에 일어난 변화와 군인들의 갑작스런 제대로 말미암아 네비게이토 선교회는 파산할 것이라고 생각하는 사람들도 몇몇 있었습니다. 도슨은 간사들을 로스앤젤레스로 불러서 네비게이토 사역은 단지 시작일 뿐임을 확신시켰던 것을 기억했습니다. "하나님께서는 우리를 새로운 곳으로 인도하실 것입니다"라고 도슨은 간사들에게 말했습니다. "나는 하나님께서 네비게이토를 통하여 하시려는 일을 아직 보여 주지 않으셨다고 믿습니다." 도슨은 전쟁 이후로 거의 6년 동안 일어난 일을 돌아볼 수 있었습니다. 그리고 하나님께서 이 세대에 전 세계로 나아가는 놀라운 일에 참여할 수 있도록 그들을 준비시키기 위해 재정비해 오셨다는 것을 볼 수 있었습니다.

재정비는 무엇보다도 먼저 도슨 자신에게 이루어졌습니다. 도슨은 아들의 병이라는 상상할 수도 없는 경험을 하게 되었으며, 이 일을 통해 더욱 사려 깊고 이해심이 많은 사람이 되었습니다. 그리고 이와 더불어 T와의 사건을 통해 더욱 겸손하고 온유하게 되었습니다. 그러나 도슨은 그때나 지금이나, 하나님께서는 새로운 방향으로 인도하시기 위해 시련을 통해 자기를 준비시키셨다고 느꼈습니다. 선교 운동에 대한 연구를 했던 한 친구는 이런 일련의 일들이 전형적인 패턴의 한 부분이라고 확신하였습니다.

그 친구는 이렇게 말한 적이 있었습니다. "도슨, 이 운동은 하나님으로 말미암은 것입니다. 당신의 권위에 대한 도전의 문제가 있습니다. 하나님께서 한 사람을 일으켜 무언가를 하려고 하시면, 대개 초창기에 그룹의 키맨 가운데 하나가 그의 권위에 도전하는 일이 생깁니다.

또 다른 하나는 당신 특유의 말을 만들어 내고 있다는 것입니다. 어떤 운동이 뭔가를 하려고 할 때 대개 나름대로의 말을 만들어 냅니다. 왜냐하면 이전에 사용하던 개념은 이것을 적절히 표현할 수 없기 때문입니다." 재능이 많은 간사들을 주신 것도 도슨은 또 다른 인도하심이라고 생각했습니다.

또 다른 중요한 요소는 재정 정책의 변경이었습니다. 주님의 분명한 인도하심을 받아 사역을 후원하는 일에 더욱 많은 하나님의 종들이 참여할 수 있는 기회를 주게 된 것입니다. 자비량을 위해 직업을 갖는 것은 상당히 훌륭한 훈련이었습니다. 그러나 분명히 이는 재정적인 문제에 대한 완전한 해결책은 아니었습니다. 이것은 하나님의 뜻을 또 다른 방식으로 보여 주신 것이었습니다. 이 사역이 더 이상 소규모의 가족적인 일로 진행되어서는 안 된다는 것이었습니다. 기금은 여전히 부족했습니다. 그러나 새로운 정책은 후원의 기반을 넓혔는데, 어떤 의미에서 이는 장차 사역이 확장될 것을 암시하는 것이기도 했습니다.

또한 네비게이토 원리, 혹은 신약의 원리가 정의되었다는 것도 역시 의미가 있었습니다. 재생산하는 자를 생산하는 원리가 부각되었고, 이 배가의 원리는 여러 공격에도 불구하고 살아남았기 때문에 이 원리를 전파하는 것이 하나님의 뜻임을 명확히 알 수 있었습니다. 특히 이는 목자가 아니라 양이 양을 낳는다는 진리가 보편적으로 무시되었다는 것을 드러내었기 때문입니다. 만약 교회가 이 진리에 눈을 뜨기만 하면 그 효과는 폭발적이 될 것입니다. 2-4-8-16 아이디어, 즉 배가의 원리는 비판을 받아 왔습니다. 사탄이 이 무기의 파괴력을 알고서 무력화시키려는 시도를 했기 때문입니다. 도슨은 이 계산을 단지 예화로 사용해야 하며 실제 사역에 기계적으로 적용하지 않도록 동역자들에게 경고를 함으로써 이 공격에 반격을 가했습니다.

수레바퀴 예화도 또한 비난을 받고 있었습니다. 성령은 어디에 있는가? 교회는? 그 대답은 간단했습니다. 성령은 모든 살에 임재하여 계십니다. 사실, 수레바퀴 예화는 그리스도 중심의 성령 충만한 삶이라 할 수 있었습니다. 교회에 관하여는, 수레바퀴는 각각의 그리스도인을 나타내며, 이들은 다른 그리스도인들과 함께 교회를 형성하게 됩니다. 교제와 팀웍은 사실 필수적인 것이었습니다(수레바퀴 예화에는 나중에 교제의 살을 더하였음, 역자 주). 만약 이에 대하여 의심하는 사람이 있다면 도슨은 외바퀴 손수레가 바퀴 하나로 움직이기는 하지만 반드시 밀어 주어야 한다는 것을 설명하였습니다.

북두칠성 예화는 네비게이토의 일을 사실(寫實)적으로 생생하게 요약해 주는 것이었습니다. 그리고 도슨이 느끼기에 상당히 오랫동안 잊혀졌던 이런 주된 진리들을 기억나게 해주는 것이었습니다.

도슨은 네 차례에 걸친 해외여행을 통해 다른 나라의 필요가 미국의 필요와 근본적으로 같다는 것을 알게 되었고, 평범한 그리스도인에게 숨어 있는 잠재력은 해외나 미국이나 같다는 것을 알았습니다. 이 나라들을 위해 양육을 위한 도움을 제공해야 하며 그들에게 배가의 비전을 심어 주어야 한다는 도슨의 짐은 구체화되기 시작했습니다. 지금까지 도슨은 이미 선교를 하고 있는 그룹에 네비게이토를 보내어 기존의 사역 맥락 속에서 네비게이토 비전을 실행하기 원했습니다. 그러나 이는 성공적이지 못했습니다. 이제부터 네비게이토의 일은 전적으로 네비게이토의 후원으로 파송된 사람에 의해 이루어져야 한다는 생각이 들었습니다. 그들을 통해 외국의 토양에 양육, 모든 그리스도인이 재생산하는 것의 중요성, 말씀을 섭취하는 일의 필요성과 방법, 그리고 풍성한 기도 생활의 확립 등과 같은 개념을 심어 줄 것입니다.

그리하여 도슨이 예상한 것보다 빨리 네비게이토는 국제적이 되었습니다. 로이는 중국에서 지낸 짧은 기간 동안 무엇이 이루어질 수 있는가를 보여 줄 수 있었습니다. 그리고 동양의 다른 나라들도 개척할 것입니다. 동역자들은 유럽에서도 발판을 가지고 있었습니다. 아직 인도에는 사람이 없었습니다. 많은 사람이 부각되고 있었습니다. 그러나 도슨은 더욱 많은 사람들이 해외 사역을 위하여 준비되기를 원했습니다.

이제 모든 그림 조각들이 맞추어지기 시작했습니다. 초기에 이사야 말씀을 통해 얻은 약속, 이루어지기 시작하는 기도 응답, 여러 시련과 고난, 늘어 가는 기회…. 주님께서 이 시대를 위한 특별한 사역을 자신에게 주셨다는 것이 이 순간보다 더 선명했던 적은 없었습니다. 이것은 그리스도의 몸 된 교회 안에서 담당해야 할 독특한 역할이었습니다.

론 쎄니는 지난 봄 여행에서 이렇게 말한 적이 있습니다. "도슨, 당신은 운명을 개척해 나가는 사람처럼 보입니다." "나는 절대로 그렇게 생각해 본 적이 없습니다"라고 도슨은 대답했습니다. "그러나 내가 분명히 알고 있는 것이 있습니다. 하나님께서는 나에게 몇 가지 확실한 약속을 주셨습니다. 몇몇 약속은 성취된 것을 보았고, 현재 성취되고 있는 것도 있습니다. 나는 하나님께서 나머지 것도 성취하실 것임을 알고 있습니다."

"**동**지 여러분, 나는 여러분 모두가 짐을 지고 있다는 것을 알고 있습니다. 우리가 감당할 수 있는 것 이상으로 짐을 지고 있습니다. 그리고 사역은 빠른 속도로 성장하고 있습니다. 그러나 나는 알고 있습니다. 우리는 빌리 그래함을 도와야 합니다. 포트워스 전도집회에 참석한 이후로 나는 우리가 모두 나서서 빌리 그래함과 함께 일할 수밖에 없다는 것을 알게 되었습니다. 그리고 이것은 우리 모두가 더욱 열심히 일해야 하며, 현재보다 두 배 이상의 일을 감당할 능력을 달라고 하나님께 기도해야 한다는 것을 의미합니다." 포트워스에서 막 돌아온 도슨은 모든 사람을 다 불러서 509번지 선교관 뒤쪽의 그늘지고 편평한 돌이 깔려 있는, 흔히 파티오라고 하는 스페인식 정원에 모였습니다. "나는 내 시간의 절반을 그 팀을 위하여 사용할 것입니다. 그리고 여러분 가운데 몇 사람에게는 적어도 그만큼의 시간을 드리라는 요구를 할 것입니다. 우리는 이전보다 훨씬 더 열심히 일을 해야 합니다. 그리고 자원을 위하여 하나님께 의뢰해야 합니다. 기억하십시오. 주 하나님께는 능치 못한 일이 없습니다."

편안한 분위기는 어떤 행동을 요구하는 것처럼 보이지는 않았습니다. 파티오로부터 녹색의 푸르른 잔디밭이 펼쳐져, 몬트레이로드 길가에 심긴 세 그루의 커다란 아보카도 나무까지 이어져 있었습니다. 그러나 간사들은 중대한 변화가 있을 것임을 느낄 수 있었으며, 늘 하던 대로 도슨의 도전에 적극적으로 응했습니다. 자기 팀에 함께하여 계속 불어나고 있는 결신자들을 양육할 수 있는 프로그램을 만들어 달라는 빌리 그래함의 긴급한 요청을 도슨은 다시 한 번 생각해 보았습니다. 그래함은 '아니요'라는 대답은 절대로 받아들이지 않을 것입니다.

도슨은 지난 가을에 타이완에서 해변을 거닐면서 이 결정과 관련하여 고심했습니다. 자기 나이가 44세이어서 그래함 팀의 대부분의 사람들보다 나이가 많기 때문에 그들의 스타일에 맞출 수 있을지 우려도 되었습니다. 그러나 도슨이 주저했던 주된 이유는 네비게이토 사역이 점점 성장하면서 필요가 많아졌기 때문입니다. 로이는 스팍스가 타이완으로 가는 즉시 도쿄에서 본부를 열 준비가 되어 있었습니다. 파리와 맨체스터에 있는 유럽 팀도 도움이 필요했습니다. 도슨은 두 대륙의 사역을 강화하는 방안을 생각해야 했습니다. 그리고 남아메리카와 아프리카에 보낼 사람도 찾아야 했습니다. 사람들을 준비시켜 파송하기 위한 네비게이토 훈련 센터도 필요했습니다.

그동안 몇몇 사람은 로스엔젤레스에서 훈련을 받을 수 있었고, 아니면 로젠버거나 릭스, 혹은 샌디에이고에 있는 리 선드스트롬에게 맡겨 훈련을 할 수 있었습니다. 릭스는 쎄니가 시애틀을 떠나면서 그곳 사역의 책임을 맡고 있었습니다. 미국 전체에 지역 책임자가 3명밖에 없는 상황에서 상호 훈련은 많이 이루어질 수 없었습니다.

군 당국이 한국 전쟁을 위하여 여름까지 3백만 명가량을 양성할 계획이어서, 군인 사역은 높은 우선순위를 요구했습니다. 그러나 2차 세계 대전 기간의 사역과는 달리 도슨은 재생산하는 자를 생산하는 일에 초점을 맞추었고, 그러면서도 더 많은 사람들을 위하여 할 수 있는 것은 무엇이든 행했습니다. 재정 또한 중요한 우선순위였습니다. 선교 비용의 증가, 새로운 사무실 건물의 구입과 개조, 그리고 509번지 선교관의 구입 때문이었습니다. 흄레이크 통나무집은 건축을 하면서 큰 유익을 누렸고, 사용하면서 큰 기쁨을 누렸던 프로젝트였는데, 이제 기금을 마련하기 위하여 매각하였습니다. 쎄니는 재정적인 필요를 위하여 사람들을 만나는 일에 많은 시간을 드렸습니다. 중요한 1951년의 여름 수양회들과 세미나는 산타바바라에 있는 웨스트몬트 대학 캠퍼스에서 열릴 것입니다. 미국 내에 새로운 지역 사역이 시작되어야 했고, 다른 곳들은 강화되어야 했습니다.

그래함의 요청에 대하여 기도할 때, 이런 모든 일들이 도슨의 마음에 떠올랐습니다. 도슨과 가장 가까운 사람들도 그들 사역의 방향과 전혀 반대인 사역에 네비게이토가 그렇게 대규모로 드려져야 하는가에 대하여 의문을 제기했습니다. 그럼에도 주님께서는 전도 집회의 양육에 대한 책임을 받아들이도록 분명히 인도하고 계셨습니다. 그리고 포트워스를 방문하면서 결심을 굳히게 되었습니다.

장점도 여러 가지가 있었습니다. 수백 명의 결신자들은 마땅히 받아야 할 도움을 받게 될 것입니다. 양육 팀의 사람들이 계발되고 그 일에 훈련을 받을 수 있을 것입니다. 스팍스와 로버트슨은 동양에서 대규모 전도 이후의 양육 경험을 통해 많은 것을 배울 수 있을 것입니다. 그리고 그래함 팀과의 연결을 통해 네비게이토는 널리 알려질 것이며 드러나게 될 것입니다. 이렇게 되는 것은 이전에는 피해야 하는 것이었지만 이제는 꼭 필요한 것이 되었습니다. 또한 네비게이토는 대규모 전도에는 관심이 없다는 비판에 대한 대답이 될 수도 있을 것입니다. 사실 도슨은 대규모 전도에 대하여 무관심한 적은 없었고, 오히려 선견지명을 가지고 전도 집회에서 생기는 결신자들을 양육하는 계획을 오래 전부터 생각해 오고 있었으며, 이런 계획을 실제로 시도하고자 하는 준비도 되어 있었습니다. "나는 빌리와 다른 사람들에게 이것은 내게 전혀 새로운 영역의 사역이라고 말하려 했지만, 그들은 단지 웃을 뿐이었습니다"라고 도슨은 루이지애나의 슈리브포트 집회에 처음으로 함께한 후 간사들에게 편지를 썼습니다.

  도슨은 로젠버거를 자기와 함께하자고 불렀고, 네비게이토인 조 노블을 노스웨스턴 성경대학으로 보내어 로젠버거 대신에 그 대학을 책임 맡도록 했습니다. 도슨은 소수의 양육 팀을 모아 그 지역의 그리스도인들과 함께 묵도록 했습니다. 그리고 나서 도슨은 전도 집회가 끝난 후에 생길 새로운 그리스도인을 돌볼 사람들을 훈련하는 데에 모든 노력을 집중하였습니다. 도슨은 그 일에 대하여 환상을 가지고 있지 않았습니다. 평신도들을 전도 모임에서 일하도록 돕는 경험을 통해서, 열 명 가운데 한 사람도 성경을 사용하여 다른 사람을 그리스도께로 인도할 수 없다는 것을 이미 알고 있었으며, 양육을 할 수 있는 사람은 훨씬 더 적다는 것을 알았기 때문입니다. 매일 아침에는 슈리브포트의 지도적인 평신도들을 만나 양육을 가르쳤으며, 오후에는 자매들을 위한 시간을 가졌습니다. 목회자들은 일주일에 두 차례 상담과 양육 훈련을 위하여 만났습니다. 이 가운데 몇몇 목회자는 나중에 이 수업을 통하여 자기의 사역 전체가 바뀌었다고 말했습니다. 교회의 평신도 지도자들은 새로운 열정을 가지고 사람을 구원하는 일에 드려졌고, 그래함 전도 집회를 통해 매주 수십 명의 사람들이 자기들 교회에 연결되는 것을 보고 기뻐하였습니다.

  대여섯 명 이상의 네비게이토가 각 전도 집회를 위해 일했는데, 쎄니처럼 몇 사람은 규칙적으로 참석하게 되었습니다. 쎄니는 네비게이토 사역에서와 마찬가지로 도슨의 대리인으로서 참석했습니다. 릭스는 여러 도시에서 도왔는데, 전도 집회를 마친 후 6개월이 지나서 시애틀을 떠나 포트워스에서 네비게이토 지역 사역을 시작했습니다.

각 도시에서 양육 팀은 구체적인 보고서를 선교관으로 보냈습니다. 간사들은 전도 집회를 돕는 사람들을 위해 기도에 깊이 드려질 수 있었습니다.

도슨은 "그래함은 진정으로 하나님의 사람입니다. 나는 그의 태도와 영적 성장, 겸손, 분별력, 융통성, 그리고 하나님과 사람을 대하여 양심에 거리낌이 없도록 하기 위하여 일을 올바른 방식으로 처리하려고 애쓰는 태도를 인하여 놀라움을 금치 못합니다"라고 편지에 썼습니다. 도슨은 또한 간사들에게 그래함 팀의 각 멤버와 각자가 하는 일에 대하여 찬사를 보냈습니다. "나는 이 사람들 각자를 무척 사랑합니다. 그들을 깊이 신뢰하고 있으며 이 사람들과 함께 일하게 된 것을 큰 행운으로 생각합니다."

슈리브포트 집회 후에 5월에는 멤피스, 8월에는 시애틀, 9월에는 헐리우드, 그리고 10월에는 노스캐롤라이나의 그린즈버러에서 전도 집회를 가졌습니다. 도슨은 훈련받은 상담자를 각각의 결신자에게 배정하는 방법을 고안했습니다. 성별이 같고 나이가 비슷한 상담자를 배정하였는데, 그들은 결신이 분명한지를 분별할 수 있으며, 성경 공부에 대한 동기를 부여하고 도와주며, 지역 교회에 나가도록 도울 수 있는 사람들이었습니다. 이 방법 속에 담긴 문제들을 관찰하면서 그 다음 전도 집회에서는 몇 가지 해결책을 생각했습니다. 이렇게 하여 양육과 상담 프로그램이 상당 수준으로 완성되었습니다.

전도 집회 전에 몇 차례의 수업을 가지면서 장차 상담자가 될 사람들에게 결신자의 필요를 분별하고 이를 하나님의 말씀으로 채우는 방법을 가르쳤습니다. 그리고는 결신에 대하여 분명한 기록을 남기도록 하라고 했습니다. 상담자는 개인적으로 자격 심사를 받았으며, 공식적으로 섬길 수 있다는 표시로 배지를 받았습니다(이 때문에 재미있는 일이 하나 있었는데, 한 양육 팀 멤버는 잘 차려 입었지만 배지는 없는 여인이 상담실에 있다는 것에 의문을 품었습니다. 결국 그 여인은 크게 존경을 받는 헨리에타 미어즈 여사라는 것이 밝혀졌습니다). 상담자는 결신자와 함께 기도를 한 후 'B 식량'을 시작하도록 도왔고, 그를 상담 책임자에게 안내하였습니다. 상담 책임자는 대개 목사였습니다. 상담 책임자는 그에게 어떤 결심을 했느냐고 물었습니다. 이를 통해 최초의 간증을 할 수 있었고, 만약 결신이 분명하지 않았다면 그 자리에서 도움을 받을 수 있었습니다. 상담 책임자 시스템은 포틀랜드 전도 집회에서 했던 잭 미첼 박사의 상담자 훈련에서 비롯되었는데, 상담자가 완벽하게 일을 하고 결신자에게 추가적인 도움을 줄 수 있는 기회를 제공하였습니다.

시애틀에서 도슨은 젊은 자매들을 양육 팀에 함께하도록 하여 사무실 일을 도우며 여성 상담자들 및 결신자들을 대상으로 사역하도록 했습니다. 그해 중반에 이르러 도슨과 간사들은 수레바퀴 예화를 기초로 하여 '새신자용 성경공부'를 만들었는데, 이 교재는 암송을 위한 'B 식량'과 더불어 결신자들이 사용하도록 하기 위한 것이었습니다. 추후의 전도 집회를 위해서 이 성경공부를 시험적으로 사용하고 개정하였는데, 새로운 그리스도인들에게 도움이 되었기 때문에 수요가 많았습니다. 헐리우드 장로교회의 리처드 핼버슨을 비롯한 여러 목사들이 특별한 시간을 내어 이 성경공부를 사용하여 자기 교회 사람들을 가르쳤습니다.

그 첫 해부터 결신자의 결신 카드는 결신자가 택한 교회에 전달되었는데, 그들을 만나고 양육하는 데에 사용되었습니다. 자원 봉사자들은 카드를 밤늦게까지 정리하여 결신 후 48시간 이내에 목회자의 책상에 놓이도록 하였습니다. 상담자들은 자기가 상담한 사람들에게 전화를 하거나 직접 만나서 새로운 삶의 시작을 도와주도록 했습니다. 양육 사무실에서는 새로운 그리스도인들을 위하여 특별한 그룹 모임을 만들었고, 성경공부 교재를 원하는 사람들에게 제공하였으며, 결신자와 교회를 연결하는 역할을 하였습니다.

도슨은 믿겠다고 하며 앞으로 나아오는 모든 사람들이, 말씀과 개인적인 도움을 통하여 그리스도께 대한 자기의 믿음을 분명히 이해할 수 있도록 최선의 노력을 기울였습니다. 이외에도, 도슨은 오랫동안 관심을 가져 온 일에서도 상당한 발전을 경험할 수 있었습니다. 아마도 가장 보람을 느낀 것은 평신도의 훈련이었을 것입니다. 평신도들은 상담하는 방에서 영적으로 갓 태어난 사람을 만나 '포대기로 감싸는' 일을 함으로써 자신들이 하나님께 쓰임을 받을 수 있다는 것을 알았고, 성경을 공부하고 암송하는 법을 배웠으며, 이를 통해 그들의 삶이 획기적으로 변화되었기 때문입니다.

도슨은 자기가 만나는 모든 사람에게 삶을 투자하는 것을 삶의 규칙으로 삼았는데, 전도 집회에서 많은 기회를 얻었습니다. 도슨은 종종 편지를 통하여, 새로운 몇몇 친구들에게서 볼 수 있는 놀라운 능력과 잠재력에 대하여 동지들과 나누었습니다. 도슨은 늘 관찰했으며, 자기 사람들에게는 늘 관찰하라고 가르쳤는데, 이는 깊이 있게 삶을 투자할 장래의 디모데를 발견하여, 함께 삶을 나누며 영적인 삶을 세워 주는 관계를 확립하기 위해서였습니다. 이것이 도슨의 사역 개념 혹은 철학의 주춧돌이 되었습니다. 슈리브포트에서 도슨이 만난 자신의 디모데는 사업가인 단 피아트였습니다. 그는 적극적으로 열심히 받아들이며 성장하기 시작했고, 더욱 많이 배우기 위해서 도슨이 어디를 가든 따라다니고자 했습니다.

도슨이 경험한 유익 외에도 피츠버그의 켄 스미스 목사와 같은 젊은 목회자들도 많은 축복을 누렸습니다. 스미스는 아침 일찍 열리는 양육에 대한 수업에 참석하면서 수레바퀴 예화와 경건의 시간에 대해 도슨이 소개하는 것을 들었는데, 바로 자기의 개인적인 필요를 언급하고 있음을 깨달았다고 고백했습니다. 스미스는 이렇게 말했습니다. "이전에는 전혀 들어 보지 못한 내용이었습니다. 사역은 삶에 달려 있다는 말이 이해가 되기 시작하였습니다. 나는 이것을 '원리'로 보지 않았었습니다. 나는 성공적인 사역을 원했으며, 다른 사람을 그리스도께 인도할 수 있는 방법을 보여 달라고 3년 동안 주님께 기도하였습니다.

나는 도슨이 성경에서 받은 감동을 실제적으로 적용하는 법을 보여 주고 있다는 것을 알았습니다. 우리는 성경을 우리의 신앙과 삶의 유일하고도 흠이 없는 법칙으로 받아들이고 있습니다. 도슨은 신앙과 삶이란 두 가지 영역을 하나의 원리로 묶어서 내게 가르쳐 준 최초의 사람이었습니다. 그때부터 나의 문제는 신학적인 것이 아니라 내가 알고 있는 것을 적용하지 않는다는 것이었습니다. 나의 경건의 시간은 의미를 가지기 시작했습니다. 나는 하나님께서 하겠다고 말씀하신 것이 이루어지는 것을 보기 시작했습니다."

전도 집회를 통한 사역을 하면서 "우리 사람들이 적절한 상황 아래에서 빠른 성장을 경험할 수 있었으며, 함께 사역하고, 함께 기도하며, 직접적인 감독을 받는 기회를 얻었습니다"라고 도슨은 편지에 썼습니다. 의자 정리, 교통, 상담자 훈련, 그리고 교재 등 세세한 여러 영역을 감당하고, 그룹 단위의 사람들에게 말씀을 전하며, 영적 출생과 성장에 대한 문제를 다루는 것을 통해 여러 값진 교훈을 배울 수 있었습니다. 각 사람의 장점과 약점이 다 드러날 수 있을 정도로 충분히 넓은 영역의 활동이었으며, 이를 통해 각 사람에게 추가적인 책임을 맡기는 데에 참고 자료로 활용할 수 있었습니다. 도슨은 종종 다른 모든 양육 팀 멤버가 보는 앞에서 직접적이고 강한 말로 잘못을 고쳐 주기도 했습니다. 도가니와 같은 이런 훈련을 통하여 대부분은 정금과 같이 나왔지만, 그 훈련을 감당하지 못한 사람도 있었습니다.

도슨은 간사들에게 그래함과 함께 사역하는 것은 "놀랍고 효과적인 관문으로서 우리의 비전을 넓히고, 새로운 교훈을 배울 수 있으며, 교회와 여러 그룹에 영적 성장과 양육에 대한 개념을 제공할 수 있는 기회이고, 우리의 마음에 영적 아드레날린을 주사하는 것과 같으며, 전도의 모든 단계에 함께할 수 있는 기회"라고 거듭 말했습니다.

도슨은 여러 과정에 대한 개선책을 마련하면서, 이를 실행하는 것은 쎄니에게 맡겼습니다. 채터누가 전도 집회에서 쎄니는 이렇게 말했습니다. "도슨, 이와 같은 전도 집회에 세세하게 관여하면, 한 사람을 훈련시키는 비전에 대한 시야를 잃기가 쉽습니다."

쎄니에게 충격이 될 것이라는 계산 하에 도슨은 12년 동안 함께 일해 온 쎄니에게 다음과 같이 말했습니다. "쎄니, 나는 당신의 마음이 이 비전으로 불타고, 당신의 생각이 아침부터 밤까지 온종일 이 비전으로 가득 차 있는지 묻고 싶습니다."

도슨은 그래함 팀과 그들의 부인들이 성경을 암송하고 결신자들을 상담하는 일에서 상당한 기쁨과 개인적인 만족을 누리고 있음을 알고는 매우 기뻐하였습니다. 빌리 그래함도 네비게이토 성경 암송 지갑을 주머니에 가지고 다녔으며, 주제별 성경 암송의 각 말씀을 완벽하게 암송하기 위하여 열심히 노력하였습니다. 이는 다른 사람들에게 암송을 하도록 자극할 때 도슨이 즐겨 사용하는 예가 되었습니다.

전도 집회 수주일 전에 그래함과 도슨은 함께하는 교회의 목사들을 만나 미리 계획을 소개하고 상담자 훈련과 양육 단계를 알려 주었습니다. 도슨은 빌리 그래함이 "결신은 5퍼센트이고, 결신 후의 양육이 95퍼센트입니다.… 사실 대규모 전도라는 것은 없습니다. 우리는 사람들을 모아 복음의 소식을 들려줄 수 있으며, 결신하는 곳까지 인도할 수 있지만, 진정한 전도는 결신자들을 맞이하는 바로 그 방에서 이루어집니다"라고 말하는 것을 들었습니다. 도슨은 언제나 은혜로운 빌리가 다른 사람에게 공을 돌리는 데 빠른 것을 알았습니다. 그럼에도 불구하고 도슨은 미국 전역의 기독교 지도자들을 향해 양육의 중요성을 알린 이 강력한 추천의 말에 대해 감사했습니다. 그리고 하나님께서는 전도 집회와 일대일 사역이 서로 조화를 이루게 하셨습니다. "주님께서 우리를 이끄시는 것을 보면 참으로 놀랍습니다. 개인적인 만남에 열심이었던 우리를 인도하셔서 오늘날 미국에서 가장 커다란 규모의 사역에 함께하도록 하셨고, 우리가 완벽하게 조화를 이루도록 역사하셨기 때문입니다"라고 도슨은 편지에 썼습니다.

두 사역은 분명 서로의 사역에 크게 기여를 하였습니다. 그 연합이 교회에 미친 광범위한 영향에 대해서는 역사가 평가할 것입니다. 아마도 분수령이 되었다고 할 것입니다. 그러나 분명한 것은 당시에 두 사람이 상상했던 것보다 훨씬 크게 평가할 것입니다. 왜냐하면 여러 도시에 걸쳐 집회를 거듭하면서 수백 명, 수천 명의 상담자가 훈련을 받았고, 영적으로 겨울잠을 자던 평신도들이 하나님을 위하여 열매를 맺을 수 있는 자기의 잠재력을 깨닫기 시작했기 때문입니다. 다른 전도자와 교회들에서도 양육 시스템을 채용하여 전도 집회를 가졌습니다. 양육은 이제 복음적인 기독교계에서는 귀에 익은 말이 되었습니다.

도슨은 쎄니의 넓은 어깨에 더욱 많은 책임을 지우기 시작했으며, 아주 가까운 거리에 두고 권위를 가지고 이끌었습니다. 쎄니는 이를 많은 기도와 세심한 조직화와 끊임없는 인내로 감당했으며, 도슨과 다른 많은 네비게이토의 간사들을 향한 외부의 공격을 막아냈습니다. 두 사람은 종종 같은 전도 집회에 함께하였으며, 네비게이토 본부에 동시에 같이 있는 일은 거의 없었습니다. 도슨은 자기에게 주어진 일이라면 크고 작은 모든 일에서 탁월하게 감당하려는 태도를 유지했습니다. 그래서 본부 사무실 창고 선반의 페인트 색깔 선택에서

부터 모든 인쇄 작업의 잉크와 종이 선택에 이르기까지 모든 결정을 직접 내리려고 했습니다. 탁월한 수준을 유지하는 것은 쉽지 않았지만, 도슨을 중심으로 한마음과 한뜻을 이루어 놀라운 사랑과 충성심을 가지고 결속된 네비게이토 간사들 덕분에 도슨은 모든 사역을 잘 감당할 수 있었습니다.

쎄니는 선교회의 전반적인 실무를 맡은 책임자로서 자기 역할을 올바로 이해하고 있었습니다. 그는 놀라운 하나님의 사람인 도슨을 뒤에서 헌신적으로 보좌했습니다. 늘 도슨의 그늘에 있었기 때문에 잘 알려지지는 않았지만, 일을 가장 완벽하고 수준 높게 감당하기 위하여 헌신적인 믿음으로 자기의 모든 능력을 다 쏟아 부었습니다. 화려한 팡파르 없이 쎄니는 '앵커 홈베이스'(Anchor Home Base)라는 1951년의 재정 프로젝트를 훌륭하게 감당하였습니다. 새로운 사무실 건물과 509번지 선교관을 구입하는 데 필요한 재정을 마련하는 일이었습니다. 또한 학기 중에 다시금 UCLA 프로젝트를 이끌었는데, 등록한 대학생들에게서 좋은 반응을 얻었습니다.

도슨에게도 가장 바쁜 한 해였습니다. 어느 것 하나 관심을 소홀히 할 수 없는 광범위한 일들을 감당해야 했습니다. 도슨은 자녀들의 피아노 연습 시간을 보여 주는 차트에, 타이완에서 학생들에 의해 이루어지고 있는 전도와 성경공부 등록자들의 상황을 보여 주는 차트만큼이나 큰 관심을 보였습니다.

도슨은 세미나에 참석한 100명에게 200개국, 즉 '세계 모든 족속'에 네비게이토를 심겠다는 목표를 나눈 적이 있는데, 한 번에 한 나라씩 그 목표에 다가가며 그 목표가 실현되고 있음을 볼 수 있었습니다. 로버트슨은 지금 도쿄에 있는데, 최초에 보급한 10,000권의 일본어 성경공부 교재는 이제 이를 찾는 사람들의 손에 있었습니다. 주로 모컨의 전도를 통한 사람들이었습니다. 7월에 도슨은 노스웨스턴 성경대학을 막 졸업한 진과 딘 덴러 형제를 타이완으로 파송하였습니다. 이들은 전 세계를 일주하며 전도 여행을 할 예정이었으며, 타이완은 첫 번째 방문지였습니다. 그러나 10주 동안의 전도를 통해 10,000명이 결신을 하자 그들은 순회 여행을 지속하는 것보다 섬에 남아서 그들을 양육할 수 있게 해달라고 요청을 하였습니다. 한국 전쟁으로 말미암아 군인들과의 접촉이 증가하였고 민간인들 및 전도 집회를 위해서도 필요했기 때문에 네비게이토 성경 암송과 성경공부 교재에 대한 수요가 커졌습니다. 주제별 성경 암송 과정에 등록하는 사람은 매년 9,000명에 달했습니다. 보드만은 본부 간사로 있다가 요코스카에 있는 선교 센터를 인도하도록 파송되었고, 전도 집회의 양육 팀에 있었던 조지 보스트롬은 도쿄에 있는 로버트슨을 돕기 위해 파송되었습니다.

여러 활동을 완벽하게 감당하려 했던 도슨은 그래함 전도단과 함께하는 첫 해에도 다른 기관의 지도자들을 만나 도움을 주었습니다. 짐 바우스는 1949년 그래함 전도 집회를 통해 주님께 돌아왔는데, 도슨의 도움을 받아 영적으로 성장했으며 전도에 열심히 드려지고 있었습니다. 짐 바우스는 자기의 보스였던 미키 코헨을 전도하고 싶다고 도슨에게 말했으며, 도슨은 코헨을 509번지 선교관의 저녁 식사에 초청한 적도 있습니다. 힐리우드 전도 집회가 끝난 후 도슨의 일정에는 빌 브라이트를 돕기 위한 시간이 포함되었습니다. CCC를 시작하고 있는 그를 돕기 위해서였습니다. 유학생들을 대상으로 하는 사역을 시작한 봅 핀리, 영라이프의 짐 레이번, 잭 위첸과도 만나 도움을 주었습니다. 그리고 나서 도슨은 휴스턴에 있는 그래함을 만났으며, 그린즈버러 전도 집회의 시작을 잠시 살펴보고 목회자들에게 말씀을 전하였습니다.

쎄니와 그가 이끄는 일곱 명의 네비게이토 팀은 그린즈버러 전도 집회의 양육 준비를 훌륭한 수준으로 감당하고 있었으며, 또한 여러 교회에서 교육 프로그램이 진행되고 있었습니다. 이 모든 것을 살펴본 도슨은 매우 기뻤으며, 한편으로는 그들이 이 모든 일을 자기 없이도 이루어 낸 것을 알고는 기쁘기도 하고 약간 섭섭하기도 했습니다. "그린즈버러에서는 참으로 굉장했습니다"라고 도슨은 간사들에게 편지를 썼습니다. "그러나 한편으로 나는 매우 미묘한 감정을 갖게 되었습니다.… 나는 마치 부속물과 같은 존재라고 생각되었습니다. 은혜로운 그들은 내가 곁에 있어서 좋았다고 말했습니다.…" 도슨은 자기 사람들이 자기 대신 훌륭하게 일을 감당하는 것을 보고, 목표 가운데 하나가 성취된 것이라는 생각이 들었습니다. '남이 할 수 없고 하려고도 하지 않는 일들이 많이 있을 때에는, 다른 누군가가 할 수 있거나 하려고 하는 것을 하지 말라.' 도슨은 이제 자신 있게 전도 집회에 관한 대부분의 일을 론 쎄니와 그가 훈련을 시킬 형제자매들에게 맡길 수 있었습니다.

그린즈버러의 양육 사무실은 전도 집회 이후에도 3개월 동안 유지되었습니다. 풀러 신학교를 막 졸업한 빌 미첼이 책임을 맡고 있는 그 지역 위원회의 요청에 따른 것이었습니다. 워싱턴 D.C.에 있는 교회들도 마찬가지로 그곳의 사무실을 계속 유지해 달라고 요청하였습니다. 목회자들은 함께 모여서 그들에게 온 새로운 결신자들을 양육하는 방법과 더불어, 평신도들이 직접 전도하고 전도를 통해 얻은 영적 갓난아이들을 양육하는 일을 활발하게 감당하도록 돕는 방법을 연구하였습니다. 비슷한 일이 피츠버그, 디트로이트, 기타 여러 도시에서 성공적으로 이루어졌습니다. 릭스는 학생들을 대상으로 네비게이토 사역을 하기 위해 포트워스로 옮기게 되었는데, 이전에 열린 그래함 전도 집회에서 생긴 열매들을 받은 교회를 돕고, 아울러 남부와 남서부 지방에서 열릴 예정인 전도 집회를 돕기 위해 포트워스로 옮기는 시기를 조절했습니다. 마찬가지로 로젠버거도 워싱턴으로 옮겨 대학생, 군인, 그리고 전문인들을 대상으로 네비게이토 동부 해안 사역을 다시 시작하게 되었으며, 동부 지역에서 열리는 전도 집회를 정기적으로 돕기로 하였습니다.

상담자 훈련과 대규모 전도 집회를 위한 양육은 이제 틀이 잡힌 것처럼 보였습니다. 필요가 정기적으로 생겨, 지속적이고도 폭넓게 사용될 수 있게 했습니다. 그리스도 안에서 태어난 수많은 영적 갓난아이들이 새로운 삶을 시작하면서 초기의 중요한 도움을 받고 있었고, 지역 교회로 잘 연결되고 있었습니다. 그러나 지상사명을 위해 더욱 의미가 있는 것은 바로 수천 명의 성도들이 잠에서 깨어나 추수하는 일꾼으로 훈련되고 있다는 사실이었습니다.

"모든 사람의 얼굴에는 슬픔이 깃들어 있었소. 이 귀한 영혼들의 장래를 위해 보장된 것은 하나도 없다는 것을 깨달았소. 우리가 하나님의 사랑의 메시지를 가지고 그들에게 나아갔더라면 얼마나 좋았을지 모르겠소. 그리스도인들이 일을 얼마나 많이 망쳐 놓았는지 모르겠소!" 도슨은 취리히에서 라일라에게 보낸 편지에서 이렇게 기록하였습니다. 여기에는 잃어버린 바 되고 기쁨이 없는 사람들에 대한 마음의 짐, 그리고 자신의 선교에 대한 절박한 느낌이 잘 요약되어 있었습니다. 유럽은 열아홉 세기 동안 '빛'을 소유하고 있었지만, 현재 희미하게 깜박이도록 방치한 것에는 변명의 여지가 없었습니다. 만약 각 세대에서 소수의 사람이라도 바울이 디모데에게 부탁한 명령을 순종했더라면 유럽은 지금 선교를 위한 강한 성채가 되어 땅 끝까지 이르게 되었을 것입니다.

그래함이 도슨에게 이 여행을 하도록 격려하였습니다. 처음에 그래함은 자기가 직접 이 여행을 할 계획을 세웠었습니다. 세계비전을 넓히고, 필요를 관찰하며, 기독교 사역자들 및 선교사들을 만나 사역하기 위한 것이었습니다. 워싱턴 전도 집회가 끝날 무렵인 1952년 2월에 이 여행을 떠난 도슨은 유럽과 동양에 있는 자기 사람들을 견고하게 하려는 목적을 가지고 있었습니다. 또한 아프리카 일부를 포함한 새로운 선교지를 살펴보는 목적도 있었으며, 그래함을 대신하여 기독교 지도자들을 만나 앞으로 있을 전도 집회에 대한 토의를 할 예정이었습니다. 도슨은 거의 4개월에 이르는 여행을 생각하니 마음에 짐이 생기기도 했습니다. 그러나 이사야 54:2-3 말씀이 귓가에 울렸고, 주님의 힘을 의지하여 출발할 수 있었으며, 동지들에게 "큰 것을 구하라"는 도전을 하였습니다.

떠나기 전날 밤에 그래함은 도슨에게 옷 가방을 선물하고는, 전도 집회에 참석한 사람들에게 도슨의 여행 경비를 헌금하도록 요청하였습니다. 그들은 후하게 드렸습니다. 그들 가운데 상당수가 양육을 가르치는 수업에 참석함으로써 이런 진리가 다른 나라에도 필요하다는 확신을 갖게 되었기 때문입니다.

도슨은 유럽에 도착했을 때 매우 아팠습니다. 아마도 주사의 부작용과 누적된 피로 때문이라고 생각하였습니다. 식사를 잘할 수도 푹 잘 수도 없었고 일어나 있기에도 힘이 들었기 때문에, 도슨은 쉬기 위하여 스위스의 한 구석진 곳으로 소문 없이 갔습니다. 그리고 이삼일이 지나자 다시금 힘을 회복할 수 있었습니다.

"정말 느낌이 좋습니다!"라고 도슨은 편지에 썼습니다. "내 몸을 활기 있게 만드신 것 이상으로 주님께서는 내 영혼을 새롭게 하셨습니다. 마태복음, 마가복음, 누가복음, 요한복음, 그리고 시편의 여러 부분을 읽었습니다.… 많은 시간 동안 그렇게 몰두하여 말씀을 섭취한 것은 여러 해 만에 처음이었습니다. 이 시간이 나의 사고방식, 비전,

계획, 시야에 미친 영향을 보고 놀라움을 금치 못했습니다. 지금까지 참 바쁘게 달려왔습니다. 나는 이 쉼을 통해 새로운 힘을 얻었고 비전을 더욱 선명히 하게 되었습니다."

나중에 맨체스터에서는 이렇게 썼습니다. "지금 갈라디아서까지 읽었으며, 몇 장을 더 나갈 수 있는 시간이 있는지를 살피고 있습니다. 물론 노트를 하거나 참조 구절을 찾거나 묵상을 하기 위해 멈춥니다. 정말 놀라운 경험입니다." 도슨은 책 한 권을 항공 우편으로 보내 달라고 요청했습니다. 에드먼의 '암흑기의 빛'이란 책이었는데, 이 책은 유럽에 대한 도슨의 비전을 자극해 줄 것입니다. 도슨은 그 비전을 로러에게 심어 주고 떠나게 될 것입니다. 그러나 이 책이 도착했을 때, 도슨은 신약성경을 읽는 일에 몰두하여 히브리서 11장을 읽고 있었고, 그 책은 두 번째 우선순위로 밀리게 되었습니다. "정말 흥미진진합니다. 지난밤 나는 1시 반이 되도록 성경을 놓을 수 없었습니다."

도슨은 주님과 홀로 보내는 시간을 더 갖기 원했습니다. 그리고 자기의 간사들도 그렇게 하기를 원했습니다. "매달 하루 정도를 혼자 시간을 보내도록 하면 어떻겠습니까? 도시락을 준비하여 온종일 기도하며 도전이 되는 책과 성경 말씀을 읽으십시오. 주님께서 보여 주시는 것이나 마음에 심어 주시는 것을 기록하면 도움이 될 것입니다. 내가 돌아갔을 때 함께 모여서 그것들을 나누었으면 좋겠습니다."

도슨은 여행하면서 경험한 내용을 매우 소상히 나누었습니다. 도슨은 여러 사건과 느낌에 대하여 생생한 묘사를 하여 편지를 보냈습니다. 재빠르게 흘려서 쓰기도 했고 타자기로 대서하기도 하여 거의 매일 편지를 보냈습니다. 편지 서두에는 "진정으로 사랑하는 라일라와 그리스도 예수 안에 있는 나의 동역자들에게" 혹은 "사랑하는 라일라와 동지들에게"라고 기록했고, 마지막에는 가끔 라일라에 대한 사랑의 표현을 하였습니다.

도슨은 유럽의 네비게이토 사역이 데이비드 로러의 인도 아래 잘 진행되고 있음을 보고 크게 기뻐하였습니다. 로러는 그리스도 안에서 어린 사람들을 지혜롭게 대했습니다. 그는 유럽 전역을 도슨과 동행하였는데, 도슨이 디모데후서 2:2 메시지를 다시금 강조하여 전하는 것을 들으며 큰 유익을 누렸습니다. 그는 '각 개인에게 나아가는 목표에 시야를 고정시키는 것'이 필요함을 인정했습니다. 여느 때와 마찬가지로 도슨은 새로이 만나게 된 각 사람들을 인하여 크게 고무되었습니다. 도슨은 스무 살 된 한 노르웨이 청년이 매일 몇 시간씩이나 하나님의 말씀을 섭취하는 일에 드리는 것을 보고, 그가 장차 디모데나 두기고나 아리스다고와 같은 사람이 될 수 있을 것이라고 결론을 내렸습니다. 도슨은 그런 사람들과는 기꺼이 여러 시간을 함께 보냈습니다. 그러나 어떤 사람들에게는, 그들에게 충격을 주어 그들이 배운 바를 행동으로 옮기기를 바라는 마음으로 야박할 정도로 퇴짜를 놓았습니다.

프랑크푸르트에서 군인 모임을 마친 후 어떤 미군 병사가 도슨에게 "당신을 꼭 만나고 싶습니다"라고 말했습니다. "당신은 성경을 읽고 있습니까?"라고 도슨이 물었습니다. "아니요." "이곳에서 밥 홉킨스와 한 시간이라도 보낸 적이 있습니까?" "예." "그가 당신에게 성경을 읽으라고 말했습니까?" "예." 그러자 판결이 나왔습니다. "당신은 나를 만날 필요가 없습니다. 당신은 지금 기는 것부터 배워야 합니다."

잉글랜드에서는 큰 기쁨을 누렸습니다. 많은 시간을 윌리엄 플레처 부부, 조 시몬즈 부부, 그리고 몇 명의 중심되는 제자의 그룹과 보냈습니다. 조는 뉴질랜드로 이민을 계획하고 있었는데, 이에 대해 도슨은 그곳에서 네비게이토 사역을 시작할 수 있는 좋은 기회가 되겠다고 생각했습니다. 그리고 조는 때가 되면 오스트레일리아에까지 사역을 확장하게 될 것입니다.

노르웨이는 새로운 땅이었습니다. 도슨의 모임에 수많은 사람이 참석하였습니다. 약 천 명가량이 되었습니다. 아마도 도슨이 그래함과 연관이 있다는 말을 들었기 때문일 것입니다. 열정적으로 도슨의 메시지를 통역한 사람은 휴버트 미첼의 아내인 레이첼이었는데, 인도에서 본국으로 돌아와 살고 있었습니다. 레이첼은 하나님께서 보내 주신 사람이었습니다. 도슨의 메시지를 잘 알았을 뿐만 아니라 굳게 믿었기 때문에 큰 영향을 줄 수 있었습니다. 도슨은 자기의 메시지를 잘 모르는 사람이 통역했을 때와는 상당히 비교가 된다는 것을 알아챘습니다. "나는 마음과 영혼에 있는 고뇌를 다 표현할 수 없습니다"라고 도슨은 다른 도시에서 편지를 썼습니다. "전혀 새로운 문화 속에 사는 새로운 사람들에게, 다른 사람의 목소리와 말을 통하여, 영원한 진리를 한 시간 동안에 전달하려고 할 때 생기는 고뇌입니다. 하나님께서 내게 주신 모든 과업 가운데서 이 일이 가장 힘들고, 그냥 도망치고 싶은 유혹을 가장 많이 받는 일입니다. 이런 일을 3개월이나 더 해야 한다니…."

목회자 몇 사람이 그래함을 노르웨이로 초청하는 것을 상의하기 위하여 도슨을 만나러 왔습니다. 그들은 그 완벽한 양육 프로그램에 대하여 듣고 동기가 생겼던 것입니다. 도슨은 다른 도시에 있는 기독교 지도자들도 비슷한 관심을 가지고 있는 것을 런던에서부터 발견할 수 있었습니다. 한 도시 전체를 대상으로 하는 전도 집회를 후원하는 일에 대하여 널리 존재했던 그들의 의구심이 양육이란 요소로 말미암아 사라졌습니다. 그러나 많은 사람들이 부흥의 다른 측면들은 깨닫지 못하고 있었습니다. 한 도시에서 여러 교파가 협동하는 것은 생소한 아이디어였습니다. 그리고 부흥을 위해 정말 필요한 것은 기도인데, 이는 종종 무시되었습니다. 20년 전에 부흥이 일어났던 어떤 도시에서는 한 교회의 인원이 여섯 배나 늘어났는데, 그들은 또 다른 부흥을 원하고 있었습니다.

"내가 들은 바를 통해 볼 때, 그들은 역대하 7:14 말씀의 관점에서 부흥에 접근하는 것 같지 않습니다"라고 도슨은 편지에 썼습니다. "오늘 밤 그 교회의 목사가 인사차 들렀는데, 우리와 함께 아이스크림을 먹었습니다. 그러고 나서 우리와 함께 기도하러 방으로 가자고 했지만, 그는 바쁜 하루를 보내어서 너무 지쳐 있다고 말했습니다. 그러나 이제 그 사람은 부흥을 위해 하나님께 간절히 기도하는 사람들 중에 있습니다."

파리에 있는 네비게이토 선교관에서 여섯 나라에서 온 간사와 중심이 되는 사람들이 모여 수양회를 가졌는데, 도슨의 사기가 크게 올랐습니다. 이곳 파리에서 약 2년 전에 도슨은 로러를 유럽으로 오게 해야겠다는 생각을 하였습니다. 이제 몇몇 나라에서 사역이 시작되었습니다. 유럽의 젊은이들이 징모됨에 따라 그들을 밥 에반스의 유럽 성경학교에 보낼 수 있었는데, 유럽 성경학교에서는 네비게이토가 이제 몇몇 강좌를 진행하고 있었습니다. 주제별 성경 암송 과정은 이제 영어 외에도 3개 국어로 된 것을 구할 수 있었습니다. 유럽에서 많은 일이 일어날 것이라는 느낌이 들었습니다.

파리 수양회에 참석했던 한 사람은 이 그룹의 사기가 높은 것을 보았습니다. "네비게이토들 사이에서 발견되는 서로에 대한 사랑과 관심을 보고 깊은 인상을 받았습니다"라고 그는 기록했습니다. "여러분도 알다시피, 우리 주님께서는 섬김을 받기 위해서 오신 것이 아니라 섬기기 위해 오셨다고 말씀하셨습니다. 내 마음에는 이 말씀이 계속 생각났습니다."

도슨은 하나님의 모병관으로서 가진 직관력으로 수양회에서 프랑스의 젊은이 두 사람을 선발했습니다. "당신 두 사람은 프랑스가 필요로 하는 모든 것입니다"라고 말하였습니다. "그리고 당신 두 사람이 이 일을 하지 않으면 우리는 이 일을 하고자 하는 다른 젊은이들을 구할 것입니다." 도슨이 떠나기 전에 두 사람은 그 도전에 대해 반응을 보였습니다. "우리는 당신과 함께하겠습니다." 도슨은 편지에 이렇게 기록했습니다. "만약 네비게이토 안에서 영원히 남을 역사가 있다면, 그것은 바로 지난 몇 주 동안 유럽에서 이루어진 일입니다."

네덜란드, 벨기에, 그리고 이탈리아에서는 또 다른 도전을 받았습니다. 네비게이토의 도움을 긴급하게 필요로 하는 곳들이 많이 보였지만, 파송할 준비가 된 사람이 별로 없다는 사실로 인하여 무척 괴로웠습니다. 나폴리에서 도슨은 플로이드 로버트슨이 여전히 해군에 있다는 것을 알게 되었고, 플로이드의 아파트에 모인 30명의 선교사와 군인들에게 익숙한 주제인 경건의 시간 및 한 사람에게 투자하는 것에 대하여 말씀을 전하였습니다. 이 사람들은 네비게이토가 나폴리에 군인 센터를 운영했으면 좋겠다고 요청하였는데, 도슨의 첫 번째 선택은 단 피아트였습니다. 그는 슈리브포트의 사업가였는데 워싱턴에서 양육 팀에 함께하기 위하여 모든 것을 버린 사람이었습니다. 피아트는 이 부름을 받아들이고, 자기의 디모데인 텍사스의 피트 조지와 함께 6월에 나폴리에 도착하였습니다. 도슨은 그에게 미국 군인들을 만나는 일 외에도 '이탈리아 사람들을 접촉하여 재생산하는 자를 생산하는, 시간이 걸리는 과정'을 맡겼습니다.

스위스에서는 며칠 동안 휴식을 취하며 운동도 했습니다. 도슨은 다시금 말씀에 흠뻑 젖어 들었고, 너무 엄청나 보이는 아이디어들에 대해 생각하며 기도하는 시간을 가졌습니다. 그러나… "나는 주님의 능력을 생각합니다. 또한, 맡겨 주신 과업이 얼마나 위대한 것이며, 주님의 인도하심이 얼마나 분명한지를 생각합니다. 그리고 하나님께서 주신 약속, 말할 수 없이 귀한 동역자들, 큰일에 도전하는 빌리의 열정적인 태도를 생각합니다. 이 모든 것을 생각할 때, 큰 격려를 얻습니다. 하나님께 받은 감동이 지속적으로 유지되며, 하나님의 명령이 잘 이해되고 문자 그대로 충실하게 이행되도록 기도해 주십시오."
도슨은 전도 집회의 양육을 교회가 담당하도록 하는 아이디어, 사람들을 네비게이토 원리 가운데 훈련하기 위한 아이디어들에 대해 나누었습니다. 도슨은 이를 로러 및 로버트슨과 토의할 것이며, 간사 수양회에서 나눌 것입니다. 그러나 동지들에게 뒤로 물러앉아서 7월이 오기까지 기다리지 않도록 경계하였습니다. "그 사이에 여러분 가운데 아무도 잠자고 있다가 이 중요한 주제를 잊어버리는 일이 없도록 기도합시다."

　도슨은 훈련에 대한 열정이 있었고, 그 훈련은 종종 자기 자신이 배우고 있는 바를 나누는 것을 통해 이루어졌는데, 바다 건너 멀리 떨어져 있다고 해서 훈련에 대한 열정이 식어지지는 않았습니다. 도슨은 프랑크푸르트에서 편지를 쓰면서, 제리 비반이 부지런히 편지 연락을 하는 것을 보고 도전을 받았다고 했습니다. 비반은 그래함 팀의 일을 위해 유럽에 있었는데, 짬 시간을 활용하여 친구들에게 카드를 썼습니다. "동지들이여, 기억하십시오"라고 도슨은 자기가 받은 도전을 전달하였습니다. "감정은 행동을 대신할 수 없습니다. 어떤 일을 하려는 동기를 받았지만 매번 이를 실행에 옮기지 않는다면, 우리는 즉시 실패할 뿐만 아니라 동기력도 떨어지고 결심하는 기도도 별 소용이 없게 됩니다. 나는 여러분 모두가 고린도후서 8:11을 알고 있으리라 생각합니다. '이제는 행하기를 성취할지니 마음에 원하던 것과 같이 성취하되 있는 대로 하라.'"

　도슨은 또한 간사 중의 한 사람에게 온전히 순종하는 삶을 살도록 훈계하였습니다. "주님께서 당신에게 넓은 시야를 주시도록 기도하십시오. 순종하거나 행하거나 생각할 필요가 있는 것은 아무리 작은 것이라도 볼 수 있도록 구하십시오. 아무리 견고한 주님의 종들이라 할지라도 귀중한 시간을 허비하는 경우가 있는데, 그 까닭은 마음에 있는 것을 행동으로 옮기는 훈련을 하지 않았기 때문입니다. 순종이 몸에 배도록 훈련해야 합니다. 그리하여 순종해야 한다는 생각을 의식적으로 하지 않아도 삶에서 자연스럽게 순종하는 삶을 살 정도가 되어야 합니다. 이와 더불어 나는 레크리에이션과 휴식 시간을 갖는 일에 대해서도 전적으로 동의합니다."

거리가 멀리 떨어져 있다고 해서 도슨이 간사들의 잘못을 그냥 적당히 넘긴 것은 아니었습니다. 도슨은 여행 중 일정을 다 알리며 자기를 위해 자그마한 것까지 기도해 줄 것을 부탁했습니다. 여행 중 맨체스터 공항에서 간단한 문제가 생겼다가 해결된 적이 있었는데, 도슨은 이렇게 적었습니다. "여러분, 혹시 나를 위해 기도하는 일을 멈추었습니까? 아무리 작은 일이라도 꼭 기억하고 기도해 주십시오."

도슨은 26년 동안 성경에서 읽었던, 감람산, 겟세마네 동산, 갈보리 언덕 등 주님의 발자취가 담긴 곳을 돌아보며 자기의 감정을 제대로 표현할 수가 없었습니다. "나는 매일 이 장소들을 거닐고 싶습니다. 성경을 읽고, 기도하며, 그리고 귀를 기울이면서 말입니다"라고 도슨은 예루살렘에서 편지를 썼습니다. 이곳에서 하나님의 아들이 자기의 목숨을 모든 사람의 대속물로 주셨습니다. 그렇지만 도슨은 바로 이곳에서 복음을 한 번도 듣지 못한 수백 명을 직접 보았습니다.

"이들은 자기가 어떤 곤경에 처했는지 모릅니다. 또한 그 위대한 사건으로 말미암아 그 곤경에서 벗어날 수 있는 놀라운 길이 생겼다는 것도 모르고 있습니다. 모든 사람은 죄인입니다. 훔치고, 속이고, 거짓말을 합니다. 증오와 분노의 감정을 가지고 있다는 게 얼굴에 씌어 있습니다. 양측(아랍인과 유대인)이 서로를 향해 품고 있는 분노는 세계에서 유례를 찾아볼 수 없습니다.… 나는 거리를 따라 여기저기에 있는 맹인 거지들을 보고 동전을 주었습니다. 바로 주님께서 소경 된 자들을 보셨던 그 거리에서 말입니다. 그 사람들을 손으로 잡고 일으키고 싶을 정도입니다."

도슨은 한 무리의 가난한 노인들을 보고 몹시 마음이 아팠습니다. 그들은 부활절에 성지 순례 여행을 오기 위해 평생 모은 돈을 다 썼을 것입니다. "그들은 그리스도가 돌아가신 이곳에서 그 마지막 자취를 보려고 왔습니다. 조상(彫像)의 발에 입을 맞추고 마치 기적을 기다리듯이 경외감 가운데 서 있습니다. 여러분, 우리는 이 어두움을 몰아낼 수 있는 진리의 빛을 가지고 있습니다. 우리는 이 빛을 밖으로 비추고, 비추며, 또 비추어야 합니다." 그곳에서 일하는 일꾼들은 희망을 잃고 있었습니다. "이곳과 레바논과 시리아에 있는 나이 든 선교사들은 비관적인 전망을 갖고 있습니다. 그들은 자기 생애에 아무런 일도 일어나지 않을 것이라고 생각합니다. 그들은 다음 세대를 위한 기초를 놓는다고 생각하는 것 같습니다. 그러한 생각은 옳지 않습니다. 빌 안타블린은 베이루트 대학에서 가르치고 있는데 희망을 가지고 있으며, 네비게이토가 가장 좋은 방법을 가지고 있다고 생각하고 있습니다. 우리는 베이루트나 예루살렘에 한 사람을 파송할 수 있을 것입니다."

새로운 대륙에 발을 내딛는 스릴은 아프리카이기에 더욱 컸습니다. 오랫동안 도슨은 이를 고대해 왔습니다. 이제 이집트 땅에 서게 된 도슨은 미디안 상인들을 따라 애굽에 도착한 요셉처럼 앞에 어떤 일이 벌어질지 몰랐습니다. 그러나 하나님께서 '선을 위하여' 목적 가운데 인도하셨다는 확신이 있었습니다. 요셉처럼 기구한 처지는 아니었지만, 보기에는 거의 요셉만큼이나 변변찮은 상황에서, 도슨은 아프리카 대륙을 25일 동안 종단하는 여행을 하고, 그 다음에 어떤 단계를 밟아야 할지에 대하여 분명한 지침이 없는 상태에서 아프리카를 떠나게 되었습니다. 그러나 하나님께서 역사하셨다는 것은 분명하였습니다.

프랑크푸르트, 아테네, 그리고 아직 가지는 않았지만 홍콩과 같은 몇몇 주요한 다른 도시에서처럼 카이로에서도, 공무원과 저명한 지도자들을 대상으로 사역을 하는, 워싱턴의 국제 기독교 지도자 협의회에서 소개한 사람들을 찾아 만났습니다. 그렇게 하여 이곳에서 만난 두 사람은 네비게이토 원리를 배우며 주제별 성경 암송 과정에 등록하기를 열망했습니다. 카이로에 있을 때 도슨은 새로운 암송 과정을 고안하는 일을 하였습니다. 마이너 스턴이 제안한 것인데, 'B 식량'과 주제별 성경 암송 과정 사이의 간격을 메우는 다리가 필요하다고 했던 것입니다. 8개의 구절로 된 암송 과정은 'B 식량'의 두 배 분량이었으며, 새로이 믿은 그리스도인들에게 가장 필요한 진리를 담고 있었습니다.

탕가니카에서는 딕 하이타워와 또 다른 한 선교사가 도슨을 아프리카 관목 지대로 인도할 준비를 하고 있었습니다. 그들은 최악의 우기 동안에 4일간에 걸쳐 사파리 여행을 하였습니다. 몇몇 강은 범람했기 때문에 하마터면 고립될 뻔하였습니다. 그리고 요하네스버그에서 도슨은 자기의 시간 계획이 완전히 어긋난 것을 알게 되었습니다. 그럼에도 도슨은 한 편지에서 담대한 태도로 다음과 같이 말했습니다. "늘 의지하는 로마서 8:28 말씀은 조금도 주춤거리지 않고 지금도 여전히 역사하고 있습니다. 멀리 떨어진 이곳에서 내가 뭘 하고 있나 하는 생각이 듭니다." 이 혼란은 항공사가 도슨의 예약을 제대로 처리하지 못하여 생겼는데, 이 때문에 한 주에 한 차례만 인도로 가는 비행기가 도슨을 태우지 않고 출발한 것이었습니다. 이는 남부 인도에서 700명의 선교사들을 만나기 위해 오래 전부터 계획한 모임에 갈 수 없다는 의미였습니다.

도슨은 자기의 때가 하나님의 손에 달려 있다는 것을 인정하고 더 머무르게 되었는데, 계획보다 더 머무른 날들이 전체 여행과 맞먹을 정도로 가치 있는 시간임을 알게 되었습니다. 남아프리카 YFC 책임자인 데니스 클라크는 여러 그룹의 그리스도인들과 거의 쉼 없이 모임을 갖도록 주선하였습니다. "여행을 하는 동안 이처럼 마음이 열리고 적극적으로 배우고자 하는 사람들과 대화를 나눈 적이 없습니다"라고 도슨은 편지에 썼습니다. "나는 이것 때문에 아프리카에 왔다고 느낄 수밖에 없었습니다. 그러나 만약 비행기를 놓치지 않았다면 나는 이것을 놓쳤을 것입니다." 이 뜻밖의 축복과 그 이후에 누렸던 축복은 중동을 여행하고 나서 약간은 침체되었던 도슨의 감정을 보상하고도 남음이 있었습니다. "나는 여기서 여행을 끝냈으면 하는 생각이 자꾸 듭니다. 그러나 내가 여행을 얼마나 더 해야 할지는 하나님밖에 모릅니다."

"나는 진정으로 이 광대한 대륙을 사랑하게 되었습니다"라고 도슨은 아프리카에 대하여 썼습니다. "참으로 놀랍습니다. 내 일생 동안 남을 깊은 인상을 받았습니다." 도슨은 여러 지역과 역사와 사람들에 대하여 더욱 많은 것을 배우고자 했습니다. "46년이나 살았지만 아는 것이 얼마나 적고 배울 것이 얼마나 많은지를 깨달았을 때, 나는 우리에게 어떤 사람이 필요한지를 생각하며 약간의 두려움이 생겼습니다. 영적 갈렙과 같은 사람들, 모세와 바울과 다윗 같은 사람들이 정말 많이 필요합니다. 누가 이 일을 할 수 있겠습니까? 바로 하나님이십니다!"

도슨이 인도에 도착했을 때는 병이 들고 녹초가 되어 있었습니다. 교통 문제로 씨름하고, 여러 날 동안 잠도 제대로 자지 못했으며, 기후도 크게 변했기 때문입니다. 그러나 란도(인도 북부 지방의 휴양 도시, 역자 주)에서 도슨의 사기는 올랐습니다. 225명의 선교사와 함께 다시 마라톤과 같은 모임을 시작했기 때문입니다. 도슨은 그들의 기도로 말미암아 건강을 유지할 수 있었습니다. 인도 전역에서 양육을 하려고 계획한 YFC 사람 5명은 도슨의 방문을 큰 행운이라고 생각했습니다. 도슨은 그 자리에서 그들이 봄베이에서 네비게이토 교재를 배포할 수 있도록 하였습니다. "인도에서 보낸 이 4일은 남아프리카에서 보낸 시간처럼 전략적이었습니다"라고 도슨은 말했습니다. "가장 힘든 여행이었지만 가장 축복이 많았습니다."

도슨은 타이베이에 영적 부흥이 일어나고 있음을 발견했습니다. 불과 18개월 전에 이곳에서 도슨은, 이미 결신자 카드를 제출한 수천 명과 아직 연락이 되지 않은 또 다른 수천 명을 어떻게 양육할 것인가에 대하여 생각했었습니다. 힐리스는 다른 선교 기관과 힘을 합하여 섬 전체에 복음을 전하기 위해 노력했습니다. 스팍스는 16명의 일꾼들을 지도 감독하는 일을 했는데, 그들은 '성경 탐구 훈련 학교'란 인상적인 이름이 붙은 양육 사무실에서 통신 교육 과정을 담당하고 있었습니다. 그 과정에 등록한 사람은 무려 28,000명이나 되었습니다. 쌍둥이인 덴러 형제는 양육을 가르치는 일과 사람들을 훈련하는 일에 분주히 드려졌습니다. "우리는 세계 일주를 계획했던 덴러 형제의 나머지 일정을 취소하고 이곳에서 1년 더 머물게 하기로 결정했습니다"라고 도슨은 편지에 썼습니다. "덕과 덴러 형제는 하나님께 능력 있게 쓰이고 있습니다. 많은 사람들을 얻었고, 놀라울 정도로 성장했지만, 여전히 우리 모두가 알고 있듯이, 겸손하고 순종을 잘하는 삶을 살고 있습니다.

나는 이 형제들과 어떻게 사람들을 선발하여 그들을 계발시켜 줄 수 있는지에 대하여 대화를 나누고 있습니다. 딕 힐리스도 한 명을 선발했는데 그 사람과 일주일에 두 시간씩 말씀 안에서 시간을 보내게 됩니다. 상상해 보십시오. 28,000명이 첫 과를 끝내고 더 보내 달라고 요청했습니다. 어떤 면에서 이 모든 것은 과정이 거꾸로 되고 있습니다. 예수님께서는 5,000명이 오기 전에 12명, 70명, 그리고 120명을 준비시키셨습니다. 예수님의 전략을 무시하거나, 잊거나, 아니면 고쳐야 합니까? 주님께서는 우리들보다 더 무리들에게 관심을 가지고 계셨습니다." 도슨은 네비게이토 형제들에게 균형을 취하도록 권면했습니다. 개인을 훈련하는 동시에 전도도 힘쓰라는 것입니다. 그리고 힐리스와 그의 사람들에게는 그들이 하고 있는 전도와 더불어 일대일 훈련도 하도록 권면했습니다.

로버트슨, 보드만, 보스트롬, 그리고 모컨이 환한 미소를 지으며 도쿄 공항에서 도슨을 맞이했습니다. 모컨의 전도를 통해서는 관심 있는 사람들을 많이 알게 되었는데, 약 5,000명가량이 그의 성경공부 가운데 하나를 마쳤습니다. 성경공부 교재와 주제별 성경 암송은 시내의 본부에서 가져와서 네비게이토 양육 사무실에서 나누어 주었습니다.

사역이 진행되고 있는 또 다른 나라를 방문한다는 것은 신나는 일이었습니다. "이 사람들의 태도는 정말 놀랍습니다"라고 도슨은 편지에 썼습니다. "그들과 함께 일하는 것은 정말 즐겁습니다. 유럽과 타이완에 있는 사람들처럼 그들의 시야를 바꿀 필요가 있었습니다. 그들은 사실을 직시하고, 권면과 책망을 기쁘게 받아들였습니다. 그들은 사실 참으로 훌륭하게 일하고 있습니다." 도슨은 로버트슨이 개인적으로 토의할 문제와 계획들을 가지고 있음을 알게 되었습니다. "여러 중요한 일들이 처리되고 있고, 정책들도 만들어지고 있으며, 지역들에 대한 조사가 진행되고 있고, 필요한 인원에 대한 검토가 이루어지고 있습니다. 그리고 말할 것도 없이, 네비게이토의 역사가 만들어지고 있습니다. 이 형제들은 동양에 대하여 크나큰 계획을 가지고 있는데, 거기에는 더 많은 네비게이토들을 파송하는 것도 포함될 것입니다."

도슨이 요코스카에 있는 군인 초청 모임에서 말씀을 전한 후에, 침례교 선교사인 조 구든은 새로운 군인 센터에서 보드만을 도울 한 사람의 네비게이토를 위해 재정적 후원을 하도록 참석자들에게 호소하였습니다. 호응이 좋아 두 사람을 위한 재정적 지원을 할 수 있게 되었습니다. 한 사람은 군인 사역을 하는 사람이요, 또 한 사람은 일본인 양육에 관한 일을 도울 사람이었습니다. 도슨은 편지에 이렇게 썼습니다. "올해가 다 가기 전에 동양에 4-5명의 사람들이 도착할 것입니다. 만왕의 왕 되신 우리 주님을 섬길 수 있는 참으로 놀라운 기회입니다."

* * *

간사 수양회에서 해외에 네비게이토의 지역 대표로 파송할 여섯 명의 사람들을 소개하면서 도슨은 마음이 뿌듯했습니다. 일본에 가기로 예정된 두 사람 외에 홍콩, 키프로스, 타이완, 그리고 인도에 갈 사람들이었습니다. 그러나 주님께서 인도하시는 대로 방향을 바꿀 여지는 남겨 두었습니다. 주님께서는 덕 코자트가 인도로 가는 비자를 받지 못했을 때 한국에서 열매가 풍성한 사역을 시작하도록 인도하였습니다. 그는 처음에는 YFC, 포켓 성경 협회, 동양 선교회에서, 그리고 나중에는 월드비전에서 양육을 맡았습니다. 그는 여러 학교에서, 그리고 피난민들과 한국군과 중공군 포로들에게 전도할 수 있는 놀라운 기회가 있음을 알게 되었습니다. 수천 명의 전쟁 포로가 성경공부를 했고, 점검을 위해 타이완의 양육 사무실과 항공편으로 교재를 주고받았습니다. 중공군 포로 사역은 놀라운 결과를 낳게 되었고, 나중에 14,000명이 중국 본토로 돌아가지 않고 타이완으로 귀환했습니다. 또한 한국의 전쟁 포로수용소에서 10,600명이 주님을 믿고, 네비게이토 성경공부 과정을 통해 양육을 받았습니다.

버클리의 제일 장로교회에서 네비게이토 성경공부 프로그램을 책임 맡고 있었던 워렌 마이어즈는 홍콩으로 갔습니다. 제이크 코움은 워싱턴 D.C.에 있었는데 타이완으로 갔습니다. 월드런 스코트는 미니애폴리스 지역의 키맨이었는데 키프로스에 있는 아메리칸 아카데미에서 가르치며 그리스, 터키, 그리고 아르메니아 출신 고등학생들을 제자로 삼았습니다.

해외로 나가는 길은 후에도 많이 열렸습니다. 그러나 도슨에게 있어서 가장 스릴이 넘쳤던 것은 아마도 1952년 가을에 여섯 명을 보낼 때의 일일 것입니다. 도슨은 이제 많은 세대의 기초를 쌓는 네비게이토 선교가, 다른 조건 없이 네비게이토 단독으로 훈련하고 파송하는 사람들에 의해 이루어져야 한다는 것을 알게 되었습니다.

도슨이 아프리카에 있었을 때, 브라질에 있는 전도자 에드윈 오르가 긴급히 요청했습니다. "네비게이토 지도자를 한 사람 보내 주든지 아니면 직접 오시기 바랍니다." 오르는 세계 최대의 선교지라고 불리는 브라질에 부흥이 시작되고 있는 것을 보았습니다. 연합 전도 집회를 통해 수천 명이 그리스도께 돌아오고 있었습니다. 교회는 이들로 가득 차게 되었습니다. 그러나 가장 큰 약점은 양육이라고 그는 말했습니다. 그리고 그리스도인들이 말씀에 거하지 않고 있었으며, 이런 것들이 네비게이토가 꼭 와야 할 강력한 이유였습니다. 그의 간청으로 도슨은 라틴아메리카에서도 사역을 시작해야 한다는 짐을 더욱 크게 느꼈습니다. 또한 배가는 시작 단계에서는 서서히 일어나는 것이어서 첫 해를 놓치면 많은 것을 잃는다는 사실을 알고 있기 때문에도 짐을 크게 느꼈습니다. 그래서 10월에 세계 여행에서 돌아온 후에 가족들과 충분한 시간을 보내기도 전에 다시금 7주간의 계획으로 그 지역을 조사하러 남미로 향했습니다.

마침 클라이드 테일러도 남아메리카 여행을 계획하고 있었습니다. 그리하여 두 사람은 함께 여행을 하게 되었고, 어떤 나라에서는 그들의 여행 일정이 잉글랜드의 존 새비지 목사의 일정과 겹치기도 했습니다. 이것은 또 다른 차원의 교제를 경험하게 하여, 그 여행을 한층 더 풍성하게 했습니다.

"나의 아내와 아들과 딸은 워싱턴에서 빌리 그래함 전도 집회가 있을 때 상담자로 일했는데, 당신을 만나면 조심하라고 하더군요. 당신이 나에게 성경 암송을 시키려 들 것이라고 했습니다"라고 웃으며 말하더니 테일러는 주제별 성경 암송 카드를 슬쩍 꺼내 놓는 것이었습니다. 그는 이미 암송을 하고 있었습니다.

여행을 통해서 그들의 우정은 돈독해졌습니다. 각 사람은 상대방의 비전과 삶을 깊이 이해하게 되었습니다. 테일러는 네비게이토의 프로그램에 너무나도 매료되었기 때문에 도슨의 메시지를 자기의 메시지와 더불어 도슨이 함께하지 않는 두 나라에서 전해야겠다고 말했습니다.

비록 테일러는 양육에 대하여 적절한 스페인어 단어를 발견할 수 없었지만, 선교사와 현지 그리스도인들은 양육의 개념과 그리스도인을 말씀 안에서 일대일로 훈련하는 개념에 대해 즉각적인 반응을 보였습니다. 여기저기서 열정적인 그리스도인들이 당장 시작해야겠다는 반응을 보였습니다. 칠레에서 도슨은 산티아고에 있는 12,000명의 대학생들 사이에서 아무도 사역을 하고 있지 않음을 발견하게 되었습니다. 40명의 일꾼이 있는 한 선교 기관은 여러 촌락에 흩어져 사역하고 있었는데, 그들의 자원을 사용하여 대학생들을 전도하고 제자로 삼으면 장차 전국에 걸친 사역을 시작할 수 있는 새로운 일꾼들을 얻을 수 있다는 생각을 하지 못하고 있었습니다. 그들의 전략을 바꾸어야 한다는 도슨의 강력한 제안을 그 선교 기관의 지도자들은 겸손히 받아들였습니다.

도슨은 페루에서 1주일 이상을 머물며, 위클리프 번역 선교사들이 활동하고 있는 것을 보며 그들의 관심사를 경청하였습니다. 도슨은 그들에게 성경 번역, 전도, 그리고 제자삼는 사역이라는 사역의 3단계에 대하여 메시지를 전한 후에 그들의 원래 일인 번역 업무에 대한 시야를 잃지 않으면서, 동시에 한 사람을 발견하고 훈련하여 2단계와 3단계 사역을 해보라는 제안을 하였습니다. 번역을 도와주는 현지인이 바로 그 한 사람이 될 수도 있을 것입니다. 도슨은 선교용 비행기를 타고 피로 족을 만나러 갔습니다. 그곳에서 선물 교환이 있었는데, 어떤 피로 족 사람이 도슨의 셔츠를 입었고, 도슨은 도기 그릇을 받았습니다. 도슨은 이것이 참으로 실제적인 선물인 것을 알게 되었는데, 돌아가는 비행기에서 두 명의 여자 승객이 멀미를 할 때 사용하였던 것입니다.

이전에 네비게이토였던 존 프린스, 엘돈 듀란트, 케니 워터스, 그리고 선교사로 나온 다른 사람들을 만난 것도 정말 특별한 즐거움이었습니다. 프린스는 언어를 습득할 수 없어서 본국으로 돌아가야 했지만, 선교 기관에서는 이전에 다른 3명의 선교사가 사역을 제대로 하지 못한 한 섬을 개척할 수 있는 기회를 그에게 주었습니다. 자기의 한계도 모른 채 프린스는 방향을 바꾸었고 몇 개의 놀라운 교회를 세우게 되었습니다. 도슨은 이를 듣고 크게 감동이 되었습니다. 도슨은 편지에 이렇게 썼습니다. "그는 고린도전서 1장을, 내가 아는 그 어떤 사람보다도 잘 증명한 사람입니다."

에콰도르의 키토에서, 도슨은 자기를 환영하러 나온 사람 중에 조지 산체스가 있는 것을 보고 크게 놀랐습니다. 그는 40년대에 두나미스 클럽의 일원이었던 것입니다. 도슨이 그곳에 머무는 동안 산체스는 그리스도인의 기본적인 삶을 생활화하는 것이 자기에게 필요함을 깨달았고, 또한 에콰도르의 키토에 있는 선교 방송인 HCJB에서 방송을 하는 것과 더불어 사람들에게 투자하는 일의 필요성도 깨닫게 되었습니다. 그는 즉시 3명의 젊은 에콰도르 사람을 훈련하기 시작했습니다. 여느 때와는 달리 도슨은 조지 산체스 부부에게 나중에 네비게이토에서 사역을 할 것 같은 느낌이 든다고 말했습니다.

3개국에서 도슨은 기독교 지도자들에게 네비게이토를 위한 자문역을 맡아 달라고 요청했습니다. 도슨은 네비게이토 사역이 남아메리카에서도 진정으로 환영받을 것이라고 생각했습니다. 유럽과 동양에서의 네비게이토 사역, 미국에서 빌리 그래함, CCC, 그리고 YFC와 같은 그룹과 함께한 사역에 대한 소문이 퍼져 있었기 때문입니다. 세 명의 네비게이토 선교사를 파송할 때가 무르익었습니다. 한 명은 브라질로, 한 명은 남쪽에 있는 3개국에, 그리고 한 명은 북서부로 파송할 것입니다. 도슨은 간사들에게 편지를 썼습니다. "주님께서 선교의 개척자로 미리 정하신 사람들을 보여 주시며, 또한 될 수 있는 대로 빨리 그들의 길을 인도해 주시도록 여러분이 기도해 주실 것을 믿습니다. 지금 이 놀랍고 영적으로 굶주려 있는 대륙에서 우리의 사역이 1년이라도 빨리 확립되면, 이는 나중에 큰 의미가 있을 것입니다. 문이 열리느냐 아니면 닫히느냐 할 정도로 크나큰 차이가 생길지도 모릅니다."

그러나 그해는 지나갔고, 또 다음 해도 지나갔습니다. 그리고 도슨은 이 꿈이 성취되는 것을 결코 보지 못했습니다.

여름 훈련 세미나는 1949년 이래로 매년 일주일가량씩 짧아졌습니다. 콜로라도에 있는 영라이프의 스타랜치는 100명밖에 수용하지 못하는 공간적 제약이 있었기 때문에 1953년에는 두 차례에 걸쳐 세미나를 가져야 했습니다. 각각 2주일씩 가졌습니다. 짧은 훈련 기간 동안에 모든 필요를 채워야 한다는 생각은, 미국 전역에서 동지들을 모은 도슨이 느끼던 압력 가운데 하나였습니다. 도슨은 간사들에게 그들 자신의 훈련 과정에서 무시되고 있다고 느끼는 주제가 있으면 제안해 달라고 요청했습니다. 특히 해외에 있는 사람들에게 요청했습니다. 그 결과 기다란 목록이 작성되었고, 도슨은 여기서 선별해야 했습니다. 인력에 대한 필요는 지난해에 눈덩이처럼 불어났습니다. 미국 및 세계 도처에서 많은 훈련된 일꾼들을 필요로 했습니다.

세미나에는 도슨 자신의 예기(銳氣)를 닮은 정예 부대원들이 참석하였습니다. 도슨은 그들이 세계 전역에 퍼져 있지만 가족으로서 연합되고 사랑을 나누고 있으며, 주님께 철저히 헌신된 것을 보고 큰 감명을 받았습니다. 도슨에게는 이 젊은 형제 자매들이 하나님께서 어떤 길로 인도하시든 자기의 모든 것을 드릴 준비가 되어 있다는 것에 대해 더 이상 증거가 필요하지 않았습니다. 경고가 섞인 재미있는 말이 세미나에 돌았습니다. "마음은 열어 놓고, 가방은 꾸려 놓으라."

몇몇 사람은 사역을 책임지고 이끌 준비가 되어 있었는데, 도슨은 그들 각자가 갈 수 있는 몇 군데를 생각해 보았습니다. 그 외 사람들은 이제 준비 단계에 있었습니다. 그러나 그들의 훈련을 끝낼 수준 높은 지도자가 부족하다는 것이 문제였습니다. 쎄니는 세 가지 일을 하고 있었습니다. 전도 집회 사역을 감당하고, 새로운 본부 건물을 위하여 기금을 조성하며, 코스타리카 선교 여행을 준비하고 있었습니다. 사전트는 본부에서 맡은 책임이 엄청난 속도로 늘어나고 있었는데, 쎄니의 짐을 상당 부분 덜고 있었습니다. 로러, 로버트슨, 그리고 스팍스는 해외에 있었습니다. 반면 로젠버거는 워싱턴 D.C.에 있었습니다. 이전에 그는 사람들을 훈련하는 일을 잘했지만, 지금은 청소년 전도에 마음이 더 기울어 있는 듯 보였습니다. 도슨은 이전 어느 때보다 더 여행을 많이 했고, 상당한 시간을 전도 집회에 할애하였습니다. 수백 구절에서 수천 구절까지 암송하기도 한 젊고 열심 있는 리더십들이 부상하고 있는 것을 보고서도, 그들을 더 이상 계발하고 훈련할 수 없다는 것 때문에 답답하기도 하고 좌절감을 느끼기도 했습니다. 하나의 대안은 그들을 해외나 본국에 있는 지도자들에게 보내어 보좌하도록 하면서 현장 사역을 통해 훈련하는 것이었습니다. 도슨은 이 계획이 모험을 할 만한 가치가 있는 것이라고 생각했습니다.

아마도 그들에게 개인적으로 기도해야 할 목록을 주기 위한 것 같은데, 도슨은 하나님의 사람에게 가장 필요한 자질이 무엇인지에 대해 말했습니다. 이 가운데는 목표를 향하여 밀고 나가는 힘, 생각하고 본을 보이고자 하는 의지, 견고한 주님과의 교제, 전도에 대한 열정, 그리고 새로이 믿은 그리스도인들을 양육할 줄 아는 것이 포함되어 있었습니다. 하나님의 사람은 균형 감각, 다른 사람의 사역에 대한 관심, 그리고 사람들 사이에서 선한 간증이 있어야 할 것입니다. 높은 수준이었습니다. 그러나 이 수준은 선교사가 첫 번째 임기 동안 실패하는 여러 원인을 고려하고, 더불어 도슨이 알고 있기에 사람들로 하여금 도중에 하차하게 만드는 것들을 고려하여 만든 것으로서 성공과 실패를 좌우할 만한 중대한 것이었습니다.

네비게이토의 지역 대표에 대해서는 엄격한 요건을 걸었지만, 도슨은 스타랜치에 모인 그룹에게 모든 사람은 한 사람의 제자를 만나 훈련을 시킬 수 있다는 사실을 상기시켰습니다. 도슨은 그들에게 하나님을 믿고, 하나님께서 주신 은사를 최대한 사용하라고 도전하였습니다.

"우리의 궁극적인 목표는 그리스도께서 마지막으로 주신 명령을 이행하는 것입니다. 바로 복음을 모든 사람들에게 전하고, 그들을 가르쳐 예수님께서 열두 제자에게 말씀하신 것을 지키도록 하는 것입니다. 여러분은 모두 예루살렘과 유대와 사마리아와 땅 끝까지 이르러 증인이 되어야 합니다. 현재 우리는 미국 내의 몇몇 지역에 중심이 되는 사람들이 있습니다. 지난해에 우리는 100구절에서 500구절 혹은 그 이상을 암송한 사람들을 지도 위에 핀으로 표시한 적이 있었는데, 핀이 주로 다섯 개 주에 모이게 되었습니다. 나는 나머지 다른 주들을 보았습니다. 그리고 많은 젊은이들을 생각했습니다. 그들은 똑똑하고 그리스도를 위해 모든 것을 드리고자 하며, 이미 복음을 알고 있는 사람들입니다. 그러나 지상사명의 두 번째 부분, 즉 모든 것을 가르쳐 지키게 하라는 명령은 아직 깨닫지 못하고 있습니다. 이 젊은이들을 미국 전역에 보낼 수 있다면 얼마나 좋겠습니까? 나는 한 사람을 보낼 수 있는 일곱 지역을 생각해 보고 있습니다. 주님께서 그를 어디로 인도하시든, 그는 한 사람에게 영향을 줄 것이며, 도움을 받은 사람은 또 다른 사람에게 영향을 줄 수 있을 것입니다. 그리고 2-3년이 지나면 150명 정도가 지역 수양회에 참석하게 될 것이며, 하나님의 말씀을 그들의 마음속에 간직하는 짜릿함을 맛보게 될 것입니다."

도슨은 중국, 타이완, 유럽, 일본 등에 일꾼들이 들어간 것, 다른 기관에서 들어온 여러 요청, 그리고 남아메리카에 일꾼들이 필요한 사실 등을 나누었습니다. "여러분은 세계 여러 나라에 대한 짐을 함께 지시겠습니까? 나는 여러분이 세계 지도를 장만하여 적어도 하루에 한 차례는 그것을 보며, 하나님의 마음에 있는 것을 여러분의 마음에도 품기를 희망합니다. 여러 나라에서 사람들은 조그만 촛불을 켜 놓고 돌로 만든 우상을 숭배합니다. 복음은 이런 어둠에 빛을 비춥니다. 사람들은 그들에게 나아가서 복음을 전했지만, 그들에게 말씀을 파고드는 법을 가르치지는 않았으며, 주님께서 제자들에게 행하라고 분부하신 모든 것을 행하도록 가르치지도 않았기 때문에 공백이 생겼습니다. 이는 정말 절실한 필요입니다. 우리는 잘못을 하지 않기 위해 하나님의 은혜가 절실히 필요합니다. 재정적인 공급도 필요합니다. 일할 사람도 필요합니다. 마치 이전에 전혀 기도하지 않았던 것처럼 기도를 시작하기 바랍니다."

도슨은 여러 차례에 걸쳐서 네비게이토 역사를 소개하면서, 과거에 자신이 범한 여러 실패와 성공들, 그리고 이와 연관된 원리들을 나누었는데, 이것이 듣는 사람들에게 개인 계발을 위한 자료가 되기를 바라는 마음에서였습니다. 도슨은 또한 신명기 1장에 나오는 "들어가서 얻을지니라"는 명령과 7장 22절에 나오는 "네 앞에서 점점 쫓아내시리라"는 말씀을 가지고 도전이 되는 메시지도 전했습니다.

매일매일 일정은 여러 차례의 면담으로 가득 찼습니다. 하루에 17명을 만나기도 했습니다. 그들은 도슨과 함께 장래 할 일에 대하여 계획하고 기도하며 결정하였습니다. 내려진 결정이 즉시 발표되지 않았기 때문에 사람들은 무척 궁금히 여겼습니다. 세미나 마지막 날에 이르러, 궁금증은 완전히 해소되었습니다. 명령만 내리면 어디든지 가고자 하는 사기충천한 군대의 사령관으로서, 도슨은 '책임이 바뀌거나 새로운 지역으로 갈 사람들'의 이름을 읽어 내려갔습니다. 아프리카나 남아메리카로 갈 사람은 없었습니다. 그러나 몇몇이 새로운 임무를 받았고, 많은 사람들이 이미 확립된 지역에서 사역 훈련을 받기로 했습니다.

그 해에 네비게이토 활동은 다양했습니다. 몇몇 형제들은 두 가지 역을 소화했으며, 도슨은 전 세계에서 이루어지는 모든 사역을 활기차게 지도 감독하였습니다. 도슨은 세계를 정복하는 일을 다른 사람에게 넘길 준비를 장차 언젠가는 할 것입니다. 그러나 현재로는 여러 역할 사이의 균형을 잘 잡는 일이 너무나도 매력적이었습니다. 여섯 나라의 사역을 감독하는 로버트슨이 있었고, 코자트는 한국에서 열심히 사역하고 있었으며, 스팍스는 타이완에서 한 달에 8,000명이 결신했다고 보고했습니다. 그들 가운데 6,000명은 학생들의 전도 결과였습니다. 진 텐러는 필리핀에서 힐리스를 도와서 양육을 맡고 있었습니다. 마이어즈는 홍콩에서 사역을 진행하고 있었으며, 보드만은 오키나와에 있었습니다. 유럽에서는, 단 피아트가 네덜란드에서 사역을 시작하라는 부름에 응답했습니다. 프랑스, 독일, 그리고 잉글랜드에서의 사역은 발전하고 있었습니다. 그리고 시몬즈는 뉴질랜드에서 사역을 시작할 준비가 되어 있었습니다. 월드런 스코트는 키프로스에서 몇 명의 젊은 제자들을 돕고 있었습니다.

미국 전역에 걸쳐서 십여 개의 네비게이토 지역 본부에 있는 사람들이 군 기지와 대학 캠퍼스에서 사역을 하고 있었습니다. 매년 여섯 차례의 그래함 전도 집회가 있었습니다. 더욱 많은 군인 센터에 사람을 보냈습니다. 로스앤젤레스 사무실에서는 그 어느 때보다도 많이 성경공부 교재들을 생산했으며, 매달 1,000명 이상이 주제별 성경 암송 과정에 등록했습니다. 도슨은 더욱 불어나는 네비게이토 일꾼들을 위한 훈련 센터의 필요성을 깨닫기 시작했습니다. 1953년의 세미나와 적극적으로 배우고자 하는 젊은이들이 350명이나 참석했던 포리스트홈의 연례 네비게이토 수양회를 통해 그 필요성이 입증되었습니다.

본부 및 훈련 센터로 사용할 수 있고, 일년 내내 수양회장으로 쓸 수 있는 곳으로서 미국 중심부에 있으면 가장 이상적일 것입니다. 도슨은 영라이프의 스타랜치와 프론티어랜치에서 시간을 보내면서부터 건강에 좋은 콜로라도 산지를 사랑하게 되었는데, 동지들을 위하여 이곳보다 더 좋은 곳이 어디 있겠는가 하고 생각했습니다. "우리를 위한 대규모 목장을 찾아보겠습니까?"라고 도슨은 친구인 짐 레이번에게 요청했습니다. 영라이프와 이웃하면 더욱 좋을 것입니다.

1952년 10월, 도슨이 라틴아메리카로 떠나기 전에 레이번은 도슨에게 콜로라도로 와서 땅을 한번 보겠느냐고 요청했습니다. 레이번은 도슨을 파인밸리로 안내했습니다. 보기에 매우 훌륭했습니다. 네비게이토 이사회와 사업가들은 이를 승인했으며, 론 쎄니는 이 프로젝트를 위해 기금을 조성하는 책임을 맡았습니다. 현재 사역을 후원하고 있지 않은 새로운 공급원이 필요했습니다. 목장에 대한 전문가인 빌 브라이트는 매우 열렬한 반응을 나타냈습니다. 만약 네비게이토가 콜로라도로 이사를 한다면, CCC도 이사를 고려하겠다고 말했습니다. 그러나 5,000달러에 달하는 옵션 비용(어떤 부동산을 일정 기간 안에 약정 가격으로 살 수 있는 권리를 얻기 위해 지불하는 돈, 역자 주)이 당장 수중에 없었기 때문에, 도슨은 이것을 주님으로부터 오는 경고 신호로 받아들였습니다. 2월에 이르러서도 기금은 준비되지 않았습니다. 도슨은 간사들에게 하나님께서 그들에게 파인밸리 혹은 이와 비슷하거나 더욱 좋은 곳을 주시도록 기도하자고 하였습니다.

2월 말에 이르러 도슨은 전도 집회가 있던 세 개의 도시의 목회자들을 만나게 되었으며, 그때 콜로라도에 들러서 파인밸리가 겨울에는 어떤 모양을 하고 있는지 살펴보았습니다. 부동산 중개업자인 거스 힐은 도슨에게 빌리 그래함을 위해 자기 마음에 두고 있었던 땅을 한번 살펴보겠느냐고 하였습니다. 빌리 그래함은 추후에 학교를 지을 장소가 필요했던 것입니다. 바로 글렌에리(Glen Eyrie)였습니다. 글렌에리는 산으로 둘러싸여 있고, 자연 경관이 심히 아름다우며, 85만평에 이르는 땅에 건물 20여 채가 들어서 있는 곳이었는데, 인가에서 떨어져 있었지만 35,000평인 파인밸리보다는 우체국에서 가까웠습니다. 도슨은 이에 대하여 빌리 그래함도 도저히 믿을 수 없는 소식을 보냈습니다.

"만약 당신이 글렌에리를 사지 않는다면, 네비게이토가 이를 갖기 원합니다"라고 도슨은 뜨거운 반응을 보였던 것입니다. 로스앤젤레스로 돌아와서 도슨은 이 에덴동산을 그려 보았습니다. "동지 여러분, 나는 212,000달러를 달라고 하는 파인밸리보다는 500,000달러를 주더라도 글렌에리를 원합니다. 그리고 소유주는 이것이 신앙적인 목적을 위해 사용될 것이기 때문에 300,000달러에 주겠다고 했습니다." 도슨은 마치 식사를 마친 후 바로 돈을 지불할 수 있는 사람처럼 확신을 가지고 말했습니다. 간사들은 머릿속으로 그 거래를 생각해 보았습니다. 300,000달러나 212,000달러나 둘 다 수중에 없었으며, 너무나 큰 금액이었습니다. 그러나 도슨에게는 이것이 문제가 아니었습니다. 이 약속의 땅은 반드시 얻어야 했습니다.

그래함은 글렌에리를 진정으로 원했고 매매 조건에도 합의했으며, 후원을 하겠다는 30명의 사업가의 서명도 쉽게 받았습니다. 그래함은 네비게이토가 네비게이토 고유의 목적을 위해서 글렌에리를 사용하면서 글렌에리를 유지하고 관리해 주기를 바랐습니다. 도슨은 5월에 콜로라도에서 그래함을 만났습니다. 홍보 영화를 만들며 여러 계획을 토의하기 위해서였습니다. 그래함은 지상사명에서 글렌에리가 감당할 독특한 역할을 머릿속으로 구상하고 있었습니다. 그는 세계 여러 나라의 유학생들, 스포츠계와 연예계 사람들, 정부 지도자들, 사업가들을 위한 기도와 성경공부 장소에 대해 열정적인 소개를 했습니다. 그리고 그는 글렌에리가 네비게이토를 위하여 국제 본부와 연중 내내 사용할 수 있는 훈련 장소로서 이상적이라고 생각했습니다. 도슨은 빌리 그래함의 구상을 듣고 너무나도 기쁘고 흥분이 되었습니다.

그러나 콜로라도에 있는 건물에 그래함이 관심이 있다는 소문이 퍼지자 몇몇 사람들은 이곳이 전도를 위해서는 너무 멀리 떨어진 곳이 아니냐고 하며 의문을 제기하였습니다. 반대하는 소리가 커졌고, 8월 중순에 이르러서 그래함은 글렌에리에 대한 꿈을 접어야만 했습니다. 무거운 마음으로 그래함은 자신의 결정을 도슨에게 알렸습니다. 도슨은 잠잠히 수화기를 책상에 다시 놓고는 대여섯 명의 간사들을 불렀습니다. "글렌에리 계약은 취소되었습니다"라고 말할 때 도슨의 얼굴은 창백해졌습니다. 이는 마치 그가 거룩한 성, 새 예루살렘이 완전히 불에 타 없어졌다고 말하는 것과 같았습니다. 그들은 세미나를 할 때에 모두 글렌에리를 방문했었으며, 곧 그곳으로 이사할 것을 기대했었습니다. 정말 믿기지 않는 소식이었습니다.

잿더미를 몇 시간 동안 바라본 후에, 그들은 불사조가 완전히 다시 살아나는 것을 보았습니다. 네비게이토가 직접 그 구매를 떠맡을 수 있다! 이 결정을 하나님께서 허락해 주실 것을 직감적으로 알았던 도슨은 그래함에게 전보를 보냈습니다. "네비게이토가 글렌에리 구입을 시도해야겠다는 강한 결심이 섰음."

전화가 울리기 시작하고, 타자기 소리가 활기차게 들렸으며, 얼마 후에 그래함과 후원자들이 참석하는 캔자스시티 모임에서 네비게이토 건을 소개하기 위한 자료가 준비되었습니다. 6주밖에 남지 않았는데 네비게이토가 선금을 위한 모든 돈을 마련할 수 있을 것인가? "물론입니다." 도슨은 오직 믿음으로 선언했습니다. 네비게이토가 사설(私設) 수도 시스템과 다른 여러 부속 시설들을 포함하여 건물과 토지를 관리하고 유지할 수 있을 것인가? "우리는 할 수 있습니다"라고 도슨은 그들에게 확신 있게 말하며, 이에 필요한 기술을 가지고 있는 네비게이토 간사들과 훈련생들에 대한 서류를 보여 주었습니다. 글렌에리는 19세기에 콜로라도스프링스를 건설한 사람의 건물로서, 사람들이 몹시 탐을 내었으며, 이곳에 호화로운 사교 클럽을 만들어 사업을 하는 것을 비롯하여 여러 아이디어가 만발하던 곳이었습니다. 그러나 그래함은 하나님께서 네비게이토가 그곳에 들어가기를 원하신다고 믿었습니다. 그는 오직 믿음만을 의지하여 글렌에리 계약 권리를 네비게이토에게 양도했습니다. 도슨은 그래함이 준 일체의 서류와 함께 믿음과 다시 불타오르는 열정도 받아 가지고 돌아와, 기다리고 있던 동지들에게 보고하였습니다.

✻ ✻ ✻

이 소식으로 그들의 적극적인 행동이 촉발되었습니다. 하나님께서 네비게이토에게 글렌에리를 구매할 수 있는 계약 권리를 주셨다는 소식을 듣고 그들은 갈렙과 같은 반응을 보였습니다. "우리가 곧 올라가서 그 땅을 취하자. 능히 이기리라"(민수기 13:30). 그들의 이러한 반응은 이것이 하나님으로부터 말미암았다는 도슨의 확신을 더욱 강화시켜 주는 것이었습니다. 두 사람이 자기의 차를 드렸습니다. 그 두 사람 중 한 사람의 약혼녀는 결혼을 위하여 저축한 100달러를 헌금하였습니다. 또 다른 두 형제는 보유하고 있던 채권을 팔아 헌금했습니다. 몇몇 간사들은 믿음의 모험을 해야 갚을 만큼의 큰돈을 빌렸습니다. 사무실 간사들은 여러 가지 인쇄물을 제작하기 시작했습니다. 그중에는 전 세계적인 네비게이토의 사역을 소개하는 31페이지 분량의 소개 책자도 포함되었는데, 이는 4색도로 인쇄되었습니다. 이 모든 것은 전 세계에 흩어져 있는 네비게이토 친구들에게 '글렌에리 - 비전에 투자하십시오'라는 내용을 소개하는 데 쓰기 위한 것입니다. 로스앤젤레스에 있는 한 인쇄업자는 글렌에리를 그린 두 가지의 아름다운 칼라 브로셔를 제작해서 기증하였습니다. 도슨은 미국에 있는 십여 명의 간사들과 유럽에 있는 데이비드 로러 부부를 오게 하여 이 프로젝트를 위해 일하도록 했습니다. 지역 책임자들은 함께 모여 기도하면서 자기 지역에 있는 사람들을 동원할 계획을 작성하였습니다.

도슨은 헌금을 요청하는 일을 고문처럼 생각하는 자기에게, 네비게이토의 일년 예산보다 훨씬 큰 금액인 십만 달러 이상의 기금을 6주 이내에 조성하는 일을 맡기신 주님을 인하여 놀랐습니다. 그러나 도슨은 지금까지 살면서 어떤 프로젝트에 이처럼 몰입한 적도 없었고, 프로젝트를 이루기 위해 이처럼 열정적으로 모든 사람을 동원한 적도 없었습니다. 캔자스시티 모임을 마치고 글렌에리에 들렀을 때, 도슨은 계곡을 내려다볼 수 있는 산등성이에 올라가 하나님과 언약을 맺었습니다. "주님, 이 모든 것을 우리에게 맡기신다면, 다윗이 했던 것처럼 이를 지금 주님께 드리겠습니다. 오직 주님의 영광만을 위해 사용하며, 주님의 성호를 온 세계에 알리는 일에 사용하겠습니다." 역대상 29:10-13을 펴놓고 도슨은 자기의 언약을 증거하기 위하여 사암(沙岩) 바위 표면에 그 구절의 장절을 새겼습니다.

일단 하나님께서 글렌에리를 주실 것을 믿게 되자, 도슨은 모든 사람에게 담대히 헌금을 요청하였습니다. 도슨은 홍보용 책자의 인쇄 세부 사항을 점검하는 일에서부터, 한 친구에게 전화를 걸어 헌금 모금에는 아마추어인 동역자들을 위해 조언을 구하는 일에 이르기까지 여러 가지를 했습니다. 도슨은 웃으며 말했습니다. "동지 여러분, '우리는 글렌에리를 참 커다란 프로젝트로 생각했었지'라고 말할 날이 언젠가 올 것입니다!" 어떤 이유에서인지 모르지만, 아마도 모든 일을 올바로 처리하고 그들을 온전히 준비시키기 원하는 완전주의 경향 때문이었을 텐데, 도슨은 그래함의 사정이 변경되었다는 내용을 전 세계의 간사들에게 알리는 4쪽짜리 편지의 발송을 9월 2일까지 기다렸습니다. "나는 이 프로젝트가 주님께로 말미암았다는 확신이 있습니다. 그리고 이 일에 드려진 모든 돈은 현재와 미래뿐만 아니라, 영원무궁토록 이익 배당이 있을 것임을 확신합니다. 나는 여러분 모두가 이 일에 참여하기를 원합니다." 도슨은 희생을 요구했습니다. "여러분이 사역하고 있는 사람에게는 국적을 불문하고 1엔이든 1프랑이든 조금이라도 헌금하도록 도우십시오.… 그들에게 이곳에 드릴 수 있는 기쁨을 누릴 기회를 주십시오.… 이곳은 하나님의 은혜로 많은 세대의 기초를 쌓을 사역을 위해 중요한 장소가 될 것입니다"라고 말했습니다.

  6주가 아직 채 반도 지나지 않았는데, 첫 번째 약속 날짜가 다가왔습니다. 비품 및 가구 계약 대금으로 지불할 10,000달러가 9월 4일 은행 마감 시간 전에 확보되어야 했습니다. 인쇄물과 정보가 아직 해외에 있는 네비게이토에게는 도착하지도 않았으며, 미국 내의 일꾼들이 이제 막 사람들을 만나기 시작한 시점이었습니다. 4일 아침에 간사들은 지불을 완료하는 데 필요한 2,000달러를 위해 기도했습니다. 500달러의 헌금이 아칸소에 사는 어떤 미망인에게서 왔습니다. 100달러는 워싱턴에서 송금되었고, 어떤 젊은 주부가 100달러를 가져왔는데, 이를 통해 은행이 문을 닫기 90분 전에 지불 총액을 맞추는 데 도움을 얻었습니다. 간사들은 무척 신이 났습니다. 하나님께서 남은 길도 인도해 주시겠다는 표시로서 이렇게 행하셨다고 느꼈던 것입니다.

또다시 24일 안에 100,000달러가 필요했는데, 다음날 4달러밖에 헌금이 들어오지 않았습니다. 도슨은 순간적으로 의심이 생겼습니다. 자기가 네비게이토 전체를 이끌고, 모든 것을 잃든지 아니면 모든 것을 얻는 믿음의 모험을 하고 있다는 생각이 들어 움찔하였습니다. 만약 이를 성취하지 못한다면, 그로 인한 재앙은 끔찍한 것이었습니다. 희생적으로 한 헌금은 실망한 친구들에게 돌려 주어야 할 것입니다. 50,000달러에 이르는 옵션 비용도 그래함 협회에 갚아야 했습니다. 여행, 인쇄, 그리고 우편 요금에 투자한 수천 달러는 잃게 되고, 사역에서 떼어 낸 몇 달간의 시간도 날아가 버리게 되는 것입니다. 이외에도 기본적인 경비를 지출해야 했기 때문에 재정은 절망적인 상황이 될 것입니다. 무엇보다도 심각한 것은 실패로 말미암아 대적 사탄이 틈을 타서, 믿음의 위기에 처한 간사들과 기독교 지도자들과 친구들을 비웃을 여지가 생기는 것입니다. "하나님의 약속이 도대체 어디 있느냐? 하나님께 너를 건져 달라고 해봐!"

프로젝트를 시작한 지 3주가 되었습니다. 본부 간사들은 정말 열심히 움직였습니다. 도슨은 해외에 있는 동지들이 동일한 열정을 나타내지 않고 있다는 것을 알았습니다. 세계 전도 대회의 결과로 얻은 22,000명의 일본인 결신자를 양육하는 것과 같은 지역 사역에 몰두한 나머지, 몇몇 사람들은 이 프로젝트의 긴급성을 느끼지 못했습니다. 그러나 도슨이 보낸 후속 편지는 그들의 관심을 끌었으며, 세계 네비게이토 전체가 적극적으로 행동하고 기도하도록 활기를 불어넣었습니다.

몇몇 네비게이토들은 로키산맥에 있는 그 값비싼 부동산이 주님의 일에 꼭 필요하냐고 했습니다. 도슨은 그들에게 확신을 심어 주기 위해 노력하는 한편, 적극적인 다른 사람들의 열망에 격려를 얻고 계속 앞으로 나아갔습니다. 도슨은 이 프로젝트가 느헤미야가 예루살렘 성벽을 다시 쌓기 위해 연합된 노력을 한 것과 같다고 생각했습니다. 분명히 '백성이 마음 들여 역사'하며, 적극적으로 일어나 행하고자 하는 것이 보였습니다. 날이 가면서 도슨은 느헤미야에 나오는 것과 놀랄 정도로 비슷한 일이 일어나는 것을 보게 되었습니다. 이런 노력이 성공할 것인가를 의심하는 사람들의 낙담시키는 말도 들렸고, 다른 방해물도 있었으며, 지연되기도 했습니다. 심지어는 글렌에리를 팔겠다고 한 사람이 매매 계획을 다시금 고려해 보는 모임을 갖자고 요청하기도 하였습니다. 그는 팔겠다는 결정을 후회한다고 말하면서 옵션을 파기했으면 좋겠다고 말했습니다. 도슨은 느헤미야와 같은 반응을 보였습니다. 할 일이 너무 많기 때문에 그런 모임을 가질 수 없다고 말했습니다.

9월 11일에 로드 사전트는 동부 해안 지역 사람들을 만나고 있었는데, 한 네비게이토가 글렌에리는 네비게이토에게 아무 소용이 없을 것이라고 말했다는 내용의 전화를 했습니다. 매매 계약에 수리권(水利權)에 대한 조항이 빠져 있기 때문이라는 것이었습니다. "그건 사실이 아닙니다"라고 도슨은 즉시 반박했습니다. "그러나 만약 이것 때문에 확신이 흔들렸다면, 그리고 전심으로 진행할 수 없다면, 선교관으로 돌아오기 바랍니다." 승리에 대한 확신 없이는 어떤 일꾼도 성공할 수 없을 것이며, 다시금 믿음이 충전되어야 나아갈 수 있을 것입니다. 그러나 로드 사전트는 확신을 가지고 그 일을 계속하였습니다.

9월 중순은 도슨에게 심히 어려운 시기였습니다. 사탄이 그의 마음을 흔들었습니다. 도슨은 최악의 생각도 하게 되었습니다. '우리가 해내지 못하면 어떻게 하나?' 시간이 3분의 2나 흘렀습니다. 본부 사무실 간사들과 도슨은 다른 사람들의 쉬지 않는 기도로 그 오랜 날들을 버틸 수 있었습니다. 매일 도슨에게 보고서를 가져오는 간사는 도슨이 고개를 떨어뜨린 채 앉아 있는 것을 보았습니다. 도슨은 고개를 들며 눈물을 닦았습니다. "나의 노력은 이제 한계에 도달했습니다"라고 도슨은 잠잠히 말했습니다. "이제 어떤 일이 생기든 하나님께서 뜻대로 하실 것입니다." 간사가 보여 준 턱없이 부족한 은행 잔고는 도슨의 결론을 잘 뒷받침해 주었습니다.

싸움에서 승리한 도슨은 다시는 상심하지 않았습니다. 간사들 가운데 한 사람이 흔들리면, 또 다른 사람이 그 사람에게 용기를 주고 믿음을 북돋아 주었습니다. 도슨은 아무도 의심을 품거나 피곤에 굴복하지 않도록 하였습니다. 높아져 있는 팀의 사기에 제방의 틈과 같은 것을 만들까 염려했기 때문입니다. 이제는 이기거나 지는 것이 아니라 오직 이기는 수밖에 다른 도리가 없었습니다. "약속 날짜인 29일이 우리에게 다가오고 있습니다"라고 도슨은 동지들에게 편지를 썼습니다. "우리는 기도하고 열심히 수고하며 전면전에 드려져야 합니다. 이것은 단순한 '모험'이 아닙니다. 진정으로 위험이 뒤따르는 전쟁 그 자체입니다."

9월 16일에 빌리 그래함 전도협회의 사무 책임자인 조지 윌슨이 전화를 걸었습니다. 약속 날짜까지는 13일이 남았는데, 만약 네비게이토가 대금을 다 마련하지 못한다면 옵션 비용을 보호하기 위해 어떤 조치를 취하기 위한 것이었습니다.

"도슨, 어떻게 되어 가고 있습니까?"

"잘 되어 가고 있습니다! 다 마련해 낼 것입니다"라고 도슨은 명랑한 목소리로 대답했습니다.

"잘 됐군요. 지금까지 얼마나 모으셨습니까?"

"무슨 말씀입니까?"

"얼마나 가지고 계신지 궁금합니다."

"조지, 나는 정확히 모릅니다. 전 세계에서 들어오고 있기 때문입니다. 여러 지역에 있는 우리 사람들이 아직 보내지 않은 돈이 많이 있습니다"라고 도슨은 말했습니다. "그러나 우리는 이루어 낼 것입니다." 도슨은 이제 요단강에 발을 내디뎠습니다. 그때 은행 잔고는 3,183달러였습니다.

도슨은 매일매일의 잔고를 중심이 되는 지역 사역의 책임자들에게도 알리지 않았습니다. 그들이 실망할까 두려웠기 때문입니다. 도슨은 동역자들과 다른 기관의 친구들이 이 프로젝트를 이루기 위해 끝까지 함께 수고해 주는 것으로 인해 크게 기뻐하였습니다. 그들은 자기 자신의 일도 제쳐 두고 네비게이토를 돕고 있었습니다. 빌 브라이트의 행동이 전형적인 것이었습니다. 그는 희생적으로 헌금을 하였을 뿐만 아니라, 그가 새로이 조직한 기관의 5,000명의 사람들에게 편지를 보내 도움을 요청했습니다. 쎄니와 사전트와 다른 지역의 팀들은 사람들을 방문했습니다. 도슨도 나갈 수 있을 때에는 사람들을 방문했습니다. 주님께 자기가 무엇을 드릴 수 있는지 여쭈어 보는 가운데 도슨은 라일라가 유산으로 받은 돈으로 자기에게 사 준 하얀색 폰티악 승용차를 생각했습니다. 도슨은 글렌에리를 위하여 그 차를 팔기로 하였습니다. 나중에 도슨은 내심 그 차가 팔리지 않거나 혹은 약속 날짜를 맞추는 데 그 돈이 필요하지 않게 되기를 바랐습니다. 그리고 나서 이런 마음을 품은 자신을 미워하였습니다. 다른 수많은 사람들은 이것보다 더 큰 것을 희생하고 있었기 때문입니다!

모금에 전문가인 어떤 사람이 들러서 모금 운동을 살펴보았습니다. 그는 감탄했습니다. "당신은 모든 것을 제대로 하고 계시군요"라고 말했습니다. "그러나 이런 금액을 모으기 위해서는 약 35,000달러의 도전적인 헌금이 필요합니다." 지금까지 들어온 가장 큰 금액은 어떤 부부가 헌금한 4,000달러였습니다. 그들이 낸 헌금은 초기에 내야 할 10,000달러를 채우는 데에 도움이 되었습니다.

9월 17일에 쎄니는 40,000달러 대출이 가능하게 되었다고 전화를 했습니다. 도슨은 비록 돈을 빌릴 생각이 없었지만, 조지 윌슨에게 모든 것이 잘 되고 있다고 확신시킨 다음날에 이런 소식을 듣게 된 것은, 숫자를 알고 싶어 하는 사람에게 대답할 수 있도록 하나님께서 인도하여 주신 것이라고 생각했습니다. 주님께서는 돈을 빌리지 않고도 해결할 수 있도록 해주실 것이며, 이를 통해 영광을 받으실 것입니다.

매일 헌금과 함께 들려오는 소식을 들어 보면 실로 하나님께서 전례 없는 일을 행하고 계심을 알 수 있었습니다. 일꾼들이 사람들을 만나 상황을 알릴 때, 사람들은 즉시 자기가 그 일에 참여하고 있다고 느꼈고, 이 일의 성공에 대하여 책임감을 느끼기까지 했습니다. 해군 사관학교의 한 생도는 이런 편지를 썼습니다. "우리 학교에서는 8명이 네비게이토 사역에 함께하고 있습니다. 우리들 몇 명이 고향에 있는 교회에 편지를 썼습니다. 참여할 수 있도록 기회를 주신 것에 감사를 드립니다." 루이지애나의 어떤 은행원은 해군에 있는 아들이 자기 계좌에서 100달러를 송금하도록 요청했다고 하면서 편지에 이렇게 썼습니다. "아내와 나는 50달러를 추가로 헌금합니다. 그것이 정말 필요할 것이라는 확신이 있어서입니다." 한 공무원은 이런 편지를 보내 왔습니다. "인원 감축으로 말미암아 일자리를 잃게 되었습니다. 그러나 나는 당신에게 10달러를 보내야 합니다. 지금 글렌에리를 구입하는 것이 얼마나 중요한지를 깨달았기 때문입니다.⋯ 전 세계에 있는 구원받지 못한 사람들을 위한 것이기 때문입니다."

헌금이 크든 작든, 돈을 드리는 것이든 자원 봉사를 하는 것이든, 모두 즐거운 마음으로 희생적으로 드리는 분위기와 이유를 알 수 없는 긴박감이 감돌았는데, 이는 오직 하나님께로 말미암은 것이었습니다. 베일러 대학의 어떤 학생은 테니스 라켓과 라디오를 팔아 그 금액을 보냈습니다. 앵무새를 팔아 30달러를 보낸 여인도 있었습니다. 6세짜리 아이가 생일 선물로 받은 돈을 "그 집을 위하여"라고 써서 보내기도 했습니다. 샌프란시스코에 있는 한 수습 간호사는 2달러를 보내면서 "작은 금액이지만 주님께서 이를 기뻐 받으시도록 기도했습니다"라고 했습니다. 시애틀에 사는 한 젊은 자매는 900달러가 넘게 보냈는데, 암에 걸려 투병하다가 나은 사람이었습니다. 채터누가의 어떤 여학생은 2달러를 보냈고, 83세 되는 한 노인은 은퇴하여 수입이 없었는데도 10달러짜리 수표를 보내면서 자기는 1,000달러를 헌금하기를 원했었다고 기록했습니다. 사내아이 둘은 1센트짜리 동전 902개가 들어 있는 저금통을 보내 왔습니다.

안개비처럼 내리기 시작한 것이 이제는 지속적으로 내리는 소나기가 되었습니다. 해외에서 온 것도 있었습니다. 한국에 있는 코자트, 오키나와에 있는 보드만은 그들의 9월 예산을 모두 글렌에리를 위해 써달라고 말했습니다. 이탈리아에서는 피트 조지가 한 달치 수입을 보냈습니다. 네덜란드로 가족과 함께 이사하는 피아트는 가구를 판매한 금액을 헌금으로 드렸습니다. 네비게이토의 루디아인 기엔 카젠은 네덜란드에서 만나고 있는 사람들과 함께 천 길더를 보내 왔습니다. 타이완의 어떤 나이 든 중국 여인은 가보로 내려오는 그림을 팔아 주님께 감사하는 헌금을 드렸는데, 덕 스팍스가 자기 가족들을 영적으로 도와준 것에 감사하기 위한 것이었습니다. 이 헌금도 글렌에리를 위한 헌금에 포함되었습니다. 그리고 중국 베이징에서 도슨이 주님께 인도한 오스트리아 소녀인 씨르자 스코프는 50달러를 헌금했습니다. 또한 미국과 유럽에 있는 여러 선교사들까지도 빠듯한 생활비에서 헌금을 보내온 것을 보고 도슨은 정말이지 가슴이 찡했습니다. 엔, 프랑, 페소… 등등 세계 각처에서 많은 이들이 헌금을 보내왔습니다. 이렇게 모인 헌금은 금액도 꽤 되었습니다. 하지만 도슨에게는 그 금액 이상의 훨씬 더 큰 의미가 있었습니다. 하나님께서는 신명기 28:12에서 "네가 많은 민족에게 꾸어 줄지라도 너는 꾸지 아니할 것이요"라고 약속하셨는데, 그들의 사랑의 수고는 하나님께서 이 약속을 지키셨다는 증거였습니다. 동시에 앞으로도 그 약속을 신실하게 지키실 것임을 영원토록 보여 줄 것입니다. 글렌에리는 바로 그 약속 성취의 산 증거였습니다.

일본 네비게이토는 세계 전도 대회로 바쁘고 재정적으로도 어려웠지만 적극적으로 함께하였습니다. 9월 20일에 로버트슨은 "일본 주둔 군인은 수천 달러를 모았음"이라는 전보를 보내면서 일본에 있는 간사들을 위한 9월 예산은 모두 글렌에리를 위해 써달라고 했습니다. 로이는 군인들의 헌금이 10,000달러가 되도록 기도했습니다. 결과는 이보다 훨씬 많이 모였습니다.

약속 날짜를 한 주 남긴 9월 22일에 은행에는 22,000달러가 있었으며, 다음날에는 28,000달러, 그 다음날에는 33,000달러가 모였습니다. 필요한 금액의 3분의 1에도 미치지 못하는 금액이었습니다. 나중에 꼭 헌금하겠다고 약속한 사람도 있었습니다. 그러나 우선 100,000달러가 현금으로 필요했습니다. 연기하는 것은 불가능했습니다. 소유주가 조금이라도 구실이 있으면 매매 계약을 취소하려고 했기 때문입니다. 또 다른 장애물은 현재 소유자가 인정하는 두 명의 연대 보증인을 구하는 일이었습니다. 그래함이 사겠다고 할 때에는 십여 명의 사람이 가능했지만, 잘 알려지지 않은 네비게이토와 함께 모험을 하려는 사람은 별로 없었습니다. 결국 두 명의 그리스도인 사업가가 연대 보증에 동의하였으며, 인정을 받았습니다.

 은행 잔액은 25일에 41,000달러가 되었고, 27일에는 60,000달러가 되었습니다. 웨스턴 유니온의 직원들은 시간이 촉박한 것을 알고 있었기 때문에 송금이 들어오면 신이 나서 전화를 해주었습니다. 속달 우편을 배달하는 집배원은 "어떻게 되고 있습니까? 다 마련할 수 있을까요?"라고 물었습니다. 도슨이 28일에 휴스턴으로 서류에 서명하기 위해 떠날 때 총 금액은 78,000달러가 되었습니다. 그날 들어온 헌금의 일부는 도슨이 아끼던 하얀색 폰티악 승용차를 판매한 금액이었습니다.

 도슨은 사전트에게 휴스턴에서 서명할 때에 만나자고 하였습니다. 그래함 전도 집회 때문에 디트로이트에 있었던 쎄니는 올 수 없었습니다. 로스앤젤레스 은행은 마지막 순간에 휴스턴으로 송금하기로 되어 있었습니다. 그러나 마지막 날은 다가왔고 목표 금액에는 아직 미치지 못했습니다. 29일 아침이 밝자 사무실 간사는 우체국과 웨스턴 유니온으로 가서, 선거에서 개표 결과를 집계하는 방식(당시에는 전화 등을 이용하여 각 주의 선거 개표 상황을 종합하였음, 역자주)으로 금액 기록 용지를 게시했습니다. 휴스턴의 한 사업가는 도슨에게 "사무실에 전화를 걸어 얼마가 더 필요한지 알아보십시오. 내가 클럽 점심 모임에서 헌금을 모금해 보겠습니다"라고 말했습니다. 도슨은 전화를 걸어 8,000달러가 부족하다는 말을 들었습니다. 그 사업가는 그 금액을 친구들 사이에서 모금하여 돌아왔습니다. 그런데 로스앤젤레스 사무실로부터 목표를 초과하여 오후 1:15에 100,300달러가 되었다는 소식을 듣게 되었습니다. 도슨은 현재로서는 8,000달러가 필요하지 않다는 사과의 말을 하였지만, 그 사업가는 좀 더 기다려 보자고 하였습니다.

 실제로 그 돈은 필요했습니다. 화재 보험료와 부동산 취득에 따르는 여러 경비가 필요했기 때문입니다. 주님께서는 "그들이 부르기 전에 내가 응답하겠고 그들이 말을 마치기 전에 내가 들을 것이며"라는 이사야 65:24 말씀대로 공급해 주셨습니다. 그러나 긴장된 상황이 끝난 것은 아니었습니다. 휴스턴 은행에 전화를 했을 때 아직 100,000달러가 오지 않았다는 것을 알게 되었습니다. 금액이 다른 은행으로 송금되었고, 그 은행은 이미 마감되었다는 것을 알게 되었습니다. 그러나 8,000달러를 조성한 그 사업가는 마침 그 은행의 대표 이사였고, 은행을 다시 열어 그 돈을 받을 수 있었습니다.

아슬아슬하게 결승점에 도달한 경주처럼 끝난 일련의 기적적인 일들은, 믿음으로 시작했던 사람들과 이에 대하여 의심했던 사람들 앞에서 주님을 영화롭게 하였습니다. 축하의 분위기가 15개국에 있는 2,000명 이상의 네비게이토들 사이에서 퍼져 나갔습니다. 그들은 함께 일하고 기도하며 '성벽을 쌓기 위해' 아낌없이 드린 사람들이었습니다. 함께했던 변호사들도 그들이 받는 수임료의 전부 또는 일부를 기부하였습니다.

"주님께서 이루셨습니다!"라고 그래함은 이 소식을 듣고 외쳤습니다. 그래함은 도슨에게 하나님께서는 네비게이토가 글렌에리를 갖기 원하시기 때문에 구매 계획을 취소하도록 자기를 인도하신다고 말했었습니다.

후원을 철회했던 부유한 사업가들은, 작은 금액(대다수가 20달러 이하였습니다)이지만 하나님의 약속을 믿고 희생적으로 헌금한 사람들을 통해 이루신 하나님의 역사를 보고 크게 놀랐습니다. 실제로 도움을 주었던 한 사람은 놀라움을 금치 못하며 다음과 같이 말했습니다. "나는 성경에서 이런 일을 읽기는 했지만 직접 본 일은 없습니다. 나는 그들이 해내리라고는 믿지 않았습니다. 그들에게 그렇게 말했고 다른 사람들에게도 그렇게 말했습니다. 그러나 이제 나는 그것이 하나님의 뜻임을 알게 되었습니다." 타이베이에서는 27일 밤 내내 모든 선교사들과 중국 그리스도인들이 모여 기도하였는데, 힐리스는 이렇게 말했습니다. "새벽 한 시가 되었을 때 나는 네비게이토가 이미 글렌에리를 얻었다는 것을 알게 되었습니다."

모든 헌금이 중요했습니다. 이 거룩한 정복 계획에 참여했던 사람들은 글렌에리의 기적 이후에는 이전과는 다를 것입니다. 약속 날짜 며칠 전에 도슨은 이렇게 기록했습니다. "수천 명의 사람들이, 불가능한 일을 이루실 수 있음을 보여 주신 하나님께 찬양을 돌리게 될 것이다. 마음이 연합되고, 하나님을 의뢰할 줄 알며, 소매를 걷어붙이고 일을 할 줄 아는 일단의 그리스도인들을 통하여 무엇이 이루어질 수 있는가를 세상은 보게 될 것이다. 많은 사람들이 행동으로 나타나는 이러한 믿음을 난생 처음으로 보게 될 것이다."

6주 동안에 걸친 마라톤에 몰입되기는 했지만, 도슨은 그 와중에도 틈틈이 다른 기관의 지도자들을 도와주었습니다. 도슨은 대여섯 명의 네비게이토를 보내어 CCC를 시작한 빌 브라이트를 도왔습니다. 그리고 풀러 신학교의 창립식에 창립 멤버로 참석하였으며, 여러 모임에 참석하여 말씀을 전했습니다. 이에 앞서 도슨은 먼저 콜로라도에 들러 글렌에리를 네비게이토 본부로 쓸 수 있도록 준비하는 간사들을 위한 계획을 작성했습니다.

그리고 도슨은 런던으로 가서 10개 지역에서 영국의 목회자들과 중심이 되는 평신도들을 만나 모임을 가지면서, 다음해 봄에 있을 해링게이 전도 집회를 준비하였습니다. 도슨은 이런 모임들이 쉽지 않을 것을 알았습니다. 영국에서 그 누구도 하지 않았던 일을 시도하기 원하는, 무명의 전도자를 비판하는 사람들과 정면으로 맞닥뜨리게 될 것이기 때문입니다. 그래함의 전도를 알고 있었던 목사들 가운데에서도 이 일의 지속적인 효과에 대하여 회의적인 사람들이 많았습니다. 도슨은 두려움과 떨림으로 일련의 모임을 갖기 시작하였지만, 양육 프로그램을 그들에게 설명할 때는 놀라울 정도로 마음에 자유로움을 느끼게 되었으며, 이것이 곧 기도의 응답임을 깨달을 수 있었습니다. 도슨은 골로새서 1:28-29과 에베소서 4:11-15을 가지고 말씀을 전하면서, 하나님께서 믿는 자에게 원하시는 바를 구체적인 목표를 들어 제시하였습니다. 전도 집회에서 결신하는 사람들은 모두 이 목표를 따라 돕게 될 것입니다.

목회자들은 기뻐했고, 그들의 의구심은 사라졌으며, 협력하기로 약속을 하였습니다. 감리교 목사인 조 블링코는 '도슨은 그리스도의 왕국을 확장하는 일에서 헌신된 평신도가 차지하는 사도적 위치를 분명히 알고 있으며, 이로 말미암아 적극적으로 복음을 전하고, 또 전하는 사람을 생산하려는 열정을 가지고 있다'고 생각했습니다. 그는 도슨이 많은 교육을 받지는 않았지만, 이것이 도슨의 천재성을 제한하지는 않는다고 느꼈습니다. "도슨은 우리 시대를 위한 성령의 놀라운 역사 가운데 하나와 조화를 이루고 있습니다. 그것은 헌신된 평신도들이 감당할 역할과 목표를 다시 부각시키며, 각 사람의 손에, 그리고 머리와 가슴에 성경이 들어가도록 하는 것입니다."

귀국한 도슨은 글렌에리에 관한 일을 하고 있는 사람들을 지휘하고, 글렌에리를 위한 지불을 완료하기 위해서 7명의 팀을 구성하여 기금을 조성하고 있는 존 크로포드를 격려하였습니다. 도슨 자신은 오랫동안 필요라고 여긴 프로젝트를 시작했습니다. 전도 성경공부 과정을 저술하고, 결신자들에게 요한복음 대신에 나눠 줄 성경 구절을 선택하여 소책자를 준비하는 일이었습니다.

✳ ✳ ✳

꿈이 실현되었습니다. 도슨은 거실을 훑어보았습니다. 난로에서 탁탁 소리를 내며 타는 장작불로 약 40명 정도 모인 동역자들의 얼굴이 환히 빛나고 있었습니다. 한 사람은 하나님께서 자기 지역에서 행하신 일을 보고하면서 귀한 말씀의 교훈을 나누었습니다. 1954년 크리스마스 주간이었습니다. 글렌에리에서 만 1년을 보낸 뒤였습니다. 다시 한 차례 영국을 방문하고 돌아온 뒤에 도슨은 짧은 내용으로 초청장을 보냈습니다. "다른 계획이 없으면 글렌에리로 오십시오." 그 결과 간사들과 중심이 되는 사람들이 미국 중서부, 태평양 연안, 그리고 텍사스에서 와서 즉석 수양회가 열리게 되었습니다. 에드 라이스가 미니애폴리스에서 몇몇 사람과 함께 왔고, 로스앤젤레스에서 봅 포스터가 왔으며, 포틀랜드에서 스킵 그레이가 왔습니다. 그 외에도 여러 사람이 참석했습니다. 참으로 축복된 시간이었기 때문에 도슨은 매년 같은 주에 모든 간사들은 반드시 와야 한다고 결정했습니다. 마침내 도슨이 원하는 대로 얼마든지 초청할 만큼 충분한 공간이 생겼기 때문입니다.

　주님과 주님의 말씀을 중심으로 놀라운 교제의 시간을 가졌으며, 눈 속에서 장난도 하고, 대학생들의 아이스하키 경기를 보며 스탠드에서 고함을 지르기도 했습니다. 사무실 간사들은 시간을 쪼개어 모임에 참석했습니다. 라일라는 옆방에서 들을 수 있었습니다. 라일라는 오랫동안 병을 앓았고 수술에서 회복 중에 있었습니다. 도슨은 네비게이토의 나머지 가족들이 함께하지 못한 것이 안타까웠으며, 그들이 모두 참석할 수 있도록 경비를 보낼 수 있으면 좋겠다고 생각했습니다.

　이런 시간들은 도슨이 글렌에리에 대해 가졌던 비전 가운데 하나였습니다. 모든 간사들이 모여 친밀한 교제를 가지며, 미국 전역과 해외에 있는 모든 간사들이 모여 새롭게 되고, 참석한 사람들에게 자기의 경험을 나누는 기회를 가지는 것입니다. 여기서 도슨과 쎄니, 그리고 다른 지도자들은 매일매일 장차 동역을 하기 위해 훈련을 받고 있는 사람들을 만날 수 있었습니다. 도슨이 짐 레이번 및 빌 브라이트와 함께했던 것처럼, 다른 기관의 지도자들도 함께 모일 수 있었는데, 더욱 많은 기도의 시간을 갖기 위해 말을 타고 산을 올라가기도 했습니다.

도슨은 자기의 전 생애를 통하여 가장 보람찬 한 해였다고 생각했습니다. 글렌에리에서 모든 간사들은 훨씬 더 열심히 일했습니다. 그해 중간에 사전트는 본부 사무실을 로스앤젤레스로부터 이사를 했고, 본부 간사들도 함께 왔습니다. 그들은 글렌에리의 발전소로 쓰던 견고한 벽돌 건물로 들어갔습니다. 거친 내부는 네비게이토 국제 행정을 위한 현대적 사무실로 쓰기 위해 인테리어를 바꾸었습니다. 크로포드의 지휘 아래 간사들은 2단 침대와 식당 가구들을 만들었으며, 그해 여름이 되면 사무실 간사, 유지 보수 간사, 훈련생, 그리고 하계 봉사자 등으로 글렌에리 거주자들이 60명에 달하게 될 터인데 그들을 위해 거주할 곳도 마련했습니다. 모든 사람들은 저녁에 허드렛일을 했습니다. 백만 평 가까이 되는 대지에 서 있는 가장 큰 건물인, 돌로 된 튜더 성의 여러 방을 청소하는 것과 같은 일입니다.

즐겨 입던 수놓은 웨스턴 셔츠 차림으로 도슨은 여러 사람들과 함께 글렌에리를 둘러보는 것을 좋아했습니다. 도슨이 끝없이 지시하고 아이디어들을 낼 때마다 사람들은 주머니에 있는 조그만 노트에 받아 적었습니다. 빌 미첼은 이 과정에서 음식 공급, 온실 관리, 대외 홍보, 정원 관리 등 여러 책임을 맡게 되었습니다.

일단 글렌에리를 위한 선금을 지불하고 나서는 나머지 금액을 지불 완료하기 위해서 강력한 계획이 추진되었습니다. 크로포드 팀의 사람들은 '10개월 계획'을 성공적으로 진행하였습니다. 그래서 그 팀의 사람들은 점점 줄어들었습니다. 이는 몇몇 사람은 다른 곳의 필요를 채워야 했고, 당시에 여유가 있었던 다른 돈을 글렌에리 구입에 사용할 수 있었기 때문입니다. 결국 1954년 9월 말까지 필요했던 60,000달러를 지불할 수 있었고, 나머지 금액은 매년 조금씩 나누어 갚기로 하였습니다. 놀랍게도 글렌에리에서는 첫 번째 맞이하는 그 해 여름에, 6주 동안 여섯 차례의 수양회와 더불어 3주에 걸친 두 개의 세미나를 동시에 가질 수 있었습니다. 한 수양회는 사업가를 위한 것이었고, 또 하나는 목회자를 위한 것이었습니다. 로이 로버트슨은 시간에 맞추어 돌아와 이 여러 프로그램에 해외 선교에 대한 부분을 추가하였습니다. 공군 사관학교가 이전해 온다는 소식은 도슨에게 있어서 글렌에리를 구입한 것이 옳았다는 하나님의 또 다른 승인 도장이 되었습니다. 특히 학교 부지는 파인밸리를 포함하였는데, 이는 네비게이토가 구입할 뻔한 곳이었기 때문입니다.

글렌에리는 하나님께서 주신 약속을 여러 가지 방법으로 성취하였습니다. 멋들어진 핑크하우스는 이제 도슨 가족이 선교관으로 사용하고 있었는데, 이곳에서의 특별한 저녁 식사는 지역 지도자들과 군 지휘관들을 초청하여 복음을 전하는 시간이 되기도 하였고, 네비게이토 사역에 대하여 알리는 기회도 되었습니다. 가문비나무가 이곳저곳에 서 있는 잔디밭과, 야생풀, 유카, 참나무, 노간주나무가 있는 바위투성이의 산기슭은 혼자 혹은 다른 사람과 함께 나가서 시간을 보내며 말씀을 묵상하고 기도하기에 좋은 장소가 되었습니다. 하나님의 음성을 듣고자 이곳에 앉아 있는 사람들의 삶 속에서는 영원한 역사가 이루어질 수 있었습니다.

글렌에리에는 친밀함과 단결된 분위기가 있었습니다. 일을 하면서 즐거움이 가득했고 웃음이 흘러넘쳤습니다. 사람들이 어려운 교훈을 배울 때에는 자기의 마음을 정직하게 돌아보았습니다. 도슨과 라일라는 간사들과 지나칠 때 감사의 말을 하는 습관이 있었습니다. "진심으로 사랑합니다"라고 확신 있게 말하여 그들을 격려했습니다. 도슨은 수요일과 토요일 저녁마다 동지들을 불러 핑크하우스에서 교제를 나누며 가르치는 시간을 가졌고, 목요일 아침에는 여섯 시에 모여 합심 기도를 하였습니다.

간사들이 일을 하는 가운데 훈련을 받음으로써 글렌에리의 목적 가운데 하나가 계속해서 성취되는 것을 볼 수 있었습니다. 인쇄소에 있는 한 사람은 믿음에 관한 교훈을 배울 수 있었습니다. "도슨, 우리는 그런 종류의 일을 이 기계로는 할 수 없습니다"라고 하면서 한 사람이 반대를 했습니다. 도슨은 등사기를 뚫어지게 바라보았습니다. "절대 '할 수 없다'라고 말하지 마십시오! '내게 능력 주시는 자 안에서 내가 모든 것을 할 수 있습니다.' 우리에겐 최고의 선생님이신 주님이 함께하십니다. 우리는 인쇄라는 영역에서 전혀 새로운 것을 세상에 보여 주게 될 것입니다." 그리고 그 일은 그 기계를 통해서 이루어졌습니다.

글렌에리의 잠재력의 핵심은 지상사명을 위하여 숙련된 영적 장인을 세우는 것이라고 도슨은 생각했습니다. 30명의 훈련생을 대상으로 교실과 현장에서 프로그램이 진행되고 있었고, 이 과정을 통해 그들의 필요가 발견되고 채워질 수 있었습니다. 다른 나라에서 온 사람들도 몇 명 있었으며, 앞으로는 더욱 많아질 것입니다. 세계 각지에서 사람들을 징모하여 제자삼는 비전을 심어 주고 훈련시켜, 다시 그들의 고국으로 파송하는 것이 전략적이라고 생각되었습니다. 키프로스에서 사역을 하다가 돌아온 스코트는 로버트슨을 도와 사람들을 훈련하는 일을 잘 감당하였습니다. 로이 로버트슨은 선교 원리에 대한 강좌를 하고 있었는데, 이는 당시에 일어나고 있는 일을 상징적으로 보여 주었습니다. 해외 선교 경험이 있는 사람들이 돌아와서 장차 해외로 나갈 다른 사람들에게 투자하는 것이었습니다. 글렌에리에서 이런 사역을 할 수 있다는 것에 도슨은 크게 기뻐하였습니다. 글렌에리에서 훈련을 받은 3명이 해외로 이미 나갔습니다. 더 많은 사람들이 뒤따르게 될 것입니다. 하나님께서는 글렌에리를 통해 많은 민족에게 꾸어 준다는 약속을 성취하기 시작하신 것입니다.

도슨은 자신이 사람들을 엄하게 다루는 사람으로 알려져 있음을 알고 있었습니다. 결혼 문제에서 주님의 인도하심을 분별하지 않고 지나치게 앞서 나간 어떤 사람을 엄히 책망했습니다. 사실 도슨은 자기가 가장 사랑하는 사람들에게는 매우 엄격했습니다. 겉보기에는 사소하지만 심각한 결과를 초래하는 잘못은 엄히 다루었습니다. 그들이 도슨이 전달하고자 하는 교훈을 겸손한 마음으로 받고 계속 배웠다면, 주님의 일꾼으로 성장하는 기초를 든든히 할 수 있었을 것입니다. 도슨은 기본이 되는 진리를 사람들의 삶 속에 심어 주고자 했는데, 때로는 완벽을 추구하는 기질과 쉽게 포기하지 않는 태도 때문에 너무 심하다고 여겨질 때도 있었습니다.

사소한 사건은 귀한 교훈을 가르치는 데 사용될 수 있었습니다. 도슨은 세실 데이비드슨과 로스앤젤레스에서 하려 했던 트럭 여행을 취소했습니다. 그때 세실은 트럭의 고장 난 미등을 '대충' 고쳐 놓았기 때문에 다시 한 번 미등이 꺼졌던 것입니다. 도슨은 세실이 절대로 잊을 수 없는 말로 그를 책망하면서, 이것이 일을 대충 해치우는 평소의 습관을 그대로 나타내는 것이라고 했습니다. 또 다른 한 사람은 글렌에리에 갔을 때 도슨을 만나자마자 대뜸 결혼 문제부터 꺼냈습니다. 도슨이 뚫어지게 바라보자 그는 움찔하였습니다. "왜 하나님께서 인도하실 때까지 맡기지 못합니까? 우리 앞에는 그리스도를 위하여 나아갈 세상이 펼쳐져 있는데 당신은 결혼 날짜만을 생각하고 있군요!" 그 사람은 즉시 도슨의 말의 의미를 깨달았습니다. 그러자 도슨은 그에게 자기도 그의 결혼에 대하여 많은 생각을 하고 있으며 항상 기도하고 있노라고 말했습니다.

과감한 수술이 비록 처음에는 고통스러울 수 있지만 긴 안목에서 보면 종종 더 좋은 것이라고 도슨은 생각했습니다. 어떤 사람은 마음 속 깊이 고집이 있어서 완전히 도려내는 것이 필요했는데, 도슨은 그를 잘 아는 사람들을 불러서 그 사람에 대하여 허심탄회하게 말하도록 했습니다. 그리고는 그의 변화와 성장을 위하여 함께 기도하였습니다. 또 다른 사람도 그 사람처럼 고집이 셌는데, 도슨은 그의 영혼에 상처를 주지 않고 또한 그와의 관계가 소원해지지 않도록 하려고 그를 배려하며 온유하게 다루었습니다. 그리고 약점이 있는 영역에 대하여 도움을 청한 또 다른 한 사람에게는 한없는 인내와 이해심을 나타냈습니다. 이처럼 도슨은 각 사람을 그의 필요에 맞게 도와주었습니다.

때로 도슨은 간사들이 자기의 참된 의도를 이해하지 못할 때 가슴이 아팠습니다. 그중 하나가 간사들의 재정 정책과 연관된 것이었습니다. 도슨은 새로운 지역을 개척하거나 해외에 선교하러 나가는 간사들이 매일의 공급을 위해 하나님을 의뢰하는 법을 배우는 것이 꼭 필요하다고 생각하였습니다. 이런 경험이 없다면 그들은 매우 중요한 교훈들을 놓치게 될 것입니다. 시애틀에서 쎄니가 했던 경험이 이 사실을 잘 입증했습니다. 쎄니는 자기의 믿음을 굳게 세웠을 뿐만 아니라 다른 사람들의 믿음까지 세워 주었던 것입니다. 그러나 간사들 중에는 자신의 재정이 어려워지자 믿음으로 행하기보다는 재정 정책을 탓하면서 도슨이 자기들의 사정에는 관심이 없는 것 같다고 말하는 사람도 있었습니다. 이 말을 듣고 도슨은 마음이 아팠지만 오직 주님의 영광을 위해 필요한 결과를 성취하는 일에 초점을 맞추었습니다. 도슨은 모든 간사들을 지극히 사랑하고 있었습니다. 하나님께서도 알고 계셨습니다.

6년 전에 처음으로 중국에 선교사를 파송한 이후 네비게이토가 미국에 있는 13개 지역 외에도 해외 12개국에 교두보를 확보했다는 사실을 깨닫고 도슨은 놀라움을 금치 못했습니다. 지난 봄 해링게이 전도 집회 중에 런던에서 가졌던 네비게이토 세미나에는 6개국에서 온 중심되는 사람들이 미국인들과 함께 참석했었습니다. 그리고 미국 내에서는 많은 사람들의 비전이 성장하고 기술이 계발되고 있었습니다. 그들 대부분은 평범한 사람들이었지만 도슨은 하나님께서 그들을 사용하실 것임을 알았습니다. 그들은 하나님의 말씀을 적극적으로 받고 섭취하며, 삶에서 순종함으로 자기 것으로 만들고자 했기 때문입니다. 글렌에리가 세계 모든 네비게이토의 중심 기지로 자리를 잡게 되면서, 도슨은 전투를 잘하기 위한 모든 요소들이 제대로 갖춰졌다고 생각했습니다. 모든 요소들 가운데 가장 중요한 것이 있는데, 이 요소는 모든 사역에 기초가 되기 때문에 너무 당연시되고 있었습니다. 바로 한마음을 가진, 디모데와 같은 사람이었습니다. 지난 13년 동안 도슨은 자기가 배운 것을 모두 자기의 디모데에게 전달했습니다. 이 사람은 자연스럽게 전 세계에 걸친 네비게이토 사역을 돌보게 될 것이며, 사실 그동안에도 거의 모든 상황에서 도슨을 대신하는 역할을 했었습니다.

하나님의 사람들 가운데는 이런 원리를 너무 늦게 발견하여 자신의 사역에 적용하지 못한 사람들도 있었습니다. 지난달 패서디나에서 함께 점심 식사를 할 때, 풀러 신학교의 학장인 에드워드 카넬 박사는 이 원리를 화제로 꺼냈습니다. "이 운동이 영원히 지속될 수 있도록 어떤 준비를 하였습니까? 당신이 무대에서 사라진 뒤에도 네비게이토가 지속되도록 해줄 것은 무엇입니까?" 도슨은 종이 냅킨 위에다 디모데후서 2:2 원리를 그림으로 그렸습니다. "나는 내 모든 생애를 그 질문에 대한 답을 준비하기 위해 드렸습니다." 사역의 순수성을 보장하는 것은 어떤 조직이나 규칙이 아니었습니다. 오직 약속을 주장하는 믿음과 이 사역을 계속 감당할 충성된 사람이었습니다. 도슨은 쎄니가 바로 그 사람이라고 설명했습니다. 런던에서 해링게이 전도 집회가 진행되는 동안, 도슨은 봅 에반스에게 "사람들은 이제 나 대신에 론 쎄니에게 도움을 요청하고 있습니다"라고 말하면서 기뻐했던 것을 기억했습니다. 이는 임무가 완성되고 있다는 것을 밝히 보여 주는 것이었기 때문입니다. 카넬 박사는 경청했고, 디모데 원리에 담긴 의미를 인하여 깊은 감명을 받았습니다.

갑자기 도슨은 자기가 완전히 고갈되었음을 알게 되었습니다. 때는 1955년 1월 중순이었습니다. 자기 속에 팽팽하게 감겨 있는 태엽이 곧 뚝 부러질 것 같았습니다. 너무도 오랫동안 긴장 가운데 살다 보니 이를 깨닫지 못하고 그냥 지나쳤던 것입니다. 대부분의 사람들은 엄두도 내지 못할 수준으로 많은 일을 열심히 감당하며 살았기 때문에, 4년 동안 일주일 정도의 휴가도 가져 본 적이 없었습니다. 도슨은 자기 시간의 3분의 1을 빌리 그래함 전도 집회에 들였고, 많은 값을 치르며 쎄니 및 경험이 많은 다른 간사들을 그 사역을 위해 보냈습니다.

도슨은 글렌에리 구입을 마친 후에 곧바로 영국에서 목회자들을 만나 모임을 갖기 위하여 런던으로 갔으며, 1954년 2월에 다시 돌아가서 전도 집회에 참석했습니다. 도슨과 쎄니는 런던에서 석 달 동안 대규모로 진행된 전도 집회의 양육을 책임 맡으면서도 동시에 네비게이토의 필요를 채웠습니다. 훈련을 받은 상담자들은 2,900명이나 되었으며, 교회 지도자들에게는 양육을 가르치는 수업을 하였고, 무려 34,560명의 결신자들에게 양육 프로그램을 진행하였는데, 이 결신자 수는 미국에서 이루어진 그 어떤 전도 집회에서보다 많은 규모였습니다. 새로이 믿은 사람들을 돕기 위해 여러 가지 방법이 사용되었는데, 간호사, 전문직 종사자, 그리고 기타 여러 분야의 사람들을 위해 계획된 모임과 다과회도 포함되었습니다. 그러나 도슨에게는 영국 사람들이 상담실에서 다른 사람들을 그리스도께로 인도하고 그들을 부지런히 양육하는 것을 보는 것이 가장 큰 즐거움이었습니다.

그리고 나서 기쁜 마음으로 글렌에리를 본궤도에 올리고 첫 여름 수양회철을 맞이하였습니다. 7월과 8월에 도슨은 핑크하우스에서 300명에 달하는 수양회 참석자, 특별 손님, 간사 혹은 훈련생들과 식사 교제를 하거나 면접하는 시간을 가졌습니다. 핑크하우스에서는 대학에서 훈련을 받은 플로이 무디와 헬렌 스태프스트롬이 안주인으로서 충성스럽게 일을 감당하였는데, 그해 내내 선교관을 관리하면서 병석에 있는 라일라도 보살폈습니다. 오클라호마와 내슈빌도 방문했습니다. 위스콘신에서는 선교사 수양회가 있었는데, 도슨은 여기서 양육에 관한 말씀을 전하였습니다. 6주 동안 영국에 머물면서 그래함이 부탁한 책을 쓰기 위해 자료를 모았는데, 그 책은 해링게이 전도 집회 기간 동안 새로 믿은 사람들에 관한 것입니다. 로스앤젤레스나 다른 여러 지역으로도 여행을 했습니다. 그리고 글렌에리에서는 더욱 많은 시간을 여러 개인들과 함께 보냈는데, 이는 도슨의 사역에서 필수불가결한 부분이었습니다.

사역 예산 규모가 커짐에 따라 글렌에리 주방에서 사용할 새로운 오븐을 구입하는 일에 대한 결정이나 타밀어로 네비게이토 성경공부 교재를 출간하는 일에 대한 결정 등 행정적인 업무 부담이 늘어났습니다. 그럼에도 도슨은 일이 과중하다는 생각을 하지 않았습니다. 열정이 넘쳤던 도슨은 모든 일을 보기 드문 열심을 가지고 대했던 것입니다. 이와 더불어 신체적인 이유도 있었습니다. 라일라를 치료하던 의사가 도슨을 진료하였는데, 도슨 자신이 심장이 새고 있다고 말하던 것이 알고 보니 실제로는 대동맥이 부분적으로 좁아지는 '대동맥 축착(縮窄)'이었습니다. 이로 말미암아 상반신에 과도하게 피가 공급되고, 반면 발과 다리에는 피가 모자라게 되었습니다. 그 결과, 얼굴이 붉어지고 뇌의 활동은 빨라지며, 몸이 따라갈 수 없을 정도로 열정이 넘쳐흘렀던 것입니다.

마침내 자기가 지쳤다는 것을 깨달았을 때 도슨은 이 사실을 받아들이기가 어려웠습니다. 매일 해야 할 일 가운데 몇 가지와 편지 업무를 감당할 수 없다는 것을 알게 되었습니다. 이 어려움이 오래갈 것 같지는 않았지만, 마음 깊은 곳에서는 개인적으로 감당하던 몇몇 일에서 손을 떼고 다른 사람에게 맡길 수밖에 없다는 생각이 들어 괴로웠습니다. 글렌에리에 있는 사람들의 삶을 계발시켜 주고 상담하는 일이 도슨에게는 가장 힘이 드는 일이었습니다. 그들이 그리스도의 종으로서 풍성한 열매를 맺는 데에 방해가 되는 주요한 장애물들을 뛰어넘도록 돕는 일이었습니다. 어느 금요일, 라일라와 방에 단둘이 있을 때 도슨은 침대에 엎드려 흐느꼈습니다. 이는 감정적으로 지쳐 있다는 분명한 증거였습니다. 의사는 도슨이 가까스로 신경 쇠약에는 걸리지 않게 되었지만 적어도 한 달 동안은 모든 책임에서 손을 떼야 한다고 말했습니다. 도슨은 그래함에게 전화를 걸어 한동안 전도 집회에서 빠질 수 있는지 물었습니다. 그리고는 캘리포니아로 떠나 커르 부인의 집에서 휴식을 취하면서 풍경화를 그리는 시간을 가졌습니다.

두 주가 지났습니다. 도슨은 네비게이토 선교사를 남아메리카에 파송하는 계획 외에는 자기의 일을 잊을 수 있었습니다. 쎄니는 다가올 전도 집회를 위해 글래스고에 5개월 동안 머물고 있었습니다. 사전트는 본부 행정 업무를 감당했으며, 로버트슨은 글렌에리 훈련 프로그램을 진행하였습니다. 애디 로젠바움은 도슨이 신뢰하는 간사인데 모든 서신 교환 업무를 감당했습니다. 그 다음 몇 달 동안 도슨은 캘리포니아 아니면 글렌에리에서 보냈습니다. 휴식을 취하려고 필사적으로 노력했습니다. 봄이 되어서 도슨은 제한적으로 일을 해도 된다는 허락을 받았습니다. 하루 중 일부 시간은 일을 하는 데에 드려졌습니다. 나머지 시간에는 유화를 그리거나 사냥도 했습니다. 도슨은 또한 칙칙 소리가 나는 포드 A형 승용차를 타고 글렌에리 이곳저곳을 즐겨 다녔습니다. 기억에 남는 광경은 장난꾸러기 학생처럼 보이는 도슨이 조그만 차에다 거구인 디어도어 에프 박사를 태우고 이리저리 운전을 하는 모습이었습니다.

그렇지만 자기 자신을 개입시키지 않으려는 도슨의 각별한 노력도 성공적이지 못했습니다. 며칠 동안 일에서 떠나 혼자 지내고 나면 도슨은 외롭다고 하면서 돌아오곤 했습니다. 분명 그 몇 달 동안 도슨이 갈등했던 주된 이유는, 하나님께서 자기에게 주셨다고 생각하는 어떤 일도 포기할 수 없다는 생각 때문이었을 것입니다. 진행되는 일이나 내려진 결정들이 도슨의 눈에는 늘 새롭게 고치거나 개선의 필요가 있는 것으로 보였습니다. 도슨은 모든 일이 제대로 이루어지도록 신경을 쓰고 싶은 마음과 그 일을 하는 사람을 개인적으로 훈련시키고자 하는 마음이 너무나 간절했습니다. 이것이 도슨의 완전주의 때문이든, 아니면 간사들의 성숙을 위한 것 때문이든, 아니면 두 가지 이유 모두 때문이든, 도슨은 이런 이유 때문에 활동을 멈추려 하지 않았습니다.

샌디에이고에서 보스턴에 이르기까지 사역이 확립된 7개 지역과 상당수의 '개척 사역지'가 있었는데, 모두 왕성하게 성장하고 있었습니다. 개인 전도와 제자삼는 사역이 캠퍼스, 군 기지, 그리고 직장인 사이에 계속 퍼져 나갔습니다. 도슨은 1955년 봄에 가진 여러 곳의 지역 수양회에서 말씀을 전하고, 또한 로버트슨, 사전트, 그리고 포스터가 여행을 하면서 보내오는 보고를 들으면서, 각 지역 사역이 이전보다 더 활발하다는 것을 확신하게 되었습니다.

최고의 형제 자매들이 훈련을 위해 글렌에리에 왔고, 그들의 훈련을 위한 세 번째 과정이 시간에 맞게 끝나서 모든 사람이 여름 수양회를 준비하는 일에 참여할 수 있게 되었습니다. 글렌에리로 말미암은 도슨의 즐거움은 전혀 시들지 않았습니다. 간사들에게 보내는 소식지에서 도슨은 콜로라도에서 오래 살았던 사람의 말을 인용하였습니다. "그 성과 주변 지역이 유용하게 사용되는 것을 보니 정말 기뻤습니다. 그곳엔 새로운 빛이 감돌고 있으며, 꼭 필요하며 정말 귀한 곳이 되었습니다. 이 지역 주민들은 개척자의 유명한 소유물이 귀한 목적에 사용되는 것에 대하여 자랑스럽게 생각하고 있습니다. 그 목적은 이곳과 정말 잘 어울린다고 생각합니다."

유럽에서 피아트는 교회에서 양육 강좌를 이끌었으며 그해 여름에 유럽 대륙에서 열릴 그래함 전도 집회를 위한 상담자를 훈련하였습니다. 밥 홉킨스와 조지 클라크도 독일어와 프랑스어로 가르쳤으며 목사들의 모임에 참석했습니다. 동양에서 사역하고 있는 간사들은 네비게이토의 일대일 양육을 지속하면서 타이베이와 사이공(지금의 호치민)에서 곧 있게 될 모컨의 전도 집회의 준비를 돕고 있었고, YFC, 동양 선교회, 그리고 월드비전과 같은 기관을 도와주었습니다.

여러 가지 다른 언어로 된 네비게이토 교재의 사용이 계속 늘어난다는 것은 참으로 신이 나는 일이었습니다. 또한 여러 나라에서 제자삼는 사역이 진행되고 있다는 사실도 신이 나는 것이었습니다.

지금까지 네비게이토는 각 선교 현장에서 일대일 사역에 초점을 맞추어 사역을 진행하며, 동시에 다른 기관의 전도를 돕고 양육의 필요를 채웠습니다. 그러나 도슨은 이들 기관들이 그들이 전도한 사람들을 직접 양육하도록 한다면 더욱 바람직할 것이라고 생각했습니다. 네비게이토는 새로운 곳을 개척하여 전도와 양육 둘 다 감당하는 사역을 할 필요가 있었습니다. 덴러 형제가 타이완에서 전도와 양육 두 가지를 다 잘 감당했듯이, 도슨은 네비게이토 전도팀이 라틴아메리카로 가서 그들처럼 사역을 하면 좋겠다는 꿈을 갖게 되었습니다.

모든 사역이 하나님의 축복을 누리고 있는 것처럼 보일 그 시점에, 도슨은 도쿄에 전화를 하면서 좋지 않은 소식을 듣게 되었습니다. 그곳의 거의 모든 네비게이토 간사들이 당시 일본 교회를 미혹하던 가르침의 영향을 받아 이상한 방향으로 가고 있다는 말을 듣게 되었습니다. 믿을 수 없는 일이었고, 허를 찔린 셈이었습니다. 주님과 깊은 교제를 가지고 있으며 말씀을 지속적으로 공부하는 것으로 유명한 네비게이토가 어떻게 대적의 그런 초보적인 속임수에 넘어진단 말인가? 도슨의 마음은 큰 고통을 느꼈습니다. 도슨은 로버트슨을 급히 보내어 상황을 알아보도록 했습니다.

간사들은 선교 지침을 무시하고 언어 공부에 바빴으며, 애석하게도 주님과의 교제, 성경공부, 그리고 성경 암송과 같은 것을 게을리했기 때문에 영적으로 취약한 상태에 있었습니다. 그 결과 사역의 열매를 맺기 위해서는 뭔가 특별하고 기적적인 경험이 필요하다는 마음을 갖게 되었고, 그 순간에 신기하게 보이는 해결 방법이 주어졌을 때 쉽게 받아들이게 되었다고 로이 로버트슨은 생각하게 되었습니다. 애타는 마음으로 로버트슨은 그들이 영적 건강을 회복하도록 노력했으며, 그해 여름에는 도슨에게 도쿄에 와달라고 요청했습니다.

9월이 되어 도슨은 밥 포스터와 함께 동양의 모든 간사들이 모이는 수양회에 참석하였는데, 그 수양회에는 힐리스도 참석했습니다. 말씀과 기도 가운데 교제를 나누면서 여러 날을 보내며, 그들을 설득하고 그들에 대한 도슨의 사랑을 보인 결과 도슨은 주님께서 승리하셨다고 느끼게 되었습니다. 이것은 참으로 가슴이 찢어지는 경험이었지만, 간사들이 마음을 새롭게 하며 사역에 더 열심히 드려지는 기회가 되었습니다. 이전에도 글렌에리와 전 세계에 흩어져 있는 간사들 사이에 행복이 넘치는 교제가 있었지만, 이런 시간들을 통해 서로 더욱 사랑하며 서로 관심을 보여 주는 네비게이토 가족으로서 강한 유대감이 나타났습니다.

1955년의 웸블리 전도 집회를 위해 런던에 와달라는 그래함의 요청을 받고서 도슨은 5월에 도착했고, 쎄니가 그 어느 때보다도 효과적인 양육 과정을 계발했다는 것을 알게 되었습니다. 쎄니와 릭스는 5,000명의 스코틀랜드 상담자를 훈련하였으며, 6주 동안의 글래스고 전도 집회에서 결신했던 19,200명의 사람들을 도왔습니다. 쎄니의 상담자 훈련 수업을 녹음한 것을 가지고 영국 전역의 여러 도시에서 수업이 이루어졌습니다. 후에 전도 집회는 유선으로 이들 도시에 중계되었고, 그 도시에 있는 상담자들은 결신자들을 잘 도울 수 있었습니다. 런던에서는 100명의 자원 봉사자들이 쎄니를 도와 매일 밤 3,000매의 결신 카드를 처리하였는데, 바로 다음날 결신 카드를 목회자들에게 우편으로 발송했으며, 결신자 각 개인에게 보내는 양육 편지도 동봉하였습니다. 이것이 론 쎄니의 강점 가운데 하나였습니다. 바로 조직화하는 것이었습니다. 그리고 영국 사람들은 론 쎄니를 사랑하였습니다. 도슨은 하나님의 손이 쎄니와 함께하는 것을 보고 크게 기뻐하였습니다.

웸블리는 잊을 수 없는 곳이었습니다. 매일 평균 60,000명의 사람들이 8일 동안 스타디움에 몰려들었으며, 3,000명이 잔디 구장으로 와서 결신자 등록을 하고 개인적인 상담을 받았는데, 대개의 경우 빗속에서 이 모든 일이 이루어졌습니다! 1년 전 해링게이 전도 집회에서 믿은 많은 사람들이 상담자로서 섬기고, 다른 사람들을 그리스도께 인도하는 것을 보는 일은 참으로 기쁜 일이었습니다. 해링게이에서 118명을 상담하였던 한 부부는 6개월 뒤에 114명이 주님과 동행하고 있는 것을 발견하였습니다. 해링게이에서 주님을 믿은 의사와 사업가가 있었습니다. 그들은 말씀을 전해 달라는 초청을 많이 받았다고 도슨에게 말했는데, 이를 통해 적어도 50명의 사람들이 구원을 얻도록 주님께서 역사하셨다고 했습니다. 도슨은 이들처럼 새로이 그리스도를 믿은 사람들이 만약 영적 삶의 초창기에 이들이 받았던 것과 같은 의미 있는 도움을 받을 수 있다면, 영적으로 성장하여 열매를 맺을 수 있는 사람들이 정말 많을 것이라고 생각했습니다. 그래함 전도 집회와 네비게이토의 양육 체계를 모방한 다른 기관의 전도 집회를 통해 생긴 결신자들은 통계 수치 이상의 의미가 있다는 것이 입증되었습니다. 그들은 생산적인 사역의 시발점이 될 수 있었던 것입니다.

이제 쎄니는 릭스와 다른 사람들을 충분히 훈련시키기에 이르렀습니다. 도슨은 쎄니가 곧 자유롭게 되어, 커져 가는 네비게이토 사역에 더욱 많은 시간을 투자할 수 있게 되기를 바랐습니다. 릭스는 대단한 능력이 있다는 것이 드러났고, 전도 집회의 상당 부분을 책임 맡을 수 있었습니다. 그는 곧 인도에서 빌리 그래함을 위해 여러 모임을 준비하게 될 것입니다. 피아트는 이제 유럽 네비게이토를 이끌면서 동시에 유럽 대륙에서 열리는 빌리 그래함 전도 집회를 도울 수 있었습니다. 도슨은 이사회가 열리는 대로 피아트를 공식적인 유럽 책임자로 임명할 예정이었습니다. 5년 동안 전도 집회에 상당한 인력을 투자하는 동안에 도슨은 네비게이토 사역과 비전이 교회와 여러 지역에서 크게 진보된 것을 보았습니다. 그래함이 네비게이토 양육과 훈련의 가치를 확신하고 적극적으로 역설했기 때문입니다.

글렌에리에서 가진 두 번째 여름 사역은 첫 해에 비해 두 배로 늘어났습니다. 수양회가 첫 해의 여섯 차례에서 열한 차례로 늘어났고, 하계(夏季) 간사, 본부 간사, 글렌에리의 간사들이 약 85명에 달했는데, 이들을 위하여 특별한 훈련 프로그램을 진행하였습니다. 특별 방문객도 있었고, 다른 기관의 이사회도 열렸으며, 글렌에리의 여러 시설에 대한 개선이 이루어졌고, 본부 업무도 늘어났습니다. 도슨은 목회자 수양회는 그 자체만으로도 커다란 잠재력이 있다고 생각했습니다. 지난해에 목회자들은 일대일 원리와 소그룹을 통한 평신도 훈련에 대하여 열정적인 반응을 보이며 받아들였습니다. 사실 이번 여름의 강사는 미시간의 어떤 목사였는데, 그는 작년에 가진 첫 번째 수양회에 참석하여 배운 원리를 자기 교회에 적용한 사람이었습니다. 이러한 일이 미국 전역의 목사들과 평신도들에게 일어난다면 어떻게 될지 생각해 보는 것은 참으로 가슴 설레는 일이었습니다.

여느 때와 마찬가지로 도슨은 빠른 속도를 유지했습니다. 도슨은 자기가 이제는 전보다 건강해져서, 모든 것을 다 관여할 수 있으며 사람들과 많은 시간을 보낼 수 있겠다고 생각했지만 실제로는 몇몇 사무는 감당할 수 없었습니다. 도슨은 때로 말을 타고 언덕으로 가서 누군가와 함께 기도 시간을 갖거나 잔디밭에서 간단한 운동을 하기도 했습니다.

도슨이 직접 맡을 수 없었던 책임 중에 하나는 바로 재정이었습니다. 그러나 11월에 35,000달러나 지불이 밀렸고 당시 수입으로는 감당할 수 없게 되자 도슨은 자기가 개입해야 한다는 것을 알았습니다. 도슨은 '백투더바이블'(Back to the Bible) 청취자들에게 에프 박사가 제공할 성경공부 과정을 준비하고 있었는데, 이를 인쇄할 종이를 구할 돈이 부족했습니다. 85명의 간사, 직원, 그리고 글렌에리 훈련생들을 위한 후원금과 커져 가는 사역의 다른 비용들도 많이 들었습니다.

이 문제를 해결하기 위하여 간사들의 지혜를 모으는 게 필요한 시기였습니다. 그래서 도슨은 중심이 되는 지역의 몇몇 사람들을 불렀습니다. 이 문제를 풀기 위하여 기도하고 아이디어를 생각하던 중에 도슨은 주님께서 이 일을 해결하실 것임을 알았습니다. 도슨은 하나님께서 글렌에리를 공급해 주실 때와 마찬가지 방식으로 재정 문제도 능히 해결하실 수 있다는 것을 알았습니다. 필요한 것은 바로 믿음과 열심을 다한 수고였습니다. 그래서 도슨은 더 이상 이 문제에 사로잡히지 않았습니다. 도슨은 이전에 주님께 약속한 바대로 글렌에리를 빚이 없는 상태로 드리는 계획에 대하여 설명했습니다.

가을 훈련 프로그램을 진행하면서, 도슨은 글렌에리가 많은 민족에게 꾸어 줄 바로 그 사람들을 세우기 위한 훈련 방식을 마침내 깨달았다고 생각했습니다. 물론 이 훈련 방식은 틀에 박힌 것은 아니었습니다. 이는 도슨이 네비게이토 선교관을 통해 오랫동안 사람들에게 제공했던 훈련과 동일한 것이었습니다. 다만 이제는 이전보다 더 많은 사람들을 대상으로 이루어지는 것이 달랐습니다. 훈련받는 사람들에게 모든 면에서 탁월한 수준을 요구하는 도슨에게, 이것이 은혜가 아닌 행위에 기초한 것이라고 비판하는 사람들이 있었습니다. 또, 도슨이 능력이 뛰어난 사람에게 더 많은 시간을 투자한다는 비판도 있었습니다. 그러나 도슨은 두 가지 비판 모두 정당하지 못하다고 생각했습니다. 왜냐하면 그리스도께서 제자들을 부르신 것은 훈련을 위해 부르신 것이며 '선한 일'을 위하여 부르신 것이었기 때문에, 도슨은 주님께서 요구하셨던 것과 같은 것을 기대하는 것은 당연하다고 생각했습니다. 또한 자기의 시간을 문제가 많은 사람들에게 들이기보다는 영적으로 견고한 충성된 사람들에게 더 많이 투자함으로써 헌신된 주님의 일꾼들을 더욱 많이 세우는 것이 전체 사역을 위해 유익하다고 생각했습니다.

이해에 도슨은 13개의 교파와 17개 주, 그리고 4개국에서 온 사람들이 프로그램에 참석한 것을 알게 되었습니다. 그 프로그램은 5가지로 구성되어 있었습니다. 수업을 받는 시간이 있었는데, 여기에는 과제도 있었고, 성적도 매겨졌습니다. 일을 통해 성품 훈련을 하고, 태도, 상호 협동과 팀웍에 대한 교훈을 배우는 시간도 있었습니다. 군인들과 지역 교회를 대상으로 하는 섬김의 시간도 있었습니다. 그리고 배관, 목공, 혹은 요리와 같은 기술을 배우는 시간도 있었습니다. 또한, 일대일 상담을 배우는 시간이 있었습니다. 쎄니가 계획한 수업 시간에는 성경공부, 전도, 양육, 제자삼는 사역에 대해 배우는 과정이 포함되어 있었으며, 메시지 준비, 그룹 인도, 교회 역사, 그리고 현안 문제 해결 등 여러 영역에 대한 기술과 전망을 배우는 시간도 있었습니다. 도슨은 몇몇 수업 시간에 가르치는 것을 즐겼으며, 정통적인 교수 방법을 사용하지 않았기 때문에 참석자들은 깨어 있어야 했고, 부지런히 생각해야 했습니다. 도슨은 또한 각 훈련생들과 개인적인 상담을 하는 데 시간을 들였습니다.

매주 목요일마다 가졌던 '글렌에리의 밤'은 도슨이 특별히 준비하였던 시간이었으며 하나의 전통이 되었습니다. 이는 다양하게 진행되었는데, 글렌에리에 살고 있는 모든 가족들과 교제하는 시간이요,

찬송하고 말씀을 나누며 기도하는 시간이었습니다.

도슨은 라일라가 오랫동안 병상에 누워 있다가 다시금 놀랍게 건강을 회복한 것을 보고 기뻐 어쩔 줄 몰랐습니다. 23년 동안의 결혼 생활 동안 여전히 연인으로 지냈으며, 친구나 처음 만난 사람과 오래 대화를 나누다 보면 서로에 대한 사랑을 언급하지 않을 수 없을 정도였던 두 사람의 사랑은 선교관을 방문한 사람은 누구든지 금세 알아챌 수 있었습니다. 이제 라일라가 더욱 건강해졌기 때문에, 라일라가 미국 전역을 여행하며 사역을 하기 원하는 도슨의 오랜 소원을 이룰 수 있게 되었습니다. 도슨은 라일라에게 두세 명의 자매로 이루어진 팀을 데리고 여러 지역을 방문하여 그곳의 네비게이토 간사들 및 만나는 사람들에게 삶을 나눌 것을 제안하였습니다. 처음에 라일라는 내키지 않았습니다. 그러나 1956년 1월 동부 지역의 몇몇 주를 방문한 첫 여행 이후로는 자신감을 얻게 되었고 곧 다음 여행을 기대하게 되었습니다.

이 몇 달 동안 도슨은 이제 성취에 더욱 가까워졌다고 느낀 한 가지 목표를 위하여 전력투구를 하는 모습을 보였습니다. 도슨은 세계가 너무도 크게 생각되었습니다. 그러나 하나님의 종들에 의해 무수히 많은 기지들이 점령되기 시작하면서 점점 작아지기 시작했습니다. 작년 9월 아칸소에서 열린 위클리프 수양회에 참석하여서 도슨은 힘을 모아 세상 전체로 나아가야 한다고 역설하였습니다. 10월에 도쿄에서 돌아오는 길에 풀러 신학교에서 1주간을 보내며, 장래의 지도자들에게 말씀을 깊이 알고 각 개인에게 투자하여 사역을 배가할 수 있는 사람을 만들라고 도전했습니다. 수일 뒤에 네브래스카 주의 링컨에서 도슨은 백투더바이블 수양회 참석자들에게, 모든 그리스도인은 '재생산을 위한 출생'을 했다는 메시지를 전하였습니다(이 메시지는 네비게이토 출판사 소책자 시리즈 3번에 실려 있음, 역자 주). 시카고에서 도슨은 무디 성경학교의 학생들에게 말씀을 전하면서 통신 강좌 학교를 위한 성경 암송 교재를 집필하겠다고 약속하였습니다. 그리고 로스앤젤레스로 가서 모임에 참석하여 말씀을 전하였습니다.

자신의 핵심적인 메시지가 제대로 전달되도록 하기 위해 도슨은 도전을 할 수 있는 곳이라면 어디서든지 강한 도전을 해야 한다고 느꼈습니다. 어떤 방법을 통해서든 도슨의 목표는 세계에 있는 모든 그리스도인이 성경 속으로 들어가게 하는 것이었습니다. 글렌에리 선교관에서 도슨은 함께하는 간사들에게 하나님의 절대주권에 관한 약속을 믿을 것과 그들의 삶 속에서 범사에 감사하라는 하나님의 명령에 순종할 것을 권면했습니다. "사랑하는 동지들에게"라고 시작되는 편지 가운데 하나에서 도슨은 자기가 간사들을 위해 로마서 15:1-7을 가지고 어떻게 기도했는지를 나누고 이 구절을 암송하라고 했습니다. 말로든 글로든, 도슨의 메시지는 듣는 각 사람들에게 마치 자기 자신이 그 메시지의 대상으로 선정된 듯한 느낌을 받게 하면서 큰 영향을 끼쳤습니다.

사역의 여러 필요를 분석하면서, 도슨은 생각할 줄 아는 사람을 길러 내는 것이 가장 긴급한 필요라고 생각했습니다. 즉, 지도력의 은사가 있는 사람으로서 참모 타입의 몇몇 충성된 사람들과 함께 지역 사역을 감당할 수 있는 사람이 필요했습니다. 열정과 비전을 가졌을 뿐만 아니라 다른 사람을 이끌 수 있으며 지역 사역의 모든 단계를 책임 맡을 수 있는 역량을 가진 사람들을 활용할 수 있는 곳이 많이 있었습니다. 도슨은 또한 많은 '부(副)선교관'을 만들 필요가 있음을 보았습니다. 각 부부들이 자기의 가정을 지역 대표의 감독 아래 사역을 위해 개방하는 것입니다.

도슨은 이런 필요들이 채워질 것이라고 믿었으며, 하나님께서 네비게이토를 통하여 큰일을 이루실 것이라고 믿었습니다. 도슨 자신의 주된 사역은 이미 성취되었습니다. 도슨은 자기 사람들을 굳게 믿었습니다. 여기에는 쎄니뿐만 아니라 로버트슨, 스팍스, 스코트, 사전트, 그리고 다른 여러 사람도 포함되었습니다. 이들은 탁월한 젊은 이들로서, 성숙해 가고 있고 놀라운 능력을 보이고 있었습니다. 이들은 하나님의 약속에 근거한 도슨 자신의 임무가 지금까지 성취되었고 앞으로도 성취될 것을 보증해 주는 사람들이었습니다. 이런 것을 앎으로 더욱 확신을 가지게 된 도슨은 기회가 닿는 대로 널리 자기의 메시지를 전하는 일에 전념하였습니다. 그러나 도슨의 힘은 다시 떨어지기 시작했으며, 마음에는 원치 않았지만 며칠씩 침대에 누워 있어야만 했습니다. 도슨은 자기가 늘 자신의 신체적 능력 이상으로 뛰고 있다는 것을 알았습니다. 그러나 만약 분명하게 병도 없는 상태에서 쉰다면 자기가 하고 싶은 대로 살며 게으름을 피우는 죄를 짓는 것이라고 생각했습니다. 도슨은 종종 자기가 시름시름 앓다가 죽지 않고 열심히 일하다 명예로운 죽음을 맞이하면 좋겠다고 기도하였습니다. 그래서 결코 게으름으로 인하여 아무것도 하지 않는 상태에 있지 않겠다고 결심하였습니다.

1956년 2월의 동부 여행 결과로 월드런 스코트는 워싱턴 D.C. 지역 사역을 다시 시작하는 임무를 맡았으며, 리로이 아임스는 오마하 지역을 책임 맡게 되었습니다. 그리고 나서 도슨은 서부로 여행하면서 오리건 주의 유진에서 CBMC 사람들에게 말씀을 전했으며, 봅 세이퍼트가 지역 대표로 있는 캘리포니아의 프레스노에서 가진 초청 모임에서 말씀을 전했습니다. 헐몬산에서 가진 한 주말 수양회에서 도슨은 '사랑'에 관하여 잊을 수 없는 메시지를 전했습니다. 또한, '왜 실패하는가?'에 대하여 말씀을 전했습니다. 작은 일처럼 보이지만 결국에는 믿음의 삶에 커다란 재앙을 가져오는 것에 대한 말씀이었습니다.

4월에 도슨은 워싱턴 D.C.를 방문하였고, 리치먼드 전도 집회에도 참석했습니다. 5월에는 댈러스와 휴스턴을 방문했는데, 이곳에서 도슨은 라일라와 그 팀을 만났습니다. 도슨과 라일라는 웨이코에 살고 있는 아들 브루스 부부를 만났습니다. 그곳에서 출생한 지 1주가 된 첫 번째 손자 데이비드를 품에 안을 수 있었습니다.

글렌에리로 돌아와서는 5월 말에 목회자 수양회에서 말씀을 전했습니다. 이때 도슨은 완전히 고갈되었습니다. 마치 한 번 더 우승하기 위해 마지막 바퀴의 직선 코스를 온 힘을 다해 달리는 경주자와 같았습니다. 도슨은 네비게이토에 징모하는 과정에 있는 젊은 목사인 잭 메이홀과 대화하면서 자기의 꿈을 나누었습니다. 그 꿈은 모든 그리스도인들이 힘을 함께 모아 그리스도를 위해 세계로 나아갈 계획을 세우고 기도하며 서로 손을 굳게 잡고 동역해 나가는 것입니다.

도슨은 글렌에리에서 가진 수양회에서 능력과 확신 가운데 말씀을 전했습니다. 그중의 하나가 '시대의 요청'이라는 메시지입니다. 다음은 그 메시지를 요약한 것입니다.

이 시대의 요청이 무엇입니까? 길거리의 거지라면 동전 한 닢일 것입니다. 병원으로 옮겨지고 있는 부인이 있다면 의사입니다. 주님의 사업에 있어서 우리는 종종 시대의 요청이 많은 수의 간사라고 생각할 때가 있습니다. 많은 목사들이 부목사를 두기를 원하고 있습니다. 좀 더 좋은 시설이나 장비 혹은 훈련 센터가 필요라고 생각하기도 합니다. 방송 시설이나 문서와 같은 통신 수단이 필요라고 생각하기도 합니다.

닫혀 있는 나라에 들어가는 것이 가장 큰 필요라고 생각하는 사람들도 있습니다. 우리는 네팔이나 중국에 문이 열리는 것을 보기 원합니다. 바울은 길이 막히는 것을 경험했습니다. 그러나 그것이 문제가 되지는 않았습니다. 하나님께서는 닫힌 문을 통해서 열려 있는 다른 문으로 인도하셨습니다. 그리고 하나님께서는 48시간 이내로 중국 대륙의 문을 여실 수 있는 분입니다. 오늘날 남태평양에 있는 많은 사람들이 중국이 닫혔기 때문에 복음을 들을 수 있게 되었습니다.

어떤 사람들은 시간이 좀 더 필요하다고 생각합니다. 혹은 돈이 가장 필요한 것처럼 생각합니다. 솔직히 말해서 나는 지금까지 열거한 것들은 시대의 요청이 아니라고 생각합니다. 케냐를 위한 시대의 요청은 무엇입니까? 아마도 두세 명의 사람일 것입니다. 만약 사람들이 준비가 된다면 하나님께서는 돈을 공급하여 주실 것입니다. 하나님께서는 돈이 아니라 사람을 찾고 계십니다.

이 시대의 요청은 예수님께서 하나님이신 것을 믿을 뿐 아니라, 그분은 약속하신 모든 것을 이행하실 수 있으며, 그분에게는 불가능한 것이 없다는 것을 믿는, 예수 그리스도의 군사로 헌신한 무리들이라고 믿습니다. 이런 사람들을 통해서만 모든 족속에게 복음을 전파하라는 주님의 사명을 실현할 수 있습니다.

고린도후서 9:8은 내가 즐겨 의지하는 성경 구절 가운데 하나입니다. "하나님이 능히 모든 은혜를 너희에게 넘치게 하시나니 이는 너희로 모든 일에 항상 모든 것이 넉넉하여 모든 착한 일을 넘치게 하게 하려 하심이라." 이 약속에 기초하여 나는 우리가 미국을 비롯한 세계 각지에서 모든 착한 일을 할 수 있도록 주님께 기도하고 있습니다. 수년 전에는 우리에게 마음을 열지 않는 믿는 이들을 돕는 일이 가능할지 몰랐습니다. 오늘날 나는 이를 보고 있습니다. 신학교에 다니는 젊은이들이 그들 스스로 성경을 탐구하여 이 비전을 가지며, 이를 적용하고 있는 것을 봅니다. 이는 네비게이토의 원리가 아니라 신약성경의 원리입니다. 나는 머지않은 장래에 세계 각지에 있는 많은 무리들에게 이 원리가 퍼질 것이라고 생각합니다.

시대의 요청은 예수 그리스도께서 원하시는 것을 원하며, 자기들에게 부탁하신 일을 할 수 있는 능력을 주님께서 주셨다는 것을 믿는 사람들입니다. 세상의 아무것도 이러한 사람들을 막지 못합니다. 여러분은 그것을 믿으십니까? 여러분도 그들 중의 하나가 될 수 있습니다. 그러나 여러분은 먼저 구해야 합니다. "너는 내게 부르짖으라. 내가 네게 응답하겠고, 네가 알지 못하는 크고 비밀한 일을 네게 보이리라." 몇 년 전 내가 대만을 위해 기도할 때는 지금 내가 대만에서 보는 것을 상상조차 할 수 없었습니다. 하나님께서는 구하라고 하셨으며, 응답하실 것이며, 감히 여러분이 구할 생각조차 못한 것을 보여 주실 것입니다. 그러므로 여러분, 기도할 때 큰 것을 구하십시오!

만약 도슨이 하나님께 받은 자기의 사명을 완성했다는 확신을 갖게 되었다면, 이는 자기가 파송한 사람들 때문일 텐데, 이 점에 있어서 도슨이 아직 마음을 놓을 수 없는 한 가지가 있었습니다. 얻을 땅의 남은 것은 매우 많았습니다(여호수아 13:1 참조, 역자 주). 아프리카와 남아메리카에는 아직 교두보가 없었으며, 이 두 대륙에는 잘 훈련된 사람도 파송하지 못했습니다. 그런데 이제 하나님께서는 중요한 이 두 지역을 위해 사람들을 보내 주고 계셨습니다. 조지 산체스는 에콰도르에서 사역을 하다가 아내의 건강이 좋지 않아 본국으로 돌아왔는데, 라틴아메리카에서 다시 사역을 개척할 수 있었습니다. 그곳 문화와 언어를 잘 알고 있는 그는 그곳에서 크게 쓰일 수 있을 것입니다. 도슨은 너무나 기뻤습니다. 네비게이토 사역의 당시 상황을 고려할 때, 도슨은 조지 산체스나 짐 다우닝처럼, 장차 생길 많은 젊은 사람들에게 안정감을 주고 리더십을 발휘할 수 있는 성숙한 사람들을 주시도록 주님께 기도해 왔었습니다. 이제 곧 해군에서 제대할 짐 다우닝에게는 편지를 통해서, 그리고 직접 만나서도, 전임 간사로 사역에 함께할 것을 강력하게 권했습니다. 짐 다우닝은 이를 위해서 기도하고 있었습니다. "만약 짐 다우닝이 전임 간사가 된다면 여러분들은 하나님께서 그를 보내셨다는 것을 알게 될 것입니다"라고 도슨은 글렌에리의 밤 모임에서 동지들에게 자기 마음속에 품고 있는 생각을 나누었습니다. "짐 다우닝은 이 부르심에 대하여 200퍼센트 확신하지 못하면 절대로 움직이지 않을 것입니다. 그러나 여러분 모두는 하나님께서 그를 보내 주시도록 열심히 기도해야 합니다."

하이타워는 막내아들이 소아마비가 걸려 아프리카에서 본국으로 가족들과 함께 돌아왔는데, 이 대륙에 사역을 시작하는 데에 유용한 도움을 줄 수 있었습니다. 그는 정기적으로 선교지로 여행을 하고, 일꾼들을 돕고, 이 일을 위해 헌금을 모금할 수 있을 것입니다. 도슨은 프랑스에 있는 조지 클라크를 클라이드 테일러의 요청에 따라 아프리카 지역 조사를 위해 함께 보냈습니다. 그는 케냐에 있는 포켓 성경 협회와 다른 선교 기관들의 따뜻한 환영을 받았으며, 식민지 정부의 지원 아래 마우마우 포로수용소에서 전도하고 양육하는 일을 했습니다. 도슨은 이것이 하나님으로 말미암은 열린 문이라고 생각했으며, 하이타워에게 제1진과 함께 1956년 6월에 케냐로 가도록 요청했습니다. 동양에서 막 돌아왔던 스팍스도 타이완에서 했던 것과 비슷한 성경공부를 시작하기 위하여 함께 떠날 예정이었습니다.

이것은 그 커다란 대륙에 비하면 작은 한 걸음이었고 작은 점 하나에 불과했으나, 남아메리카에서 시작한 사역과 더불어 도슨에게는 상당히 큰 의미가 있었습니다. 도슨은 그래함에게 편지를 썼습니다. "우리는 이렇게 아프리카에 들어가게 된 것이 지난 몇 년 동안 동양에서 있었던 놀라운 기회만큼 열매를 맺거나 더 많은 열매를 맺을 수 있는 기회라고 생각합니다."

도슨은 6월 12일 아침에 그레이트홀에 모든 사람들을 불러 아프리카로 가는 사람들을 위하여 환송 모임을 가졌습니다. 하이타워와 스팍스는 다음날 비행기로 떠날 예정이었습니다. 도슨은 그 하루 뒤에 동부 해안 네비게이토 수양회를 위해 뉴욕 주의 슈룬 호수로 떠날 예정이었습니다. 그곳에는 '생명의 말씀'에서 운영하는 수양관이 있었습니다. 고조된 분위기 가운데 도슨은 아프리카로 들어가려는 오랜 열망에 대하여 말했습니다. 그리고 그 첫 선발대와 함께 가지 못하는 것에 대한 유감의 뜻도 표시하였습니다. 도슨은 상기된 목소리로 강하게 말했습니다. "동지 여러분, 무슨 말을 해야 할지 모르겠습니다. 마음이 참 어렵습니다. 이 형제들은 선교지로 가는데, 나는 본국에 머물며, 핑크하우스에서 살고 있기 때문입니다! 이것이 나를 괴롭힙니다. 그렇다고 어쩔 도리가 있는 것도 아닙니다. 하나님께서는 젊은 이들이 나이 든 사람들의 자리를 대신하도록 인도하고 계십니다." 백 이십이 된 모세가 이스라엘 모든 백성 앞에서 썼던 말투로 도슨은 말을 계속했습니다. "나는 몇 달 전에 오십이 되었습니다. 이제는 마흔 혹은 서른 살 때와 같은 힘이 없다는 것을 깨닫습니다. 스물다섯 때와는 비교도 되지 않습니다."

도슨은 그 방에 함께한 모든 사람의 마음 깊숙한 곳을 자세히 살피면서, 그들 각자가 이 선교 사역의 성공에 대해 책임을 져야 한다는 마음을 갖게 했습니다. 그들은 복음을 위해서라면 기꺼이 자기 생명을 드릴 수 있음을 입증해야 합니다. 이를 위해 그들은 아프리카를 위해 그리고 아프리카로 떠날 이 사람들을 위해 간절히 기도해야 했습니다. "여러분은 모두 힘이 있습니다. 그런데 사탄이 여러분의 힘을 빼앗도록 매분마다, 날마다, 달마다 허용하고 있습니다. 여러분은 무엇을 할 것입니까? 여러분은 갈 수 없습니다. 그러나 기도할 수는 있습니다." 이 시각의 엄숙한 분위기에 함께하는 것은 바로 아프리카 및 나머지 세계에서 제자를 삼는 짐을 받아들이는 것이었습니다. 아무도 마음대로 그곳으로 나갈 수 없었으며, 구경꾼으로 바라만 보고 있어도 안 되었습니다. 각 사람은 세계를 품고 모임을 떠났습니다.

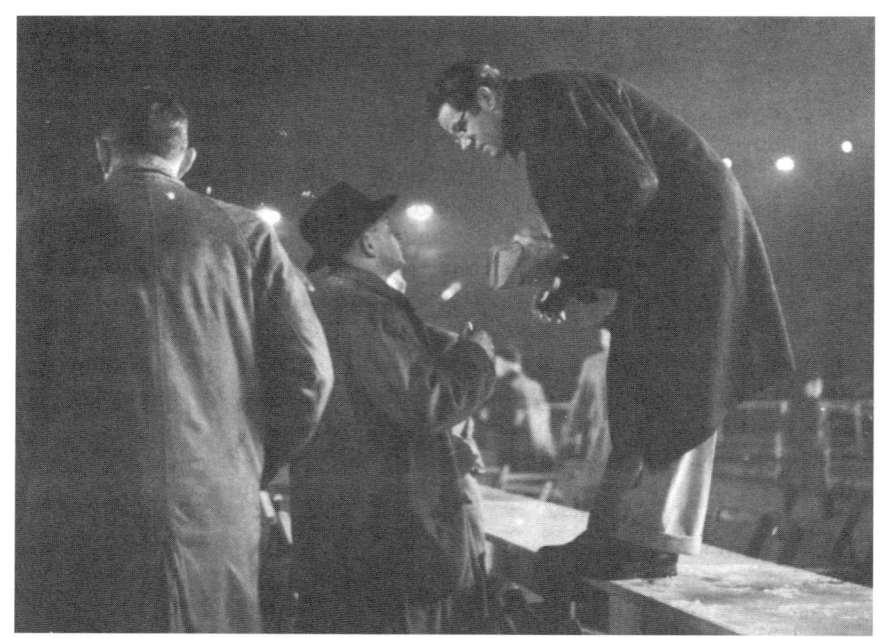

1955년 런던 웸블리 전도 집회에서 도슨이 일꾼들에게서 결신자 카드를 수집하고 있다.

1954년 글렌에리에서 크리스마스를 보내고 있다. 좌로부터, 브루스, 도슨, 라일라, 페이스, 루스, 버크.

VII

유 산

뉴욕 주 북동쪽에 있는 아디론댁 산맥의 신선하고 맑은 공기 속에서 전나무 향이 코끝을 찔렀습니다. 정오의 슈룬 호수는 사파이어처럼 푸르게 빛나고 있었으며, 빙하에 의해 만들어졌지만 물은 얼음처럼 차갑지는 않았습니다. 도슨은 호숫가에서 멀리 떨어져 있지 않은, 수목이 우거진 곳에 앉아 있었습니다. E. M. 바운즈의 '기도의 능력'이란 책자를 손에 들고 있었는데, 자기가 읽고 있었던 부분에 손가락을 끼우고 있었습니다. 도슨은 바로 지금 자기 자신의 마음에 들려주시는 하나님의 새롭고 권위 있는 말씀을 들을 수 있기 원했습니다. 오랜 세월 동안 사귀었으며 더욱 깊이 사랑하기를 갈망하는 바로 그분과 친밀한 교제를 나누기 원했습니다. 도슨은 이제 기도하면서 자기의 이런 소원을 간단하게 소박한 말을 사용하여 표현하였습니다. 한 문단을 읽고 묵상하며 다시금 기도하였습니다.

"어이, 도슨." 친구인 잭 위첸이 한가로이 산책을 하며 불렀습니다. 도슨에게 수상 스키를 태워 주겠다고 약속했기 때문입니다. 위첸은 도슨이 깊은 묵상에 잠긴 것을 보고 마음에 무엇을 품고 있는지 물어보았습니다.

도슨은 새롭게 하나님의 음성을 듣고 싶다는 자기의 소원을 말했습니다. "나는 이것이 더욱 필요하네"라고 하면서 잡고 있던 책을 보여 주었습니다. 위첸은 동의했습니다. 두 사람은 각자가 보고 싶은 하나님의 역사에 대해 깊은 대화를 나누었습니다. 두 사람이 복음 안에서 동역해 온 오랜 세월 동안, 하나님께서는 많은 도전과 승리를 경험하게 하셨으며, 깊은 물을 지나게도 하셨으나, 때마다 승리를 안겨 주셨습니다. 늘 그러했듯이 오늘도 두 사람의 믿음은 함께 교제하면서 더욱 견고해졌습니다.

글렌에리의 그레이트홀에서 열린 도슨의 장례식에서 빌리 그래함이 메시지를 전하고 있다.

그리고 나서 두 사람은 보트를 출발시켜 아이들처럼 자유롭게 몇 차례 호수를 이리저리 돌았는데, 잭 위첸은 키를 잡고 수상 스키를 타고 있는 도슨을 끌어 주었습니다. 그러다가 도슨이 숨을 헐떡이며 그만 타겠다고 하자 선창에 내려 주었습니다. 위첸은 선회하여 선창으로 돌아와서 수양회에 참석한 사람들을 보트에 가득 태우고 짙푸른 호수 위로 나아갔습니다.

"정말 놀랍지 않습니까?"라고 도슨은 배에 탄 다른 사람들에게 소리를 쳤습니다. 수분 뒤에 그들은 다시 선창에서 사람들을 내려 주고 다시금 더욱 많은 수양회 참석자들을 태웠습니다. 도슨은 뒤를 돌아보며 구조원에게 말했습니다. "가서 라일라를 데리고 오면 좋겠어요. 내가 우리와 함께했으면 한다고 알려 주세요." 도슨은 라일라가 선창에 도착하면 보트를 다시 돌리기 위한 신호를 정해 두었습니다. 라일라가 이런 수양회에 도슨과 함께 오는 일은 드물었습니다. 도슨은 라일라가 보트를 타는 즐거움을 누리기 원했습니다. 그러나 라일라가 멀리 있었기 때문에 구조원은 보트에 탄 사람들에게 계속 가라고 손을 흔들었습니다.

파도가 치는 호수를 힘차게 가로지르던 보트는, 재미있게 하려고 갑자기 선회하여 보트가 지나간 자국을 따라 되돌아오기도 했습니다. 배에 탄 사람들은 모두 크게 웃으며 모터 소리보다 더 크게 소리를 질렀습니다.

"여러분은 수영을 할 수 있습니까?" 도슨은 보트의 맨 앞줄에 자기와 함께 있던 두 사람에게 물었습니다. 그들은 발을 좌석에 딛고 등받이에 걸터앉아 있었습니다. 플로이 무디는 고개를 끄덕여 대답했고, 또 다른 자매는 수영을 못한다고 말했습니다. 그래서 도슨은 두 사람 사이에 앉았고, 안정된 자세를 취하기 위하여 서로 팔짱을 꼈습니다.

갑자기 오른쪽으로 보트가 급하게 돌았습니다. 그리고 바로 그때 파도가 몰아쳤습니다. 이로 말미암아 수영을 하지 못하는 그 자매는 도슨과 함께 보트 바깥쪽으로 떨어져 물에 빠졌습니다. 도슨은 여전히 그 자매의 손목을 잡고 있었는데, 자매가 가라앉지 않도록 하기 위해 계속 선헤엄을 쳤습니다. 보트는 그들을 건지기 위해 다시 빙 돌았습니다. 보트에 탄 한 사람이 물로 뛰어들었고, 뒤이어 두 사람이 더 뛰어들었습니다. 도슨은 자매를 꽉 잡고 있었으며, 계속 자매의 머리를 물위로 나오게 할 수 있었습니다. 괜찮아 보였습니다. 도슨의 두 발은 계속 차가운 물을 차고 있었습니다. 도슨은 지치고, 힘이 다 빠졌습니다. 보트가 다가오고 있었습니다. 보트에 탄 사람들은 소리를 치고 있었습니다. 한 사람이 헤엄을 쳐서 도슨과 자매에게 다가왔습니다. 자매는 도슨을 붙잡았던 손을 놓고 다가온 그 사람을 붙잡았고, 그 사람은 자매를 끌어당겼습니다. 이제 사람들이 다가와서 자매를 붙잡고 보트에 끌어올리고 있었습니다. 무사했습니다. 도슨은 자매를 한순간도 더 잡을 수 없었을 것입니다. 자매의 머리가 물위로 나오도록 유지하는 데에 자신의 모든 힘을 썼던 것입니다. 그리고 자기 자신의 머리는 물위로 올릴 수 없었습니다. '주님, 감사합니다. 자매를 끝까지 잡을 수 있게 해주셔서….'

라일라는 전에 도슨에게 하나님께서 도슨을 곧 하늘나라로 데려가실 것 같은 생각이 든다고 말한 적이 있었습니다. 지금이 바로 그때인가? '그렇다면 귀하신 주님, 저는 준비가 되었습니다.…' "도슨을 건져라!" 그때 사람들은 소리를 치고 있었습니다. "도슨의 머리카락을 붙잡았습니다.…" 도슨은 자매가 이제 다시 보트 위로 올려진 것을 알았습니다. '주님, 감사합니다.…' 아스라이 도움을 청하는 소리가 들려왔습니다. "누가 와서 좀 도와주십시오. 도슨을 붙잡고 있을 수가 없습니다." 차갑고 얼음 같은 물… 몸이 무겁게 느껴졌습니

다.… 도슨은 점점 가라앉고 있었습니다.… '주님, 주 예수님!… 나의 주님… 나의 하나님!…'

즐겁게 지저귀는 새소리와 함께 6월의 상쾌한 산들바람이 불었습니다. 푸른 전나무의 향기가 글렌에리의 고딕식 창을 통해 들어왔습니다. 반짝이는 햇빛이 계곡에 그림자를 드리웠습니다. 커다란 붉은 색 모래 바위가 파란 콜로라도의 하늘을 배경으로 멋진 실루엣을 이루고 있었습니다. 그레이트홀의 내부와 발코니에는 300명이 넘는 가족, 친지들이 자리를 잡았습니다. 그들은 경청하며 과거를 기억하고 잔잔한 기쁨을 누렸습니다. 관에는 성조기가 덮여 있었는데, 이는 7년 전에 빌 굴드의 관을 덮었던 것입니다. 관은 이상하게도 제자리에 있지 않은 것처럼 보였습니다. 이런 승리의 장면에서 죽음은 사기꾼과 같았습니다.

빌리 그래함은 대화를 나누듯이 말씀을 전했습니다. "우리는 오늘 이곳에 울거나 슬퍼하기 위해서 온 것이 아닙니다. 우리 모든 사람의 삶에 강한 영향을 준 사람의 승리에 동참하기 위해서 왔습니다. 내가 알고 있는 어떤 사람보다도 도슨은 많은 사람들의 삶에 영향을 주었다고 생각합니다. 우리는 오늘 이 위대한 사람을 통하여 영향을 받은 수많은 족속과 방언과 문화에 속한 수천 명을 대표하여 이 자리에 있습니다.… 도슨은 경주에서 우리보다 앞서 달렸으며, 닻을 올리고 출항하였습니다. 그리고 나는 오늘 도슨이 바울처럼 말하리라 생각합니다. '내게 사는 것이 그리스도니 죽는 것도 유익함이니라'라고 말입니다."

그래함은 성경 말씀을 통해서 그런 사람에게는 죽음이 무엇을 의미하는지를 설명했습니다. 대관식이며… 수고를 그치고 쉬는 것이며

… 새로운 항해를 위해 승선하는 것이며… 새로운 집으로 이사를 하는 것이며… 해방을 통해 자유를 얻는 것이며… 그리스도의 존전으로 들어가는 놀라운 스릴을 경험하는 것이라고 했습니다. 여름 오후에 상기된 가운데 그의 말을 듣고 있던 사람들은 도슨을 잃었다는 슬픈 감정이 기쁨에 압도되는 것을 느꼈습니다. 그때 하늘나라는 글렌에리에서 손을 내밀면 닿을 곳처럼 가깝게 느껴졌습니다.

그래함이 도슨과 만났던 초창기의 여러 일들을 설명하자, 참석한 사람들 사이에는 잔잔한 웃음의 물결이 일기 시작했는데, 이는 그들이 처한 분위기에 결코 어색하지 않은 것이었습니다. 그래함은 휘튼에서 도슨이 열심 있는 신입생인 자기에게 그날 아침에 하나님과의 교제를 통해 어떤 말씀을 주님께서 주셨는지를 물었던 일을 나누었습니다.

"사실 나는 주님과의 교제를 갖지 않고 있었습니다. 도슨과 함께 있은 지 5분도 채 되지 않아 도슨은 내 삶에 도전을 주고 있었고, 내 삶의 깊은 곳을 드러내고 있었습니다"라고 그래함은 감탄하며 말했습니다. "우리는 서로 영혼 깊숙이 있는 것을 그대로 드러내는 교제를 여러 차례 가졌습니다. 이는 서로 온전히 신뢰할 수 있는 사람들끼리만 가능한 교제였습니다. 그리고 나는 종종 도슨의 조언을 구했습니다. 지난 몇 년 동안 나는 도슨의 조언을 구하지 않고서 중요한 결정을 내린 적이 한 차례도 없었습니다." 그 전도자는 도슨의 삶에서 여덟 가지 교훈을 이끌어 내었습니다. 이는 자기가 그곳에 참석한 사람들에게 권하고 싶은 것들이었습니다.

쎄니는 6월 18일 월요일에 있을 전도 초청 모임을 위해 그래함과 함께 오클라호마 주의 털사에 있었습니다. 그때 로드 사전트가 전화를 걸어 도슨이 슈룬 호수에서 익사한 것 같다고 말했습니다. 쎄니는 어안이 벙벙했습니다. 이곳 오클라호마에서 2주 전에 도슨은 자기에게 지나가는 말로 이렇게 질문한 적이 있었습니다. "쎄니, 주님께서 나를 본향으로 데려가신다면 어떻게 되겠나? 나를 이을 준비가 되어 있나?" 쎄니는 주님께서는 결코 그런 실수는 범하지 않으실 것이라고 말했습니다. 이제 쎄니는 그래함의 방으로 이 소식을 전하기 위해 갔습니다. "도저히 믿을 수가 없습니다." 그래함은 놀라 숨이 멎을 듯했습니다. "오 하나님, 제 삶을 다시금 헌신하도록 도와주소서!"

다른 기독교 지도자들도 역시 동일하게 충격을 받았습니다. 여러 사람이 전화로 소식을 듣고는 통곡을 하며 슬퍼했습니다. 한 기독교 지도자는 이렇게 말했습니다. "도슨은 나의 가장 좋은 친구였습니다. 평생을 살아가다가 만나는 몇 안 되는 사람, 완전히 신뢰할 수 있는 사람 가운데 하나였습니다." 다른 사람들은 이렇게 말했습니다. "복음적인 기독교의 한 시대가 막을 내렸습니다." "도슨이 우리와 함께 교제하며 힘을 북돋아 주었던 것을 생각할 때 갑자기 고아가 된 듯한 느낌이 듭니다." "지난 10년 동안 미국에 있는 어떤 사람도 도슨만큼 나의 삶에 결정적인 영향을 끼친 사람은 없습니다." "도슨의 부음을 듣고 마치 명치를 세게 얻어맞은 것 같았습니다."

전 세계에 있는 네비게이토 간사들과 친구들 가운데 몇몇 사람은 놀라서 도저히 믿어지지 않는다는 반응을 보였고, 하나님의 뜻이라고 생각하며 받아들이는 사람들도 있었습니다. 론 쎄니는 화요일에 콜로라도스프링스에 도착했는데, 성경을 들더니 슬픈 미소를 지으며 물었습니다. "여러분은 아직도 이것이 진리임을 믿습니까?" 론 쎄니는 그들이 믿고 있음을 알았습니다. 간사들 사이에서는 이상할 정도로 차분한 분위기가 형성되어 있었습니다. 깊이 슬퍼하였지만 또한 하나님의 지혜에 대하여 전혀 의심을 던지지 않는 올바른 태도를 가지고 있었습니다. 구조하러 온 사람들이 충분히 붙잡을 수 있는 거리에 있었음에도 불구하고 수영에 능숙한 도슨이 순식간에 시야에서 사라진 것은 오직 엘리야의 병거로만 설명이 될 수 있을 것입니다. 바로 하나님께서 도슨을 위해 엘리야의 병거를 보내신 것입니다.

네비게이토 가족들은 누구도 의심치 않고 론 쎄니를 새로운 리더십으로 인정하였습니다. 아버지를 잃은 가족들이 장자를 바라보는 것과 같았습니다. 글렌에리에서 필요한 여러 일을 마무리 지은 후에, 쎄니는 버크와 막내인 페이스를 데리고 수요일 아침에 슈룬 호수로 갔습니다. 공군 장교로 근무하는 브루스도 텍사스에서 왔습니다. 이곳에도 역시 평강과 승리의 분위기가 감돌고 있었습니다. 라일라는 수양회를 계속해야 한다고 주장했었습니다. 사고가 있은 지 4시간도 채 안 되어 저녁 모임에서 한 라일라의 간증은 참으로 빛을 발하는 것이었으며, 믿음과 헌신이 그대로 묻어 나왔습니다.

"하나님께서는 오늘 내가 들은 소식을 위해 마음을 준비시켜 주셨습니다"라고 라일라는 조용하면서도 차분한 목소리로 말을 이었습니다. "하늘나라는 언제나 강성해 가고 있으며, 오늘 저녁에도 마찬가지입니다. 이 하나님의 사람과 함께 보낸 지난 24년은 내 삶에서 가장 축복이 넘치는 시기였습니다. 이를 인하여 하나님께 찬양을 돌립니다." 라일라는 이어서 A.M. 오버튼의 시, '실수가 없으신 하나님'을 읽었습니다. 도슨의 딸 루스는 간사인 조지 워틀리와 약혼할 예정이었고, 도슨이 이번 주에 이를 발표하려고 했었는데, 이 모임을 위하여 피아노를 연주했습니다.

수양회 책임자인 월드런 스코트는 기도할 사람들을 모았습니다. 그들은 세계 각 곳에 있는 네비게이토 간사들과 친구들의 이름을 하나하나 불러 가며 밤새 기도하였습니다. 이로 말미암아 캠프에는 놀라울 정도로 평강이 깃들게 되었습니다. 이곳에도 글렌에리와 마찬가지로 하나님께서 개입하실 수 있는 우선권을 가지고 계신다는 믿음이 있었습니다. 도슨이 수양회에서 월요일 아침에 마지막으로 전한 메시지도 뭔가 달랐다는 것을 깨달은 사람들도 있었습니다. "내가 노트에 기록할 수 있는 그의 유일한 메시지였습니다"라고 공군 장교인 봅 스티븐스는 말했습니다. "도슨은 노트에 있는 12-15가지 요점을 죽 설명하였습니다. 예를 들어 설명하기 위하여 곁길로 벗어나지도 않았습니다. 세상이 왜 아직 복음으로 정복되지 않고 있는가에 대한 강력한 메시지였습니다. 그러나 도슨은 뭔가에 마음이 쏠려 있는 것처럼 보였습니다." 도슨과 함께 모임 장소로 걸어가던 조지 워틀리는 도슨이 결연한 태도를 가진 것을 볼 수 있었습니다. 도슨이 여느 때와는 달리 마음에 큰 짐을 느끼고 있는 것처럼 보였습니다.

짐 다우닝은 화요일 아침 일찍 도착했습니다. 도슨에게 해군을 제대하고 전임 간사로 함께하기로 결정했다는 것을 알리려고 했던 참이었습니다. 보통과는 다른 분위기에 놀라면서 다우닝은 이내 자기가 간발의 차이로 도슨을 만나지 못하게 된 것을 알게 되었습니다. 다우닝이 함께함으로써 라일라에게 큰 힘이 되었습니다. 그는 또한 도슨을 찾기 위해 보트에서 여러 시간을 보냈던 사람들을 이끌었습니다. 그들은 도슨의 시신을 찾지 못할까 봐 두려웠습니다. 호수는 깊었고, 이전에도 끝내 찾지 못한 사람들이 있었기 때문입니다. 수색은 쎄니가 도착한, 다음날 아침에도 계속되었습니다. 쎄니는 즉시로 위첸을 위로하려고 갔으며, 대적이 죄책감으로 참소하지 못하도록 보호하여 주었습니다. 그가 보트를 조종하였는데, 갑자기 선회한 것이 사고의 원인이 되었던 것입니다. 하나님께서는 그가 이 고통스런 기억을 견딜 수 있으리라 여기셨기 때문에 그렇게 하셨을 것입니다.

도슨의 시신은 수요일 늦은 오후가 되어서야 발견되었습니다. 한 스킨다이버가 수심 15m에서 찾았습니다. 그의 어머니는 뉴잉글랜드에서 이 수색 소식을 라디오를 통해 듣고 아들에게 알렸으며, 그래서 그가 수색을 돕기 위해 이곳에 왔던 것입니다. 검시 결과 사인은 익사로 밝혀졌습니다. 몇몇 사람들이 생각했던 것처럼 심장 마비는 아니었습니다. 분명 물이 차갑고 또한 혈액 순환이 제대로 되지 않아 다리 근육이 피로해졌고, 짧은 시간 내에 마비가 되어 버린 것이었습니다.

주님께서 그들에게 계획을 하고 조직을 새로이 하는 데에 필요한 50시간의 여유를 주신 것처럼 보였습니다. 그 사이에 이 소식은 세계 전역에 신속하게 전달되었습니다. AP 통신이 세계 각국에 긴급 타전했습니다. 시카고의 무디 방송과 미국 내의 여러 방송국들은 물론, 에콰도르의 키토에 있는 선교 방송인 HCJB와 필리핀의 마닐라에 있는 기독교 방송인 DZAS와 같은 방송국들도 이에 못지않게 도슨의 소식을 빠르게 전달하였습니다. 위로와 개인적인 상실감을 표현한 메시지들이 쏟아져 들어오기 시작했습니다.

멀리 떨어진 곳에 있는 몇몇 사람들은 충격적인 반응을 보이기도 했습니다. 알고 지내던 사이인 카우보이 가수 스튜어트 햄블렌은 이렇게 말했습니다. "이보다 내게 더 충격적인 소식은 없었습니다. 도저히 믿어지지 않습니다." 어떤 사람들은 마치 부모를 잃은 듯한 감정을 갖기도 했습니다. 한 간사의 삼촌은 도슨이 말씀을 전하는 것을 들은 적이 있었는데, 도슨의 죽음 소식을 듣고 한 시간 동안이나 계속 울었습니다. 타코마의 사업가 데이비스 웨이어하우저는 편지에서 "도슨과 같은 위대한 지도자를 잃은 슬픔을 표현할 말이 없습니다"라고 말했습니다. 이전에 도슨이 509번지에 초청하여 전도했던 미키 코헨 부부는 다음과 같은 조전을 보냈습니다. "비록 우리는 비극으로 말미암아 당황스럽지만 도슨은 괜찮을 것입니다."

타코마에 있던 한 군인은 손에 암송 카드를 들고 있었는데 라디오를 통해 이 소식을 듣고 생각했습니다. '그분 덕분에 내가 그리스도 안에서 성장할 수 있었는데, 내가 한 차례도 만나지 못했구나.' 로스앤젤레스 지역 네비게이토인 한 교사는 이렇게 말했습니다. "나는 처음에 도슨 트로트맨은 내가 앉아서 슬퍼하고 있는 것을 원하지 않을 것이라고 생각했습니다. 그래서 나는 세수를 계속했습니다. 그런데 세수하는 동안에도 계속 눈물이 나왔습니다."

타임지에서는 거의 한 페이지를 할애하여 도슨의 생애를 소개하였습니다. 복음주의 잡지와 라디오 프로그램에서도 애도의 뜻을 표했는데, 찰스 풀러가 추도사를 한 위첸의 '생명의 말씀 시간', 그래함의 '결단의 시간', 단 풀러의 '부흥의 시간', 에프 박사의 '백투더바이블' 등이 있었습니다. 앨 샌더스는 바이올라 라디오에서 감동적인 추모 프로그램을 제작했습니다. 또한 'King's Business'에서는 추모호를 발행하였습니다.

런던, 홍콩, 로스앤젤레스 및 기타 여러 지역에서 가진 추도 예배에는, 도슨의 오랜 친구들과 도슨을 만남으로써 하나님을 섬기는 일이나 개인의 삶에서 커다란 변화를 경험한 수많은 사람들이 참석했습니다. 오키나와 공항에서 한 시간을 만났거나, 기차에서 우연히 교제를 나누었거나, 모임을 마친 후 잠깐 동안 대화를 나눈 사람들도 있었습니다. 잠시 동안의 만남에서도 영원한 영향을 줄 수 있기를 자주 구했던 도슨의 기도에 대한 생생한 응답이었습니다. YFC의 봅 쿡의 말을 빌리면, 도슨은 "그리스도와 말씀에 대한 전적인 헌신을 통해 수천 명의 사람들이 하나님을 위하여 뭔가가 되도록 도전을 주었습니다."

위클리프 선교회는 에콰도르의 리몬코차에서 도슨 트로트맨 기념기지를 봉헌했고, '생명의 말씀'에서는 슈룬 호수에 새로이 도슨 트로트맨 기념 강당을 봉헌했습니다. 캘리포니아의 한 사업가는 도슨의 비전을 영속시키는 데 써 달라고 500달러를 보내 왔습니다. 짐 바우스, 그래함, 그리고 다른 사람들에 의해 모금이 된 기금은, 글렌에리 구입 대금의 최종 불입금을 치르는 데 사용하도록 결정되었고, 이로써 그 목적을 가장 잘 성취하게 되었습니다.

글렌에리에서 장례식이 있었던 6월 27일까지 네비게이토 가족들은 슬픔을 추스르게 되었습니다. 조문객들이 도착하기 시작하면서, 축하하는 분위기가 감돌았습니다. 참으로 이는 축하할 만한 일이었습니다. 경주를 마친 사람을 위해 기뻐하는 시간이었기 때문입니다. 따뜻한 인사를 주고받았고, 기쁘게 악수를 나누었으며, 바쁜 삶으로 인하여 함께 만나 교제 시간을 가질 여유가 없었던 기독교 지도자들 사이에 하나님의 왕국 안에서 함께 교제할 수 있는 기회가 되었습니다. 헨리에타 미어즈 여사는 글렌에리의 멋진 모습을 보고 감탄했습니다. 월드 비전의 밥 피어스와 프랭크 필립스, 휘튼 대학의 에드먼 박사, 휴버트 미첼, 목사인 로이 로린, 짐 레이번, 잭 위첸, 칼튼 부스, 밥 쿡, 빌 브라이트 등 도슨이 초청하여 이곳에서 함께 기도하며 교제를 나누기를 정말 기대하고 바라던 사람들이었습니다. 그들의 열정은 도슨에게 큰 명예가 되었습니다.

짐 다우닝 부부, 존 스트리터, 커르 부인, 데이비드 로러 부부, 찰리 릭스, 단 피아트 가족 등 언제나 동역했던 사람들도 참석했습니다. 그래함 가족과 함께 그 팀의 조지 베벌리 쉐아, 폴 미켈슨이 도착했고, 미니애폴리스 사무실의 조지 윌슨도 왔습니다. 딕 힐리스도 왔는데, 그는 원래 동양 선교 전략을 수립하기 위하여 오늘 도슨과 만나기로 했었습니다. 도슨이 어렸을 때부터 교회와 학교에서 선생님이었던 아이린 밀스 선생님, 누나인 밀드리드, 월트 스탠턴 가족, 짐 바우스, 위클리프의 윌리엄 니맨 등, 도슨에게 귀중했던 수많은 사람들이 오후에 열린 장례식에 참석했습니다. 친구들은 성에서 가진 뷔페 점심 식사를 하면서 토의할 필요가 있는 여러 일을 서둘러 처리했습니다. 장례식이라기보다는 마치 흩어져 있던 가족들의 모임과 같았습니다. 만약 도슨도 살아 있었더라면 누구보다도 이 날을 즐겼을 것입니다.

저녁에는 콜로라도스프링스에 있는 두 개의 교회에서 열린 추도 예배에 대략 2,800명이 참석했습니다. 레이번과 피어스가 추도사를 읽었습니다. 쉐아는 찬송을 했고, 미켈슨이 오르간을 연주했습니다. 페이스와 루스는 "주님께서 아시고 잘하였도다 말씀하시리"라는 찬송을 불렀습니다. 라일라는 하나님의 뜻에 온전히 굴복하는 승리의 간증을 나누었습니다. 그래함의 메시지는 여느 때와 마찬가지로 그리스도를 소개하는 것이었고, 이후에 십여 명이 결신하겠다는 표시로 손을 들었습니다. 이것 역시 도슨이 기뻐했을 일이었습니다.

그날 저녁 늦게 20여 명의 기독교 지도자들이 론 쎄니를 네비게이토의 새로운 지도자로 추대하기 위하여 모였습니다. 이는 분명 주님께서 그에게 주신 임무이며, 전 세계에 있는 네비게이토 간사들이 마음으로 동의하는 일이었습니다. 기도하기 위해 6월의 그 밤에 함께 모인 그 그룹의 몇몇 사람들은 불안감을 느끼기도 했는데, 도슨 트로트맨의 그림자에서 벗어나 네비게이토라는 배를 성공적으로 이끌어 갈 수 있는 사람이 누가 있겠는가 하는 걱정 때문에 믿음이 흔들린 탓이었습니다. 그러나 에드먼 박사가 여호수아 1장을 읽고, 새로 책임을 맡은 지도자에게 용기와 믿음, 그리고 하나님과 하나님의 말씀에 대한 순종으로 이끌어 갈 것을 권하자, 그들은 도슨 트로트맨의 하나님이며, 이제 35세인 론 쎄니의 하나님이 되시는 주님을 바라보며 확신을 새롭게 할 수 있었습니다. 바울과 디모데, 엘리아와 엘리사, 모세와 여호수아의 원리는 성경에 분명히 나와 있었으며, 여전히 진리임이 드러나게 될 것입니다.

글렌에리가 내려다보이는 산등성이에 있는 조그만 평지가 도슨이 묻힐 곳으로 결정되었습니다. 도슨이 자주 기도하던 장소와 가까운 곳이었습니다. 요한복음 15:13이 기록된 청동판이 세워졌습니다. 다른 사람을 위해 자기의 생명을 준 사람을 기념하기 위한 것이었습니다. "사람이 친구를 위하여 자기 목숨을 버리면 이에서 더 큰 사랑이 없나니." 이곳은 지금까지도 기도와 묵상의 장소가 되고 있습니다.

6월의 태양이 비치는 성 안에서 빌리 그래함은 제자의 도의 자질들을 돌아보았습니다.

도슨은 하나님의 말씀을 사랑했습니다. 다른 어떤 누구보다도 도슨은 내게 말씀을 사랑하는 것을 가르쳐 주었습니다. 도슨은 언제나 성경을 가지고 다니며 늘 성경에 표시를 했습니다. 그래서 재빨리 성구를 찾을 수 있었습니다. 도슨은 종종 "빌리, 이 구절을 본 적이 있는가?" 혹은 "오늘 주님께 받은 귀중한 교훈이 있네. 그걸 자네와 나누고 싶네"라고 말했습니다. 하나님의 말씀은 도슨에게 가장 달콤한 것이었습니다. 도슨은 밤낮으로 말씀을 묵상했습니다. "그 마음에 하나님의 법이 있으니 그 걸음에 실족함이 없으리로다." 얼마나 자주 이 구절을 내게 말해 주었는지 모릅니다!

도슨은 비전을 가진 사람이었습니다. 우리의 하나님이 작을 때, 세상은 크게 보입니다. 그러나 우리의 하나님이 클 때, 세상은 작게 보입니다. 그리고 도슨은 그리스도를 위하여 세상을 정복할 수 있다고 여겼습니다. 하나님께서 함께하신다는 생각이 들 때 도슨에게는 그 어떤 프로젝트도 커 보이지 않았습니다. 도슨에게 하나님은 컸고, 세상은 작았습니다. 도슨이 주님께로 간 그날, 도슨의 몇몇 사람이 아프리카에 도착했습니다. 도슨의 큰 비전 가운데 하나는 아프리카를 개척하는 것이었습니다. 도슨은 늘 꿈을 꾸고, 계획하며, 그리고 사람들을 그리스도께 인도하는 일을 위하여 새로운 방법과 도구들을 고안했습니다. 도슨에게는 장애물이나 환경이나 장벽 그 너머의 것을 볼 수 있는 거룩한 상상력이 있었습니다. 도슨은 장군이었습니다. 전략가였습니다. 하나님께서는 도슨에게 이런 능력을 주셨습니다.

도슨은 기도의 사람이었습니다. 여러 차례 도슨은 여러분과 함께 기도하기 위하여 슬그머니 자리를 떴습니다. 도슨은 짐 레이번이나 스테이시 우드나 잭 위첸과 함께 가졌던 기도 시간에 대하여 여러 차례 말해 주었습니다. 나는 런던에서 모든 것이 불가능해 보였을 때, 도슨이 내가 있던 방으로 찾아왔던 것을 기억합니다. 우리는 함께 무릎을 꿇고 기도를 하였습니다. 그리고 우리가 처음으로 글렌에리에 왔을 때에도 아내와 도슨과 나는 작은 언덕으로 올라가서 바위 위에서 무릎을 꿇고 하나님께 기도하면서, 하나님을 위한 이 모든 일들을 내다보고 마음속에 그려 보았습니다.

도슨은 훈련의 사람이었습니다. 도슨의 생애는 훈련을 싫어하고 쉽게 살고자 하는 이 시대에 하나의 경책이 되었다고 생각됩니다. 도슨은 자신의 삶을 훈련하였습니다. 그러나 다른 사람들에게도 훈련을 요구하였습니다. 도슨은 해야 할 일은 열심히 했습니다. 도슨은 가장 고귀한 부르심에는 가장 높은 수준의 삶이 필요하다고 믿었습니다. 도슨은 주님께서 항상 모든 것의 최고를 취하시기 원했습니다. 도슨은 우리가 항상 하나님을 위해 최고 수준의 삶을 살기를 원했습니다. 만약 호텔에 머물고 있는 도슨을 방문한다면 도슨의 방은 늘 깔끔하게 정돈되어 있는 것을 보았을 것입니다. 도슨의 모든 삶이 그러했습니다. 그리고 그리스도인들은 그렇게 살아야 합니다.

도슨은 온전히 헌신된 사람이었습니다. 도슨은 바울처럼 "오직 한 일"을 하고 있다고 말할 수 있었습니다. "나는 이 수십 가지 일을 건드리고 있다"가 아니었습니다. 도슨은 늘 그 한 일에 집중했습니다.

도슨은 영혼을 향한 불타는 열정을 가진 사람이었습니다. 잃어버린 사람들을 위한 도슨의 사랑은 한계를 모르는 그의 에너지와 합쳐져 그로 하여금 세계 끝까지 나아가 그리스도의 포도원에서 일꾼들을 격려하고, 훈련하고, 견고케 했습니다. 나는 도슨이 이런 여러 모임에서 각 사람들과 대화를 나누고, 하루 일과를 온통 사람들이 예수 그리스도를 아는 지식과 은혜에서 자라도록 돕기 위한 약속으로 가득 채우는 것을 보았습니다. 런던에서 상담하는 방에 가장 나중까지 남아서 사람들을 만나는 사람은 바로 도슨과 나의 아내일 때가 많았습니다. 도슨은 열정이 있었고, 영혼에 대한 사랑이 있었습니다.

다음으로 도슨은 사랑으로 책망하는 일의 대가였습니다. 이것은 매우 중요합니다. 도슨은 잠언 27:6을 인용하였습니다. "친구의 통책은 충성에서 말미암은 것이나." 여러분은 도슨이 종종 여러분에게 다가가서 "알다시피 자네에게 부족한 것은 이것이네. 암송을 지속적으로 하지 않고 있으며, 기도 시간을 제대로 지키지 않고 있네"라고 말하거나 이런 비슷한 말을 들은 적이 있을 것입니다. 도슨은 책망을 할 만한 용기도 있었지만, 이를 부드럽고 겸손한 방법으로 할 줄 알았습니다. 그리고 상당히 많은 성경 구절을 인용하였는데, 이것은 그 책망이 하나님께로 말미암은 것임을 알리기 위한 것이었습니다. 도슨은 여러분을 책망하면서도 이를 좋아하게 만들 수 있었습니다. 나는 이런 식으로 도슨에게 배운 것이 많이 있습니다.

마지막으로 도슨은 영원한 것을 위해 살았습니다. 도슨의 눈은 하늘나라를 바라보도록 훈련되어 있었습니다. 도슨은 지금까지 살아온 것처럼 용감하게 죽었습니다. 구해 달라고 하며 정신없이 소리를 치거나 절망에 빠져 버둥대는 모습도 보이지 않았습니다. 도슨은 참으로 용기 있게, 이기적인 모습이 전혀 없이 본향으로 돌아갔습니다. 그리고 다른 사람의 생명을 구한 후, 조용히 이 세상을 떠났습니다. 지난주 월요일 하늘나라에서는 참으로 놀라운 환영식이 있었을 것입니다!

＊　＊　＊

이렇게 도슨 트로트맨은 50세를 일기로, 20세기 초 애리조나의 광산 마을에 태어났을 때와 마찬가지로 수수하게 이 땅을 떠났습니다. 도슨은 그리 크지 않은 조직을 남기고 떠났습니다. 사실 도슨은 조직을 세우는 데에 자신을 드리지 않았습니다. 미국에 있는 간사는 140명이 채 안 되었고, 해외에도 10여 명밖에 되지 않았습니다. 도슨은 몇몇 선교 단체의 이사로 섬겼으며 그래함 전도협회와 함께 사역을 하였습니다. 다른 사람들도 이 정도 혹은 훨씬 그 이상의 일을 했습니다. 그렇다면 도슨의 영적 유산 가운데 어떤 것이 그렇게 독특하고 다른 사람들과 달랐습니까? 1956년 여름이란 시점에서 도슨의 삶의 의미와 그 시대에 미친 영향을 평가하기란 어려울 것입니다. 진정한 평가는 오직 영원 속에서만 이루어질 수 있을 것입니다. 그러나 시간이 흐르면서 몇몇 사람들은 도슨이 기여한 바가 무엇인지를 알고 평가하려는 시도를 하곤 했습니다.

몇몇 사람들이 그를 비방하기도 했지만 도슨은 사랑과 존경을 받은 사람이었습니다. 때로는 원망을 받은 적도 있었지만 신뢰하며 전폭적으로 따를 수 있는 사람이었습니다. 도슨은 뭔가를 시도하기를 두려워하던 사람들이 성취를 하고 최선의 노력을 할 수 있도록 해주는 촉매제와도 같았습니다. 그러나 아무리 노력해도 도슨을 기쁘게 하지 못할 것이라고 생각하는 사람들에게는 뜻하지 않게 압력을 가하는 사람이 되기도 했습니다.

도슨은 사람들의 삶 속에 심어 놓은 것 외에는 특별한 유산을 남기지 않았습니다. 세계 전역에 걸쳐 도슨이 삶을 투자한 수많은 사람들이 그가 당대에 미친 영향력의 증거가 될 것입니다. 이 사람들은 도슨의 삶에서 무엇을 보았으며 무엇을 본받았습니까? 도슨은 관찰자의 눈에 따라 다양하게 달라지는 여러 가지 것을 보여 주었습니다.

- 하나님의 약속과 말씀의 능력을 굳게 믿었으며, 그것을 고이 간직하는 보물처럼 여기지 않고 많은 사람의 유익을 위하여 쓸 수 있는 무제한의 재산으로 여겼습니다.

- 그리스도에 대하여 열정적이고 민감한 사랑을 가졌기 때문에, 그리스도의 영광을 위해 열정적으로 자기를 드리는 삶을 살았으며, 개인적인 예배를 통해 주님과 함께 보내는 시간을 많이 확보하려고 했습니다. 주님과의 이런 관계로 말미암아 도슨은 지상사명의 성취를 위해 열정적으로 살 수 있었습니다.

- 각 개인에 대하여 큰 관심을 가지고 있었습니다. 각 사람이 가진 잠재력을 일깨워 자아상을 새롭게 갖게 하며, 하나님께 쓰임받을 수

있다는 기대감을 불러일으켰습니다.

- 타고난 창의성에 탐구하기 좋아하는 마음이 합쳐져, 성경을 암송하고 공부하며, 기도하고, 그리스도를 증거하며, 그리스도 안에서 성장하도록 돕기 위해, 어떤 그리스도인이라도 사용할 수 있는 여러 방법을 고안해 낼 수 있었습니다.

- 아름다움을 사랑하고 자연에 나타나 있는 하나님의 솜씨를 알고 감상할 줄 알았습니다. 하나님께서 후하게 주신 선물인 자연은 하나님의 자녀들이 마음껏 즐기도록 주신 것이란 믿음이 있었습니다.

- 많은 사람들에게 후하게 주었습니다. 친구의 필요를 채우기 위하여 그 즉시로 자기 지갑이나 옷장에 있는 것을 아낌없이 줄 수 있었습니다.

- 탁월하고자 하는 열망이 있었고, 어떤 일에서도 탁월함을 유지하려 했습니다.

- 불타는 사랑이 있었습니다. 때때로 이것이 전혀 다른 모습으로 표현될 때도 있었는데, 도슨이 어떤 사람의 태도나 행동에 대하여 실망할 때가 그러했습니다. 도슨은 자기의 가족 혹은 가장 가까운 사람에게는 불만을 터뜨린 적이 있었는데, 이는 그들에게 그만큼 기대하는 바가 컸기 때문입니다.

- 예리한 분별력이 있었습니다. 이로 말미암아 각 개인의 필요가 드러나면 이를 신속하게 다룰 줄 알았으며, 온전히 성경에 기초를 둔 행동 방향을 조언해 줄 수 있었습니다.

- 이론이나 어떤 추측이 아니라 실제적인 삶을 중요하게 생각했습니다. 다른 사람들에게 "사실을 다루라"고 요구할 수 있는 담대함이 있었습니다. "성경 암송이 중요하다고 믿습니까?"와 같은 이론적인 질문에는 대답을 잘할 준비가 되어 있는 사람들에게, 도슨은 "암송은 어떻게 하고 있습니까?" 혹은 "지금 어떤 구절을 암송하고 있습니

까?"라고 물었습니다.

- 하나님께서 자기에게 맡겨 주신 세상에 대하여 적극적이고 열정적인 비전을 가지고 있었으며, 이 사명을 좀 더 효과적으로 성취하는 방법에 대해서도 비전을 가지고 있었습니다.
- 하나님의 절대주권과 능력에 대하여 흔들리지 않는 믿음을 가지고 있었으며, 이런 믿음을 주위 사람들에게 전파하였습니다.
- 삶의 모든 영역에 하나님의 말씀을 실제적으로 적용하는 습관이 있었습니다. 이는 지속적으로 수많은 구절을 암송하고 복습함으로써 생긴 것인데, 박진감 넘치는 삶의 원천이었습니다.
- 일대일 사역의 원리를 경험을 통해 재발견하였으며, 이것이 실행 가능한 성경의 원리임을 보여 주었습니다.
- 전인(全人)을 훈련해야 한다는 헤브라이즘의 개념을 다시금 실제적으로 일깨웠습니다. 지적인 훈련에 치우친 헬레니즘의 개념에 대비가 되는 것이었습니다.

한 세대라는 짧은 기간에 도슨은 이와 같은 자질과 확신을 통해 많은 사람들에게 영향을 주었습니다. 도슨 자신이 기도의 사람("큰 것을 구하십시오!")이었기 때문에 다른 사람들이 기도의 사람이 되도록 동기를 부여하였고, 삶을 훈련하도록 도전을 준 사람도 있으며, 순수한 마음으로 헌신하도록 동기를 주거나, 전심으로 행하며 '할 수 있다'라는 진취적인 태도를 갖도록 영감을 불어넣어 준 사람도 있었습니다. 도슨이 끼친 영향력은 그들을 통하여 많은 경우 또 다른 사람들에게 전달될 것입니다.

그렇다면 무엇이 교회 역사와 지상사명의 성취에 영원히 남을 한 페이지를 장식하게 될 것입니까? 그 무엇이 한 기독교 지도자로 하여금 도슨을 20세기의 선지자라고 부르게 했을까요? 그 무엇이 "우리 세대의 진정으로 위대한 사람 가운데 한 사람," "영적 영웅," "이 세대이든 다른 어떤 세대이든 하나님을 위하여 도슨보다 더 많은 사람에게 영향을 준 사람은 거의 없다," "도슨의 영향력은 영원히 지속될 것이다," "진정으로 위대한 지도자… 도슨이 시작한 것은 결코 사라지지 않을 것이다"와 같은 찬사를 이끌어 내게 했을까요? 그 무엇이 한 선교 기관의 책임자로 하여금 네비게이토 선교회를 금세기의 위대한 선교 운동이라고 부르게 했을까요?

의심의 여지 없이 이 질문에 대한 답은 두 가지 독특한 기여에서 찾을 수 있을 것입니다. 그것은 많은 사람들이 하나님께서 '이와 같은 때에' 도슨을 통하여 교회에 주셨다고 믿고 있는 것입니다. 그 첫째는 바로 양육입니다. 도슨이 처음이기 때문은 아닙니다. 영적 부모로서 새로이 그리스도인이 된 사람을 영적 성숙에 이르도록 돕는 것은 사도들이 널리 전파한 내용이기 때문입니다. 그러나 한 사람을 구원하면 선교가 이루어졌다는 생각이 전반적으로 퍼져 있던 시대에 도슨이 등장했습니다. 도슨은 양육을 전파하고 실제로 행하였으며, 하나님의 종들에게 나머지 95퍼센트의 책임을 감당하도록 촉구하였습니다. 그것은 바로 그리스도 안에서 어린 사람들을 기르는 일이었습니다. 이 일을 돕기 위하여 도슨은 양육을 할 수 있는 실제적인 도구와 방법을 고안했습니다.

그래함이 전도 집회에서 체계적인 양육을 채택하였을 때 다른 전도자들과 교회들도 이를 따랐으며, 양육이 일반적인 표준이 되었습니다. 교회에서는 새로이 그리스도인이 된 사람들을 위한 특별한 수업 시간을 마련하기 시작했으며, 수레바퀴 예화를 교수 도구로 사용했습니다. 문답식 성경공부는 도슨이 성경 암송을 위한 카드 시스템과 더불어 유행을 시킨 것인데, 교회와 가정과 개인 성경공부용으로 널리 퍼지기 시작했습니다. 이런 실제적인 양육 방법이 교회를 떠나는 사람들이 점점 많아지고 있던 흐름을 막았다고 인정하는 사람들도 있습니다.

두 번째 기여는 바로 배가의 원리를 재발견한 것입니다. 이것 역시 도슨이 자기 사역을 통하여 증명해 보였으며, 만약 이 원리를 제대로 따르기만 한다면 지상사명이 성취될 수 있으며, 한 세대가 지나기 전에 세계 전체에 나아갈 수 있다고 담대하게 주장했습니다. 이 원리는 그리스도인들은 누구에게나 내재된 가치와 유용성이 있음을 보여 주고 있습니다. 이 사역에는 재능이 있건 없건 모든 그리스도인들이 참여할 수 있기 때문입니다.

배가의 실효성에 의문을 제기하거나 혹은 '한 사람이 한 사람에게 전하는' 원리가 과거에 있었음에도 불구하고 왜 아직 세계가 복음화되지 않았느냐고 질문하는 사람들이 있었는데, 도슨은 이에 대하여 이 원리는 세계 인구가 늘어나는 것과 같은 원리라고 하면서, 그 비결은 바로 단순히 그리스도의 몸에 한 사람을 더하는 것이 아니라 제자를 배가하는 것에 있음을 지적하였습니다. 영적 부모가 영적 자녀에게 그리스도 안에서 새로이 얻은 사람을 훈련하는 지혜를 전달할 때, 주님께서 마태복음 28장에서 말씀하신 것과 같은 의미의 제자의 재생산이 일어나는 것입니다.

도슨은 제자의 도에 대한 이런 원리를 부활시키는 데 개척자적인 역할을 감당하였습니다. 이로 말미암아 최근에 일어나고 있는 평신도 운동에도 불을 붙였다고 할 수 있습니다. 그들은 자기들도 성경을 암송할 수 있으며, 자신들도 성장하여 다른 사람을 제자로 삼을 수 있다는 사실을 깨달았으며, 직접 개인적인 사역을 하는 기쁨을 맛보았습니다. 도슨이 어린 그리스도인을 염두에 두고 고안한 여러 성경 공부 방법은 모든 그리스도인들에게 효과가 있었으며, 그들이 하나님을 섬기도록 동기를 부여하였습니다. 그래함 전도 집회를 위한 상담자 수업 시간을 통해 이런 평신도 사역의 개념은 세계 여러 나라의 교회에 전달되었습니다.

양육의 개념은 이제 널리 받아들여지고 있습니다. 그러나 제자를 배가하는 개념은 아직 이에 미치지 못하고 있습니다. 다만 네비게이토 사역 안에서는 그 불꽃이 밝게 타오르고 있습니다. 도슨이 직접 보지 못했던 커다란 일들이 이제 세계 여러 지역에서 지속적으로 일어나고 있습니다. 그리고 믿음으로 말미암아 도슨은 자기가 주장했던 이사야 43:4과 58:12의 약속이 성취될 것을 알고 세상을 떠났습니다. "내가 사람들을 주어 너를 바꾸며 백성들로 네 생명을 대신하리니… 네게서 날 자들이 오래 황폐된 곳들을 다시 세울 것이며, 너는 역대의 파괴된 기초를 쌓으리니, 너를 일컬어 무너진 데를 수보하는 자라 할 것이며, 길을 수축하여 거할 곳이 되게 하는 자라 하리라."

1950년에 도슨 트로트맨은 론 쎄니와 함께 미국 각지를 여행하며 장차 네비게이토 간사가 될 사람을 찾았다. 도슨은 미니애폴리스에서 열린 수양회에서 많은 사람을 얻게 되었다. 이 사진에 나온 사람들 가운데 25명이 나중에 네비게이토 간사가 되었다.

글렌에리

✱ 도슨 트로트맨의 저서 안내 ✱

성경 암송을 통하여 주님께로 돌아오다
(Coming to Christ through Scripture Memory)
- 쪽수: 36쪽
- 판형: B6
- 내용: 도슨 트로트맨의 구원 간증을 담고 있습니다. 도슨은 암송한 말씀을 통해 하나님의 사랑과 구원 계획을 깨달았으며, 이후로 성경 암송의 중요성을 깨닫고 주위 사람들에게도 말씀을 암송하는 삶을 적극적으로 권하였습니다.

시대의 요청
(The Need of the Hour)
- 쪽수: 36쪽
- 판형: B6
- 내용: 이 시대에 진정으로 필요한 것은 무엇입니까? 우리의 하나님이 작을 때 세상은 크게 보입니다. 그러나 우리의 하나님이 클 때 세상은 작게 보입니다. 도슨은 그리스도를 믿는 믿음으로 이 세상을 정복할 수 있다고 말합니다.

재생산을 위한 출생
(Born to Reproduce)
- 쪽수: 60쪽
- 판형: B6
- 내용: 영적 재생산은 그리스도인에게 주신 하나님의 축복이며 특권입니다. 그러나 모든 그리스도인이 다 영적 재생산을 하고 있지는 못합니다. 본서는 그 이유를 구체적으로 제시하며, 영적 재생산의 삶으로 당신을 인도해 줍니다.

본서는 미국 NavPress와의 계약에 의하여
번역 출간한 것이므로 본서의 전부 또는 일부의 무단 복제,
또는 원문에 대한 무단 번역을 금합니다.

도슨 트로트맨

초판 1쇄 발행 : 2006년 12월 1일
초판 2쇄 발행 : 2007년 3월 20일

펴낸곳: 네비게이토 출판사 ©
펴낸이: 조 성 동
주소: 120-600 서울 서대문 우체국 사서함 27호
120-836 서울시 서대문구 창천동 497
전화: 02)334-3305(대표), 334-3037(주문), FAX: 334-3119
홈페이지: http://navpress.co.kr
출판등록: 제10-111호(1973년 3월 12일)

ISBN 978-89-375-0299-6 03230

이 도서의 국립중앙도서관 출판시도서목록(CIP)은 e-CIP 홈페이지(http://www.nl.go.kr/cip.php)에서 이용하실 수 있습니다. (CIP제어번호: CIP2006002432)